天然如意

作者简介

李世恩，生于1966年，甘肃静宁人，曾从事教育、新闻和政务文秘工作，先后任《平凉日报》副总编辑、平凉市委政策研究室副主任，2011年至今任平凉市文联主席。诗歌、散文、评论、文史随笔百篇（首）刊于《飞天》《文汇报》《中国文化报》《甘肃日报》等；担任总撰稿之一的《西北望崆峒》等电视纪录片，在中央电视台、东方卫视播出。著有散文集《芳邻》（兰州大学出版社，1996年），编辑《李庆芬诗文集》（三秦出版社，1999年）、《陇头鸿踪》《春秋逸谭（上、下）》（人民文学出版社，2018年）等。

尺墨寸丹

古札中的世道与人心

李世恩 著

商务印书馆
创于1897 The Commercial Press

图书在版编目（CIP）数据

尺墨寸丹：古札中的世道与人心 / 李世恩著 . — 北京：商务印书馆，2021（2022.4 重印）

ISBN 978-7-100-19984-1

Ⅰ. ①尺…　Ⅱ. ①李…　Ⅲ. ①书信集—中国—古代
Ⅳ. ① I262

中国版本图书馆 CIP 数据核字（2021）第 106838 号

尺墨寸丹：古札中的世道与人心

李世恩　著

商　务　印　书　馆　出　版
（北京王府井大街36号　邮政编码 100710）
商　务　印　书　馆　发　行
北京顶佳世纪印刷有限公司印刷
ISBN 978-7-100-19984-1

2021 年 8 月第 1 版　　开本 787×1092　1/16
2022 年 4 月北京第 2 次印刷　　印张 24½

定价：198.00 元

弁　言

古旧书札，是隐没在民间的人文片羽和乡邦文献。

二十多年前，我曾意外获得并拜读了一册清末及民国初年甘肃静宁地方名人书札。当时，看到那春红秋紫的五彩笺纸、鸾飘凤泊的前贤遗墨、温恭自虚的文人风致，以及弥漫其间扑面而来的独特文化气息，恍若穿越百年时光，在一处安静的书斋，侍坐于高、曾祖辈的长者，听他们娓娓道来那一段早已渺不可寻的前尘往事。这种亲切而又私密的观赏经验，是阅读他们同代人的文史实录和诗词歌赋所未曾体会的。我曾发愿，假以时日，一定要和这些长者们逐一“攀谈”，让那些潜藏在字里行间的陈年旧事、交游细节、人物性情、笔墨功夫和历史背景进入当代视野，为人们了解那个并不遥远的时代，提供一份虽然细微如丝但也真实生动的注脚。

白驹过隙，匆匆又是多年。这批旧札却一直雪藏在自己的箧底，不能为世人所知所见，而我似乎越来越生出一种讳长者之贤、掩前人之美的负疚感。四五年前，再次翻检这批旧札，先从解读伯曾祖父玉山公的几通书札入手，试着写了几篇，其中一篇在微信公众号刊布后，不意引起《中国文化报》编辑的注意，并很快在该报发表。由是，我越发认识到这批旧札的价值，已超越一地一隅而成为中国千年未有之大变局的一个切面，也更增添了我继续解读这批旧书札的信心，遂决意将其做成一部文史同辉、辞翰双美的图书。

于是，在公务及应酬之暇，一边静下心来，埋头品读，开始断断续续地写作；一边继续搜罗当地古旧书札，以期尽可能地荟萃前贤手泽，较为全面、深入、精微地展示其人其书、其事其时。其间，还搜集到出土于静宁的西汉木牍公函两通、静宁籍抗金名将刘锜书札拓片两帧，虽然都是照片，但已弥足珍贵，因为它们是这两个历史阶段难得一见的书札标本。可谓“人有善念，天必助之”，一位乡前辈又颇为意外地为我提供了一册甘肃镇原书札，其写作时代恰好与静宁书札大致相当，皆百年前旧物也。前辈古道热肠之慷慨，成人之美之高谊，是出于对乡邦文化之珍视，又何尝不是对后生小子之勖勉！

这两本书札，都写于清廷覆亡前后三四十年间。其时，神州大地思潮激荡、新旧更迭、江山易鼎，读书人正处在探寻国家与个人前途命运的“十字路口”，他们的生活状态和心路历程往往会流露于毫端，托付于尺素。这些曾往来于旅途驿递间的书札，其作者：论科第有进士、举人、拔贡、生员、童生和新式陆军学生，论官职有兵部主事、财政司长、领事馆译员、知州、知县、议长、议员、教谕、训导、山长、典史，论职业有官吏、塾师、乡绅、商贾、军人、学堂医官、宗教名人，当然也有部分往来公函，其间顶戴花翎、长袍马褂、军装西服、布衣粗褐，济济楚楚，面目各异，好似打开了彼时彼地的“名人堂”。

这些早已作古的地方名人，大都负一乡之望，也是其时各类资讯的集散中心。他们的往来书札，已成隔代文物，要读懂它，并进而从一个词、一句话的背后，剥茧抽丝，阐幽发微，就如同考古工作者从一个器皿或一片金石解读出一段历史一样，谈何容易？这期间，我查阅了许多方志、史话、诗文、论文等文献，既从现有资料来佐证和推断书札涉及的线索和内容，又从书札资料来弥补和修正现有资料的不足和谬误，每有会心，辄欣然忘食。

读这些书札，我们不仅能感知到书写者的家常、心境、故事和情感，也能获悉对一些朝廷重臣、封疆大吏、同僚故旧和乡亲戚友的平章月旦，更能从字里行间体会到对宦海沉浮、生计穷通和功名去留的感慨，对世态炎凉、人情冷暖和命运顺逆的喟叹，甚至还涉及对朝政利弊、国运兴衰和施政得失的议论。这些或显或隐的信息，不仅具有很高的可信度，而且像一柄单筒望远镜似的，借助其小小的镜片，可以视通万里、思接百年，较为真切地还原一个地方、一个时代和一个读书人群体的侧影或一角。

同时，这些书札也是当时书法风气的生动呈现，代表着各类读书人的真实书写状态。他们虽然大多数并不以书法名世，但这种一时挥翰之文、无意而工之书，足令当今以书法为标签、为饭碗的“抄书匠”们汗颜。把这些书札展示出来，犹如为百年前的地方名人，举办了一场别出心裁的书法小品展，因缘际会，佳作纷呈，既呈珠圆玉润的文辞之美，也现月白风清的翰墨神韵。

在写作过程中，我尽量抱着对古人的“了解之同情”（陈寅恪语），以设身处地的现场感、推己及人的共情心，与他们对话交流。如此青眼名家，不薄寒士，神交古人，谬托知己，并尝试以散文化的手法，透过一个个具体而微的事件，与古人同悲欢，和时光共沉浮，力求打开一封封书札之门，还原蕴藏其间的一幅幅真切感人的生活画卷，做到温润如玉，化人无声。

本书共由36篇解读文章、79封书札释文及175帧书札图片组成，三位一体，相映成趣。期待读者翻阅起来，能如曲径通幽，水复山环，于不经意间移步换景，豁然而成另一番景致。

当然，这仅仅是我心目中勾画的模样。虽心向往之，大概是必不能至了。

书名《尺墨寸丹：古札中的世道与人心》，惟愿其于当今之世道人心，略有裨益。如果是，则幸甚至哉！

李世恩

二〇二〇年仲秋于平凉

凡　例

一、本书各篇目，皆由解读文章、书札图片和书札释文三部分组成。

二、书札释文录入时，无法辨认的字用“□”表示；原稿错别字径自纠正，在“（ ）”内标识原字；遗字根据行文语气在“【 】”内补充；衍字或书写者加点删除的字，径不录入；繁体字径改为简体字，异体字径改为正体字，不再标注。

三、为便于阅读，书札释文大多根据文意分段；其书写格式，如文中称谓的抬头、札末问候及祝语等，按现代普通书信格式处理。

四、大多书札原件，或粘于麻纸账簿，或贴于线装旧书。为避免揭裱掉色，以原状扫描，故图片偶有衬底印记；个别书札末页，或用半页残笺书写，或钤有以前收藏者印章，未作处理，一仍其旧。

五、所有书札，除间接收集的图片资料外，其他都在图片下（或旁边）注明规格。

六、解读文章，参考资料甚多。其中直接引用的文字，一般都在引述时说明；引用观点而不直接引用原文的，在文后“参考资料”中注明出处。

七、解读文章，一般都基于所附书札内容，但个别文章所引用本篇外其他书札的零星文字，限于版面，其释文和图片未录，只在文中说明。

八、书末两篇，所附图片非个人书札，而系抄录其他内容者，因只有书法价值而无文献价值，未录释文。

目　录

隐没在成纪女子失踪案背后的义渠逸史

——西汉陇西郡守武启致义渠右王太子木牍两通（前176）

人们说："千年的故纸会说话。"这当然不是称道陈年旧纸的功能，而是对旧纸上的文字所含珍贵信息的感叹。那么，在造纸术发明之前，写在木简上的文字，就更"会说话"了吧。

这两通近年出土于西汉陇西郡成纪县辖区（今甘肃省静宁县威戎镇党家塬）的文帝四年（前176）木牍，是当时的地方官员关于同一起女子失踪案所写的公函，保留了汉代书信的原始格式和文本，完全可以称得上我国现存最早的书札了。

牍一是陇西郡守武启写给义渠右王太子的函，大意为：四年（纪年，这里指本年度）六月中旬，有外地人闯入我郡，劫走成纪县闥䅐这个地方的嫈等四名女子。成纪县令命属吏服求（疑为人名）出外寻访，发现嫈等三人在太子治下的某男子处。后再命蘩（人名）等前往详查，情况完全属实。此事非有益于太子，望太子尽快将人安全交付使者。特别要说明的是，女子家人已将此事书面反映到相国（即丞相灌婴）处，相国令我务必将人找到，并反馈办理结果。太子切不可将其杀伤；如有杀伤，则为我郡大事，万望妥善处理。

牍二虽然没有书札作者和受者的任何称谓信息，但内容明显与这起成纪女子失踪案有关，相当于该案的证人证言或调查报告。大意为：李缓、吕登、译者赵临次皆称：吕登的门客可（人名），以阳（女子名）为妻，译者赵临次的门客最（人名），以嫈（即上一通书札中女子名）为妻，嫈为美人也，两名女子路过义渠之地时失踪。□名曰蘩（即上一通书牍中的第二次侦查者），以庭（女子名）为妻，在贺岁日癸亥之夕逃至义渠。她们失踪后，译者赵临次前往义渠，遇于途中，审视无误。

细读两牍，在细节上略有出入，如失踪人数，前牍为四，后牍为三；失踪原因，前牍为义渠人入境抢劫，后牍为成纪女出境失踪。但都无不指明，成纪女子失踪后到了义渠的辖区。前牍的特点在于，它点名了陇西郡、成纪（县）等重要历史地名，为静宁作为汉代成纪故地提供了最为直接的书面证据。同时，还出现了郡守武启，属吏服求、穀，女子婺等人名，由此可以看出，当时的官员如武启，已有规范的姓和名；而下级隶卒和普通百姓则只有其名而无其姓，这给研究古代姓名学提供了佐证。当然，我们还可以看到，汉代的一起普通民间信访，可以直达相府，而且批办必复。这是不是有点不可思议？而后牍的特点在于，不仅提供了古代姓名学的多个标本，而且再次证明有身份地位且能养得起门客的人如李缓、吕登、译者赵临次姓名齐全，而其门客可、最、穀，以及女子阳、婺、庭，皆有名无姓，反映了先秦和汉代社会的取名习俗。同时，更重要的是将其中的“贺岁日癸亥夕”与前牍“四年六月”相联系，则可以通过《指算干支与长篇历谱》，准确推算出该起案件发生的时间就是西汉文帝四年（前176）十月初一日。这就让两通木牍所蕴含的多方面的信息，都一一坐实，毫不虚妄。

因木牍内容所限和案情本身简单，我们无法准确还原这起案件的来龙去脉，也无从知道这几名成纪女子最终的归宿，且把它交给小说和影视剧作者们去演绎吧。而我们则可以跳出这起案件，考究一下大名鼎鼎的义渠国在秦昭襄王三十六年（前271）被秦灭后，何以在将近百年之后的西汉大一统时代，还有个肇事者——“义渠右王太子”能明目张胆地活动在汉天子的眼皮下？

看过电视剧《芈月传》的读者，可能对其女主角芈月即秦宣太后（中国历史上第一位摄政太后）在甘泉宫诱杀义渠王的故事了然于胸。尽管电视剧有太多的戏说成分，但史实的关键节点大致不差。

商代以前，作为羌戎一个分支的义渠民族，就居于宁夏固原草原和陇山两侧。商康丁年间至周文王末年，义渠乘周祖南迁岐山及与周交好之际，逐渐占据了陇东大原地区（今甘肃庆阳董志塬及周边地区），并学习周文化和农耕技术，畜牧业得到空前发展，人口也大量增加。至春秋战国时期，义渠已发展成为雄踞一方的少数民族强国，并对强邻秦国形成了一定的威胁。在秦国与其多年的军事较量中，秦昭襄王之母宣太后于公元前272年一改正面征讨的策略，通过笼络交好的手段，最终设计诱杀义渠王，并发兵灭掉义渠。自此，这个自商至秦存在了800余年的义渠国，就从历史上消失了。

那么，在义渠亡国96年后的汉文帝四年，已经过诛杀功臣、削夺异姓王剧烈震荡的汉王朝，为什么还会留下个“义渠右王太子”呢？虽然目前的权威文献尚没有任何有关义渠灭国后的记载，但这两通木牍，却为我们透露了义渠王室后裔的蛛丝马迹。要解读这段历史，不妨大胆设想，小心求证。

第一个系统研究该木牍的静宁文史学者侯立文先生撰文称：义渠作为一个方国虽然灭亡了，然而作为一个民族，却不会因国家的灭亡而消失。由于义渠民族人口众多，风俗殊异，汉族官吏实难治理，让其在秦乃至汉初的政权下适当实行地方自治不失为一个明智的选择。而这个特殊的“自治区”，总得有个首领，就这样，自秦开始就赐封义渠王之子为“义渠右王太子”，以辖制其民。从牍一可知，这一尊号直到汉文帝时期依然存在，可谓世袭罔替，这也足以证明义渠自治的成功以及义渠族融入汉民族的历史渐进过程。同时，汉朝开国后，重置陇西郡和北地郡，而此时的义渠族已无力与汉朝抗衡，被迫退居于两郡之间的今西海固及六盘山地区。汉高祖立国后，面对长期战乱，曾采取了一系列轻徭薄赋、与民休息的政策，而相应地对义渠戎族亦采取因势利导的安抚策略，承认其自封的“右王”，以示怀柔，又追加“太子”二字，以示尊卑，这就是牍一中“义渠右王太子”的来历。

另外，就书法整体风格而言，牍一书法字体偏于横势，显得宽扁；牍二字体偏于纵势，略微修长；从两通都有的“以”“人”“婺”“蘩”等字看，书写习惯和风格都不一样。可以肯定，这两通木牍显然非同一人所书，但都具有很高的艺术价值，堪称古代简牍书法的代表作。如果非要分出伯仲，笔者以为牍一要优于牍二。现就牍一略作赏析：这幅作品，如“武”“成”“令”“人”的巨捺，以及“幸”“事”“拜”“闻”的长竖，都是颇有装饰性、夸张性的笔画，体现了汉简书法轻重粗细、变化较大，起伏跌宕、节奏显明的共性特点，自毋须赘言。尤其是与大多数单行汉简书法相比，这通木牍牍一（1）有六行文字，每行二十五六字，由于空间布局较大，书写时有意或无意地体现出一种疏与密、黑与白、松与紧、粗与细、繁与简等诸多对比，随之而产生一种协调而明快的节奏感，显得既自由奔放，又法度严谨，体现出书写者成熟老练、挥洒自如的很高的书法修养。

两千年前的两通木牍，为我们讲述的不光是两千年前关于历史地理学、民族学、姓名学、社会学和书法艺术等方面的故事，还有一个曾经强大的少数民族王朝亡国之后的余晖落照。

参考资料：

侯立文《静宁党家塬汉墓出土西汉文帝四年木牍考辨》（《陇右文博》2015年第2期）

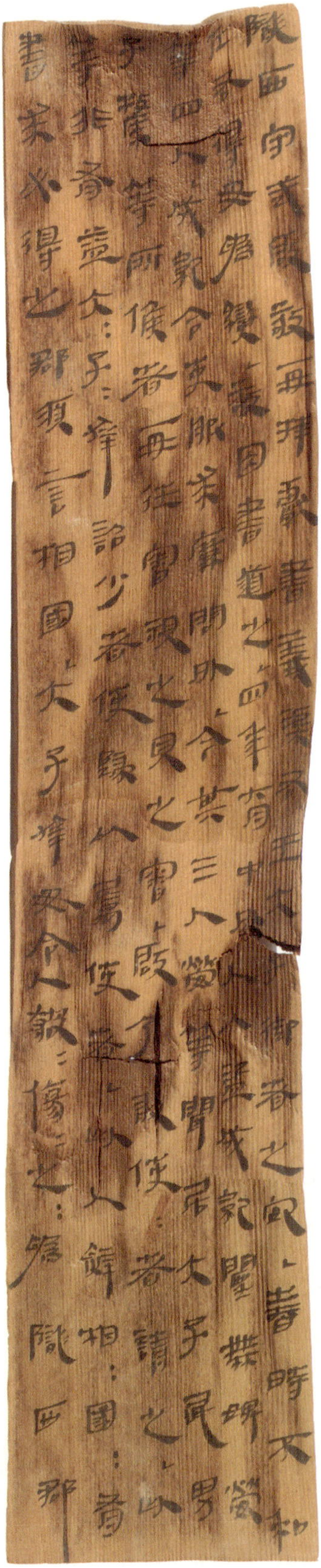

牍一（1）

牍一（2）

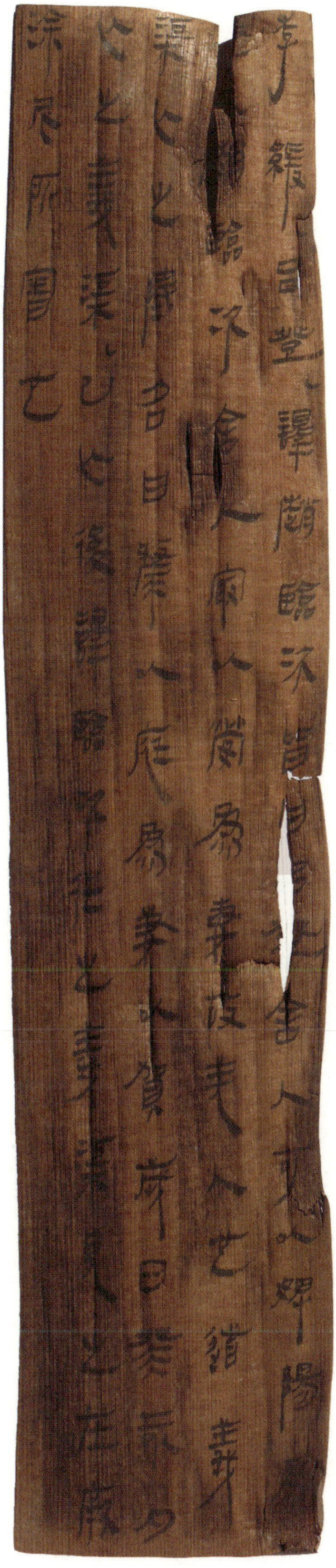

牍二

释 文

【牍一】

陇西守武启敬再拜献书义渠右王太子御者之安：春时不和，左右得毋为变？敬因书道之。四年六月中，外人入盗成纪闉彝婢嫈等四人，成纪令吏服求廉问外，今其三人嫈等，闻居太子民男子。蘖等所候者再往，审视之，见之审。启乃敢使使者请之。此等非有益太子，太子幸诏少者使归，以属使者。此人辞相国，相国有书求，必得之，郡须言相国。太子幸毋令人杀伤之。杀伤之，为陇西郡大事，颢以望幸，敬再拜以闻。

【牍二】

李缓、吕登、译赵临次皆曰："吕登舍人可，以婢阳为妻，译赵临次舍人最，以嫈为妻，故美人也，道义渠亡之。□名曰蘖，以庭为妻，以贺岁日癸亥夕亡之义渠。已亡后，译临次往之义渠，见之在厥涂，尼所审也。"

名将文武自一流

——南宋抗金名将刘锜书札拓片两通（1147年后）

刘锜（1098—1162），字信叔，德顺军（今甘肃静宁）人，著名军事家，南宋“中兴名将”之一，谥忠武，后谥武穆。宋孝宗时追封为吴王，加太子太保。

少年时期，作为将门之子的刘锜就随父刘仲武在西北地区征讨西夏。有一次，帅帐前的水斛满了，刘锜搭弓射斛，一箭射中，再将箭拔出来，水流如注。更奇的是，待水流得差不多了，他自老远又射去一箭，正中原来的箭孔，将水堵住。从这个故事里，我们可以看到一个少年人的顽皮和淘气，更可感知到一个小英雄的膂力和英武。因为屡立战功，后来他被任命为陇右都护、泾原路经略使兼知渭州（今甘肃平凉），任职于家乡一带。在与西夏的多次恶战中，刘锜大显声威，以至于西夏人家常用“刘都护来”的话哄吓孩子，有止小儿啼哭的功效。可见，在当时西夏人的心目中，刘都护一定是一个青面獠牙的怪兽。再后来，遭遇“靖康之难”，宋室南渡，刘锜也在连年战争中逐步成长为身系社稷安危的最重要的将领之一。尤其是绍兴十年（1140）六月，刘锜率军于顺昌（今安徽阜阳）大破金军“自用兵以来，所向无前”的“铁浮图”和“拐子马”，阻挡了金军自两淮南侵的锋芒，扭转了宋金军事局势。次年二月，刘锜与金兀术交战于柘皋（今安徽巢湖西北），金兵遥见刘锜帅旗，联想到顺昌败绩，都惊呼“此顺昌旗帜也”，遂不战而逃。可见，金人也把刘锜想象成了魔法无边的凶神恶煞。

在国家生死存亡之际，刘锜挽狂澜于既倒，扶大厦之将倾，其顺昌大捷成为我国历史上为数不多的以少胜多的著名战例，柘皋之战也被列为南宋“中兴以来十三处战功”之一。但这位建立了不世勋业的一代名将，不仅不像西夏人和金人想象得那么凶恶，反而是“美仪状”“声如洪钟”的美男子，更是“慷慨深毅，有儒将风”的儒雅之士（《宋史·刘锜传》）。这从他传世不多的书札和诗词中，可略见一斑。

柘皋之战后，宋金“和议”，由此维持了20多年短暂的“和平”。刘锜战后因遭张俊妒忌，被秦桧罢去兵权，“改任为荆南府（今湖北江陵）知府。绍兴十七年（1147），以宫观退闲（为安置老病无能大臣及高级冗官闲员而设的闲职）。绍兴二十五年（1155），重新起用为潭州知州”（白寿彝《中国通史》）。这两札《分阃帖》《湘中帖》，因为都明确提及自己闲居湘中的情况，所以可断定是其以宫观退闲后，年过半百时所写。

《分阃帖》，是刘锜答友人问候的复函，起句谦称自己担任将帅或治理地方没有功绩，上书请闲，并“仰荷君相保全，获安林壑”。接着，说“初抵湘中”，借居于距城七里的萧寺，但因房屋破旧几不庇雨风，遂筑居城东，“得旧圃数亩，颇有湖山松竹之胜，朝夕散策，其闲殊可乐也”。从时间看，此札介绍自己先借居后筑屋的情况，比较符合初到湘中时的口吻，看似颇为萧散自得。但是，作为一个失去了疆场的名将，“闲乐”的背后，一定有深深的不安和痛苦在。所以，紧接着他由衷地感叹，只是这样长期领受俸禄，“将何以报国恩”？每每想起，尽是惭愧和负疚。当然，作为曾经领兵百万的将军，曾经的随从，“今皆游官，无留此者”，有一种淡淡的落寞。最后一句“审言去岁从曾端伯辟夔子，路分不辍”，出现了两个人名，“审言”不知何人，而曾端伯（辟夔子疑为其号）正是《花间集》中宋词的编者，与当时的诗人多有唱和，其最著名的就是“以十花为十友”说，即荼花韵友、茉莉雅友、瑞香殊友、荷花净友、桂花仙友、海棠名友、菊花佳友、芍药艳友、梅花清友、栀子禅友，并各为之词。可见，当时刘锜虽然僻居湘中，但也和曾端伯这样的文人墨客多有交游。

第二封书札《湘中帖》，是给一位“相去不远”，但从未看望过（“无从瞻款”）的年轻文士（“公学识不凡”“鹏程万里，乃所期也”）所写。开头述“湘中今岁气候”反常，人多患疟疾，自己和全家亦病，幸而皆愈。接着，提到了一条十分重要的信息，就是“湖湘穷僻，当日止缘亡兄殿师而来”，看来刘锜之所以选择到湘中隐居，只是因为其兄殿师居此，有兄弟情深、相互照应的想法。而写此信时，殿师兄长已经去世，所以时间应该是到湘中最少一两年之后了。然后，他无奈地说“既已至此，无由再动”，有一枝可栖即可。接下来，与上一封书札表述的一样，“去邑甚近，然市声不到，颇有湖山松竹之趣”。这看似“足以自慰”、旷达乐观的背面，透出的是“却将万字平戎策，换得东家种树书”（辛弃疾词）的遥深感慨和无限悲凉。据《宋史·刘锜传》载，刘锜是“仲武第九子也”，是兄弟间最幼者。在近几年福建安溪刘锜后人所纂《温陵芝山刘氏大宗谱牒》中，收录了刘锜与弟刘锡及其后代的有关资料，并附有安溪县文物保护单位黄潭山吴王（刘锜）墓照片，这是研究刘锜兄弟及其后代的珍贵资料。但该谱牒对刘氏九兄弟生平及居处的考证却语焉不详。该谱牒称锡为锜弟，字禹圭，并引南宋章颖《南渡十将传》“锡奉祠居湘潭而卒”为其中一说，这与上述刘锜为“第九子”最幼者的说法不符，但和书札中“止缘亡兄而来”的表述倒十分吻合（目前刘锜研究已有定论，锡为锜兄，且是九兄弟中较著名者）。而这位以殿师为字的兄长，究竟是不是刘锡的另外一个字，或刘锜另外一个兄长的字，尚不得而知，但可以肯定的是殿师为刘锜兄长，且一定是刘氏迁居湘中最早的一支。这封书札，对散居福建、湖南、台湾等地以及东南亚一带的刘氏后人追本溯源，或许能有所帮助。另外，从网上资料看，近年来，湖南湘潭市根据当地传说和地方资料（如南宋张栻《过湘潭刘信叔旧居有感》、清何承珍《太尉宅》等），打算在昭山风景名胜区市级文保单位刘锜故居遗址，恢复其故居，为名胜区增一核心景观。而这两封书札中提到的初抵湘中“侨寄萧寺”“去邑七里”，再到最后“筑居郭东”“得旧圃数亩”等信息，可为决策者们提供第一手的参照系。

这两封书札，最早收录在南宋曾宏父（幼卿）于嘉熙、淳祐年间（1241—1252）辑成的《凤墅续帖》卷四（《凤墅帖》《凤墅续帖》各二十卷，皆收录两宋名人手迹，刊拓印行）。当时，中兴诸将墨迹就已鲜见，该帖中收录的名将手迹只有刘锜的此二通和岳飞的三通，其余未能及之。因为得来不易，十分珍贵，所以曾宏父还在各人书札后作了跋语，一并刊印。他对刘锜书札跋（《湘中帖》附款）道：“中兴诸将，多以勇闻，武忠独缓带临戎，策屈群力，顺昌一战，强虏破胆，逮其释兵得祠，雍容散地，以湖山松竹自娱，不矜不怨，俦古之儒将欤！”可见其对刘锜归隐林泉、“不矜不怨”的儒将风度，由衷钦敬。另外，南宋文学家岳珂（岳飞之孙）曾在其《宝真斋法书赞》卷二三《宋名人真迹》中，收录刘锜书法《书简帖》凡十九通、《五诗帖》凡五通，两种共二十四通之多，可惜刘锜的这些书法作品至今未见传世。但岳珂对上述两种书帖的跋语及刘锜的五首诗却流传了下来。其中跋《书简帖》曰：“世谓长枪大剑与毛锥子为二，今观公字迹，其本固非不同也。嘉定甲申三月，始得此于维扬。赞曰：以劲笔力，作往来帖；婉有余妍，庄不可狎。古者文武，初非二流；系于卿士，予其从周。”这是说世人习惯把武将（长枪大剑）与文士（毛锥子，即毛笔）对立为二，但通过欣赏刘锜的书作，可知文武两道在根本上是完全一致的。同时还在赞词中进一步评价其书法“婉有余妍，庄不可狎”，并表明了自己对文武之道的认识是：古人文武合一，本系一流。再，跋《五诗帖》曰：“右刘武忠公五诗帖真迹一卷。予于《名将帖》未尝得也，系之《卿士帖》足矣，而复出盖有意焉。于虖！诗以寓志，笔以掞奇，观公此帖，谓公徒武固不可。如先王者（指作者祖父岳飞），同被秦忌。岂大将固不得以说礼乐、敦诗书称耶？古今异宜，予得此帖犹信。绍定元年二月乙丑。赞曰：予表此诗，盖欲天下知将帅未尝无人。夫岂必弧矢之弃而笔砚之亲，合之一，歧之分。噫嚱斯藏，何忝于文。”这段跋语，记录了一段有趣的逸闻，即作者在编辑《名将帖》时，还未见到刘锜的《五诗帖》真迹，该书刊行后，不料在编辑以文人墨客为对象的《卿士帖》时却意外获得，刚好顺手编入，“系之《卿士帖》足矣”，完全可与诸贤相颉颃，这真好像冥冥之中有如神助。同时，作者拜读此帖的诗歌和书法，对其“文武合一”之道又做了进一步阐释，并更加坚信：难道大将就不能以喜好礼乐、擅长诗书称名于世？

上述曾宏父和岳珂的题跋，都把刘锜与古代“文武合一”的杰出人物相比较，突出了一个“儒”字。刘锜之“儒”，就书法而言，从目前传世的此两帖可以看出，其书虽意不在字，但结体开张、笔力遒劲，“庄不可狎”，似出于颜真卿《争座位帖》。同时，南宋颇为流行苏东坡书风，其同时期的名将岳飞、韩世忠皆取法苏书较多，刘锜想必也曾多有属意。所以，在颜体行书的基础上，其书法也流露出苏书“婉有余妍”的特点（苏东坡书法亦师法颜体）。就诗文而言，此两札叙事简练，兼有抒情，皆得体自然，读信如见其人，一种不矜不怨、文质彬彬的儒雅风度扑面而来。尤为珍贵的是，刘锜《五诗帖》虽已佚，我们不能一睹其书法真容，但好在岳珂的著作却将其诗作保存了下来。作为孙辈人辑录的原作，想来决非好事者的托名伪作。今照录于后，以飨读者。

用前韵呈德瞻

门外蹄轮任迹疏，一廛深称水云居。
平生事业将何用，叹括空能读父书。

题村舍呈德瞻友

一

一径萦纡山更深，满川烟霭夕沉沉。
从来不问荣华事，自有沙鸥信此心。

二

二月阳和花正繁，软风轻扇笱斑斑。
扬鞭江路心无事，问舍求田过浅山。

偶得一绝

清风叶叶映黄鹂，绿暗红稀半掩扉。
我以忘言静思虑，子规犹道不如归。

午寝

寓迹唐兴寺，幽窗得昼眠。
西风萦破梦，落日乱残蝉。
岁月俄如此，功名岂偶然。
五湖秋欲好，谁在钓鱼船。
自注：抛砖欲引玉也。

以上五首诗，都写远离尘嚣的村居生活，给人一种归于大自然的清新纯朴、宁静致远之感。但在闲适的表象之下，信手拈来并十分自然地化用赵括纸上谈兵（叹括空能读父书）、许汜求田问舍（问舍求田过浅山）、姜太公渭滨垂钓（谁在钓鱼船）等典故，让恬淡安详的村居田园风光平添了一种英雄失路的苦闷和壮志难酬的悲愤，令人揾泪长叹。可以说，刘锜的诗歌，与岳飞、辛弃疾、陆游等民族英雄的诗歌一样，张扬着精忠报国的英雄气概，具有很高的思想性和艺术性。

参考资料：

方爱龙《南宋中兴四将的书法》（《中国书法》2013 年第 8 期）

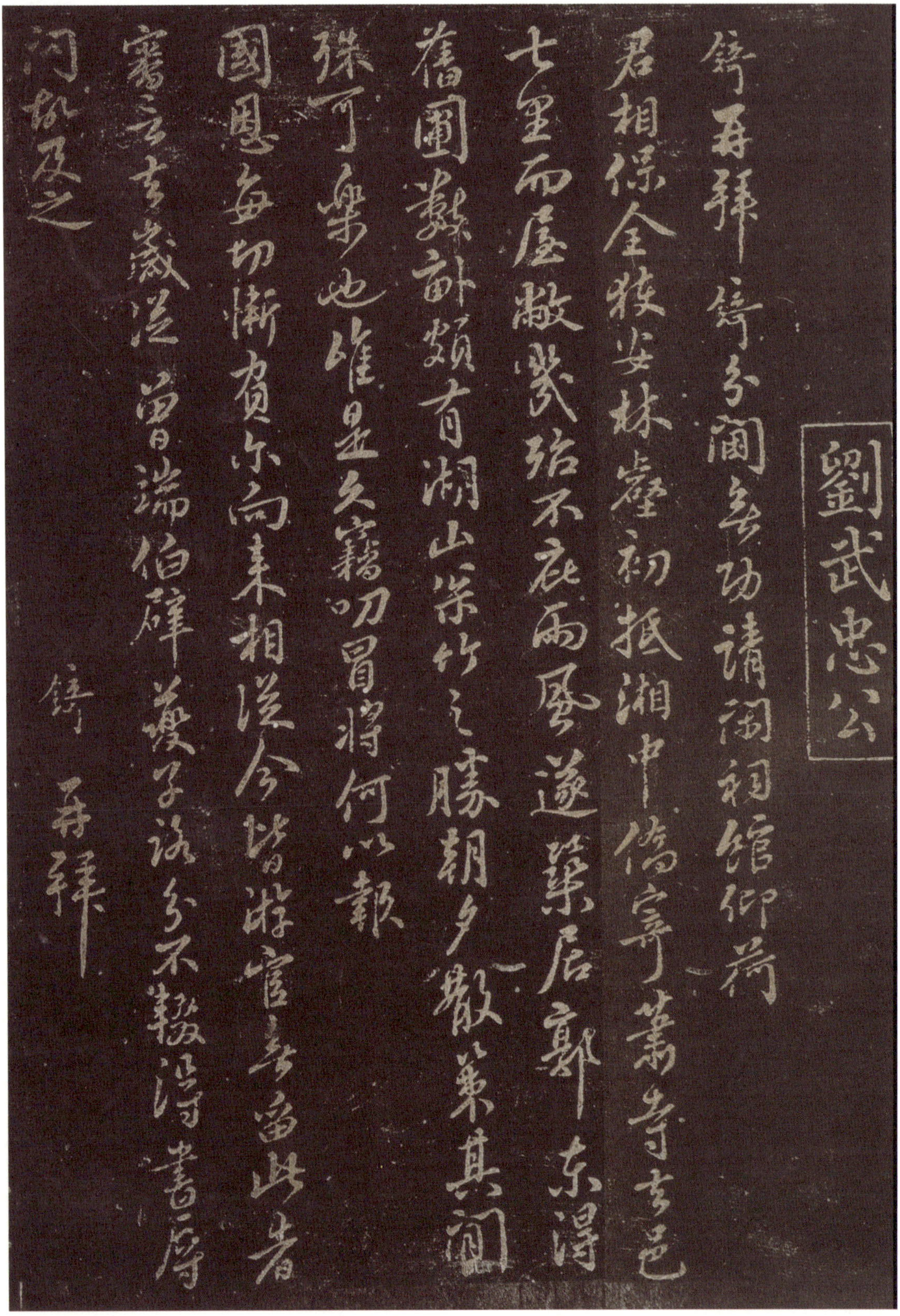

《分阃帖》

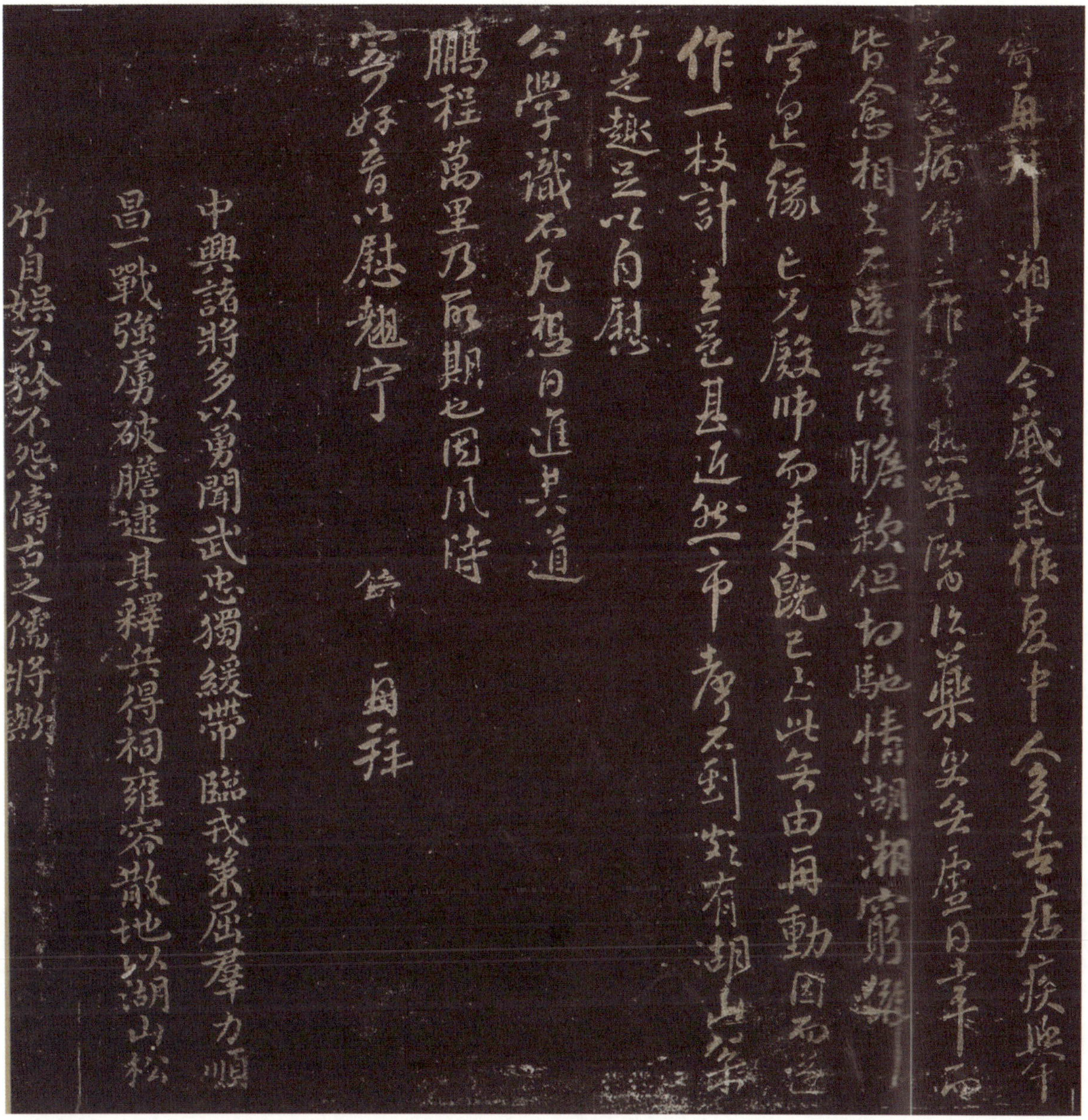
中興諸將多以勇聞武忠獨緩帶臨戎策屈羣力順
昌一戰強虜破膽逮其釋兵得祠雍容散地以湖山松
竹自娛不矜不怨儔古之儒將歟

《湘中帖》

释 文

【分阃帖】

锜再拜，锜分阃无功，请闲祠馆，仰荷君相保全，获安林壑。初抵湘中，侨寄萧寺，去邑七里，而屋敝几殆不庇雨风。遂筑居郭东，得旧圃数亩，颇有湖山松竹之胜，朝夕散策，其闲殊可乐也。唯是久窃叨冒，将何以报国恩？每切惭负尔。向来相从，今皆游官，无留此者。审言去岁从曾端伯辟夔子，路分不辍。得书辱问，故及之。

锜　再拜。

【湘中帖】

锜再拜：湘中今岁气候，夏中人多苦痁疾，举室亦病。锜三作泻（写）热，呼医治药，更无虚日。幸而皆愈。相去不远，无从瞻款，但切驰情。湖湘穷僻，当日止缘亡兄殿师而来。既已至此，无由再动，因而遂作一枝计。去邑甚近，然市声不到，颇有湖山松竹之趣，足以自慰。公学识不凡，想日进其道，鹏程万里，乃所期也。因风时寄好音，以慰翘伫（宁）。

锜　再拜。

高蹈不群的遗民遗韵

——明遗老王瓆《娱老雅社题辞》（1651）
（九世孙、静宁进士王曜南抄录）

每逢改朝换代，总会出现这么一些人：在初兴的政权下，他们不得不忍辱屈志以苟全性命；但面对自己的内心，他们又尽可能地在有限范围内做出与新政权不合作的姿态。如遁入名山、息影市井、归隐田园、课读儿孙、寄情诗酒，总之，要尽量守住不仕新朝、不做贰臣的底线。

明末清初的静宁人王瓆就是这样。王瓆（1594—1670），字蓝璧，一字襟白，号秋露道人，出身于文化世家，崇祯四年（1631）进士，后历任山西孝义令、兵部武选司主事、湖北黄梅令。崇祯十五年（1642），任武昌监军道佥事（明代以文臣监军，佥事系其副职，正五品）。此时，正是大明王朝风雨飘摇、大厦将倾之际，“闯献猖獗，江汉震惊，瓆筹饷厉兵，昼夜警守”（康熙《静宁州志·人物·王瓆传》）。次年五月，张献忠进攻武昌，当时抚军未任，按臣出巡，司道府县员俱缺，满城惶恐，王瓆亲率兵民划地分守，并设伏诱击，擒杀颇多。但毕竟独木难支，势已岌岌，次日城破，王瓆杀出重围，赴九江面见大帅左良玉，号泣请师，武汉三镇，不久恢复。再次年三月，清朝定鼎，“南明”建立，马士英、阮大铖等群小用事，王瓆有功不叙，反遭排斥，遂隐居荒野。后经家人遍访，始归故里。清廷召用，坚辞不出。卒年七十有七。

回到静宁州城的老家后，“识破人情惊破胆，看穿世事寒透心”的王瓆，已过知天命之年了。我们可以想到，在以剃发蓄辫为归顺标志的易代之际，作为前朝遗民的王瓆，一定是不肯轻易妥协的。据《王氏家谱·王瓆传》载：“国初以不忍削发，为当事捏详，已解赴六盘山，适府君门生王廷谏者，以行人司阅边至秦州，特谒府君，当事闻之，驰駟请还，府君因得解。”在这次有惊无险的剃发风波后，王瓆不得不为门生和家人考虑，接受了形式上的剃发易服。试想，一个誓死效忠朱明王朝的士人，整天拖着一根象征着归顺异族征服者的辫子，这种心灵的折磨不是只为衣食奔波的人所能理解的。真是“何以解忧，唯有杜康”啊，于是，故友之间，时相过从，“以闲人做闲事，对酒陶情；集老友壮老年，征歌遣兴”，不失为一种自我调适的生活情态。

为了把这种聚会延续下去，大家都觉得能成立一个名正言顺的组织才好。就这样，在“文字狱”尚未兴起的顺治八年（1651），已经57岁的王瓒就和其兄王琪，以及在州城颇有德望、雅好诗文的何永嗣、李淳、郭敦、王宗鹤共六人（平均年龄64岁，因为6年后的三月三日聚会，他们每人作了一首以“六人四百二十四”为首句的诗，此时平均年龄已达70岁了），成立了一个定期活动的“娱老雅社”，公推王瓒为社长。

在古代，文人士大夫为遣兴消闲，曾留下了许多有关诗文社和老人会的佳话。而“娱老雅社”，则是一个兼具怡老消闲和诗文唱和两种功能的小型团体。既然是团体，就必须得立章程、有规矩。作为其中年龄最轻且为社长的王瓒，自然当仁不让，写下了一篇文风精致、近于骈体的《娱老雅社题辞》。

该文开篇即以慕圣希贤的口吻，点出娱老雅社所效法的榜样是司马光、苏轼这类人物，结社是“联素心者五六人”“自娱之也”，故名“娱老”。而后，感叹人生易老，浮生若梦，其娱几何？所以，要以自娱的方式，“良辰美景，抚时物之芳华；□招高朋，想当年之逸韵”。最后还特别强调，结社毋须人多，先戒烦嚣；聚会不讲排场，力戒奢华，表达了他们追求清雅、率真的生活情趣。同时，也体现出古代士人“序齿不序官”，不拘礼节，不讲虚文的平等观念。最后的落款，作者以干支“辛卯”纪年，而不署顺治年号，显得别有深意，是不经意处对异族统治者的抵触。

据传为王瓒亲笔书写的《娱老雅社题辞》墨迹，前几年在《静宁古今书画集萃》中收录，但因其中有脱字，也有衍字，且印章非书者本人名号，基本上可以断定为赝品。为对前贤和读者负责，本书特选王瓒九世孙、光绪二十一年进士王曜南任民国甘肃省议员时，誊录并送征书局的手迹（现藏甘肃省图书馆）。王曜南（1862—1927），字有轩，号午天（据地方资料，疑其字、号颠倒），与其父源瀚同为光绪年间进士，且皆为陇上著名诗人，分别有《六戊诗草》和《学古轩诗草》传世。其四子尔全系民国平凉师范校长、省立静宁中学创始人，七子尔黼系民国兰州农业学校校长，皆陇上知名教育家。

王曜南出生时，那个让其九世祖王瓒腹诽不已的大清王朝已走到了穷途末路。他虽然科场顺利，但仕途坎坷，年轻时也曾慷慨激昂、心忧天下。光绪二十一年（1895）春，33岁的王曜南赴京参加乙未科会试。试毕等待发榜，突然传来《马关条约》割让台湾及辽东、赔款二万万两白银的消息，举子们群情激愤，不能自抑，有一千二百多人在康有为、梁启超起草的《上皇帝书》上签名，并与数千市民齐集都察院门前进行请愿。在这场著名的“公车上书”中，甘肃有61名举人签名并参加请愿，人数列十八省之第五。

此外，甘肃举人还推武威李于锴领衔，起草了由76人联名的《请废马关条约呈文》，惜因《马关条约》已正式生效而搁置。在这两次活动中，王曜南以及本书所涉及的庆阳钱旭东、会宁秦望澜都踊跃参加，奔走呼号，体现了陇上士子接受维新思想、积极救亡图存的爱国热情。

王曜南虽不以书法名世，但作为那个时代能考中进士的人，写一手漂亮的蝇头小楷自然是必备的功课。其书法圆润华滋，方正谨严，横直相安，撇捺舒展，用笔不含浑，不故弄玄虚，起笔、运笔、收笔的笔路十分清楚，颇有学者风度和诗家修养。另外，细看文末“谊不孤于丘园”一句中的“丘”字，缺了一个短竖笔画，显然是避讳孔夫子的大名“丘”字。这种因避讳皇帝、圣人、尊长名字而故意丢笔摺点的写法，是民国以前读书人写字时约定俗成的一种习惯，称“敬缺末笔”，不可当作错别字对待。

有趣的是，王瓒写此文时，正经历着易代之痛；而王曜南抄录此文时，大概也是刚从前清的资政院议员变成了民国的省议会议员，他有没有遗民心态呢？请看1913年其52岁时写的《省议会言志》：

煌煌政典萃群言，议会初开事业繁。
泽及万民方合志，人联两党漫分门。
英词伟论文章炳，矩步规行道义尊。
古处衣冠莫相笑，老成自有赤心存。

笔者以为他怀着一种初见共和新政体的欣喜和泽及万民的抱负。

参考资料：

时下翁《闲话进士（下）·王瓒》（《静宁文史大观》，敦煌文艺出版社，2019年4月第1版）

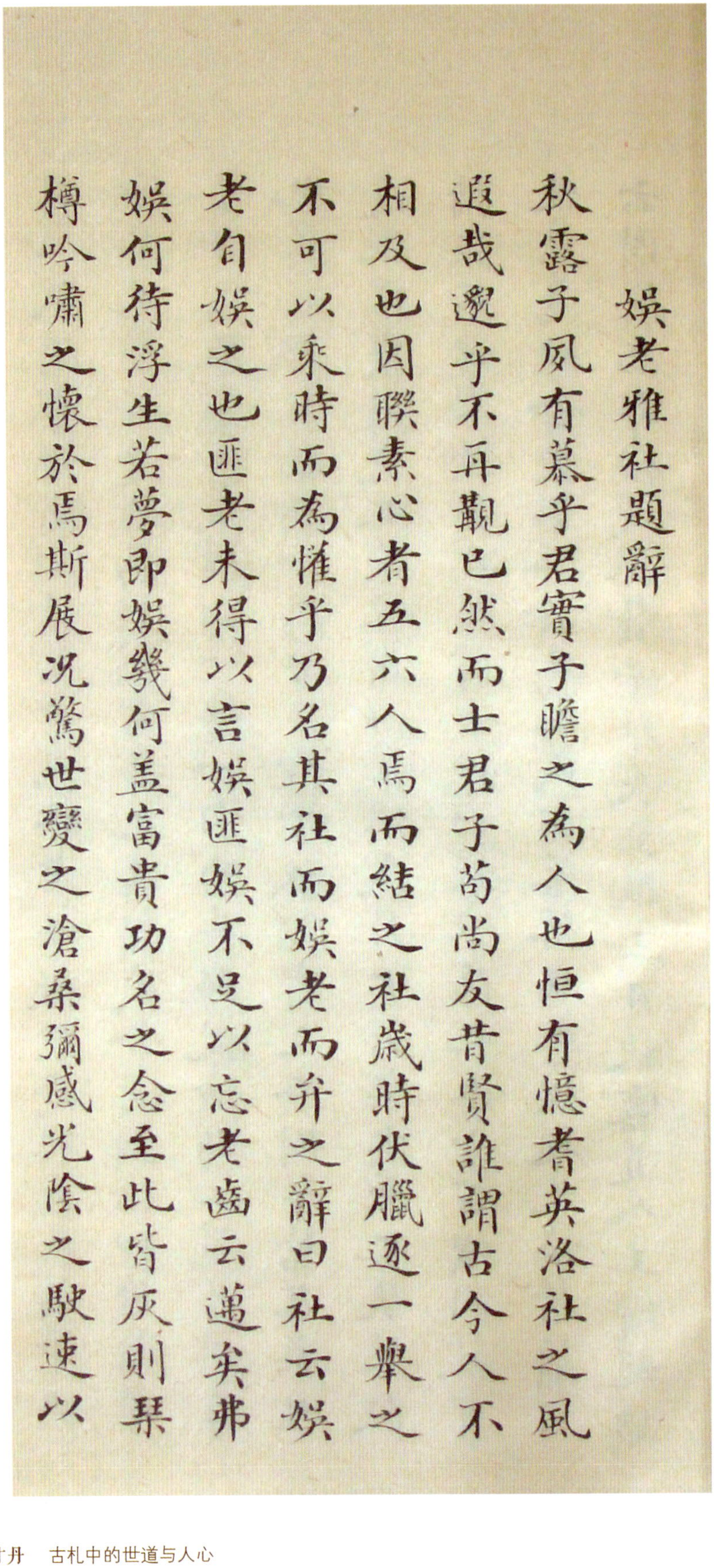
娱老雅社題辭

秋露子夙有慕乎君實子瞻之為人也恒有憶耆英洛社之風遐哉邈乎不再覯已然而士君子苟尚友昔賢詎謂古今人不相及也因聯素心者五六人焉而結之社歲時伏臘逐一舉之不可以乘時而為懽乎乃名其社而娱老而弁之辭曰社云娱老自娱之也匪老未得以言娱匪娱不足以忘老齒云邁矣弗娱何待浮生若夢即娱幾何蓋富貴功名之念至此皆灰則琹樽吟嘯之懷於焉斯展況驚世變之滄桑彌感光陰之駛速以

《娱老雅社题辞》（一）

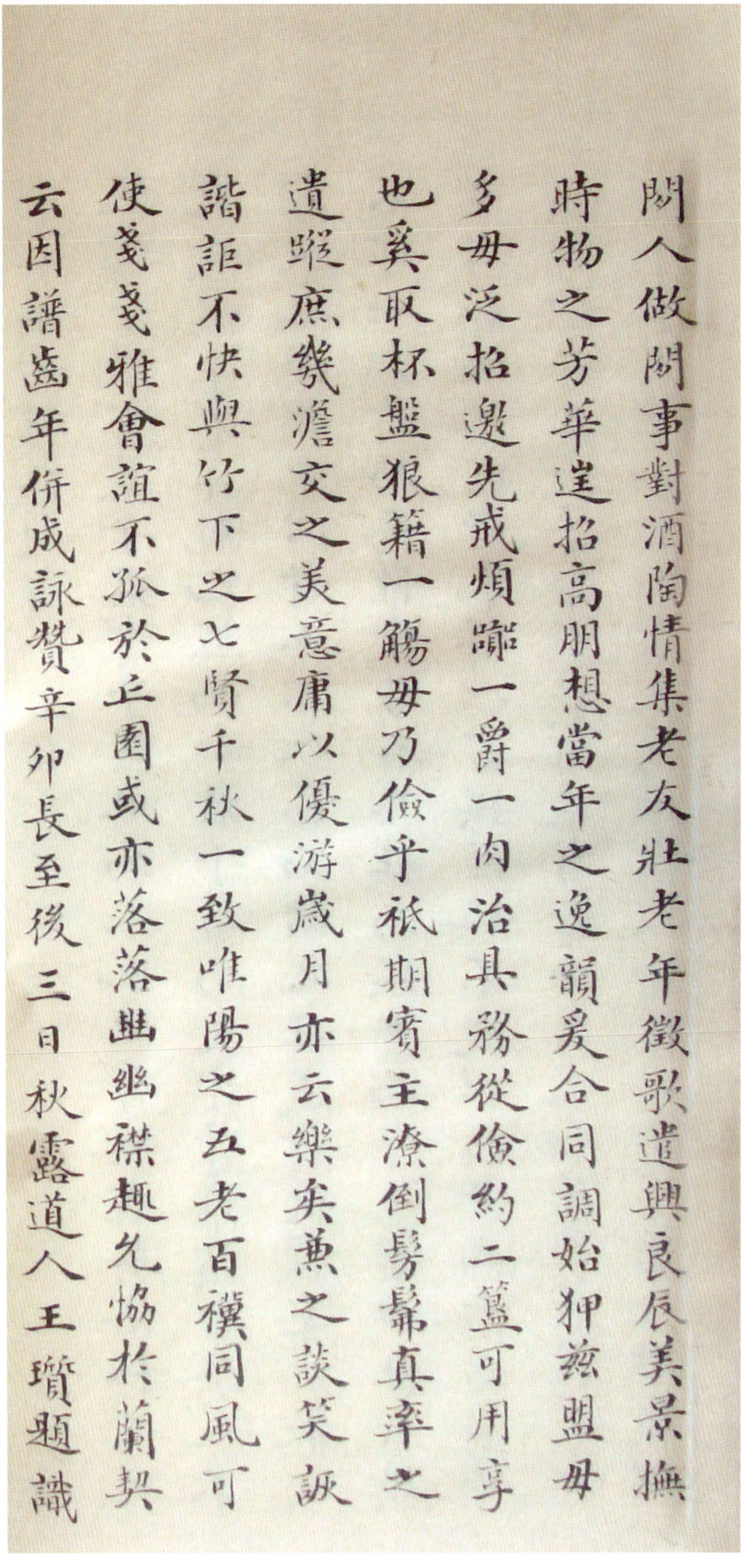
閒人做閒事對酒陶情集老友壯老年徵歌遣興良辰美景撫時物之芳華逞招高朋想當年之逸韻爰合同調始狎燕盟毋多毋泛招邀先戒煩噂一爵一肉治具務從儉約二簋可用享也奚取杯盤狼籍一觴毋乃儉乎祇期賓主潦倒髣髴真率之遺蹤庶幾澹交之美意庸以優游歲月亦云樂矣蕪之談笑詼諧詎不快與竹下之七賢千秋一致唯陽之五老百禩同風可使戔戔雅會誼不孤於丘園或亦落落豳幽襟趣允協於蘭契云因譜齒年併成詠贊辛卯長至後三日秋露道人王瓚題識

《娱老雅社题辞》（2）

释文

【娱老雅社题辞】

秋露子夙有慕乎君实、子瞻之为人也，恒有忆耆英、洛社之风，遐哉邈乎，不再觏已！然而士君子苟尚友昔贤，谁谓古今人不相及也？因联素心者五六人焉，而结之社，岁时伏腊，逐一举之，不可以乘时而为欢乎？乃名其社而"娱老"，而弁之辞曰：

社云娱老，自娱之也。匪老未得以言娱，匪娱不足以忘老。齿云迈矣，弗娱何待？浮生若梦，即娱几何！盖富贵功名之念，至此皆灰；则琴樽吟啸之怀，于焉斯展。况惊世变之沧桑，弥感光阴之驶速。以闲人做闲事，对酒陶情；集老友壮老年，征歌遣兴。良辰美景，抚时物之芳华；□招高朋，想当年之逸韵。爰合同调，始狎兹盟。毋多毋泛，招邀先戒烦嚣；一爵一肉，治具务从俭约。二簋可用享也，奚取杯盘狼藉（籍）？一觞毋乃俭乎，祇期宾主潦倒。仿佛真率之遗踪，庶几淡交之美意。庸以优游岁月，亦云乐矣；兼之谈笑诙谐，讵不快欤？竹下之七贤，千秋一致；唯阳之五老，百祀同风。可使戋戋雅会，谊不孤于丘园；或亦落落幽襟，趣允协于兰契云。因谱齿年，并成咏赞。

辛卯长至后三日　秋露道人王瓒题识

翩翩出山凄凄归

——静宁大挑一等举人、浙江候补知县张孝友家书一通（1879）

以笔者原来的陋见，古代的候补官员也算是步入了仕途，即使候那么一阵子，但拖青纡紫、金马玉堂的官位迟早会补上的。可查阅关于清代候补官员的史料，才知道这是一个天大的误会。

在古代社会，士人以读书、科考为业，一旦获得功名，即通籍为仕，从此非农非工也非商，只能终生“以官为生”。由于清代施行的官员任职回避制度，不论是科举正途，还是劳绩擢拔以及捐输为官，都必须在离原籍五百里外的地方任职（教官不得在本府任职）。如果是出任实职倒也罢了，最难挨的就是那个被称为“穷官”“穷员”的候补官员群体。他们一经候补，就必须到省听任，但绝大多数都无官位可坐，无官俸可支，除了每月几次的“衙参”（候补人员参见督抚的例会），偶尔署一缺（暂时代行职位），或委一差（临时指派工作），获得数目不定的菲薄收入外，再几乎与公事无涉，“有终年不得一差，终身不得一缺，典质俱穷，进退维谷，其心非不欲另谋生计，惟听鼓省会，终不免有希冀之想，甚至流落他乡，及身不能归故土者”（光绪二十八年四月十七日《申报》载《谨注四月初五日上谕后》）。

清同治十年（1871），分发浙江候补知县的静宁大挑一等举人张孝友，苦候11年而未能补得一缺，最后客死他乡的遭遇，可以称得上清代候补文官群体的一个典型案例。

张孝友（1825—1882），字甫堂，行一，静宁县甘沟乡张家小河村人。咸丰九年（1859），他在己未恩科的陕甘乡试（光绪元年经左宗棠奏准后才陕甘分闱）中脱颖而出，荣中第十名举人，时年34岁。按当时的惯例，放榜后，巡抚要主持鹿鸣宴，招待考官和新科举人，年轻且名次看好的张孝友想必也躬逢其盛，在席间吟唱《鹿鸣》诗，观赏魁星舞了。穷乡僻壤的普通农家，能出个“举人老爷”，可称得上门楣焕彩，一条坦荡如砥的仕途正徐徐展开，不可限量。可以想到，此时的张孝友也必然和其他举子一样，踌躇满志，正想着在次年的京城会试中联捷折桂了。但令人遗憾的是，他在初尝科举的荣耀后，也领教了科举的残酷，在其后至少连续三次的会试中，都名落孙山。就这样，一直熬到中举12年后的同治十年（1871），已经毫无心力再博取更高功名的张孝友，才经吏部科考大挑，获得一等资格，理想的仕途似乎又得以峰回路转。

清代大挑制度，是乾隆年间开始针对落第举人实行的一种选官制度，目的是给已有举人身份但又没有官职的人增加一次晋升的机会。大挑的对象必须是三科（嘉庆五年前为四科）不中的举人，其科考不再是笔试，而是重在形貌与应对的面试。关于形貌的挑选，真是以貌取人，相传有“同田贯日，气甲由申”八字诀，体态符合前四字形状者为合格，类似后四字形状者为不合格；而关于应对的挑选，则是声音洪亮、表达清晰，于时事吏治素有研究者为上。如此“大挑”下来，一等以知县用，二等以教职用。想必已经46岁的张孝友，一定是相貌堂堂、应对得体，这才获得了一等的成绩。在科举仕进之途，获“大挑一等”者也称得上人中龙凤，但做官也往往靠运气，有些人即刻可授实职，有些人只能给个候补。张孝友虽然运气不佳，只能候补，但掣签（如当今之抽签）时的手气倒是不错，获得了到江南富庶之地浙江候补的机会。

按惯例，获大挑一等后，就要到被分发的省会向督抚报到，开始或长或短的候补生涯。张孝友从老家静宁一路东南而向，奇山异水，豁人眼目，尤其是初次来到素有“天堂”美称的杭州城里，让这位寒窗苦读的中年士子恍若梦幻。起初的候补，对一个没有任何仕宦见闻和经历的乡下人而言，在满怀热望的同时，也定然对出入官场有一种新鲜的感觉。

而这封书札，显然不是他第一次赴杭州时所写，因为当年并没有书札落款中的“闰三月”。查阅他获选到去世期间的年历，只有光绪五年（1879）有闰三月，由此可准确断定这封在西安途中向家人报平安的书札正是写于该年。

可以想到，他在杭州候补了8年之后，可能于上年岁末告假回乡，过了春节，一直到三月底，才搭乘同乡王效来去西安办事的官家马车，走了十多天，于“闰三月十四日到西安省城”。从其写信的称谓判断，其时他的父母都已去世，长辈中可能只剩七伯、四叔了，其中的“大兄”也应该是同一个祖父的堂兄。书札开头，就向家人报告从西安走浙江的线路，向当地人打听得知，“走龙渠寨六站路，就要坐船”，他决定走此路。据此推断，他是从西安出发，走六站路（每站即一天行程，约七八十里）到鄂东北汉江边的龙渠寨码头，坐船从汉江到长江，再转道浙江。接着，把话题转入代买货物之事。离家前，四叔、大兄及家人委托他在西安代购靴、帽等物，让王效来返程时带回。所以，他一到西安，“就在鞋铺去交，将价值材料业已说定”，不料王效来说他的官车被西安扣留（看来外地车辆受刁难，古已有之），他得即刻返回静宁，“不能等候”。这样，定制的物品已来不及带了，他“再三筹思，不得已将交定之物退还，复在各处找买现成”。

我们从他给家人置办的物品和嘱咐的话——“绒帽三顶、生丝绫三头、寿袜一双，内有一顶帽绫是与四叔父捎的，其余俱是家内的”看，叔伯辈显然都已分家另过，他所指的“家内”，应该是他和胞弟一家。另外，也可约略看到，他们的家人对衣帽鞋袜之类还比较讲究，想来其家道勉可温饱了。

书札的最后，是给家人交代关于其侄润寿子的安置问题。陇东民间，叫人乳名时往往加“子”“儿”的后缀，无实意，但有亲昵的意思。“至于润寿子，弟亦欲差遣回家，但弟亦觉太寂寞，虽是张彩随后赶来，弟总觉不及润寿跟随为妥。”从这段话可以看出，他在浙江候补时，是带了侄子润寿随身陪侍的（即当时官员所雇用的常随），可能因为在外没有出路，或者到了婚娶的年龄，只能让他返回老家。但生活在杭州城里，毕竟人生地疏，加之方言交流不便，所以在家里时就商量让另一位子侄辈的张彩随后替换。并特意委托其“四兄弟印瓛在润寿子母亲处好言劝解，免生挂牵”。

这封书札，虽然没有提及他在浙江的生活状况，但通过与那个时期大多数候补官员的类比，也可略知一二。与担任实职的地方官员相比，候补官员没有法定的俸禄，只能靠督抚安排署缺和委差过活。但“一差而数十人争之，一缺而数百人俟之”，只身寄寓，亦属艰难；挈眷远来，尤多内顾。加之租房、雇用常随，还有官场少不了的交际应酬、酒食征逐等，大多数候补官员都是入不敷出，甚至穷愁潦倒，只能在贫寒、苦闷、尴尬的境地中，白白耗损年华并累及父母妻儿。而弥补生活困难，比较常见，也不辱斯文的办法，就是设馆授徒，挣几个束脩。《皇朝经世文编·论课吏》称：多数候补官员“家计本非饶裕，一旦此心为功名利禄所动，翩翩作出山之计，当其分发出省，早已掘罗一空，精疲力竭。满望一二年后，侥幸得一委差，便可将从前借贷之款稍稍清偿。孰意到省之后，旅况凄凉，生意落寞，除朔望衙参外，未能一见大宪之面。始犹强自慰藉，以为时运未至，今日困顿，尚可望他日顺利。洎乎年复一年，头衔误我，手版羞人。宿债未清，新逋又积，衣归质库，仆隶豪门。当此之时，殊有欲进不能，欲退不得之势。”这段文字，生动传神，描绘了当时候补官员群体的心理状态和困顿生活。正因如此，有些人为了利用督抚等大吏的酌委之权，尽快获得补缺、委差的机会，请托钻营、溜须拍马，无所不用其极，从而成为官场腐败的一个重要方面。而张孝友之所以候补11年而未能补缺，应该与他秉性朴实、不擅周旋的书生本色有关。

这封书札，说的都是琐屑家常，文中很少有当时文牍惯用的套话和典故，平实自然，更有一些很少见到的白话字眼，真是见字如晤，这不仅体现出作者对家人文化水准的理解和体谅，也可见其善良忠厚的性格特点。

无味功名，恰如鸡肋；一行作吏，愿竟成虚。其时，张孝友已经是54岁的人了，天命难违，曾想经纶世务的心性已经消磨了大半，但只要有一线希望，又怎能轻言退却？可能连他本人都没有想到的是，在这次去杭州三年后的腊月某日，连一天官都没有当上的他，竟然客死他乡。更为可悲的是，随他到浙江的次子、监生渠寿，已先他二年在浙江亡故，渠寿妻李氏及其在浙江所生一子，回家省亲途经龙渠寨时，突遭水灾，母子双双殒命。两子之中，唯留在老家的长子曾寿支撑门户，延续一脉香火。书札开头所说的龙渠寨，是他最后一次赴浙江时选择的新线路码头，竟然成了他的次媳及小孙的丧身之地。悲夫！

清代学者欧阳昱曾在其《见闻琐录》中记载了一个候补知县的悲惨遭遇，可以类推张孝友当时贫病交加的生活状况：某日，有人禀某候补县死，方伯（地方长官的泛称）派人往验因何而死。回禀曰："某员到省二十年，未得委差，衣食俱乏，实冻馁而死。其身上惟留一破衣破裤，床上惟眠一破席，被帐俱无。有一老仆，卧地上稻秆内，又几将死矣。"方伯恻然，发钱三十串殡殓。又发钱一串，以救其仆。甚矣，其苦也！

从张孝友将次子渠寿夫妇及侄子润寿、张彩带到浙江的情况看，在没有稳定的官俸收入时，他们的生存压力必然不小。张孝友一定会找一份不失官体的别业，很大可能就是设馆教书了；而作为监生的渠寿，已有了初步的功名，或许一边继续攻读参加乡试，一边也兼职补贴家用。身在杭州城里的父子二人，应该有能力承担得起一家人起码的日常开销，想来不至于像欧阳昱笔下的这位候补知县那么悲苦无告。

张孝友及其一大批候补官员，无疑是科举制度的牺牲品。有清一代，候补官员无处不在，无时不有，即使官员的任职都比较短，流动速度也比较快，但进入官场的人数远远超过退出官场的人数，从而形成了一个数量相当庞大的群体。这个群体，既是仕途壅塞的受害者，也是新一轮仕途壅塞的制造者。尽管清政府也曾试图通过新政解决这一痼疾，但由于其负面影响的肆意蔓延，已经严重损伤了朝廷的自我调整力、应对力和统治力，不仅使澄清吏治的愿望一再落空，反而直接加速了朝廷统治的削弱和衰退，成为推动清朝自我瓦解的不自觉的工具之一。

那个曾经春风得意的年轻举人张孝友，身不由己地参与到统治者设置的赌局中，像押宝似的把自己后半生的希冀和光阴全都押在了候补的幻境中，除了身后得到一个

“皇清敕封奉政大夫”的虚衔外，再也找不到任何一点人生痕迹。这，不仅是张孝友的个人命运，更是那个时代所有候补官员的集体悲剧。

参考资料：

1. 王力等《中国古代文化史讲座》（中央广播电视大学出版社，1984 年 6 月第 1 版）

2. 时下翁《张孝友：几时“候”得“实缺”来》（《静宁文史大观》，敦煌文艺出版社，2019 年 4 月第 1 版）

3. 肖宗志《晚清候补冗官研究》（《洛阳师范学院学报》2013 年第 3 期）

4. 王丽《清代候补官员发省委署制度成因初探》（《石家庄学院学报》2010 年第 1 期）

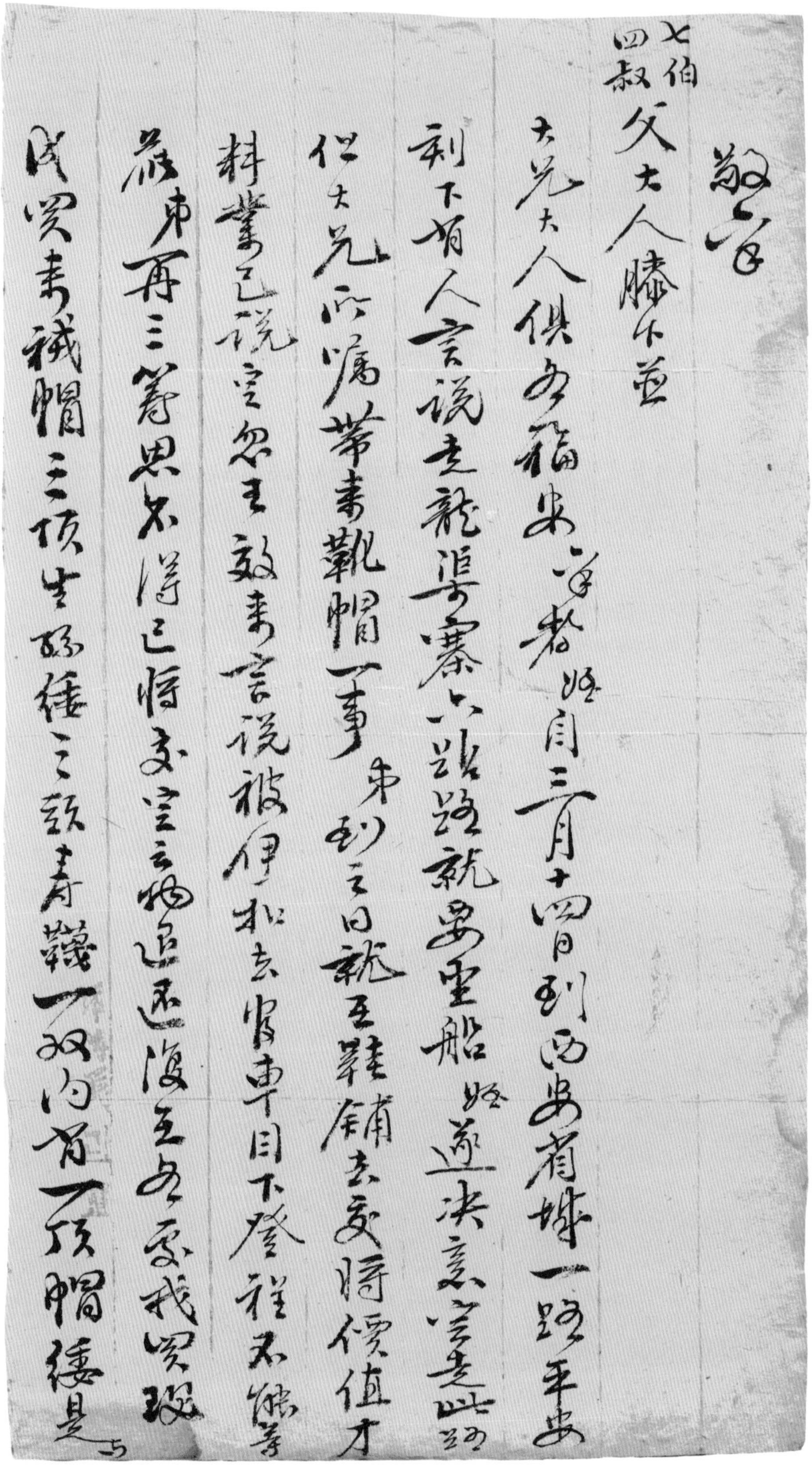
敬禀
七伯四叔父大人膝下並
大兄大人俱各福安字春姪自三月十四日到西安省城一路平安
到下首人言说走龙驹寨六站路就要坐船姪遂决意定是此站
但大兄所嘱带来靴帽一事来到之日就至鞋铺去变时价值才
料叶已说定忽至数来言说被伊拿去货单目下登程不能等
候再三筹思不得已将实言告他退还复至各处找买现
成买来绒帽三顶生丝缨二颗寿靴一双内有一顶帽缨是

书札（1）（12.9cm×22.7cm）

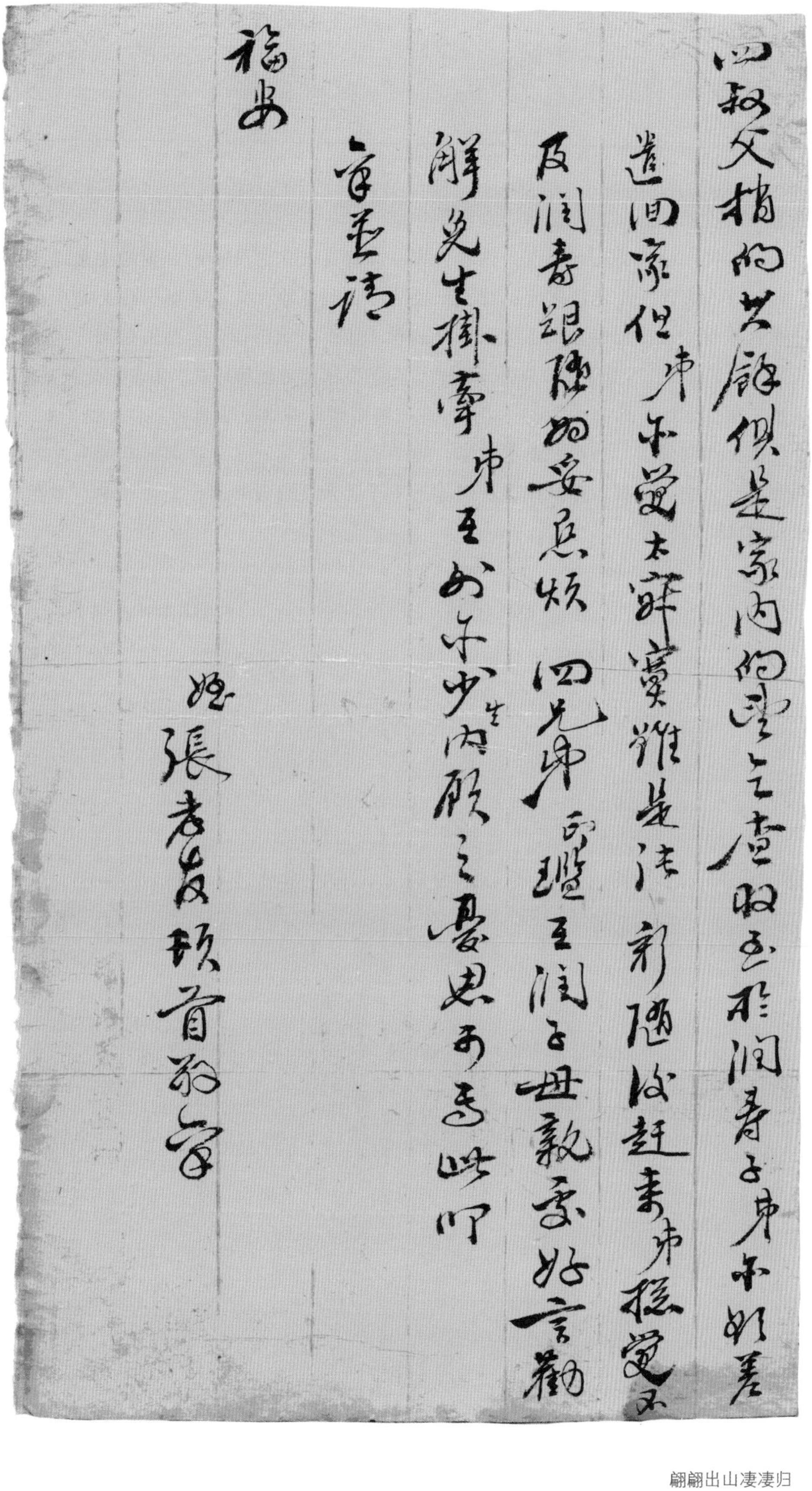

书札（2）（12.9cmx22.7cm）

释 文

敬禀

七伯、四叔父大人膝下并大兄大人，俱各福安。禀者，侄闰三月十四日到西安省城，一路平安。刻下有人言说，走龙渠寨六站路，就要坐船，侄遂决意定走此路。但大兄所嘱带来靴帽一事，弟到之日，就在鞋铺去交，将价值材（才）料业已说定。忽王效来言说，被伊扣去官车，目下登程，不能等候。弟再三筹思，不得已将交定之物退还，复在各处找买现成。买来绒帽三顶、生丝缕三头、寿袜一双，内有一顶帽缕是与四叔父捎的，其余俱是家内的，望乞查收。至于润寿子，弟亦欲差遣回家，但弟亦觉太寂寞，虽是张彩随后赶来，弟总觉不及润寿跟随为妥。恳烦四兄弟印瓆在润【寿】子母亲处好言劝解，免生挂牵。弟在外，亦少生内顾之忧思可焉。此叩禀，并请

福安

侄张孝友顿首敬禀

谁没有一本难念的经

——三水财主唐鸿序与镇原寒士张与龄往来书札三通（1880 年前后）

在陕西旬邑县（1913 年前称三水），提起唐家大院，就如同山西的乔家大院、四川的刘文彩庄园那样，真可谓大名鼎鼎、妇孺皆知。

该大院位于县城东北 7 公里处的唐家村，是清代中、晚期驰名朝野的大财主“三水唐家”的府邸。它最辉煌的时期，是从道光五年（1825）开始修建，每天用工匠 340 多人，咸丰元年（1851）增加到 3200 多人，修了 43 年才修成这栉比连云的 87 院，2700 余间的庞大建筑群，其钟鸣鼎食的盛况一点也不亚于《红楼梦》里的贾府。以后，因遭遇同治战乱，加之家道中落，子孙们分家析产、变卖处置，到最后只留下不到零头的两院三进相毗连的中、次等房舍 150 余间，以及不远处的唐廷铨墓园和一座石牌坊。1988 年，将其名“唐家地主庄园博物馆”改为“旬邑县唐家民俗博物馆”，后被公布为省级文物保护单位。

如今，观赏这座博物馆里残存的精巧建筑和一些文物，不仅还能约略感受到在百姓眼中“比皇帝还奢侈”的生活细节，也能找到本文主人公唐鸿序的一些影子。比如这副悬挂在三间厅上的楹联：

知足不辱，知止不殆，退一步乐意无穷；
以让为得，以屈为伸，忍三分物情自顺。
邻江主人题

唐鸿序，字邻江，正是这个大院在咸丰、同治和光绪三朝的当家人，也是这个大家族由盛转衰的当事者和见证者。不过，这时的唐家正江河日下，已不复先人们“汇兑全国十三省，包捐知府道台衔；马走外省不吃人家草，人行百川不歇人家店”的风光了。谓予不信，且读这组写于光绪年间（约 1880 年前后）的书札。

札一和札三，是唐鸿序刚过 60 大寿不久，先后写给世交同辈、甘肃镇原人张与龄（字梦九）的，从商询对方到 400 里外的三水教书看，张与龄可能比他年轻一二十岁，尚能远足谋生。札一开头，照例是些客套话，称自己花甲寿辰之际，收到了世兄仁大人来自远方的贺礼，如此盛情，未及感谢，正深感歉疚之际，又收到了阁下的来信。想必张与龄在信中谈到了自己的困境，以及久治未愈的眼疾等情况，所以，接下来的话就算是对来信的回应。因为有世交之谊，他还给对方说起家庭变故后，于数年前续娶邻县甘肃正宁郭姓为妻这类私事，显得很亲近体己。当时，唐家虽然走下坡路了，但瘦死的骆驼比马大，贫寒人家如张与龄还乐意高攀这样的大户人家，以结成儿女亲家。对于这求上门来的亲事，唐鸿序的答复还不算敷衍："择贤择爱之事，弟早有此心。现在子侄中未有相当者，多一刻难以定点。"可能是担心对方失望，又补充了一句"俟后相时而动可也"，算是安慰。末尾，才是本札的重点，出于对张与龄人品学问的称许，他打算聘请对方来家里教读子弟。从行文的措辞和字迹看，唐鸿序可能幼时就是一个贪玩的少爷，未曾下功夫临帖习文，加之出身官商之家且多年管理商号，给人写信直白少文，和人谈起钱来也略无遮掩，甚是爽快："吾兄在贵县房中一年出息未知多少否？若多，无庸说也；如少，何妨携眷来三（三水）。一年除伙食费而外，与束金五十串。"当时的教书先生，一年除伙食费外能得50串（一串即一千或一千多个铜钱）的束脩金，应该是中上等水准。另外，这封书札里有两个耐人寻味的细节，颇能反映唐鸿序当时捉襟见肘的家道：一是开头说委托张的亲戚"带去眼药十丸查收"，其实正是借捎信之机，给张与龄的祝寿之举还一个顺水人情，也算"对症送药"。但对这位唐老爷来说，拿十丸眼药当谢仪，出手好不令人寒碜！二是文中还专门提到"阁下所假（借）之字典，后有便脚，即为寄到"，读书人都讲究个脸面，告借和索还都有比较委婉的说辞，但这种类似张口索债的话，不仅会让对方难堪，而且也不符合古人书札往来的礼节。可以想到，进入暮年的唐鸿序真是一匹皮包骨头的"瘦骆驼"了。且不说他童年时代，家里60多口人就雇用了165个仆人丫鬟，主子随便给下人的赏钱也会比十丸眼药多；单说咸丰元年（1851）刚从少爷成为老爷的唐鸿序，为父亲唐廷铨修墓就修了整整三年，光一个石牌坊就花了十八万两银子，何其阔绰也。不过，那时还想着"千金散尽还复来"的唐鸿序，绝对不会料到自己晚年还会因为一本字典和几十两银子而费此唇舌，更不会料到费尽心血为父亲修成的墓园竟成了供人参观指点的旅游景点。

收信人张与龄，是一位寄居在镇原县城的贫寒读书人，地方资料未有记载。但根据其籍贯和名字的相似度，极有可能是镇原举人张宸枢之父张绍龄的同胞或同宗弟兄。如果猜测不错的话，张与龄有如此弟兄，自幼接受的庭训和家风可谓优良。再从他写给唐鸿序的札二看，文笔畅达，尤其是一笔小楷还颇为雅致脱俗，反映出其较高的学业素养。

札二紧承札一，是张与龄于八月初写给唐鸿序的回信。此时的张与龄，正在镇原县衙的房科帮忙，连不入流的小吏也算不上。当然，这样的职位，收入自然菲薄，“初则每月二千，陆续添至四千”，即月薪从 2 串涨到了 4 串，年薪也就 48 串，这很接近唐鸿序给他开的束脩金了。但是，“今年房中又不管饭，统计满年衣食人情而外，尚不足用，每年总有欠负”。可见公家管饭，可给家里节省一个人的口粮，否则就又多了一项开支。所以，对这个糊口的差事他并不满意，“久有另图之意”。而唐鸿序的“隆情相招”，正中下怀。但是，又不能即刻就去，因为他拖家带口在县城干事，“安身无所，数年来处处借居人宅，一年之内，挪移数次，实在不便”。这等情形，与唐鸿序的今不如昔相比，张与龄简直就称得上饥寒交迫了。在这样难以为继的日子里，张与龄却遇到了一个使劲儿跳一跳就能摘到的桃子——这就是城内一处索价不高、相当于自己一年多薪水的房产，“系内外两院，弟拟与敝亲两人置买，已言价一百二十千，弟住一院，需钱陆十千”。当然，张与龄所称县衙房科的月薪也可能有虚高的成分，但他毫无积蓄的窘境应该是板上钉钉的实情。所以，他企望唐鸿序能预支一年多的束脩金，以便置办好房屋院落，让“全家得有栖身之地”，“一俟将眷口安置妥当”，“即亲身前来，面聆教益”。看来张与龄总是个正经读书人，包括开头和这里的话都很客气，恭维得也颇为得体。当然，作为世交故友，张与龄一定知道对方的难处和家底，所以信末看似不经意的一句戊己（古人以十干配五行，戊己属土。因为清末禁烟，民间以此代称烟土。此代称，笔者未见有文献记载）价格，其实是提醒对方如果没有现钱，也可给同等价格的烟土在镇原变现。可见当时的烟土还广泛流通，是仅次于白银和铜钱的“硬通货”之一。镇原烟土、白银和铜钱的兑换时价是：烟土“每百两价值约二十五六千之谱，银价每两一千六百之谱”。算起来，张与龄半年的薪水，还几乎买不上十斤烟土。其为害之烈，能不令人惊悚？最后，张与龄又附了几句，以解释自己“数年内不能亲来三水”的原因，但重点还是落在“眷口现居友人之家，弟若出门，伊即着弟搬出”，情势如此，切切告急。这正是读书人委婉的催促。

乡谚云：“庄稼荒了一料子，娃娃荒了一辈子。”对大多数人来说，供子弟读书是一件不容耽搁的大事，但漫不经心的唐鸿序却硬是把延聘塾师的事给拖到了年底，真不知他们家的子弟这一年是怎么读书的？一直到腊月初，唐鸿序才给张与龄写了这封札三，开头仍然颇见个性——“情属知己，浮文不套”，看起来他对穷酸文人的繁文缛节很不以为然，开门见山就解释未将款项及时汇兑的缘由。信中说，在收到张与龄请求预支束脩金以购置房产的信后，“彼时弟处有存戊己货，意欲将此货送来，祈兄自为出售，以用其价可也”，但因札二所说的烟土时价两地相同，加之“恐路途不便，所以未捎”，他在三水就地出售，得银三十两，只是当时没有稳妥的人捎，“故迟耳”。本来，这些钱距张与龄所需的房款还差一些，都捎来也还得在别处借贷方能凑齐，但偏偏节外生枝，半路上杀出了个程咬金。唐鸿序的“十五弟伊子拔贡闻得有此银两，央人再四借去”。那边，是聘请的塾师要急着买房；这边，是窘迫的兄弟在屡屡求告。而自己又没有多余的钱兼顾两头，只能顾此失彼，先借给兄弟救个急，但“以至于今”，也未偿还。谁没有一本难念的经啊！好在唐鸿序还算个言而有信的人，眼看到了腊月，这才想起要聘的塾师张与龄的房款还悬在空中呢。在十五弟伊子还没还钱的情况下，他又给张与龄挪腾了三十两银子，本来还打算捎去，“忽忆前兄信云，转寄同兴积布店，以便捎镇（镇原）”，所以，连银带信一并命人去办，“祈为查收”。

这里提到同兴积布店的“前信”，应该是张与龄在札二之后，第二次催款的另一封信，可惜在这批书札中未见。笔者也很疑惑，为什么这本应该分置两处的信件能聚在一块？但聚到一块又偏偏缺了张与龄的第二封信呢？收藏和藏品或许真有一种说不清、道不明的缘分。

不知道张与龄后来究竟买下这处房产没有？也不知道他过了年是不是应聘了“三水唐家”的塾师？这些发生在一百多年前的凡人小事，早已无法考证。但是，通过唐张之间的书札往来，让我们看到了一个底层读书人及其一家妻小觅食的艰辛和悲凉，更看到了一个煊赫几代的大家族走向没落的挣扎和无奈。特别是从伊子拔贡借款来看，这个风光了上百年的大家族，到这一代已经分崩离析，各起炉灶，作为当家的唐鸿序尚且如此，其他叔伯子侄想必也好不到哪里去，因为他们兄弟之间的借贷往来已经低到几十两银子都难以及时归还了。究其原因，一定是祖宗留下的财富太多了，让子孙们贤者损其志，愚者增其过，以至于出现了唐伊子这样虽为拔贡，却既做不了官，也教不了书，即使经商也烂得一塌糊涂的纨绔子弟。同时，最重要的是他们家族后来不重视教育，在家设馆不聘名家高师，出外求学不送省立书院，子弟们满足于安逸舒适的少爷生活，不要说修齐治平的远大抱负，就连显亲扬名的功利追求也丧失殆尽，这从根本上断送了一个家族的生力和希望。而作为十三哥的当家人唐鸿序，可能还没有完全意料到自己看似是拖延了塾师的聘金，其实是对振兴家族“百年大计”的漠视和耽误。

在唐家大院的五间厅，有一副楹联，是唐鸿序之父珍堂主人唐廷铨所写，想必唐鸿序曾多次读过：

勤以补拙，俭以养廉，处身世须留心两字；
书能破愚，诗能益智，愿儿孙常立志三馀。

如果唐鸿序能真正理解这副对联的深刻寓意和父亲的良苦用心，把慎终追远的孝心转化到勤俭持家和发奋读书上，并以身作则，矫正家风，严课子弟，把他们培养成家庭和社会的有用之才，一定比给父亲修一个奢华至极的墓园、立一个 18 万两银子的牌坊，更能告慰父亲和祖宗的在天之灵吧。

参考资料：

1.《唐家大院导游词》（旬邑县唐家民俗博物馆内部资料）
2. 镇原县地方志编纂委员会《镇原县志·人物》（1987 年内部编印）

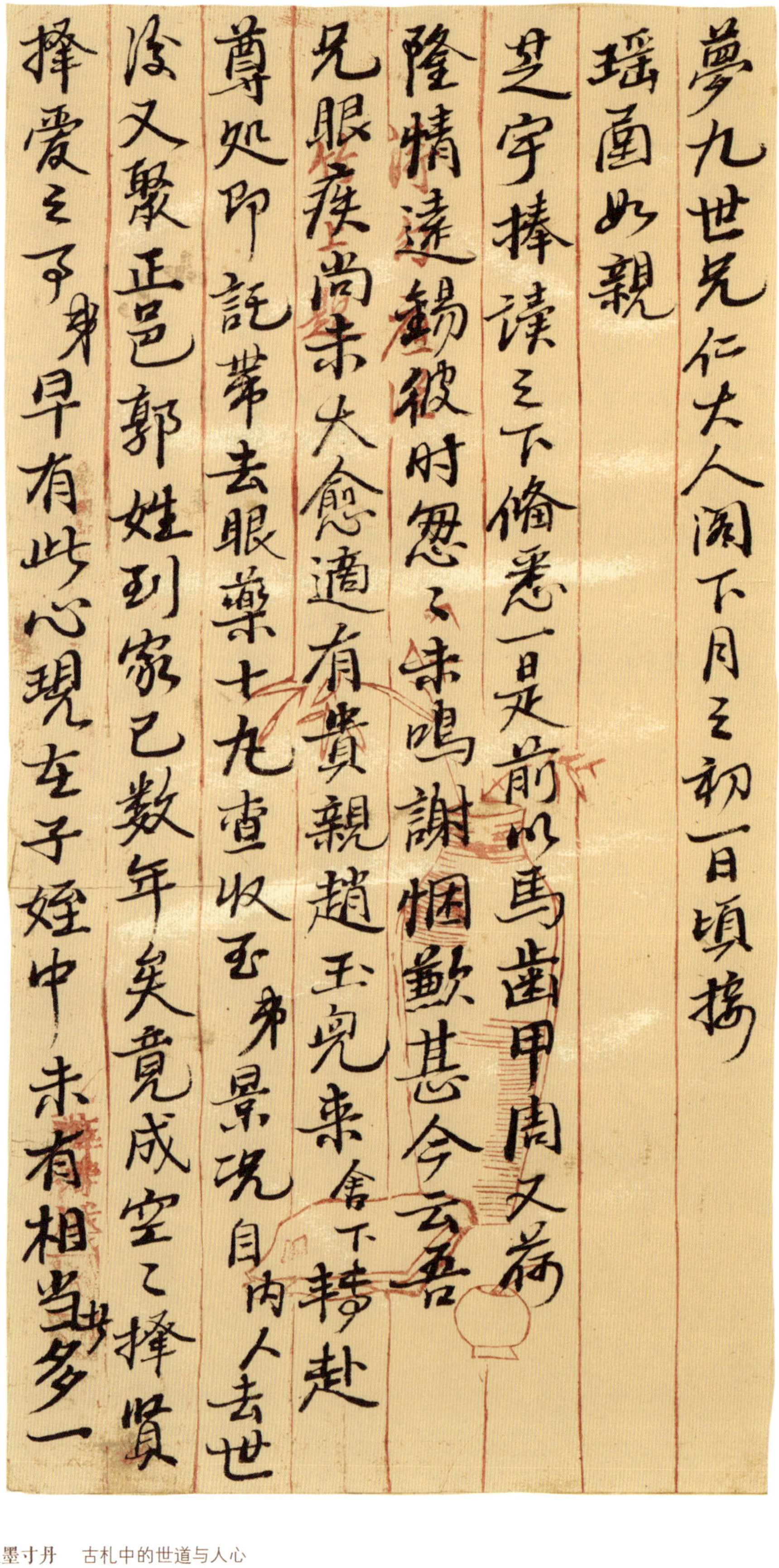
夢九世兄仁大人閣下月之初一日頃接
瑤函如親
是字捧讀之下備悉一是前以馬齒甲周又荷
隆情遠錫彼時悤悤未鳴謝悃歉甚今云吾
兄眼疾尚未大愈適有貴親趙玉堂來舍下特赴
尊處印託帶去眼藥十九查收否弟景況自內人去世
後又娶正邑郭姓到家已數年矣竟成空空擇賢
擇愛之事弟早有此心現在子姪中未有相當多一

札一（1）（12cmx23cm）

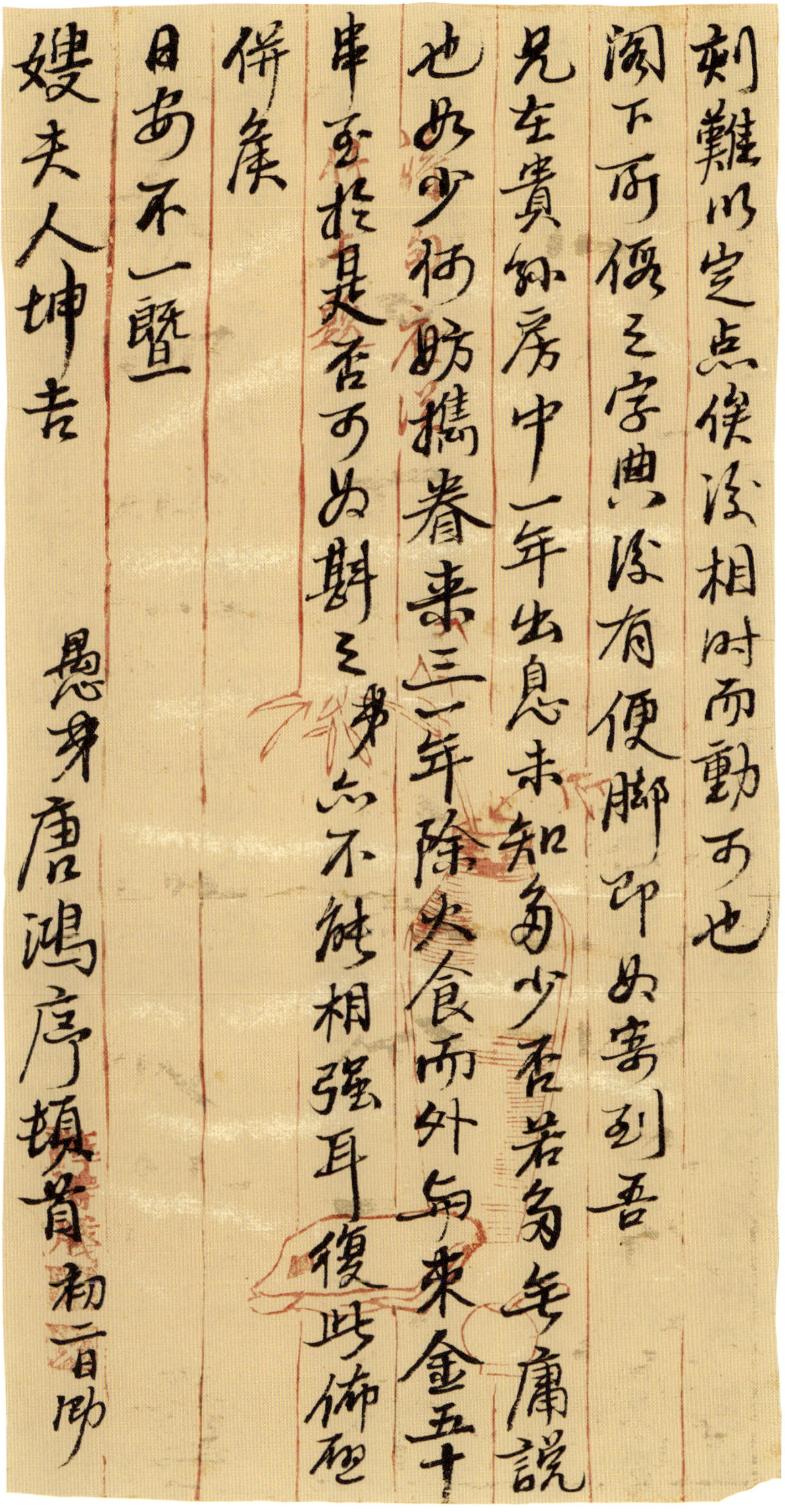

刻難以定，点俟後相時而動可也。
閣下所須之字典，後有便腳即如寄到。吾
兄在貴縣房中一年出息未知多少否？若多無庸說
也；如少，何妨攜眷來？三一年除火食而外，每來金五十
串。至於是否可如數之處，亦不能相強耳。復此佈頌
併候
日安不一。暨
嫂夫人坤吉
愚弟唐鴻序頓首　初二日[illegible]

札一（2）（12cm×23cm）

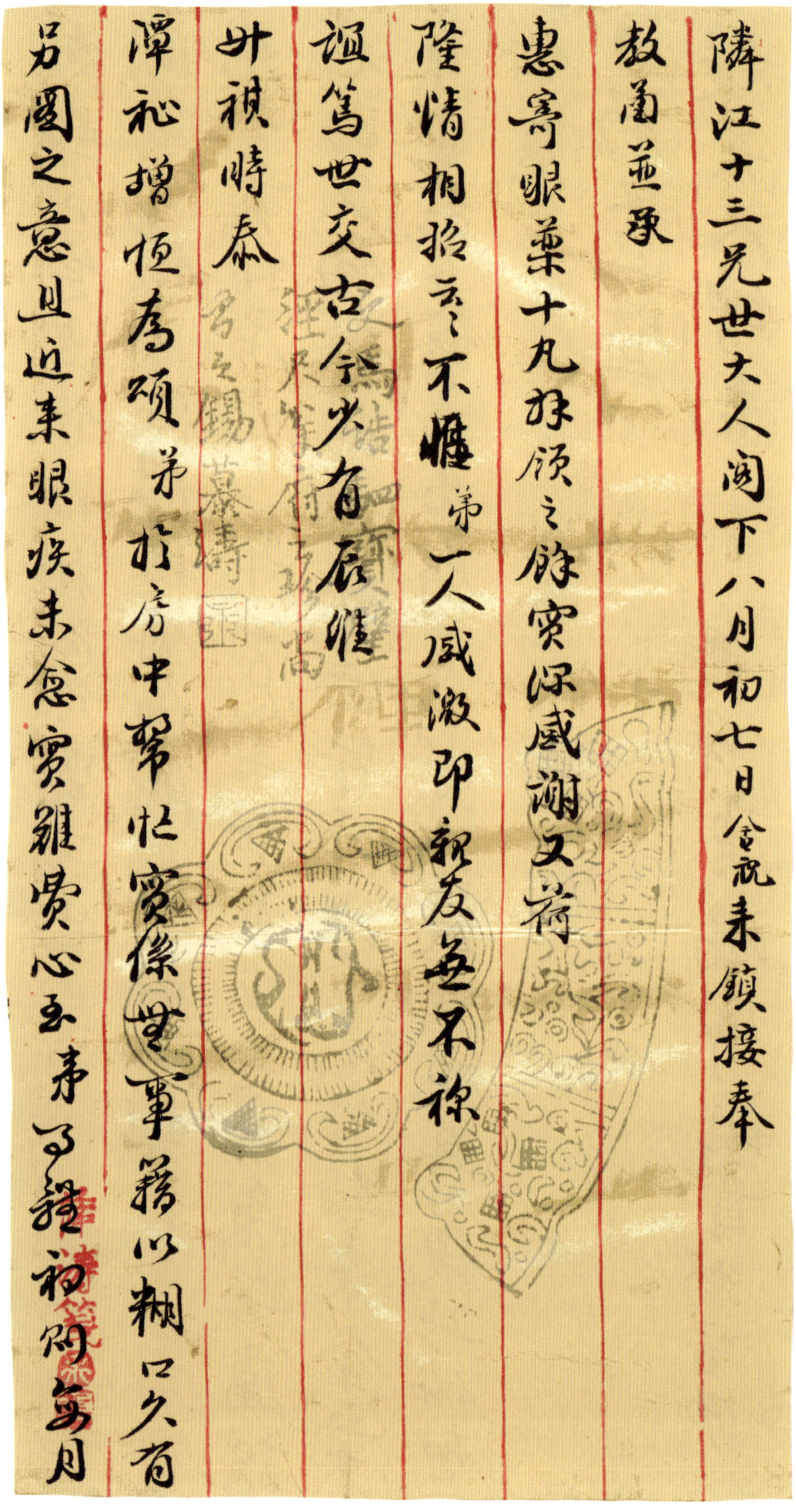

隣江十三兄世大人閣下八月初七日令親來鎮接奉
教函並承
惠寄眼藥十九服領之餘實深感謝又荷
隆情相招云云不啻弟一人感激即親友無不祿
誼篤世交古今少有辰維
升祺時泰
潭祉增恒爲頌弟於房中幫忙實係無事務以糊口久有
另圖之意且近來眼疾未愈實難費心至弟子錢初附無月

札二（1）（12cmx22.8cm）

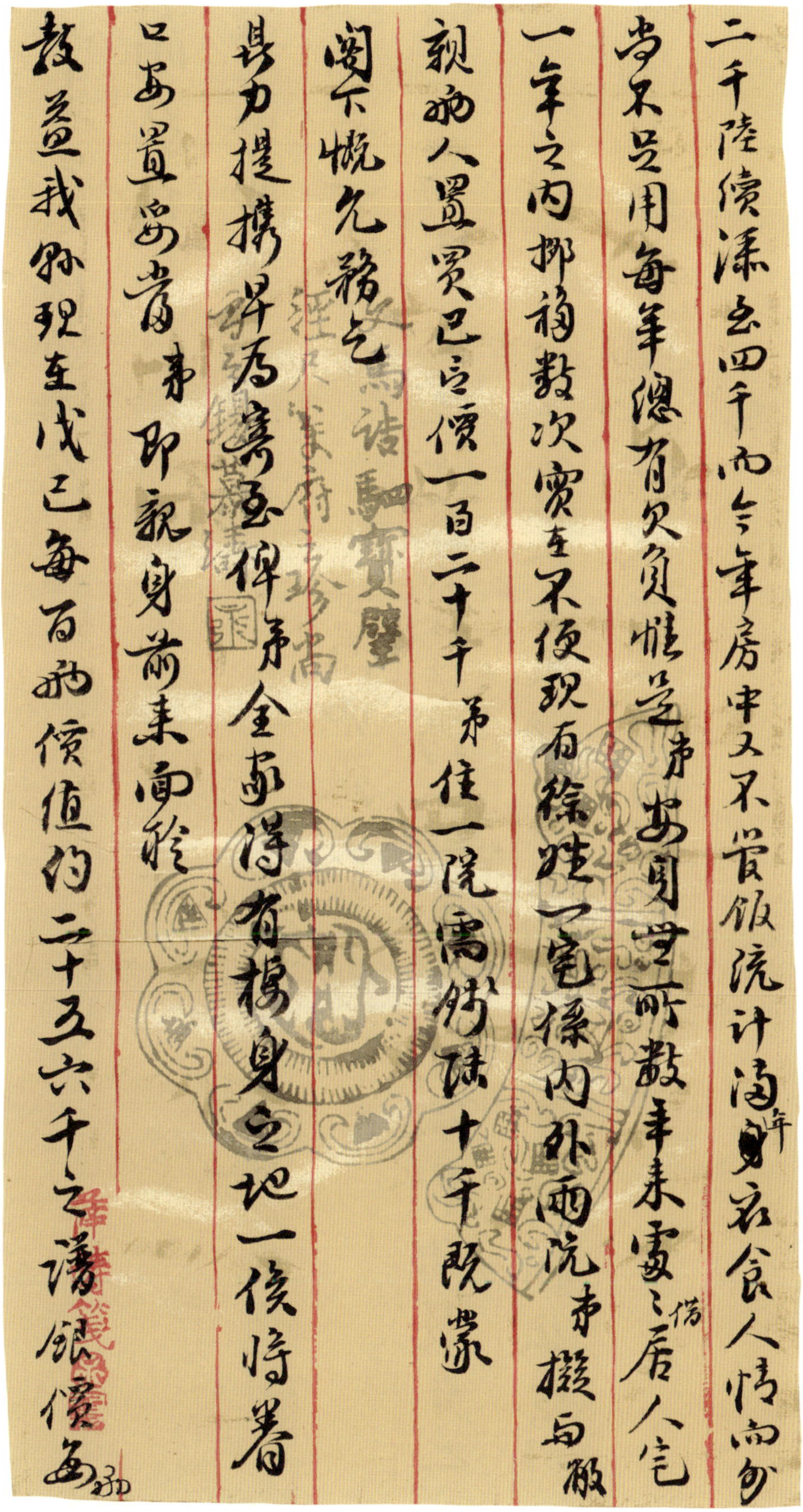

二千陸續添至四千而今年房中又不管飯流計淘并身衣食人情而外
尚不足用每年總有欠負惟是弟安身無所數年來處處借居人宅
一年之內挪移數次實在不便現有徐姓一宅係內外兩院弟擬向敝
親娘人置買已言價一百二十千弟住一院需錢十千既蒙
閣下慨允務乞
鼎力提攜再為籌至俾弟全家得有棲身之地一俟將署
口安置妥當弟即親身前來面謝
鼓蓋我邨現在戊已每百兩價值約二十五六千之譜銀價每兩

札二（2）（12cmx22.8cm）

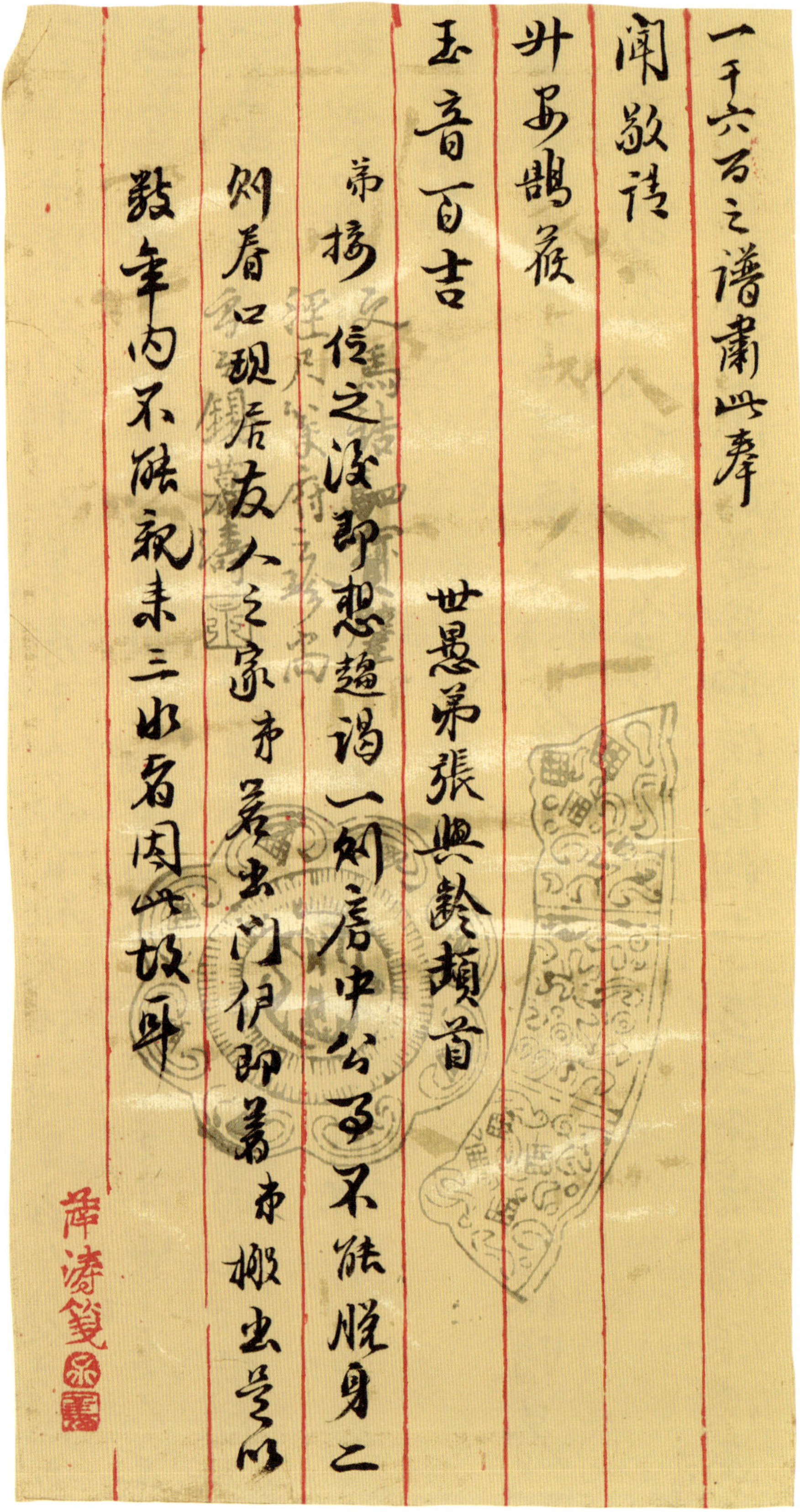

一千六百之谱肃此奉
闻敬请
升安鹄候
玉音百吉
世愚弟张兴龄顿首
弟接信之后即想趋谒一则居中公事不能脱身二
则眷口现居友人之家亦急出门伊即著亦搬出是以
数年内不能亲来三兄省阅此致再

札二（3）（12cmx22.8cm）

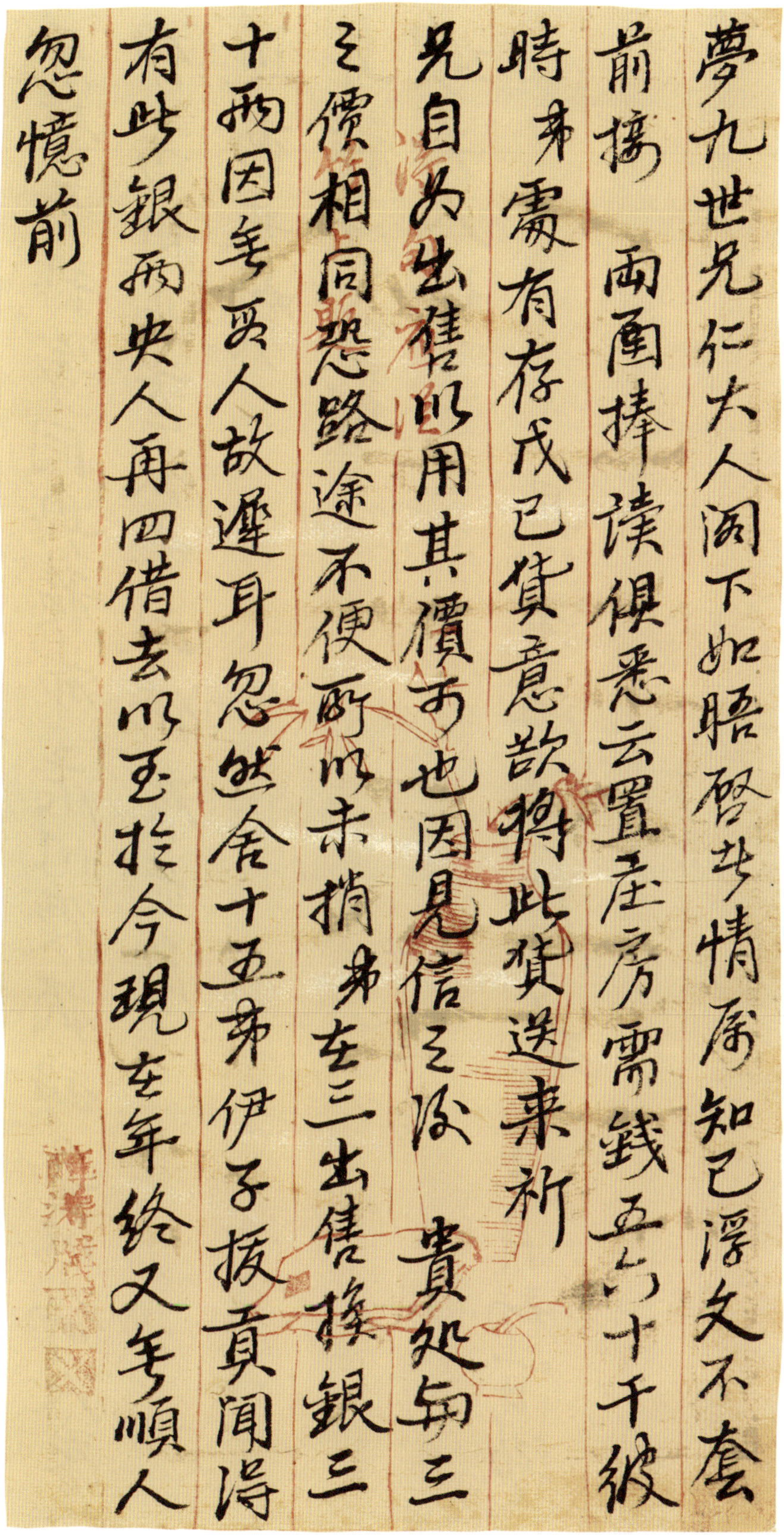
夢九世兄仁大人閣下如晤啓者情屬知己浮文不套
前接 兩函捧讀俱悉云置莊房需錢五六十千彼
時弟處有存戊已貨意欲將此貨送來祈
兄自爲出售以用其價可也因見信之後 貴處知三
之價相同恐路途不便所以未捎弟在三出售換銀三
十兩因無要人故遲耳忽然舍十五弟伊子援貢聞得
有此銀兩央人再四借去以至於今現在年終又無順人
忽憶前

札三（1）（12cm×23cm）

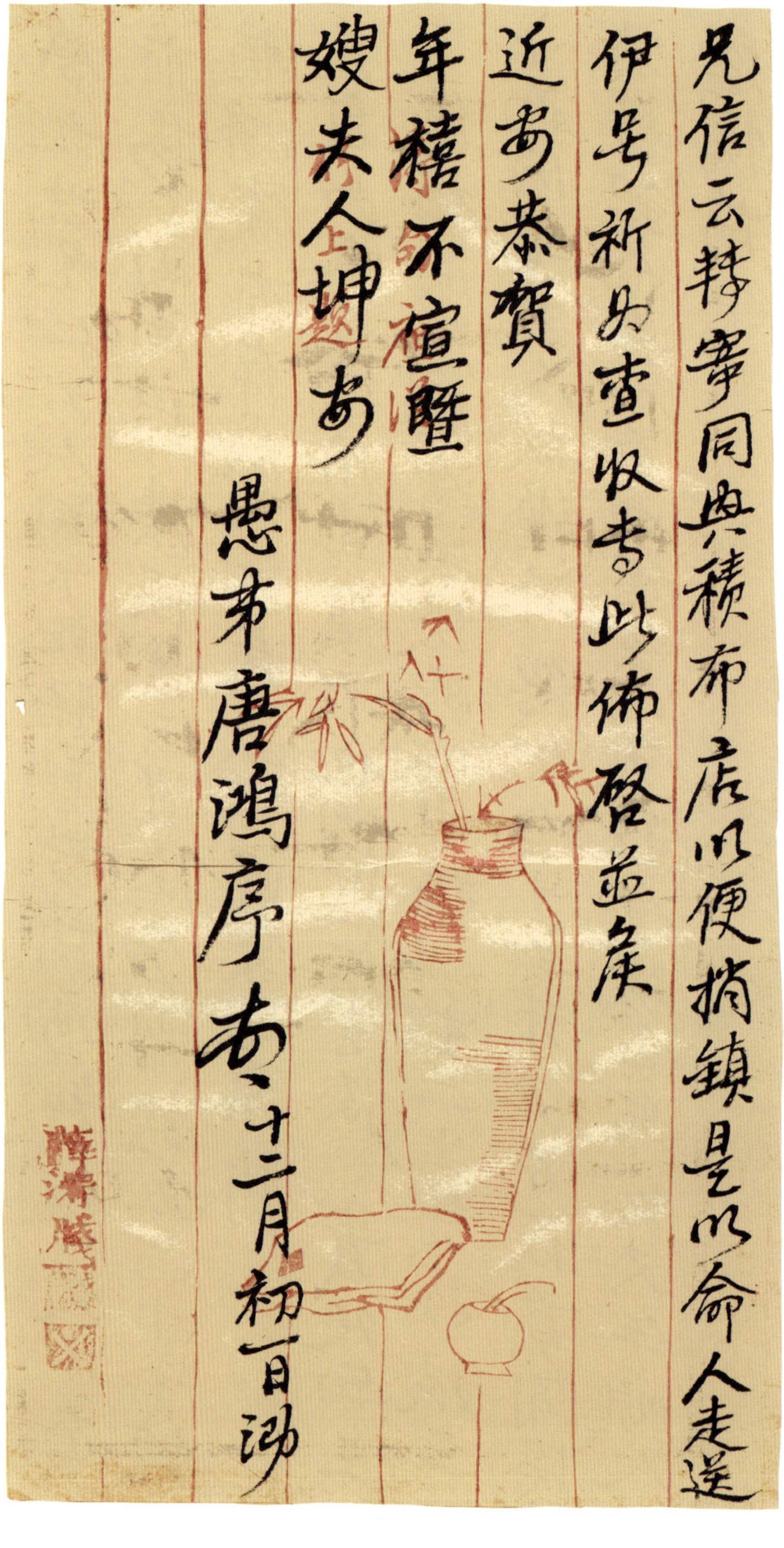
兄信云轉寄同興積布店以便捎鎮是以命人走送
伊等祈為查收专此佈啓並候
近安恭賀
年禧不宣暨
嫂夫人坤安
愚弟唐鴻序頓首 十二月初一日泐

札三（2）（12cmx23cm）

释 文

【札一】

梦九世兄仁大人阁下：

月之初一日，顷接瑶函，如亲芝宇，捧读之下，备悉一是。前以马齿甲周，又荷隆情远锡，彼时匆匆未鸣谢悃，歉甚。今云吾兄眼疾尚未大愈，适有贵亲赵玉儿来舍下，转赴尊处，即托带去眼药十丸查收。至弟景况，自内人去世后，又娶（聚）正邑郭姓到家，已数年矣，竟成空空。择贤择爱之事，弟早有此心，现在子侄中未有相当者，多一刻难以定点，俟后相时而动可也。阁下所假之字典，后有便脚，即为寄到。吾兄在贵县房中一年出息未知多少否？若多，无庸说也；如少，何妨携眷来三，一年除伙（火）食【费】而外，与束金五十串。至于是否，可为斟之，弟亦不能相强耳。复此布启，并候

日安不一暨嫂夫人坤吉。

愚弟唐鸿序顿首 初二日泐

【札二】

邻江十三兄世大人阁下：

八月初七日，舍亲来镇，接奉教函，并承惠寄眼药十丸，拜领之余，实深感谢。又荷隆情相招云云，不惟弟一人感激，即亲友无不称谊笃世交，古今少有。辰维升祺时泰，潭祉增恒为颂。弟于房中帮忙，实系无事藉以糊口，久有另图之意。且近来眼疾未愈，实难费心。至弟事体，初则每月二千，陆续添至四千，而今年房中又不管饭，统计满年衣食人情而外，尚不足用，每年总有欠负。惟是弟安身无所，数年来处处借居人宅，一年之内，挪移数次，实在不便。现有徐姓一宅，系内外两院，弟拟与敝亲两人置买，已言价一百二十千，弟住一院，需钱陆十千。既蒙阁下慨允，务乞鼎力提携，早为寄至，俾弟全家得有栖身之地。一俟将眷口安置妥当，弟即亲身前来，面聆教益。我县现在戊己每百两价值约二十五六千之谱，银价每两一千六百之谱。肃此奉闻，敬请

升安，鹄候玉音百吉。

世愚弟张与龄顿首

弟接信之后，即想趋谒，一则房中公事不能脱身，二则眷口现居友人之家，弟若出门，伊即着弟搬出。是以数年内不能亲来三水者，因此故耳。

【札三】

梦九世兄仁大人阁下如晤：

启者，情属知己，浮文不套。前接两函，捧读俱悉。云置庄房需钱五六十千，彼时弟处有存戊己货，意欲将此货送来，祈兄自为出售，以用其价可也。因见信之后，贵处与三之价相同，恐路途不便，所以未捎。弟在三出售，换银三十两，因无妥人，故迟耳。忽然舍十五弟伊子拔贡闻得有此银两，央人再四借去，以至于今。现在年终，又无顺人，忽忆前兄信云，转寄同兴积布店，以便捎镇，是以命人走送伊号，祈为查收。专此布启，并候近安，恭贺年禧不宣暨嫂夫人坤安。

愚弟唐鸿序顿首　十二月初一日泐

乡野的乐趣与清欢

——镇原进士李清鉴、乡绅冯景宸致同乡张鹿臣书札各一通（1880年前后）

后文将要述及，张鹿臣是镇原县衙典史张玉玺的族叔，也是一名四五十岁还没有功名的老童生，但他很会持家，基本称得上温饱无虞。在当时的乡村社会，这样的人往往就成了联络本籍仕宦学人和升斗小民们的中心人物，其家庭也就随之而成为闾里之间各类信息的集散地。在本书充满着世事变革、官场纠葛、旅途困顿和生计艰难的各色书札中，这组书札反倒透露出一丝和着乡野烟火气息的欢愉来。

捎一把咸子闹社火

札一是一名落款“清鉴”的人与18位乡邻联名写给张鹿臣的。乍看所附的签名，阵势不小，但书札的内容却十分简单，就是委托身在平凉的张鹿臣给他们捎个小鼓和咸子（民间也作“弦子”）。

这里先认识“清鉴”，再说“咸子”。

信末除落款者外，从笔迹看，第一、二行前8人的署名都是由写信者一并代写，书艺清隽，字迹洒脱，非一般读书人所能及；而后面分为三行的13个人名分别由另外两人书写，差不多就是账簿上常见的普通字迹而已。而这13个人名中，有三人已在第一、二行中出现，属于未经仔细校对的重复书写。从这些人名可以看到，在聚族而居的乡下，虽然很多人可能并不识字，但取名一定是请先生再三斟酌过的，多与朝廷栋梁、追慕古贤和造福众生有关，寄托着宏大而美好的愿景，也显示出古老而庄重的气息。尤其是同胞或同宗兄弟间的名字，还十分讲究字辈的连贯。在这19人的名单中，至少可以断定有三对兄弟，首推姓名齐全的贾元音、贾元森，再就是一人虽未写姓，但根据另一人字辈相连的特点，可以推断出两对：即排名第一的考古是祁怀古的兄长，写信人清鉴是李清泰的兄长。

而明显作为执笔人的李清鉴，在《镇原县志·科举》中有简单的记载：“李清鉴，字镜堂，光绪二年（1876）丙子恩科进士。罗次县知县。”再根据其家族记载可知，其号莲舫（1830—1890），镇原县孟坝乡人，中进士后签封云南，初权沾溢州知州，调任罗次县知县，“猛以济宽，不数日乃民从化”。云南罗次，旧县名，1960年撤销后并入今禄丰县。

另据地方文献所辑《李清鉴会试硃卷》影印件所载其本族谱系，不仅可以准确断定李清鉴果然有一个“业儒”的嫡堂兄弟叫李清泰，而且会发现他还有一位更厉害的胞兄叫李清瑞。据《镇原县志·人物传略》：李清瑞（1811—1878），字辑堂，号莲溪，清咸丰九年（1859）进士。曾任河南阌乡、陕西米脂知县，后主讲关中书院，领乡荐、捷南宫者多出其门，故长安有“要中举，拜莲溪”之说。再后任陕西延川、永寿知县，加同知衔，有善政，弦歌载道。病卒于任所。

在文化落后的西北地区，“兄弟进士”真可谓凤毛麟角，可遇而不可求，是一个极其难得的科举与家族文化现象。但是，在一百多年后的今天，这兄弟二人在当地的影响反而不及以书法名世的举人张宸枢、增生张玉玺等。尤其是作为兄弟的李清鉴，除了县志“科举”中的两句话外，竟然在“人物传略”或“简介”中也没有一席之地。

这个奇特的现象，除了李清鉴没有著作传世，也没有书画声名外，可能正和下面要说的“咸子”有关。因为缺乏权威资料，我们无法评价李清鉴的道德文章、惠政佳绩以及宦游归来的桑梓功业，但通过这封书札倒是可以看出他晚年耽于民间文艺的休闲状态。

这封书札，当是他就任了几年云南罗次知县离任回乡后所写。从信中可以了解到，半个月前，他去了一趟200里外的道府所在地平凉，见到了同乡张鹿臣。当时的张鹿臣，或许在城里做个小本生意，对这位同辈的“乡望大人”一定是殷勤接待。在平凉城里盘桓了两三天，采买了些日常所需和笔墨彩笺等之后，就回镇原老家了。因为已临近岁末，可能是腊月初六吧，乡间的头面人物都聚在一起，商量正月里闹社火的事宜。那时的社火，虽然也是迎神报赛、庆贺集会的民间娱乐活动，但一定还保留着许多如以户族设“堂”，以村、堡设“社”的古老礼俗。在本乡的“社火会”里，如能请得动致仕赋闲的“进士老爷”参与，那就是十里八乡都比不上的荣光了。于是，大家就到李清鉴府上来商议，请他出山为乡亲们撑个体面、长个精神，尤其是要他亮出自己的拿手好戏——咸子，亲自为地摊小曲伴奏。作为一个很有声望的读书人，李清鉴也的确喜欢这种民间乐器，自己还专门购置了一把，闲暇时弹奏取乐。但负责日常事务的会首一职，让他担任自然不妥，那就让给年长的祁考古老哥吧。

这时，大家突然提出伴奏的乐器还缺个小鼓。李清鉴也想到自己的咸子因为太旧，不好使唤，已卖给了别人，到平凉时本想再置办一个，“缘带钱不便耳”，就此作罢。就这样，大家建议：张鹿臣快回家过年了，不如写信让他在平凉采办，顺道捎来。对，就这样办。于是，李清鉴磨砚濡笔，略一思忖，提笔就来，几句套话之后即切入正题，“再祈吾兄于平凉留心看有小鼓、咸子？若无小鼓者，或鼓包皮咸子亦可”，还有先行垫付、如数奉还之类等。在落款后，他还专门在公推的会首“考古”名下，写了一个“首”字，题衔以示尊重，再将八位会内同仁一并写上，这也是顺便给张鹿臣关于社火会组成人员的说明。信末签名，表达着对收信者的问候和情谊，其他人都好久未见张鹿臣了，也想捎个问候，于是就让两个识字人把自己的名字也附到后面。

中国传统农业社会的民众生活，从先秦以至民国除了饮食、衣着等方面外，几乎没有什么大的变化，最典型的例证就是汉代墓画中的“耕作图”，与民国时期的田园劳作毫无二致。在那样的时代，人们的文化生活相当贫乏，除了过年、庙会或谁家老爷过生日等特殊日子唱大戏、耍皮影、闹社火外，难得热闹一回。辞官后的李清鉴，闲居乡里，衣食无忧，最惬意的事情就是像一个民间艺人那样弹咸子了。咸子，其实是阮咸的俗称，是汉民族创造的一种圆体、直项、四弦的琵琶，后来因唐代西域曲项琵琶的盛行，人们就把这种本土琵琶以擅此艺的西晋文士阮咸的名字命名。到清代，仍保持着古制的阮咸，已退化为两条或三条弦，民间俗称“弦子”，但作为读书人的李清鉴却颇知根源，于是就写作“咸子”。从书札中“弟咸子已卖，祈兄将咸子勿忘带来”一句，可以看出他平时家居时，除了读书写字，咸子就是他最好的陪伴和最大的乐趣。所以，再三告诉张鹿臣，若无社火会用的小鼓，“或鼓包皮咸子亦可”，因为这是他的钟爱，并特意以“切切”作结，可谓郑重托付。

清代书画名家董其昌曾说过：“若不为无益之事，何以悦有涯之生。”早岁寒窗苦读，中年宦游云南，晚年回归田园，让李清鉴想起来真像一场梦幻。生前功，身后名，都不如这一把咸子闹社火，变“独乐乐”为“与众乐乐”的好！

只是有点奇怪，以李清鉴这样一手潇洒俊逸的书法，怎么就没有后辈张宸枢、张玉玺等众口传颂的书名呢？或许，也正是这把咸子误了给乡亲们留下墨宝的机会吧。

请到寒舍来做客

在那个闭塞落后的小地方，张鹿臣可以称得上一个社会活动家。在他的交游范围内，既有李清鉴这样的致仕官员，也有张宸枢这样的未仕举人，更多的则是张玉玺这样身居乡间的普通读书人。

这年八月，他从外地收拾了生意摊子（很可能正是上节客居平凉的营生），回到了家乡，过起了隐居似的田园生活，连县城都没有去过一回，一晃就到了年头节下。正月十二日，他忽然收到了老朋友冯景宸从县城捎来的一封信，给他平添了一丝意外的欣喜。

原来，在外地也经营生意的冯景宸，因为要抓住腊月最后几天的“抢集”（货物价廉快销），所以直到除夕晚上亥时（22时左右）才匆匆忙忙地赶到家里，这时家里的祭祖仪式早已结束了。可以想象他赶路时“数星深夜火，一个远乡人”的着急，以及“团圞儿女，尽情灯火照围炉”的温馨。久别重逢，又是除夕守岁，一家老小自然有说不完的话题。

这个冯景宸，看来也是一个不拘礼节的性情中人。按乡俗，正月初一这天都要在家中度过，一般不走亲访友的，但他离家日久，就像枯苗望雨似的，很想和老朋友们尽兴地聚谈一下，以解常年在外的孤寂落寞。于是，他提上礼品，就去在县衙门公干的张玉玺（字帝徵）处拜年，顺便也了解一下老家其他朋友们的情况。

虽然乡下人普遍贫寒，但对大年初一登门的贵客总免不了一番盛情招待，对酒闲话，天南海北，好不惬意。谈起张鹿臣时，张玉玺只知道这位族叔大人八月回家后，像个隐士一样，连一次城里都没来过，所以对他的乡居生活可能多了一些理想化的描述。这在札二冯景宸不无羡慕的口吻中展露无遗：“吾兄寻乐林泉，放怀山水，兴来闲书小楷数行，读《周易》一卷，信可乐也。”这次第，哪里像一个农商兼营的普通读书人的正常生活？简直就是一个梅妻鹤子、脱离了人间烟火的林和靖了！试想，如果在平凉城里生意兴隆、日进斗金，张鹿臣哪里舍得收拾摊子，去“信可乐也”？但对同样做生意的冯景宸而言，他一定也是受惯了这种市井喧嚣和尔虞我诈，这才对张鹿臣的“关门大吉”发出由衷的赞叹：“何必往来市井中，与市侩交一语，又需十日涤俗耳。”其实，俗不可怕，乡野小民谁人不俗？怕的就是填不饱肚子，这是世间最俗的事情，也是天大的事情！这一点，我们在下文《一名县衙典史的困顿生涯》中可以知道，张鹿臣的家底还难以支撑这种林泉高致。

可以想到，当张鹿臣读到“弟无此福，然时作此想。吾兄得之，弟颇有羡于心”时，一定会一声长叹：景宸兄啊，成人不自在，自在不成人啊！

作为多年朋友的冯景宸，借着春节假日的闲暇，很想邀同乡朋友们来家里聚会。

于是首先给张鹿臣写了这封恭贺新年的短笺，其实也是一封正式的邀请函，希望他先确定个时间，能“于某月某日来县”，届时他再通知张玉玺等其他好友。特别是对相聚的渴盼，可以从“弟当倒屣以迓”这么热情的语句中流露出来。

而“倒屣以迓”，正是化用了镇原乡贤、东汉文学家王符与同乡皇甫规的典故。这里不妨说一说《后汉书·王符传》中的这个小故事：度辽将军皇甫规解官回家乡安定（今甘肃泾川一带），有一个当过前雁门太守的同乡求见，皇甫规高卧不迎，客人进门后还揶揄道：“卿前在雁门为官，食雁美乎？”有顷，人说布衣王符在门，皇甫规久闻其名，“乃惊遽而起，衣不及带，屣履出迎”，“与同坐，极欢”。这件事传出去后，就有了一句民谣：“徒见二千石，不如一缝掖（布衣）。”《后汉书》说这个民谣，“言书生道义之为贵也”。

对当时镇原的读书人而言，先贤的掌故一般都会了然于心的。能在各自为衣食生计奔波之暇，写这么一封辞翰双美的书札，盛情邀请老朋友来寒舍小聚，又何尝不是后世的“书生道义之为贵也”？

参考资料：

1. 镇原县地方志编纂委员会《镇原县志》（1987 年内部编印）

2. 畅恒主编《镇原地方文献概略》（九州出版社，2018 年 12 月第 1 版）

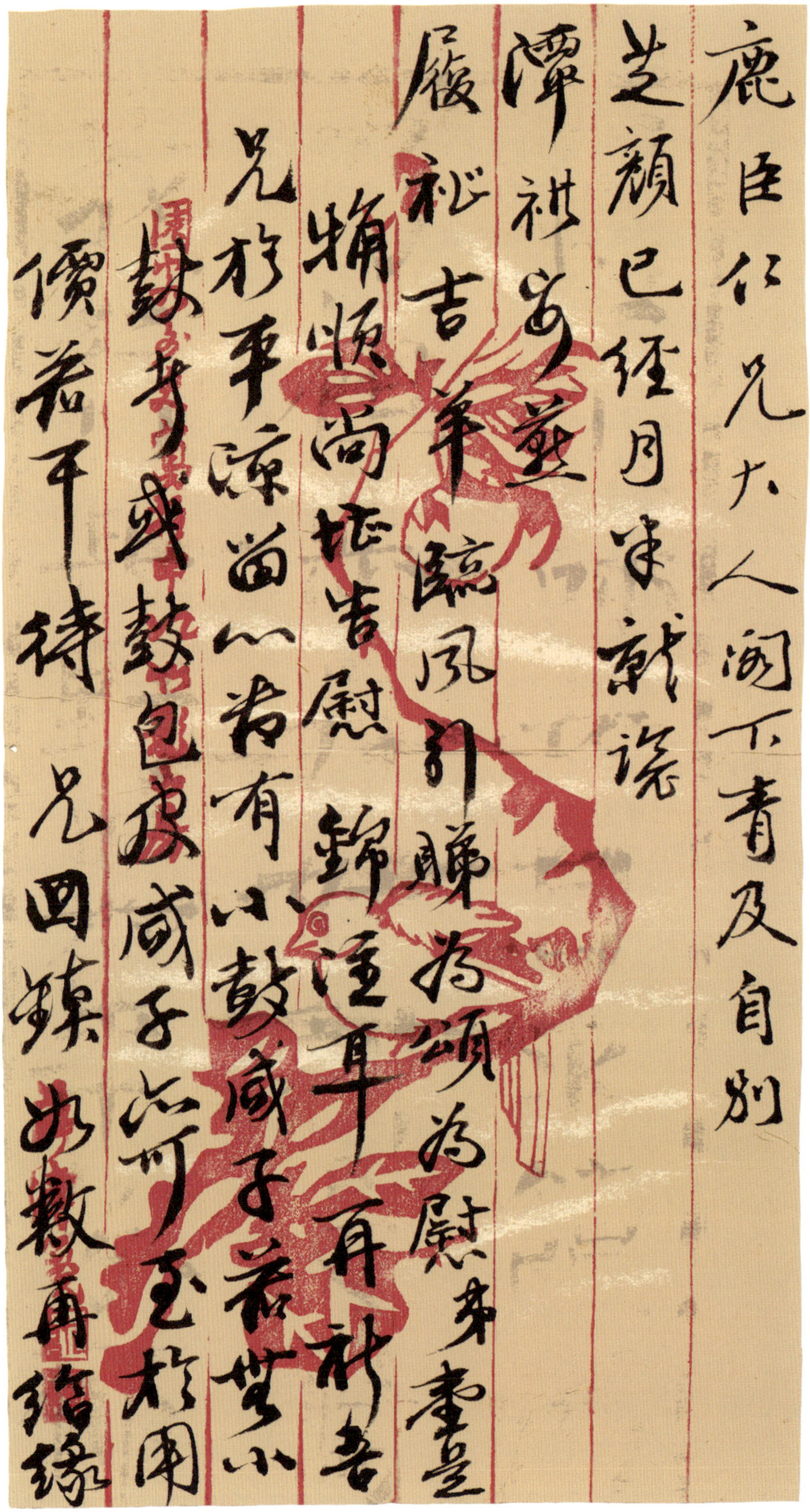
鹿臣仁兄大人阁下：青及自别
芝颜已经月半，就谂
潭祺安燕，
履祉吉羊，临风引睇，为颂为慰。弟尘
犄顺，尚堪告慰，锦注耳。有祈者，
兄於平凉留心者有小鼓，咸子若无小
鼓，并戒鼓包皮，咸子亦可，至於用
价若干，待
兄回转，如数再结缘

札一（1）（12cmx22.1cm）

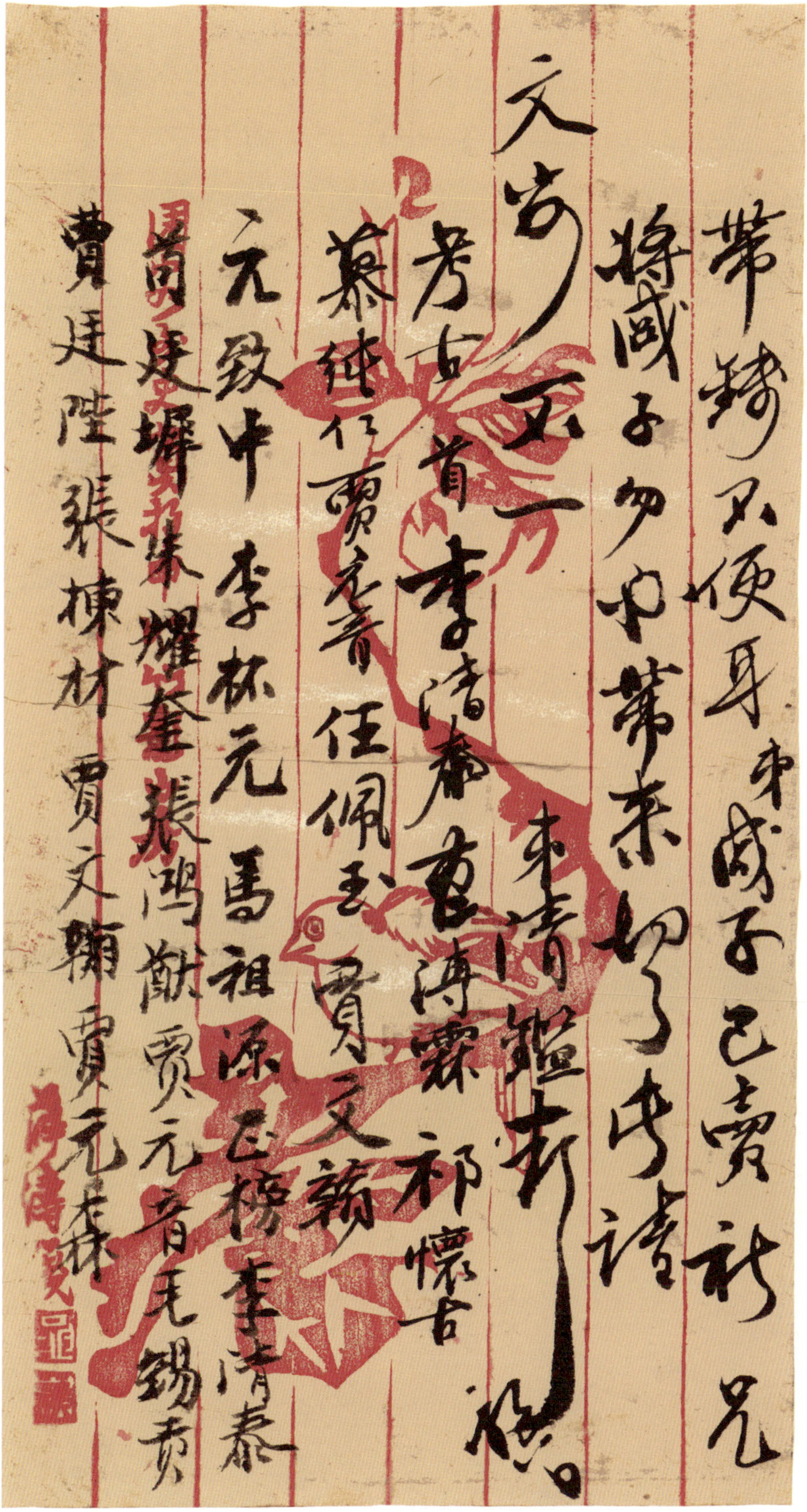

札一（2）（12cmx22.1cm）

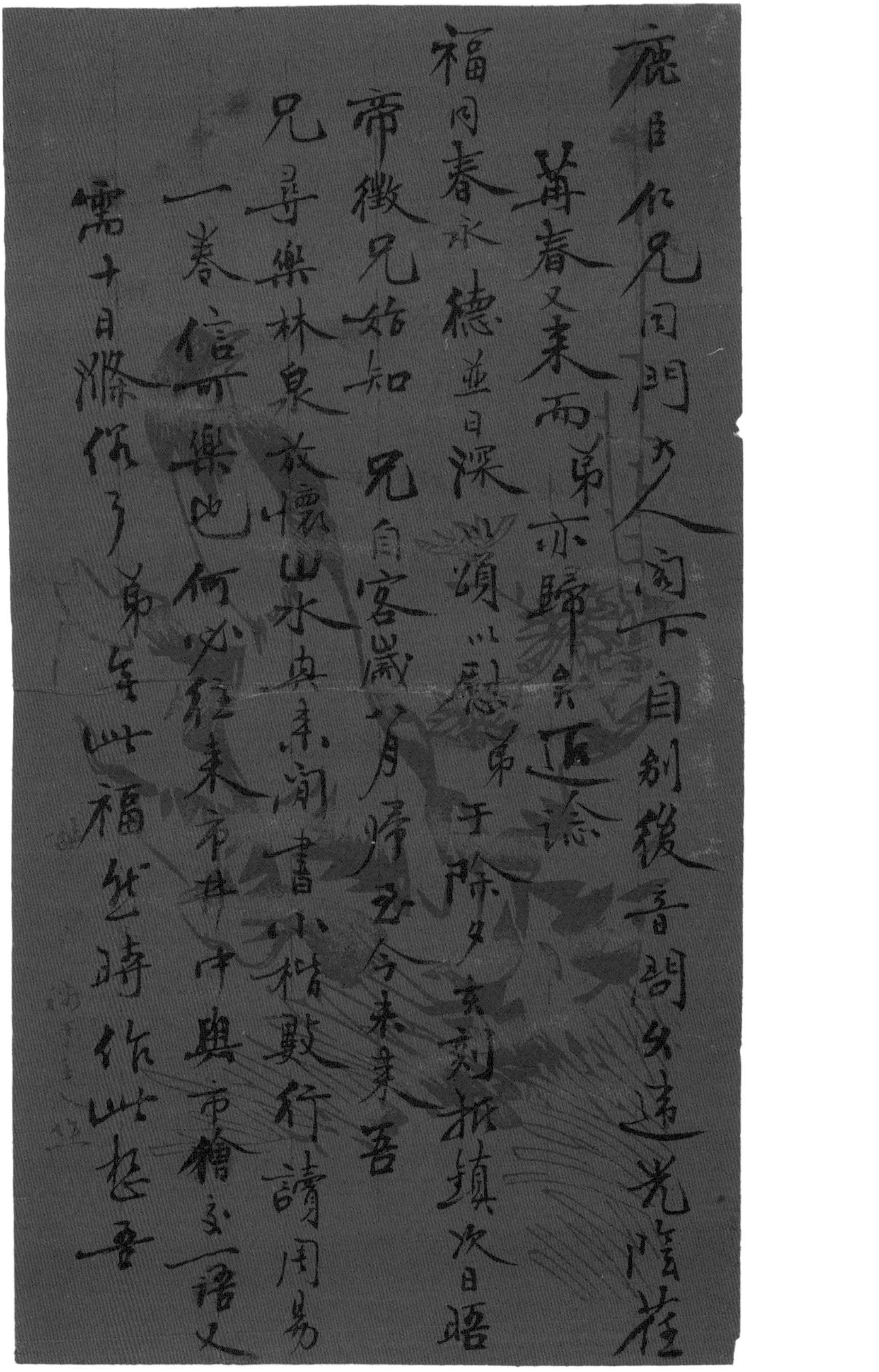

鹿臣仁兄同門大人閣下 自別後音問久違 光陰荏
苒春又來 弟亦歸矣 遥諗
福月春永 德並日深 以頌以慰 弟于除夕亥刻抵鎮次日晤
帝徵兄始知 兄自客歲八月歸去今未來吾
兄尋樂林泉 放懷山水 與來簡書小楷數行 請閱周易
一 春信樂也 何必往來市井中與市儈交一語又
需十日滌俗了 弟無此福 然時作此想吾

札二（1）（12.8cmx23.4cm）

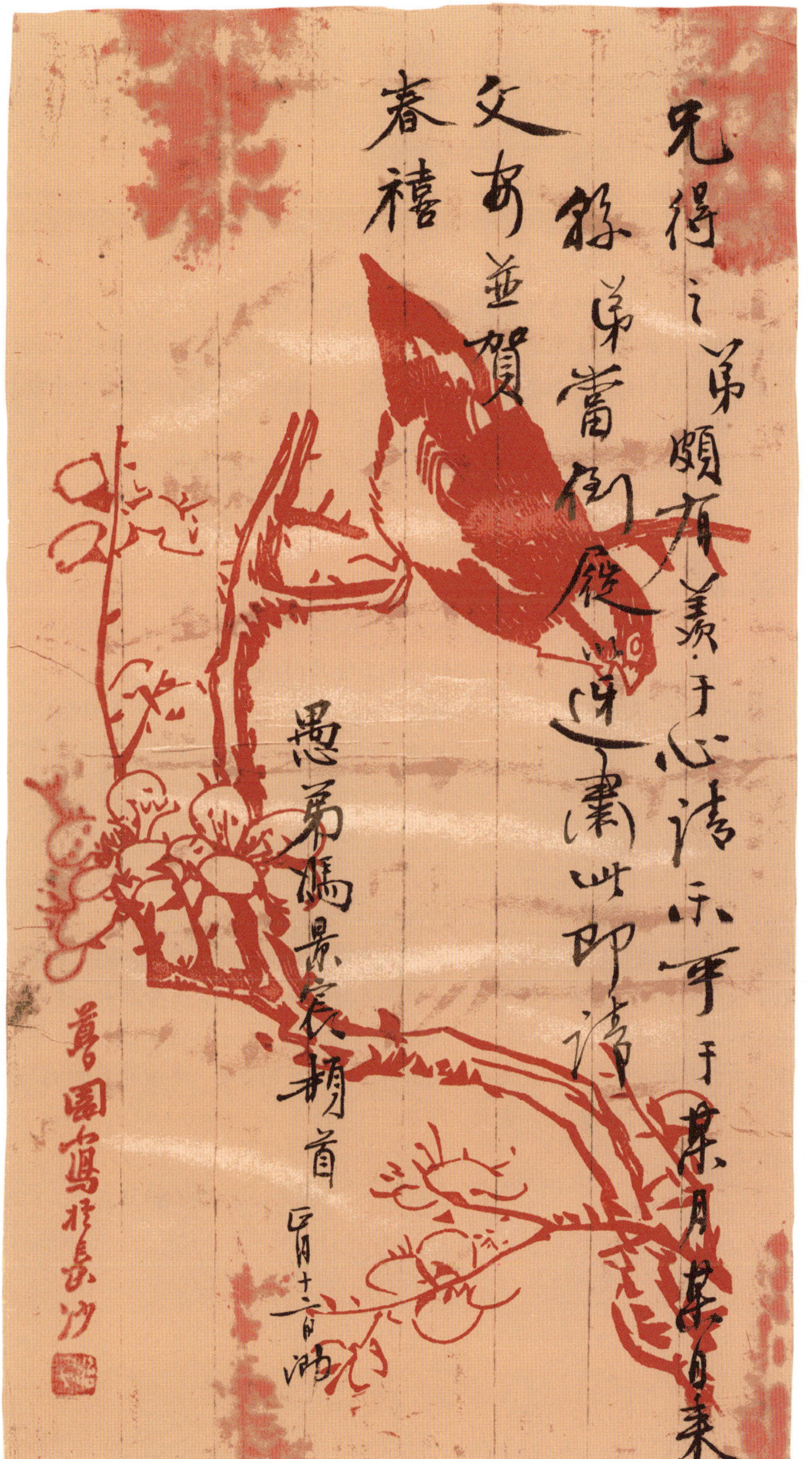

兄得之弟頗有羨于心請示乎于某月某日来
移弟當倒屣迎迓，届此即請
文安並賀
春禧
愚弟馮景宸頓首
正月十二日[illegible]

札二（2）（12.8cmx23.4cm）

释 文

【札一】

鹿臣仁兄大人阁下青及：

自别芝颜，已经月半，就念潭祺安燕、履祉吉羊，临风引睇，为颂为慰。弟壹是㥅顺，尚堪告慰锦注耳。再祈吾兄于平凉留心看有小鼓、咸子？若无小鼓者，或鼓包皮咸子亦可。至于用价若干，待兄回镇，如数再给，缘带钱不便耳。弟咸子已卖，祈兄将咸子勿【忘】带来，切切。此请

文安不一。

弟清鉴顿首 初六日

考 古（首）	李清泰	曹溥霖	祁怀古	
慕纯仁	贾元音	任佩玉	贾文翰	
元致中	李杯元	马祖源（正榜）	李清泰	
苟廷墀	朱耀奎	张鸿猷	贾元音	毛锡贡
曹廷陛	张栋材	贾文翰	贾元森	

【札二】

鹿臣仁兄同门大人阁下：

自别后，音问久违，光阴荏苒春又来，而弟亦归矣。近念福同春永，德并日深，以颂以慰。弟于除夕亥刻抵镇，次日晤帝徵兄，始知兄自客岁八月归，至今未来。吾兄寻乐林泉，放怀山水，兴来闲书小楷数行，读《周易》一卷，信可乐也。何必往来市井中，与市侩交一语，又需十日涤俗耳。弟无此福，然时作此想。吾兄得之，弟颇有羡于心。请示可于某月某日来县，弟当倒屣以迓。肃此，即请

文安，并贺春禧。

愚弟冯景宸顿首 正月十二日泐

一名农家子弟的举业日常

——镇原廪生、省立兰州求古书院学生张宸枢禀父书两通（1883）

在中国古代的人才选拔制度中，创立于隋唐时期的科举制度，要比先秦的世卿世禄制、汉代的察举制与征辟制进步得多。因为它彻底打破了血缘的世袭和世族的垄断，给有志于读书仕宦的平民子弟提供了一个相对公平的上升通道。在此后的漫长岁月中，历代读书人怀着“朝为田舍郎，暮登天子堂”的幻觉或梦想，青灯黄卷，焚膏继晷，不知成就了多少人的生前身后名，也不知熬尽了多少人的心头一点血。

随着甲午之战的惨败，中国人才发现在列强的坚船利炮面前，这种“专究制艺，不务实学”的科举制度已经明显成为人才强国的绊脚石了。于是，从光绪三十一年(1905)开始，延续了1300多年的科举制度，终于寿终正寝。今天，客观公正地评价这一古老制度，弃其糟粕，取其精华，哪怕很少，也许能对我们当代的教育、考试、选拔等制度提供一些有益的借鉴。现在，就让我们通过这位省立书院学子的家书，对科举制度这个尘封已久且包浆浑厚的“古董”做一次近距离的观察。

这组书札，是当时隶属于泾州的镇原县生员张宸枢，于光绪九年（1883）刚进兰州省立求古书院求学时，写给父亲的家书。张宸枢（1866—1931），字紫垣，号少堂，镇原县临泾乡祁庙村人，出身于一个普通的耕读之家。其父张绍龄，在《镇原县志·人物》有传，这里从简介绍：张绍龄，字嗣九，同治七年（1868），陕西回军犯境，村人举为堡长，人皆大饥，出粟赈济，相约死守。堡破，背母逃往泾州，时宸枢方两岁，弃之不顾，带侄随行。乱后归里，在县城设馆授徒，尤精反切韵学。张宸枢之所以读书有望，自然是与自幼熏陶这种耕读孝友的良好家风有关。

清代的教育机构，自国立的国子监而下，省、府和州县也都有各级官办书院，虽然主办者级别有高低，但教学内容大致一样，都是在名师指导下，以研读“四书五经”、宋明理学家著作为主，进行八股文和试帖诗的训练，以备战三年一届的科举考试。只不过越往上，教学质量越高，科考命中率也越高。同时，就科举而言，“童生”（或称“儒生”）必须先参加本省各级考试被录取入府、州、县儒学的，才称“生员”（分廪生、增生、附生三等），俗称“秀才”。而县学生员并非只能在本县读书，如果他们能在本省学政主持的岁考、科考中成绩优异，也可被荐拔到更高级的儒学或书院就读。

光绪八年（1882），新任甘肃学政陆廷黼，“出巡平凉、庆阳、泾州、固原、宁夏，案临考试，发现考生们所作八股文浅薄，试帖诗多未叶韵。回到兰州后，与陕甘总督谭钟麟商议改兰州府贡院考棚为省立书院，次年正式建成”，名为求古书院，成为与老牌兰山书院并列的两大省立书院之一。可见，针对陇东和宁夏地区各级书院教学质量不高的弊端，这位进士出身的教育官员出于一种惜才怜才之心，才想方设法让落后地区的学生也能到省立书院享受优质教育资源，以造就一批举人、进士，为乡间父老增一颜色。那时的省立书院虽然层次很高，但规模很小，求古书院设内课生（相当于当今的正取生）10名，外课生（今补招生）20名，另有附课生（今旁听生）无定额。

因为古代书院教育没有明确的学制规定（多是修学三年左右），我们无法直接断定张宸枢究竟是哪年进入求古书院的，但其兰山书院同学秦望澜的简历可为我们提供一个比较可靠的参照。会宁人秦望澜（1870—1928），小张宸枢4岁，他13岁成为廪生，因受甘肃学政陆廷黻赏识，选入兰山书院就读，其时刚好是求古书院建成招生的光绪九年（1883）。据《镇原史话》记载：张宸枢“10岁即能赋诗作文，才名闻于邑里”。陆廷黻出巡陇东，少负才名的张宸枢自然会从众多童生、生员中脱颖而出，获得到省立书院就读的资格。由此，我们基本可以断定，张宸枢是求古书院的第一批学生，时年17岁。由于成绩优异，两年后，即光绪十一年（1885）再次受到陆学政的赏识，被荐为拔贡，同年又中举人。这也是断定这组书札写作时间的依据。

目前，关于清代书院特别是甘肃省立书院的研究，因缺少第一手资料，尚有许多空白，而张宸枢的这组书札正好可以还原当时书院生活的许多细节。

先看有关人事关系。从札一可知，张宸枢“七月初六日至兰城”，是赶在求古书院夏历七月某日开学前报到的。随后，他拜见了在兰州公干的同乡长辈刘小桥（小桥应是其字或号），再经由刘“安置拜监院张春台，亦周旋接见院内诸同人”。因为监院是山长之下的第二号人物，负责书院具体事务，拜见监院既是必要的礼节，也是希望获得照顾。同时，还与已报到的新同学们相互认识，问候致意。这位尚不知其本名的张监院（春台应是其字或号），在接待了这批新生后，旋于当月“十八日委署凉州府教授”，从承办具体事务的管理人员成为教导诸生并掌管课试的一府之学官，起码有举人以上的功名。在其离任前，认为张宸枢少年老成、学业优秀，还为其介绍了一份勤工俭学的兼职，即为巡捕姜遇鸿侄子补习课业，并从中议定了“每月脩金一两”

的报酬。可能是料到父亲会担心兼职影响学业，所以他还不忘以“儿不能辞而受之”来开脱。札二是继八月二十六日写了札一后，在收到父亲信后发现札一未能寄达的情况下，于十月二十一日写的第二封家书（将近四个月才写了两封家书，可见学业紧张，写信不勤）。在札二中，有两条信息值得注意：一条是“拜门一事”，大概出于对陆学政招录的感恩和对今后栽培的希望，离家前父亲叮嘱，到兰后要拜见陆学政，投其门下，结师生之谊。这本是人之常情，但乡前辈刘小桥可能觉得不好刻意高攀，“以为不必”。而且“儿自知贫寒，欲待学院（即学政）十月二十七日归省，亲谒就教”。意即不必专去“拜门”，待学政回到兰州后，按惯例去拜见请教即可。这样做，显得更为自然得体一些。另一条是，上月离兰赴任的张春台，于八月初六日到任，刚好遇到陆学政主持凉州府学的考试，告诉其这次参与府学考试，能得到八九十两的劳务费（这样看来任职凉州比他在求古书院任上的收入要高得多）。他在给新认识的学生张宸枢写信时，也顺便告诉了这一信息，可见二人的师生之谊已较为密切了。

再看书院课业情况。札一因是入学的第一封信，所以他特意“将两书院条款”做了比较详细的介绍：“求古书院每月三课，上旬初九日归官课，督宪两次，学宪两次，藩、臬宪各两次；中旬归师课，下旬归师课。兰山书院亦每月三课，上旬归官课，十六、二十六归师课。”这就是说，求古书院每月逢九有三次课考，上旬初九日是官员出题考试，即年内陕甘总督、甘肃学政、甘肃布政使、甘肃按察使等每人各两次；中旬十九日、下旬二十九日都是师课（也叫院课），由山长出题考试。兰山书院官课、师课的安排大致一样，只是逢六课考，这样错开进行，既便于课考官员能兼顾到两个书院，也便于两个书院的学生能互相参加对方书院的课考。随后，他说自己七月六日报到时，刚好是兰山书院的官课，“未及领卷”，没能参加考试。三天后的初九日，是求古书院的第一次官课，由总督谭钟麟出题考试，题目是写一篇《秋声赋》的赋体文章（临近秋天，也是应时之题），并作一篇《尚书·禹贡》中“北播为九河，同为逆河”的经文解读。考试结果按惯例列出等次，并予以奖励。张宸枢在这次总督课考中表现优秀，“列超等第八，奖银贰两”（超等最少八名，可见兰山书院的学生也来求古书院“分一杯羹”），这个奖励，与他们每月的生活津贴相比，可算是特别优厚的奖学金了。初试锋芒，就能名列超等，这让刚到兰州的乡下少年感到莫大的鼓舞。此后，他在发奋苦读的同时，积极参加省立两个书院的考试，因为这样既能经受科考训练，又能获得不菲的奖金。到了八月，两院又分别有一次官课，他自然踊跃参加。在初六日兰山书院的布政使魏光焘（曾在平凉任道员达十年之久，两年前调任省府）

课考中，他“列特等第四，奖银五钱”，名次和奖金都比上次低了不少，可能有些失望。到初九日，逢求古书院官课，刚好是恩公陆学政主持，考试题目是写一篇《去害马赋》的文章，这个考题可能也包含对新生进行警示教育的用意。但课考后，陆学政尚未来得及阅卷或评定等次，就于十六日去凉州主持课考（真是个经常深入基层的官员），以至于拖了半个多月（写信时八月二十六日），“榜犹未发也”。这些，仅是入学50天的成绩汇报，在十月二十一日的第二封信中，还有进一步的补充。札二称“至近来考课，师课，求古书院列超等，兰山书院列超等”，可见当时两大书院除官课外，即使师课也不分彼此，互相参加，且具有同等待遇，这也难怪多年以后，兰山学生秦望澜称求古学生张宸枢为“同门仁兄”了。这种书院之间的密切交流，不仅反映了当时甘肃主政官员有教无类的教育思想，也体现了兰山山长张国常、求古山长王作枢两位陇上硕儒聚天下英才而育之的广阔胸怀，对于学生转益多师、相互切磋一定大有裨益。至于求古官课，札一所称“榜犹未发”的八月陆学政第一次课考，已有结果，再次“列超等第九，领奖银贰两”；九月布政使魏光焘课考，题为《太华峰头作重九赋》，再次列超等第九，奖银贰两；十月按察使课考，题为《玉衡指孟冬赋》，依旧是列超等第九，奖银壹两伍钱。到客场兰山书院参加官课情况，九月按察使课考，出了《论语·樊迟问仁》中的一句话，让学生做一篇经解，张宸枢第一次遭遇了未能列入超、特等的奖励，可能很受打击；十月兰州道台陶模课考，也是一道经解题，出自《中庸》的“致中和，天地位焉”，“尚未发榜，不知取否”？对于早慧的“学霸＋考霸”张宸枢而言，未列超等和特等，几乎等同于惨败。最后，对本书院的师课情况，还做了补充说明，“每月十九日，或经解、经文、考论。二十九日，赋、题两课，试帖各一首，余五古、七古，绝律不作者”，这就是当时书院师课的具体课考安排，可为研究书院教育者提供可贵证据。特别是他还听说八月二十九日自己作的师课考题《曲江观涛赋》，贴到某大堂上（即“儿赋贴堂”。如果贴在两个书院的大堂，就不可能用“听说”一词，由此推测，可能是贴在学政以上的官员大堂供人观赏品鉴吧），这应该是一项难得的殊荣。想必是因为遭遇了一次“未取超、特等”的打击，他对自己近期的考试进行了一番反省，深感“心思学力，似大不及曩日。作文作赋，瞻前顾后，茫无定见，自视亦觉问心不过”。另外需要说明的是，虽然书札中未写官员和山长讲学的情况，但按惯例，那时的各级官员都有为本级书院授课的职责，所以，所谓“官课”，官员不仅仅是出题考试和评级奖励，也往往亲登讲坛为诸生讲读。因为官员们绝大多数都是科举正途出身，他们的学养水平一般也不会在山长之下。在传统戏剧中，我们经常看到书生见到官员时自称“学生”，这除了是礼貌用语，其实也是“官课”对一方读书人根深蒂固的影响。

三看学生生活状况。书院所招学生，除少数官商富绅子弟外，大多出身于普通平民和农家，所谓“穷书生”者也。但是，这些贫寒人家的年轻人，只要有志于学，一旦进入官办书院（即由童生考取廪生），就可以享受官方的廪饩（即由公家发放的膳食津贴，或谓膏火银），家庭负担顿时减轻。再加之省立书院的学生是从府、州、县学中择优录取，其待遇也远比地方官学为高。袁枚在《书院议》中说，以地方官学中“饩数百人之资”养书院学生“二三十人”，目的是使学生“赡其家，绝其旁骛”。以求古书院为例，膏火银的发放每人每月内课生3两，外课生1.5两，附课生无。张宸枢作为内课生，住宿由书院免费提供，且配备的生活用品一应俱全，他的主要开支就是伙食费。根据书札，可以给他算一笔收支账：他每月所得膏火银3两，在两书院官课中如能获一次超等奖银2两，每月兼职授课得脩金1两，不算每月山长按作业等次另给的奖银，这样他每月至少有六七两银的收入，一年除去年假按10个月计算，年最低收入就是六七十两。而开支，他和要好的同学四人，“共一伙（火）夫”，即四人合资雇用了一名厨师，每人每月给伙夫出钱三百文，再加上米菜钱，每月约费钱两千文许。按清末1两白银相当于1000—1500文铜钱换算，他们每月的生活费不到2两白银。正因如此，所以，他在十月二十一日札二中给父亲报告账务：“儿将七月膏火暨奖赏已经费过，惟余八九月膏火银陆两，十月、十一月膏火未发。”也就是说，入学四个月来，算上还未发放的十月膏火银，除过所有花销，还结余9两，不可谓不丰厚。这与凉州府教授张春台每年一次府学考试的报酬八九十两相比，差距不大；再与其厨师每月勉强1两的工资相比，简直就是“富翁”了。况且他仅仅是一名学生，而厨师可都是养家糊口、重担在肩的家庭顶梁柱啊！但可贵的是，他“自知贫寒”，还是颇能精打细算的，这表现在过年假期是不是要回家？回，要花费银两；不回，又不能承欢膝下。以至于在这件小事上，拿不定主意，还要与同学们商量。在商量无果的情况下，甚至打算待陆学政最近回到兰州，就“亲谒就教”。从这一点上，我们不难看出这个17岁少年身上尚未消磨殆尽的可爱的孩子气，也可以看到连总督都得礼敬三分的学政大人在学生眼中俨然是一位蔼然可亲的长者。

除了这些，我们还可通过阅读旧时书札（包括本书所有书札），体会到彼时的人们行诸字里行间温文尔雅、彬彬有礼的文化气息。在古代，因交通和通信的限制，人隔两地，难以见面，只能将要说的话诉诸笔墨，托付邮驿，加之能握笔写信者大都是深受传统文化熏陶的人，他们可以从容地在文字里揖让进退，寻求最得体的表达，从而形成了富于中国特色的书信文化。仅以格式而言，正如这组书札，皆以低两格的“儿宸枢跪禀”开头，然后另起一行，抬高两格称呼“父亲大人膝下”；文中遇长辈或长官，或空一两格书写（如札一写到刘小桥），谓之“挪抬”，或另起一行顶格书写（如札一写到督宪、学宪、藩臬宪），谓之“平抬”，尤其是在信末的问候语中，对祖母更是高出“平抬”称谓两格，谓之“双抬”，这看似烦琐，但体现出古人对称谓者体贴入微的敬重。自幼学有所成的张宸枢，应该是乡邻们教育子弟的一个标杆，他的确也是一个很懂事的少年，信末还要对全家所有人，依长幼次序，用“万福金安”“慈帏康安”“福安”“清吉”等不同的吉语，表达由衷的祝福。可以想象，不要说倚门而望的祖母、母亲听到这来自遥远省城的问候是如何的欣喜，即使干农活的叔父、尚年幼的弟妹们也一定会从心底里生发出血脉相连的暖意，感受到见字如面的亲情。在古老的书信文化中，还形成了一整套“自谦而敬人”的礼仪用语和“言简而义丰”的表达风格，可以称之为“尺牍之学”。这门看似不重要的学问，需要今天的人们在研究和学习中进行扬弃和借鉴。

参考资料：

1. 邓明《杏坛遗泽——城关教育史话》（甘肃文化出版社，2017 年 5 月第 1 版）
2. 镇原县地方志编纂委员会《镇原县志》（1987 年内部编印）

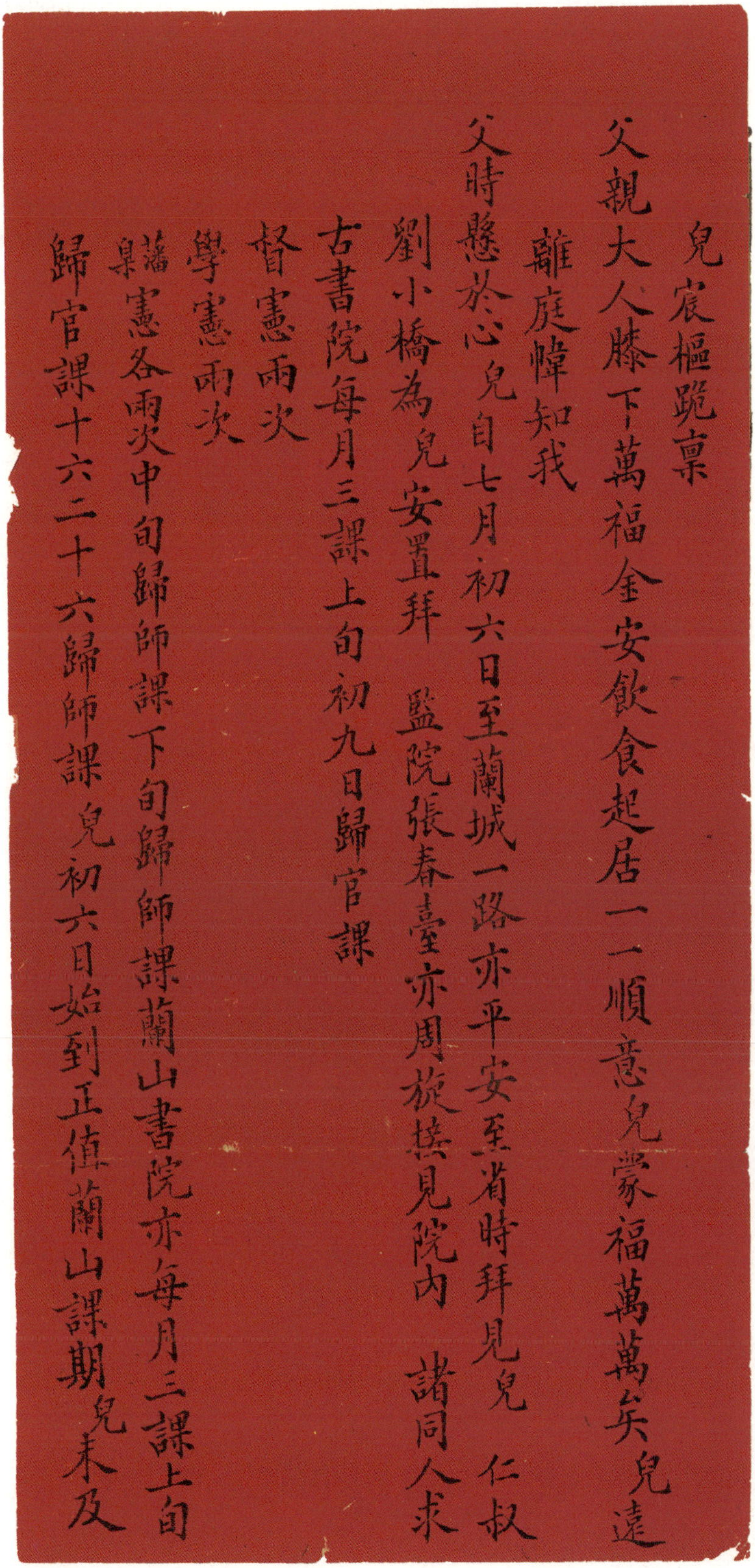
兒宸樞跪稟
父親大人膝下萬福金安飲食起居一一順意兒蒙福萬萬矣兒遠
離庭幃知我
父時懸於心兒自七月初六日至蘭城一路亦平安至省時拜見兒 仁叔
劉小橋為兒安置拜 監院張春臺亦周旋摸見院內 諸同人求
古書院每月三課上旬初九日歸官課
督憲兩次
學憲兩次
藩臬憲各兩次中旬歸師課下旬歸師課蘭山書院亦每月三課上旬
歸官課十六二十六歸師課 兒初六日始到正值蘭山課期兒未及

札一（1）（11.2cmx23cm）

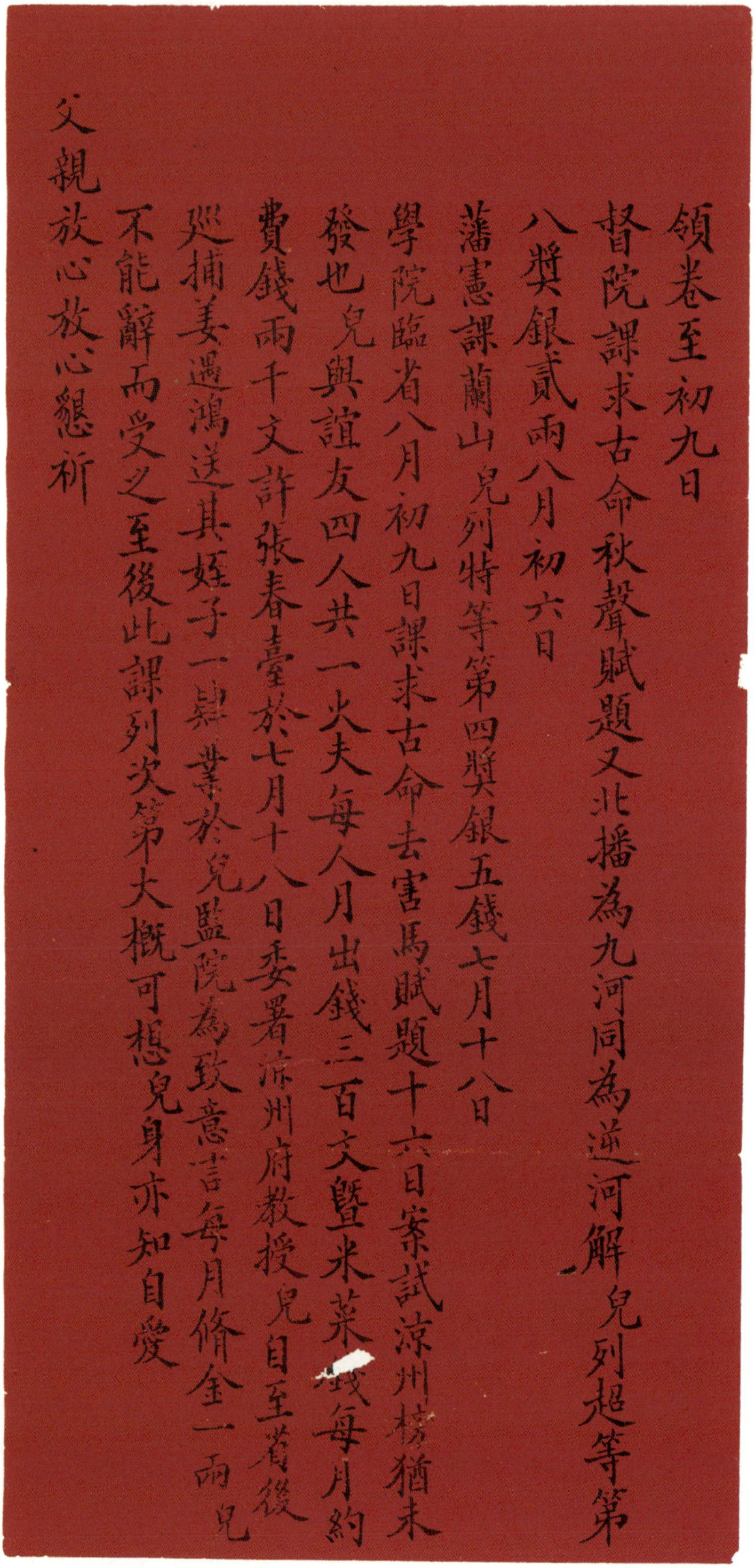
領卷至初九日
督院課求古命秋聲賦題又北播為九河同為逆河解兒列超等第
八獎銀貳兩八月初六日
藩憲課蘭山兒列特等第四獎銀五錢七月十八日
學院臨省八月初九日課求古命去害馬賦題十六日案試涼州榜猶未
發也兒與誼友四人共一火夫每人月出錢三百文暨米菜錢每月約
費錢兩千文許張春臺於七月十八日委署涼州府教授兒自至省後
巡捕姜遇鴻送其姪子一鼎 業於兒監院為致意言每月脩金一兩兒
不能辭而受之至後此課列次第大概可想兒身亦知自愛
父親放心放心懇祈

札一（2）（11.2cmx23cm）

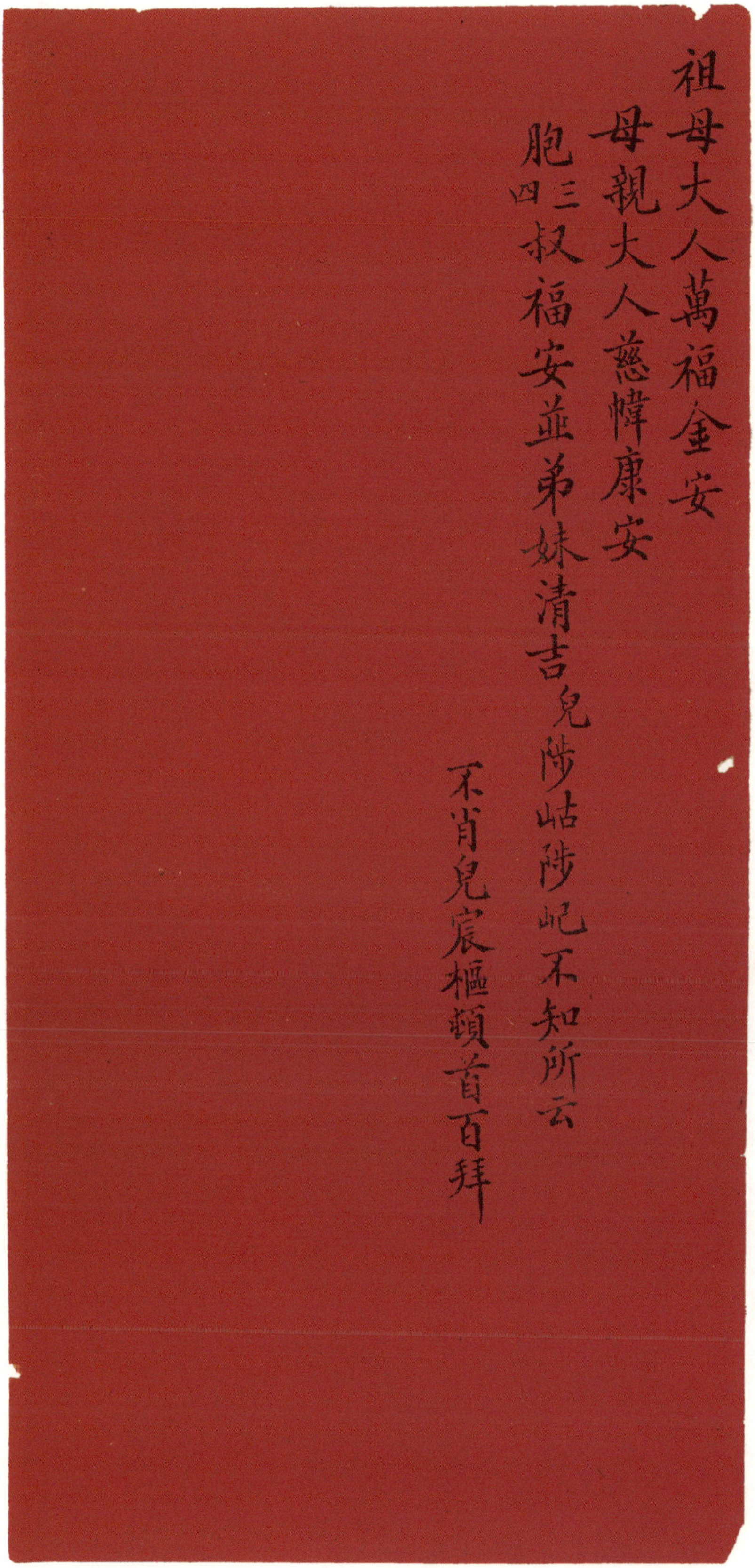
祖母大人萬福金安
母親大人慈幃康安
胞三四叔福安並弟妹清吉兒陟岵陟屺不知所云
不肖兒宸樞頓首百拜

札一（3）（11.2cmx23cm）

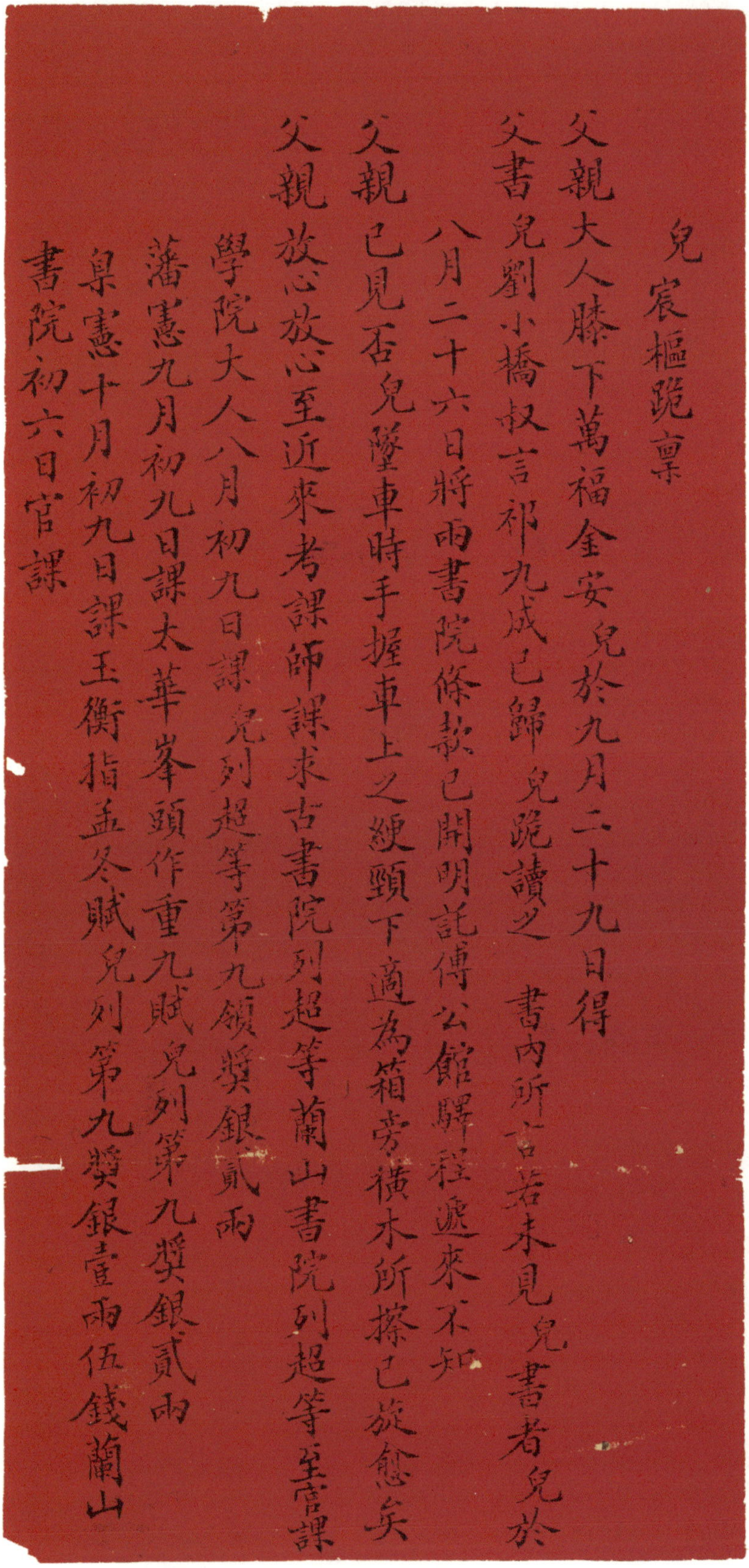
兒
宸樞跪稟
父親大人膝下萬福金安兒於九月二十九日得
父書兒劉小橋叔言祁九成已歸兒跪讀之 書內所言若未見兒書者兒於
八月二十六日將雨書院條款已開明託傅公館驛程遞來不知
父親已見否兒墜車時手握車上之緶頸下適為箱旁橫木所擦已旋愈矣
父親放心放心至近來考課師課求古書院列超等蘭山書院列超等至官課
學院大人八月初九日課兒列超等第九領獎銀貳兩
藩憲九月初九日課太華峯頭作重九賦兒列第九獎銀貳兩
臬憲十月初九日課玉衡指孟冬賦兒列第九獎銀壹兩伍錢蘭山
書院初六日官課

札二（1）（11.2cmx23cm）

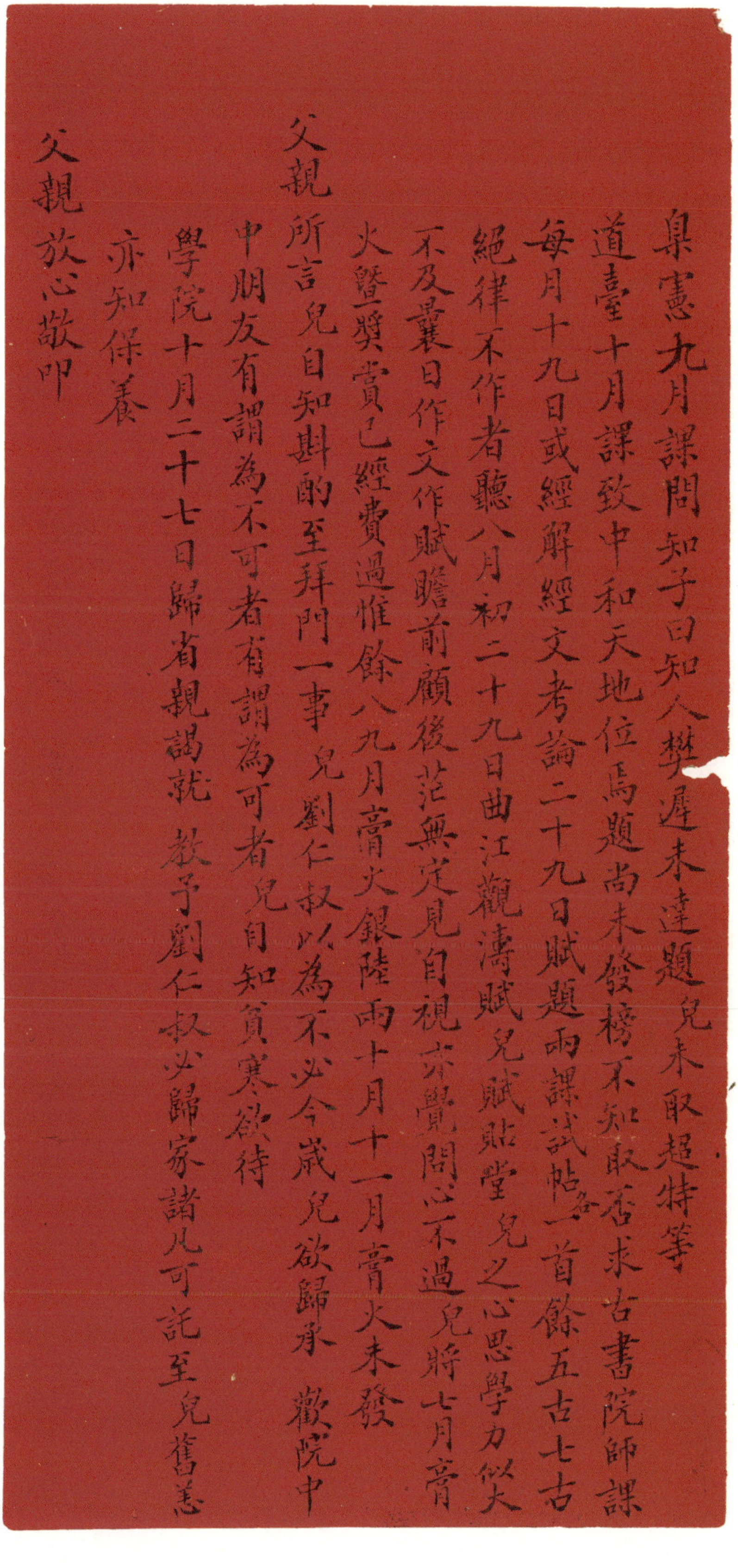
臬憲九月課問知子曰知人樊遲未達題兒未取超特等
道臺十月課致中和天地位焉題尚未發榜不知取否求古書院師課
每月十九日或經解經文考論二十九日賦題兩課試帖各一首餘五古七古
絕律不作者聽八月初二十九日曲江觀濤賦兒賦貼堂兒之心思學力似大
不及曩日作文作賦瞻前顧後茫無定見自視亦覺悶心不過兒將七月膏
火暨獎賞已經費過惟餘八九月膏火銀陸兩十月十一月膏火未發
父親所言兒自知斟酌至拜門一事兒劉仁叔以為不必今歲兒欲歸承 歡院中
中朋友有謂為不可者有謂為可者兒自知貧寒欲待
學院十月二十七日歸省親謁就 教子劉仁叔必歸家諸凡可託至兒舊恙
亦知保養
父親放心敬叩

札二（2）（11.2cm×23cm）

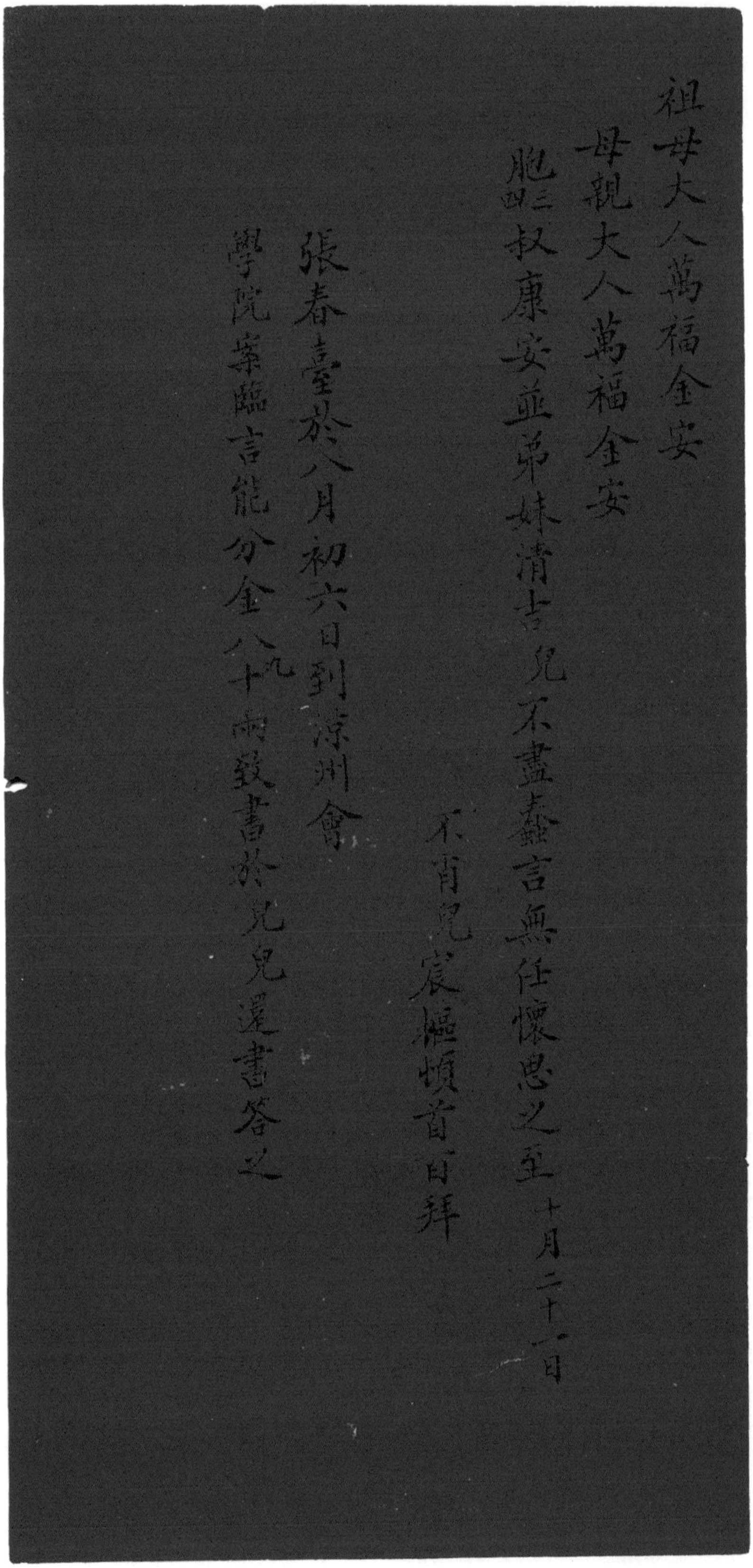
祖母大人萬福金安
母親大人萬福金安
胞三叔康安並弟妹清吉兒不盡蠡言無任懷思之至 十月二十一日
不肖兒宸樞頓首百拜
張春臺於八月初六日到涼州會
學院案臨言能分金八九十兩致書於兄兒還書答之

札二（3）（11.2cmx23cm）

释 文

【札一】

儿宸枢跪禀

父亲大人膝下：万福金安，饮食起居，一一顺意，儿蒙福万万矣。儿远离庭帏，知我父时悬于心。儿自七月初六日至兰城，一路亦平安。至省时，拜见儿仁叔刘小桥，为儿安置拜监院张春台，亦周旋接见院内诸同人。求古书院每月三课，上旬初九日归官课，督宪两次，学宪两次，藩、臬宪各两次；中旬归师课，下旬归师课。兰山书院亦每月三课，上旬归官课，十六、二十六归师课。儿初六日始到，正值兰山课期，儿未及领卷。至初九日督院课，求古命"秋声赋"题，又"北播为九河，同为逆河"解，儿列超等第八，奖银贰两。八月初六日藩宪课兰山，儿列特等第四，奖银五钱。七月十八日学院临省，八月初九日课，求古命"去害马赋"题，十六日案试凉州，榜犹未发也。儿与谊友四人，共一伙（火）夫，每人月出钱三百文，暨米菜钱，每月约费钱两千文许。张春台于七月十八日委署凉州府教授。儿自至省后，巡捕姜遇鸿送其侄子一肄业于儿，监院为致意，言每月脩金一两，儿不能辞而受之。至后，此课列次第，大概可想。儿身亦知自爱。父亲放心放心。恳祈
祖母大人万福金安，母亲大人慈帏康安，胞三、四叔福安，并弟妹清吉。

儿陟岵陟屺，不知所云。

不肖儿宸枢顿首百拜

【札二】

儿宸枢跪禀

父亲大人膝下：万福金安。儿于九月二十九日得父书，儿刘小桥叔言祁九成已归。儿跪读之，书内所言，若未见儿书者。儿于八月二十六日，将两书院条款已开明，托傅公馆驿程递来，不知父亲已见否？儿坠车时，手握车上之绠，颈下适为箱旁横木所擦，已旋愈矣。父亲放心放心。至近来考课，师课，求古书院列超等，兰山书院列超等。至官课，学院大人八月初九日课，儿列超等第九，领奖银贰两。藩宪九月初九日课，"太华峰头作重九赋"，儿列第九，奖银贰两。臬宪十月初九日课，"玉衡指孟冬赋"，儿列第九，奖银壹两伍钱。兰山书院初六日官课，臬宪九月课，"问知，子曰知人。樊迟未达"题，儿未取超特等。道台十月课，"致中和，天地位焉"题，尚未发榜，不知取否。求古书院师课，每月十九日，或经解、经文、考论。二十九日，赋、题两课，试帖各一首，余五古、七古，绝律不作者，听八月二十九日"曲江观涛赋"，儿赋贴堂。儿之心思学力，似大不及曩日。作文作赋，瞻前顾后，茫无定见，自视亦觉问心不过。儿将七月膏火暨奖赏已经费过，惟余八九月膏

火银陆两，十月、十一月膏火未发。父亲所言，儿自知斟酌。至拜门一事，儿刘仁叔以为不必。今岁儿欲归承欢，院中朋友有谓为不可者，有谓为可者。儿自知贫寒，欲待学院十月二十七日归省，亲谒就教。予刘仁叔必归家，诸凡可托。至儿旧恙，亦知保养。父亲放心。敬叩

祖母大人万福金安，母亲大人万福金安，胞三、四叔康安，并弟妹清吉。

儿不尽蠢言，无任怀思之至。

十月二十一日不肖儿宸枢顿首百拜

张春台于八月初六日到凉州，会学院案临，言能分金八九十两。致书于儿，儿还书答之。

功名路上的艰难跋涉者

——镇原举人张宸枢禀父书、示妻书共三通（1891—1901）

张宸枢这组分别给父亲和妻子的家书，无疑是中举之后所写。但因信末没有明确的年份落款，内容也没有明显的事件标识，具体时间让人颇费踌躇。

在省立求古书院就读两年后，张宸枢于光绪十一年（1885）先是被荐为拔贡，紧接着又秋闱中举。一年之内，两个门槛一步跨过，这对一个19岁的年轻士子而言，真可谓“春风得意马蹄疾”。要知道，在甘肃这样文化落后的地方，即使拔贡也是许多读书人终其一生也难以企及的目标。按常理，前途尚不可限量的张宸枢是不会就此歇脚的，因为来年到京城的会试（朝廷选拔进士的考试）还等着他去“蟾宫折桂”呢。由此，我们可以推测，中举后，他或是在求古书院继续攻读，或是一边找个差事，一边备考三年一度的会试，像14岁荣中举人、18岁钦点翰林的明代乡贤赵时春那样，获得不朽的功名。

但是，对大多数人而言，人生的道路不会总是一马平川。在接下来每逢丑、辰、未、戌年的会试（每年二月，故称春闱）中，如果没有意外，想必张宸枢一定参加了丙戌、己丑两届，但和许多赶考者一样，他经历了“槐花黄，举子忙”的准备，却落得个“年年下第东归去，羞见长安旧主人”的沮丧。他会试不第后的艰难人生，可以从这组书札中管窥一二。

我们首先试着判断这组书札的写作时间，以便更好地理解其时代背景和作者的心路历程。

从禀父书（札一）中，我们循着平凉道宪（即平庆泾固化道道员）称“嗣办乡试提调事竣后，自有安置”的蛛丝马迹，寻找答案。清代乡试（省级选拔举人的考试），都在会试前一年，每逢子、卯、午、酉年的八月举行，故称秋闱。张宸枢中举后几年的乡试年份，有光绪十四年戊子、十七年辛卯、二十一年乙未等，查《平凉地区志·官职表》中在这几个年份离任的官员，可以初步推断该道宪是光绪十七年（1891）离任平庆泾固化道（道署设平凉）的江西人程鼎芬。再综合《汪山土库程氏家族与基层社会管理研究》和《武威牛鉴大葬》等资料可知：程鼎芬（1825—1893），字臣川，号鄂南，出身江西南昌新建县名门，其父辈有“一门三督抚”之称，初以拔贡任七品京官，后外派道员，于光绪十一至十五年、十六至十七年，两度出任平庆泾固化道道员。光绪十七年任甘肃乡试外提调官，后任甘肃按察使等职。由此，我们可以肯定，该书札写于光绪十七年（1891）七月初八日，也正是程道宪去省城筹办乡试的前一月。

示妻书（札二、札三），是其赴任庄浪乡（清初庄浪撤县设乡，归隆德县，派驻县丞，民国初年复设县，治所在今庄浪县南湖镇）训导时连续写就的两封。但他究竟是哪一年出任训导的，地方资料都语焉不详，往往让人误以为中举之后即任该职。好在札二有一句“蒙张道宪提拔，七月初十日藩宪何牌委署理庄浪乡训导”的话，让我们找到了一条隐秘的线索。查《平凉地区志・官职表》和《兰州市志・人物志》，张姓平庆泾固化道道员（道宪）和何姓甘肃布政使（藩宪）同期任职的，分别是张廷楫（光绪二十六至二十七年任）和何福堃（光绪二十七至三十一年任），二人交集时间只有一年，即光绪二十七年（1901）。也就是说，该年七月经平凉道宪张廷楫推荐，由甘肃藩宪何福堃委任其署理庄浪乡训导时，写了这两封书札。

在札一末尾的几句话中，我们不难看出张宸枢的父亲张绍龄当时正负责修复县城隍庙，已到彩绘装饰的扫尾阶段。而且从派人“速来平凉”，“似可带写开光戏数日”等语，刚好印证了其父可能正在县城学馆教书，且在地方上颇有声望。同时，从“至十三日，父亲可将书院课题登出”可以看出，当时，年方25岁的他正在县城书院（官学）或在父亲开办的私塾教书，边教边学，准备下一年即光绪十八年（1892）壬辰的第三次会试，临行前已将课题拟好。当时，其父或全家都已从临泾乡下搬来县城居住。

他这次出行，很明显有两个目的：一是拜见泾州知州（当时泾州辖镇原），争取资助；二是拜见道宪，寻求出路。作为普通农家出身的张宸枢，当时虽是乡民口中的“举人老爷”，但未出仕做官，其实还是一介穷书生。那个时代，基层政府对在乡的廪生、举人、进士都有免除徭役、田赋等优惠政策，尤其是通过学田租金、捐资生息等措施，在科考年份对参加考试者发放路费，平时也有寒士油灯钱、科卷资等零星资助。他这次拜见的这位“州尊”，正是下一年将要遇到震惊朝野的泾州“拔洋杆”案的审理者、江苏上海举人贾勋。从其处置此案的态度，倒可以看出这位“州尊”对底层人的同情，不妨赘言一二。光绪十八年（1892）春，清政府开始架设陕甘电报线，乡民以为当时的旱灾系“洋杆（谐音“阳干”）”所致，几天之内，由泾州窑店民众发起，三百余里电杆全部拔毁。案发后，贾知州不忍广张法网，株连过多，遂以“风气未开，愚民可悯”为词，不得已将甘冒斧钺之诛代众顶罪的义士王万清定为主犯，判处死刑，并私下告诉他：“你已垂老，可肩此任。身后之事，我当照料。”事后，还默许乡民建“王公祠”以纪念。为此，他受到朝廷“降一级留任”的处分。而张宸枢此前一年赴州衙拜见时，他在政策允许的范围内，不论是出于对这位同是举人者的同情，还是出于对未来官员的一种投资，总之是“略有佽助”，总算没让登门拜访者白跑一趟。

最麻烦的是拜见道宪大人。虽然札一并未写清他究竟有何诉求，但按前后文字推理，作为已具备做官资格的举人，他极有可能是请求道宪大人帮助推荐，谋一职位，以备来年如再次会试落第还有一个较好的保障。当时，已经66岁的道宪程鼎芬，两次担任平凉道员也已五六年了，可能对属地的举人们都有所了解。不巧的是，他正要离职履新，赴任甘肃乡试外提调官，正在接受那些纷繁扰攘的官场饯送。张宸枢等了七八天，才好不容易得以一睹尊容。好在这位久经宦海的老大人并不敷衍，以长辈的热情和耐心，与他“会面叙话，直至日夕”，在这样轻松融洽的气氛中，他“将来意缕细禀明，道宪悉行应允”。可是又过了好几天，“所应允者，似乎搁（阁）起”，没了下文。情急之下，正不知如何是好，幸亏有一位与道宪见面比较方便的吴大老爷，十分体谅他旅舍苦候的难处，就帮他“极力周旋”，探听说项。道宪遂向吴大老爷详细说明了自己的打算和步骤，让转告他耐心等待，到今秋八月乡试提调事办毕，“自有安置，词极亲热，虑极周详”。看来考中举人，离当官还远呢！要谋一个职位，缺份很少，如果“朝中无人”，不知得等到猴年马月。

札一中还提及官员离任之际的一系列旧例，很少见到来自第一现场的记载，很值得玩味。张宸枢初到平凉，刚好遇到“官绅为道宪办吁留福星饯”。所谓“吁留福星饯”，就是把道宪当作庇佑一方的福星，筹划办一个吁请挽留的饯送仪式（历代多有此例，或谓“乞留”）。这与如今“尊罍溢九酝，水陆罗八珍”的送别宴会不同，它还得有文雅的书卷气和馥郁的翰墨香，才不至于办成一场粗鄙的“土豪盛宴”。所以，平凉官绅们特请旅居长安的名家甘醉霞（名棠，号醉霞，以画谋生，擅人物、山水和花鸟，以给陕西巡抚鹿传霖绘像而闻名，此后的庚子之变因给慈禧行宫绘画而赐五品俸禄）绘制了两幅《福星图》，在饯送时相赠，以表达官绅们的感恩和祝福。此图的寓意当然很好，但还得有必要的文字，这才能达到图文并茂的效果。主事者又以《福星图》和“吁留道宪”为主题，“博征官绅题咏”，其中必有诗词、对联之类，极尽文辞和书法之美，当然多是溢美阿谀之语。但由于诗、联体裁的限制，不能备述道宪的德政，所以最好还得配一篇文质兼美的骈体“序文”，才显得诚恳而周全，这桩苦差事自然非年轻举人张宸枢莫属了。因为有求于道宪，也因为不能有负于才名，所以，他“为写序，反覆多日”“朝夕不暇”，字斟句酌，颇费心力，只恨没有王子安一气挥就《滕王阁序》的天纵之才。一直为此忙乎了十来天，这才交差了事，最后“于初八日，合平郡绅士”，带着“福星二图”和地方名流们写成的诗文长卷（或册页），到城西来远门外恭饯道宪，话别登程（其间应有许多程式化的繁文缛节）。就在张宸枢埋头写序时，因为还得等道宪的回话，所以就比较注意其活动，但其“因属员演戏饯行，各处官员谒送”，不管是乐此不疲，还是疲于应付，哪能顾上再见这位乡下举子呢？“三年清知府，十万雪花银”，这其中有很多“仪”“敬”之类的灰色收入，也是当时官场习以为常、见怪不怪的陋规，亦即当今所谓的潜规则。其实，官绅的吁留福星、属员的演戏饯行，以及各处官员的谒送，这些看似一团和气、情深意长的背后，究竟有多少能代表真正的民意，传递真实的舆情？对许多过客似的官员而言，只有天知道！这里，我们需要仔细体会的，只是身处困境的张宸枢，即使没有遇到难堪甚或刁难，但在接过贾知州资助的微薄银两，在搜索枯肠地撰写那篇应酬文字，在等待道宪大人接见和回音的难挨时光，所牺牲的是一个读书人的尊严和体面。

这位出身书香名宦之家的道宪程鼎芬，居官时曾辑录其先辈嘉言懿行而成《程氏三世言行录》，包括修身、持家、处世、治学、理政五个方面，体现了其家族的治家教子智慧，想必也是向往君子之行的人。但我们从张宸枢此后的经历可间接获悉，他慨然允诺张宸枢的请求并没有兑现，这也无非是一个深谙世故的老吏对一个年轻读书人的虚与委蛇。

据《平凉地区志》载：光绪九年（1883），改平凉讲武堂（在平凉城内北校场巷，今西大街小学）为崆峒书院；光绪二十一年（1895）又改高平讲舍。根据现有资料，张宸枢在改高平讲舍的次年，才就任山长，并将家眷安置到平凉。总之，不论是在镇原县城教书，还是就任高平讲舍山长，经历了三次会试落第的张宸枢，一直困守教职，总觉得怀才不遇，很不如意。

这不，其示妻书（札二）表明：在求见道宪程鼎芬后整整十年，即光绪二十七年（1901），还在高平讲舍山长任上的张宸枢又一次走进平凉道台衙门，拜访道宪张廷楫，得其举荐，并于“五月起程，六月初七日至省”，再次恭谒省城各位长官。在经历了一个多月的奔走和等待后，直到七月初十日才由甘肃布政使何福堃委任为庄浪乡训导。对于一直寻找机会想出人头地的张宸枢而言，深知“此缺虽苦”，但一乡（不同于现在的乡）训导也算个从八品的学官，总比书院山长要强些，且屡拜大人，得来不易，所以“亦不敢辞”。那时的交通，不会比秦汉时期先进，他拜谢长官、辞别师友又耽误了十天，于“廿一日即雇车出省，车夫耽延，直至八月初七日，始抵隆德”，算起来，五六百里的路程走了半个多月。这时，才在旅舍给妻子写信，打算次日到县衙报到后，“拟由隆德雇脚，初九日至庄浪，再择日接印”，可见从隆德到庄浪（在今庄浪南湖），需由马车换乘骡马了。再从“择日接印”看，该乡学务似为训导负责，再无教谕、学正之类的上司，训导之印应该由负责庄浪乡行政事务的县丞所授。然后，打算正式接印后，就回平凉。因牵挂离家两月妻子儿女的生活，他叮嘱“家内食用想能将就，惟望格外俭省。孩子们更要严加约束，勿任伊性，勿令多食瓜果”，由此可见其生活也是相当拮据，大有捉襟见肘之状。同时，为了安慰妻子，他称“在省应两回官课，盘费等项，差可支持”，这也就是说，他在兰州求职的间隙，还像当年求学一样到母校求古书院（也不排除兰山书院）应了两场官课，又以超、特等的成绩获得了一些奖银，可弥补盘费之不足。中举16年后，他还能像生员一样去参加课考，并获得奖银，这真是书院管理中的一个奇特现象。

在八月初七日于隆德旅舍写了一封信后，本打算稍事安排就于中旬回家的张宸枢，没想到一上任就触了霉头。从札三看，原来他到任后才知道，他的前任因在任上去世，这才有了他补缺的机会。逝者的家乡可能特别遥远，从他被任命为新训导已经一个月了，但逝者的家属还没有赶到，灵柩只好暂厝于学署，他也只好临时住在“学署过厅内”（好在仲秋之际，天尚不冷）。而“搬柩事，人言在月底，或九月初，不知定在何日”？不知张宸枢此时此地做何感想，总之看到这位前任客死他乡的结局，总会有一些物伤其类的悲哀吧。现在，他只能等前任家属“来期定”，才能回平凉“雇脚”，接家眷“同到任所”。同时，他还请“贤妻再酌，若欲即来，早带信”，再做定夺。真是“贫贱夫妻百事哀”，前一书札还在操心家里的食用，而这一书札已经就自己的吃饭问题告急了，“目下必须托人籴小米乙升，白米乙升”，托捎信人带到庄浪学署。

另外，我们从张宸枢的与妻书两札中，还能读到旧式家庭中，丈夫对妻子的尊重和关切，这一点尤难能可贵。在札二“贤妻或有微恙，即请医调治，切切”的叮嘱后，札三再次不厌其烦地以“贤妻务须调养己身，不可大意，切切”来强调，可谓体贴入微。同时，札二末尾还不忘加一句“再请问候同院各尊嫂”，这看似不经意的一句问候，其实也是让同院居住的识字人代读书信时，传递一种邻里友好的信息，给妻子儿女创造与邻和睦的氛围，可谓用心极细。在札三中，关于是否把家搬到庄浪学署，他说出了自己的想法，但也征求妻子的意见，丝毫没有所谓封建家长的作风。夫妻恩爱，其实就体现在这些细枝末节和一言半语中。

可叹张宸枢虽少年得志，一举成名，但世路坎坷，一生颠沛，即使民国后有筹办平凉师范的首创之功，有著书立说和书法名家的一方声誉，也有被选为众议院议员的闲职虚名，但总的来说，其才未竟，其志未伸。最后，“身老沧州”的张宸枢在花甲之年，再次远赴郑州、北平等地，以期“异域建功”，惜乎于1931年客死北平，最后搬柩归里。这与他庄浪训导的前任又何其相似乃尔，不由人不感叹造化弄人！

参考资料：

1. 镇原县地方志编纂委员会《镇原县志》（1987年内部编印）
2. 兰州市地方志编纂委员会《兰州市志·人物志》(兰州大学出版社,2013年3月第1版)
3. 平凉市地方志编纂委员会《平凉地区志》（中华书局，2011年3月第1版）
4. 曹雷《汪山土库程氏家族与基层社会管理研究》(南昌大学硕士学位论文，2014年)

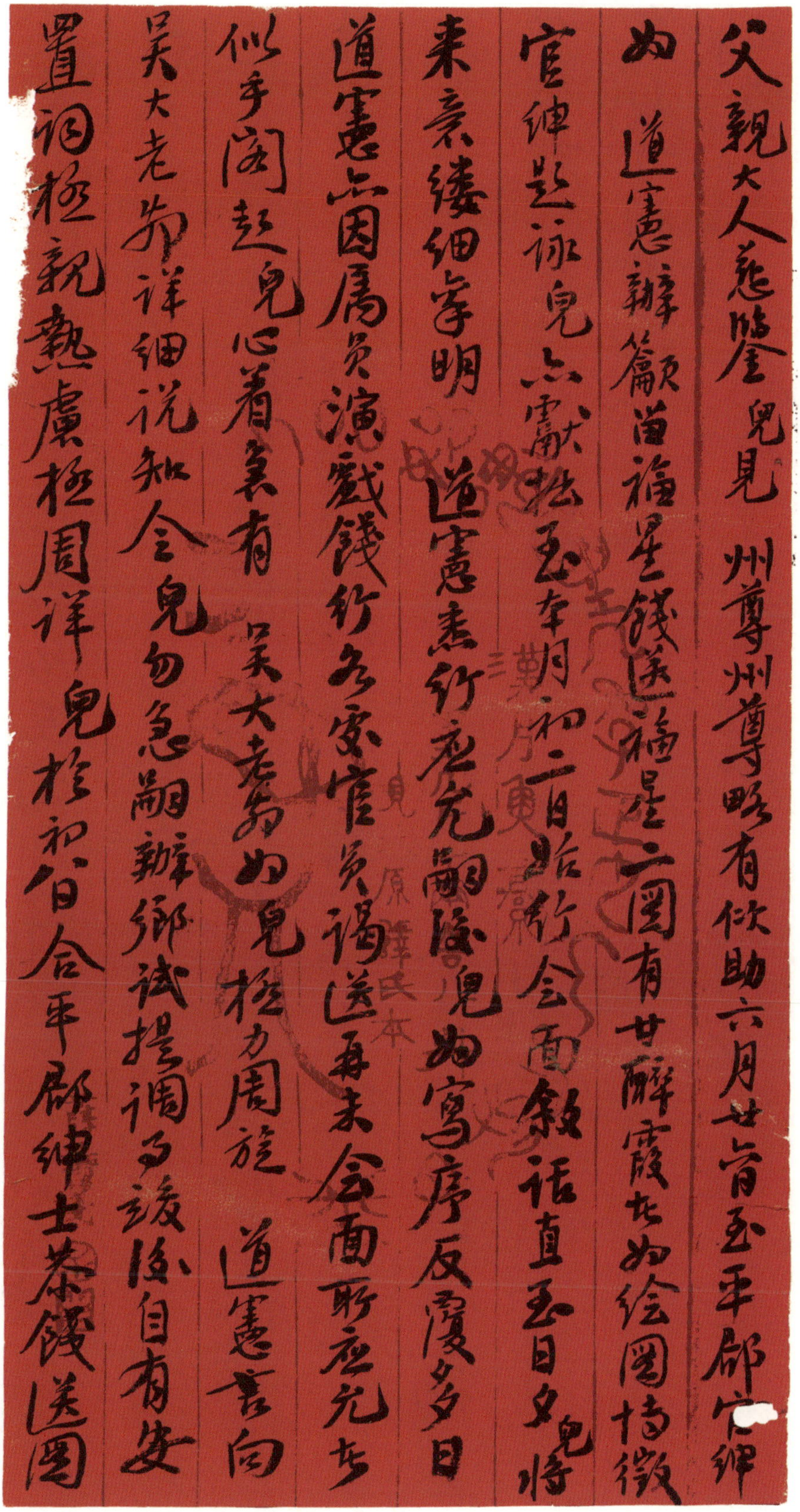

父親大人慈鑒　兒見　州尊州尊照有欣助六月廿日至平郡官紳
為　道憲辦籥苗禮星錢送禮星二圖有廿醉霞去為繪圖楷徵
官紳題詠兒亦獻拙至本月初二日始行會面敘話直至日夕兒將
來京縷細稟明　道憲素行應允嗣後兒為寫序反覆多日
道憲亦因屬員演戲錢行為客官員謁送每未會面所應允事
似乎閒起兒心着急有　吳大老爺為兒極力周旋　道憲言向
吳大老爺詳細說知令兒勿急嗣辦鄉試提調多綫後自有安
置詡極親熟慮極周詳兒於初八日合平郡紳士恭餞送圖

札一（1）（12.4cmx24.2cm）

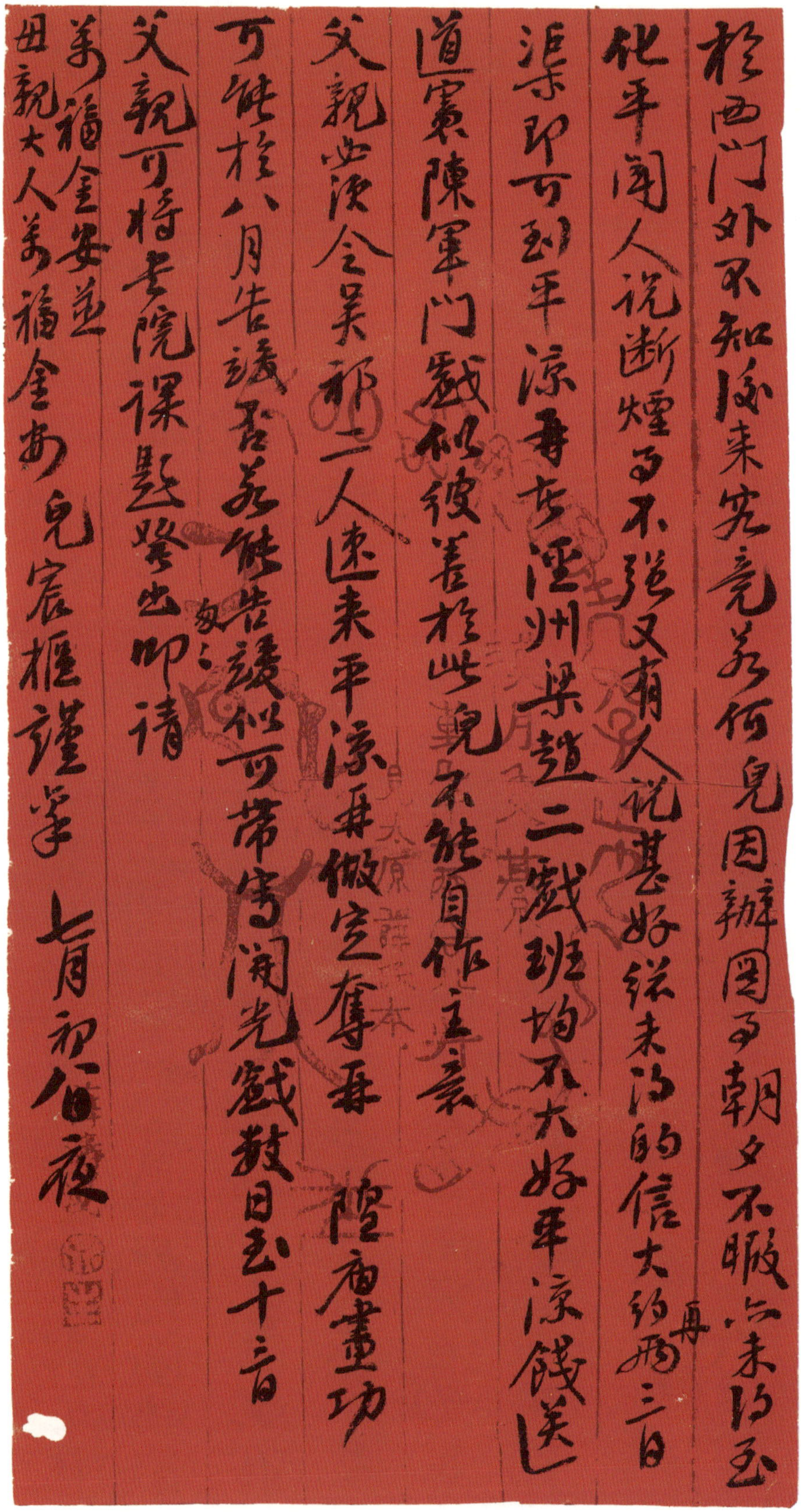
於西门外不知從来究竟為何兒因辦闱事朝夕不暇亦未得去
化平闻人说断煙為不從又有人說甚好從来沒的信大约再兩三日
渠即可到平凉再在涇州梁趙二戲班均不大好平凉錢送
道袁陳軍門戲似彼善於此兒不能自作主言
父親尚須全吴都二人速来平凉再做定奪再 陞廟畫功
可能於八月告議否若能告議似可帶寓閱光戲數日去十音
父親可將書院課題發出叩請 匆々
萬福金安並
母親大人萬福金安兒宸樞謹稟 七月初八日夜

札一（2）（12.4cmx24.2cm）

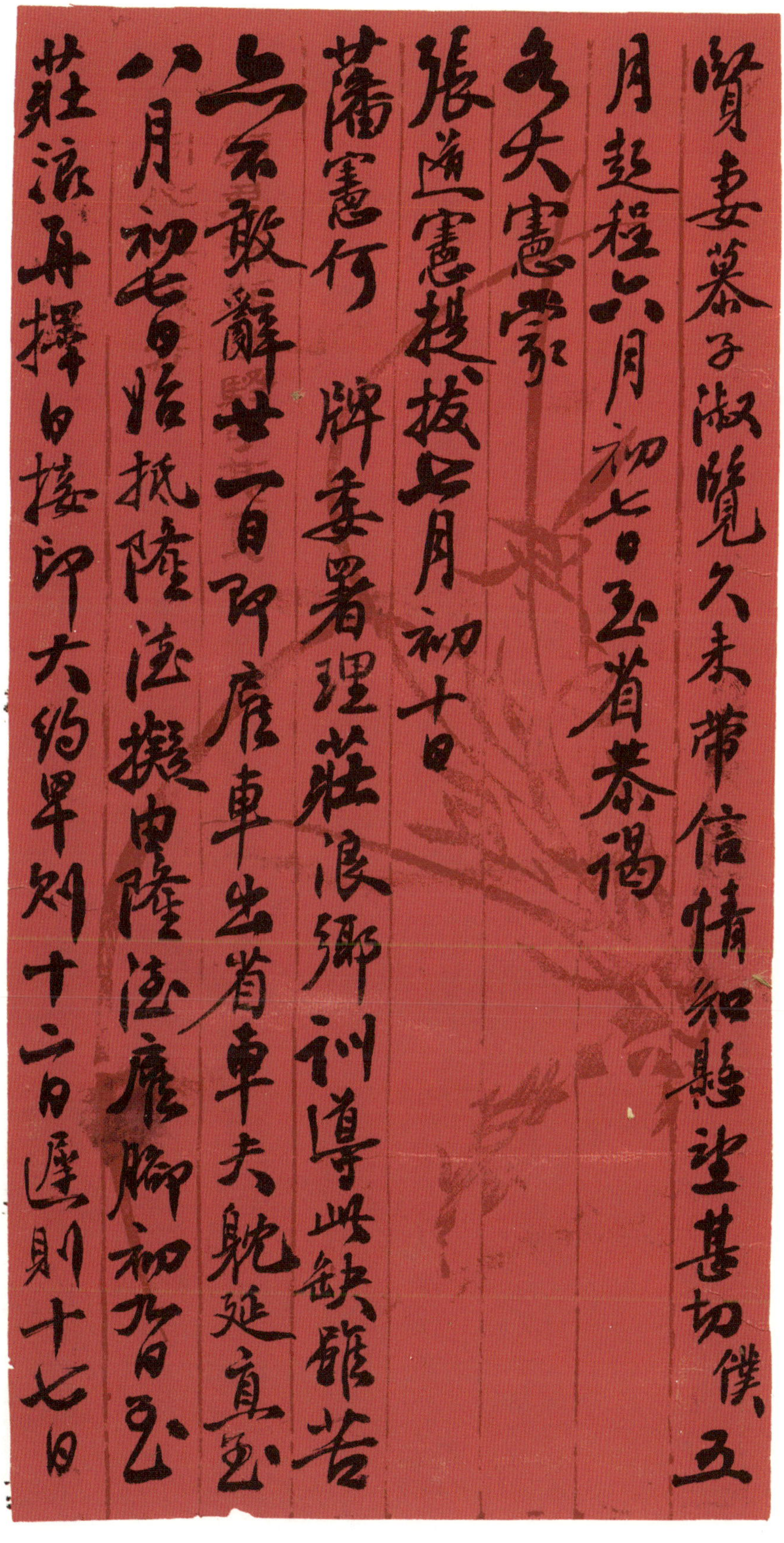
賢妻慕子淑覽：久未帶信，情知懸望甚切。僕五月起程，六月初七日至省，恭謁各大憲，蒙張道憲提拔，七月初十日藩憲行牌委署理莊浪鄉訓導缺，雖若亦不敢辭。廿一日即雇車出省，車夫馱延，直至八月初七日始抵隆德，擬由隆德雇腳，初九日至莊浪，再擇日接印，大約早則十二日，遲則十七日

札二（1）（12.4cm×23.9cm）

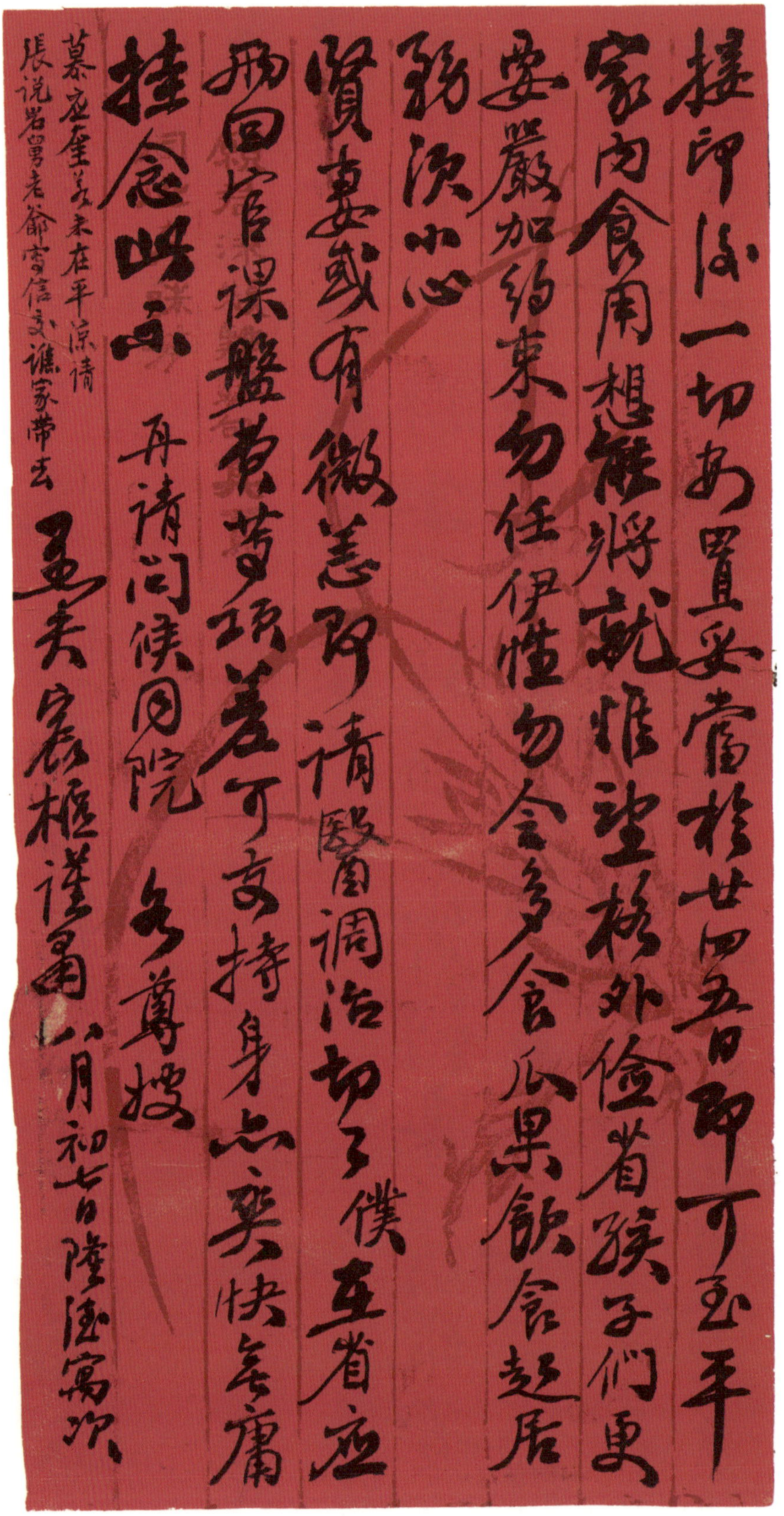
接印係一切安置妥當於廿四五日即可至平
家內食用想能將就惟望格外儉省孩子們更
要嚴加約束勿任伊性勿令多食瓜果飲食起居
務須小心
賢妻或有微恙即請醫調治切切僕在省應
歸回官課盤費若頃差可支持身心爽快無庸
掛念此示
再請問候同院 各尊嫂
慕庭舍弟未在平涼 請
張說岩舅老爺家信交譙家帶去
玉夫字寄桓謹啟 八月初七日陸續寫次

札二（2）（12.4cmx23.9cm）

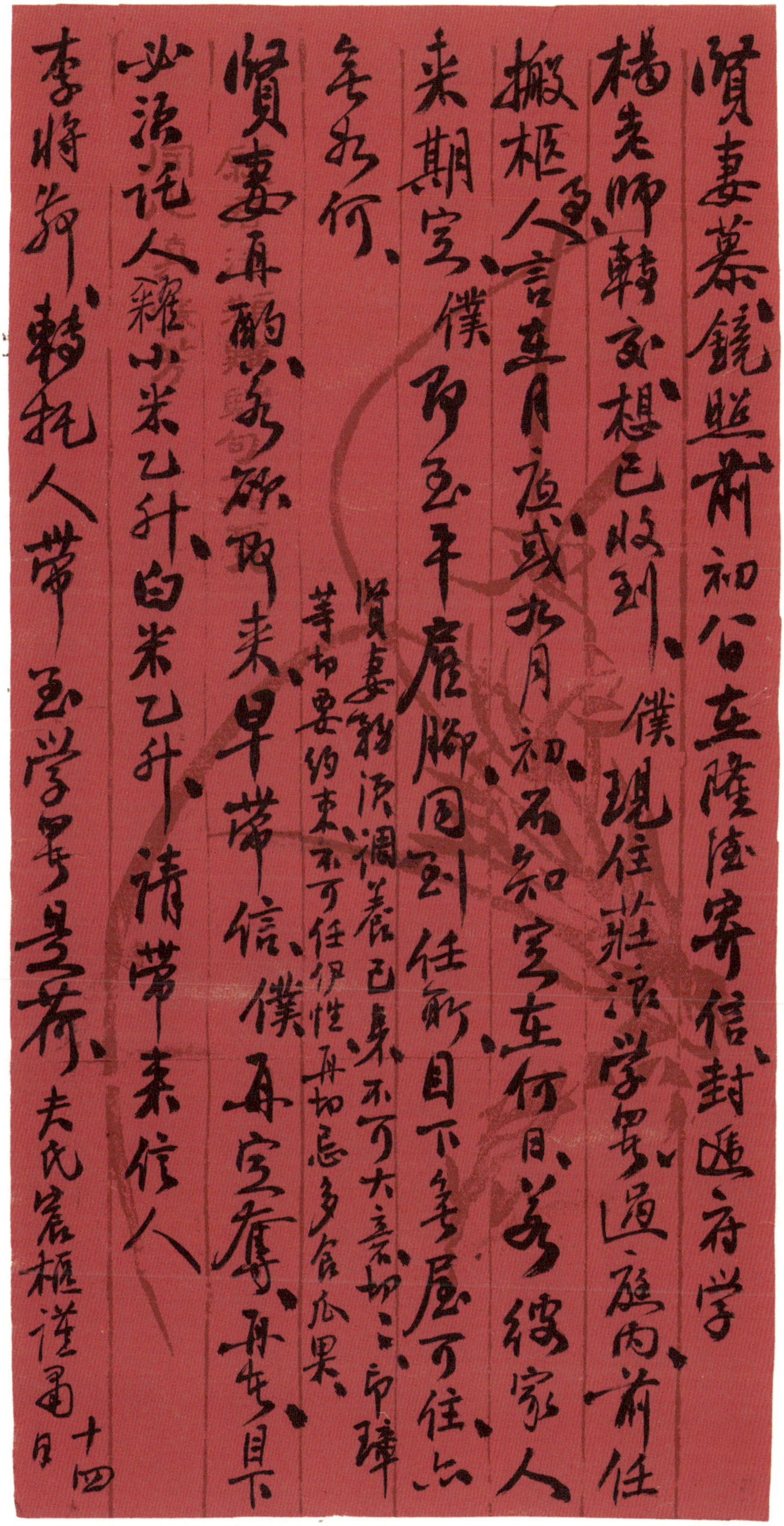

賢妻慕鏡照：前初八在隆德寄信一封，遞府學楊先師轉交，想已收到。僕現住莊浪學署。適離兩前任搬柩人言，在八月底或九月初，不知定在何日。等候家人來期定，僕即至平居腳回到任所。目下無屋可住，亦無如何。賢妻再酌、等砍取來，早帶信，僕再定奪。再者，具必須託人糴小米乙升、白米乙升，請帶來信人李將爺，轉托人帶至學署是荷。夫氏宸樞謹啟 十四日

賢妻務須調養己身，不可大意，切切。印璋等亦要約束，不可任伊性，再切忌多食瓜果。

札三（12.4cm×23.9cm）

释　文

【札一】

父亲大人慈鉴：

儿见州尊，州尊略有佽助。六月廿六日至平郡，官绅为道宪办吁留福星饯，送福星二图。有甘醉霞者，为绘图，博征官绅题咏，儿亦献拙。至本月初二日，始行会面叙话，直至日夕。儿将来意缕细禀明，道宪悉行应允。嗣后儿为写序，反覆多日。道宪亦因属员演戏饯行，各处官员谒送，再未会面。所应允者，似乎搁（阁）起。儿心着急，有吴大老爷为儿极力周旋。道宪向吴大老爷详细说知，令儿勿急，嗣办乡试提调事竣后，自有安置，词极亲热，虑极周详。儿于初八日，合平郡绅士恭饯送图于西门外，不知后来究竟若何？儿因办图事，朝夕不暇，亦未得至化平。闻人说断烟事不强，又有人说甚好，总未得的信。大约再两三日，渠即可到平凉。再者，泾州梁、赵二戏班，均不大好，平凉饯送道宪、陈军门戏，似彼善于此，儿不能自作主意。父亲必须令吴、祁二人速来平凉，再做定夺。再，隍庙画工（功）可能于八月告竣否？若能告竣，似可带写开光戏数日。至十三日，父亲可将书院课题登出。匆匆叩请

万福金安，并母亲大人万福金安。

儿宸枢谨禀　七月初八日夜

【札二】

贤妻慕子淑览：

久未带信，情知悬望甚切。仆五月起程，六月初七日至省，恭谒各大宪。蒙张道宪提拔，七月初十日藩宪何牌委署理庄浪乡训导。此缺虽苦，亦不敢辞。廿一日即雇车出省，车夫耽延，直至八月初七日，始抵隆德。拟由隆德雇脚，初九日至庄浪，再择日接印。大约早则十二日，迟则十七日接印后，一切安置妥当，于廿四五日即可至平。家内食用想能将就，惟望格外俭省。孩子们更要严加约束，勿任伊性，勿令多食瓜果。饮食起居，务须小心。贤妻或有微恙，即请医调治，切切。仆在省应两回官课，盘费等项，差可支持，身亦爽快，无庸挂念。此示。

再请问候同院各尊嫂。

慕应奎若未在平凉，请张说岩舅老爷写信交谯家带去。

愚夫宸枢谨肃　八月初七日隆德寓次

【札三】

贤妻慕镜照：

前初八日在隆德寄信，封递府学杨老师转交，想已收到。仆现住庄浪学署过厅（庭）内，前任搬柩事，人言在月底，或九月初，不知定在何日？若彼家人来期定，仆即至平雇脚，同到任所。目下无屋可住，亦无如何。贤妻再酌，若欲即来，早带信，仆再定夺。再者，目下必须托人籴小米乙升，白米乙升，请带来信人李将爷，转托人带至学署是荷。

贤妻务须调养己身，不可大意，切切。印璋等切要约束，不可任伊性，再切忌多吃瓜果。

夫氏宸枢谨肃　十四日

政声人去后

——长沙进士、隆德知县卢世堃致营守备党志振书札一通（1892 前后）

这封简单的书札，寥寥数语，无关宏旨，却把看似无关的两个地方名人联结到了一起。我们可以通过这条线索，串起一段光绪年间的陈年往事。

写信者的简历，据 1929 年开始编修的《重修隆德县志·名宦》载："卢世堃，湖南长沙人，光绪十五年（1889）任，为政宽平，时恤民隐，建修峰台书院，隆德士子至今享其旧德。离任后，绅民为立生祠（即为活人修建的祠堂）于书院。书院今改学校，祠宇永存。"再根据其继任者到任的时间光绪二十二年（1896）推断，他在隆德知县任上至少有六七年之久。

遍查《长沙市志》等资料，都没有关于卢世堃其人的记载，但好在同一本县志的"艺文"部分收录了一篇由当地贡生张蔚丰撰写的《阖学为前邑令卢公建修生祠文》，聊可补小传之不足。该文称，隆德"本属瘠苦差务，亦极浩繁"，但卢世堃是年夏到任后，不惮艰辛，千方百计为地方办好事实事，如办义学以培寒士，放仓粮以赈穷民，并发动当地驻军疏浚水源、维修城池，特别是念及教育落后、人才稀少，倡建峰台书院。期间幸得邑人杜、李夫妇不吝资财，慷慨捐助，卢世堃也带头解囊，捐献俸银，终于完成了这一造福一方的百年大计。即使在升调赴任时，还再三叮嘱当地士绅要与继任知县勠力同心，继续办好书院，以达到"从此人文蔚起"的目的。因此，隆德士绅在其离任后，特意为其立生祠，以表达由衷的崇敬和祝福。这在古代社会是对一个官员最高的褒奖和隆重的礼遇。

需要说明的是，这篇文章的作者张蔚丰，虽是贡生，但也出身于世代耕读之家，其子张文源，光绪二十九年（1903）中三甲进士，光大门楣，其事见本书《易代之际的静宁州临时议会》。同时，奠基于峰台书院的今隆德一中，现为宁夏三所百年老校之一，也是自治区级示范性高级中学，学风优良，可谓渊源有自。

除以上资料外，清代学者陶保廉在《辛卯侍行记》中，还记载了光绪十七年（1891）陪侍就任新疆巡抚的父亲陶模（以翰林出任甘肃知县、知州，后任陕甘总督、两广总督，有政声），途经隆德时由“知县事长沙卢岱之世堃”（可知卢字岱之）接待。当时，陶模鉴于六盘古道颇为荒凉，难以体现西北著名关隘的雄姿，就提议在山腰筑一道名为“陇干锁钥”的城墙，旁设官店，供行人以避风雨，并捐银二百两，“托卢大令筹办”。这一提议，不仅具有发思古之幽情的诗意，而且也有体恤行人旅途劳顿的慈悲，用今天的眼光来看，又何尝不是文化与旅游深度融合的一着妙棋？同时，履新新疆巡抚的陶模，还能提议在不是自己属地的名山增一胜景，可见他对第二故乡甘肃的深情和天下为公的胸襟。这位“卢大令”果然不负所托，不仅修建了牌楼，而且建起了一所由湖南退伍士兵经营的颇为整洁的小旅店。这一结果，在清代裴景福记其光绪三十一年（1905）由广州赴新疆的《河海昆仑录》中有载：“六盘山顶有牌楼，题‘陇干锁钥’，联曰：‘峰高华岳三千丈，险据秦关百二重。’陶勤肃建。”陶模于光绪二十八年（1902）在广州去世，谥勤肃。只不过此牌楼的选址，是从陶模所嘱咐的山腰移到了山顶，这倒更能为此名山增一冠冕，以壮声色。可见具体办事之人，并非唯唯诺诺，而是别有机杼。

需要特别辨析的是，这副多年来让人耳熟能详，且被收入《中国名胜古迹对联选注》的名联，究竟是何人所撰，一直语焉不详。有资料称该联是隆德知县潘龄皋修建牌楼时所撰，此说似不可采信。因为潘虽然是名重一时的翰林书法家，但其任隆德知县时已是陶、卢会面8年后的光绪二十五年（1899），与卢之间已隔了两任。以陶模当时的职位和威望，作为受人之托且接受捐资的卢世堃，不可能不对这位封疆大吏有一个圆满的交代，更何况在其离任隆德的前一年即光绪二十一年（1895）陶模已升任陕甘总督，成了他的顶头上司。据此可以肯定地说，这个牌楼是卢世堃受命所建，其作为点睛之笔的横额“陇干锁钥”明显出自陶模之语，而对联则极有可能出自陶模或卢世堃之手，至少是经由卢世堃请托名家撰写、书丹并刻制的。如今，那个由一代名臣倡议并捐资，由地方名宦擘画和修建的牌楼早已无迹可寻，只留下这副联语，读来如高陇极天、大河动地，凛凛生风。

从前面的资料可知，卢世堃自莅任隆德知县，到以后重修隆德县志，已隔了40年的时间。40年，足以淘洗掉尘世间的许多人和许多事，甚至造成整整一代人的集体失忆，但隆德人对这位时过境迁的“父母官”，仍然念念不忘，所立生祠依然保存完好，供奉如仪，《县志》也不惜版面照录此文。这与顾炎武所说的当时好些建生祠者，“有去任未几，而毁其像，易其主者”形成了鲜明的对比。可见卢世堃人走了，但隆德这杯茶还留着一丝温热。

“政声人去后，民意笑谈中。”隆德人对卢世堃的感激爱戴之情，当然不可能是卢世堃本人的授意，更不可能是隆德人出于功利的阿谀。因为，自此一去不复返的卢世堃如不是已经谢世，也必定是一个早已淡出权力圈子的垂垂老者了。

说远了,还是回到这封书札上来。这封书札,是时任隆德知县卢世堃写给营守备(当地驻军首领）党志振（字鹭洲）的。从信中可知，其时正值夏末之际，隆德城墙因部分坍塌损坏，急需修缮，但工程承包者嫌给价太低，不愿包做，所以卢世堃希望工程出资方、营守备党志振“酌量加价”，玉成其事，因为再不开工，“特恐秋风天冷”，又要推到下一年了。最后，还对寻访戏班在县城唱大戏的进展情况予以简单答复。可能很多人都会想当然地以为，城墙维修资金无疑是县衙负责，但这封信透露出，至少隆德这次城墙维修资金，是由驻军全权负责。在工程发包与承包双方因价格不能达成一致时，知县大人就亲自出面，从中说项，极力促成。从这个细节，我们不难看出卢世堃体恤民情的良好政德，也不难理解隆德士绅为其立生祠的原因了。另外，从落款自称“愚弟”看，军政双方首领的个人交情不错，军政关系也相当融洽。

这里，再简单介绍一下本次工程发包方的负责人。党志振（1855—1921），静宁威戎（距隆德县城一百多里）人。自幼读书习武，于光绪十二年（1886）殿试中荣膺三甲第 47 名，赐同武进士出身，就此步入军旅仕途，先后任瓦亭、隆德诸营守备。以后，任甘肃提督董福祥新前营管带，随部出征河湟、入卫京师、护驾两宫“西狩”，因功“记名提督，简放总兵”，赏戴花翎，诰授“建威将军”，人称“党军门”。党志振 31 岁中武进士的三年后，从六盘山东麓的瓦亭调任隆德，仍任营守备之职，与新任知县卢世堃一武一文，同地共事，留下了一段“军政团结”的佳话。正是在这里，他先后捕获了六盘山一带的惯匪虎占鳌、马黑娃、白狗儿等归案，地方为之安靖，并以基层治安方面的突出成绩，得到董福祥的器重，随其一路征战，最终登坛拜将，名垂桑梓。

参考资料：

1.《重修隆德县志》（1936 年 11 月平凉兴元书局石印）

2. 陶保廉《辛卯侍行记》（甘肃人民出版社，2002 年 1 月第 1 版）

3. 时下翁《绵勇巴图鲁党军门》（《静宁文史大观》，敦煌文艺出版社，2019 年 4 月第 1 版）

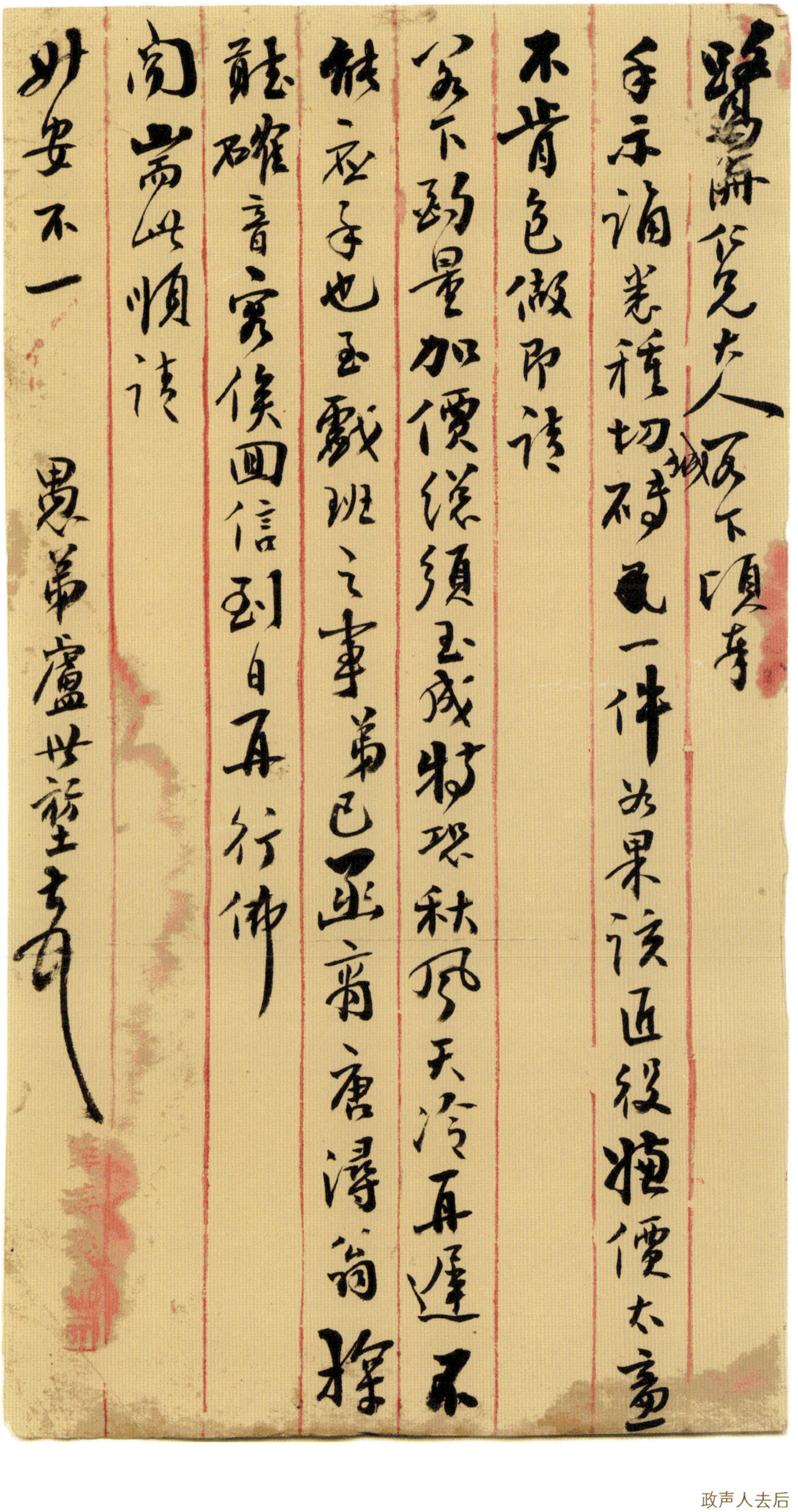
鷺洲仁兄大人閣下：頃奉手示，諭悉種切。磚瓦一件，如果該匠役嫌價太高，不肯包做，即請閣下酌量加價，總須玉成為妙。恐秋風天冷，再遲不能應手也。至戲班之事，弟已函商唐潯翁，擇茲確音，實候回信到日再行佈聞。耑此順請升安，不一。
愚弟盧世[illegible]謹上

书札（12.6cmx22.8cm）

释 文

鹭洲仁兄大人阁下：

顷奉手示，诵悉种切。城砖一件，如果该匠役嫌价太廉，不肯包做，即请阁下酌量加价，总须玉成。特恐秋风天冷，再迟不能应手也。至戏班之事，弟已函商唐浔翁探听确音，容俟回信到日，再行布闻。耑此，顺请

升安不一。

愚弟卢世堃顿首

如此翰墨足可传

——泾州拔贡、镜清书院山长许颖悟致同年张宸枢书札一通（1895）

在陇东一带，静宁、庄浪、镇原等县都是闻名遐迩的“书画之乡”。之所以能获得这样的美誉，无外乎三个维度：一是广度，即当地百姓普遍喜欢书画，更有悬挂和收藏书画的风尚，这是群众基础；二是高度，即当地有一大批以写字画画为乐甚至以此为志业的书画家和爱好者，这是整体水准；三是深度，即深厚的文化底蕴，历史上就曾涌现过一些让人耳熟能详的名家高手，这是代际传承。

泾川县（清代以前称泾州）作为陇东重镇，人文资源十分厚重，唐代以前的风头甚至远远超过了平凉。但是，就清代以至民国的地方文化而言，却相当沉寂，有清一代的科举会试仅有武进士一名。以书画论，似乎没有出现过在当地和周边有影响的名家，留下来的作品也实属寥寥。这确实是一个值得研究的文化现象。

拜读这封清光绪年间泾州镜清书院山长许颖悟亲笔所写的书札，不觉让人眼前一亮——这不正是清末泾州书法的代表人物吗？

但查阅泾川史志资料，都没有许颖悟其人信息，倒是在《泾川文史资料选辑（1）》中，有何九如先生《泾川书院考略》一文，其中在写到清代泾州书院时，有这样两段话，大有“踏破铁鞋无觅处，得来全不费工夫”之感。其一是：“同治初年，泾州遭了大年馑，加上匪乱兵灾，书院遂毁于战火。光绪九年（1883），知州胡韵兰（湖北籍举人）上任后，筹集资金另在南关修建书院（现土窝子小学），共建校舍40余间，规模可谓宏敞。在甘肃学政陆廷黻的参与下，研究定名为‘镜清书院’。当时书院的负责人叫山长。”其二是：“据零星资料记载，在‘阮陵’‘镜清’书院先后担任山长的有贾葆业、赵其昌、杨国俊、间佐武、许颖悟等人，他们都是德高望重、学富力强、勤守供职、深受群众拥戴的地方贤达。如许颖悟老先生（县城人，为光绪乙酉科拔贡），生性耿介，不徇私情，工作尽职尽责，主讲镜清书院，管理经费20余年，款目公开，丝毫不苟。故督学使者给题赠‘陶铸文教’的匾额，以奖励。”（引文其一中“甘肃学政”原为“甘肃省使”，其二中“乙酉科”原为“巳酉科”，皆为笔误，径改。）

根据以上资料，再参照收信人张宸枢和信中所提“董帅”（甘军首领董福祥）的生平行迹，可以断定该书札写于光绪二十一年（1895）八月初一日申刻（下午四时左右）。当时，许颖悟正在泾州镜清书院山长任上，他可能刚刚接到陕西方面寄来关于“董帅”到西安的信息，就迫不及待地写信告诉尚在镇原县城教书的好友张宸枢。许称张为“仁兄同年”，缘于二人皆为光绪十一年（1885）乙酉科拔贡，只不过当时19岁的张宸枢于该年又荣中举人，可谓少年得志，而许颖悟的功名之路却到此止步，只能作为后半生的“老生常谈”了。拔贡，是清代科举制度中由各省学政从生员中考选，择优贡入国子监的生员，经朝考合格，可充任京官、知县或教职。别小看这个“鸡肋功名”，其选贡机会比当今高考的省市“状元”还要难，因为从时间来说，乾隆中期以后每十二年才安排一次（逢酉年一选）；从数量来说，每府学仅二名，州、县学各一名。正因稀罕，这或许也是许颖悟为什么能担任山长达20年之久的原因了。

书札的内容其实特别简单，就是告诉好友：七月二十四日，董帅已由京师抵达西安。究竟何日启程回甘肃，现尚无确切消息，但鉴于目前狄道（今临洮）、河州（今临夏）军情吃紧，想必不会逗留多日。这个时间节点和时代背景，正好和《董福祥传》的记载完全吻合。此前一年，已在新疆征战和戍边将近20个寒暑的喀什葛尔提督董福祥，被朝廷提名进京参加慈禧太后六十寿辰庆典并述职，这是当时好些封疆大吏都难得一遇的恩宠。进京后，因中日甲午战事紧张，朝廷命其召集旧部、东调甘军，入卫京师，董就此由边关将领而成为清政府所倚重的一支重要军事力量。不料，次年即光绪二十一年（1895）四月，河湟地区发生少数民族起义，甘肃主政者防剿无方，朝廷又不得不派董离京援甘，并特授“专折奏事”之权（即可不受总督节制），以挥师河湟，这就是札中所说的“狄、河军情吃紧”的背景。当然，通过收拾河湟一役，董福祥也为自己铺就了一条更加飞黄腾达的仕途。这是后话，暂且不提。

因与泾州有关，这里不妨补充一个小插曲：在前一年赴京路过泾州时，当时的泾州营都司王蔼臣，正是30年前董福祥最初举义反清时被生擒，并“备受荼毒，以沸水浇之，自顶踵糜烂，委而弃诸野”的安化（今甘肃庆城）把总。真是冤家路窄，董福祥暂驻泾州，召王蔼臣前来见面，这位自知凶多吉少的王都司心中自是七上八下，不知如何是好。可没料到董福祥不仅不念旧恶，反而把酒言欢，不愉快的往事竟然不置一语。这一点，倒可见这位西北枭雄非同一般的待人之道。

这次，手握尚方宝剑、身负朝廷重任的董福祥又从京师返回，势必途经泾州、平凉两大驿站。按说董帅西行，与两位教书先生又有何干？许颖悟却非要在第一时间，把这件国中大事“谨托谢掌柜雇觅妥人，寄函台端”呢？其迫切慎重如此，必有隐情。

我们知道，张宸枢自读书起，就一直是同龄人中的佼佼者，未及弱冠就轻取举人功名，可倏忽10年之后，三次会试都铩羽而归，仍然在老家的小县城教书糊口。这对一个胸怀抱负的29岁的读书人来说，一定是心有不甘的。或许，在对会试已经有些失望的他，正考虑着用古人“干谒”的办法，通过拜见重臣大吏，求得晋升的机会，一展“达则兼济天下”的雄心壮志。而对西北，特别是平凉、庆阳、固原人而言，干谒的最佳对象当然是被誉为“西北砥柱”且是老乡的董大帅了。所以，许颖悟在获悉董帅到西安的消息后，就及时给他捎信，以便早做准备。

这个推测，在《董福祥传》中可得到间接印证。该书称：董福祥八月中旬一到平凉，阖城士绅民众前呼后拥，备受欢迎和恭维。此后，他召见各方人士（作为学界名人且早有准备的张宸枢应是被召见或主动求见者之一）。其时，“慕寿祺亦至平凉，并随董福祥进抵河州，大约他是地方上的智囊之一”。这位后来成为陇上著名学者的慕寿祺与张宸枢同乡，也是镇原人，年方21岁，其时还是跟随当教谕的父亲在外地读书的生员，算是专程赴平凉的干谒者。不过，他也是“神童”一类的人，13岁在泾州应童子试时，因作文非同凡响，就被督考官、甘肃学政蔡燕生亲笔点批为“甘之俊人也，必速飞矣”。

当时，就慕寿祺与张宸枢二人的功名、阅历相比，张显然要高于慕，但为何远道而来的慕能得到董帅的青睐，而在平凉属地镇原占尽天时、地利、人和的张却未能如愿呢？个中缘由，因无确凿资料，不好臆断。

说远了，还是回到这封书札上来吧。从字面而言，该书札除必要的礼仪用词外，没有一句当时书信所流行的浮文套语，可谓直奔主题，言简意赅，反映了作者“生性耿介”的个性特征。尤其是从书法角度而言，具有很高的艺术价值，堪称泾州书法的珍贵标本，填补了这一时期书法艺术的空白。这虽然是一封平常不过的急就书札，但完全可以反映出作者深厚的书法修养和笔墨功夫，其书体玉润珠圆，章法规整疏朗，墨色深厚浓重，笔画粗细随意，结体严谨而又舒展，既符合古法而又有新意，从中不难看出取法钟繇、王羲之、颜真卿和苏轼一路的影子，大有清代名家、“浓墨宰相”刘墉的风致。这样的书法，即使在当时普遍用毛笔书写的读书人中，也应该是英迈挺卓的。

许颖悟的大字书法惜未传世，优劣不敢妄下结论，但就书札小字而言，也要高于其“仁兄同年”、以书法名噪一方的张宸枢。张宸枢与许颖悟学书的路子一样，都是以颜体为本，上追魏晋楷书，崇尚“魄力”的，二人有可能是师出同门，或同时受当时书风和地域书风的影响所致。张宸枢曾不无自负地谈到自己的书法：“国朝书法家刘石庵（墉）专讲魄力，太守王梦楼（文治）喜欢神采，故有‘浓墨宰相、淡墨探花’之说。我生来痴笨，神采学不到，但向魄力处求之。”比较二人身后的书法名望，张宸枢显然比许颖悟要幸运得多，因为镇原及周边民间至今还保存着他的许多书法作品，而且他也被故乡的人们尊为一代书法大家。反观许颖悟，作为一县“陶铸文教”的名儒，这样一手好书法却未能传世，甚至百年之后的泾川本地人也不知道许颖悟其人其书，真的令人扼腕叹息。翻开1993年出版的第一版《泾川县志》，书画中未能收录一幅民国以前的作品，人物中未能收录一个民国以前的书画名家，可见当时的人们对前辈书画的漠视。这大概与清代以后，地处西兰大道要冲的泾川人重商轻学，以及民间不重视书画的风气不无关系。

令人欣喜的是，近几年泾川书法异军突起，成为陇东书法群体中的一支劲旅。但在笔者所谓的“书画三维”里，这仅仅是一个高度，尚缺乏广度和深度。如果泾川书画界能怀着对前人的敬意，挖掘、保护和研究地方古代书画艺术，承前启后，更进一步，岂不更有益于一方文脉的传承和民风的培植？

许颖悟的这封书札，虽然很小，但对地方书法艺术而言却意义重大。谨做以上推介，以一札而传人，诚望一代师者、书者不致湮没无闻矣。

参考资料：

1. 政协泾川县委员会《泾川文史资料选辑（1）》（1990年12月内部印刷）
2. 薛正昌《董福祥传》（甘肃人民出版社，1994年8月第1版）
3. 镇原县地方志编纂委员会《镇原县志》（1987年内部编印）

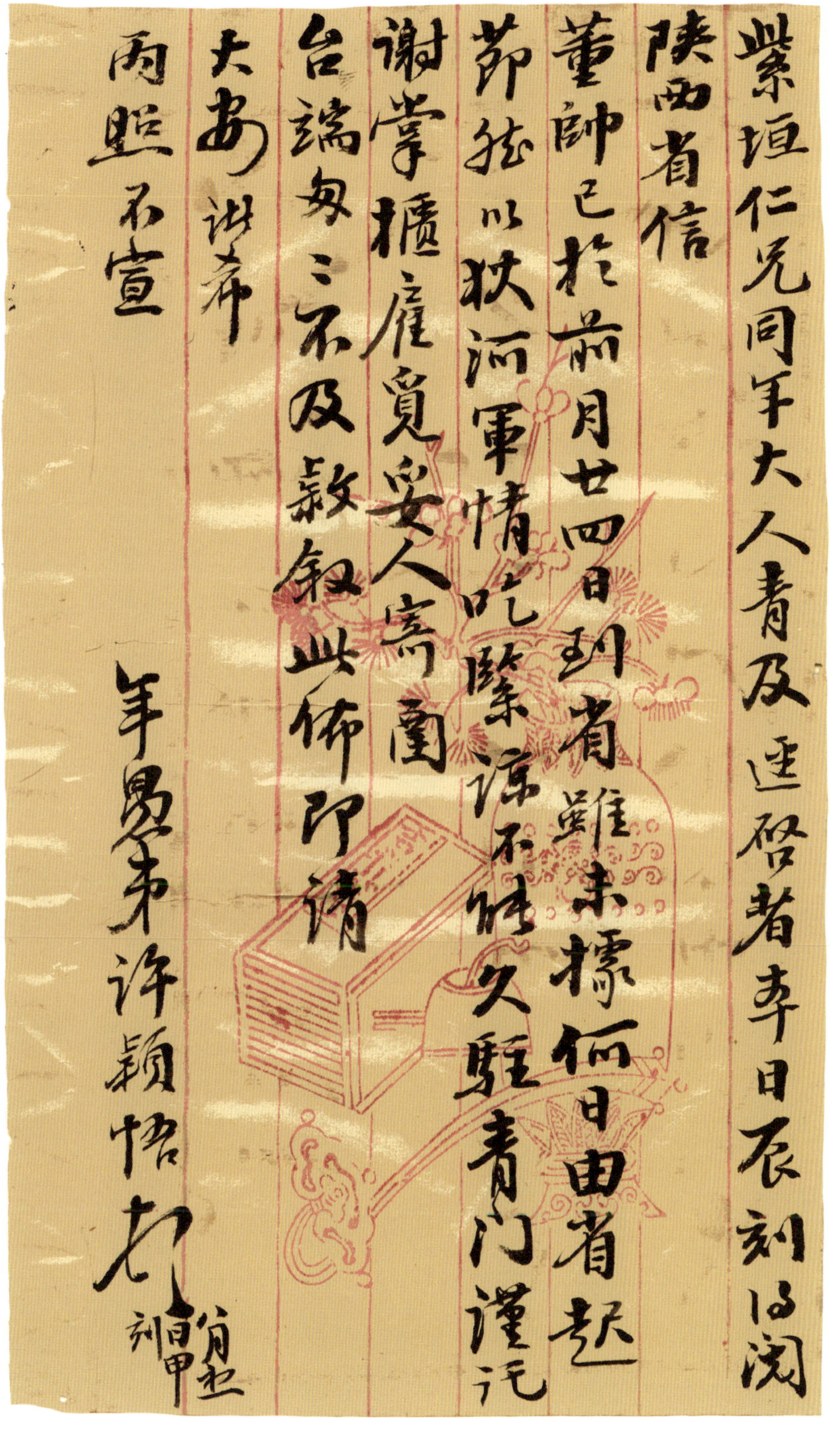
紫垣仁兄同年大人青及　逕啓者本日辰刻以閱
陝西省信
董帥已於前月廿四日到省雖未標何日由省起
節兹以狄河軍情吃緊諒不能久駐青門謹托
謝掌櫃雇覓妥人寄圍
台端匆匆不及款敘此佈即請
大安　諸希
丙照不宣
年愚弟許穎愷頓首　月廿日申刻

书札（12.5cm×23.1cm）

释 文

紫垣仁兄同年大人青及：

径启者，本日辰刻，得阅陕西省信，董帅已于前月廿四日到省。虽未据何日由省起节，然以狄、河军情吃紧，谅不能久驻青门。谨托谢掌柜雇觅妥人，寄函台端，匆匆不及款叙。此布，即请

大安，诸希两照不宣。

年愚弟许颖悟顿首 八月初一日申刻

士人的尊严和卑微

——平凉拔贡、县吏王维本致同年张宸枢书札一通（1896）

前文说过，张宸枢虽然19岁先是被荐为拔贡，后又荣中举人，相当于一步跨过了许多读书人一辈子都难以企及的两道门槛。但此后，却像一个神疲力倦的运动员，屡次会试不第，加之干谒无望，硬是跑不到一条科举仕宦的正途上来，只能在小县城教书糊口。

光绪二十二年（1896），年届而立的张宸枢又遭逢父丧，这真是屋漏偏逢连阴雨。守孝期间，想到自己渺茫的前途和惨淡的生计，他颇为心焦，无奈之际只好给在平凉县衙门公干的好友王维本写信，催问一下在平凉城求职的事究竟进展如何。

关于王维本其人，在平凉清代举人名录中没有记载。不过，我们可以通过书札称呼“仁兄年大人”，推断他应该是光绪十一年（1885）与镇原张宸枢、泾州许颖悟一同被举荐为拔贡的。因为在那个时代，只有科举考试同榜考中的人才有资格互称“年兄”，否则就有高攀之嫌。拔贡，虽然比举人低了一个层次，但在州、县等小地方来说，也算难得的功名，其人也自然是当地公认的儒林俊彦了。

王维本收到信后，听闻老年伯去世的消息，“捧读之际，凄苦不能卒读”，特别是回忆到“前在闱场讲论，音容宛在，至今驰系”。由此可知，早在张宸枢中举前，在平凉府科考或省城乡试中，他们父子以同样的身份双双赴考（曾国藩14岁时，就与其父一同参加童子试），认识了平凉生员王维本，并结下了深厚的情谊。张父绍龄翁在同治战乱时疏财仗义，出粟赈饥，乱平后又回到镇原县城开办学馆，教书育人，应该是一位善于辞令的忠厚长者。所以，在闱场对儿子及晚辈童生们的一番讲论，让人很受教益，这给年轻的王维本留下了深刻印象。所以，忆及数年前的这个场景，王维本自然“忽接讣音，实为哀痛”。但死者不能复生，何况“人生在世，气数有定，天命靡常”，王维本只能在表示哀悼的同时，又以民间俗称殷殷劝慰：“惟冀老哥善为节哀，庶不愧为孝子。”特别是以“现在犹有老伯母在堂，尚足以尽朝夕之欢”为由，纾解对方的丧父之痛，虽是家常语，但显得十分体己和亲切，表达出好友“是所盼切祷切”的一片诚意。

接下来，转入正题。我们可以顺着书札简略的陈述，串起当年平凉教育界的几个故事来。对于好友张宸枢以举人身份一直屈居于小县城教书，王维本也牵挂在心，想着帮他谋一个比较体面的差事。刚好上一年即光绪二十一年（1895），平凉县属“崆峒书院”，更名为“高平讲舍”，今年正准备重新聘请一名山长。作为负责此项工作并有考察推荐之权的王维本（从“弟意欲敦请高平讲舍山长”看，也有可能任县教谕），首先想到了既有举人身份且才学出众的张宸枢。经汇报知县，“商酌大好”，眼看就要发关书、行聘礼了。不料两天前，新到任的平庆泾固化道道尹徐锡祺（当时民间俗称“道尹”为“观察”，也称“道员”）却给他们推荐了一名叫张晓云的人。虽然张晓云也是他们二人的同年，但王维本对这位先生却“殊深厌恶”。从信中看，其原因不外有二：一是他“犹嫌束脩太薄，至今嗓嚷未已”，这种把钱看得太重的读书人，显然很失体面。二是信中虽然没有明确提及，但我们能体会到的，就是他越过县衙门，借助新任道员给下级施压，这种走门子的做法向来是下级所反感的。但是，知县慑于新任道员的权威，不好驳其面子，只能暂时搁置，就看张晓云能不能接受了。所以，一桩人岗相适、皆大欢喜的事功败垂成，王维本当然要为好友抱屈和不平。

这个新任道员徐锡祺，四川邛州人，论出身也仅仅是个副贡。所谓副贡，就是在考取举人的乡试中未能考中，但成绩尚可，列入副榜可送往国子监就读的贡生。这个身份，与当时每十二年由各省学政择优考选并保送就读国子监的拔贡相比，似乎还稍逊一筹。贡生包括岁贡、恩贡、优贡、拔贡和副贡，合称“五贡”，也算科举正途，已具备做官资格。徐锡祺虽然科场算不上出类拔萃，但以副贡这样低的起点最后能于光绪二十七年（1901）代理甘肃按察使（正三品），不能不算一个奇迹。这次赴任平凉前，他于光绪二十年（1894）受陕甘总督杨昌濬之命，与西宁道台陈嘉绩一同赴河州查办教派纷争，因处置不当，激起民变，从而引发了震惊朝野的河湟事变，这也就有了光绪二十一年（1895）董福祥由京返甘进行镇压的一段历史。正因为惹下这场大乱，总督杨昌濬被朝廷革职，而徐锡祺得以从轻发落，于光绪二十二年（1896）以原职衔赴任平凉（这正是判断该书札写作时间的依据）。

经此变故，再加之性格暴躁、目中无人，徐锡祺履新之后就给平凉官场留下了极其不好的印象。这从书札中提到的一件小事可以印证。当时，平凉最高学府是始建于乾隆五年（1740）、后于同治十二年（1873）经道员魏光焘修复并深得左宗棠首肯的柳湖书院。作为平凉士子荟萃的场所，其山长都由道、府主官聘任，皆为进士、举人出身的一方名士。在徐锡祺到任之前，前任道员祝维诚（江西铅山人）就已聘任了会宁进士刘庆笃。刘庆笃(1870—1936)，字吉甫，会宁县城东关人，是一位科场颇为畅达的年轻才俊，也是一位学识渊博的饱学之士。他18岁中举人，24岁中进士（甲午恩科），即授内阁中书。未几因父丧丁忧，这才被礼聘到柳湖书院。对平凉而言，能聘任到这么一位既是进士，又曾任京官的人任山长，应该是一件很荣幸的事。但就是这么一位年轻有为、颇有声望的山长，竟然也遭到了徐锡祺的无礼谩骂。也就是他直接干预高平讲舍山长的同一天（月之十五日），似乎是各级官员在商量有关办学事宜，作为底层官员的王维本也在现场，目睹了徐锡祺出语不逊，对刘庆笃"当面胡撞，有大不近情之语"的一幕。所谓"士可杀而不可辱"，刘庆笃到平凉就任山长，本属丁忧期间的权宜之计，此后的京官前程尚不可限量，再加之年轻气盛，哪里能受得了一个副贡地方官这般的羞辱？在尊严和饭碗之间，他毫不犹豫地选择了尊严——"刘山长已将关书退还"。在这件事上，王维本显然站在了刘庆笃的一边，他认为道宪对山长这样的态度，是"儒道泯灭"，这个评价可能也是他当时置身现场的腹诽吧。

王维本之所以写这段话，既是出于对骄横上司的一种极度厌恶，也含有对好友张宸枢的侧面安慰：这样的道员，对尊贵的刘山长尚且如此，我辈又如之奈何？

或许，徐锡祺当众羞辱刘庆笃，也含有逼其自动离职的因素，因为下文提到的"弟闻明岁大约是吴钧，不知底确否"，其中就大有玄机。吴钧（1866—?），字秉丞，号筱谷，甘肃皋兰（今兰州）人，随父读书，寄籍甘肃西宁府贵德厅（今青海贵德），光绪二十一年（1895）中乙未科进士。而徐锡祺此前曾和西宁等地的官员多有往来，或许他真的与吴钧的父辈相熟，有意聘任新科进士吴钧，或者纯属平凉官场据此猜测，私下相传，但总归与徐锡祺任用私人有关。

如此看来，聘请张宸枢就任县立高平讲舍已成悬念，更不要说高一级的柳湖书院了。王维本尽管爱莫能助，且"恼恨已极"，但仍然想着极力促成，因为他知道张宸枢就读兰州求古书院时的师友，有些已在省城功成名就，通过他们给徐锡祺说项，或许还有转圜的希望。"不然，又作画饼也"。

以前读《范进中举》，看到他中举后人们的各种逢迎和恭维，以为举人老爷如何了得。但在看到张宸枢中举之后的艰难历程，特别是求职、干谒的种种无奈和委屈，才体会到一个普通士子生存的卑微。同样作为拔贡的同年王维本，在侍奉长官和案牍劳形之间，也何尝真正的开怀和洒脱？所以，他在信末所说的"时也运也，何使我等竟如此也！嗟嗟，只有听命而已"，岂非底层读书人们发自肺腑的共同慨叹？

最后，需要赘言的是，可能因张晓云嫌束脩太薄，未能与平凉县衙达成一致，张宸枢这才在别人弃之后得之，就任高平讲舍山长，这也就有了会宁另一名进士、他的同门学友秦望澜“高平投辖”的故事。而当时传闻就任柳湖书院山长的吴钧并未成行，他中进士后，先是授翰林院庶吉士，后任户部主事、度支部主事等职，民国后任北京临时参议院议员，1923年任敦煌县知事，成为汪宗翰之后隔了20年的继任者。而那个后来曾一度代理过甘肃按察使的徐锡祺，在汪宗翰任敦煌知县时再次成为他的顶头上司，并从他手上得到一部分敦煌写卷，从而成为目前陕西所藏21种敦煌写经的重要组成部分——徐锡祺旧藏敦煌写经。

这看似枯燥无味的地方历史和掌故，仔细读来，也有许多有趣的机缘巧合，不由人不津津而乐道。

而那个送还关书、拂袖而去的刘庆笃，后仍供职京师，因庚子之变随慈禧、光绪西逃与返京有功，赐二品衔，任外务部兼行内阁承宣厅佥事。其赋诗弹琴，皆有可观，金石书法，造诣精深，京剧大师梅兰芳的名剧《天女散花》《洛神》《霸王别姬》等精彩唱词，皆经其修改润色，平添了一股雅致蕴藉的文人气息，深为梅氏所倾倒。因此二人结下了终生的忘年之交，以至刘庆笃晚年回乡，仍鱼雁往还，情深意笃，成就了一段梨园佳话。现以其《醉花阴·题梅兰芳玉照》作结：

> 九畹云界石根断，飘落西飞雁。劈破玉华笺，镜里芙蓉，又识春风面。
> 月圆花好神仙眷，一枝春独占。莫使远天涯，小住蓬莱，犹近玉皇案。

参考资料：

1. 平凉市地方志编纂委员会《平凉市志》（中华书局，1996年10月第1版）
2. 平凉市地方志编纂委员会《平凉地区志》（中华书局，2011年3月第1版）
3. 李志中主编《会宁史话》（甘肃文化出版社，2008年9月第1版）

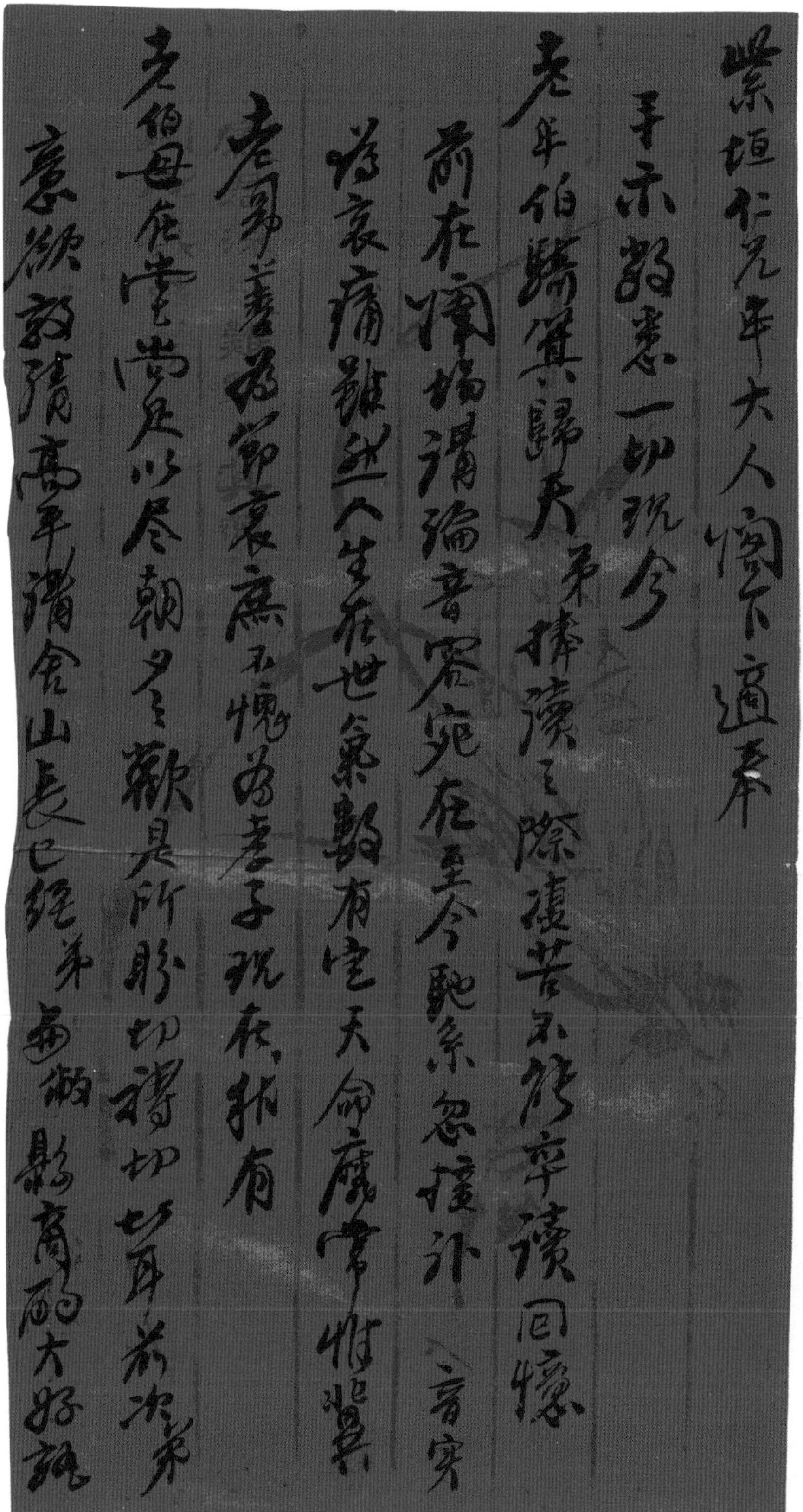
紫垣仁兄年大人閣下：適承
手示，敬悉一切。現今
老年伯騎箕歸天，弟捧讀之際，悽苦不能卒讀。回憶
前在懷揖謁，請論音容宛在，至今馳系忽撫抑 音容
猶哀痛。雖然人生在世，氣數有定，天命靡常，惟望
老弟善為節哀，庶不愧為孝子。現在猶有
老伯母在堂，尚足以慰朝夕之歡，是所盼切禱切也耳。前次弟
奉欲敬請高年譜合山長，已經弟函謝 影商兩大好說

书札（1）（12.4cmx22.9cm）

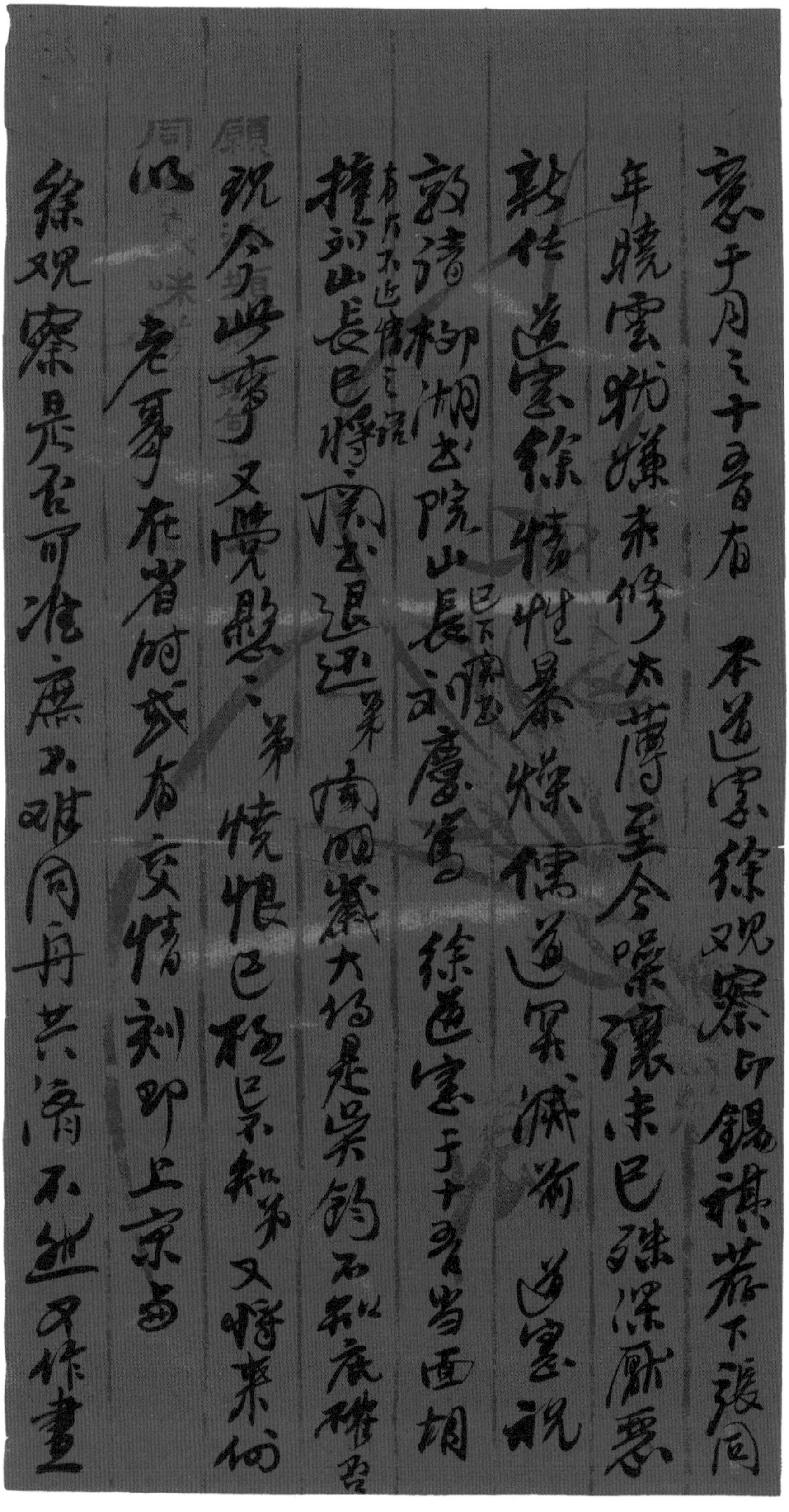

书札（2）（12.4cmx22.9cm）

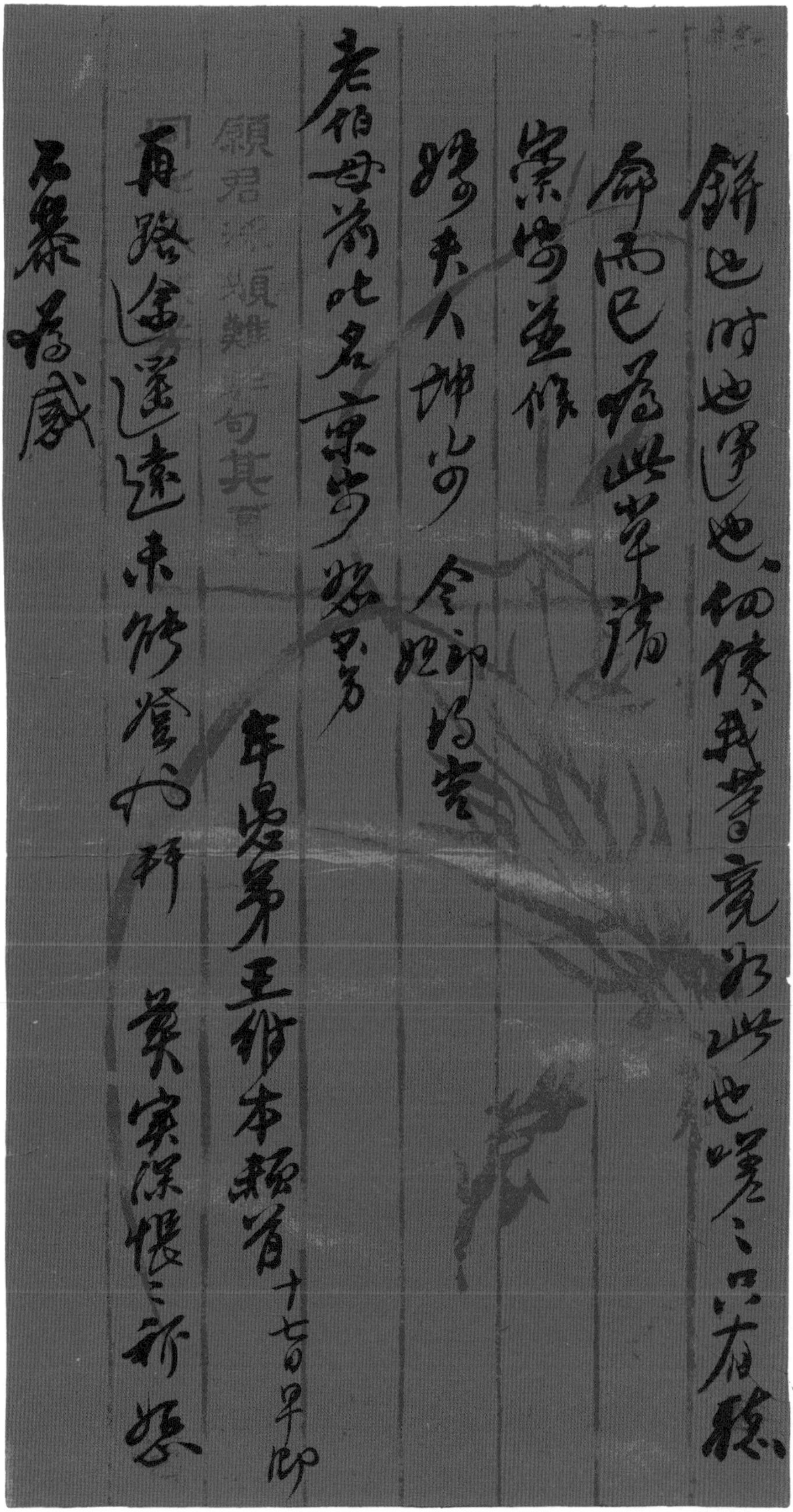

辭也時也運也，但使我輩竟如此也，嗟嗟，只有聽
命而已。寫此草請
崇安，並候
嫂夫人、仲山兄、令郎、令姪均吉。
老伯母前代名叩安，恕不另。
年愚弟王維本頓首 十七日早即
再，路途遙遠，未能登門拜叩，兼實深悵悵，祈恕
不恭為感。

书札（3）（12.4cmx22.9cm）

释 文

紫垣仁兄年大人阁下：

适奉手示，敬悉一切。现今老年伯骑箕归天，弟捧读之际，凄苦不能卒读，回忆前在闱场讲论，音容宛在，至今驰系。忽接讣音，实为哀痛。虽然人生在世，气数有定，天命靡常，惟冀老哥善为节哀，庶不愧为孝子。现在犹有老伯母在堂，尚足以尽朝夕之欢，是所盼切祷切者耳。前次弟意欲敦请高平讲舍山长，已经弟与敝县商酌大好，孰意于月之十五日，有本道宪徐观察即锡祺荐下张同年晓云，犹嫌束脩太薄，至今噪嚷未已，殊深厌恶。新任道宪徐情性暴躁（燥），儒道泯（冥）灭，前道宪祝敦请柳湖书院山长刘庆笃，已下关书，徐道宪于十五日当面胡撞，有大不近情之语。刘山长已将关书退还。弟闻明岁大约是吴钧，不知底确否？现今此事，又觉悬悬，弟恼（恔）恨已极，亦（已）不知弟又将来何以？老哥在省时或有交情，刻即上禀与徐观察，是否可准？庶不难同舟共济。不然，又作画饼也。时也运也，何使我等竟如此也！嗟嗟，只有听命而已。为此，草请
崇安，并候嫂夫人坤安，令郎、姐均吉，老伯母前叱名禀安，恕不另。

年愚弟王维本顿首　十七日早泐

再，路途遥远，未能登门拜奠，实深怅怅，祈恕不恭为感。

尽是读书误营生

——镇原童生张五十儿致平番县教谕钱旭东书札一通（1896）

以往西北民间给孩子取名，多有以当时祖父母年龄为乳名的，这既体现出铭记长辈恩德的孝心，也含有贱名好养的用意。取这类名字的人中，也不乏老百姓眼中的“大人物”，最有名者当是同治陕甘战乱中冒出来的马五十七，这个后来被左宗棠赐名为马安良的人，在清末民初的西北乱局中翻云覆雨，可称得上一代枭雄。

与这位大名鼎鼎的马五十七相比，本文的张五十儿（“儿”为方言儿化音，有亲切意），差的就不仅仅是七个数字，而是十万八千里了。从这封语调凄苦的书札看，张五十儿的父亲是一位有声望的教书先生，具有良好的家庭文化环境，他不仅自幼深受祖、父两代人的疼爱，而且在读书习字方面也下过一番苦功夫，这一点，可从其文字通达、书法也颇得柳体法度的书札中反映出来。但是，这位少年丧父的人，后来不仅没有通过读书改变命运，反而因读书而丧失了谋生的能力，以致沦落到温饱都难以为继的地步。于是，万般无奈之际，只好给其父当年的学生钱旭东写信，希望这位“世兄仁大人”能帮他找一“供役之事”，“以救燃眉之急”。

钱旭东（1862—1898），字震初，号幼溪，庆阳府安化县（今庆城县）驿马镇人，出身于书香仕宦之家，自幼聪明颖悟，文名籍甚，尤以诗词名世，曾就读于庆阳凤城、平凉柳湖两书院，光绪十四年（1888）列甘肃优贡第一，这对廪生而言已是难得的殊荣。其后，在光绪二十年（1894）乡试中，他以试帖诗《黄河落天走东海，得东字五言八韵》一举成名并中式，诗云：

陡落三千丈，黄河总向东；
遥连天汉外，直走海中门；
浩渺重霄接，纵横万里通；
层涛趋马颊，一气赴蛟宫；
倒泻惊飞雨，奔流挟怒风；
派来星宿远，力撼泰山雄；

葱岭云翻白，蓬瀛日射红；
朝宗当圣世，顺轨庆攸同。

据传试院拆封得此诗，各房传阅，两位主考官同声激赏，拔以示观，一时众手传抄，洛阳纸贵，时人称这种以一首诗作引起社会轰动的现象“复见今日矣”。

次年，钱旭东赴京参加乙未科会试时，参加了著名的“公车上书”，与本书涉及的静宁王曜南、会宁秦望澜等61名甘肃举人在康有为起草的《上皇帝书》上签名，进行政治请愿活动，表现了年轻诗人救亡报国的一腔热血。可惜这次会试，他未能联捷南宫，只能黯然回乡。

又是一年后，即光绪二十二年（1896），他以举人身份被委任为平番县（今甘肃永登县）教谕（是为该书札断代依据）。对自许甚高的钱旭东而言，当一个正八品学官，这与五年后镇原举人张宸枢赴任庄浪乡训导的心情一定没有两样，想必也是“此缺虽苦，亦不敢辞”。但镇原落魄书生张五十儿听到这个消息后，就好似抓住了一根救命稻草，以为步入仕途的“世兄”已有权可用了。

张五十儿的书札，起笔就没有那个时代让人云遮雾罩的礼仪客套，倒是开门见山，出语质朴，体现出未被流俗所污染的“尚实”文风。从第一句“弟忆家严辞世所遗之言，兄不仅以优贡而已”，可以看出，当年张五十儿之父是在病榻垂危之际，听到了这位得意门生被举为优贡的消息，出于对学生才能的欣赏和期许说了这番话，或许也是给放心不下的儿子指一条日后求助的路子。所以，借父亲的遗言开头，既有以情感人的效果，也包含着对对方的推崇，可谓得体。但接下来，他替对方中举和就任教谕之事，“不禁雀跃之至”，表示由衷祝贺，这对上年会试失利的钱旭东来说，就有点哪壶不开提哪壶了。由此可见，这时的钱、张二人，虽为世交旧谊，但身份、眼界和抱负的差距已经不能以道里计了。因为阅历所限，在张五十儿眼中的教谕大人俨然已是“朝廷命官”，接近也难，所以在“闻兄新选授平番县教谕，不知到任否”的情况下，就舍近求远，通过写信的方式碰碰运气。然后就是一个读书人拉下面子的哭穷告俭，其情状令人十分同情：“弟离先严，于今九年，零丁孤苦，一言难尽。”按钱旭东这年34岁的年龄比较，张五十儿至少也是二十出头的人了，十几岁上父亲辞世，撇下他们孤儿寡母，一个穷教书匠能有多少积蓄？靠什么生活呢？且看下文：“而弟倚家慈针工糊口，弟之弟五三儿，幼得疯症，百药罔效，将来以为弟之累。”从这段文字中可以看出，弱冠之年的张五十儿至今没有正经的营生，其弟张五三儿又患精神残疾，兄弟二人竟然都是“啃老族”，仅靠老母亲给人做针工换几个钱过活，好不凄惨！同时，我们可以大胆揣测，本应该独立支撑这个家庭的张五十儿，虽然艰辛备至，但可能就像鲁迅笔下“站着喝酒而穿长衫的唯一的人”孔乙己那样，为了维护读书人那点可怜的尊严，想当个先生没人聘请，想干个公差没有门路，但从来都没有想着脱下这个破旧的长衫，短褐粗服地去种地、做生意。这样一个高不成、低不就的书呆子，一定会成为乡邻们取笑的对象，以至于连妻室都没有，要不然，在正常家庭做“针工糊口”的人中一定还会有一个“贱内”的。

关于张五十儿的家事，本书后文《世纪之交的大潮和浪沫》中曾偶然提到过一句，就是镇原县衙典史张玉玺于光绪二十七年（1901）正月致其族叔张鹿臣信中所言：“出卖田地一节，子职（买家人名）亦俟大人来城，询其来由，再行定夺。五十儿母闻知，托侄为大人禀知，此业得银，要与大人作两份分使。”这年正是陇东遭遇百年不遇的大饥荒时期，原来温饱无虞的张鹿臣也开始出卖祖业田产，以活全家性命。从这段话中可透露出三条信息：一是张五十儿与张鹿臣属于同宗两房，有共同祖业，可以一分为二。二是张鹿臣出卖祖业这等家族大事，并未主动与张五十儿家商量，还得小脚老太太亲自出面，托人传话，争取自家份内权益。三是在张五十儿这样一个不成功的男人背后，站着一位忍辱负重的母亲。天道不公，真可为这样的母亲抱屈！可以想到，张五十儿不仅与宗亲关系淡漠疏离，而且懦弱拘谨，缺少男儿血性和生存能力，这才失去了宗族内一房长子应有的话语权，也才会遭到宗亲如此的漠视和轻贱。

透过张五十儿的这封书札，可以体会到他的日常形象，大概酷似那个总是被老丈人骂得狗血喷头的范进：“抱着鸡，手里插个草标，一步一踱的，东张西望，在那里寻人买。”但范进，总还多了个知冷知热的“浑家”，少了份兄弟患病的负担，偶尔还能得到老丈人几两猪油的接济。“零丁孤苦，一言难尽”的张五十儿，即使到了这种地步，还没想着在家门口凭本事或苦力吃饭，反而思谋着让钱旭东在千里之外的平番找一个“每月得一二金”的供役之事，难道就没有算过长途往返的车马店钱？如此卑微的愿望，真让人哀其不幸、怒其不争。这些，大概是当初教他背诵“幼而学，壮而行；上致君，下泽民。扬名声，显父母；光于前，裕于后”的父亲所未料到的吧？或许，那位常年埋头在针头线脑里的慈母，也会偶尔抬起头来，长叹一声：尽是这读书误了营生啊！

仔细品读张五十儿的书札，我们还会发现这应该是一份关于笔迹心理学的典型案例。从书写角度说，其字迹一丝不苟，笔笔到位，完全可以用端庄秀丽来评价，但也从一个侧面折射出作者在地位悬殊、有求于人时的压抑心态。特别是在第一页最后一行祝福语“敬请升安”后，本来就可以落款结束了，但他却偏偏又加了一句“统希爱照不尽”的套话，且出于礼节的考虑，又不得不将“爱照不尽”四字另起抬头，这就只能浪费第二页信笺，以致在该页第一行除了这四字外，就只剩下第二行居下的落款“镇原世愚弟张五十儿顿首”了。在这个红八行彩笺上，后面的六行全部空白。但颇出人意料的是，他竟然把“七月初一日午刻泐”分两行用真正的蝇头小字，写在“顿首”之下特别狭小的地方，这种留白严重失调的章法布局，也多少能反映出其缺乏整体意识、拙于谋划经营的“书呆子气”。不过，这大面积的留白，倒让我们可以更加清晰地欣赏这帧名为“曲端纵鸽”的彩笺图样（曲端是出自陇东的北宋名将，或许此系列彩笺为当地人定制）。本书绝大部分书札都使用这种流行于清代以至民国的各式花笺（也叫薛涛笺），其精致华美的纸质、图式和色彩，承载着那个时代特有的文化气息。专门欣赏和研究这些彩笺，也可窥其时书牍旨趣之一斑。

话说回来，不知张五十儿的这封信，是否送达钱旭东的手中？也不知钱旭东是不是顾念旧情、悯其艰辛，给他找了一份还算体面的差事？可悲的是，两年后即光绪二十四年（1898），钱旭东在赴平番途中因马受惊而车翻人亡，卒年36岁。一位才华横溢的诗坛俊秀，就像流星一样划过夜空，从此陨落。

钱旭东遗有《瓣香斋诗草》一册，曾被编入《庆阳四家诗选》传世。民国徐世昌所编《晚晴簃诗汇·卷一八二》收录其《春阴》一首，谨录于后，以示纪念：

春风剪剪送春寒，残雪初融尚未乾。
欲雨不能晴不得，云阴应为养花难。

参考资料：

陆为公编《庆阳四家诗选》（政协庆阳县委员会2001年内部印刷）

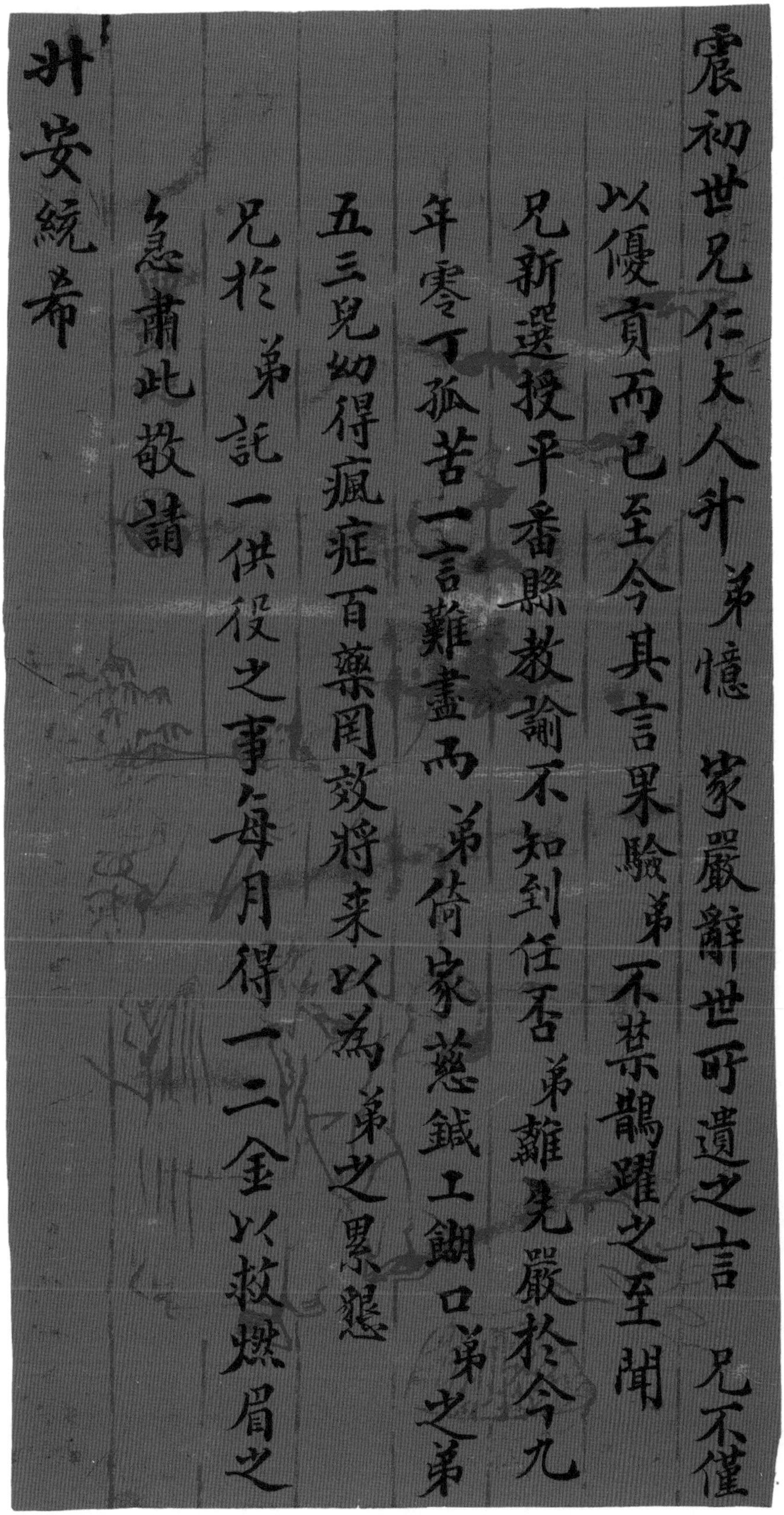
震初世兄仁大人升 弟憶 家嚴辭世所遺之言 兄不僅
以優貢而已至今其言果驗弟不禁鵲躍之至聞
兄新選授平番縣教諭不知到任否弟離先嚴於今九
年零丁孤苦一言難盡而 弟倚家慈鍼工餬口弟之弟
五三兒幼得瘋症百藥罔效將来以為弟之累懇
兄於 弟託一供役之事每月得一二金以救燃眉之
急肅此敬請
升安統希

书札（1）（12.1cmx23cm）

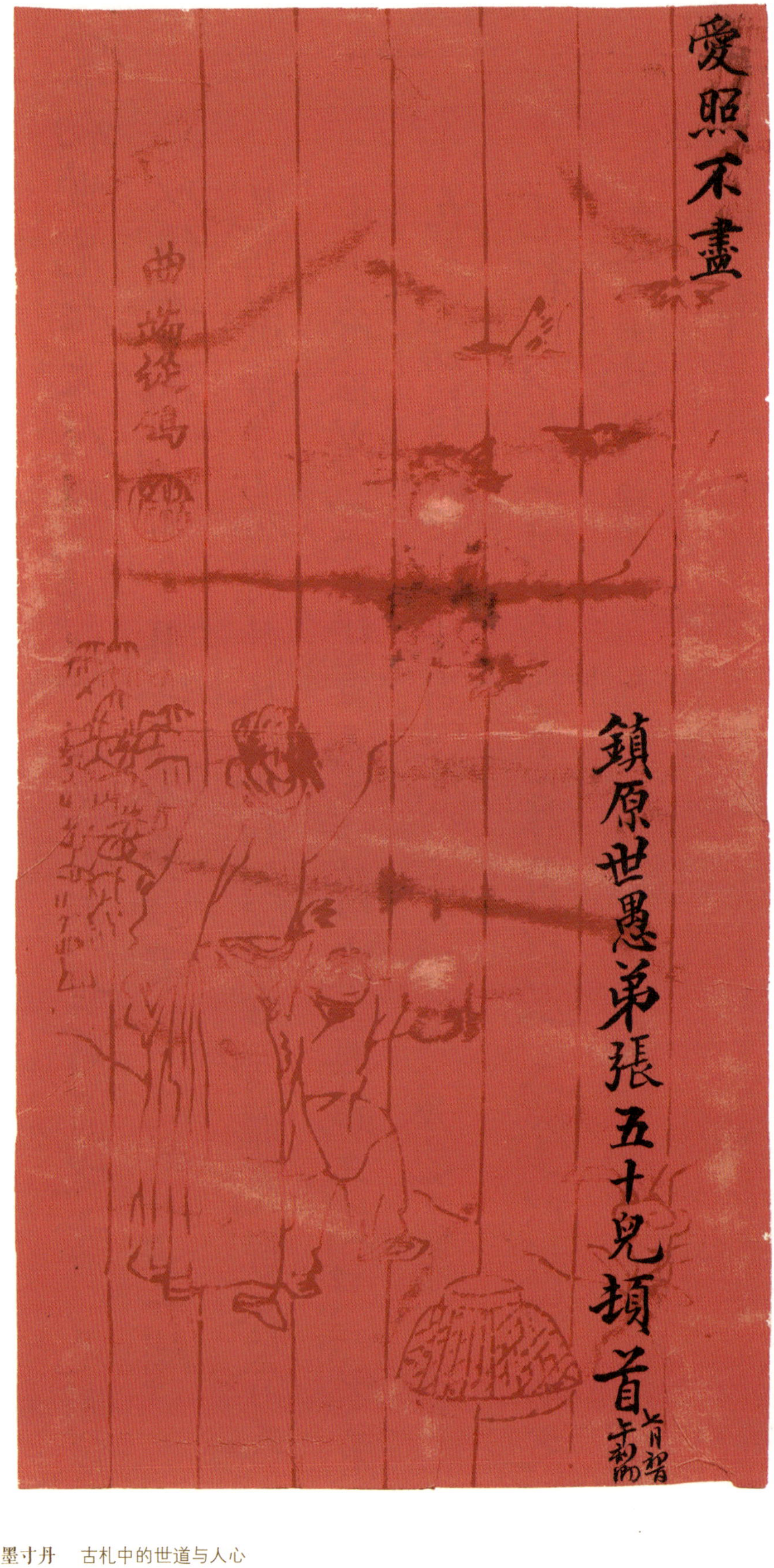
愛照不盡
曲端經鴻
鎮原世愚弟張五十兒頓首

书札（2）（12.1cmx23cm）

释 文

震初世兄仁大人升：

弟忆家严辞世所遗之言，兄不仅以优贡而已。至今其言果验，弟不禁雀（鹊）跃之至。闻兄新选授平番县教谕，不知到任否？弟离先严，于今九年，零丁孤苦，一言难尽。而弟倚家慈针工糊口，弟之弟五三儿，幼得疯症，百药罔效，将来以为弟之累。恳兄于弟托一供役之事，每月得一二金，以救燃眉之急。

肃此，敬请

升安，统希爱照不尽。

镇原世愚弟张五十儿顿首 七月初一日午刻泐

契阔十年话同门

——会宁进士、兵部主事秦望澜致学友张宸枢书札一通（1898）

光绪二十四年（1898）春夏之交的一天，平凉高平讲舍进来了一辆马车。还未等车夫将车马停好，车上那位官家模样的年轻人就迫不及待地跳了下来，大喊："紫垣兄、紫垣兄！"正在学舍点评学生课卷的张宸枢觉得耳熟，出门一看，略微一怔，遂快步迎了上去："啊呀！少观兄，稀客稀客。啥风把你吹来了？"两位暌违十年的同门师兄弟，猛然相见，激动之情溢于言表。接下来，就在车夫搬运行李的当儿，二人就携手到学舍品茶叙话了。

以上这段话，是对这封书札中"道出高平（平凉古称），师门投辖（指殷勤留客），忽晤眉宇"的合理演绎。作为主人的张宸枢，未料能在平凉得遇这位年方28岁，并且小自己4岁的同窗好友，自然喜出望外，真可谓"桃李春风一杯酒，江湖夜雨十年灯"。

这位不速之客，正是会宁人秦望澜，字少观，自幼颖悟，13岁在廪生考试时，就被临案巡考的甘肃学政陆廷黻慧眼识中，选入省立兰山书院就读。也就是同一年，主要招收陇东、宁夏生员的另一所省立兰州求古书院首届招生，同样是少年早慧的镇原廪生张宸枢也被选中。就这样，两个乡下少年，同时赴兰求学，并因为这两所书院可以互相听课和参加课考，而成为关系密切的同门师兄弟。不过，两年后师兄张宸枢就考中举人，成了这位师弟追赶的榜样。再四年，这位师弟果然天赋非凡，也乡试中举。有趣的是，二人中举时，都是19岁的少年。在科举时代，这么年轻的举人并不多见，却偏偏让同学中年龄最小的两位遇上了。

但二人同一条起跑线上的人生，到十多年后就拉开了较大的差距。张宸枢虽然中举容易，但科场蹭蹬，在此后的几次会试中连连受挫，名落孙山，为了生计，先是在本县书院教书，后被聘为平凉县立高平讲舍山长，说白了还是一个靠舌耕为生的穷教书匠。而秦望澜在中举后，六年时间即光绪二十一年（1895）就考中乙未科二甲第147名进士，授兵部主事（进士入部，先补主事，正六品，主要负责日常公文处理与上传下达，后可递升员外郎、郎中），在此期间，他完成了一部系统翔实的清军将士户籍全册，并整理编写了《大清国国防要务》。任职三年后，他回乡省亲，听师友们说起学兄张宸枢在平凉教书，就于返程时顺道拜访。

算起来，他们自兰州分别后，已经整整十年了。见面后，他们一定有说不完的话、叙不完的旧，一定会回忆起当年在恩师帐下侍坐的情景，也一定会回忆起寒窗苦读的一些趣事，甚至还会回忆起在闹市里游玩、在黄河边嬉闹的情景，当然也一定会说起各自的家庭生活、职业处境和今后打算。这样秉烛夜话，与他们当年在学舍里就着如豆的灯火畅谈学问与未来的情形，何其相似！“十年契阔，得以倾其胸臆，顿觉块垒全消”。是啊，功名路上，各自奔波，在朝在野，冷暖自知！但平生知心者，屈指能几人？因为对倾听者特别的亲近和信赖，他们都有一吐为快的意愿，唯其如此，方觉快慰平生。看来，秦望澜毕竟年轻气盛，对在兵部当个小京官并不称意，可能流露出想外放地方当个州县父母官的想法，对此，作为师兄的张宸枢帮他分析利弊，谆谆劝解，也可能以与他熟稔的家乡镇原知县汪宗翰为例，说起这位也是吏部主事的前辈就任知县后的种种艰难，“殷殷励之供京职为佳”，让他安心任职，以便在京师积累更多的人脉和资历后，争取更好的前途。

别来沧海事，语罢晓天钟。相聚总是短暂的，第二天，秦望澜又得匆匆赶路了。张宸枢买了好些吃食，让他带到路上食用，并一路送到城外东郊，这才依依不舍，握手话别（不是当时习惯的拱手礼节）。秦望澜信中的一句“此际殊难为别”，就充分体现了这场郊外话别的情景。

秦望澜一路车马劳顿，到了西安。本打算到京后，再给师兄写信致谢，但“至长安而困雨”，两天后才天气放晴。那时的路途，一旦连日大雨，“泥深没胫，只好句留”。真是“人不留客天留客”，好在有朋友或甘肃会馆的主人盛情接待，就又在淅淅沥沥的雨声中，与东道主人日夜闲谈，聊解旅途寂寞，盼望着泥泞干燥后“方能启行耳”。

三年前，也就是光绪二十一年（1895），在著名的“公车上书”中，参加会试的甘肃举人中有 61 名在康有为起草的《上皇帝书》上签名，进行政治请愿活动，时年 25 岁的秦望澜也是其中之一。由此可见，秦望澜虽然身处甘肃、埋头举业，但和当时许多睁眼看世界的年轻士子一样，不无一腔读书报国、变法图强的热血。该年会试，他荣中进士，并留任兵部，接触到了更多的军政大事和时政新闻，对国家的前途命运更加关注和担忧。所以，滞留西安期间，他通过邸报之类或友朋转述，了解到离京之后的一些重大新闻，就写信告诉同样关心时局的张宸枢。主要说了三件事：一是近来，“鄂北、粤西叠出教案，外国驻使语多跋扈”。晚晴时期，关于民众与外国传教士之间发生矛盾、纠纷甚至酿成流血事件的“教案”，是中国近代史上颇具特色的重大事件，持续了半个多世纪，于该年前后进入高发期。而每次较严重的教案发生，外国驻使除了要求严惩当事人、官员外，有些甚至不惜以战争相威胁（两年后的庚子之役，其实也与教案密切相关），这种骄横的姿态和语言，当然很伤中国人的自尊心。二是“恭邸孤忠，因愤下世”，这个被大清帝国倚为柱石的恭亲王奕䜣，于当年四月初十日郁郁而终（这是判断本书札写作年代的重要依据）。这个大名鼎鼎的恭亲王，历咸丰、同治、光绪三朝，不仅大力支持洋务运动，为中国近代工业起步做出了贡献，而且在镇压太平天国中立下了汗马功劳，获得“贤王”的美称，但同时，又在对外作战中屡遭惨败，签订了《北京条约》，放手出卖国家主权。历史，总要沉淀一段时间后，才能澄清杂质，还原本来。当时，即使任职兵部的秦望澜，也对这个被朝廷谥为“忠”的恭亲王深表同情，这应该是当时朝野上下的普遍看法。三是对外国舰艇在沿海一带，“旂旌蔽日”，耀武扬威，侵犯中国主权的行径，表现出极大的隐忧，感慨“谅不独杞人忧也”。在这“山雨欲来风满楼”的坏消息面前，一个六品小京官，只能徒唤奈何！他不禁“回顾己身，恰如蠕动之虫，茫然长进，亦正可哀”。或许，这位任职中枢部门的年轻人，已经隐约感觉到这艘漏洞百出的王朝巨轮，正不断涌进水来，即将沉入海底。

这真是一个敏感的话题，还是“莫谈国事”。接着，他告诉了最近听到的两位同学好友（二人待考）的消息。一个是德师任期已满（可能此前任政府官员），现在充当教职，想必是坐在先生的虎皮讲席上，“环课生徒，亦正足乐”，这似乎是对山长张宸枢教书育人的一种安慰，也何尝不是初入宦海的人对安静生活的一种向往呢？二是徐与如刚刚步入仕途，先后任咸阳、长武两县法官，“新铏初试，一鸣惊人”，办理和平反了很多案件，“为民所称”，前程远大。在这里，他还不经意间谈到了一点对官场聪明人的认识，即“天分过人”者，在经过一定的历练后，“易即谙练”，就会很快得心应手，“裒然特出”。

书札最后，看到关中大地普降甘霖，不知陇原父老可沾雨泽？体现出对家乡雨水农事的牵挂。尤其难能可贵的是，还对三年前董福祥平定河州回民起事后，“兵事甫定，饷竭卒散”，而善后事宜破绽百出，他同情“回民多饥”，切盼不能就这样“束之待毙”。这在当时民族隔阂尚未从心理上完全化解的情况下，能如此体恤回族同胞的艰难处境，希望他们能过上温饱生活，这种民族平等的思想和民胞物与的情怀由此可见一斑，以至百余年之后犹闻缕缕馨香。这也就不难理解他后来就任监察御史时，弹劾贪墨、为民请命的壮举了。

同样，作为一介书生的张宸枢，此后也因为在震惊陇东的一场抗捐抗税事件中挺身而出、仗义执言，而受到县衙的搜捕，逃亡新疆。1915年，因当地农民抗捐抗税，围攻县城，双方相持不下，随时可演变成一场流血暴动。张宸枢径往县衙，居中交涉，最终以县衙缓行新税法、农民自行撤退而平息事端。后因遭县衙搜捕，背井离乡，辗转新疆伊犁，以教书为生（此说暂从《镇原县志》等资料，但据笔者依据这批书札考证，其出走新疆时间为光绪三十年（1904），详见本书《世纪之交的大潮和浪沫》。待有心人做进一步考证）。而在此之前的1913年8月，秦望澜就任陇东观察使（即前清道员），想必二人也有一场主客互换了的“高平夜话”吧，但这位学弟并未给他谋取一份优差。倒是在此之后的1917年，经继任者泾原道尹周务学（其时陇东观察使署已改泾原道）聘请，任平凉师范筹建员，次年任平凉师范学校首任校长，可谓筚路蓝缕，以启山林，由此成为这座百年名校的创办者而名留后世。想必张宸枢这次的任命，以及此后的众议院议员之名，除了其个人的学业和声望，也会有总统府顾问秦望澜的提携之力吧。再回想二人当年“师门投辖”的情景，可否还有些“醉里挑灯看剑”的豪侠之气呢？

作为官场中人，秦望澜此后的仕途也未能过于显达，但作为一个读书人，还是留下了一些有价值的文字和墨迹。就书法而言，其所书中堂对联，至今流传，为人珍爱。而这封与他平时书风迥异其趣的魏碑风格的小楷，就尤为难得。大家都知道，一千多年科举考试所形成的那种典雅美观但又缺少个性的馆阁体，一直是科考的正体，秦望澜习惯的书风，基本都是出于二王、欧、赵一路，这应该是他自幼受书院教育影响，自觉或不自觉地迎合科考风尚所致。而其时，碑派书法已经兴起，涌现出了邓石如、赵之谦等前辈名家，这种另辟蹊径且富有金石趣味的书风让人们眼前一亮。可以推测，秦望澜到京城任职后，因受这种碑学风气的影响，“自嫌诗少幽燕气，故作冰天跃马行”（黄景仁句），开始临习北碑，追求一种雄强刚劲的面目。写这封书札时，因旅途雨阻，时间裕如，完全可以按北碑的招式一笔一画来写，虽然还尚存一些帖学的影子，但笔力遒劲，行气疏朗，端谨中不失飘逸，沉稳中富于变化，自有一种古拙生涩的金石气息，体现出作者转益多师、静中求变的艺术尝试。就学术和文学而言，他除了几部传世的著作（今未见刊行）外，民国初年为自置的兰州顾园所撰的一副楹联，就很能显示作者的才情，兹录如下：

园环绿水足豁襟怀，试观烟树葱茏，最好是壹咏壹觞、半耕半读；

地近兰山自饶风趣，几费心思补缀，才赢得种瓜种豆、看草看花。

此联意境颇佳，但这只是宦游者梦中才有的闲情逸致。

参考资料：

1. 李志中主编《会宁史话》（甘肃文化出版社，2008 年 9 月第 1 版）

2. 镇原县地方志编纂委员会《镇原县志》（1987 年内部编印）

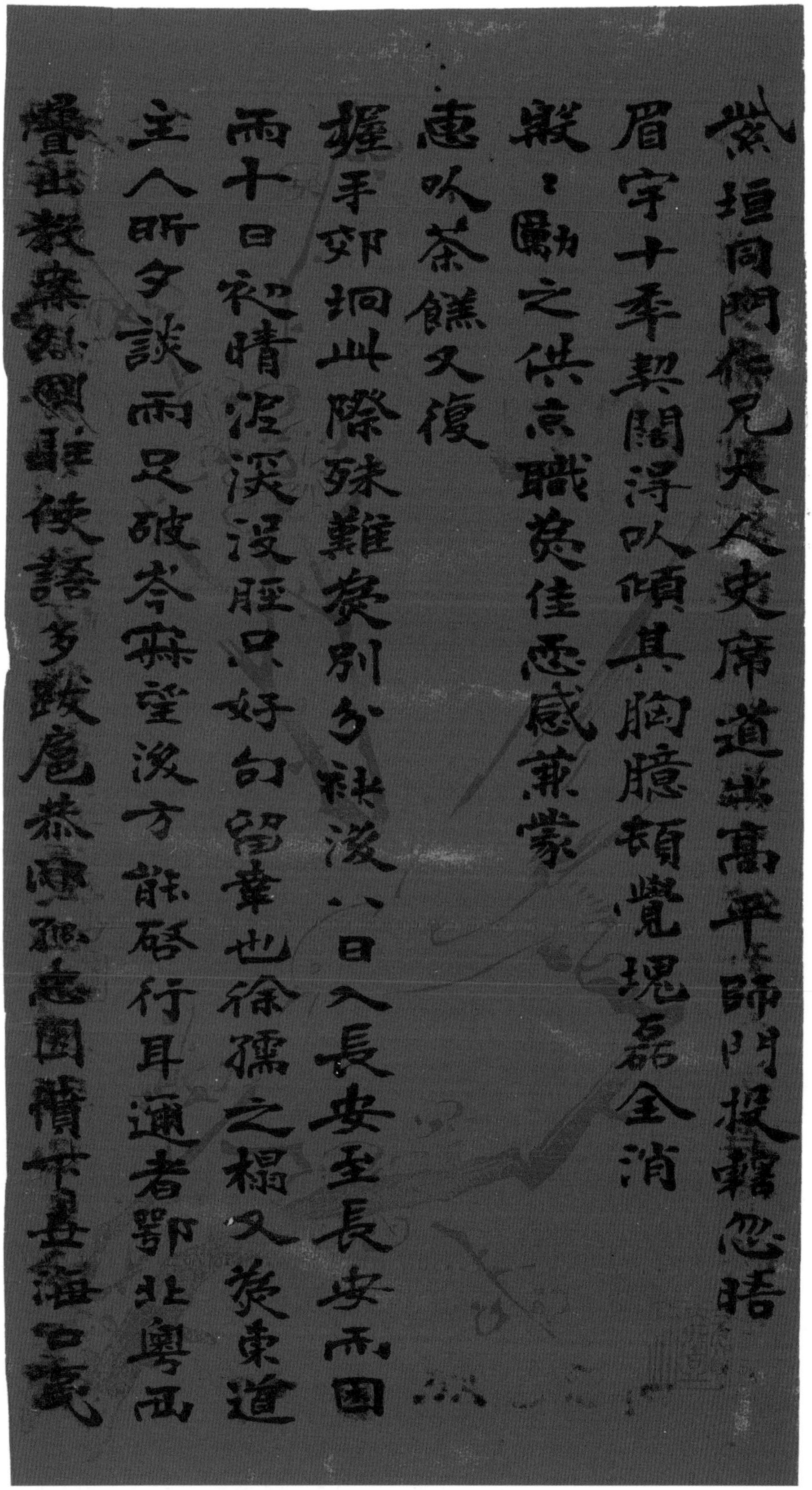
紫垣同門仁兄大人史席道出高平師門援韓忽晤
眉宇十年契闊得以傾其胸臆頓覺塊磊全消
敬：勵之供京職甚佳悉感兼蒙
惠以茶饈又復
握手郊坰此際殊難爲別分袂後八日入長安至長安而困
雨十日初晴泥深沒脛只好句留章也徐孺之榻又蒙東道
主人昕夕談兩足破岑寂望後方能啓行耳邇者鄂北粵西
疊出教案[illegible][illegible][illegible]使語多跋扈恭[illegible][illegible]意圖[illegible][illegible][illegible][illegible][illegible]哉

书札（1）（12.6cmx22.6cm）

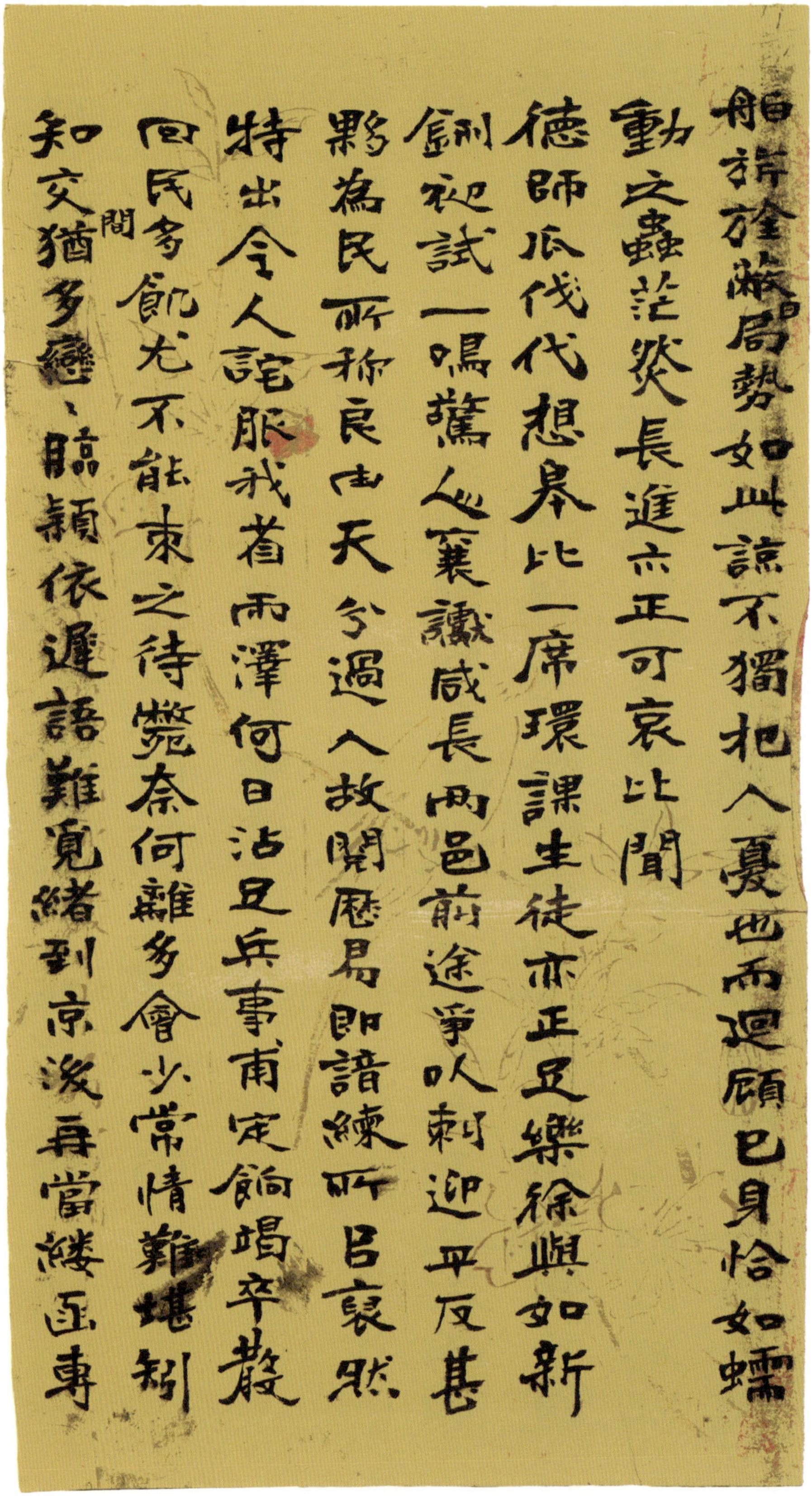
船貨雍滯局勢如此諒不獨把人憂也而迴顧己身恰如蠕
動之蟲茫然長進亦正可哀比間
德師瓜伐代想昇比一席環課生徒亦正足樂徐與如新
劉初試一鳴驚人必襄讞咸長兩邑前途爭以刺迎平反甚
夥為民所稱良由天分過人故閱歷易即諳練所以褎然
特出令人詫服我省雨澤何日沾足兵事甫定餉竭卒散
回民多飢尤不能束之待斃奈何離多會少常情難堪矧
知交間猶多戀、臨穎依遲語難覓緒到京後再當縷陳專

书札（2）（12.6cmx22.6cm）

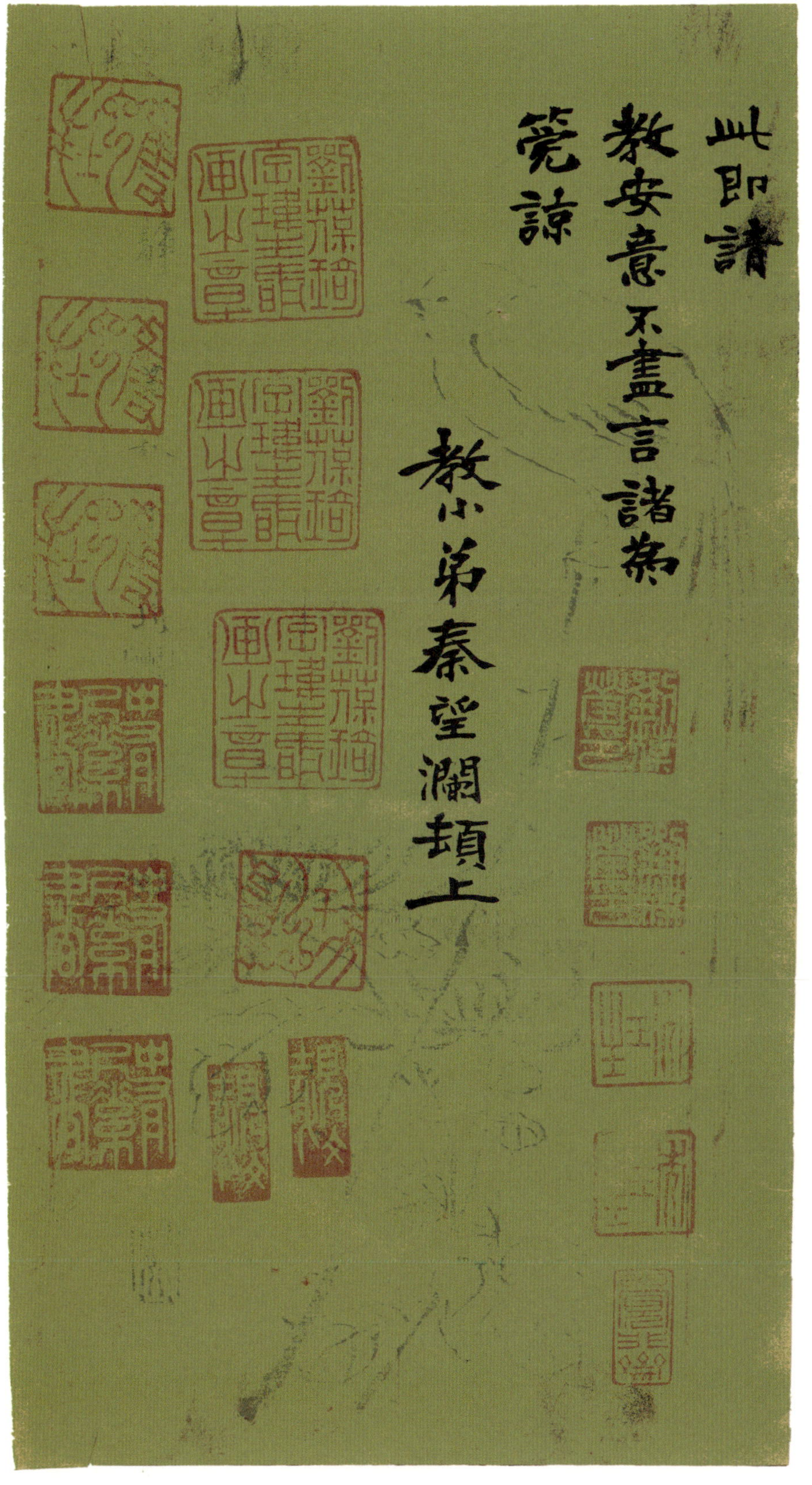
此即請
教安意不盡言諸希
覽諒
教小弟秦望瀾頓上

书札（3）（12.6cmx22.6cm）

释 文

紫垣同门仁兄大人史席：

道出高平，师门投辖，忽晤眉宇，十年契阔，得以倾其胸臆，顿觉块垒（磊）全消。殷殷励之供京职为佳，恋感兼蒙惠以茶糕，又复握手郊垧，此际殊难为别。分袂后，八日入长安，至长安而困雨，十日初晴，泥深没胫，只好句留。幸也徐孺之榻，又为东道主人昕夕谈雨，足破岑寂，望后方能启行耳。迩者，鄂北、粤西叠出教案，外国驻使语多跋扈；恭邸孤忠，因愤下世；海口夷舶，旂旌蔽日，局势如此，谅不独杞人忧也。而回顾己身，恰如蠕动之虫，茫然长进，亦正可哀。比闻德师瓜代，想皋比一席，环课生徒，亦正足乐；徐与如新铏初试，一鸣惊人，襄谳咸、长两邑，前途争以剌迎，平反甚夥，为民所称，良由天分过人，故阅历易即谙练，所以裒然特出，令人诧服。我省雨泽，何日沾足，兵事甫定，饷竭卒散，回民多饥，尤不能束之待毙。奈何离多会少，常情难堪，矧知交间犹多恋恋，临颖依迟，语难觅绪，到京后再当缕函。专此，即请

教安，意不尽言，诸为莞谅。

教小弟秦望澜顿上

鸣琴而治谈何易

——通山进士、镇原知县汪宗翰致高平讲舍山长张宸枢书札一通（1898或1899）

我们的祖先其实是很懂得幽默的，尤其还能通过幽默的“微言”传递出一种严肃的“大义”来。《吕氏春秋·察贤》中，就有这样一个故事：孔子的弟子宓子贱主政单父（县名，在今山东单县南），似乎不问政事，身不下堂，整日价“弹鸣琴”，但单父大治。他离任后，同学巫马期到此主政，作风迥异前任，天天披星戴月，日夜不居，亲力亲为，好不容易才把单父治理好。虽然都取得了良好的政绩，但为什么前者轻而易举，而师出同门的后者却费了九牛二虎之力呢？巫马期可能也有点不服气，特地去向老同学问个究竟。宓子贱告诉他：“我之谓任人，子之谓任力；任力者故劳，任人者故逸。”其“任人”的秘诀，就是后来和其师交谈中所说的：自己在当地有“所父事者三人，所兄事者五人，所友事者十一人”，还有贤于自己的五人，随时向他们求教，并借助大家的力量，共同治理好地方。

由此看来，无为而治的宓子贱显然比事必躬亲的巫马期要高明得多，因为宓子贱的做法出于儒家而兼蓄道家。这也就不难理解孔子为什么叹服道家祖师爷“老子其犹龙乎”了。由这个故事，就产生了一个成语“鸣琴而治”，它所描绘的礼乐晏然、政简刑清的理想境界为历代许多官员所梦寐以求而不得。

时任甘肃镇原知县汪宗翰于到任的次年（1898）或第三年（1899）写给张宸枢的这封书札，引用宓子贱治单父的故事，表达了愿借助乡贤之力，实现一方大治的诚意。

汪宗翰（1845—1920），字栗庵，湖北通山县人，清光绪十六年（1890）进士，钦点主事，佥分吏部稽勋司兼考功司行走；光绪二十三年（1897）即外放甘肃镇原知县，加同知衔（知府副职，正五品），直到光绪二十七年（1901）赴省城兰州任乡试同考官，任期达五年之久。说起来，一起步就在中枢任职六七年且年过半百的汪宗翰，大概不会料到被下放到西北这样一个偏僻贫穷的县当父母官的吧？当时失落的迁客心境，即使过了五六年之后，也未曾消解。这一点，可从当时的甘肃学政叶昌炽1902年8月5日的日记中得到印证，他说汪宗翰“以吏部改官作令，签掣镇原，调补边缺，颇悒悒不得志”。

但汪宗翰毕竟读圣贤书多年，且早已过了意气用事的年龄，不得志归不得志，但为官一任，总得造福一方，即使这官是个挂着五品虚衔的七品芝麻官。从他给镇原举人、时任平凉县立高平讲舍山长张宸枢的书札中，可以看到他任职之初的困惑、谋划和努力。初来乍到，给他印象最深的倒不是地瘠民穷，而是“地方斗殴逞凶之案，层出不穷”，这看似是治安案件较多，但实质是民风刁悍、逞勇好斗所致。所以，他提出的施政纲领是：“惟保甲可治其标，学校可培其本。”这从政策和精神层面标本兼治的措施，可谓眼光独到、用意深远。就治标而言，因为当时虽然是中国封建社会的回光返照之际，但像历代统治者一样，皇权不下县，县下靠宗族自治来维系，而自治的手段基本上出于一种伦理的约束。所以，他亟需在各乡村推行保甲制度，以保和甲为单位，加强对民众的管理和教育，一则可削弱随时诱发矛盾纠纷的宗族力量，二则可便于将政府管理的触角延伸到最基层，以尽快遏制此等“斗殴逞凶”的不良风气。从书札可以看出，这位京官履职镇原时，并未带当时被各级官员奉为资政宝鉴的《皇朝经世文编》（选辑清代中叶以前关于治国治世的有关政治、经济问题的经世致用类论著，由贺长龄辑、魏源参订），县衙也未有此书，是关注时政、热心公益的张宸枢给他借了该《文编》中的《保甲章程》一册，让他有了规范效仿的依据。同时，作为本土具有较高声望的举人和教书先生，张宸枢还与知县大人紧密配合，“劝集伙庄”、多方襄助，以至“颇有成效”。

就治本而言，45 岁中进士并经吏部历练的汪宗翰自然是办教育的行家里手。此书札中虽然没有出现自己办学的直接信息，但从“所有书院、义学、文庙等务，虽亦随时咨商，粗有头绪”看，不仅就办学事宜多次与张宸枢相商，而且也取得了实际效果，只是“款项难筹，人才更难得，诸多掣肘”，让他徒唤“莫可如何”。这种感慨，是实心办事之人无法避免的，因为在此艰难环境中，每办成一件事，哪能不付出辛苦的劳动？

这封书札，因收信者是当地官府和百姓都比较信任的“城乡领袖”，也是写信者所倚重的智囊高参和宓子贱所谓的兄友者流，所以没有必要对日常政务予以矫饰和夸耀，其表述完全可以采信。

内容虽然寥寥数语，也没有令人生厌的豪言壮语，但看似简单的叙谈，却在不经意间留下了一段贤宰与乡贤同心协力为百姓计长远的雪泥鸿爪，更为我们提供了研究古代地方治理中乡贤文化的一个切面。乡贤，也称乡绅，是指当地知书达理、才能出众、办事公道、德高望重之人，他们或终身固守斯土，或致仕告老还乡，总是以多年的德行和声望赢得乡邑百姓的高度认同和效仿。尤其是在统治者对底层社会控制相对较松的古代，一县的治理，往往要借助乡贤的号召和示范作用来填补国家权力的空白，代替或配合官府处理大量社会公共管理事务，如修桥补路、赈灾救荒、重教兴学、维护治安等。尤其在基层推行保甲法时，更离不开乡贤的直接参与，以至在官府告令中也明确规定“责成本乡绅士，依照条法，实力举行”。由此，我们就不难理解这位年过半百且是进士出身的知县，为何要对这位刚刚三十出头的当地举人以“仁兄”相称，并不无推崇地夸赞其“一种培植梓桑、相助为理之意，蔼然可亲，亦朊然可感”了。

作为一名成熟的地方官员，汪宗翰对乡贤的敬重和期许也特别真诚。鉴于张宸枢“年来掌教高平，此间公事，莫能兼顾”，再遇到筹款和求才两大难题，“诸多掣肘”，就不由得想到了宓子贱治单父的故事，遂慨叹自己没有鸣琴而治的本领和运气，但“与贤士大夫兴利除弊，讲治谱而成善俗，此心未一日忘”。信末，他还诚恳地希望张宸枢在“讲席稍暇”，能不辞跋涉之苦，从平凉“惠然来此”，以便聆教，“解渴尘而开芒昧”。这一席话，当然是尺牍中惯见的谦语，但也表现出一位读书仕宦之人礼贤下士、求贤若渴的胸襟。

行文至此，还有必要对汪宗翰此后的经历赘言一二，因为离开镇原几年后，因缘际遇，他的名字就和发现不久的敦煌莫高窟紧紧连在了一起。

光绪二十六年（1900）夏历五月二十六日（6 月 22 日），震惊世界的敦煌文物在封闭 800 多年之后重见天日，但当时却未能引起应有的重视。那个被现在的人们所熟知的湖北麻城人王道士，本想借这堆故纸引起官府的注意，以筹款完成自己修建庙宇的宏愿。当他徒步50里，第一次去拜见敦煌知县时，所带两卷发黄的经文却被视为废纸，只得碰壁而返。直到光绪二十八年（1902）汪宗翰调任敦煌县令，王道士才碰上了这位对金石学、书法、诗词都很有研究的湖北老乡。在看了王道士送来的几卷经文，并听取有关藏经洞的汇报后，汪宗翰觉得此事非同小可，当即带了一批人马去莫高窟察看，并拣得几件画像、经卷带去，其他令王道士暂且封存。汪宗翰对所带文物研究数日后，深感其价值巨大，远非一邑中物，随即写信汇报甘肃学政、金石学家叶昌炽，希望能予以保护和妥善处理。同样懂得这批文物价值的叶昌炽，建议藩台将此宝物运往省府兰州妥藏。可惜因为经费困难未能施行。光绪三十年（1904）三月，甘肃布政司命敦煌知县汪宗翰就地“检点经卷画像”再次封存，并责令王道士妥加保管，不许外流。但令人痛惜的是，后来随着汪宗翰、叶昌炽的调离，这批珍贵文物先后多次遭遇盗卖和流失。正如陈寅恪先生所言："敦煌者，吾国学术之伤心地也。"

如果能置身于当时的历史环境，推己及人地看待汪宗翰，他之于敦煌文物保护，只是机缘凑巧、顺势而为，也没有料到这是可以名垂青史的大功德，要不然他可以做得更好。但即使这样，也不会改变他是第一个发现敦煌莫高窟文物价值、提出保护意见并予以妥善保管封存的政府官员的事实，自是功不可没。而同样作为敦煌文物保护最早的见证者叶昌炽，告老还乡后还在为没有能及时保护好敦煌文物而自责不已，他在宣统元年十月十六日（1909 年 12 月 28 日）的日记中写道："午后，张暗如来言，敦煌又新开一石室，唐宋写经画像甚多，为一法人以二百元捆载而去，可惜也！俗吏边氓安知爱古，令人思汪栗庵。"由此可反证汪宗翰就是叶昌炽眼中"知爱古"、能担当文物保护职责的官员，远非一般风尘俗吏可比。

与敦煌文物保护相比，他在任上用力最勤的倒是赈饥民、造堤梁、修社仓、设义塾、建书院等民生事项，甚至"自捐巨款，代筹生计，以苏民困"，因而深受士绅百姓的爱戴。以后，他辗转复调吏部，后官至吏部侍郎、内阁学士（二品）等，在将自己的人生推向极致的同时，也走到了人生的末路。民国肇造，他毅然辞官归里，已是 67 岁的皤然老翁了。

最后，摘录几句敦煌阖邑士民送汪宗翰离任时的赞语为结，分别嵌敦煌四个地名，文采灿然，也颇为写实，文曰：

胸罗星海，心印月泉；慈同千佛，春度两关。

参考资料：

1. 镇原县地方志编纂委员会《镇原县志》（1987 年内部编印）
2. 倪霞《历史不曾远去——寻找敦煌县令汪宗翰》（荆楚网 · 东湖社区 · 新散文）
3. 叶昌炽《缘督庐日记》（江苏古籍出版社，2002 年 10 月第 1 版）

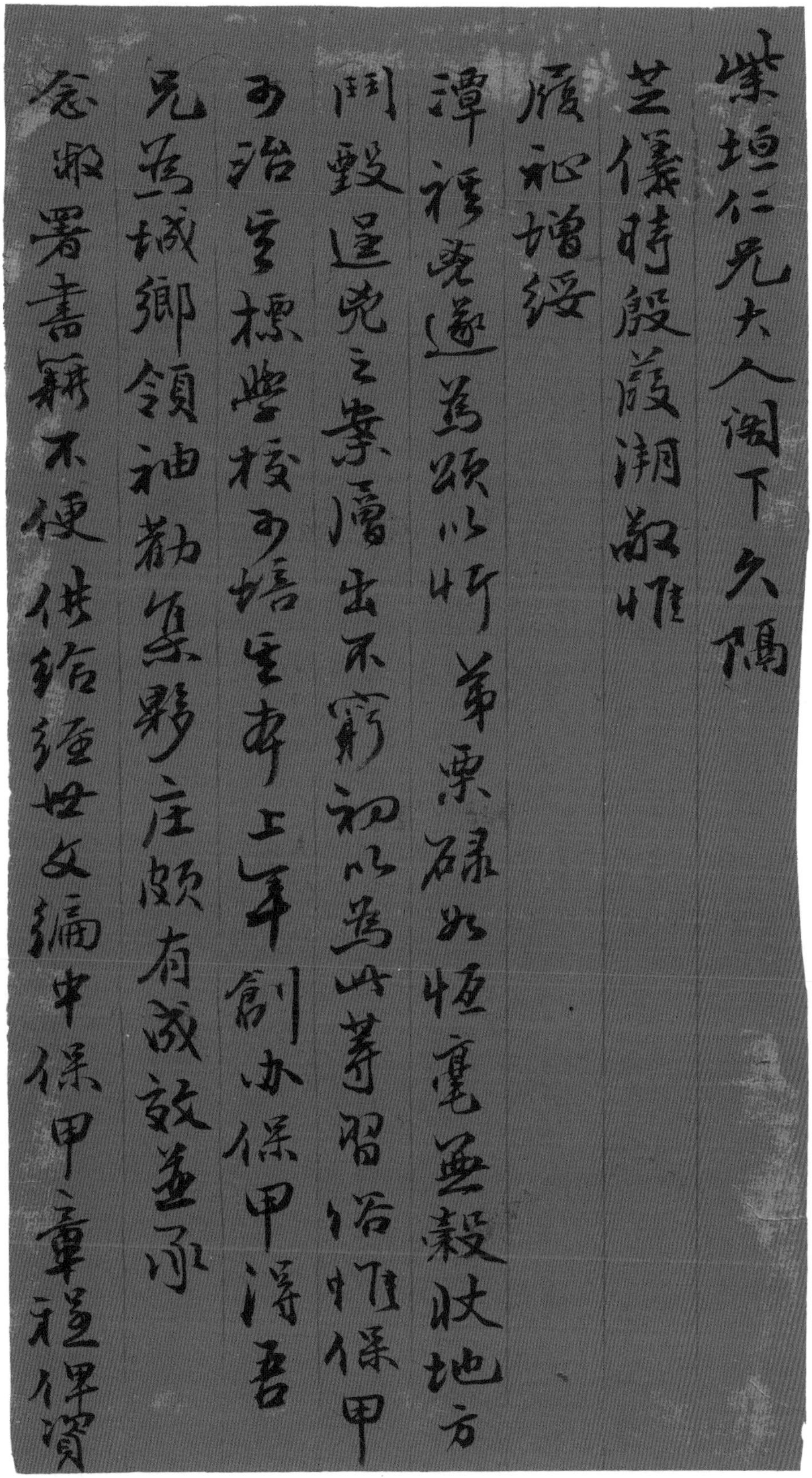
紫垣仁兄大人閣下：久隔
芝儀，時殷葭溯。敬惟
履祉增綏，
潭禧暢遂，為頌以忻。弟栗碌如恒，毫無毅狀。地方
闘毆逞兇之案層出不窮，初以為此等習俗，惟保甲
可治，至標學校可培至本。上年創辦保甲，得吾
兄為城鄉領袖，勸集彩莊，頗有成效，並承
念敝署書籍不便供給，經世文編中保甲章程俾資

书札（1）（12.5cmx23cm）

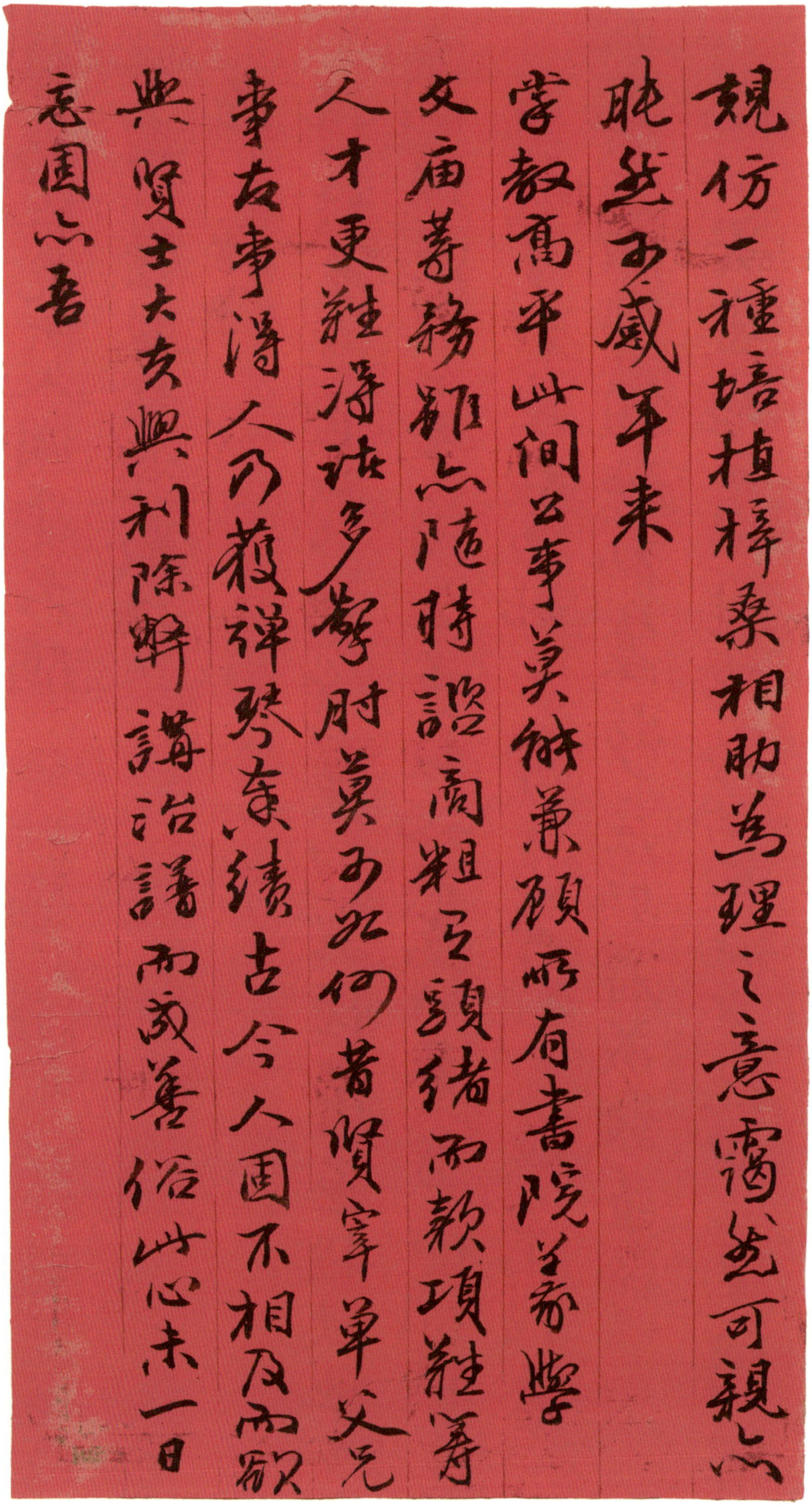
規仿一種培植梓桑相助為理之意竊然可親亦
聽然不感年來
掌教高平山間公事莫能兼顧所有書院等學
文廟等務雖亦隨時諮商粗具頭緒而款項難籌
人才更難得諸多掣肘莫可如何昔賢宰單父兄
事在事得人乃獲彈琴奏績古今人固不相及而欲
與賢士大夫興利除弊講治講而成善俗此心未一日
忘固亦吾

书札（2）（12.5cmx23cm）

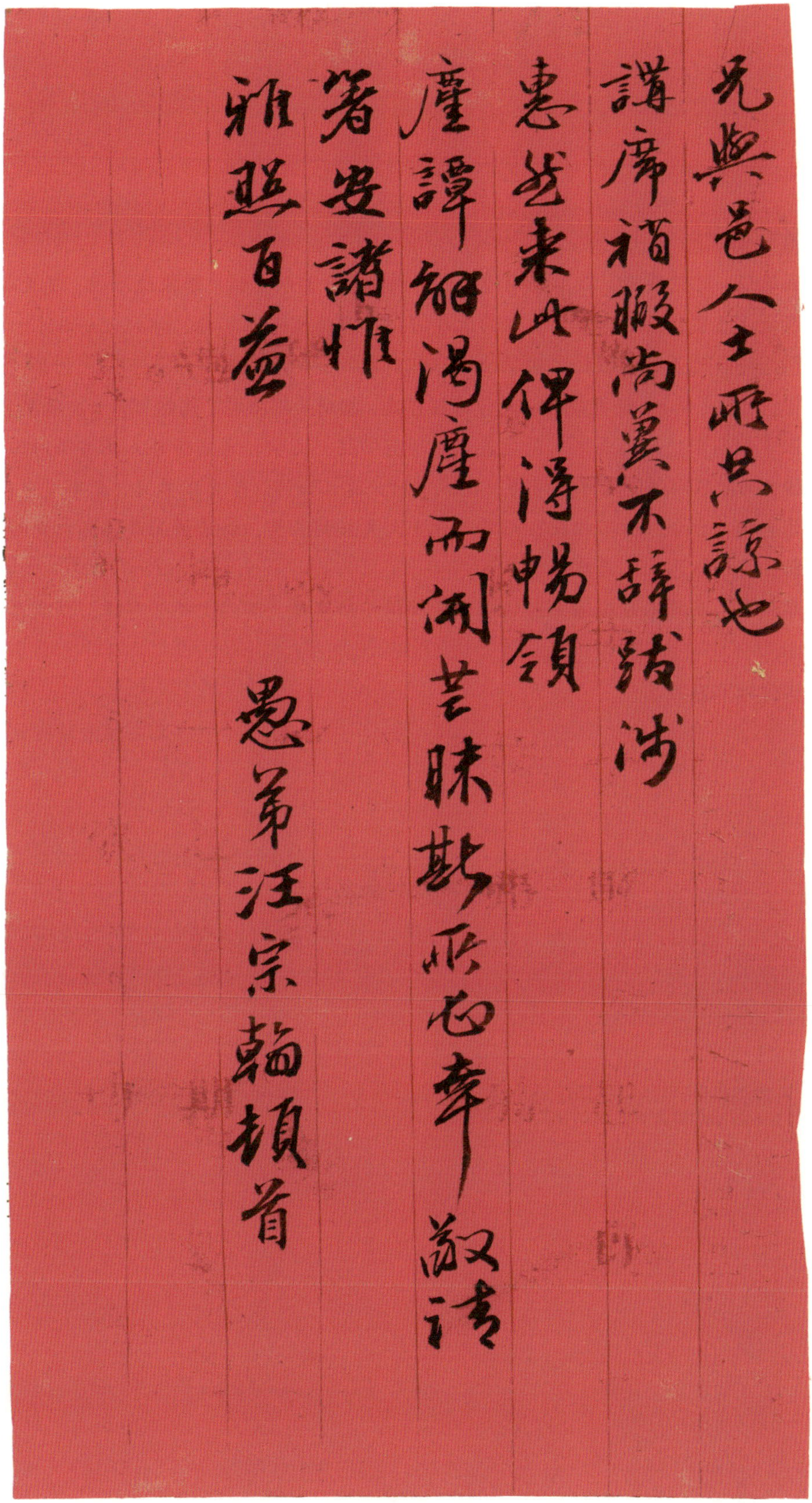
先與邑人士所共諒也
講席猶暇尚冀不辭跋涉
惠然來此俾得暢領
麈譚細渴麈而開茅昧斯所至幸　敬請
著安諸惟
雅照不莊
愚弟汪宗翰頓首

书札（3）（12.5cmx23cm）

释 文

紫垣仁兄大人阁下：

久隔芝仪，时殷葭溯，敬惟履祉增绥，潭祺鬯遂，为颂以忻。弟栗碌如恒，毫无縠状。地方斗毁逞凶之案，层出不穷，初以为此等习俗，惟保甲可治其标，学校可培其本。上年创办保甲，得吾兄为城乡领袖，劝集伙庄，颇有成效，并承念敝署书籍不便，借给“经世文编”中《保甲章程》，俾资规仿，一种培植梓桑、相助为理之意，蔼然可亲，亦肫然可感。

年来掌教高平，此间公事，莫能兼顾，所有书院、义学、文庙等务，虽亦随时咨商，粗有头绪，而款项难筹，人才更难得，诸多掣肘，莫可如何。昔贤宰单父，兄事友事得人，乃获弹琴奏绩，古今人固不相及，而欲与贤士大夫兴利除弊，讲治谱而成善俗，此心未一日忘。固亦吾兄与邑人士所共谅也。

讲席稍暇，尚冀不辞跋涉，惠然来此，俾得畅领麈谭，解渴尘而开芒昧，斯所甚幸。敬请

箸安，诸惟雅照百益。

愚弟汪宗翰顿首

一名县衙小吏的困顿生涯

——镇原增生、县衙典史张玉玺致族叔鼎臣、鹿臣书札共三通（1900—1901）

在读这组书札之前，让我们先认识其作者。据《镇原县志·人物》载：张玉玺，字帝徵，号晓崖，南川乡张桃园村人，清同治七年（1868）生。光绪三十二年（1906）增生，曾任县衙门典押司，因治河保县城有功，曾奖六品顶戴。善书法，笔力浑厚、流畅，气势夺人。1928年去世。

单看张玉玺的简介，我们是不是觉得他还是小地方上的一位成功人士呢？但历史往往不忍细读，这组书札，就在这看似成功的背后，将其困顿的生活以及身处乱世的挣扎表露无遗。读来让人心酸，不禁为乡间的普通读书人们一洒同情之泪。

这里，我们还有必要辨析一下张玉玺取得增生的时间。《镇原县志》称是光绪三十二年(1906),其时38岁。这个时间值得商榷，一是此时科举考试已于前一年停止，县、州不可能举办童子试。二是读札一可知，他赴试"支银十二两"，这个花销必定是长途赴省城参加乡试的，而乡试，必须有生员（包括增生）的资格方可。三是从札一所述家里人骂他的口吻看，他赴乡试时还是一个未能完全自立的年轻人。所以，其取得增生的时间应该在20岁左右。

札一是他赴兰州参加乡试（八月秋闱）回来后，于十月（小阳月）十二日，在县城写给同族叔父鼎臣的，有正文，也有附言。从其家族近年整理的资料得知，其父兄弟二人，张玉玺为长房长子，有弟六、堂弟一，其他姊妹未计，是一个人口较多的大家庭。从正文可知，他因家境贫寒，赴乡试并未得到家里长辈的支持，就身无分文地上路了。试毕落榜，"本拟觅求事干"，怎奈事亦难求。"兼之以资空乏"，实难久留。于是，就只得和同乡张宸枢等结伴回家，"沿途之费，多蒙大家关照借贷"。这是一个年轻人艰辛而又难堪的旅途，其间向人告贷、被人同情所牺牲的自尊，如鱼饮水，冷暖自知，真是"此状一言难尽"。而附言虽然简短，却很生动地反映出他回家后的尴尬处境，大概和战国时期的策士苏秦潦倒而归一样，"负书担橐，形容枯槁，面目黧黑，状有愧色"，但苏秦遭遇的只是"归之家，妻不下纴，嫂不为炊，父母不与言”，而他除此之外，作为一个还没有家庭话语权的年轻人，更是被长辈们骂为“败家之贼”。如此境遇，哪还能指望向家里伸手呢？乡谚说：“好借好还，再借不难。”他虽然在县城有一份小差事（可能还未进入县衙门），但十二两银子无疑是一笔巨款，从哪里拆东墙补西墙呢？这实在让他“焦思万分”，寝食难安。于是，思前想后，只好给“鼎臣尊叔大人阁下”捎去一信，正文是请他“得暇进城”，“以畅叙闲情”，也顺便等候他们的核心人物张宸枢来城一聚；附言里又恳请“大人能否代为筹画”。钱难借，口难张。或许，这言犹未尽又加上去的几句附言，才是作者的真正用意之所在——借钱。但都是读书人，不好直说，似乎这样处理，还可以给自己留一点脸面，也给对方一个回旋的余地。生活在如此贫寒的家庭，还能坚持读书、追求功名，成为当时农村并不多见的秀才，这需要多大的勇气和耐力！

又过了数年，到光绪二十六年（1900），32 岁的张玉玺已是县衙典押司典史，尤其是作为长子，还得替父分忧，承担起全家的衣食温饱、子弟读书等重担，所谓“长兄如父”是也。时任镇原知县汪宗翰对当地举人张宸枢多有倚重，张玉玺能任此职，或许有张宸枢的举荐之功。清代的典史，是县衙掌管缉捕和狱囚的官员。这看起来很是光鲜的一个职位，其实连从九品都够不上，在官员品级中是属于未入流的，完全不能与现在的县公安局长相类比。所以，这芥子颗大的官自然俸禄菲薄，要振兴家业谈何容易，遑论显亲扬名了。

这年刚入腊月，他接到另一位族叔鹿臣的来信，希望他能于本月廿一日参加其弟的婚礼。这大概也是乡下人想借这位衙门的人来撑一撑门面吧？但此时，因家中粮食频频告急的张玉玺，哪有心思去喝别人家的喜酒呢？

这年，陇东大旱，夏、秋作物大都绝收，许多人都已纷纷出外逃荒了。面对如此年馑，家底本来就薄的张玉玺家，和当时镇原乃至陇东绝大多数人家一样走到了生死存亡的关头。所以，眼看年关临近，他身在衙门，心在口粮，正想着找人借粮呢，就刚好收到了族叔鹿臣的邀请信。这位鹿臣先生生平未详，但从大灾之年还能给兄弟张罗婚礼看，应该称得上温饱之家了。

于是，在札二中，他先是回应鹿臣的邀请，以“孰意大老爷（即汪宗翰）举办保甲，令侄帮办缮册，刻限本月底办齐”为由，称“大约不能来”，或“若能脱身，即于前二日内遇顺亲登”，用这样模棱两可的话予以搪塞。想来，或许是公务繁忙真的不能脱身，或许是囊中羞涩连道贺的礼金都掏不出来。然后，他迫不及待地转入正题，“再所恳者，阁下亦知侄家饥饿之形，想祈在尊各大人前代孙告禀一切艰苦况”，也就是说虽然鹿臣已是一家之长了，但家中大小事体，还需要禀告各位老太爷同意方可（可见其父辈几人尚未分家，眷口较多）。这既反映了传统的治家伦理，也体现出张玉玺对鹿臣父子们的应有礼节。当时已是腊月初五，张玉玺说“家存粟粮，仅能食至年底，此非和油渣、菜根，亦早尽之矣”，不要说青黄不接的春饥，即使这个年关都难以过去，情势的确非常严重。所以，他又用近乎哀求的口吻说，“阁下与侄，既属亲支，非平常可比”，“兹为吁恳大人商量，酌济不拘多少，或秋（粮）或夏（粮），祈即先允数目”，然后为了让出借者放心，他主动提出写一个“按照时价议定”的借据文书，“容俟丰年，如数交还不误”。他深知灾年借粮，都是要从别人口里夺食，所以，发自内心地说，如能商定，“则感生活之恩于子子孙孙，万世不能忘”。

可以想到，在那个特殊的年月，再殷实的人家也都潜伏着巨大的粮食危机，万不得已的出借，也一定不会太多。所以，张玉玺就再请鹿臣出面，拿着自己的信，替他向另一个更殷实些的登甲叔求告，而且明确提出“总祈我登甲叔较大人多给些方可”。这里的语气，是借粮如同借命，已不像札一借款那样的含蓄，而是出语直白，甚至毫不客气，如“切不可视侄如路人，仰念亲支之意，勿怀吝啬之心”。尤其是最后的一句：“若在各大人处恳求不允，其将安仰耶？”这真是穷途末路上泣血般的哭告。

让我们感到一丝温暖的是，张玉玺向鹿臣借粮的事，在三四个月后，即光绪二十七年（1901）大约三月前后的札三中，有了结果。他说：“近来蒙赐厚仪赈恤，足徵谊有念于亲支，殊深感戴莫名，不禁踊跃忻忭之至。”想必鹿臣家腊月借粮给他，也已力尽汗干了。而同时，也给他施以援手的登甲叔，可能尚有余力。此时，正是春苗初长、夏收未至的关键时刻，眼看借来的粮食又要告罄，想起嗷嗷待哺的一家老小，张玉玺又不得不再次委托鹿臣，“不知我登甲叔能否加倍救济？总祈大人备述情形，惟将粟粮暂赐数斗，以救刻下燃眉之急”。

岂料去年遭了年馑，而今年的旱灾比去年更加严重。札三称“刻下不得透雨，则麦苗尽枯大半，人民灾及饿毙”，这情形，就是多次出现在《镇原县志》中令人触目惊心的“光绪二十七年大旱”。该志“自然环境”卷载：“该年春旱，重灾大饥，斗麦价银 3 两，饿殍满道，有‘人吃人、狗吃狗，鸦儿老鸹啃石头’的民谣，往往夫妻对睡，无人掩埋。”另据该志“民政卷”载：“该年，知县汪宗翰借用公款银 2000 两、仓粮 4000 石及江南义赈银 3000 两，委县内贡生包中廉分发赈济饥民，后上书准予免还。”从札三看，此时正是知县汪宗翰争取到第一笔赈灾之款，即官方“拨银贰千两”（不是县志所谓“借用公款”），且粮价还未涨到最高的“斗麦价银 3 两”，而是“斗麦粟价贰千五百余，糜粟一千七八百”，即小麦每斗银二两五、糜谷每斗银一两七八。这里，结合当时的镇原人口，按张玉玺说的粮价大致算这样一笔账：2000 两赈银，全买成最便宜的糜谷是 1110 斗，即将近 1.4 万斤；而其时全县人口大约 7 万（同治兵燹后，由 26.9 万人剧减到 3.5 万人，光绪三十四年达到 7.3 万人），人均仅二两，这用杯水车薪都难以形容其少。所以，为了活命，“民众大批离乡外流”。

能活下来的人，应该感恩那些生死未卜的外流者，是他们给困守在家乡的人们省下了救命的一份口粮。这时，汪知县所推行的保甲制度就发挥了作用，他命张玉玺按照名册逐一查实，清出“册造乞口一万贰千丁口”，再“计算每丁得银壹钱之谱”，把本该给这 1.2 万外流乞讨人员每人 0.1 两的赈银，分给了坐以待毙的人们。虽然“亦属无济于事”，但或许还能救几条人命。当然，也应该感恩那些素不相识的江南慈善家们，他们为遥远的大西北灾民们募捐来了活命的口粮。这种“出入为友，守望相助，疾病相扶”的义举，与当今所谓“一方有难，八方支援”的精神一脉相承。

对于大饥荒，中国人特别是西北贫困地区的人们都有着刻骨铭心的记忆。我们完全可以想到，那些挣扎在死亡线上的人们，是怎样啃树皮、吃树叶和观音土的，以至于到了惨绝人寰的“人吃人、狗吃狗，鸦儿老鸹啃石头”的地步。

在札三的中间，张玉玺还提到了与其职务行为相关的一宗案件、县学岁考准备工作，以及两个熟人去世的后事情况，暂且不表。这里借最后的“紫垣爷今无事干，不日亦可回县”等语，来说明该书札断代的理由，并对张宸枢生平做一点补充。从本书前面关于张宸枢的几篇文章可知，他于光绪二十二年（1896）就任平凉县立高平讲舍山长，但到这时却失业了。也就是说他在高平讲舍任职达五年，并与当地县、府、道官员都有一些交往，这也正是他本年七月通过这些官员推荐，能获取庄浪乡训导一职的原因。而此时，张宸枢刚刚离任，信息灵通的张玉玺就致信他去找以前在平凉任平庆泾固化道道员、现署理甘肃按察使（现署臬宪篆务）的徐锡祺，“可以赴省寻事亦易矣”。而查《甘肃省志·人物》，徐锡祺署理甘肃按察使只有光绪二十七年（1901）一年。由此，可以准确断定札一、札二的时间。

在那个哀鸿遍野、饿殍当道的年代，作为小地方一个握有一定权力、也有较多人脉的衙门典史张玉玺，尚且如此悲苦无告，很难保全家人，可想而知那些生活在最底层草芥似的人们就更是爬行在地狱门口的饿魂了。

但愿这组书札和那些数以万计饿死的百姓，能成为镇原、陇东乃至中国饥荒史中的一个案例，镜鉴当世，警示后人。

参考资料：

1. 镇原县地方志编纂委员会《镇原县志》（1987 年内部编印）

2. 兰州市地方志编纂委员会《兰州市志·人物志》（兰州大学出版社，2013 年 3 月第 1 版）

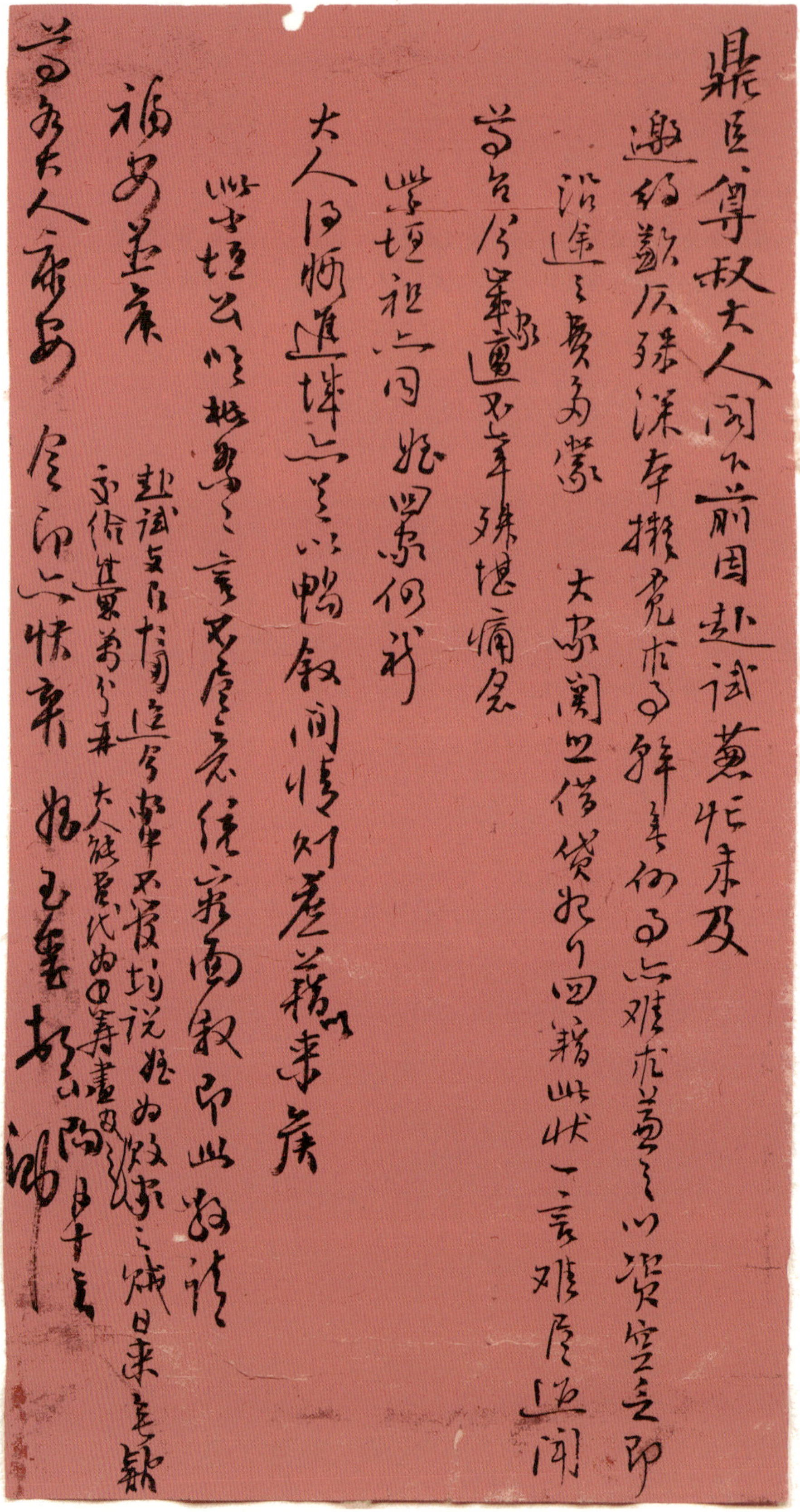

札一（11.8cmx21.9cm）

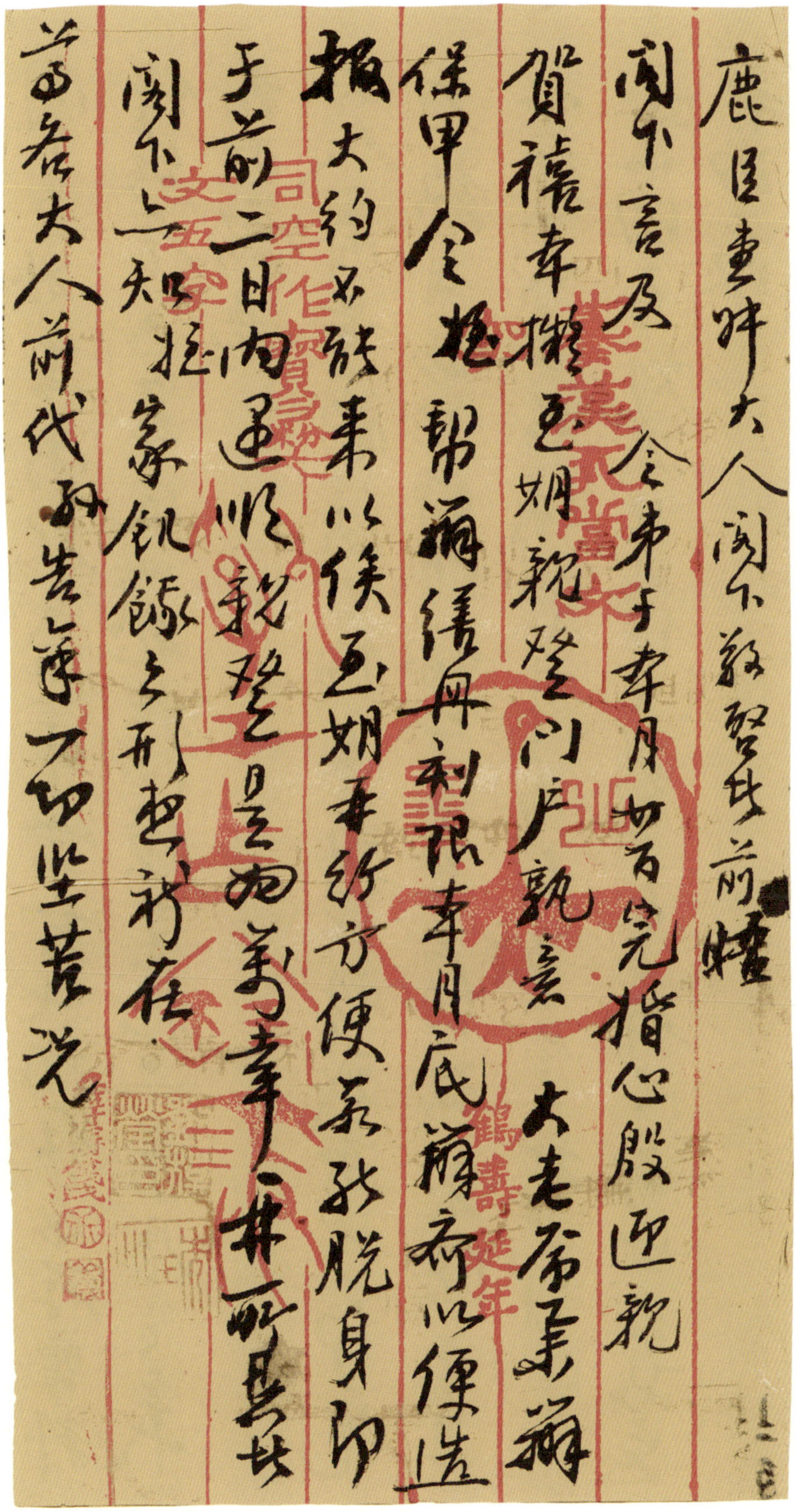

鹿臣吏胖大人閣下敬啓者前[illegible]
閣下言及令弟于本月廿四日完婚惜心殷迎親
賀禧本擬至姻親登門庭親喜大老爺來蕪
保甲令總幫辦儀再刻限本月底蕪縣以便造
報大約不能來以俟至姻舍行方便家務脫身即
于前二日內運順發登是為萬幸[illegible]
閣下知照抱歉家飢餓之刑想衍在
萬安大人前代叔告乞不即[illegible]

札二（1）（12.5cmx23.2cm）

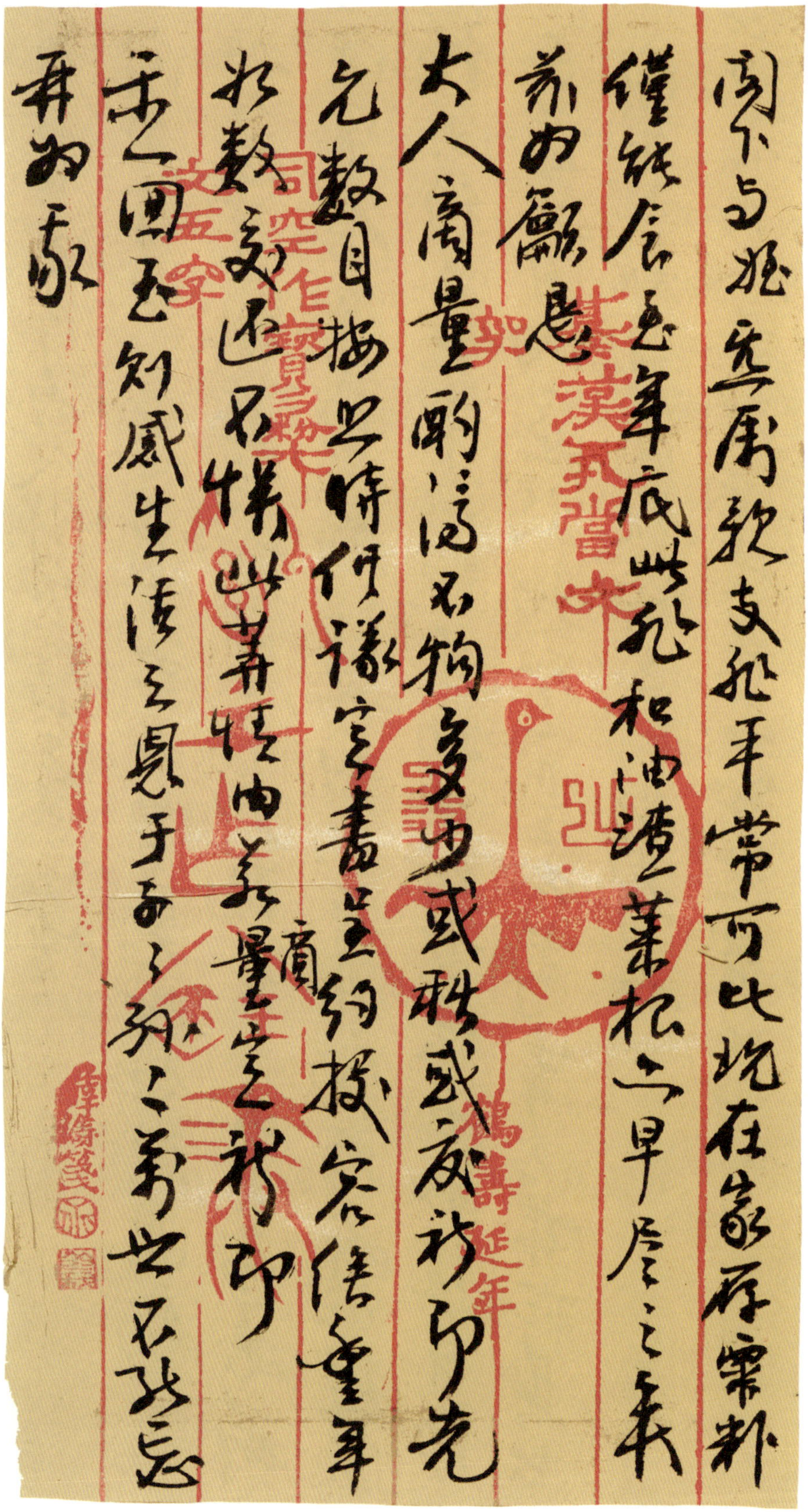

札二（2）（12.5cm×23.2cm）

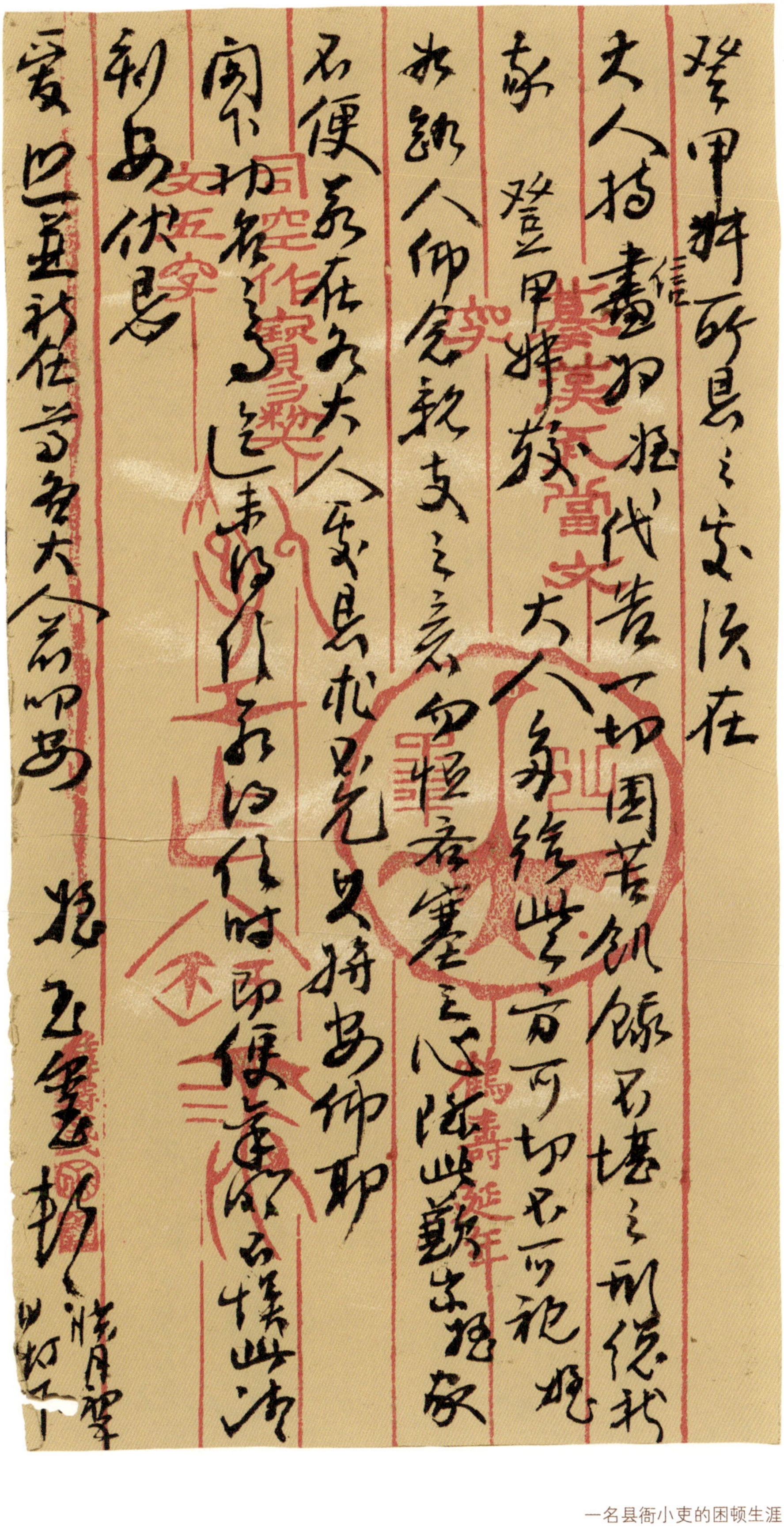

札二（3）（12.5cmx23.2cm）

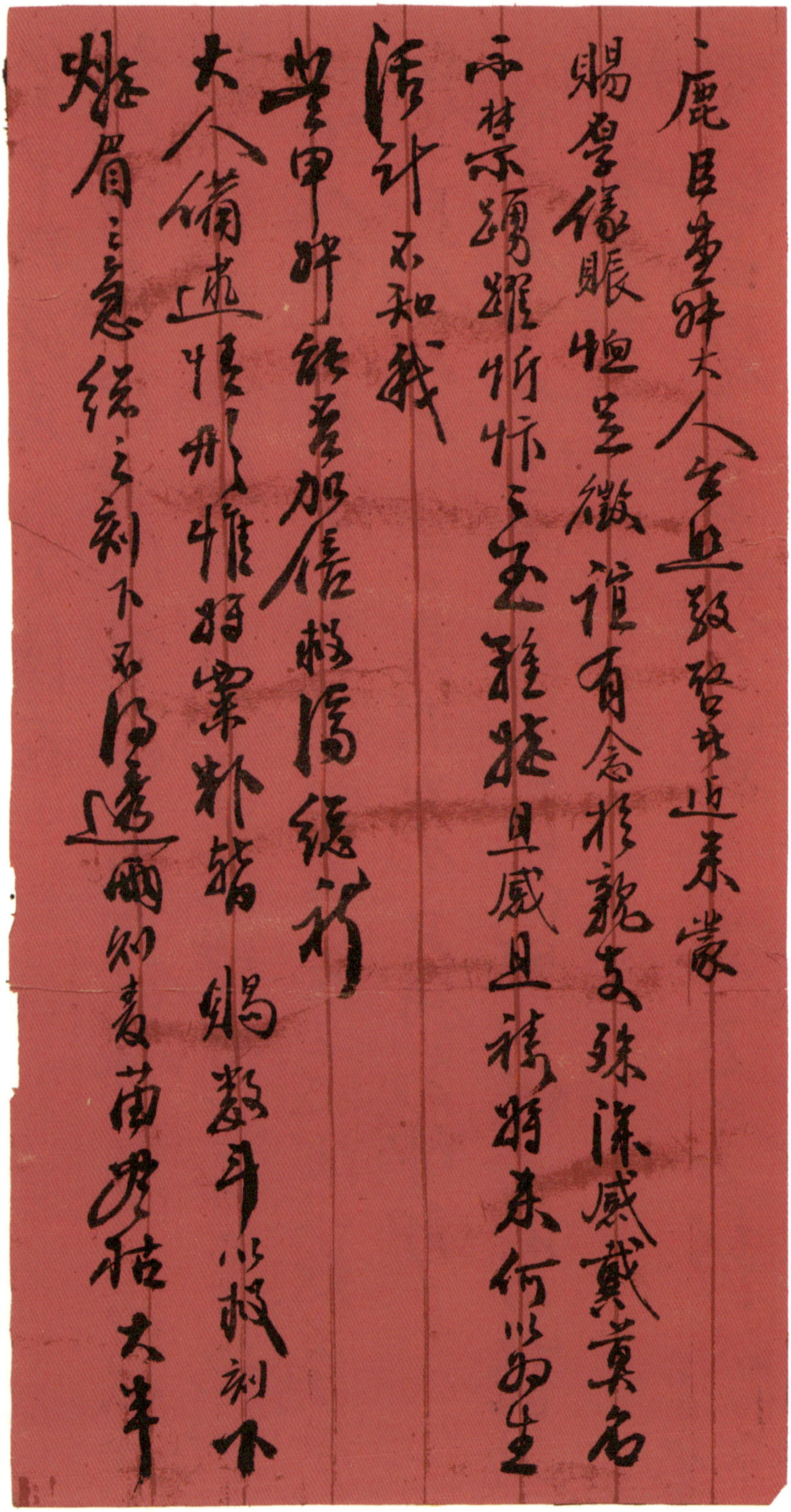

札三（1）（12.5cmx23cm）

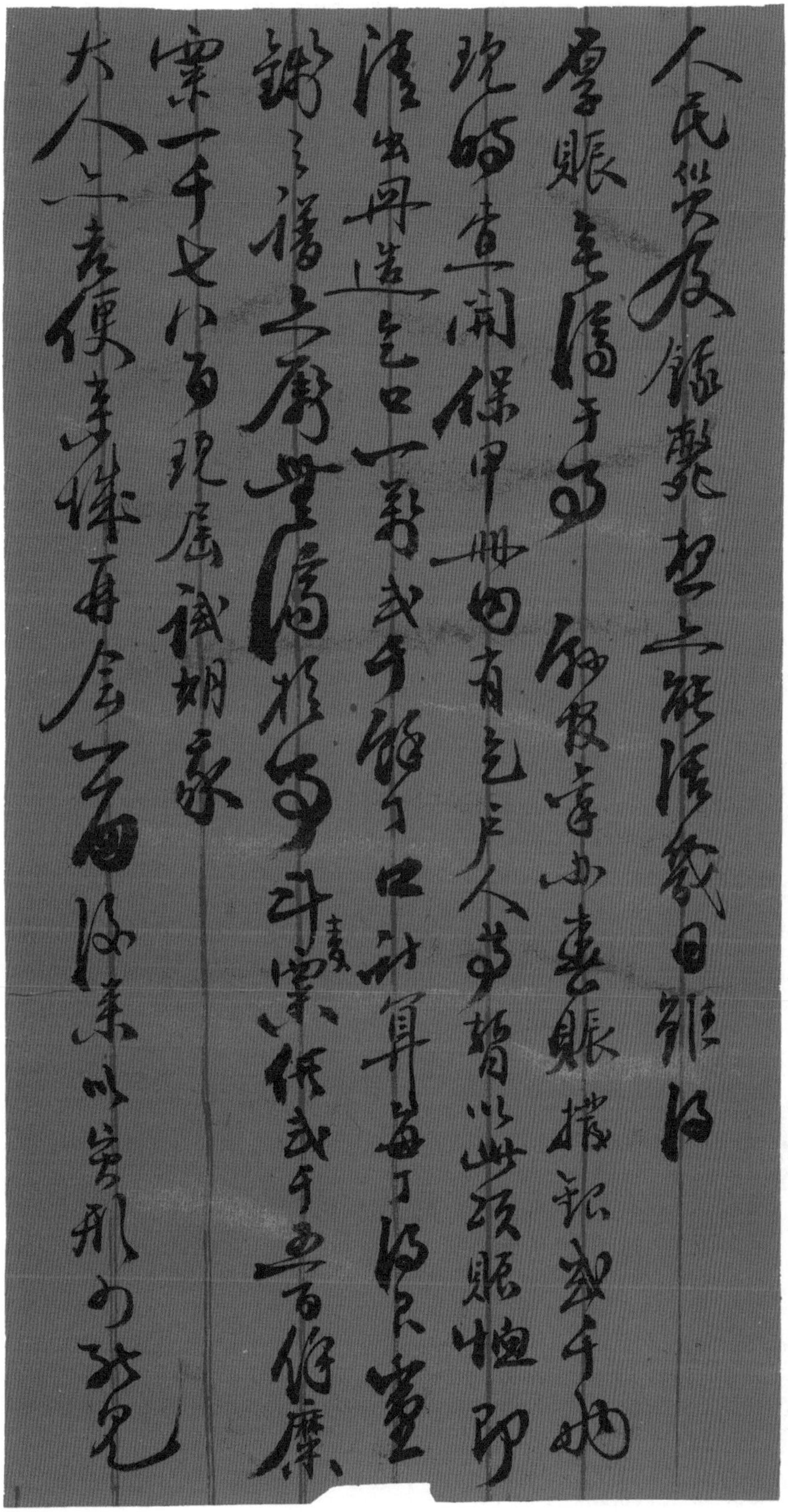

札三（2）（12.5cmx23cm）

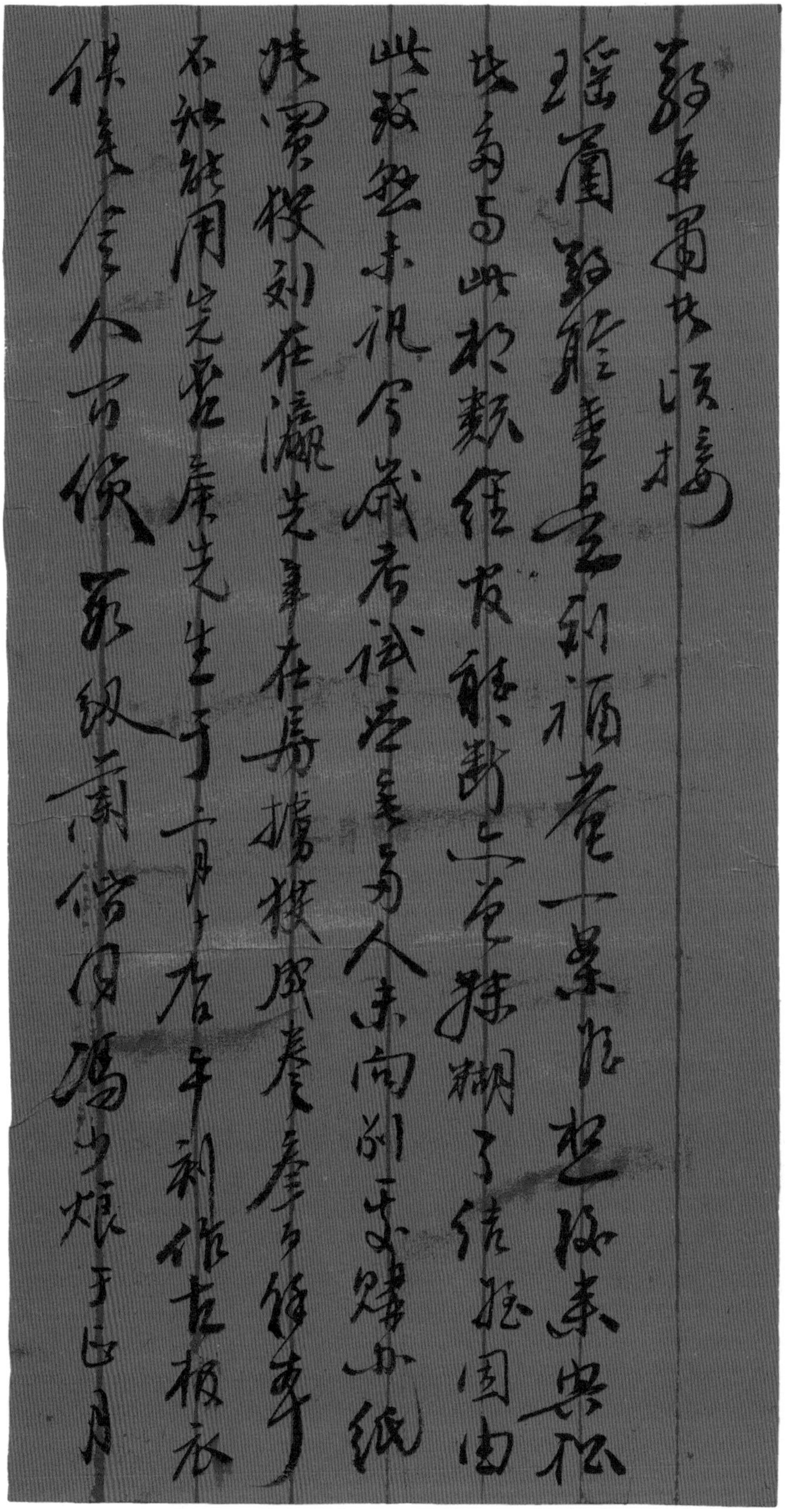

札三（3）（12.5cm×23cm）

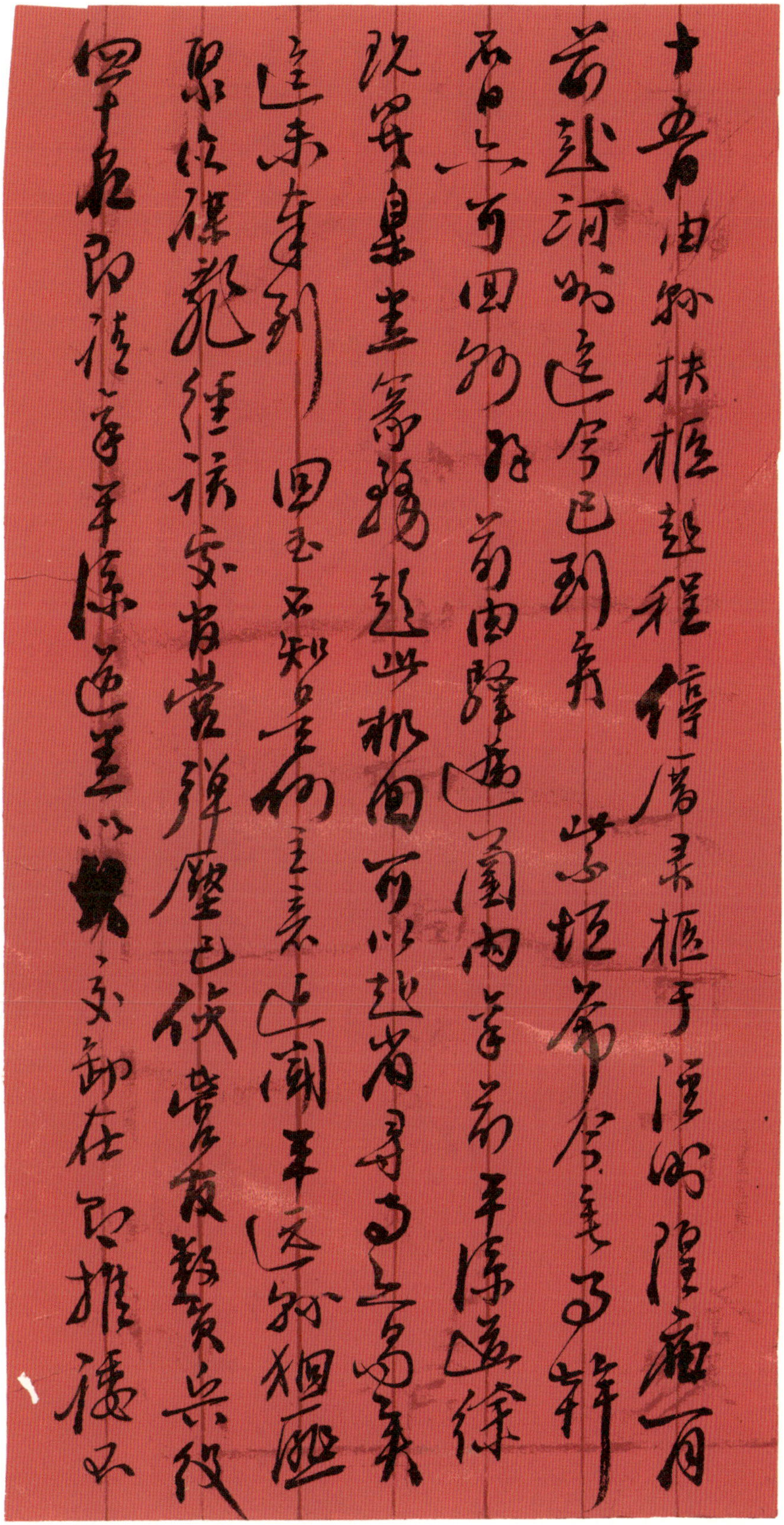

札三（4）（12.5cmx23cm）

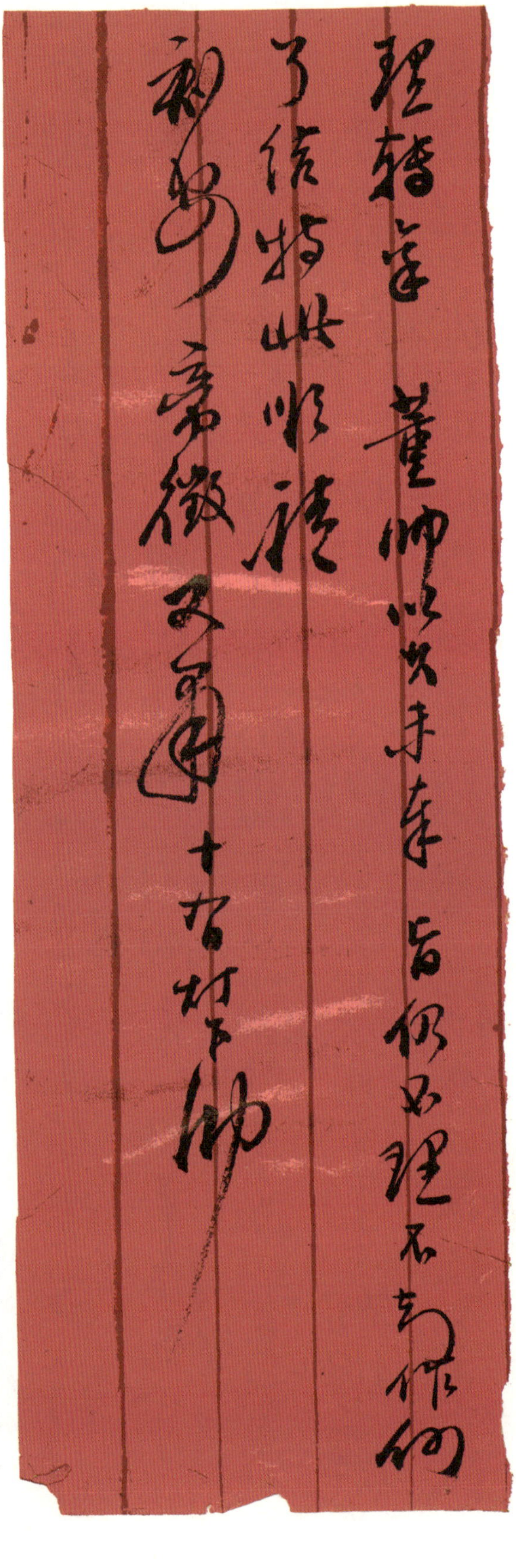

札三（5）（7.5cmx23cm）

释 文

【札一】

鼎臣尊叔大人阁下：

前因赴试，匆（葱）忙未及邀约，歉仄殊深。本拟觅求事干，无何事亦难求，兼之以资空乏，即沿途之费，多蒙大家关照借贷，始行回籍，此状一言难尽。近闻尊台今岁家遭不幸，殊堪痛念。紫垣祖亦同侄回家，仍祈大人得暇进城，亦足以畅叙闲（间）情，则庶藉以来候紫垣公。临楮絮絮，言不尽意，统容面叙。即此，敬请

福安，并候尊各大人康安、令郎亦快爽。

侄玉玺顿首　小阳月十二日泐

赴试支银十二两，迄今家中不管，均说侄为败家之贼。日来无款交给，焦思万分。再大人能否代为筹画。及之。

【札二】

鹿臣堂叔大人阁下：

敬启者，前晤阁下，言及令弟于本月廿一日完婚，心殷迎亲贺禧，本拟至期亲登门户，孰意大老爷举办保甲，令侄帮办缮册，刻限本月底办齐，以便造报，大约不能来，以俟至期，再行方便。若能脱身，即于前二日内遇顺亲登，是为万幸。再所恳者，阁下亦知侄家饥饿之形，想祈在尊各大人前代孙告禀一切艰（坚）苦况。阁下与侄，既属亲支，非平常可比。现在家存粟粮，仅能食至年底，此非和油渣、菜根，亦早尽之矣。兹为吁恳大人商量，酌济不拘多少，或秋或夏，祈即先允数目，按照时价议定，书呈约据。容俟丰年，如数交还不误。此等情由，若商定，祈即示一回玉，则感生活之恩于子子孙孙，万世不能忘。再为我登甲叔所恳之处，须在大人持信为侄代告一切困苦饥饿不堪之形，总祈我登甲叔较大人多给些方可，切不可视侄如路人，仰念亲支之意，勿怀吝啬（塞）之心。际此歉岁，侄家不便，若在各大人处恳求不允，其将安仰耶？阁下功名之事，迄未得信。若得信时，即便禀明不误。此请

刻安，伏恳爱照，并祈在尊各大人前叩安。

侄玉玺顿首　腊月初五日灯下

【札三】

鹿臣堂叔大人台照：

敬启者，近来蒙赐厚仪赈恤，足徵谊有念于亲支，殊深感戴莫名，不禁踊跃忻忭之至。虽然且感且祷，将来何以为生活计，不知我登甲叔能否加倍救济？总祈大人备述情形，惟将粟粮暂赐数斗，以救刻下燃眉之急。总之刻下不得透雨，则麦苗尽枯大半，人民灾及饿毙，想亦能活几日，虽得厚赈，无济于事。县官禀办春赈，拨银贰千两，现时查开保甲册内有乞户人等，暂以此项赈恤，即清出册造乞口一万贰千丁口，计算每丁得银壹钱之谱，亦属无济于事。斗麦粟价贰千五百余，糜粟一千七八百。现届试期，我大人亦吉便来城，再会一面，后来以灾形可能见。

敬再肃者，顷接瑶函，敬聆壹是。刘福庵一案，侄想后来兴讼者，多与此相类，经官听断，亦曾模（抹）糊了结，侄因由此致悬未讯。今岁考试，应无多人，未向别处购办纸张，买获刘在瀛先年在房掳获成卷叁百余本，不知能用完否？侯先生于二月十九日午刻作古，棺衣俱无，令人可伤；段纫兰协同冯少娘于正月十五日由县扶柩起程，停厝灵柩于泾州隍庙，一月前赴河州，迄今已到矣。紫垣爷今无事干，不日亦可回县。侄前由驿递函内禀：前平凉道徐现署臬宪篆务，趁此机会（回），可以赴省寻事亦易矣。迄未奉到回玉，不知是何主意？近闻平远县回匪聚众谋乱，经该处官营弹压，已伤营官数员，兵役四十名，即请禀平凉道宪，以其交卸在即，推诿不理；转禀董帅，以其未奉旨，仍不理。不知作何了结。特此，顺请

刻安

帝徵又肃 十四日灯下泐

世纪之交的大潮和浪沫

——镇原增生、县衙典史张玉玺致族叔鹿臣、鼎三书札共六通（1900—1906）

处在世纪之交的光绪二十六年（1900）及其后几年，是包括镇原在内的陇东广大地区的大灾之年，更是清廷历经八国联军入侵而饱受屈辱和加速崩溃的动荡之年。仔细品读这组书札，可以看到底层民众对国家大事的关注和对世道国运的隐忧，也可以窥见在山川变色的时代大潮中还有小绅乡民汲汲于虚幻的功名而难以自拔。

呜呼，我生再未得一清平世界

光绪二十七年（1901），是“庚子之变”后的第二年。仍然在县衙门公干的张玉玺，一边为全家老幼的救命口粮而愁肠百结，一边为风云变幻的末世光景而哀叹不已。

就在向族叔鹿臣借粮一个多月后的正月十八日（灯节后三日）夜，他借给鹿臣报告当年的考试信息，也顺便将自己了解到的国内要闻予以通报（札一）。他说：“皇上与洋人和好，处决忠臣良将，已属不少。”其时，八国联军已占领北京，各国公使以战胜者的姿态耀武扬威，向到京乞和的奕劻、李鸿章等提出了十分苛刻的“议和大纲”十二条款，除割地赔款外，所谓“惩凶”也是其中最重要的内容之一。清廷为尽快讲和，在几轮谈判之后，不得不做出让步，开始对所谓的“首祸”予以惩治，这其中有的正法，有的赐自尽，有的监斩候，有的发配新疆，有的革职。而在战争期间拱卫京师，并在抗击联军侵略时冲锋陷阵的甘军首领董福祥，虽然是中外势力所指控的首祸，但由于当时正随扈慈禧和光绪皇帝逃亡西安，且担心处决他会“虑激回变”，朝廷在多次推诿庇护后，下了一道明惩暗保的谕旨：甘肃提督董福祥在本省办理回务，历著战功，自调京后，不谙中外情形，于朝廷讲信修睦之道未能仰体，遇事多致鲁莽，本应予以严惩，姑念甘肃地方紧要，该提督人地尚相称宜，著从宽革职留任，带领亲军数营，克日驰回甘肃。

虽然董福祥在中国近代史上算不上一个重量级的人物，但在当时的西北却具有重大影响，是当地百姓心目中身系社稷安危的“董帅”。所以，张玉玺给鹿臣的书札中谈及董帅的行踪和结局，就是顺理成章的事了。他接着说：“董帅现已革职，近因谕见，不知吉凶，先拟登崆峒逃匿。”这里所说的“谕见”，是指其革职后受到光绪皇帝的召见，但当时的民间究竟“不知吉凶”如何，就传出了“拟登崆峒逃匿”的风声。现在看来，关于皇帝召见的结果，大概类同于后来《固原州志》中记载的一段谕旨：“现在朕方曲己以应变，尔亦当降志以待时，绝不可以暂时曲抑隳却初心。他日国运中兴，听鼓鼙而思旧，不朽之功非尔又将谁属也。”据说董福祥跪读上谕而感泣，“由是解兵柄旋里闬”。

董帅毕竟是早岁被招安的草莽英雄，革职之际已有多名“忠臣良将”被诛，他岂能轻易束手待毙？所以其此后的行踪就成了朝野共同关注的话题，同时也流传了多种小道消息，而张玉玺札一中的“拟登崆峒”就是其中之一。薛正昌著《董福祥传》还专门就此事进行了辨析，予以否定，并认为：作为“首祸”，清廷对董福祥的处置与其“同党”相比，是较轻的。

而这时正食不果腹、面有菜色的张玉玺，面对如此“国将不国”的大势，自然会联想到自己今后的出路。他在对时政感到“惊异伤心”的同时，也好像听到了大清帝国这座大厦“嘎嘎”作响的裂变声，发出了“以今观之，世道衰矣，国势危矣”的惊世之叹。这声从帝国最底处发出来的微弱的声音，其实已是朝野上下的普遍共识，但也不一定是所有“肉食者”都愿意接受的事实。渺小的个人是微不足道的，“时代的一粒灰尘，落到个人头上，都是一座山”，足以压垮他们的一生。所以，在他大多叙述日常琐事的系列书札中，就有了这罕见的、不由自主的一声浩叹：“呜呼，我生再未得一清平世界，聊堪尽人事以度光阴。”连这些所谓的“忠臣良将”都落得如此下场，乡野蚁民们还有什么指望？

当然，我们现在阅读那段历史，应该秉持一种正确和客观的历史观，但也不能苛求当时底层民众对历史人物的认知和局限，包括董福祥，也包括本文提到的毓贤。

札二是继札一半个月之后的二月初一日所写。看来，朝廷和洋人“拉锯战”似的谈判，仍然是乡下读书人关注的热点。此时，距清政府与列强正式签订《议和大纲》（即《辛丑条约》）已过了60多天，一些所谓的“首祸”正被陆续正法。在那个资讯传播相当落后的时代和地方相当偏远的陇东，张玉玺获悉了这一在当今人看来早已是旧闻的“新闻”，即“国朝与外洋讲和，《十二条》内交出首祸大臣，由他国惩办。现已惩办正法大员已逾十余员，尽是忠臣良将”。并对未来的收场，表现出不无道理的担忧："似此情形，刻下亦不能罢论。"

而发生在省城的一条重大新闻，他至迟在20多天后就获悉了。这就是当时民间给予同情并传为壮烈之举的"毓贤就戮"。这个满族大员毓贤，虽然最初的功名监生和同知府都是靠捐钱得来，但此后的仕途却一路顺风，尤其在山东为官期间还以铁腕和清廉著称，可惜颟顸无知，因纵容拳民杀洋人、烧教堂而点燃了"庚子之变"的导火索，惹下了弥天大祸。清廷本来也像庇护董福祥一样，将他革职充军新疆，但列强万不应允。就在毓贤被发配途经兰州的上年腊月三十，其任山西巡抚时的旧属、代理陕甘总督的甘肃布政使李廷箫请老上级吃年夜饭，甘肃按察使何福堃作陪。席间，突然接到急电上谕："计（其）行抵甘肃，着传旨即行正法，并派按察使何福堃监视行刑。"李廷箫阅电大惊，不得不当场转告毓贤。而毓贤当时异常镇静，只求宽限几天，以准备后事。

不料，正月初一时李廷箫服毒自杀。原来他任山西按察使时，也曾积极参与了诛杀洋教士事件，生怕继续追责，身首异处，倒不如自尽以留全尸。毓贤闻讯后，以罪臣的身份于次日登门吊丧，仰天大笑道："我死，分也！君胡为先我而死？请小待，当聚谈于重泉之下。"就这样，毓贤即将被正法的消息一时大白于天下，兰州绅民纷纷上书，请两宫收回成命。同时，还有人满城张贴匿名露布，召集民众进行营救。毓贤获知后，立即修书公告，予以制止："贵省仁人君子通知之。尝闻君子爱人以德，成人之美。贤获罪朝廷，死固宜也，既无所悔，又无所惧，身为大臣，理当奉法。顷闻有人在本城各处张贴告白，约会大众，代贤请命。此事万不可行。"有鉴于此，甘肃官方怕夜长梦多，提前于正月初四日夜半行刑。毓贤不知行刑期改，犹为人挥毫作书。闻知后，他随众步行到八旗会馆门口的刑场，听监斩官何福堃宣读谕旨，从容整理衣冠，朝万岁牌九叩谢恩后，突然想起已允某人的墨债未还，又命仆人研墨，写成行书一幅，落款钤印，一丝不苟。然后，延颈受戮。从张玉玺书札中看，可能是当时新闻或口传有误，将行刑时间写成了正月初一（元旦），其职务也写成了山东巡抚（其最后任山西巡抚），尤其是将两副自挽联也写成了在刑场所书。按笔者的理解，当时的人们，对受洋人胁迫而被正法的大臣普遍心怀怜念，甚至被当成民族英雄来看待，所以在转述的过程中自然会有一些演绎的成分，以塑造其非同寻常的高大形象。且看书札中引用的这两副对联：

其一：

臣死节，妻妾死臣，谁曰不宜？最堪悲老母九旬，娇女七龄，耄稚难全，未免致伤慈孝治；

我杀人，朝廷杀我，夫复何憾？所自愧奉君廿载，历官三省，涓埃无补，空嫌有负圣明恩。

其二：

臣罪当诛，臣志无他，念小子生死光明，不似终沉三字狱；

君恩我负，君忧谁解，愿诸公转旋补救，切须早慰两宫心。

“人之将死，其言也善。”这两副自挽联，无论是表现君臣大义、家庭亲情的复杂心理，还是言简义丰、对仗工稳的艺术手法，都是值得再三咀嚼玩味的。当然，这一定也是当时读书人竞相传抄的名联和各个报馆吸引读者眼球的卖点。所以，在传播过程中，将写作地点艺术加工为刑场，自然更能表现“英雄人物”视死如归的凛然大义，也很符合人们的心理预期。

董福祥、毓贤等的遭遇，是洋人威逼的结果。这些看似遥远的洋人，似乎与镇原没有什么瓜葛。但在札二，我们可以看到，“近奉公文，洋人不日来县”，虽未说明原委，但一定与那个时候的洋教士、洋教堂有关。清代同治之后，随着《天津条约》《北京条约》的签订，大批外国传教士深入中国腹地大办教堂，网罗教徒，其间因滋生事端，致使教案频发。偏居西北一隅的甘肃，尽管远远落后于沿海和内地，但同样未能幸免。光绪五年（1879），罗马教皇将中国全境划分为五大教区，甘肃为第二区。据《镇原县志·大事记》载：光绪二十三年（1897），协同公会在肖金及县城建立基督教新教布道区。并至少办了一所福音堂女子学校，有一位中文名叫裴安礼的女传教士。协同公会是美国的传教机构，所以说，镇原人正是该年第一次见到了金发碧眼的美国洋教士。其时，由于受义和团运动的影响，陇东庆阳府民间也曾有“聚议一日商折教堂”的谋划（《清末甘肃教案概论》），但随着“庚子之变”的失败而作罢。所以，尽管陇东一带没有发生教案，但在当时的条件下，无论是外国增派传教士，或是洋人巡视各地教堂，地方官员都生怕节外生枝，引火烧身，就发文饬令各地，明确要求“地方官严加认真保护”。“洋大人”在中国取得的特权地位，由此可见一斑。

张玉玺对世道的哀叹，不光有来自国内的大事，也有来自身边的一地鸡毛。由于连年大旱，人心惶惶，民间卖儿卖女、卖地卖房，甚至偷盗抢劫等事层出不穷，也引发了不少纠纷和案件。札一中，就至少提到了三个熟人的案子，一个是不知犯了何罪的张佐清，因情节严重，正月初三就给戴上了只有死刑犯才戴的铁杆和石礅（罪已带杆礅），好在十四天后就卸了下来，将其“收入监禁”。因案件审理是知县之事，典史张玉玺也不便打听，既“殊不可解”，更“不知是何吉凶”，看来确实是一宗比较复杂的案件。同时，收信人鹿臣和一个叫贾荫堂的人也遇到了麻烦，虽然人还没有失去自由，但已在知县那里挂上了号，只是因过年没顾上处理，究竟如何发落，“未得消息”。这虽然体现出大灾之年的社会乱象，但也反映出濒临饿死的人们并没有对基层政权造成大的威胁，皇权之下，都是顺民。另外，这个在大困饥年尚能维持温饱的鹿臣，也出现了生存危机，打算出卖祖业土地，且其同宗张五十儿的母亲闻知后，托张玉玺转告，“此业得银，要与大人作两份分使”。

这边有官司的要托他打探消息，那边卖祖业的要他捎话带信，他还得操心家里借来的粮食能维持到几时？还得再找谁人张口？不料其二月初一日的札二又称，接到舅父慕霁堂“昨腊月十九日病故”的消息，表弟慕少堂捎信让他“承办安葬事件”。慕暲（1836—1900），字霁堂，镇原县平泉乡古城山人，举人，历任固原学政、西宁教谕、宁灵厅教授，卒于任所。其子慕少堂将扶柩归葬故土，只有托付表兄张玉玺先行做好各项准备工作，很可能“于月之终回籍”。舅氏在家乡的声望，也何尝不是张玉玺立身行事的一个倚靠，现在，这棵庇荫自己的大树也倒了。

所有这些，都构成了一个底层读书人和县衙小吏悲苦无奈的人生画面和心理轨迹，让我们读起那段地方历史来不至于过于干瘪和古板。

看不透的虚名捐不完的钱

那个在陇东人记忆中无法抹去的光绪二十七年总算熬过去了。三年后，迎来了光绪三十年（1904）。在张玉玺六月写给族叔鼎三的札三中，我们好不容易看到了“阴雨连绵”的字样。几年的风调雨顺，让历经了百年大饥荒的陇东大地得以逐渐恢复元气，也让乡下读书人的功名之心像春草一样潜滋暗长。

这位鼎三先生，不知其详，但从札三开头“六月初三日课题，奈值阴雨连绵，远道阻隔，不能奉上”等语看，他应该是一位在家读书的老童生或附生，一把年纪了，还和下一辈的童生们一样参加县学的每月课考。再联系当年张宸枢禀父书中“至十三日，父亲可将书院课题登出”可知，镇原书院应该是每月逢三课考（官课、师课）。

通读张玉玺给两位族叔鹿臣、鼎三的书札，其中多次提到其同族祖辈张宸枢的现状。由此可以推断，他们几位都是年龄相仿、将尽40岁的三辈族人，也是少年时代一起读书，以后又经常联系和聚谈的同学和朋友。因为张宸枢在兰州省立书院读书的经历和举人的名望，自然也就成了他们交往中的核心人物和效法的榜样。因札三、五、六都提及张宸枢赴新疆之事，这里不妨先宕开一笔，通过书札考证，顺便对这一地方名人的经历予以补充。

札三中的一句“紫垣公开复一节”，为我们打捞出被时间过滤掉了的一个秘密。所谓“开复”，是清代官员铨选制度中的一项，即对降级、革职官员恢复原官或原衔。据此，再联系这组书札的有关信息，我们就可串起张宸枢这几年间的履历：光绪二十七年（1901）七月因受甘肃布政使（由按察使改任）何福堃的关照，署理庄浪乡训导，两年多后，不知因何过错而被革职；嗣后，于光绪三十年（1904）前半年，经友人联系赴新疆求职，“于五月初六日安抵兰省，闻伊犁有甚变故，故刻下电询。候复电至日，再行斟酌。如其无碍，拟于六月间由省赴程。”（《镇原县志》等资料载：张宸枢于1915年赴新疆，或许一生有两次出关之行，待考。参见本书《契阔十年话同门》）而就在这时，“幸逢皇太后七旬恩诏，特饬准将各官革职者，一律开复”，承蒙“老佛爷”寿辰的恩典，张宸枢本可以官复原职了。但是，他正在赶往新疆的路上，不能拜领这浩荡天恩。为稳妥起见，张玉玺“为之遵照详请矣”，亦即代他呈递了复官的申请。张的革职，在地方资料中从未发现，或许本无记载，或许早年的资料收集者也有为尊者讳的考虑吧。

在次年即光绪三十一年（1905）八月的札五中，张玉玺向鼎三转述了张宸枢来信的主要内容：一是行程，于去年“腊廿六日安抵伊犁”，可知他从兰州到伊犁，一路跋涉，用了整整半年时间，真可谓远走天涯。二是职业，是“为伊犁镇台陈统领松亭教习二少君，岁奉脩金三百两”，一个教俩少爷读书的家庭教师，年金几乎是内地私塾先生的十倍，可谓优厚至极，也由此可知其所述出关后“历过州县，诸凡丰盛，大非甘肃所能及”，信非虚语。三是所见乡亲，这一点尤其可见张宸枢的乡情观念和心思细密，在沿途遇到镇原四乡八镇的四十多名乡亲（应多是四五年前大饥荒时逃亡而出）时，可能考虑到大家都不识字，与家乡失去联系，他特意“另开一清单”，写清某乡某人现在某处干某事，“事干盛衰不一”，以便传布家乡，一通音问。一个在漫漫旅途上为前途生计奔波的读书人，能给家乡尽一份心意的，也就仅此而已了。

张宸枢在伊犁的情况，还出现在光绪三十二年（1906）闰四月十六日的札六中（查万年历，该年果然有闰四月）。可能当时内地传言伊犁发生战事，而“紫垣自昨腊接到七月一信（可见寄信也得多半年时间），至今杳绝音信，未知何故”。张玉玺对“伊犁军务不知确否”的关切，当然是出于对张宸枢安全的担忧。由此，可以断定张宸枢在伊犁的时间至少在两年以上。

说远了，还是言归正传吧。这组书札，因为是乡下普通读书人之间的笔墨往来，文中多次出现岁考、捐功名、办乡饮等社会底层的功名话题，从中反映出封建科举制度和等级制度在传统农业社会的土壤是何等深厚。

给鹿臣写于光绪二十六年（1900）的札一开头，应是回答对方的询问，介绍了本年度恩科和正科的乡试，以及次年的会试时间，但是，这两场高层次的考试，鹿臣自然没有资格参加，他能参加的只是当年开春考取廪生的县试和州试，却“迄未奉文，不知考否”。另外，在次年给鹿臣的札二中，告诉他文童、武童的岁考时间已经确定，并特意嘱咐他“着令弟万勿疏忽弓矢之功，此为侄之所厚望之事”。由此可知，鹿臣兄弟二人一习文、一习武，但都是尚未入学的童生。尤其是鹿臣，与他同族同龄的张宸枢 19 岁就已高中举人了，而他这个儿女成行的中年人还带着刚刚成婚的兄弟，奔波在通往县学廪膳生员（入学的秀才）的道上。想必这些年，和众少年们一同赴考的这位老童生，虽屡战屡败，却持之以恒，一直到光绪三十一年（1905）正月，他还在关心州县岁考之事。而就在这时，朝野关于停止科举的呼声已十分高涨，但因朝廷尚未正式表态，张玉玺也拿不准，只是在札四中简单答复：“不知考试否？现未奉到行知公事。”

那么，多年谋求的秀才功名屡考不中，就没有别的出路了吗？有，这就是捐，官称捐纳，民称捐输。所谓捐纳，就是朝廷和地方为弥补财政亏空或筹集赈款，根据所售职衔的高下，明码标价，公开买卖；而所谓捐输，就是民间热衷于功名的人，向官府输财，以获得与价码相应的职衔。其范围包括学位、虚衔和实官等，只要士民按价出钱，就能获得由户部直接颁发或地方代发的相应执照（相当于现在的文凭或任命书），从而摆脱贱籍，摇身一变，成为高出庶民百姓的上层社会的一员，并获得一定的话语权和在礼仪、徭役、税赋等方面的优待，甚至还能像最初以捐输起身而飞黄腾达的毓贤那样也未可知。这样，既提升了家族声望，又铺垫了晋升阶梯，最不济也能在乡间的红白喜事中任个礼宾、请个名头，修宅造屋也能起脊架兽、光耀门楣，或去世后在墓碑、家谱上留一行聊以告慰亡魂的虚衔。

张玉玺书札中关于捐功名的话题，除了两年大饥荒确因人们生计艰难而无力筹办外，到光绪三十年（1904）情况好转后，他曾在致鼎三的信中两次谈到。第一次是在札三中提到在省城兰州“开办山东工赈局”事，并专门嘱托：“尊处各庄村，如有愿捐者，请即广为劝捐，本年十一月止。”仔细阅读这段文字，可还原这样一段史实：当年，镇原县奉上级公文，称在兰州开办了山东工赈局，即山东慈善人士在甘肃官方的支持下，广泛筹集资金，并采取以工代赈的办法，赈济甘肃灾民。而筹资的一个重要渠道就是捐纳功名，当时一定有更高的职衔如正四品的道员、正五品的奉政大夫、正六品的承德郎、正七品的文林郎等，这些名头大、标价高的，可能是那些富而不贵的商人和土财主们的首选，对刚刚得以温饱的乡下读书人来说哪敢奢望？所以张玉玺只提及了他们能够承受得了的生员和监生的价格，即“每例银百两，如员、监衔封等项，以一成二折收，较之秦晋例，甚属便宜”，看来因亟需赈款，为薄利多销，以五折优惠后，才五十两银子，这比陕西、山西的正常价格便宜了许多。当时的“销路”可能不畅，所以他希望鼎三能在乡下“广为劝捐”。第二次是次年正月廿五日的札四，看来鼎三可能认为上年山东工赈局的价格也不便宜，没有捐输，但“捐功名事”是块心病，一直未能释怀。所以，张玉玺在该札后特意附言，告知了四天前才接到上级复函中的最新消息：“索经费银两从九【品】一两五钱余，监【生】三两余，贡生六两。”人们可能没有料到，半年前“甚属便宜”的优惠价五十两，此时竟然大大缩水，最高的贡生才六两多，从九品的登仕佐郎之类才一两五钱。这对热衷于捐功名者，究竟是好事还是坏事？若说好事，这也太不值钱了；若说坏事，毫不费劲就可以圆了终生梦想。尤其是还有一句“官用文顶覆，不知能顶过去否”，这么便宜的从九品官，他们还想着能不能用自己的文章顶抵（张宸枢当年在求古书院的超等作文可以获奖银二两），可见他们连一两五钱的银子也是能省就省。其实，这也不难理解，因为这年八月初二，延续了1300多年的科举制度即正式诏令停止。所以，对鹿臣、鼎三这些乡下老童生而言，这真是碰到了一场千载难逢的“腾仓大甩卖”。

在陇东，官方于正式废除科举之前，已经发出了强烈的信号。这就是札四所说的陇东教育史上的一件大事，即光绪三十一年（1905）“平凉书院已改陇东中学堂”。由旧式书院改为新式学堂，就是迈出了停止科举、咸趋实学的步伐。作为陇东地区的第一所新式学堂——陇东官立中学堂（现平凉一中），由当时的平庆泾固化道尹、学者王树枏发起创办，并亲任监督，可见官方重视程度之高。所以，镇原县衙收到平凉道府的公文，哪敢怠慢？赶紧按要求由县儒学“申送年在十五岁以上、廿岁以下”的童生，“限正月底送平，以便考送肄业”。平凉创办的新式中学堂眼看就要招生并开学了，正缺现代教育如数理化之类的教员，而镇原县还在为聘请会宁举人彭怀智执教县学堂的事踌躇不决呢。这也是当时一团乱麻的教育体制改革和新式教员严重缺乏的真实状况。

面对如此汹涌澎湃的历史浪潮，底层民众们似乎浑然不觉，还在为一点虚头巴脑的所谓名望而孜孜以求。在光绪三十二年（1906）四月的札六中，张玉玺说起的为八爷即鼎三父亲“商办乡饮一事”，正是延续了几千年的“乡饮酒礼”的回光返照。

始于周代的乡饮酒礼，最初不过是乡人聚会的一种方式，但秦汉以后逐渐被注入了儒家敬老尊贤的思想，通过官方出资举办并给阖邑推崇的长者给予崇高的礼遇和荣誉，以便让乡民们见贤思齐，受到教化。清代的乡饮酒礼，先由学官选报当地致仕官员及年高德劭者为诸宾（按等级分为大宾、僎宾、介宾、众宾），再报请县、州、府主官复核，最后逐级上报吏部，呈皇帝同意后，可赏赐顶戴等级。乡野之人，能得天子眷顾，这该是多大的恩宠和荣幸！所以，对乡间没有功名的老年读书人来说，充任一次乡饮宾还是充满诱惑的。有才如蒲松龄，晚年也未能免俗，在家乡淄博的乡饮酒礼中才当了一个三等的介宾。

这一沿袭了约三千年的礼俗，到道光二十三年（1843）因朝廷将地方乡饮酒礼之专项费用拨充军饷，才被下令废止。但从札六看，朝廷虽废此礼，但民间以至基层官方仍然将其作为一种尊崇乡望老人的礼仪来举行，只是再不能直达天子御览赐衔罢了。

从该札落款中出现的“制”和“恕未粘签”字样看，这时的张玉玺，刚刚遭遇父丧（孝子守孝期内写信落款，名前写“制”或“在制”，并在粘签上署名。参考其他书札，是年其父去世），但也从原来只是掌管缉捕和狱囚的典史，而成为拥有“裁撤教职”之权的官员了。所以，他对鼎三提出为父亲办乡饮酒礼的事，还是成竹在胸的，只是“不能促急，容侄早晚得裁撤教职之位，乘此机会，免费唇舌，定即告成”。看来，他就是担心个别教书先生说三道四，出现不和谐的声音，搅了一场好局。同时，还可以看到当时已经相当没落的乡饮酒礼，已经不再逐级上报，一个县衙小吏即可一锤定音，大不了报县太爷知会即可。只是皇帝赏赐的顶戴之类都免了，由主家以官府和乡谊的名义，代为置办一些歌功颂德的牌匾屏幛之类的贺仪，届时邀请一些官员友朋出席，即可行礼如仪了。出于多年友情，张玉玺对计划中的这场乡饮酒礼，十分上心，主动提出这些贺仪之类“归侄承办”，并建议“应书大字”请泾州的“绝佳书家”挥毫即可。可见此时的张玉玺并不以书法闻名乡里，而镇原的书法风气也不及泾州为盛。或许在年将不惑的张玉玺眼中，镜清书院山长、拔贡许颖悟当是泾州乃至陇东书坛执牛耳者之一，有前辈名家在此，后生晚辈岂敢造次？而且有趣的是，对他们心目中如此神圣的礼仪，张玉玺还推己及人地替主人精打细算，思谋着到八月十五的县城庙会上，“看故衣铺内能有成就（现成的旧物）屏幛，较新制便宜过半”。

笔者无意于嘲笑当时的乡间读书人对虚名的追求，倒是对他们鲁钝的坚韧、卑微的孝心和细微的节俭而抱有一种恻隐和同情。反观百年后的当今，何尝没有这看不透的虚名捐不完的钱？而且大有愈演愈烈之势，看看当今一些人花钱就能获得某某文凭，一些人削尖脑袋买也要买一个什么会员、理事的名号，一些人靠托人情走门子谋一个什么代表、委员的头衔，甚至把享受什么津贴都写到简历中、印在名片上，更不嫌麻烦地用括号郑重标注相当于某某级别，这些欺骗别人也欺骗自己的“怪现状”，还不如清末的乡间读书人来得那么坦然、干净和体面。

当然，札三中关于自己“承办隍庙会事”，托付鼎三剪刻灯对隶书几副，“再与集锦各细事，多方筹画，宜以古雅奇创为最”，体现出书画之乡的镇原人在民俗文化活动中对书画艺术的考究。“惟芋被阴雨形枯，约得四五十两，亦不大佳”，在这批书札中，芋、洋芋都是罂粟的别名，因雨歉收，还能卖四五十两银子，比一个私塾先生的年薪都高，难怪当时种洋烟屡禁不止。札六中还有知县“为学堂等项筹款，每经原、被告到堂，不论曲直是非，概行苛罚”，以及“改修河道”和“修造楼台”等细节，因与本题无关，不再赘言。同时，该札中还说，县城“南门外稻田约贰顷，现在秧针出水，万望河水不涨，可期丰收矣”，对从未推广过水稻种植的陇东地区而言，这倒是一条研究和探索水稻种植的珍贵史料，望能得到有关农业专家的关注。

参考资料：

1. 薛正昌《董福祥传》（甘肃人民出版社，1994 年 8 月第 1 版）
2. 镇原县地方志编纂委员会《镇原县志》（1987 年内部编印）
3. 李兴平《清末甘肃教案概论》（《西北第二民族学院学报》2002 年第 2 期）
4. 郭文奎主编《庆阳史话》（甘肃文化出版社，2004 年 7 月第 1 版）

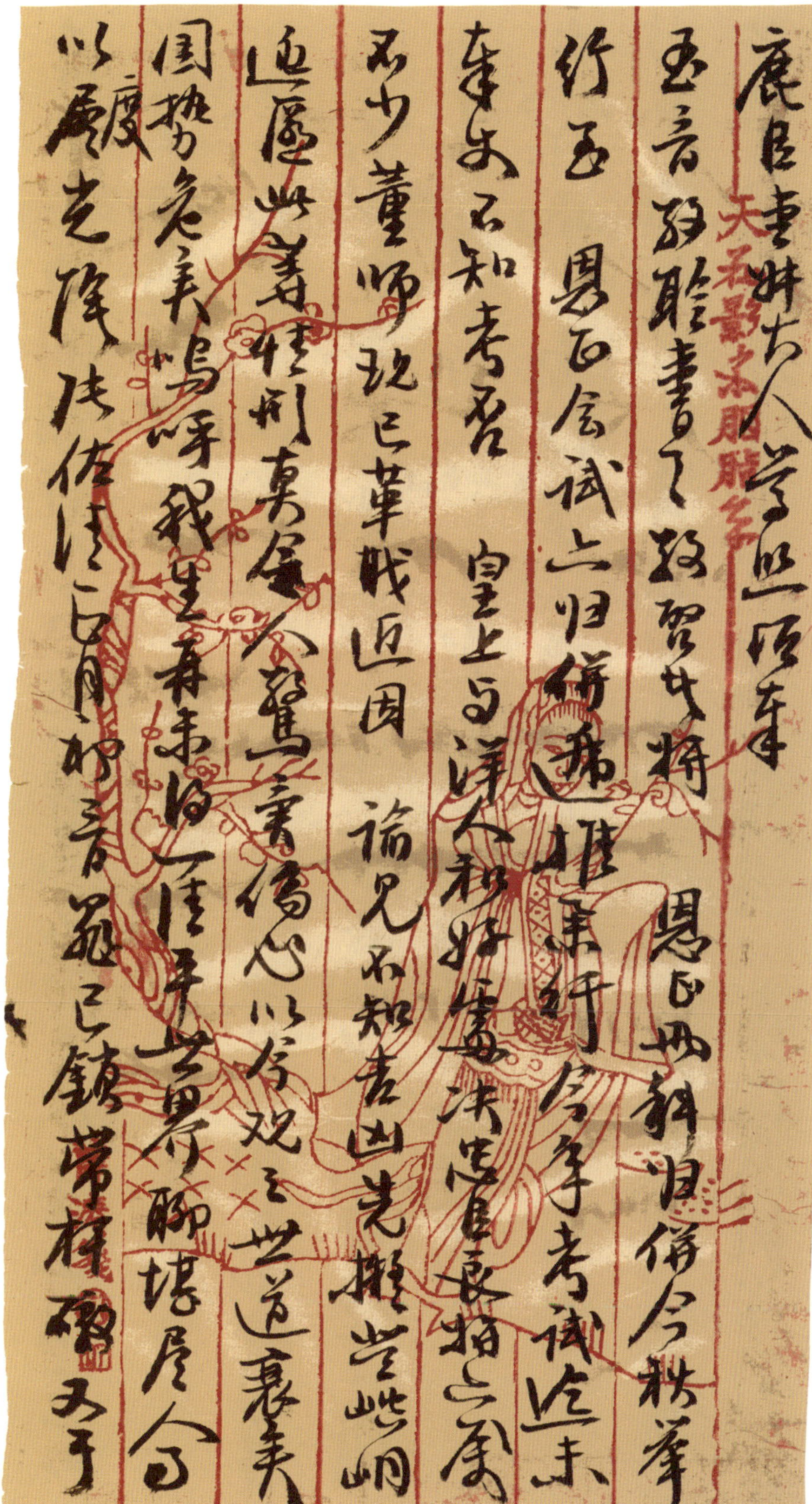
鹿邑惠耕古人学兄阁下
玉音頻聆，書已數習。然將
恩正兩科，留備今秋舉
行。至
恩正會試，亦歸併遄推，來年今年考試近來
來年不知若何。
皇上與洋人秘約，每次召見，長指立廢
不少。董帥現已革職，近因
諭見不知吉凶，先難出此局。
近愿此著，抄刑莫測，人心驚駭，傷心以今觀之，世道衰矣。
國勢危矣。嗚呼，我生不辰，值此一佳乎，今日何聊據，居今日
以度歲之際，祗佐清心。日前於吾兄已領帶，横碎天手

札一（1）（12.5cmx23.2cm）

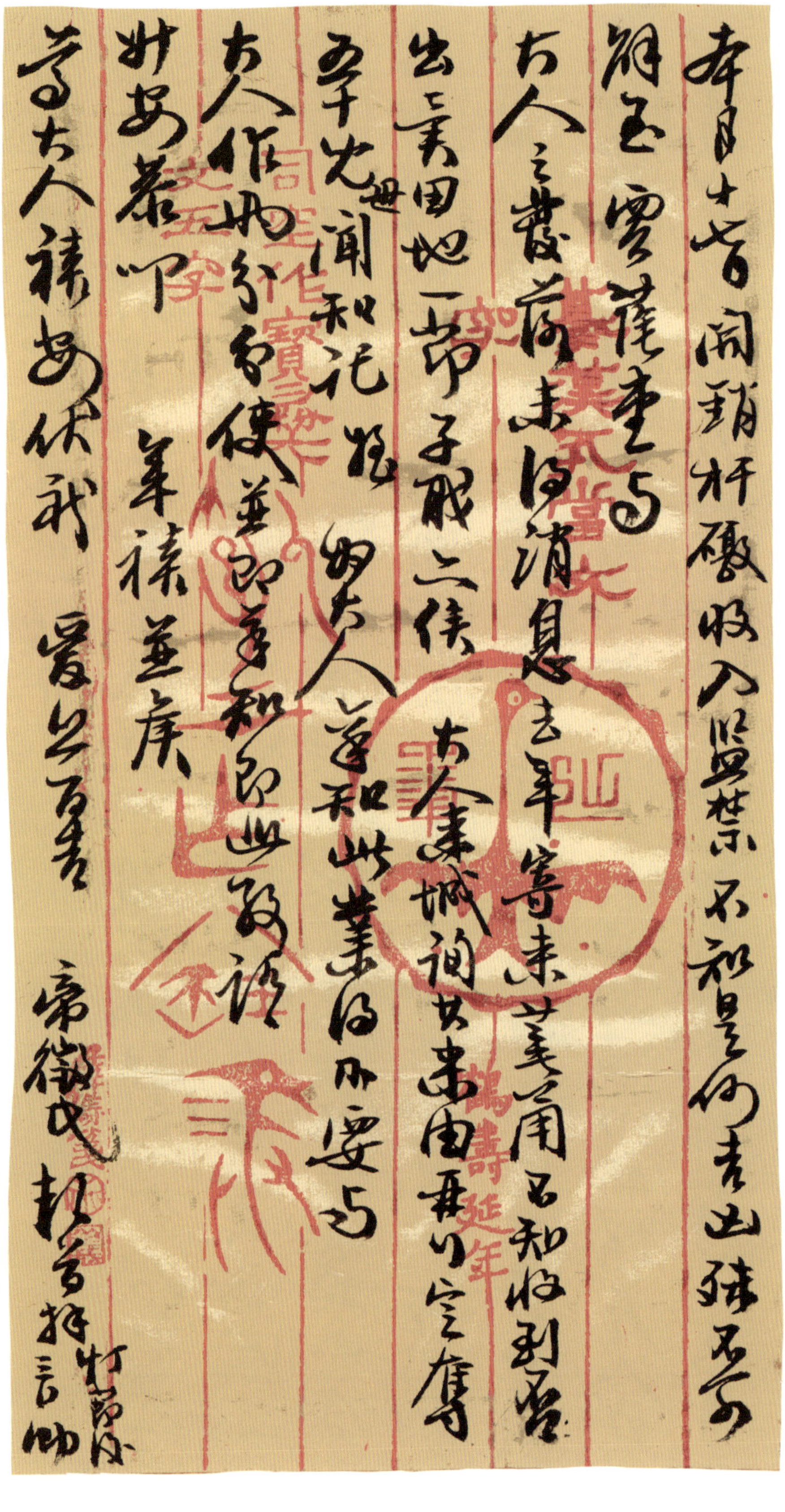

札一（2）（12.5cmx23.2cm）

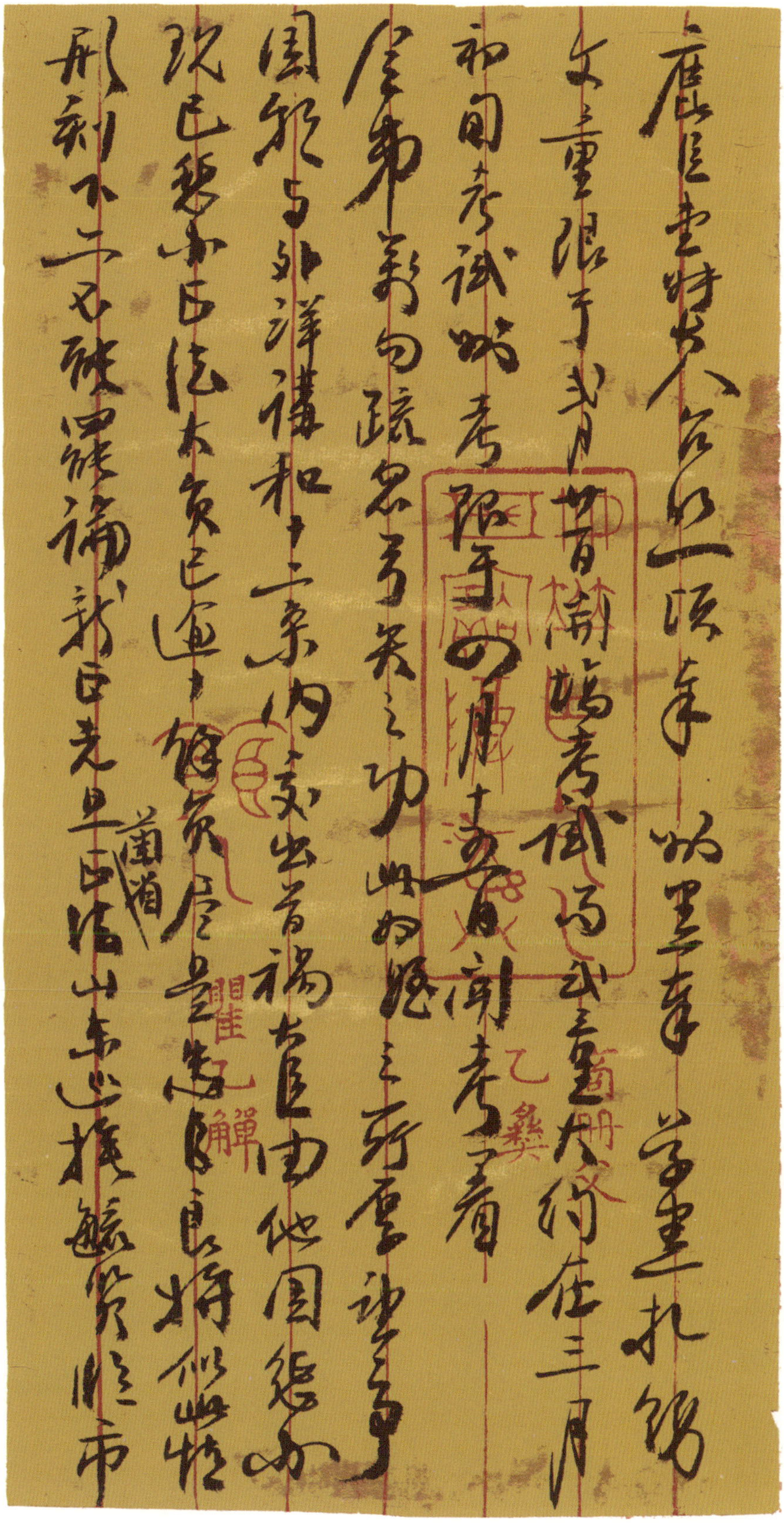

札二（1）（12cmx23cm）

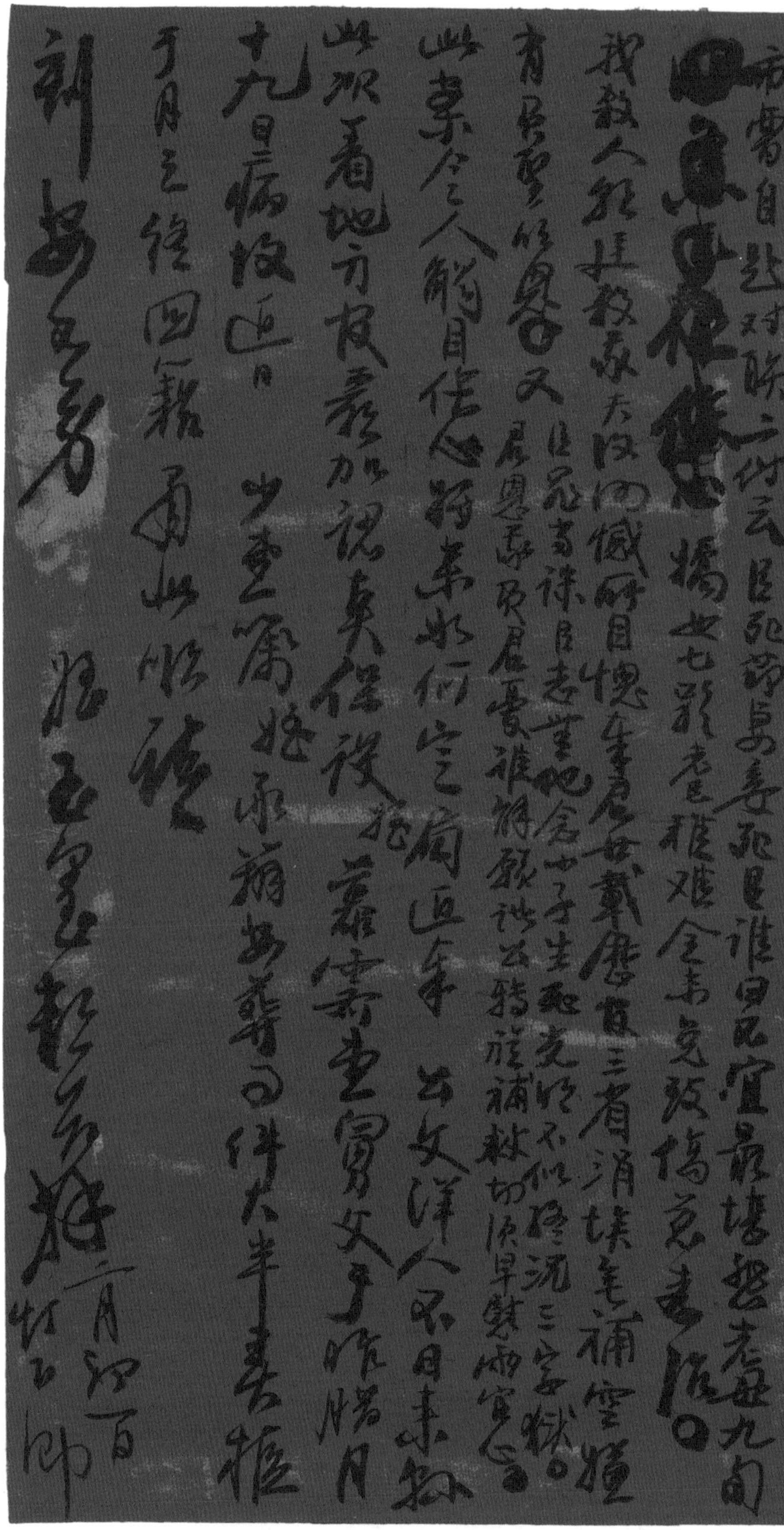

札二（2）（12cmx23cm）

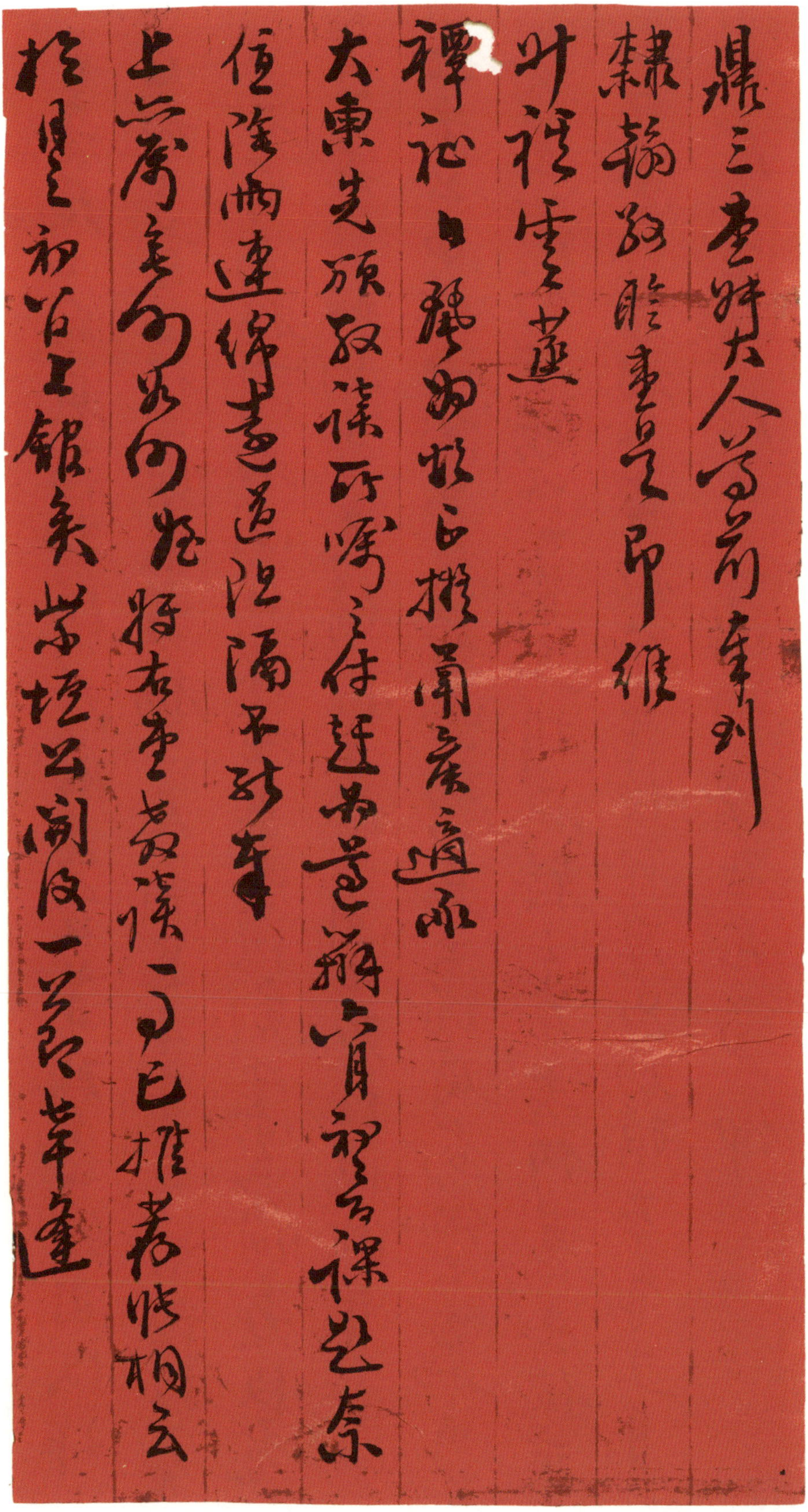

札三（1）（12.4cm×23.1cm）

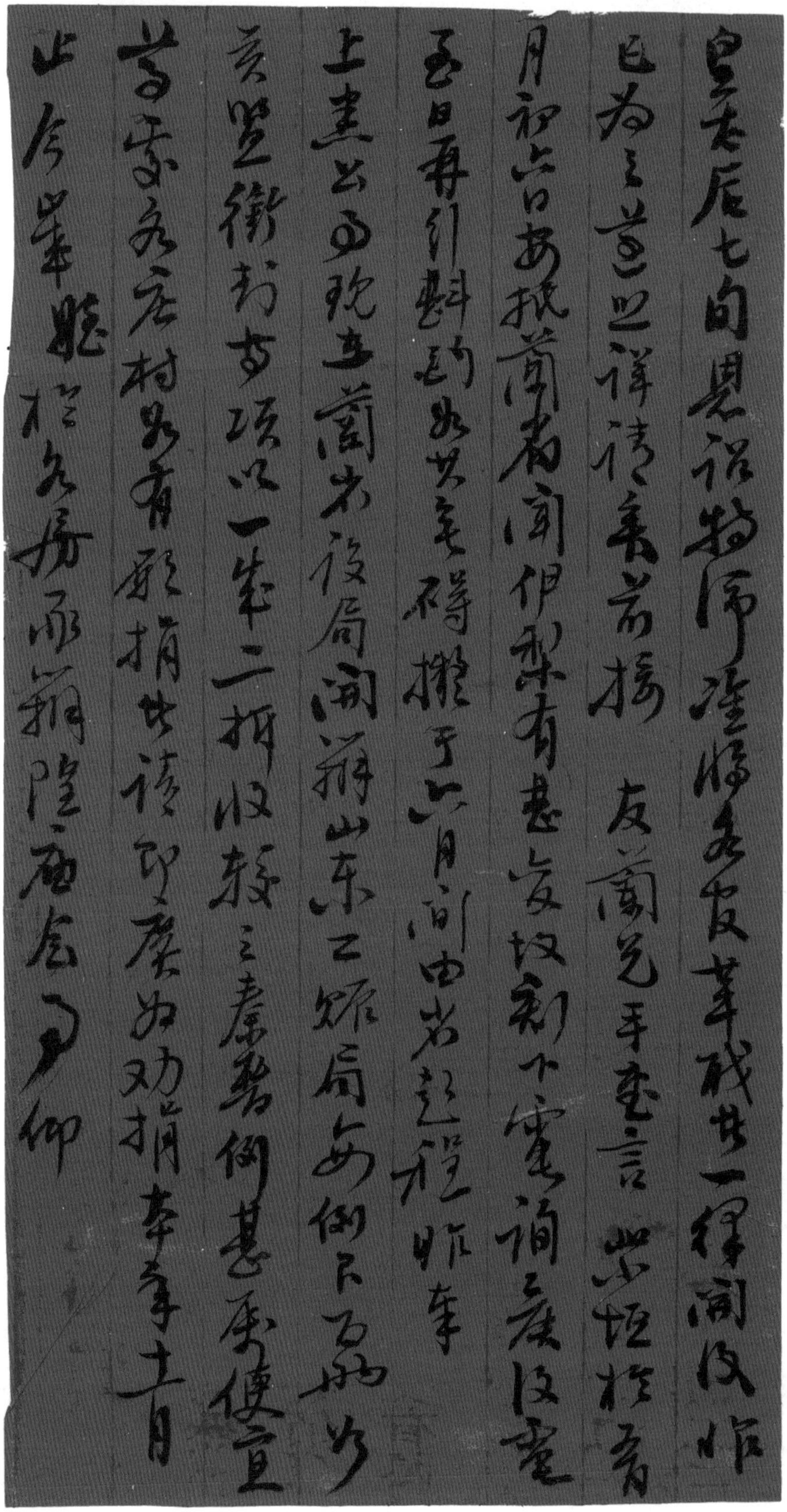

札三（2）（12.4cmx23.1cm）

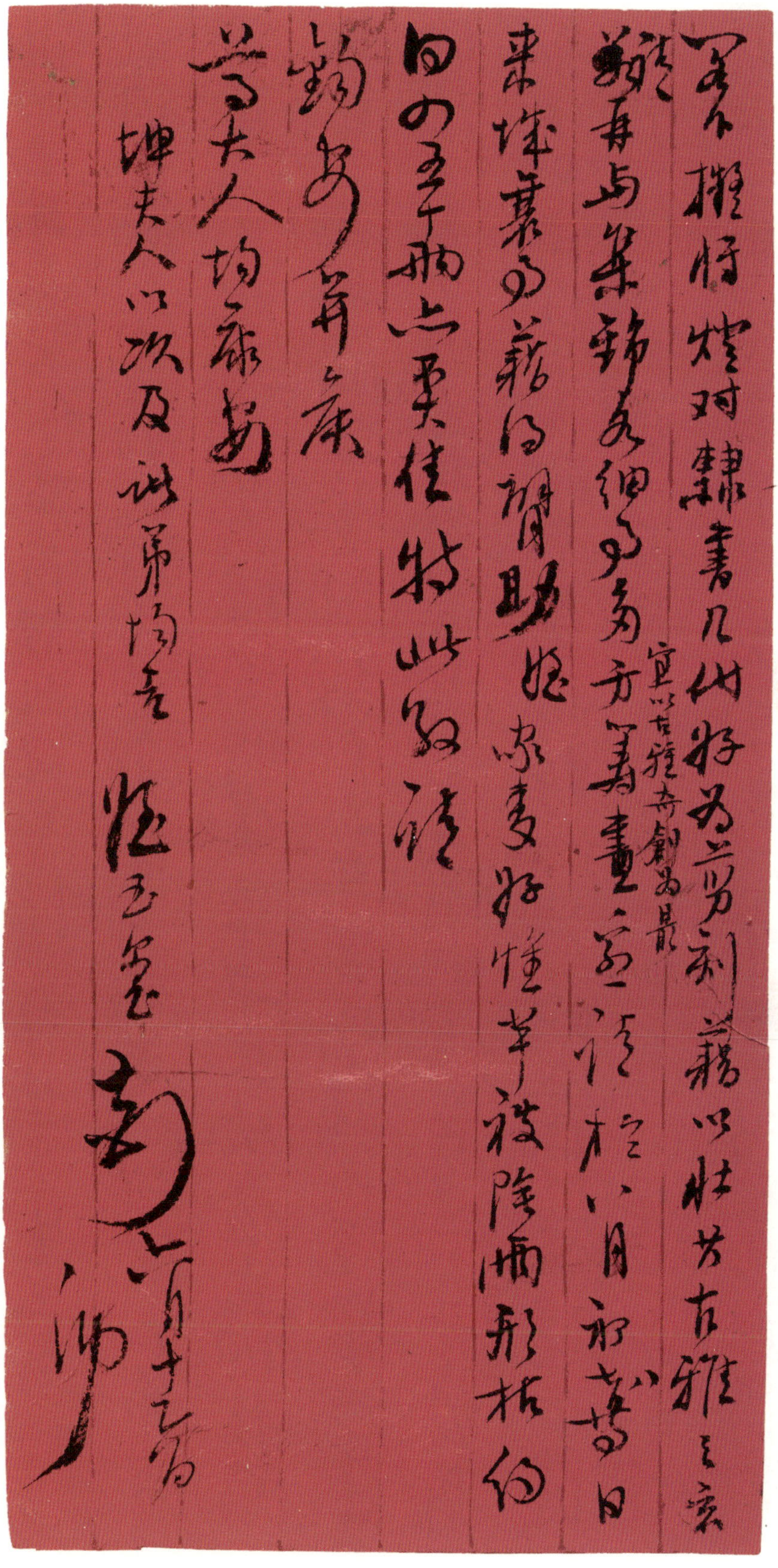

札三（3）（12.4cm×23.1cm）

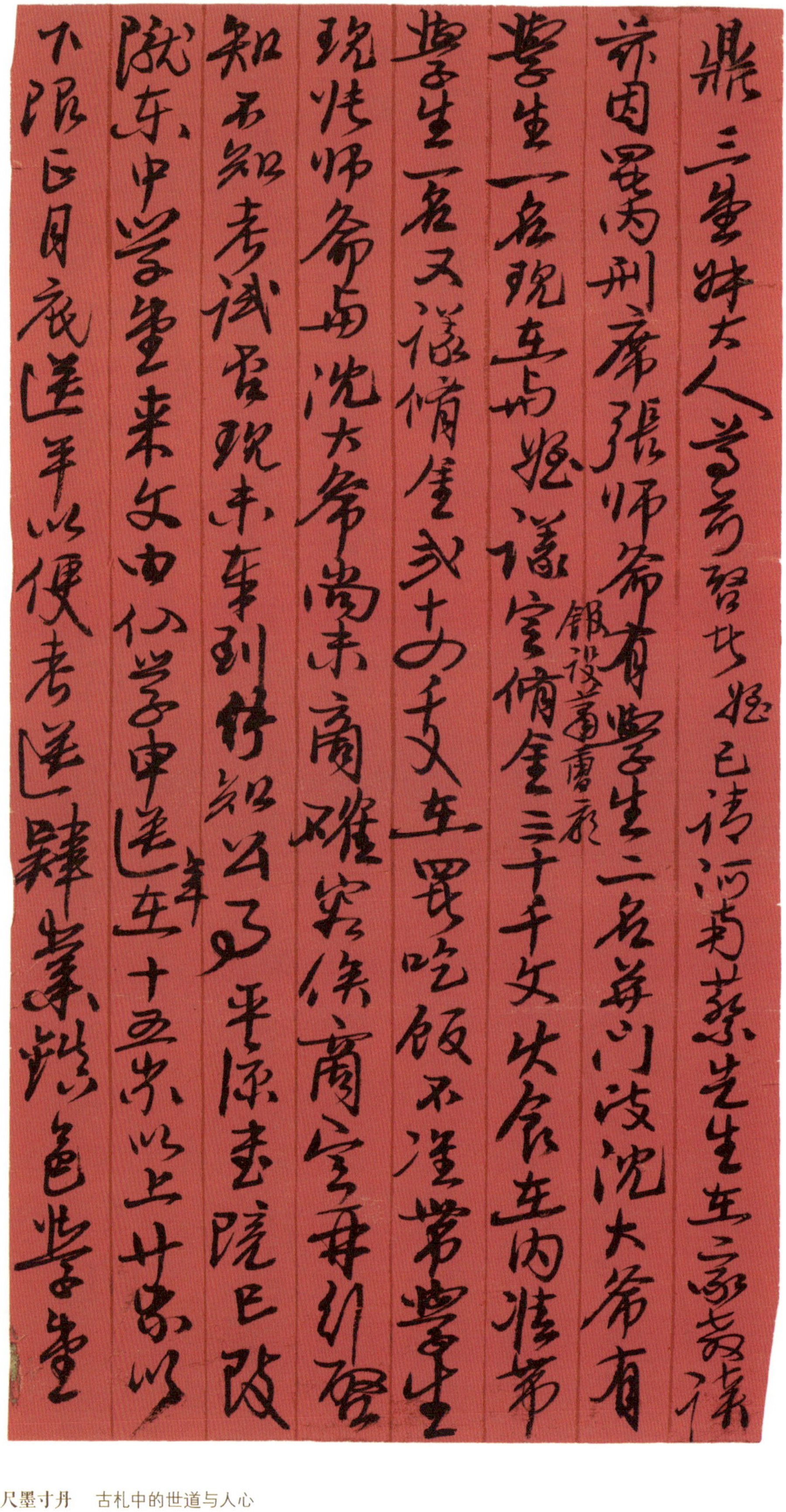
鼎三叔大人尊前習此姪已請河南蔡先生在家教讀
前因罷為刑席張師爺有學生二名每月改洗大爺有
學生一名現在為姪議定脩金三十千文伙食在內惟常
銀設蕭書衣
學生一名又議脩金式十千文在罷吃飯不准常學生
現讀師爺與洗大爺尚未商確究係商定每月聽
知否知考試否現未來到特知公了平原去院已改
瀧東中學堂來文由公學申送年在十五歲以上廿歲以
下限正月底送單以便考送肄業然後學堂

札四（1）（12.4cm×23.1cm）

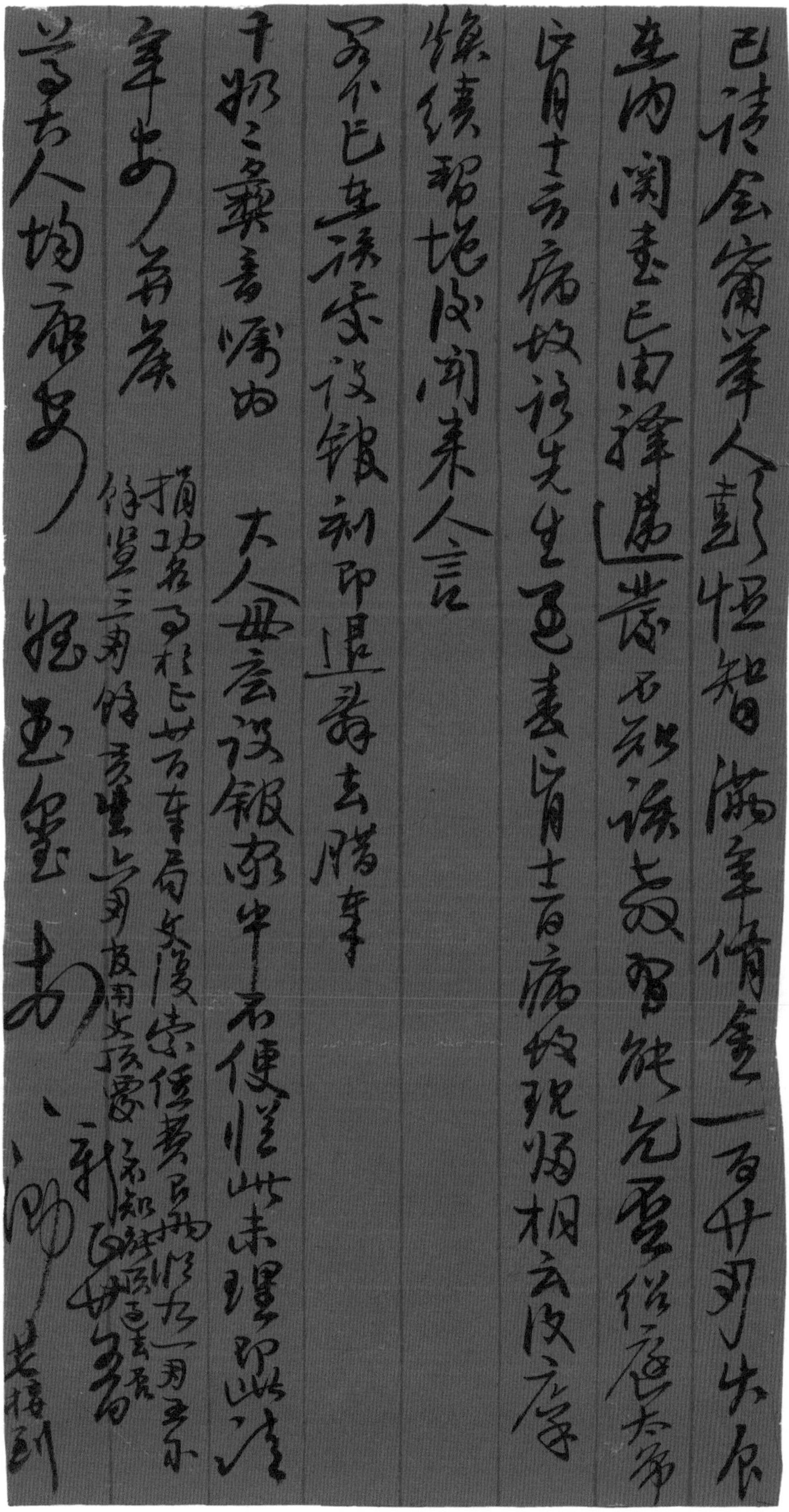

已請伏金寅笔人彭恒智滿年修金一百千兩大良
在內閣書已由譯遇蒙不能該長智能免靈從庭太常
有十六病故該先生延春有十日病故現將相應段序
條續幫忙，俟聞來人言
另外已在該處設鋪刻印退壽去騰本
千兩之叠書隔內　大人母處設鋪家中不便，惟此未理，即此請
年安　弟崖
等大人均康安　姪玉璽書
捐功名事於已廿萬在本省文案……
[illegible]

札四（2）（12.4cm×23.1cm）

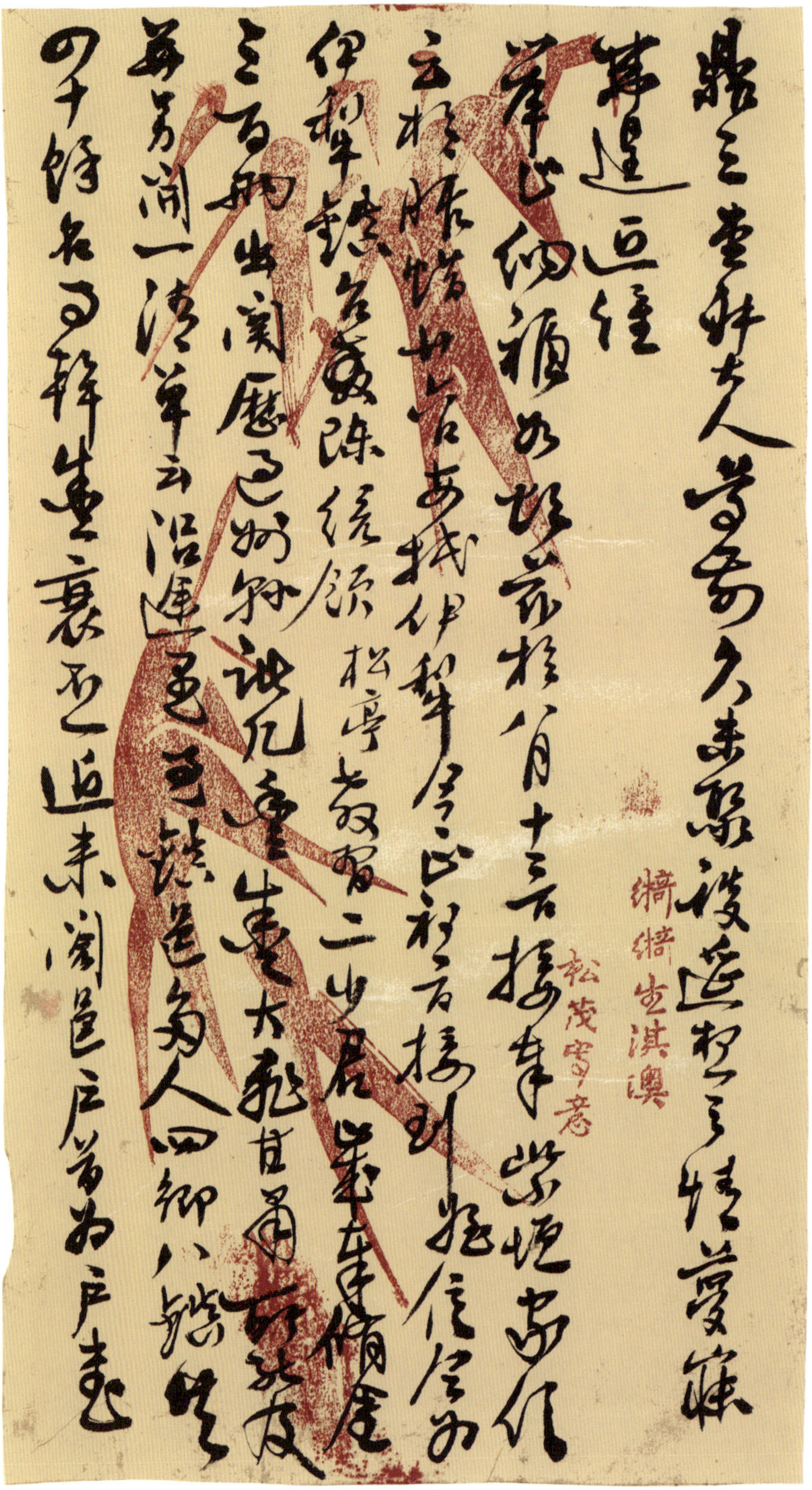

札五（1）（12.3cm×22.2cm）

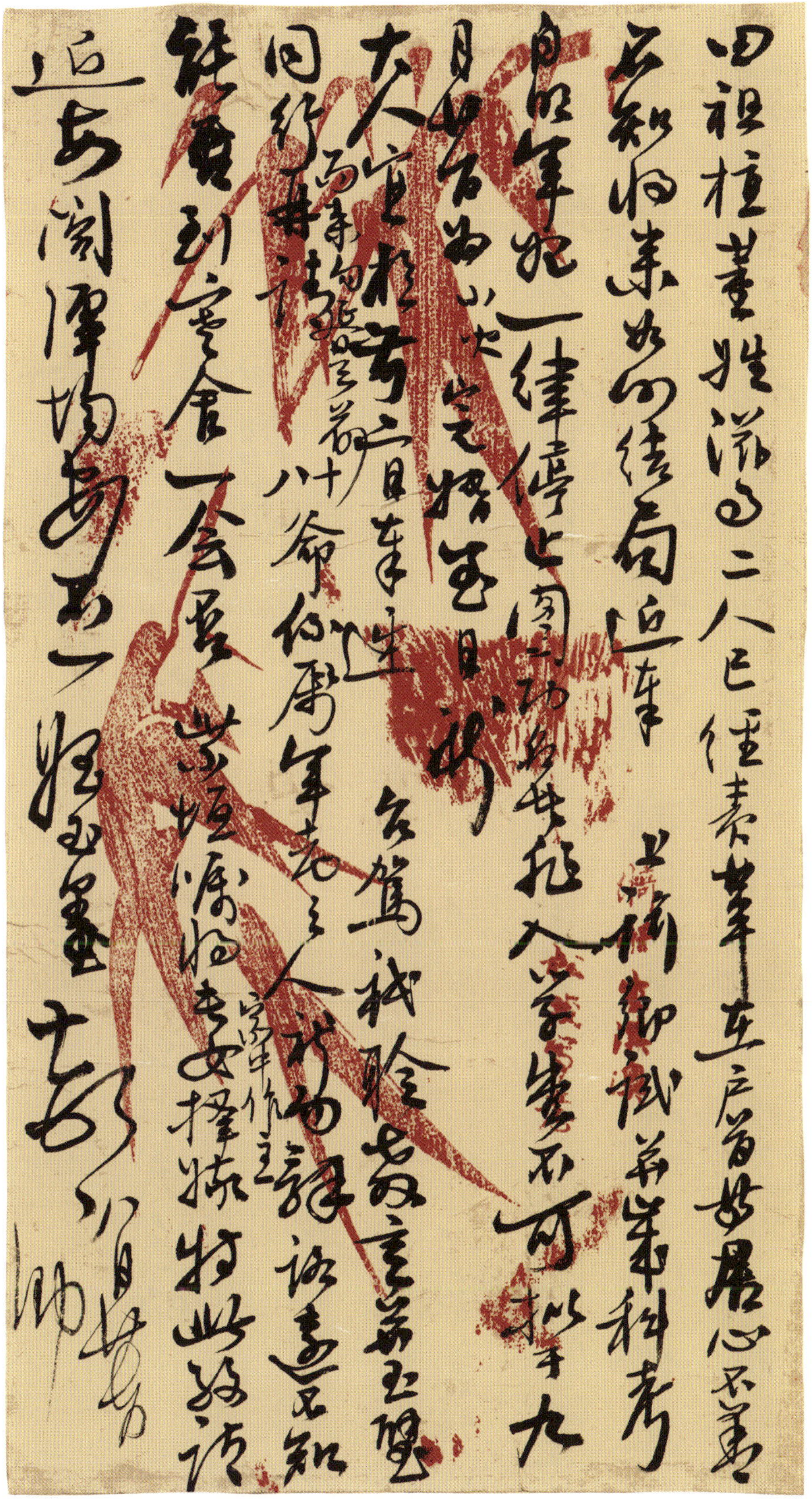

札五（2）（12.3cmx22.2cm）

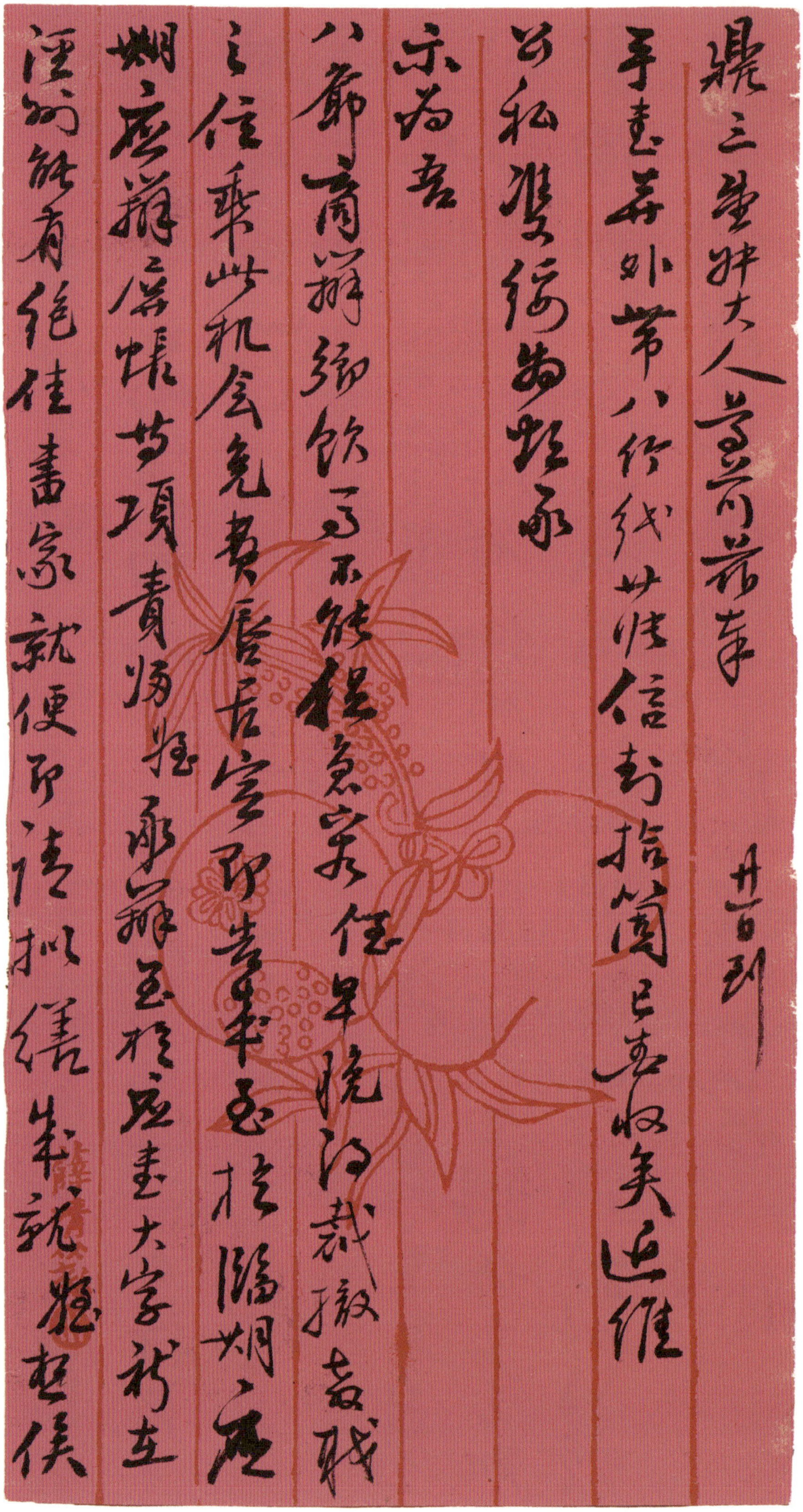

札六（1）（12.2cmx23cm）

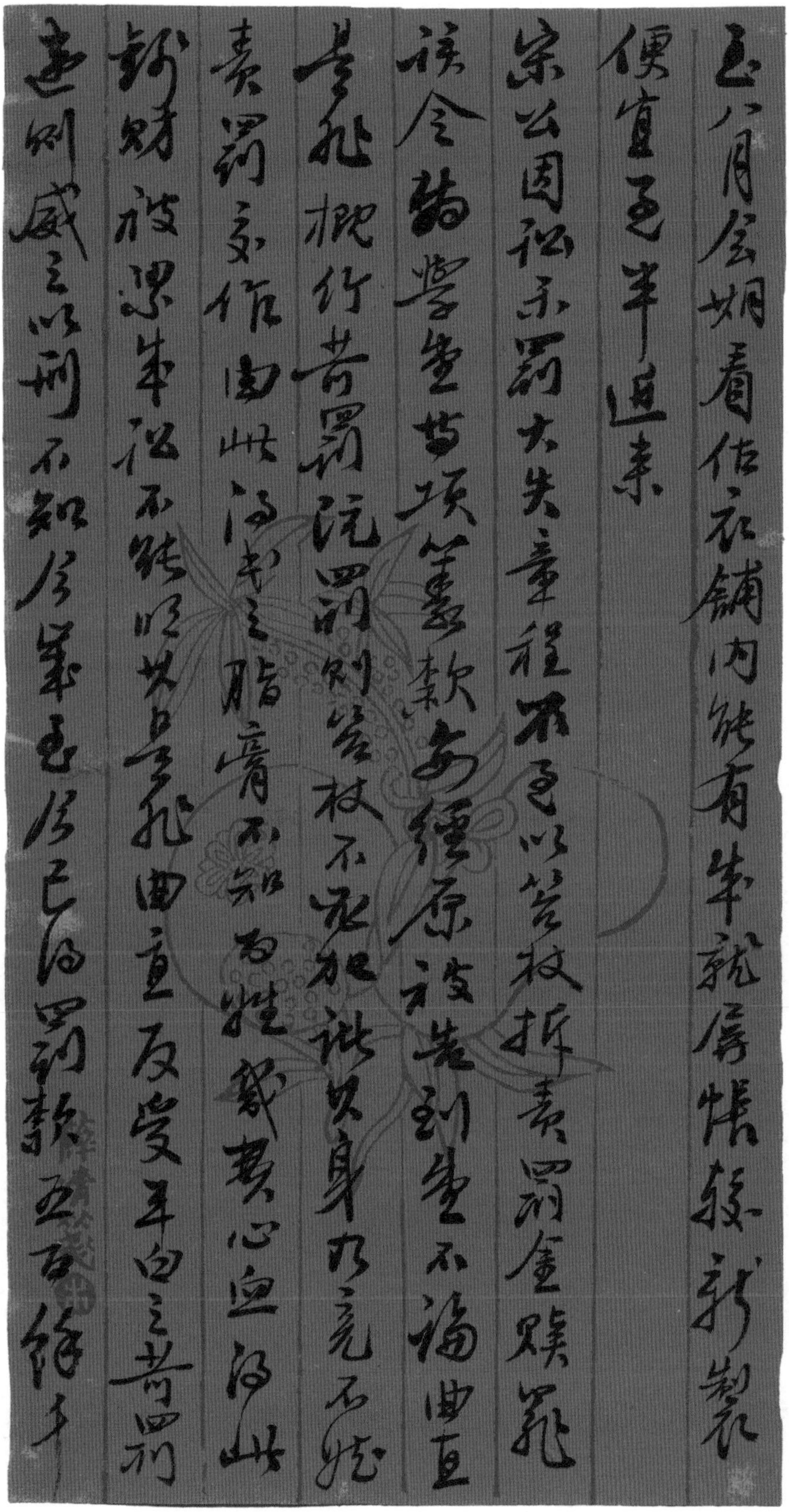

至六月分娟看估衣鋪內能有半新房帳較新製衣
便宜至半送來
宗公因訟事罰太失章程不足以笞杖折責罰金贖罪
請令諸書生告項筆款安經原被告到堂不論曲直
是非概行責罰既罰則笞杖不能抵其身於究不能
責罰豪作由此須知之脂膏不知為難毀其心血何此
錢財被累半訟不能以其是非曲直反受半白之責罰
速則威之以刑不知各半至各已得罰款五百餘千

札六（2）（12.2cmx23cm）

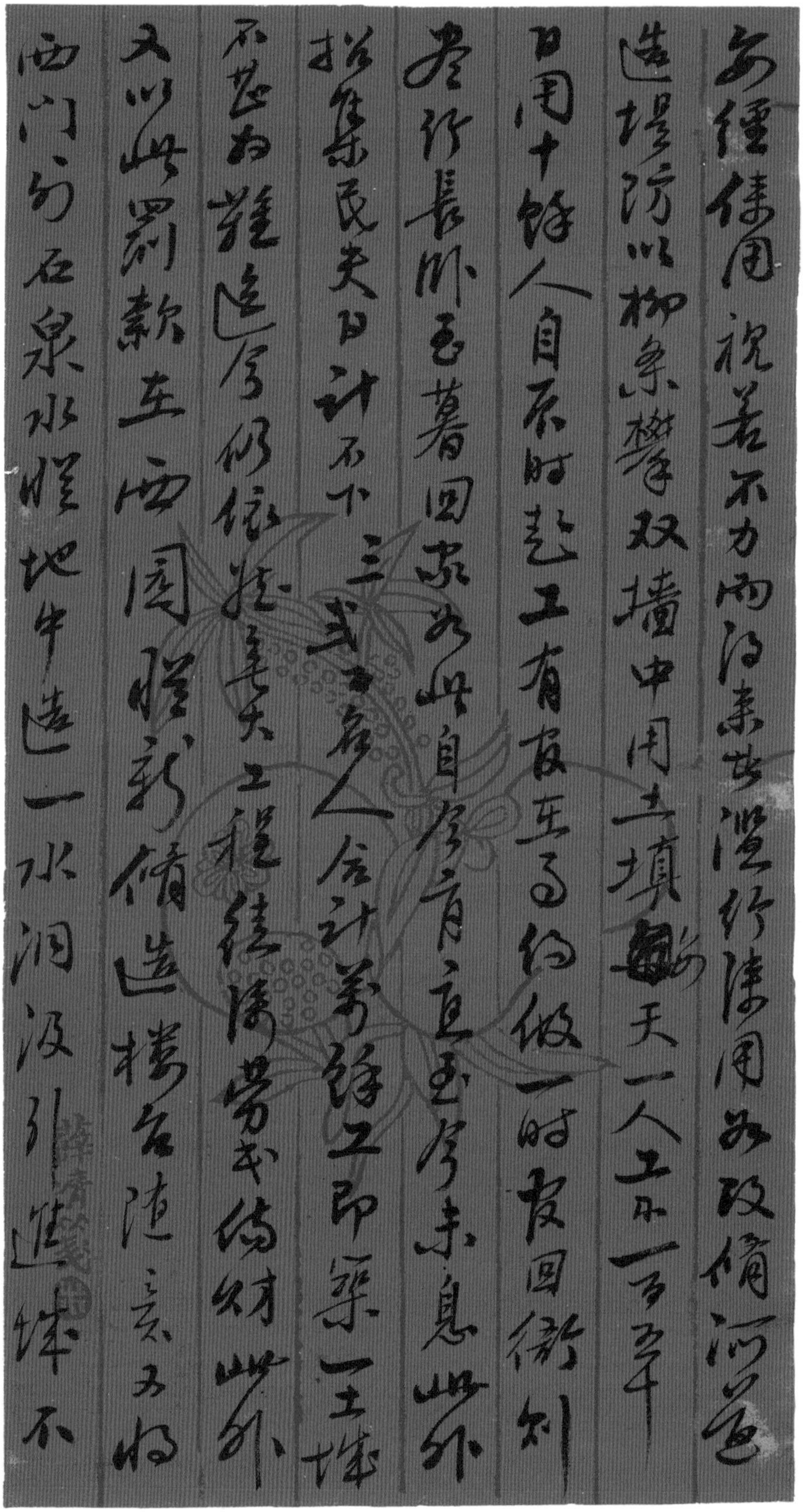

如經催圍　况若不力所得來去澀行催圍外設備河道
造堤防以柳條攀雙墻中用土填實每天一人工不一百年
日用十餘人自原時起工有夜在了做一時夜回衙知
其行長脈至暮回家如此自今肯直至今未息此外
招集民夫日計不下三成有余人合計若餘工即築一土堆
不甚為難造今仍依樣善夫工程結構勞或偽材此外
又以此罰款在西園購新備造樓台隨意而為
西門外石泉水購地中造一水洞汲引進城不

札六（3）（12.2cm×23cm）

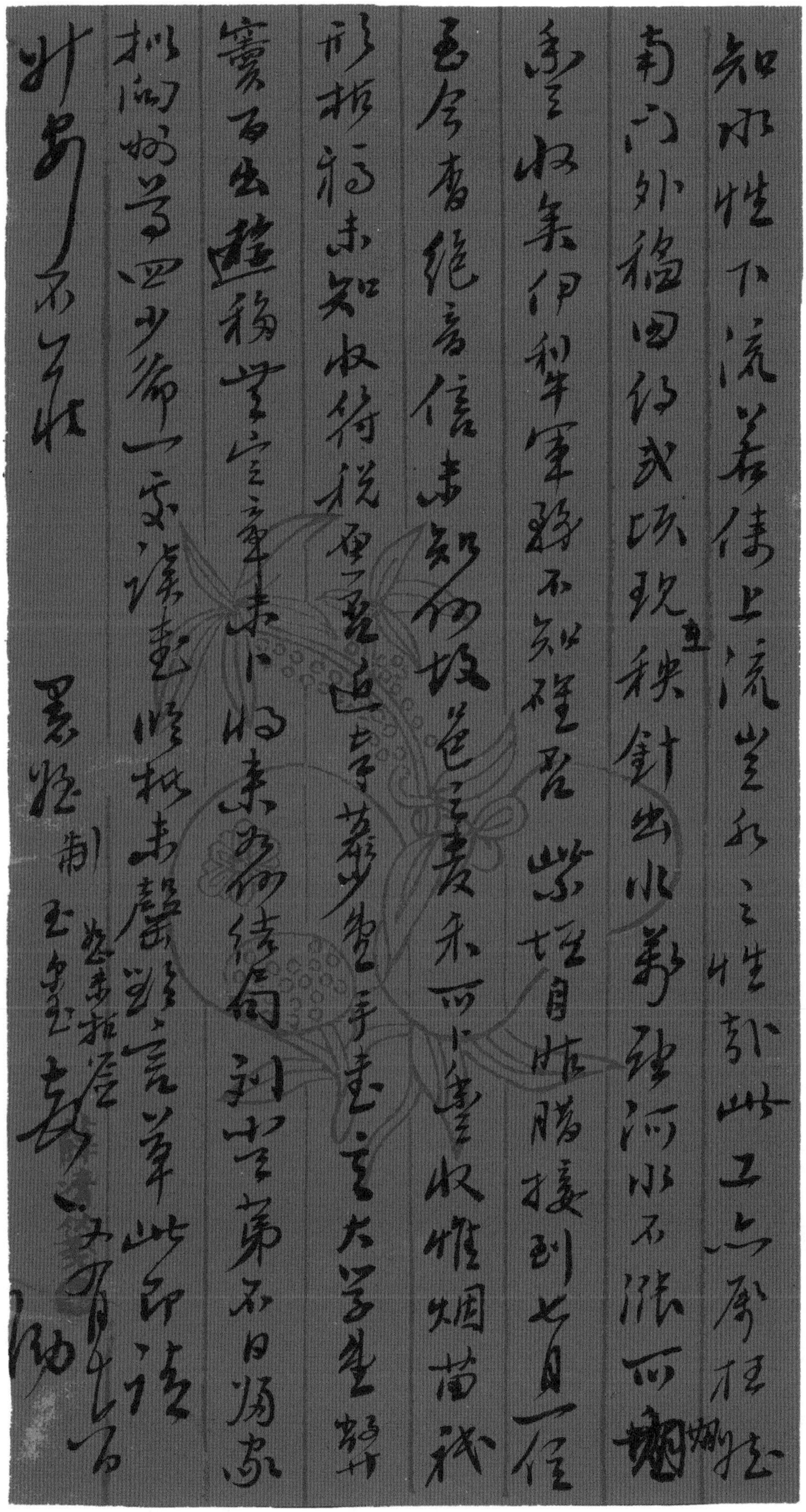

札六（4）（12.2cmx23cm）

释文

【札一】

鹿臣堂叔大人尊照：

顷奉玉音，敬聆壹是。敬启者，将恩、正两科归并今秋举行。至恩、正会试，亦归并递推举行。今年考试，迄未奉文，不知考否？皇上与洋人和好，处决忠臣良将，已属不少。董帅现已革职，近因谕见，不知吉凶，先拟登崆峒逃匿。此等情形，真令人惊异伤心。以今观之，世道衰矣，国势危矣。呜呼，我生再未得一清平世界，聊堪尽人事以度光阴。张佐清正月初三日罪已锁带杆礅，又于本月十七日开销杆礅，收入监禁，不知是何吉凶，殊不可解。至贾荫堂与大人之发落，未得消息。去年寄来□函，不知收到否？出卖田地一节，子职亦俟大人来城，询其来由，再行定夺。五十儿母闻知，托侄为大人禀知，此业得银，要与大人作两份（分）分使，并即禀知。即此，敬请

升安，恭叩年禧，并候尊大人禧安，伏祈爱照百吉。

帝徵氏顿首拜　灯节后三日泐

【札二】

鹿臣堂叔大人台照：

顷奉州宪奉学宪札，饬文童限于贰月廿一日开场考试，而武童大约在三月初旬考试，州考限于四月十五日开考。着令弟万勿疏忽弓矢之功，此为侄之所厚望之事。国朝与外洋讲和，《十二条》内交出首祸大臣，由他国惩办。现已惩办正法大员已逾十余员，尽是忠臣良将。似此情形，刻下亦不能置论。新正元旦，兰省正法山东巡抚毓贤，临市曹自题对联二副（付）云："臣死节，妻妾死臣，谁曰不宜？最堪悲老母九旬，娇女七龄，耄稚难全，未免致伤慈孝治；我杀人，朝廷杀我，夫复何憾？所自愧奉君廿载，历官三省，涓埃无补，空嫌有负圣明恩。"又"臣罪当诛，臣志无他，念小子生死光明，不似终沉三字狱；君恩我负，君忧谁解，愿诸公转旋补救，切须早慰两宫心。"此案令人触目伤心，将来如何定局？近奉公文，洋人不日来县，此次着地方官严加认真保护。侄慕霁堂舅父于昨腊月十九日病故，近日少堂嘱侄承办安葬事件，大半灵柩于月之终回籍。肃此，顺请

刻安，不另。

侄玉玺顿首拜　二月初一日灯下泐

【札三】

鼎三堂叔大人尊前：

奉到隶翰，敬聆壹是。即维升祺云蒸、禫祉日丽为颂。正拟函候，适承大柬，先颁敬读，所嘱之件，赶为遵办。六月初三日课题，奈值阴雨连绵，远道阻隔，不能奉上，亦属无可如何。侄将右堂教读一事，已推荐张桐云，于月之初八日上馆矣。紫垣公开复一节，幸逢皇太后七旬恩诏，特饬准将各官革职者，一律开复。昨已为之遵照详请矣。前接友兰兄手书，言紫垣于五月初六日安抵兰省，闻伊犁（梨）有甚变故，故刻下电询。候复电至日，再行斟酌。如其无碍，拟于六月间由省赴程。昨奉上宪公事，现在兰省设局，开办山东工赈局，每例银百两，如员、监衔封等项，以一成二折（拆）收，较之秦晋例，甚属便宜。尊处各庄村，如有愿捐者，请即广为劝捐，本年十一月止。今岁，侄于各房承办隍庙会事，仰阁下拟将灯对隶书几副（付），好为剪刻，藉以壮其古雅之意。请再与集锦各细事，多方筹画，宜以古雅奇创为最。邀请于八月初七八等日，来城襄事，藉得臂助。侄家麦好，惟芋被阴雨形枯，约得四五十两，亦不大佳。特此，敬请

钧安，并候尊大人均康安，坤夫人以次及诸弟均吉。

侄玉玺顿首　六月十七日沕

【札四】

鼎三堂叔大人尊前：

启者，侄已请河南蔡先生在家教读，兹因署内刑席张师爷有学生二名，并门政沈大爷有学生一名，现在与侄议定脩金三十千文，伙（火）食在内，馆设萧曹庙。准带学生一名，又议脩金贰十四千文。在署吃饭，不准带学生。现张师爷与沈大爷尚未商确，容俟商定，再行启知。不知考试否？现未奉到行知公事。平凉书院已改陇东中学堂，来文由儒学申送年在十五岁以上、廿岁以下，限正月底送平，以便考送肄业。镇邑学堂已请会宁举人彭怀智，满年脩金一百廿两，伙（火）食在内，关书已由驿递发，不知该教习能允否？绍庭太爷正月十三日病故，路先生遇春正月十二日病故，现归桐云复廪，焕绩帮忙。后闻来人言，阁下已在该处设馆，刻即退辞。去腊奉十奶奶彝音，嘱为大人毋庸设馆，家中不便，从此未理。即此请

年安，并候尊大人均康安。

侄玉玺顿首　新正廿五日沕

（廿七接到）

捐功名事，于正廿一日奉局文复，索经费银两从九【品】一两五钱余，监【生】三两余，贡生六两。官用文顶覆，不知能顶过去否？

【札五】

鼎三堂叔大人尊前：

久未聚谈，遥想之情，梦寐弗遑。近维举止纳福如颂。兹于八月十三日接奉紫垣家信云：于昨腊（蜡）廿六日安抵伊犁，今正初二日接到侄信，今为伊犁镇台陈统领松亭教习二少君，岁奉脩金三百两。出关历过州县，诸凡丰盛，大非甘肃所能及。并另开一清单云：沿途遇过镇邑多人，四乡八镇共四十余名，事干盛衰不一。近来阖邑户首，为户书田祖植、董姓滋事，二人已经责革，在户首等居心不善，不知将来如何结局？近奉上谕，乡试并岁科考自明年始，一律停止。图功名者，非入学堂不可。拟于九月廿一日为小儿完婚，至日祈大人宜于前二日奉迓台驾，祗聆教言，并玉璧同行而来，勿延是荷。再请八、十爷，系属年老之人，祈勿辞路远。不知能到寒舍一会否？紫垣嘱将长女择嫁，家中作主。特此，敬请近安，阖潭均安，不一。

侄玉玺顿首　八月廿七日泐

【札六】

鼎三堂叔大人尊前：

兹奉手书，并外带八行纸廿张、信封拾个，已查收矣。近维公私双绥为颂。承示为吾八爷商办乡饮一事，不能促急，容侄早晚得裁撤教职之位，乘此机会，免费唇舌，定即告成。至于临期应办屏幛（帐）等项，责归侄承办。至于应书大字，祈在泾州能有绝佳书家，就便即请拟缮成就。侄想俟至八月会期，看估（故）衣铺内能有成就屏幛（帐），较新制便宜过半。近来宋公因讼示罚，大失章程，不过以笞杖折（拆）责，罚金赎罪。该令为学堂等项筹款，每经原、被告到堂，不论曲直是非，概行苛罚。既罚，则笞杖不必加诸其身；乃竟不然，责罚交作。由此得民之脂膏，不知百姓几费心血得此钱财。被累成讼，不能明其是非曲直，反受平白之苛罚，违则威之以刑。不知今岁至今，已得罚款五百余千，每经使用，视若不力而得来者，滥行使用。如改修河道，造堤防以柳条攀双墙，中用土填，每天一人工，钱一百五十，日用十余人，自辰时起工，有官在事，约做一时；官回衙，则尽行长卧，至暮回家。如此自今二月直至今未息。此外，招集民夫日计不下三贰百名人，合计万余工，即筑一土城不甚为难，迄今仍依然无大工程，徒使劳民伤财。此外，又以此罚款在西园从新修造楼台，随意又将西门外石泉水从地中造一水洞，汲引进城，不知水性下流，若使上流，岂水之性哉？此工亦属枉然。南门外稻田约贰顷，现在秧针出水，万望河水不涨，可期丰收矣。伊犁军务不知确否？紫垣自昨腊接到七月一信，至今杳绝音信，未知何故。邑之麦禾，可卜丰收，惟烟苗祗形枯槁，未知收符税厘否？近奉慕少堂手书，言大学堂弊

窦百出，游移无定章，未卜将来如何结局？刘登第不日归家，拟同州尊四少爷一处读书。临楮未罄欲言，草此，即请

升安不庄。

愚侄制玉玺顿首（恕未粘签）又四月十六泐

家有三石粮　也当孩子王

——泾州乡绅宋兆祥、商人王世俊致镇原乡绅张鼎三书札共三通（1902年后）

在中国古代社会，各地都有许多私人经办的学校——私塾。私塾，作为官学的有益补充，不仅承担了官方无暇顾及的基础教育任务，而且办学要求不高、形式灵活，所以“一邑一乡一里一闾，无不有之，故能绝续相承，历久而不废”。其办学形式，大致有三种：一是塾师自己在家或租借地方设立，招收附近学童就读，称为门馆、学馆；二是由一族一村共同延师择址建馆，课其子弟，称为族塾、村塾；三是富贵人家独自一家聘请塾师，在家设馆，专教自家及亲友子弟，称为家塾、坐馆。

这组书札，反映了清末泾州商人王世俊聘请镇原张鼎三到其家塾任教的一段旧事。

民国以前，稍微识几个字的人都在取名的同时，另取一个表字，是供同辈及朋友们叫的。而本名，除了用于上级公文和父母称呼外，一般很少使用，如果有人直呼别人的本名，就显得缺乏教养。但对别人自称时，又必得用本名才显得有礼有节。所以，札一、札二的收信人鼎三，是其字（或号），而写信人宋兆祥是其本名；札三中，因为王世俊与张鼎三不是特别熟悉，王写信称对方的字也不大礼貌，就尊称其为“张老夫子大人”，自称为“教弟秀峰王世俊”，不仅点明了教读关系，也告知了自己的表字和姓名（为对方今后称呼自己提供了方便）。这个张鼎三，本名不详，从前文《世纪之交的大潮和浪沫》中可知，他是镇原县衙典史、当地书法家张玉玺的同龄族叔，也是一个家道殷实、尚无功名的乡下读书人。再从前两札的称呼看，札一宋称张为“仁兄大人”，自称“愚弟”；而札二则改称张为“仁棣大人（‘棣’通‘弟’）”，自称“如兄”。因为民国以前的同辈人，一般不论年龄，互称“兄”，自称“弟”（看来这兄弟称呼可万万不敢当真），但真正关系特别好，或者年龄差别大，则可称对方为“弟”，自称“兄”。所以从这个微妙的变化可知，宋比张要年长一些。

读札一，可看到宋兆祥与张鼎三过从甚密，曾多次到其教书的学馆“叨扰”，而且因为一些拿不准的事，还得到其开导和劝慰，以至“开我茅塞，承铭肺腑，莫可言喻”。就在这次会面时，他们说起了泾州商人王世俊的家塾要聘请师傅（当时甘肃一带称塾师先生为师傅，可能是朝廷太师、太傅的“缩小版”，系敬称）的事，由于张鼎三对自己教书的学馆不甚满意，也有“人挪一步活”的想法，当场就委托宋兆祥从中撮合。宋兆祥受人之托，回去后就即刻到王家商谈，得知这个家塾原本是王家与张师爷二人合办，共同聘请郑屏之当师傅，教读两家子弟。但这位郑师傅就职后，不知是脩金还是别的原因，总之是被合伙人“张师翁耽误”，所以“是年郑屏之未上馆”。这就给张鼎三赴泾州就馆提供了机会。光绪二十八年（1902），朝廷颁布《钦定蒙学堂章程》，将新办学校称为学堂，泾州官方已开始“设小学堂名目”了，但还没有得到民间的普遍认可。王世俊考虑到子弟读书已经耽误了一年，既然两家不能合办，他就只能独家开馆。当然，对张鼎三而言，最要紧的还是脩金的问题，宋兆祥转述主人的原话，即“如吾兄每年脩金银二十四两，节敬一切在内”，也就是说，年脩金二十四两银子，至于端午、中秋、春节等几个大节日的“节敬”，也都包括进去了，不再另外奉送。节敬，是古代每逢节日雇主向所聘请者赠送的钱物，虽不在正式薪酬内计算，但是官场和民间普遍遵循的礼节，也是宾主之间联络感情的“润滑剂”。有它无多，但没有它，就显得过于生分。为什么王家会没有节敬呢？可能在交谈时王家就以“学生四人，均系幼童，读书无多”为由，让塾师能从工作量上有一点体谅和让步。所以，宋兆祥还得回过头来给张鼎三做工作，希望就馆后，“若宾主相得，可望后进”。

宋、张二人，相距较远，有可能宋是泾州人，所以送信得派一个“专差”，当天送达。札一送到后，张鼎三嫌东家所许的脩金太低，于是赶快修书一封，让专差顺便带去。宋兆祥阅后，再次亲自到王家商量，并将结果告知张鼎三，这就有了腊月初七在土家“呵冻草”就的札二。在札二中，他虽然谦称自己“愚柴依旧”，没有孔门弟子宰予、子贡那样的辩才，但仍然费尽口舌，“竭力周旋”，最后王家“脩金只增二十八金”。从一个“只”字，可见没有达到张鼎三的期望。但这也是艰难谈判的结果，“外此无能为力”。这中间的“经纪人”真不好当，那边刚刚央求东家涨脩金，这边又得说服师傅能接受，“想阁下家事丰恒，得二金无足为益，无二金无足为损”，看来张鼎三的要价至少是三十两银子。虽然不算圆满，但差距不大，“兄大胆允诺，惟祈暂就安席”，只要把书教好，主家满意，仍然“可望前途”，今后涨脩金还是有希望的。最有意思的是信写到最后，本来一句“专此升闻”就结束了，但又附了几句“要紧话”：一是这次送信的专差是主家王大人派的，与本人的信一并送来了“关书”（聘书）一幅，并有压关书的“贽敬”（古时初次见面所送礼物）一千文铜钱（时一两银约1500文铜钱），“伏望哂纳”。二是别忘了，给东家的专差赏“酒资百元”（可见路途遥远，得一天工夫），这样，专差有酬劳，大家也有面子。三是关于上馆日期，可能他和主家一块翻了老黄历，选择了一月后的正月初七或十八两个大明吉日，供其选择，并让专差将结果带来。四是给鼎三的兄或弟廷甲（张玉玺父辈有甲字辈人），也是宋兆祥关系亲密的朋友捎来“沉香化滞丸二两”，请转交。虽然张鼎三“家事丰恒”，但总不能坐吃山空吧？加之宋兆祥如此往返说项，岂能辜负友人的一片心意，他只好答应去泾州当“孩子王”了。

从塾师张鼎三次年“十一月十三日在家接到”东家王世俊的信看，他一定是于当年正月赴泾州就馆了。关于他的塾师生活，我们读鲁迅先生的《从百草园到三味书屋》，可以想象一二，上课前“第一次算是拜孔子，第二次算是拜先生”“第二次行礼时，先生便和蔼地在一旁答礼”，特别是在那种“就只读书，正午习字，晚上对课”的刻板生活里，或许也会遇到鲁迅他们当年与先生“捉迷藏”那样的小插曲。至于教学效果，细读札三，自有分晓。

张鼎三在泾州王家私塾教书将近一年时，于十一月初给孩子们放假前，托王家伙计给在平凉经商的主人王世俊捎了一封信，并附“货单一纸”，可能是委托代买一些价廉物美的年货吧。和如今的家长们一样，老师的命令哪敢怠慢？“弟即遵命办理，托友人带泾，至日查收”。当然，也和现在的家长一样，言必谈学生，“诸小子赋性庸愚，蒙阁下教读，功课日强，弟殊深刻感”，并提出“不日来泾，面叙各情”，这大概是相约正月开学时办一桌“谢师宴”吧。

从这组书札看，虽然宾东双方通过中间人在脩金上谈判了两次，可谓锱铢必较，大有相持不下的架势，但在中间人认为可以达成协议时，即做主应允。而接下来的聘请，还是特别讲究礼数，不仅专门送达了关书、贽敬，还挑选了开学的吉日，而师傅接受关书后还得给主家的专差赏酒钱（呵呵，这只是好听的劳务费，跑腿的人哪舍得买酒喝）。尤其是一年之后，从主家给塾师的这封短信中，除了必要的应酬之语，无论是称谓、措辞，还是中规中矩、一丝不苟的书写，都透露出对师傅的一种诚恳、谦恭和尊重，丝毫不见雇主财大气粗的土豪派头。可以说，清末以至民国的聘请塾师，大概是中国古老礼俗的最后一抹微光吧。

参考资料：

程裕祯《中国文化要略》（外语教学与研究出版社，2009 年 7 月第 1 版）

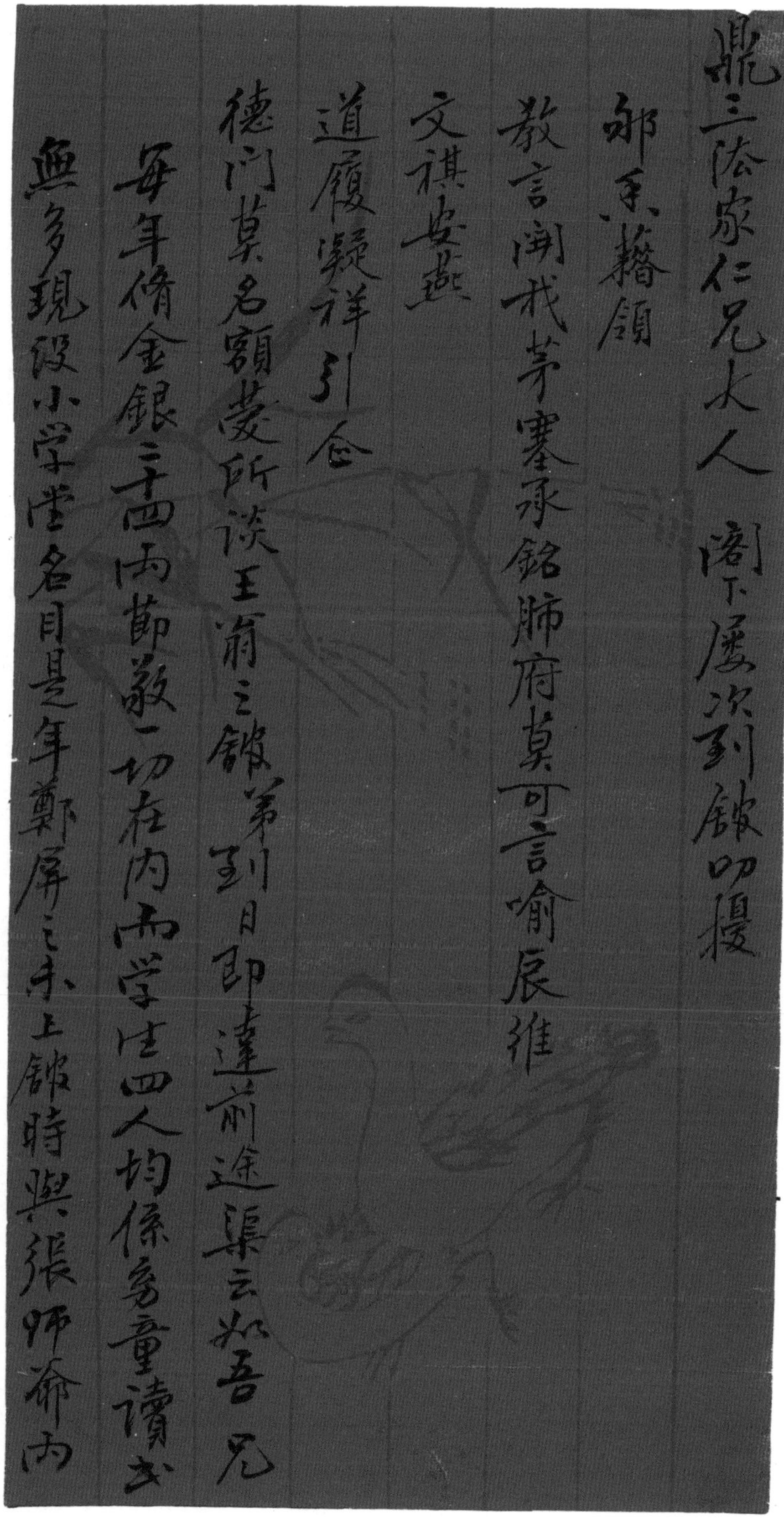
鼎三浤家仁兄大人 閣下 屢次到敝叨擾
郁承籓領
教言開我茅塞承銘肺府莫可言喻辰維
文祺安燕
道履凝祥引企
德門莫名羨慕所談王甫之敝第到日即達前途渠云如吾兄
每年脩金銀二十四兩節敬一切在內而學生四人均係蒙童讀书
無多現設小学堂名目是年鄭屏之未上敝時與張師爺兩

札一（1）（12cm×22.7cm）

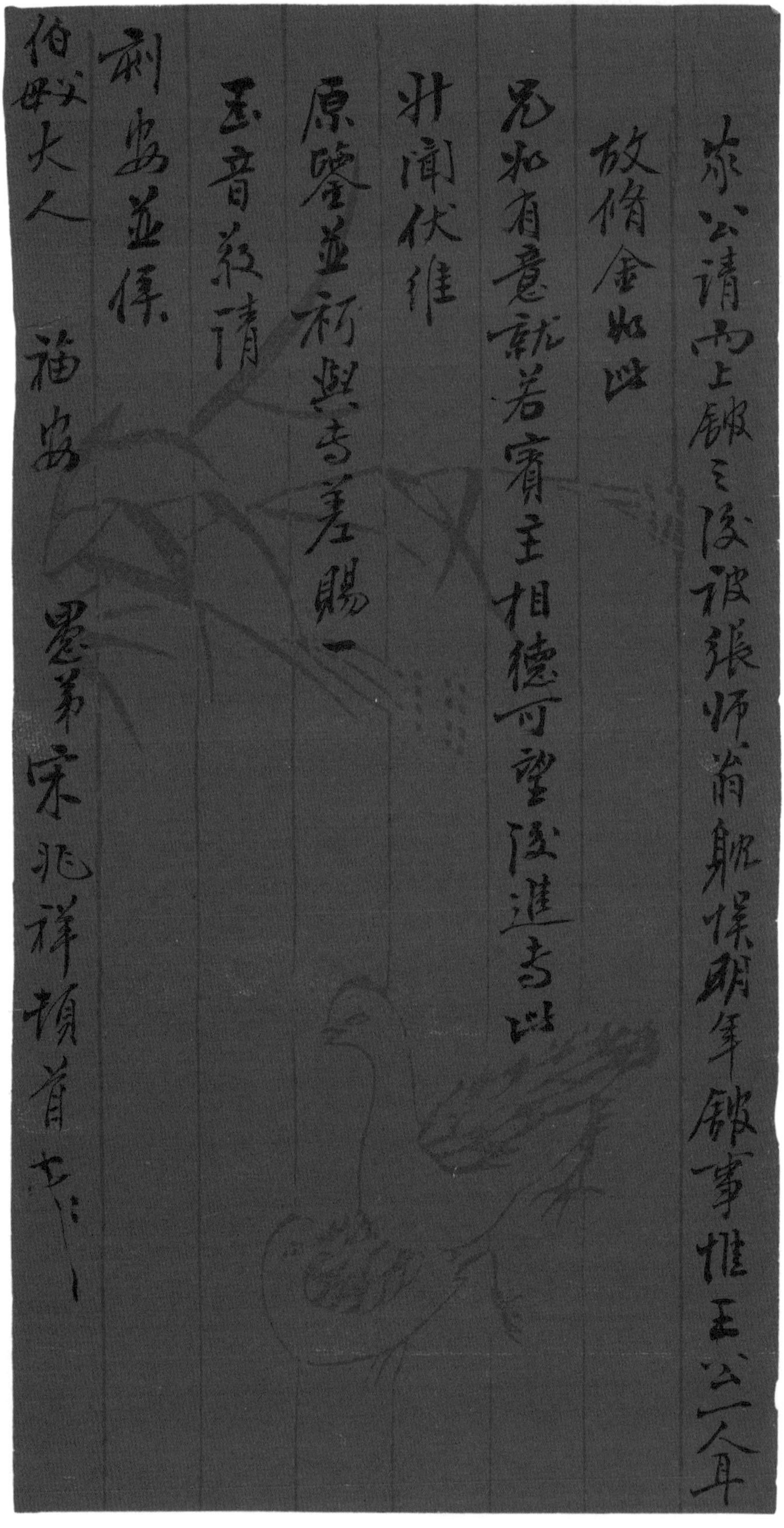

亦公請兩上缺，缺後彼張師前躬謀明年缺事，惟王公一人耳，
故脩金如此。
兄如有意就，若賓主相德，可望後進，專此
卅聞，伏維
原鑒，並祈與專差賜一
玉音，敬請
刻安，並候
伯母大人福安。
愚弟宋兆祥頓首 廿八

札一（2）（12cmx22.7cm）

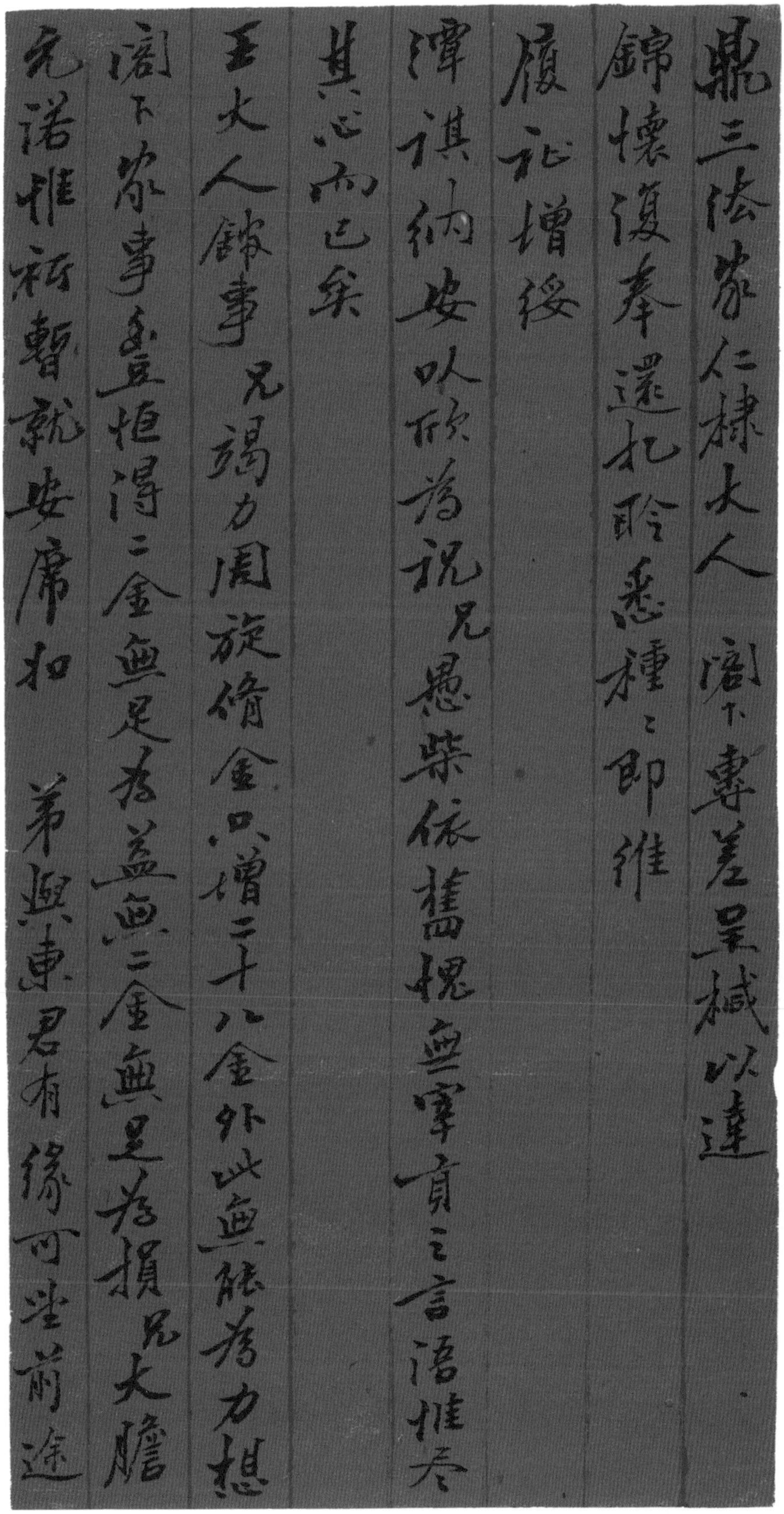

鼎三姻家仁棣大人閣下：專差呈械以達
錦懷，復奉還札，聆悉種種，即維
履祉增綏
譚祺納安，以欣為祝。兄愚柴依舊，規無寧貢之言語推尽
其心而已矣。
王大人館事，兄竭力周旋，脩金只增二十八金外，此無能為力，想
閣下家事，豈恒得二金無足為益，無二金無足為損，兄大膽
允諾，推誠暫就安席扣。弟與東君有緣，可望前途

札二（1）（11.9cm×22.6cm）

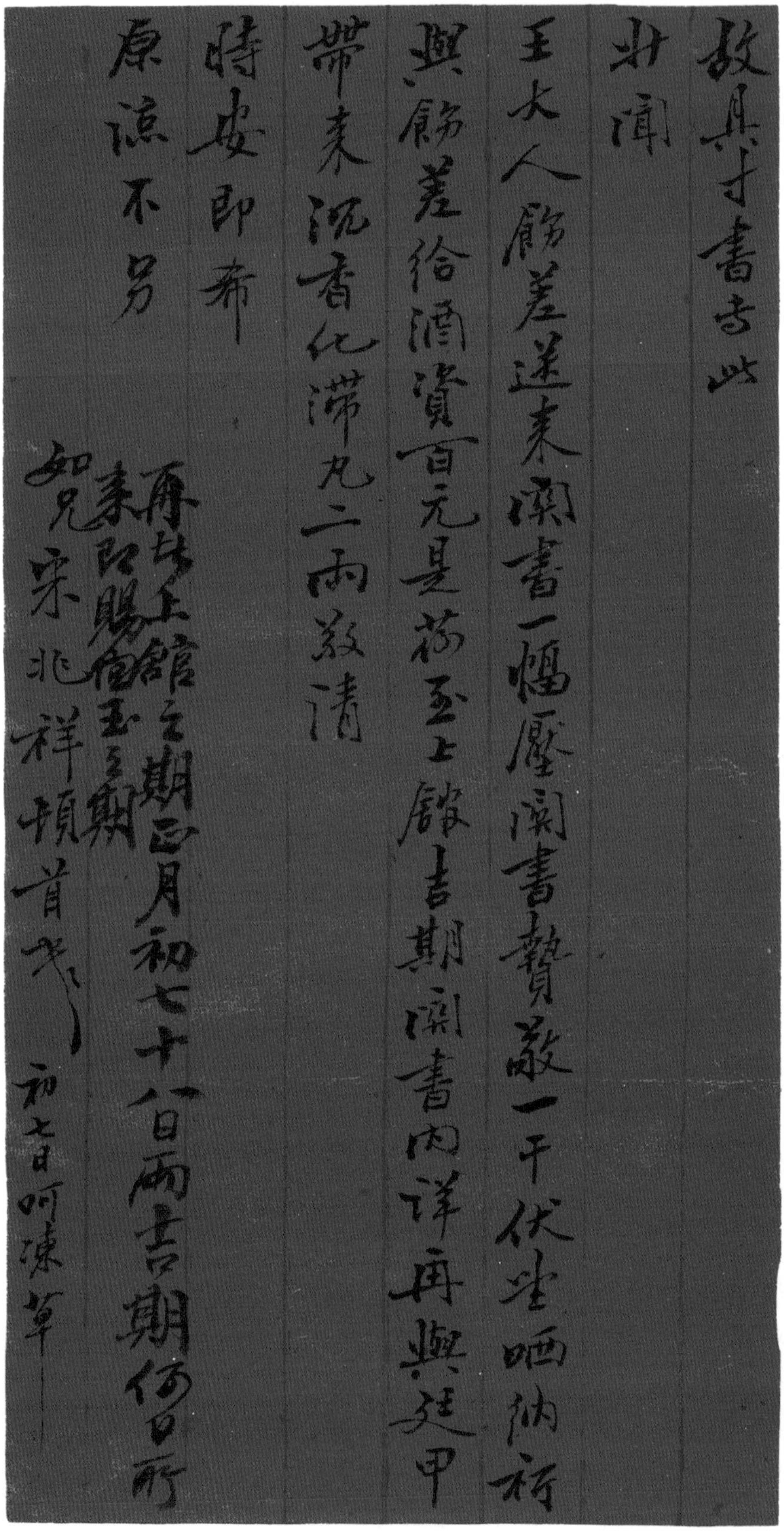
敬具寸書寄此
升聞
王大人飭差送來閣書一幅壓閣書贄敬一千伏望哂納祈
與飭差給酒資百元是荷至上館吉期閣書內詳再與廷甲
帶來沉香化滯丸二兩敬請
時安即希
原諒不另
再者上館之期正月初七十八日兩吉期何日所
來即賜信玉之期
如兄宋兆祥頓首
初七日呵凍草

札二（2）（11.9cmx22.6cm）

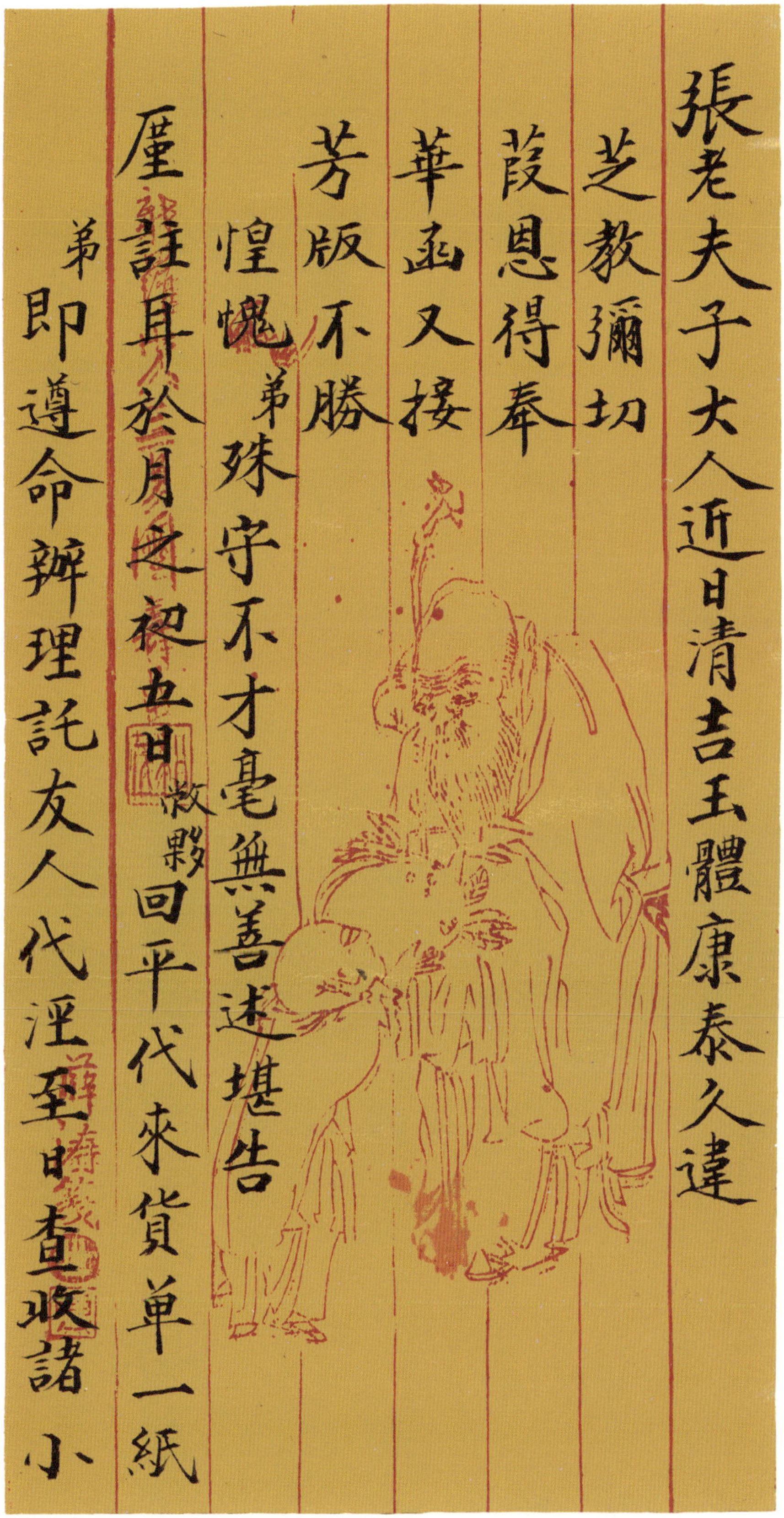
張老夫子大人近日清吉玉體康泰久違
芝教彌切
葭思得奉
華函又接
芳版不勝
惶愧 弟殊守不才毫無善述堪告
厪註耳於月之初五日敝夥回平代來貨單一紙
弟即遵命辦理託友人代涇至日查收諸小

札三（1）（11.9cmx22.7cm）

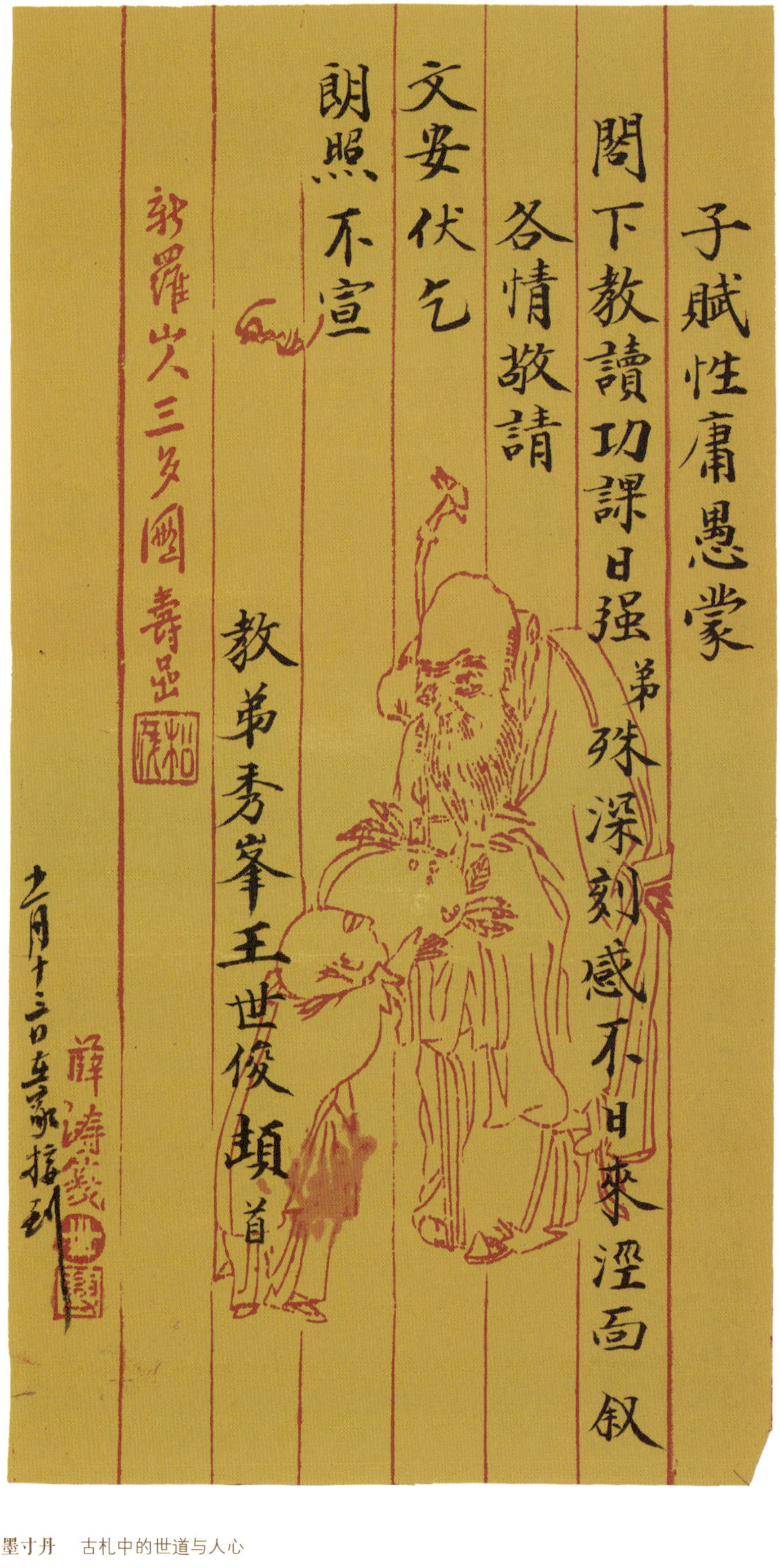

子賦性庸愚蒙
閣下教讀功課日强弟殊深刻感不日來涇面叙
各情敬請
文安伏乞
朗照不宣
教弟秀峯王世俊頓首

札三（2）（11.9cmx22.7cm）

释 文

【札一】

鼎三法家仁兄大人阁下：

屡次到馆，叨扰郇香，藉领教言，开我茅塞，承铭肺腑（府），莫可言喻。辰维文祺安燕，道履凝祥，引企德门，莫名额庆。所谈王翁之馆，弟到日即达前途，渠云：如吾兄每年脩金银二十四两，节敬一切在内。而学生四人，均系幼童，读书无多。现设小学堂名目，是年郑屏之未上馆，时与张师爷两家公请，而上馆之后，被张师翁耽误。明年馆事，惟王公一人耳，故脩金如此。兄如有意就，若宾主相得（德），可望后进。专此升闻，伏维原鉴，并祈与专差赐一玉音。敬请

刻安，并候伯父、母大人福安。

愚弟宋兆祥顿首书

【札二】

鼎三法家仁棣大人阁下：

专差呈椷，已（以）达锦怀，复奉还札，聆悉种种。即维履祉增绥，潭祺纳安，以欣为祝。兄愚柴依旧，愧无宰贡之言语，惟尽其心而已矣。王大人馆事，兄竭力周旋，脩金只增二十八金，外此无能为力。想阁下家事丰恒，得二金无足为益，无二金无足为损。兄大胆允诺，惟祈暂就安席，如弟与东君有缘，可望前途。故具寸书，专此升闻。

王大人饬差送来关书一幅，压关书贽敬一千，伏望哂纳。祈与饬差给酒资百元是荷。至上馆吉期，关书内详。再与廷甲带来沉香化滞丸二两。敬请

时安，即希原谅不另。

如兄宋兆祥顿首书　初七日呵冻草

再者，上馆之期，正月初七、十八日两吉期，何日所来？即赐回玉之期。

【札三】

张老夫子大人：

近日清吉，玉体康泰，久违芝教，弥切葭思（恩）。得奉华函，又接芳版，不胜惶愧。弟殊守不才，毫无善述，堪告廑注耳，于月之初五日，敝伙回平，带（代）来货单一纸，弟即遵命办理，托友人带（代）泾，至日查收。诸小子赋性庸愚，蒙阁下教读，功课日强，

弟殊深刻感。不日来泾，面叙各情。敬请
文安，伏乞朗照不宣。

教弟秀峰王世俊顿首
（十一月十三日在家接到）

骈俪藻饰，是最好的应酬语

——镇原岁贡、碾伯县训导范敬宗致同乡张与龄，新军营官士贞致友人书札各一通（1880 前后 /1905 年后）

这两封毫不相干的书札，基本上都没有什么史料价值可言，更谈不上有趣的故事了。但是，它们并非一无可取，比如说可以将其作为一个华丽而空洞的文章个案来观察，也可以从书法的角度欣赏一下两位作者颇具功力的一笔小楷。

二百言与八个字

札一是镇原岁贡、时任甘肃省西宁府碾伯县（今青海省海东市乐都区）训导范敬宗写给同乡长辈张与龄的。

在明清科举制度中，因三年一次的乡试机会和举人名额都比较难得，为了给参加多年岁考、科考成绩优秀但未能中举，且年资较老的秀才们提供晋升机会，就创设了贡生（意即把人才贡献给皇帝），其名目有所谓“五贡”之说，虽然比举人低了一个层次，但也属于科举正途，可以授予官职。而其中的岁贡，就是每年或两三年从府、州、县儒学中择优选送到国子监读书的廪生，修业后即为贡生，身价陡增。

据《镇原县志·科举》载：范敬宗，同治十二年（1873）癸酉举为岁贡，初任碾伯县训导，升任四川荣县、贡井县丞。在正常情况下，范敬宗成为岁贡时，只是取得了当官的资格，按惯例需要候缺，或准备参加以后的乡试，可能是数年后才被委任为碾伯县训导的。其就职后一两年，就收到了乡前辈张与龄的书信，这才修书答复。

张与龄，是一位早期在镇原县衙房科帮忙，后有可能从事塾师的乡间读书人，其颠沛流离的生活可以从本书《谁没有一本难念的经》中一览无余。他给这位在外地当训导的晚辈去信，一定是简单介绍了自己的生活状态，也顺便提及了刚刚抱上儿子的喜悦。或许，不好直接张口，用一封信去投石问路，让范敬宗主动给自己找一份碾伯教职的差事，也未可知。

而范敬宗的这封复札，共二百来字，除了开头“远隔云山，晤教末由，近承翰墨，寄怀倍切”这类必要的客套外，接下来的一百多字，用了好多典故和辞藻，如同今人所谓的“打太极”，特别是堆砌了如“仙掌弄珠，笑言于是堪娱老；西江洗眼，云雾那从障此翁”“兰桂争芳，瑞气萃乎一室；表里俱澈，清光来自重瞳”两句典型的对仗骈文，看起来文彩馥郁、雍容华贵，但其实只是说了一个意思，那就是：祝贺您老喜得贵子，我即使“局外闻之”，也替您高兴。而且其恭维对方的话“想阁下愉快，当更多数十倍矣”与这位老书生常年为衣食奔波的窘境相去甚远，就真显得有点敷衍应酬了。只有结尾关于自己“寄迹乐都，备尝苦况，所幸公私尚叶，大小如常，差堪告慰垂德耳”，虽不知是否实话实说，但总算是言之有物了。幸亏这是一封平常的书信，要是把它拍成电报，想必所有漂亮的词汇和纷华的修辞，都会在这冰冷坚硬的电报费前缴械投降的。

通读此书札，其实总结起来，有八个字足矣。这就是：喜贺弄璋，贱躯粗安。

另外，需要稍做说明的是，根据乐都地方资料，清初改碾伯千户所为碾伯县，属西宁府；1929年青海建省时，改碾伯县为乐都县。而此信所称“寄迹乐都”，应该是用南北朝时南凉于此立都的古地名——乐都，或当时碾伯县治所在地就叫乐都镇吧。

骑兵营与掉书袋

细读札二，最可怪处是没有收信人的称谓，起笔就是“敬附启者”；同时，从开头几句礼节性的问候语看，倒不像补充性的“附启者”口吻，反而是正式书札中“敬启者”后面必备的套语。所以，我们可以断定，该札是在另一个同事或朋友所写的正札之后，由这位不知其姓的士贞所附的一封“副札”，而收信者系同一人。

从札中“服式纷更”可以推知，当时应是光绪三十一年（1905）后，清军开始推行有礼服、常服、肩章、帽徽、领章等样式的新军军服。可想而知，作者写信时，那种自八旗军入关就使用了数百年的旧式号衣，正被飒爽英武的洋式军服所代替。而这位在西安骑兵军营里穿着夏令军官装的士贞，虽然身在行伍之间，但也颇具文化修养，喜欢“掉书袋”，写信时常用一些生僻的典故。

或许在一位同僚给收信者写完信后，士贞觉得有必要与自己的这位前任军官“见字如面”，所以，另写一封，附于其后。为什么能认定收信者就是士贞的前任呢？因为他自称“幸步后尘，藉以蒇事耳”。

札中内容，大致是说自冬春之际分别后，已由裘皮换穿单衣了，每当“月夕花晨，想望英姿”，倍觉想念。今逢端午佳节，想到您在别处的军营，一切顺意，我“曷胜欢忭”。然后，以自谦的语气介绍个人处境，“谬带骑勇，本自驽庸，逐队瓜门，毫无蔗境”，是谦称自己能力不济，带兵备尝辛苦。在清代，“兵”和“勇”，是有所区别的，“兵”是指国家的正规军，包括八旗军和绿营军，是效忠皇帝的；而“勇”，则是就地取材的私募地方武装，直到曾国藩办理湘军时才改乡勇为练勇，定兵制，发饷粮，但仍然是“兵为将有”。由此可知，士贞极有可能就是当时西安城外（原文“逐队瓜门”可能与青门种瓜典故有关，故在城外）一个骑兵勇营的中下级军官，属于地方武装，与城内“满城”号称“五千马甲”的八旗骑兵营呈里应外合之势。随后，他提及自己在勇营中的心理状态，似乎又不自觉地用了一组四六对仗句：“阵图倏变，欲立异而未能；服式纷更，求生新而乏术。”这句话，看似与前面的语气一脉相承，但实则透露出一种想有所作为，但情势不许的意思来。其中前句是说训练骑兵的阵式，一变再变，以至于让自己力求革新立异的想法一再落空；后句是说因为军队服式等方面的变更，想要让这个古老的兵种焕发新的生机而毫无办法。试想，虽然清政权以强大的骑兵问鼎中原进而统一了全国，“骑射”成为其立国之本，但此时，外国列强的枪炮早已打开了国门，这种叱咤于冷兵器时代的畜力化部队眼看就要全部退出历史舞台了，还有什么革新求变的必要？这正反映了西北落后地区的军人们，对世界大势和军事信息的了解尚在懵懂之中。置身于西北都会的士贞们，可能还沉浸在“柳营春试马，虎帐夜谈兵”的幻境中吧。

在这封只有一百五十来字的短札中，结尾又是一番关于时令的话题，如“入夏”“麦秋登场”等词，与开头“裘而葛”“艾序叶逢”语义重复，纯属废话，似乎和当代人的“今天天气哈哈哈”异曲同工。倒是“计可中稔”“惟罂粟不好”两句，还可作为当时年景丰歉的参照，以及罂粟盛行、尚未禁绝的例证。

总体看来，这两封书札都属于典型的只在乎形式而不注重内容的应酬文字，体现出写信与收信双方交往的深浅和情谊的浓淡。不过，作为泛泛之交或需要王顾左右而言他，这种骈俪藻饰、华而不实的文风，倒是一种很有分寸感的拒绝和较为得体的掩饰。但仔细比较这两封书札，作为军人的士贞，反而比作为学官的范敬宗较为质实一些，这或许与其军旅生活的熏染不无关系吧。同时，这两封书札的小楷都很有特点，在同时代读书人的书法中也属上乘。范敬宗的小楷，脱胎于赵孟頫，又借鉴了文徵明晚年精谨缜密、直率瘦硬的特点，表现出一种俏媚空灵的逸趣。而士贞的小楷，纯以颜鲁公为底本，参以行书笔意，字体中宫宽绰，四周紧密，不偏不倚，就像军营中正襟危坐的一位彪形大汉。

参考资料：

1. 王力等《中国古代文化史讲座》（中央广播电视大学出版社，1984 年 6 月第 1 版）
2. 镇原县地方志编纂委员会《镇原县志》（1987 年内部编印）

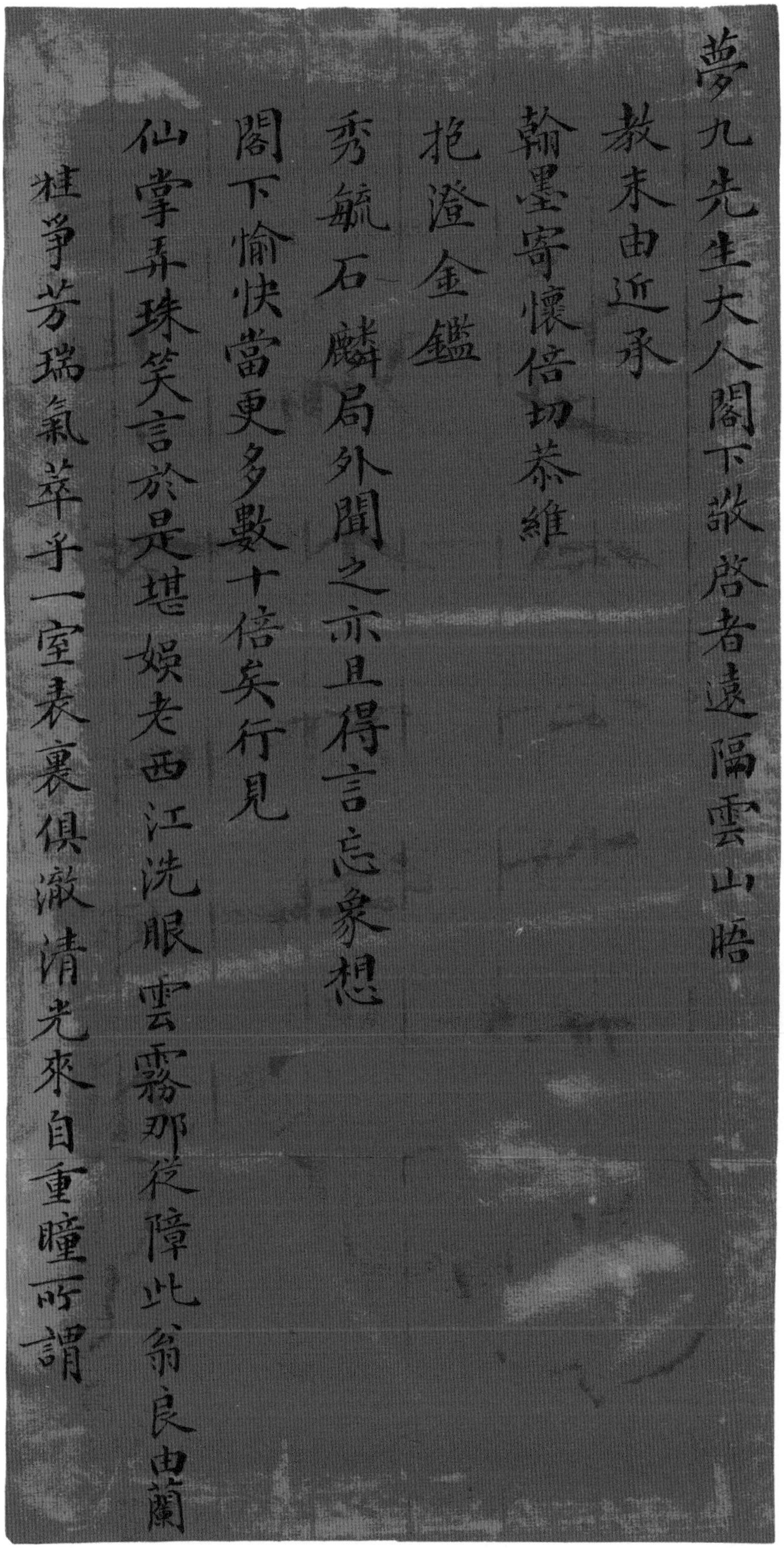
夢九先生大人閣下敬啓者遠隔雲山晤
教末由近承
翰墨寄懷倍切恭維
抱澄金鑑
秀毓石麟局外聞之亦且得言忘象想
閣下愉快當更多數十倍矣行見
仙掌弄珠笑言於是堪娛老西江洗眼雲霧那從障此翁良由蘭
桂爭芳瑞氣萃于一室表裏俱澈清光來自重瞳所謂

札一（1）（12cmx23.2cm）

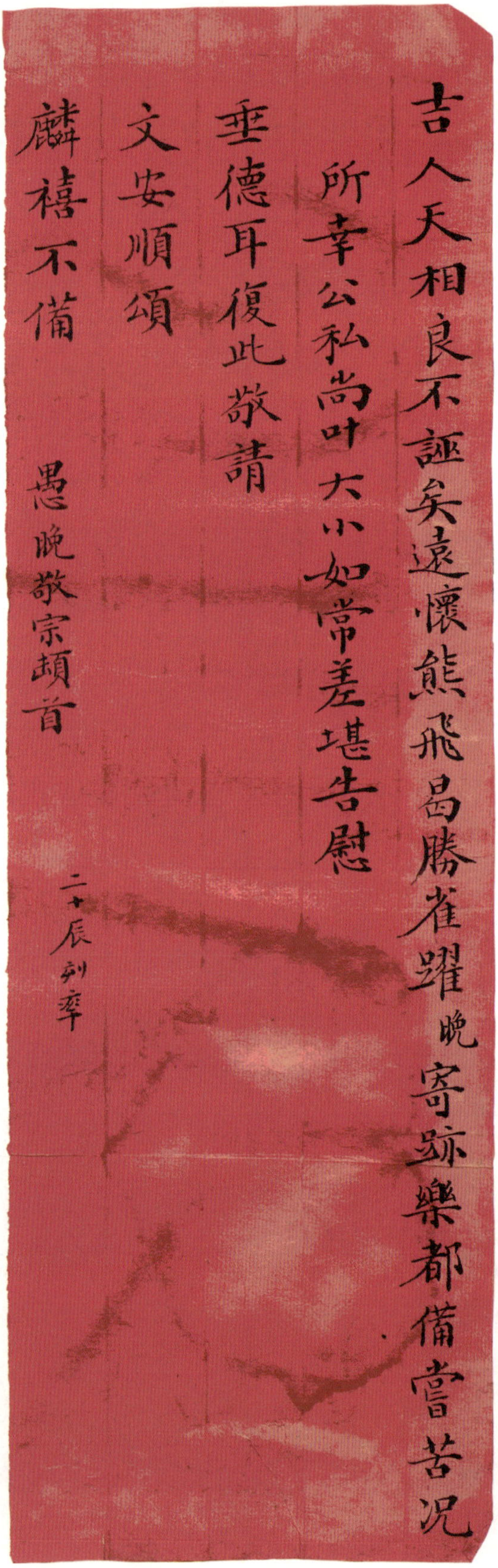

吉人天相良不誣矣遠懷熊飛昌勝雀躍晚寄跡樂都備嘗苦況

所幸公私尚叶大小如常差堪告慰

垂德耳復此敬請

文安順頌

麟禧不備

愚晚敬宗頓首

二十辰刻奉

札一（2）（7.3cmx23.2cm）

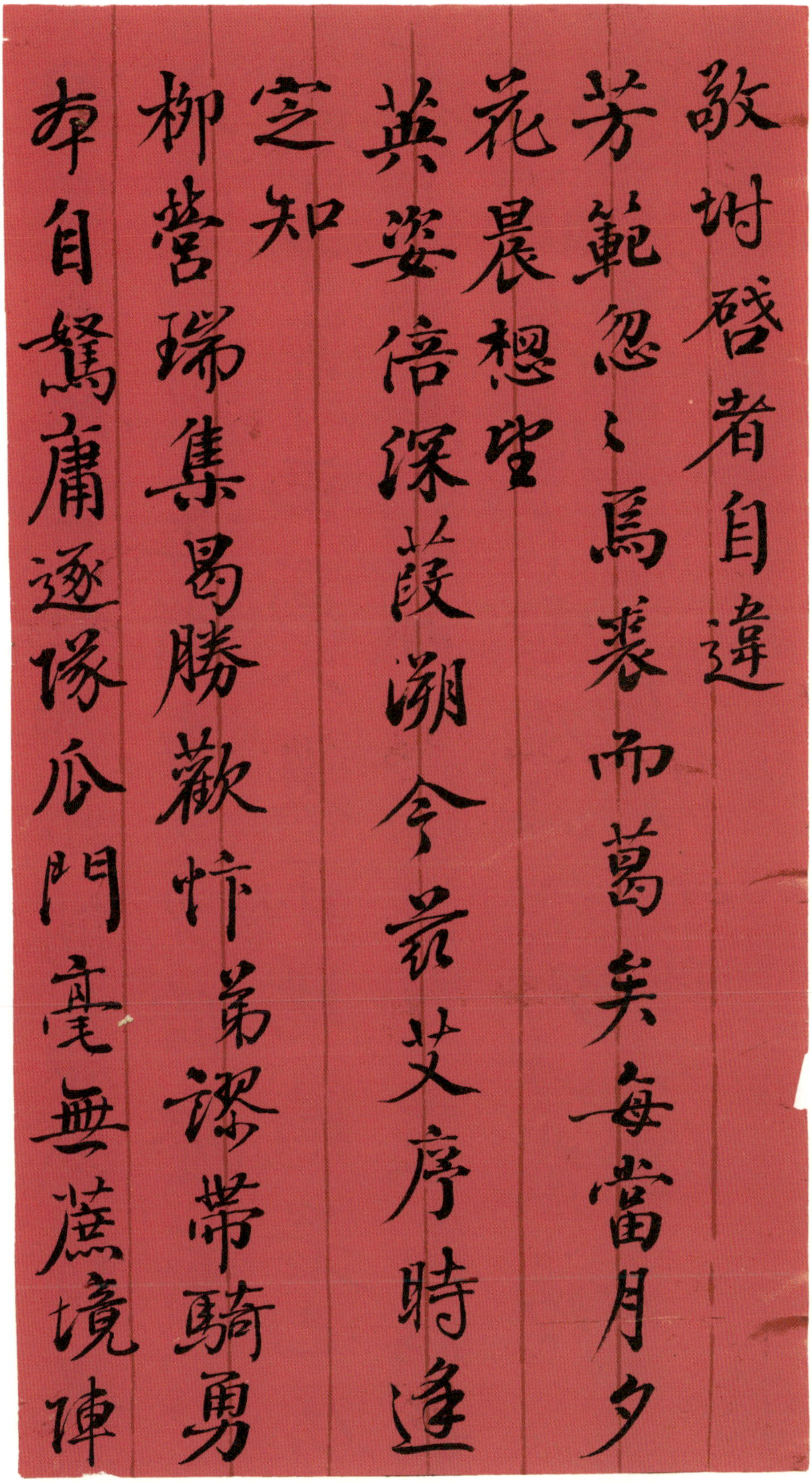

敬坿啓者自違
芳範忽忽爲裘而葛矣每當月夕
花晨想望
英姿倍深葭溯今者艾序時逢
定之知
柳營瑞集曷勝歡忭弟謬帶騎勇
奉自駑庸逐隊瓜門毫無蔗境陣

札二（1）（12.6cmx22.8cm）

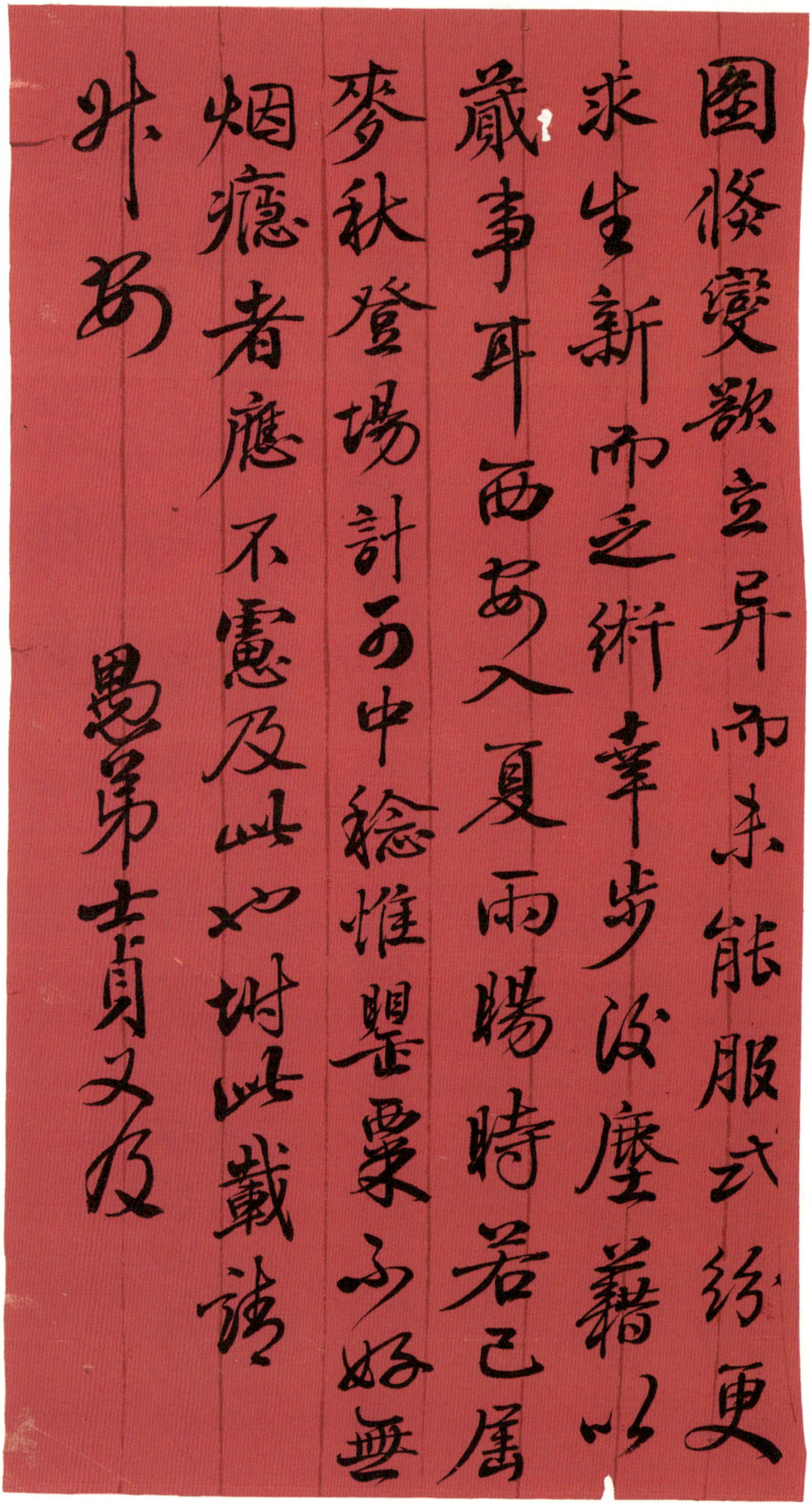
圖倏變歘立異而未能服式紛更
求生新而乏術，幸步後塵，藉以
藏事耳。西安入夏雨暘時若，已屆
麥秋登場，計可中稔。惟是曩予好無
煙癮者，應不慮及此，如坿此載請
升安
愚弟士貞又及

札二（2）（12.6cmx22.8cm）

释 文

【札一】

梦九先生大人阁下：

敬启者，远隔云山，晤教末由，近承翰墨，寄怀倍切。恭维抱澄金鉴，秀毓石麟，局外闻之，亦且得言忘象。想阁下愉快，当更多数十倍矣。行见仙掌弄珠，笑言于是堪娱老；西江洗眼，云雾那从障此翁。良由兰桂争芳，瑞气萃乎一室；表里俱澈，清光来自重瞳。所谓吉人天相，良不诬矣。远怀熊飞，曷胜雀跃。晚寄迹乐都，备尝苦况，所幸公私尚叶，大小如常，差堪告慰垂德耳。复此，敬请

文安，顺颂麟禧不备。

愚晚敬宗顿首　二十辰刻率

【札二】

敬附启者，自违芳范，忽忽焉裘而葛矣。每当月夕花晨，想望英姿，倍深葭溯。今兹艾序时逢，定知柳营瑞集，曷胜欢忭。弟谬带骑勇，本自驽庸，逐队瓜门，毫无蔗境。阵图倏变，欲立异而未能；服式纷更，求生新而乏术。幸步后尘，藉以蒇事耳。西安入夏，雨旸时若，已届麦秋登场，计可中稔。惟罂粟不好，无烟瘾者，应不虑及此也。附此，载请升安。

愚弟士贞又及

曙色微露的武昌与陇头

——静宁籍湖北陆军第三中学堂学生李宝善致乡友吴锦江书札五通（1909—1911）

宣统元年（1909）秋，近百名甘肃青年告别家乡，跋山涉水经由陕南赴武昌，考入湖北陆军第三中学堂。通过阅读笔者伯曾祖父玉山公（名宝善）自武昌写给家乡学友吴锦江（字文波）的这组书札，可以隐约看到两年后甘肃健儿在武昌炮火中冲锋陷阵的身影和当时陇上乡村教育的现状。

武昌起义，那一群陇上年轻人

对现在的人来说，那场一百余年前改变了中国命运的武昌起义，似乎与偏居西北内陆的甘肃没有什么关系。但近年来的研究表明，当时有近百名就读于湖北陆军第三中学堂的甘肃籍学生，加入起义队伍，在血与火的洗礼中，书写了陇上热血男儿参与共和创建的历史篇章。

那么，为何会有这么多甘肃籍学生远赴武昌求学呢？原来，甲午海战及日俄战争后，遭受惨败的清政府“师夷长技以制夷”，通过废除科举、兴办学堂，仿效日本建立了陆军小学堂、中学堂、兵官学堂和大学堂四级新式陆军教育体系。其中陆军小学堂各省皆建办一所，陆军中学堂在全国建办四所，即北京清河、陕西西安、湖北武昌和江苏南京，隶属陆军部军学司。在这种情况下，许多曾寄望于科举出仕的有志青年转而投笔从戎，进入各级陆军学堂，以期报效国家、一展抱负。创办于光绪三十年（1904）八月的甘肃武备学堂（在兰州，两年后改为甘肃陆军学堂，1912年改为甘肃陆军小学堂，次年停办），就是甘肃（当时包括今青海、宁夏）第一所新式陆军小学堂，由后来因治疆而闻名的杨增新任总办。1909年秋，全国四所陆军中学堂除陕西第二中学堂尚未建成外，其他三所同时建成并开始招生。为了给陕甘两省陆小毕业生提供平等机会，他们被破例划入湖北陆军第三中学堂招生范围，于是这批考入者就成为该学堂首批学生，与武昌城的革命志士们风云际会了。

在校期间，该学堂学生在中外籍教员（外籍教员以日本籍为主）的教育下，系统接受了新式的学科（普通知识及军事理论常识）和术科（各种军事训练技术）两方面的学习和训练，再加之革命思想的传播、秘密社团的活动和对时政新闻的关注，其中绝大部分学生转变为有现代意识的新型军人，并在以后的武昌起义中义无反顾地加入推翻清王朝的行列，成为清政府为自己培养起来的掘墓人。

资料表明，起义发生时，陆军第三中学堂的学生有千人之众，其中包括甘肃籍学生在内共有700多人参加了起义。他们"积极参与组建学生军，并担任队长、排长和教练，为学生军提供了基干人才。学生军成立后，协助军政府维持秩序，保卫后方，支援前线，同时担当军械库、军储局、藩库、官钱局等重要地区的守备工作"（《武昌陆军第三中学堂暨陆军第二预备学校纪略》）。另据张丹《清末陆军第三中学堂研究》（以下简称张文）称："战事紧张时，学生军更是一度冲在前线，并为此牺牲了宝贵的生命，可见这一活跃的学生力量在推动全国革命形势的发展中起到了不可忽视的作用。"

张文所附《陆军第三中学堂部分学生情况一览表》，是在大量文献基础上搜集整理出来的，但名单只有包括何应钦、唐生智、刘峙、李品仙、何健、贺耀祖等后来成为国军名将和地方大员者共132人，其中甘肃籍学生18人（含青海4人、宁夏1人），平凉籍学生仅静宁王屏翰一人。除这132人外，那些当年冲锋在武昌城头甚至牺牲了宝贵生命的热血青年，大都成了被人们遗忘的无名英雄。好在这组书札可帮助我们进一步了解这批甘肃籍学生的具体人数以及在学堂期间的学习生活状况。

这组书札，是笔者伯曾祖父玉山公（1883—1943）写给老家静宁县威戎镇的私塾同学吴锦江的。宣统元年（1909）秋，以廪生身份刚从甘肃陆军学堂毕业的玉山公，考入湖北陆军第三中学堂，与吴锦江先生鱼雁往返，不经意间给我们留下了有关该学堂，特别是甘肃籍学生的珍贵信息。根据内容推断，札一写于其刚刚入学后的1909年秋，札二、札三分别写于1910年三月和初冬，札四、札五分别写于1911年春季和五月。

目前，研究者们对参加武昌起义的甘肃（包括今青海、宁夏）籍学生人数，一说100多名，一说120名，但都缺乏实证。而这组书札，则为我们提供了第一手的准确证据。札一称："弟于本月初八考入堂内，初十即上课。同弟去者，共有九十余名，收入者八十名，未收入者十二名。收入者二年毕业，又升入兵官学堂。"从这段话可知，甘肃陆军学堂毕业生赴考湖北陆军第三中学堂者共92人，于1909年八月初八（阳历

9月21日）经过严格的笔试和体能检查，录取80人，未录取12人，两天后正式开课。张文称：当时“云南陆军小学堂第一期生毕业六十八人，试验后取四十二人”，可见甘肃籍学生的总人数和录取率都远高于赫赫有名的“滇军”，这也从一个侧面证明了甘肃陆军学堂的教学质量之高和杨增新总办的办学水平之卓越。

另据张文介绍，该学堂1909年开办，1911年武昌起义后停办，学制二年，下达每年招生名额440名，两个年级总额880名。那么，为什么有研究者提出武昌起义爆发时该学堂学生有千人之众，并有700多人参加了起义呢？遍查现有资料，都语焉不详。在此，我们不妨大胆推测：1909年，因陕甘两省陆小毕业生的投考，势必会挤占湘鄂云贵桂诸省划片招生440名的名额，所以陆军部极有可能在此基础上为陕甘两省另增名额（相当于现在的扩招），即给甘肃核定了80名，陕西可能略多，这样加起来该年共招生600余名。这与札二“至于弟学堂内，共分四队，每队分四排；四队约六百余人”的表述高度吻合（如按每排40人算，共640人）。而次年，陕西第二陆军中学堂建成招生，该学堂就可以按计划只招收南方诸省学生440名，两个年级加起来，刚好是“千人之众”。

从这组书札的落款和内容看，在这些甘肃籍同学中，与吴锦江熟稔的同乡好友除玉山公外，还有王屏翰（字价侯，静宁人，文献有零星记载）、程少伊（系庄浪县赵墩乡倒回沟人）、姚祖柳（疑为静宁县城姚氏）、陈锡蒲（静宁县仁大乡南门村人，字瑞卿，曾任陆军管带）。同时，札二还详细介绍了他们分队的情况：“弟在三队十一排，程先生在三队十二排，王价侯在一队二排，相去均不甚远。功课余闲，亦可相会接谈。”吴锦江作为偏乡僻壤的蒙学教员，其所交往的读书人大概不出以威戎为中心的方圆百里。就这么小的地方，其所熟知者就有5人在该学堂求学。另据平凉有关史料，庄浪杨尊一、静宁刘耀曾也是该学堂学生，且都参加过武昌起义。这样加起来，平凉在该学堂求学并有姓名可考者至少有7人。

关于在校情况，札三称“弟堂中功课，现加马术一门，每一星期习学骑马一次，时事一面”，可知马术是入学第二年才增加的，且开设时事课程，旨在引导学生关注时局动态，这也正是培养新型军人所必须的。札四内容更丰富一些，有寒假的具体日期（腊月二十至正月初十），这些远在异乡的陇上学子，山川遥阻，不能回家团聚，过年时只能“同乡共在一处，互相笑语，究不若我地度岁十分之能热闹也”，这看似寻常的一句话，却暗含着游子们“每逢佳节倍思亲”的深情和无奈。特别还写清了毕业时间和去向，“价侯等在今年五月，玉山等在今年腊月。毕业之后，均须入伍，或在湖北陆军内，或在直隶陆军内不定。入伍五月，然后升入兵官（学堂）”。写札五时，已是王屏翰、陈锡蒲考毕卒业的五月（阳历6月）了，二人“放假一月，再升保定兵官学堂”，这与张文“该学堂共三期学生，第一期学生于1911年6月毕业”完全一致。可为什么同时入校的学生被分成两期毕业呢（1910年考入者当是第三期学生）？至今未见有资料做合理解释，这或许是缓解扩招的负担，也或许是军队急需人才的权宜之计吧。而程少伊（以“亲翁”称，似有姻戚之约）却因病告假回家。此时，距武昌起义只有4个月，其后来是否病愈回校，是否和同学们一道参加了起义，已不得而知。

从这组书札可以看出，陆军第三中学堂学生十分关切时事，札三称：“弟间亦阅报得悉，日本自并朝鲜后，日日与俄以谋略东三省为事。故东三省之人民日受其外人之狡横，想欲抵其协力。迩来公举代表，急请于朝廷，速开国会，以之增民权而同思补救也。”札四称：“惟日俄两国，日恃强力，垂涎我东三省，以苛虐我人民，惟是东三省人民受其凌辱者，亦复不浅。全望他日陆兴海振，挫彼锐锋，以扩张我权力。此我辈之所切望，亦系天下人之公望也。”虽然是给友人转述新闻，但关心国家前途命运的心情却十分迫切，于不经意间也议论风生，足见书生意气。这不仅与学堂开设时事课程有关，更与教员中的留日学生和国内新式学堂毕业生平时给学生传播革命思想有关，张文称：“学堂学生在起义之前，就各自组成一些进步的小团体暗中进行反清宣传，如文学社、滤怀诗社、竞存社等。”正是有了这种思想基础，所以当武昌起义一声炮响，陆军第三中学堂无论是已经毕业的第一期学生，还是在校的二、三期学生，都群起响应，齐赴火线。

在80名甘肃籍学生中，著名人物有在蛇山战斗中牺牲的狄道人张钰，有起义成功后参加陕西革命军东征的天水人马守常，有在黄鹤楼上升起起义旗帜并作为甘肃代表参加黎元洪军政府成立典礼的兰州人张宗海，当然也有书札中提到的静宁人王屏翰等。

虽然王屏翰在《静宁县志》中没有记载，但综合各种资料，可以大致勾勒出其最后的人生绝响。武昌起义爆发后，已到保定陆军兵官学堂就读的王屏翰等多人，返回学校与二、三期同学一道参加战斗。起义成功后，全国大多数省陆续通电响应，只有甘肃等4个省仍抱残守缺、效忠清室。接受了革命洗礼的甘肃学子们纷纷回家，准备在甘肃举事。王德立、马守常、王屏翰等7名甘肃籍学生军代表自武汉出发，与接受黄兴密令回陕驰援张凤翙革命军的保定陆军兵官学堂教员雷崇修（陕西周至人，日本东京陆军士官学校骑兵科毕业）及50名保定军校生在郑州会合，冲过重重险阻，于

12月6日抵达潼关，即紧急投入陕西革命军与清军的激战。经其东路军统领张钫的极力挽留，授雷宗修为总参谋长，王屏翰等57名军校生全部被安排到各营各标，一时指挥有方，连挫清军。后因清廷派装备精良的北洋军增援，战事失利，革命军内发生哗变，雷宗修和王屏翰等10多名学生军均壮烈牺牲。

就在王屏翰牺牲时，玉山公和多数参加了武昌起义的甘肃籍学生已踏上返乡之路，相机举事；而王屏翰和玉山公的私塾学友受庆龙，正在上海秘密联络两湖同乡会，策划赴甘肃秦州（今天水）劝湘人黄钺起义的事了。

武昌起义，那一群陇上年轻人，不论后来走过了怎样的人生，或英雄，或高官，或布衣，都已经成了古人。作为家乡的后之来者，我们应该记住他们，哪怕仅仅是一个失散了的名字，也都是我们甘肃人曾经的光荣和骄傲。

欲开风气在蒙师

笔者伯曾祖父玉山公致吴锦江先生的这组书札，还得花开两朵，另表一枝，这里就品读一下清代末年甘肃乡村教育状况和接受了新式教育的读书人对启蒙教育的看法。

清代末年，在西学东渐和外来势力强力介入的情况下，内忧外患的清政府不得不考虑洋务派重臣的奏请，于光绪三十一年（1905）开始，停止科举，以便推广学堂，咸趋实学。至此，延续了1300多年的科举制终于退出历史舞台。次年，清廷诏令学务大臣迅速颁发各种教科书，各督抚实力通筹，府、厅、州、县尽快于城乡各处遍设蒙学堂，作为教育体系中最基础的新式教育。

其实，清政府在正式废除科举之前，也相当审慎地出台过由科举制度向新式教育过渡的办法，如1901年9月颁旨："著各省所有书院，于省城均改设大学堂，各府及直隶州均改设中学堂，各州县均改设小学堂，并多设蒙养学堂。"不过，"其教法当以四书五经、纲常大义为主，以历代史鉴及中外政治艺学为辅"，这虽然属于换汤不换药的改革，但明确了省、府、县三级的学校层次。次年，又接着颁布了《钦定蒙学堂章程》，即"壬寅学制"，将学校分为七级，即从蒙学堂始，依次为小学堂、高等小学堂、中学堂、高等学堂、大学堂、大学院。

且看废科举六七年之后的静宁县威戎镇教育状况。威戎，自古为静宁中部大镇，人文较为发达，金代曾一度立县，并首开静宁官办教育的先河（时威戎县令任天宠"以废署建文庙学舍”），城池直至20世纪60年代才被拆除。所以，在静宁县城开设小学堂的同时，如要“多设蒙养学堂”，则古镇威戎首当其冲。写于宣统三年（1911）春季的札四说：“兄去岁馆设蒙学，弟等知《蒙学章程》，一年必退换教员一次。兄以沉着笃实之学，循循自能善诱，谅能相留多教授几日。”从一句“兄去岁馆设蒙学”，尚无法判断威戎的蒙学堂是否为前一年所设，因为朝廷制定的《蒙学章程》规定其“一年必退换教员一次”，所以，吴文波究竟是创办时的第一任教员，还是接任被退换了好几任的新教员，不敢妄语（写信的玉山公不会想到百年之后，这句话让小子我大费周折）。但完全可以断定，至迟在宣统二年（1910）威戎就有了属于政府义务教育的蒙学堂了。说义务教育，是因为它不是私塾，教员的薪水必由官方供给，否则政府就没有权力每年考核和退换教员。同时，分析“谅能相留多教授几日”，可知这个蒙学教员即使有沉着笃实之学，且能循循善诱，但要保住这个饭碗也是岌岌可危。由此可见，那时的官员和百姓对教育的敬畏，真可谓“误人子弟，如杀人父兄”，来不得半点马虎。

虽然当地官民历来重视教育，但由于长期受科举制度的熏染，加之闭塞落后，难得有新思想新知识荡除旧习，所以其文化氛围正如同年五月所写的札五所称：“我地风气犹未大开，人人惮于从新，不敢令子弟入学堂，以为不久八股可复。”试想，废除科举已经七年，距大清覆亡已不足半年时间了，人们还因寄望于“八股可复”，而不敢让子弟到新式的蒙学堂读书（可见此时是新学堂与私塾并存）。甚至“有谓学堂为洋学堂，入洋学堂必为洋人”的一种文化恐惧，直把新式学堂视为欺师灭祖的洪水猛兽，“如此情形，仍是处一片黑暗天日之下”。

辛亥前后的年轻士子，深受儒家文化的浸染和民主思想的洗礼，普遍具有浓厚的家国情怀和道义担当。玉山公以乡下廪生而就读于武昌新式陆军中学堂，在同代人中也算是有些见识之人，自然也不例外。面对家乡如此愚昧落后的文化环境，他仍然能从“铁屋子”一般的黑暗中看到一丝亮光，这就是需要担任启蒙教育重任的人登高一呼——“兄既应授蒙学课艺，得有提倡教育之权，文学进步庶望得有萌芽”。随后，从教和学两个方面提出了希望：就教而言，“惟望循循善诱，若圣人之有教无类，使学东父老乐于送子从学”，特别是从学生和家长的切身利益出发，“使知现在时局，欲出身非入学堂不可”；就学而言，让大家切实体会到新学堂的好处后，“我地富家聪颖子弟得由蒙学而入小学，由小学而升入中学、大学，一时文化庶得勃兴，非惟弟与兄之幸，即为我威邑之一大幸也。是弟所窃然望之者也”。这两段话里，有一个很少见也很古雅的词：“学东父老”。看来当时的教书先生视家长为寄身的东家，尊称他们为“父老”，这不只是一种放下身段的姿态，更有一种供我衣食的感恩。这个称谓，在家长沦为弱势群体的今天，尤其令人感到亲切和温暖。

据家中长辈说，玉山公赋性严正，为人处事，一丝不苟。他对朋友是这么说的，自己也正是这么做的。自武昌起义后辗转归家未几，甘肃已迫于全国形势和秦州起义的压力通电承认共和。玉山公即赴兰州，先在周务学忠武军公所任书记员，几个月后被军政处委任为教育科额外委员，但因“我省虽云承认共和，而专制依然运动大行，是将宦海近成一大苦海，殊可痛悲”。1913年2月，“思男儿志在四方，忽有出关之想”。根据他后来在新疆给吴锦江的书札可知，起初在绥来、叶城县署办理钱谷事宜。1916年8月“蒙详请军帅杨饬委叶城县国民学校教员”，这里的“军帅杨”是指光绪三十四年（1908）从甘肃陆军学堂总办调任新疆阿克苏、乌鲁木齐等地道台的杨增新（云南蒙自人），1912年已升任新疆督军兼省长。因玉山公就读武昌之前，在甘肃陆军学堂读书，如果不算高攀的话，他与这位“老将军”（新疆各族民众对杨增新的尊称）应有一段师生之谊。任教几月后，旋被委以校长之职，虽然他在陆军中学堂学过新式的国文、史地、理化等课程，但也“只恨学识庸碌，惟恐有负青年”，看来他始终自省自励，兢兢于教书育人事业，因办学成绩突出，他还荣获“新疆省长特奖”银质奖章。直到1920年回乡，又在威戎、雷大教书课子达十余年之久。1933年，已届知天命之年的玉山公被供职于青海省政府的长子庆芬公接到西宁，又先后在西宁中学、昆仑中学担任国文、历史教员，直至1943年去世。算起来，玉山公应该是一名有27年教龄且受过省级表彰的老教育工作者了。回头看他给吴文波关于“望循循善诱”的信，这不光是对朋友的希望，也是对自己的期许。

札五最后还有“惟我地王舍棠现委差赴黑龙江，已领五千两路资就程矣”。王舍棠（1858—1915），字仲郊，号南轩，庄浪县阳川人，大挑一等举人，光绪三十三年（1907）赴武汉办两湖矿业学堂，后又历任矿政调查局、善后局会办，1911年调赴奉天调查黑龙江金矿。玉山公写信时，当是刚刚获知其调任黑龙江的消息（这个信息可纠正《庄浪史话·金陵道尹王舍棠》“辛亥革命爆发后，他携眷在北京闲居二年”的谬误）。民国以前，一个在外地做官的人，其府上基本上都会自然而然地承担起家乡驻此地会馆的义务，聚集一批各行各业的同乡，为大家力所能及地提供聚会就餐、钱物资助等，尤其对在此求学的学生还有训导、交流和举荐谋职的责任。想来当时在武汉（包括武昌）的平凉籍学生们，也一定会是王舍棠府上的常客了。从玉山公第一时间获知其履新的职位和路资，可知这位后来又回南京做到金陵道尹的乡前辈对旅鄂的家乡学子们，还是多有照拂、教导，而且无话不谈的吧。这大概也是战国时期公侯们养士的孑遗，颇有古风。像王舍棠在武汉与家乡学子的交游，又何尝不是对家乡教育事业的一种贡献呢？

另外，关于札四开头祝贺吴锦江先生“弄璋之禧”，虽多礼仪套语，但也足见二人交谊之深，语出真诚。20余年前，笔者因编纂伯祖父庆芬公诗文集，曾在老家拜访过吴锦江长子吴镇东先生，这位当年被尚未谋面的义父寄望于“来朝虎啸闻啼”的婴孩，已是年过八旬的垂垂老翁，他终其一生也从未“虎啸”，倒是因被打入另册而“闻啼”不已。这个不说也罢。

参考资料：

1. 张丹《清末陆军第三中学堂研究》（陕西师范大学硕士学位论文，2016年）

2. 陈建中《清末陆军四级制军事学堂体系研究》（国防科学技术大学硕士学位论文，2008年）

3.《武昌陆军第三中学堂暨陆军第二预备学校纪略》（《湖北方志》2008年第4期）

4. 张蕊兰主编《辛亥革命在甘肃》（甘肃文化出版社，2011年9月第1版）

5. 王文元《一群被遗忘的英雄：百名甘肃青年参加武昌起义》（《兰州晨报》2013年11月2日）

6. 平凉市地方志编纂委员会《平凉地区志》（中华书局，2011年3月第1版）

7. 贾晨光、魏俊舱主编《庄浪史话》（甘肃文化出版社，2008年10月第1版）

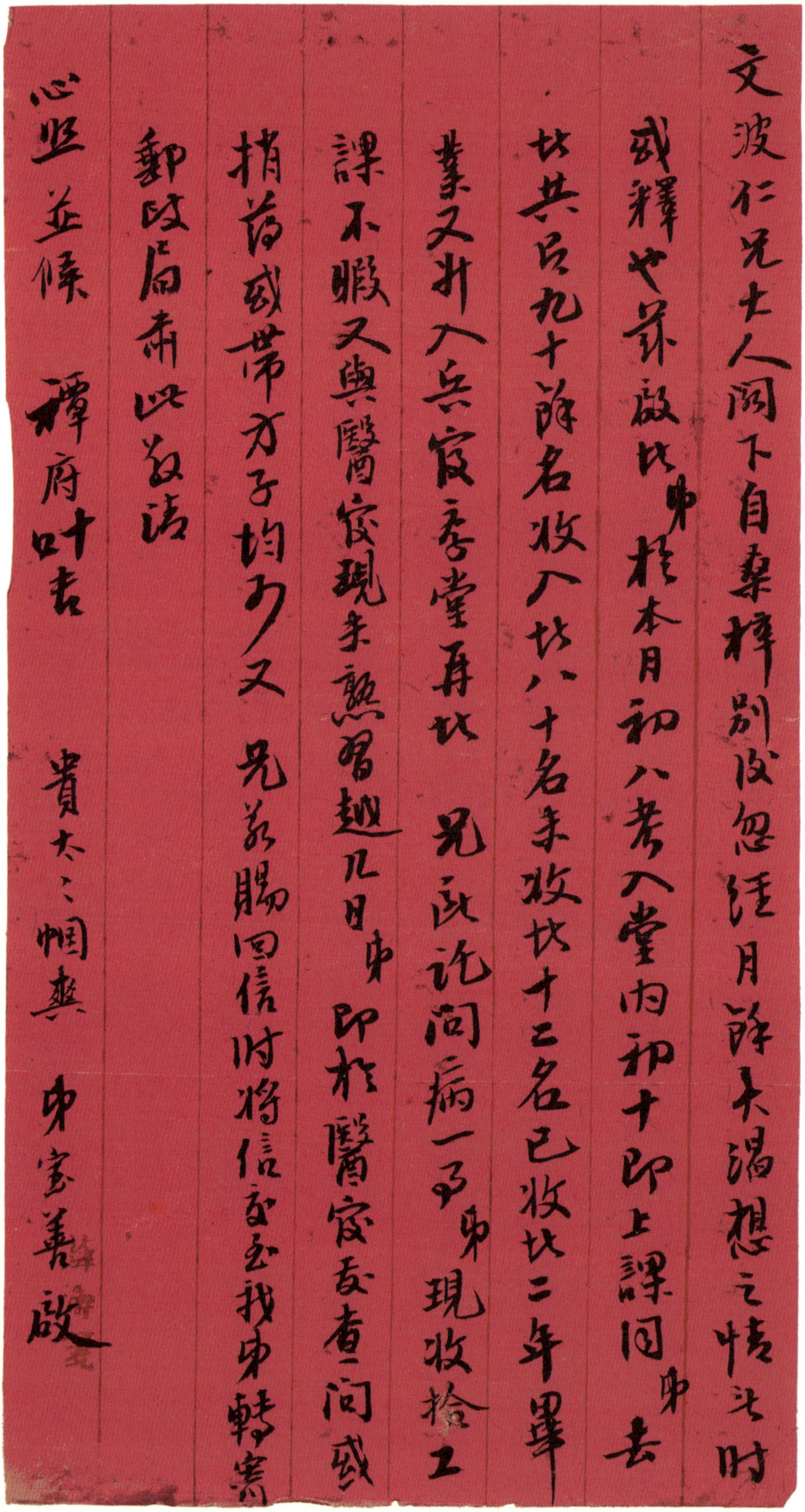
文波仁兄大人閣下自桑梓別後忽經月餘大渴想之情此時
或釋也弟啟者弟於本月初八考入堂內初十即上課同弟去
考共有九十餘名收入者八十名來收者十二名已收者二年畢
業又許入兵官學堂再者　兄所托問病一事弟現收拾工
課不暇又與醫官現未熟習越幾日弟即於醫官處查問或
稍有或帶方子均可也又　兄若賜回信時將信交至我弟轉寄
鄉陵局來此爲荷
心照　並候　譚府叶吉　貴太太惆興　弟宗善啟

札一（11.9cmx22.2cm）

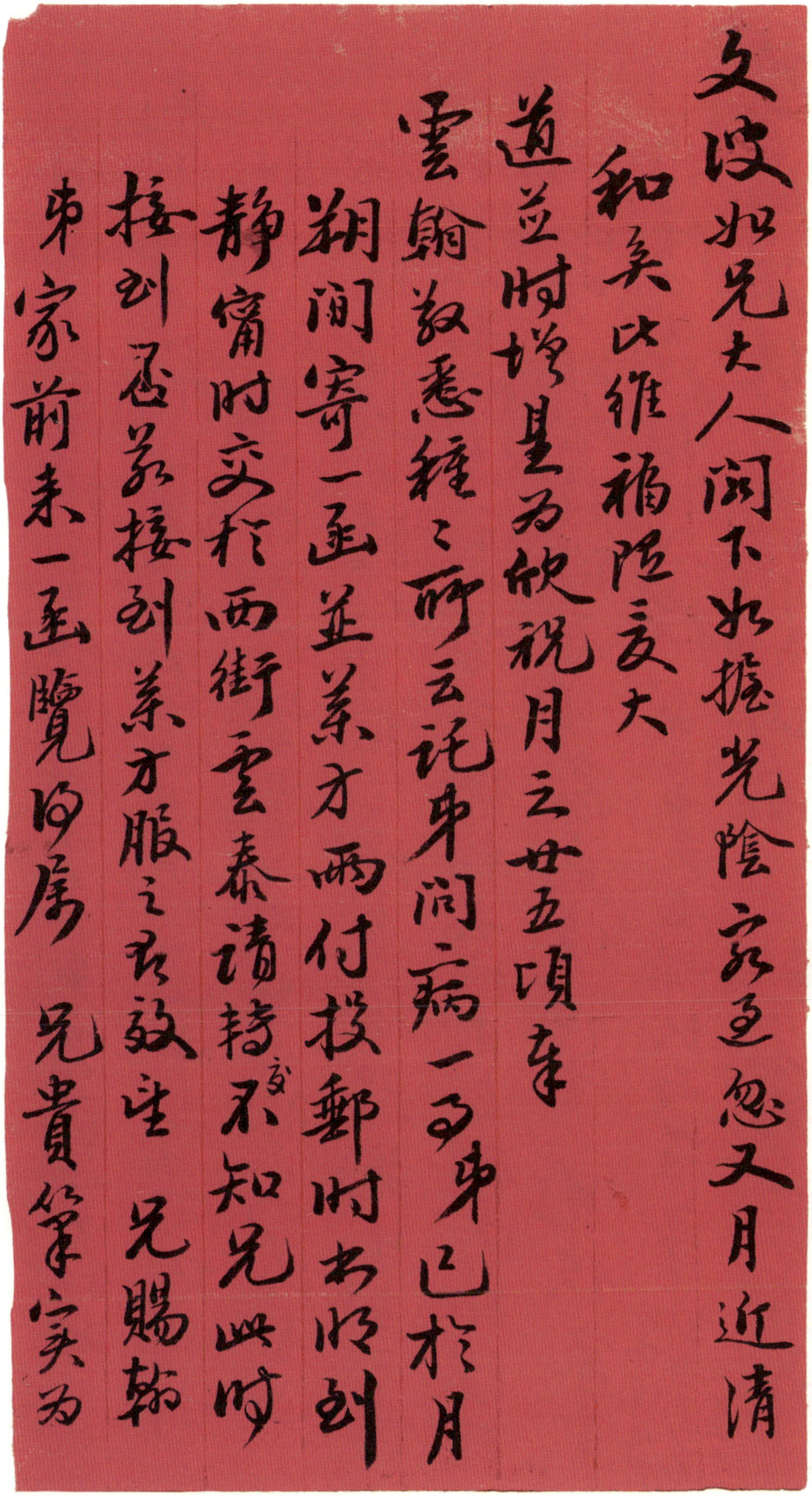

文波如兄大人阁下别握光阴迅速忽又月近清和矣比维福随安大道并时增是为欣祝月之廿五顷奉云翁数悉种种所云托弟问病一函弟已于月翔阁寄一函并菜刀两付投邮时书将到静甯时交于西街云泰请转交不知兄此时接到否前接到菜方服之甚效生兄赐翰弟家前来一函览悉兄贵笔实为

札二（1）（11.7cmx21.4cm）

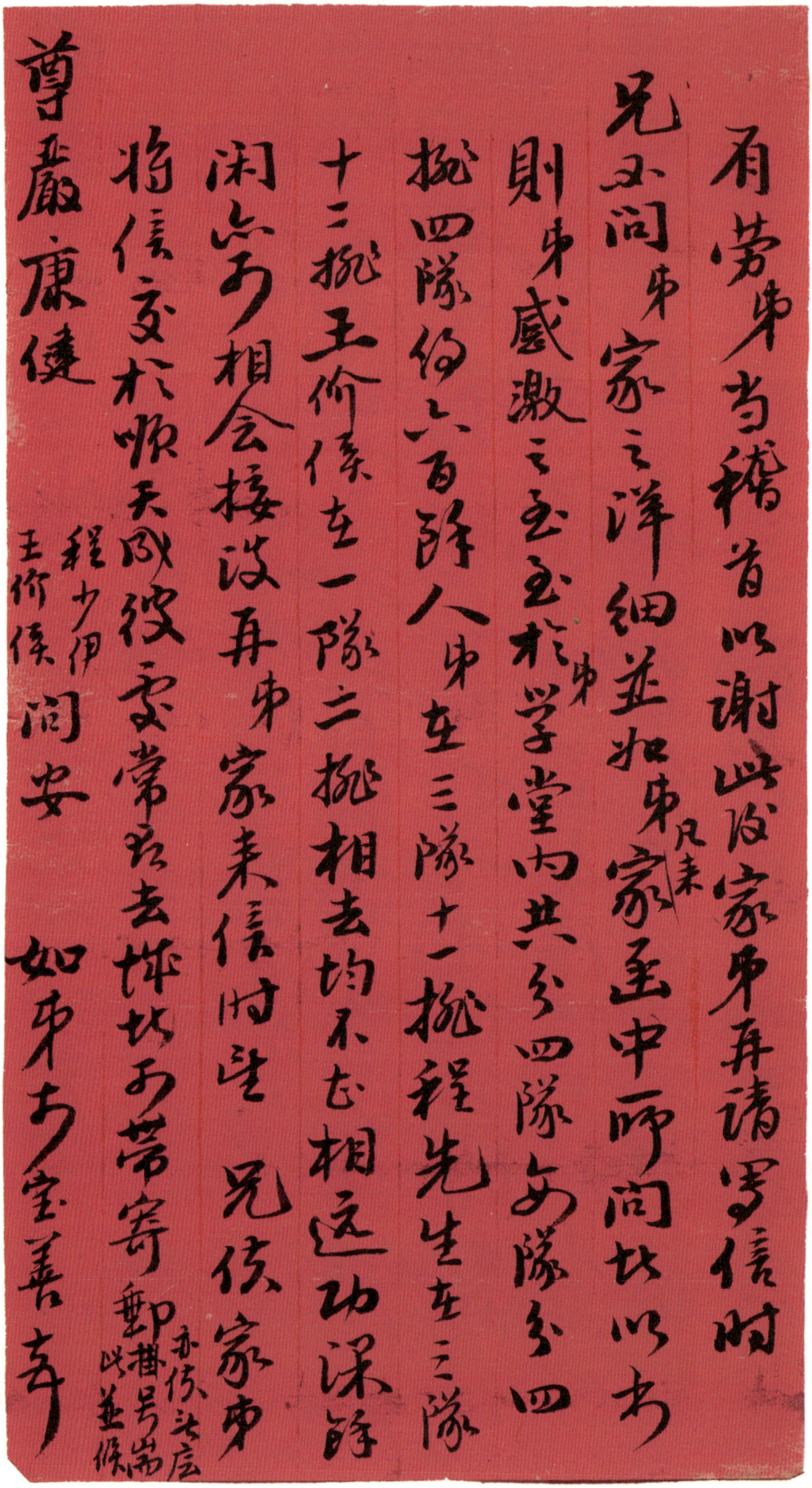
有劳弟当稽首以谢此段家弟再请写信附
兄处问弟家之详细并知弟凡来家至中师问状以为
则弟感激之至至于弟学堂内共分四队每队分四
棚四队约六百余人弟在三队十一棚程先生在三队
十二棚王价侯在一队二棚相去均不太相远功课余
闲亦可相会接谈再弟家来信附呈兄候家弟
将信交于顺天风役处常请去接收可常寄邮亦依此法挂号尚此并候
尊严康健 程少伊 王价侯 问安 如弟方宝善奉

札二（2）（11.7cmx21.4cm）

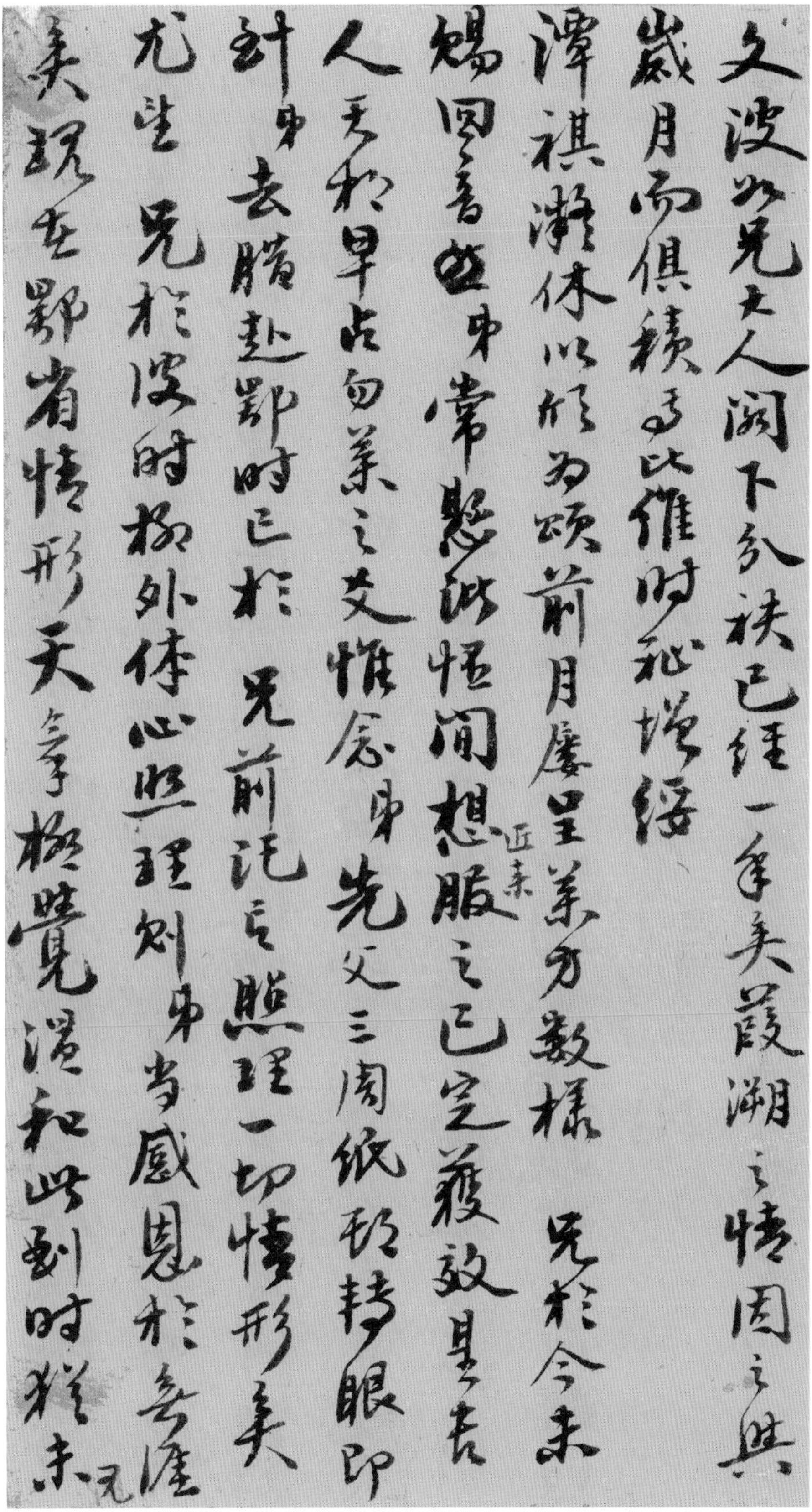

札三（1）（11.9cm×21.5cm）

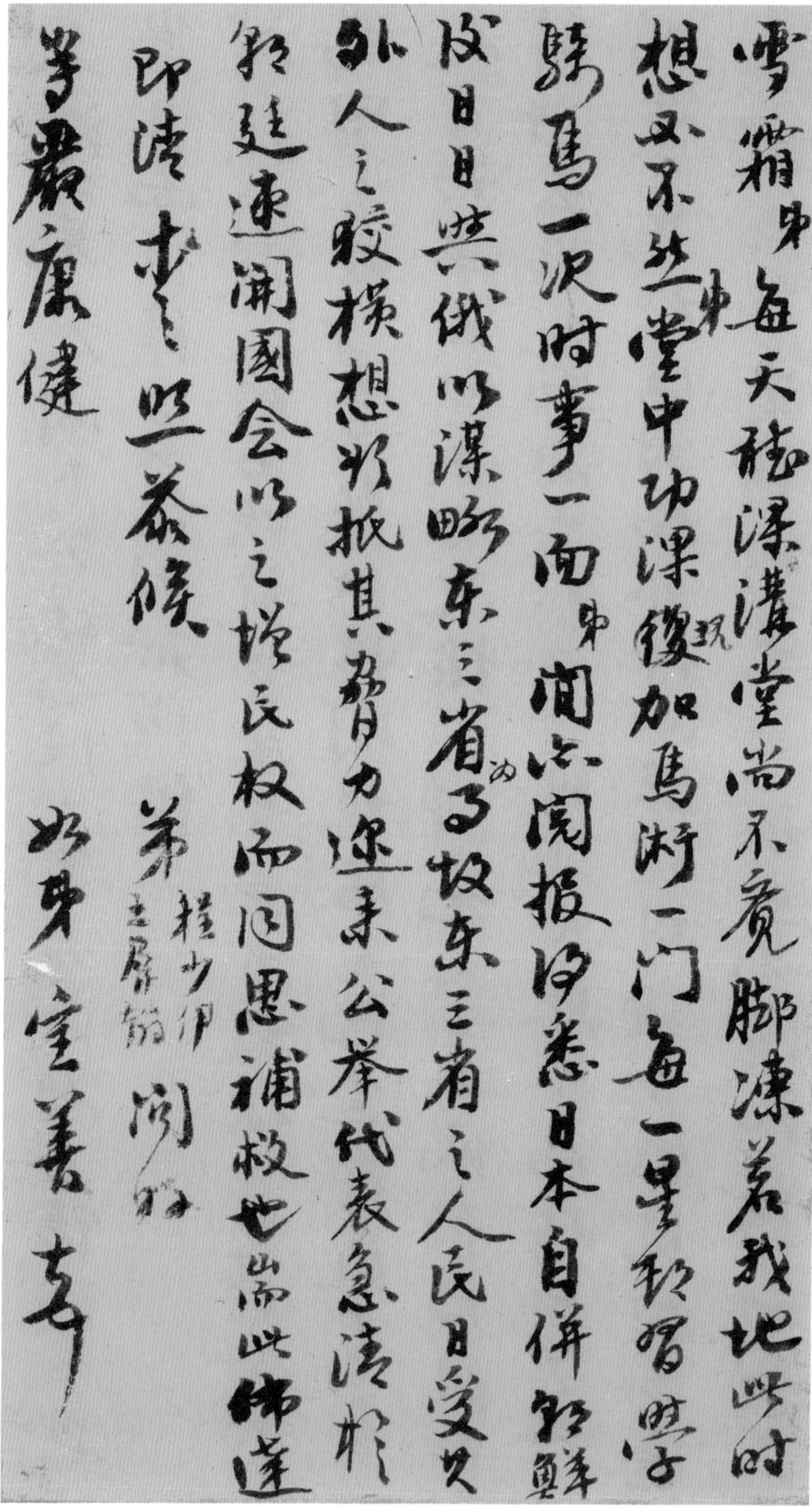

札三（2）（11.9cmx21.5cm）

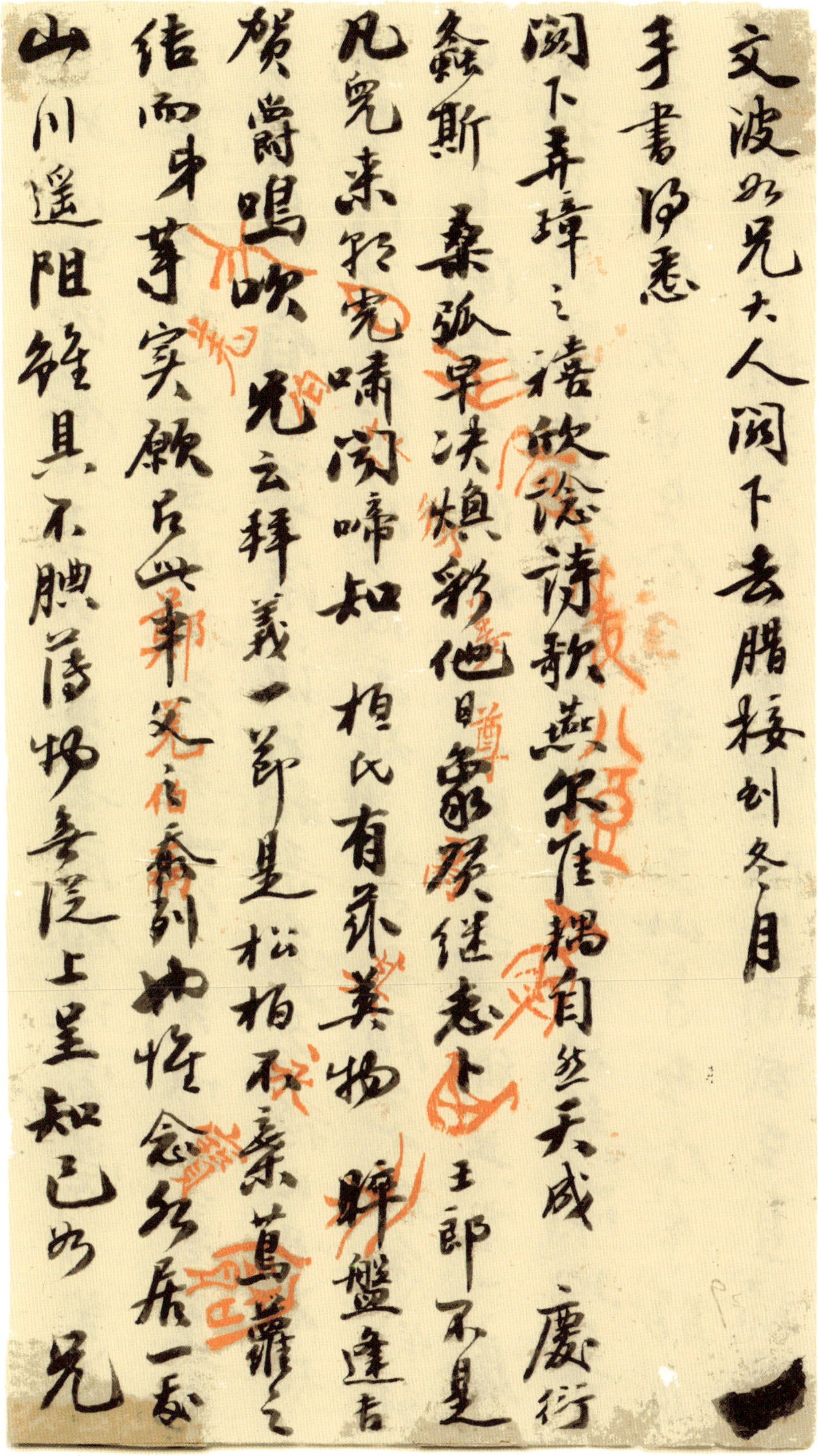
文波如兄大人閣下　去臘接到　冬月
手書　備悉
閣下弄璋之禧　欣諗　詩歌燕爾　佳耦自然天成　慶衍
螽斯　桑弧早決　熊羆他日　鵷鷺繼起　王郎不是
凡兒　來於兒啼閣啼如　相氏有孫英物　晬盤逢吉
賀當時鳴吹　兄云拜義一節　是松柏不彫　蔦蘿之
結而身荐實歟　丘嫂　弟　兄台乔刻中　懷念紛居一歲
山川遥阻　雖具不腆薄物　無從上呈　知己如　兄

札四（1）（12.6cmx22cm）

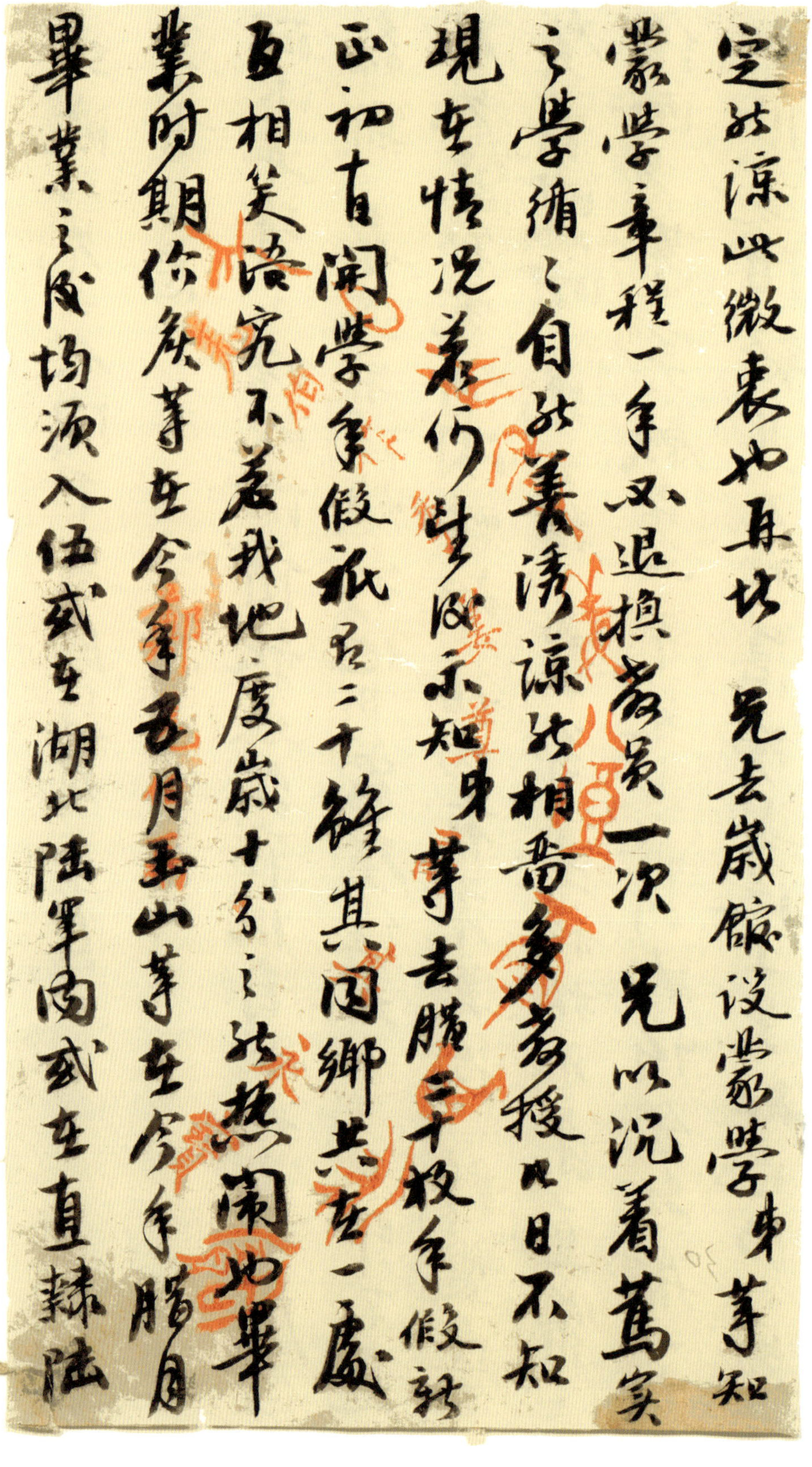

定能諒此微衷如再忙　兄去歲館設蒙學弟等知
蒙學章程一年又退換教員一次　兄以沉着篤實
之學循循自能善誘諒能相當多教授以日不知
現在情況若何學生收否不知弟等去臘二十放年假新
正初有開學年假祇有二十餘其同鄉共在一處
互相笑語究不若我地度歲十分之於熱鬧也畢
業時期係矣弟等在今年五月玉山等在今年臘月
畢業之後均須入伍或在湖北陸軍團或在直隸陸

札四（2）（12.6cmx22cm）

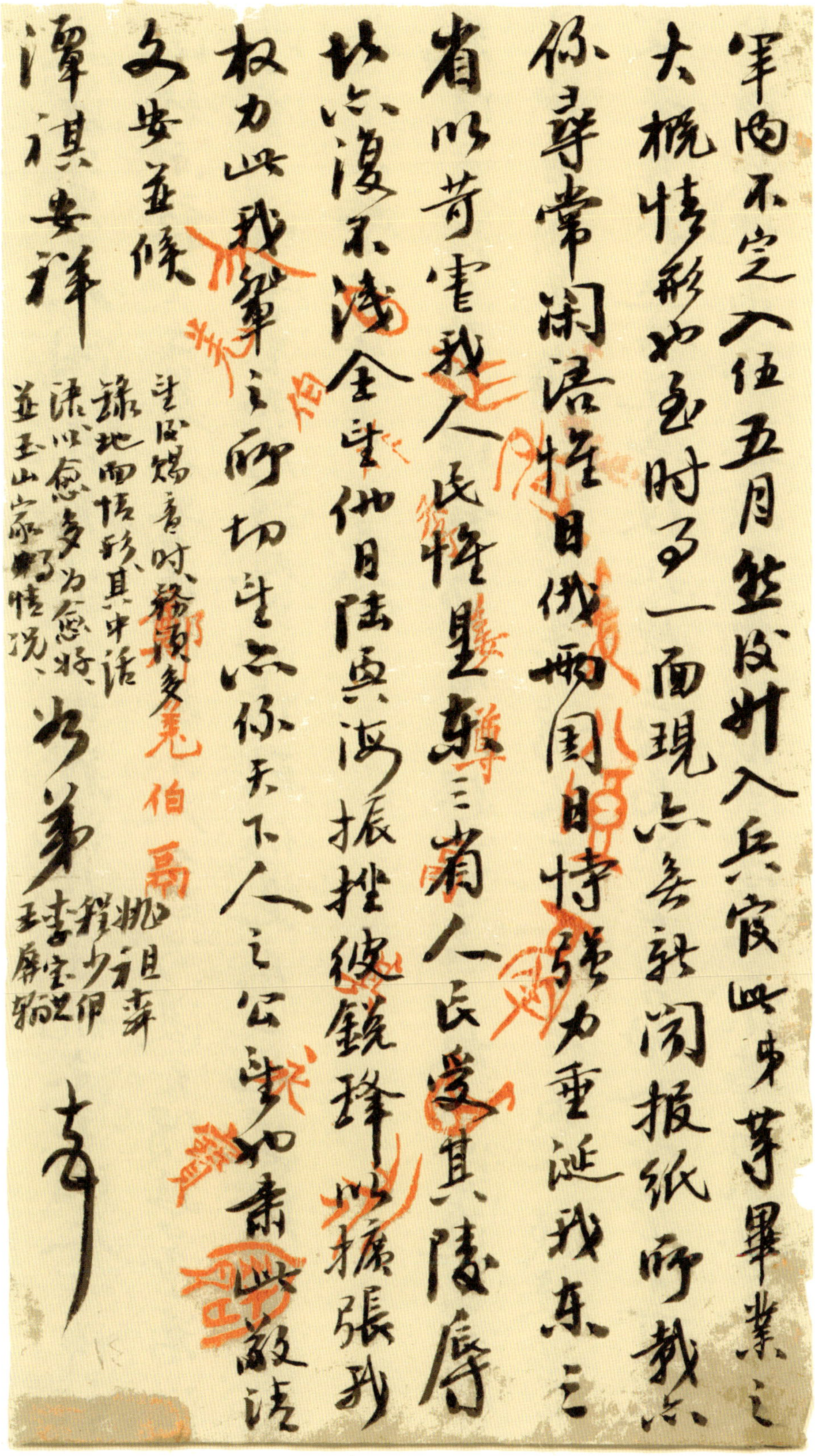

軍尚不定入伍五月然後再入兵官此中等畢業之大概情形如此時多一面現亦多親閱报纸所載亦係尋常閑話惟日俄兩国日恃强力垂涎我東三省以苛虐我人民惟是東三省人民受其陵辱故亦復不淺全望他日陸與海振挫彼銳鋒以擴張我權力此我輩之所切望亦係天下人之公望如肅此敬請
文安並候
潭祺安祥

望時錫書時、務須多錄地面情形、其中話語以愈多為愈好、並玉山家鄉情況、

小弟 姚祖彝 程少伊 李寶甘 王屏藩 上

札四（3）（12.6cmx22cm）

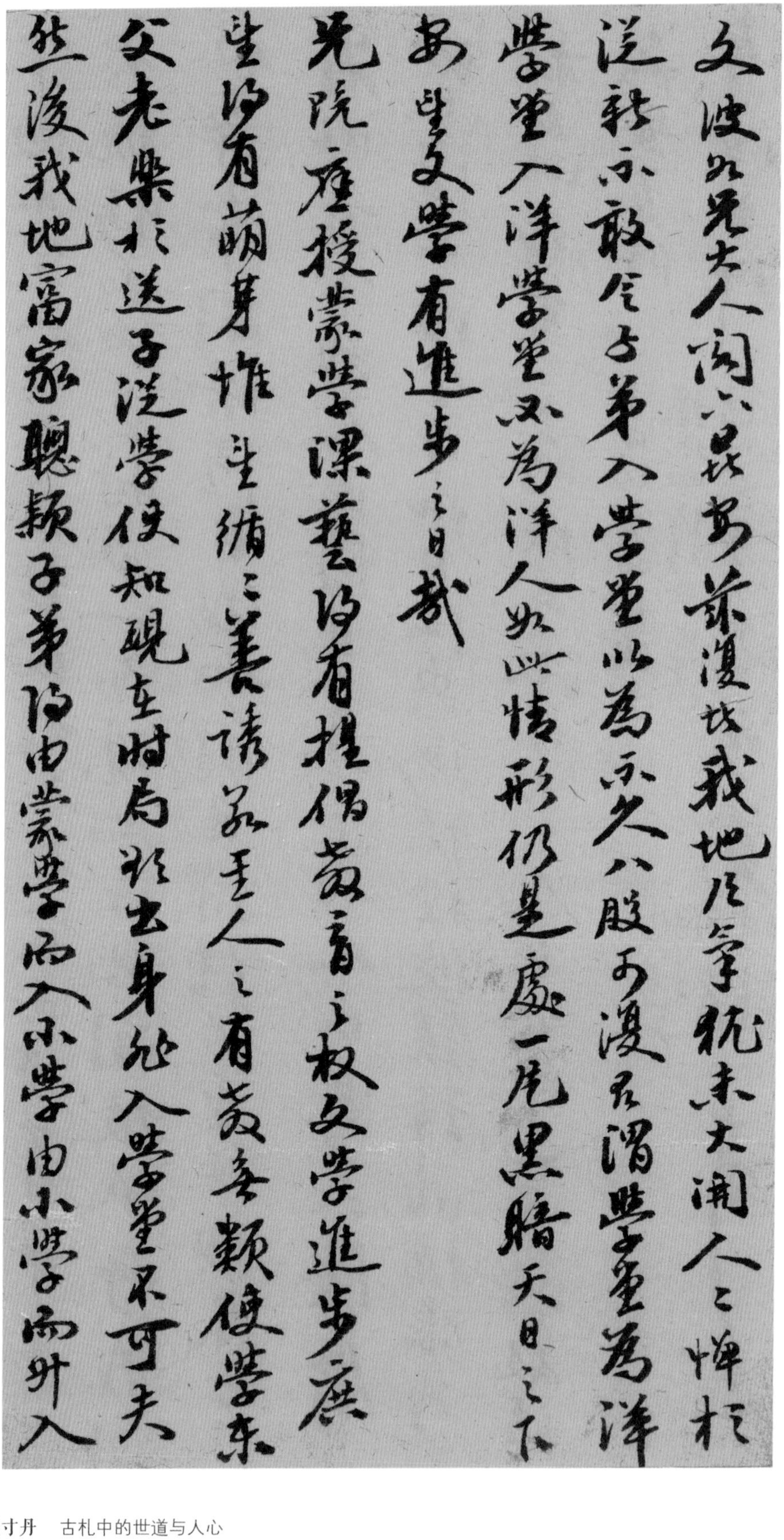

文波如兄大人閣下敬[illegible]復於我地凡學猶未大開人之悍於
從我亦不敢令子弟入學堂以為亦失八股可復君謂學堂為洋
學堂入洋學堂必為洋人如此情形仍是處一片黑暗天日之下
安望文學有進步之日哉
兄院座授蒙學課藝乃有提倡蒙童之校文學進步庶
望仍有萌芽惟望循循善誘務使人人有蒙養頗使學業
父老樂於送子從學使知現在時局非出身於入學堂不可夫
然後我地富家聰穎子弟仍由蒙學而入小學由小學而升入

札五（1）（12cm×22.1cm）

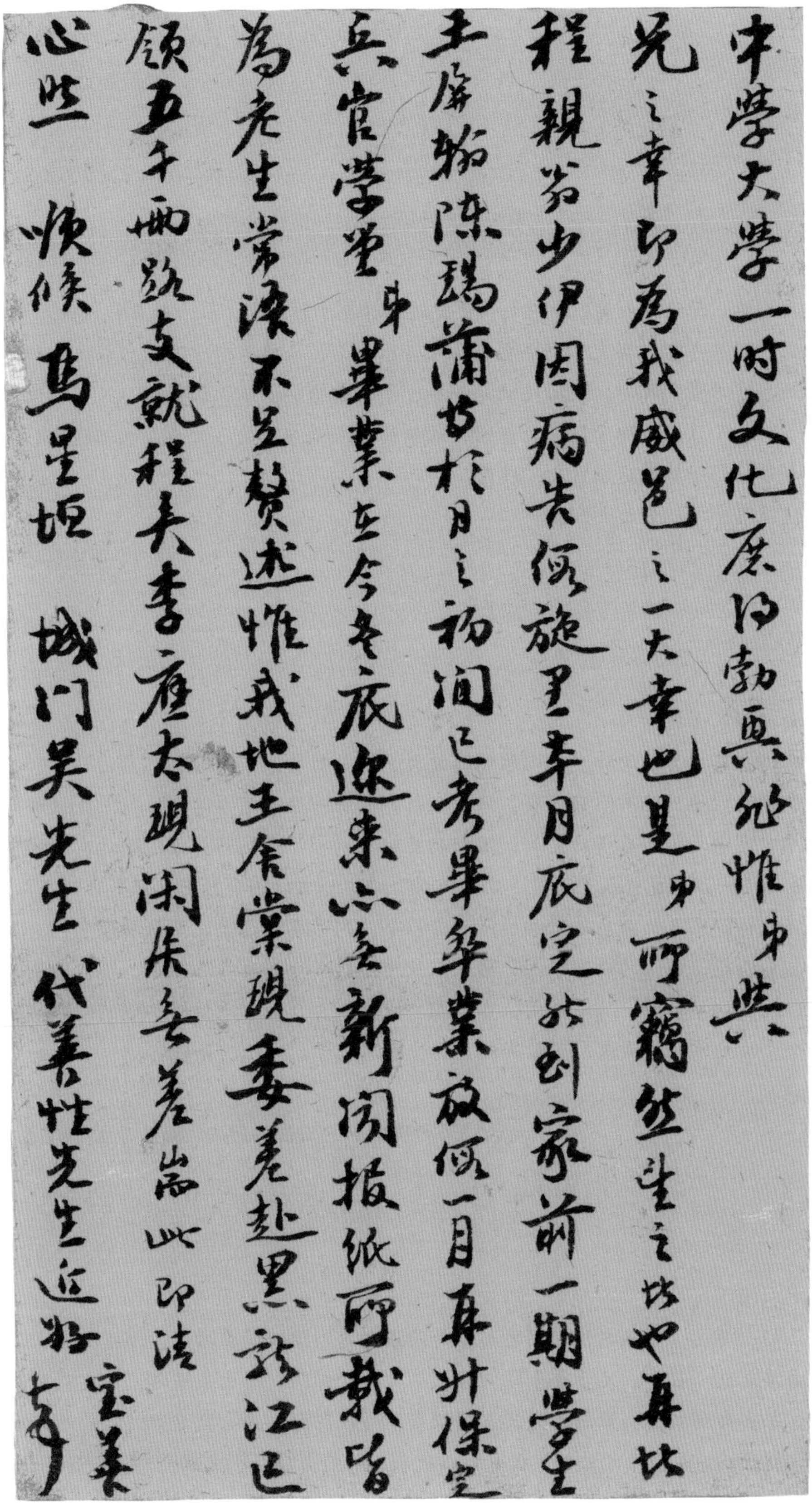

中學大學一時文化底以勃興，惟弟與
兄之幸，即為我威邑之一大幸也。是弟所竊盼望之故也。弟於
程親翁步伊因病告假旋里，本月底定於到家，前一期學生
王屏翰、陳瑞蒲皆於月之初旬已考畢，今畢業放假一月，再升保定
兵官學堂。弟畢業在今冬底，近來亦無新聞報紙可載，皆
為老先生常談，不足贅述。惟我地主倉業現委姜赴黑龍江區
領五千兩款，支就程夫李應太現閑居無差。嵩此即請
心照。順候
馬星垣、城門吳先生、代善性先生近好。
寶善 手

札五（2）（12cmx22.1cm）

释 文

【札一】

文波仁兄大人阁下：

自桑梓别后，忽经月余矣，渴想之情，无时或释也。兹启者，弟于本月初八考入堂内，初十即上课。同弟去者，共有九十余名，收入者八十名，未收入者十二名。收入者二年毕业，又升入兵官学堂。再者，兄所托问病一事，弟现收拾功（工）课不暇，又与医官现未熟悉（习）。越几日，弟即于医官处查问，或捎药，或带方子均可。又，兄若赐回信时，将信交至我弟，转寄邮政局。肃此，敬请

心照，并候潭府叶吉，贵太太帼爽。

弟宝善启

【札二】

文波如兄大人阁下如握：

光阴客过，忽又月近清和矣。比维福随夏大，道并时增，是为欣祝。月之廿五，顷奉云翰，敬悉种种。所云托弟问病一事，弟已于月朔间寄一函并药方两副（付），投邮时书明“到静宁时交于西街云泰请转交”，不知兄此时接到否？若接到药方，服之有效，望兄赐翰。弟家前来一函，览得属兄贵笔，实为有劳，弟当稽首以谢。此后，家弟再请写信时，兄必问弟家之详细，并如弟凡来家函中所问者以书，则弟感激之至。至于弟学堂内，共分四队，每队分四排；四队约六百余人。弟在三队十一排，程先生在三队十二排，王价侯在一队二排，相去均不甚远。功课余闲，亦可相会接谈。再，弟家来信时，望兄使家弟将信交于顺天成。彼处常有去城者，可带寄邮，亦使无庸挂号。耑此，并候

尊严康健。

程少伊、王价侯问安　如弟李宝善顿首

【札三】

文波如兄大人阁下：

分袂已经一年矣，葭溯之情，因之与岁月而俱积焉。比维时祉增绥，潭祺凝休，以欣为颂。前月屡呈药方数样，兄于今未赐回音，弟常悬诸怀间。想近来服之，已定获效，是吉人天相，早占勿药之爻。惟念弟先父三周纸期，转眼即到，弟去腊赴鄂时，已于兄前托言照理一切情形矣。尤望兄于彼时，极外体心照理，则弟当感恩于无涯矣。现在鄂省情形，

天气极觉温和，此时犹未见雪霜。弟每天听课讲堂，尚不觉脚冻，若我地此时，想必不然。弟堂中功课，现加马术一门，每一星期习学骑马一次，时事一面。弟间亦阅报得悉，日本自并朝鲜后，日日与俄以谋略东三省为事。故东三省之人民日受其外人之狡横，想欲抵其协力。迩来公举代表，急请于朝廷，速开国会，以之增民权而同思补救也。耑此布达，即请青照，恭候
尊严康健。

如弟宝善顿首　弟程少伊、王屏翰问好

【札四】

文波如兄大人阁下：

去腊接到冬月手书，得悉阁下弄璋之禧，欣谂诗歌，燕尔佳耦，自然天成，庆衍螽斯，桑弧早决，焕彩他日，象贤继志。卜王郎不是凡儿，来朝虎啸闻啼；知桓氏有兹英物，晬盘逢吉贺爵鸣吹。兄云拜义一节，是松柏不弃茑萝之结，而弟等实愿有此半父之忝列也。惟念各居一处，山川遥阻，虽具不腆薄物，无从上呈。知己如兄，定能谅此微衷也。再者，兄去岁馆设蒙学，弟等知《蒙学章程》，一年必退换教员一次。兄以沉着笃实之学，循循自能善诱，谅能相留多教授几日。不知现在情况若何，望后示知。弟等去腊二十放年假，新正初十日开学，年假只有二十。虽其同乡共在一处，互相笑语，究不若我地度岁十分之能热闹也。毕业时期，价侯等在今年五月，玉山等在今年腊月。毕业之后，均须入伍，或在湖北陆军内，或在直隶陆军内不定。入伍五月，然后升入兵官。此弟等毕业之大概情形也。至时事一面，现亦无新闻，报纸所载亦系寻常闲语。惟日俄两国，日恃强力，垂涎我东三省，以苛虐我人民，惟是东三省人民受其凌（陵）辱者，亦复不浅。全望他日陆兴海振，挫彼锐锋，以扩张我权力。此我辈之所切望，亦系天下人之公望也。肃此，敬请
文安，并候潭祺安祥。

如弟姚祖柳、程少伊、李宝善、王屏翰顿首

望后赐音时，务须多录地面情形，其中话语，以愈多为愈好，并玉山家事情况。

【札五】

文波如兄大人阁下：

暑安。兹复者，我地风气犹未大开，人人惮于从新，不敢令子弟入学堂，以为不久八股可复。有谓学堂为洋学堂，入洋学堂必为洋人。如此情形，仍是处一片黑暗天日之下，安望文学有进步之日哉？兄既应授蒙学课艺，得有提倡教育之权，文学进步庶望得有萌芽。

惟望循循善诱，若圣人之有教无类，使学东父老乐于送子从学，使知现在时局，欲出身非入学堂不可。夫然后，我地富家聪颖子弟得由蒙学而入小学，由小学而升入中学、大学，一时文化庶得勃兴，非惟弟与兄之幸，即为我威邑之一大幸也。是弟所窃然望之者也。再者，程亲翁少伊因病告假旋里，本月底定能到家。前一期学生王屏翰、陈锡蒲等，于月之初间已考毕卒业，放假一月，再升保定兵官学堂。弟毕业在今年冬底，迩来亦无新闻，报纸所载，皆为老生常语，不足赘述。惟我地王舍棠现委差赴黑龙江，已领五千两路资（支）就程矣。李应太现闲居无差。耑此，即请

心照，顺候马星垣、城门吴先生、戴（代）善性先生近好！

宝善顿首

落在处方笺上的教养和温情

——静宁籍湖北陆军第三中学堂学生李宝善致乡友吴锦江书札两通、湖北陆军第三中学堂医官黄锡源处方笺两帧（1909）

这两封书札，同样是宣统元年（1909），刚刚考入湖北陆军第三中学堂的伯曾祖父玉山公，写给老家同学吴锦江的。

札一是说他到学堂医官处代吴锦江“问牙病事”“祈书方子两样”，并问“我地情形如何，田苗好否？弟家平安否？”让人油然而生“家书抵万金”的感慨。札二应是时隔不久之后的又一封信，是说：“兹又于医官处言其情形，医官谓：‘齿生脓，而后齿动摇，继则脱落，又病移在他牙。口若发不正味气，必系牙疳。’”然后，“又求开药方一纸，附于信后”，“此信接到时，前药方疗治见效若何情形，乞赐玉音”。尤其还在信中直截了当地说“兄前来函，于弟家情事言之甚详，但于我地之情形一未言及，不为不函中之一大缺点”。民国以前，同辈间说话写信十分客气，如此直接指出其“函中之一大缺点”的语气比较罕见，这当然可见二人交情深厚、不拘礼节，更重要的是远隔千里之外，那种很想了解家乡情况的急切心理令人感同身受。

正因为有这两份书札作证，我们就可以肯定信后所附的两帧处方必是当时湖北陆军第三中学堂医官第一次所开。第一帧处方（札三）后钤朱文印：福泉；第二帧处方（札四）后钤白文印：黄锡源印。根据两帧处方的笔迹，以及两方印文内容的互补关系（即“锡福源泉”），可知该医官叫黄锡源，字福泉。

第一帧处方上开了两个方剂，第一个是只有四味药的“月白散方”，后面用更小的蝇头小楷注明用药方法是：“共为细末，干擦患处。”第二个是有十三味药的“安肾丸方”，其中一些药还特别标注炮制要求，如洗、炒、炙、去骨等，后面也同样注明医嘱：“共为细末，蜜合为丸，如梧桐子大，早晚每服三钱，开水送下。”这样的处方和医嘱，本来已经交代得十分清楚而周详了，但是，可能是这位黄锡源先生没有面对面地给患者“望闻问切”，仅靠第三者转述的病情开列处方，似乎意犹未尽，于是另取一笺，写道：“齿属骨之余，骨乃肾之经，除风火虫三症外，而牙肉与牙不相依者，实肾亏之故耳。拙拟一方，内服安肾丸，外擦月白散，治之想可有效，祈高明酌之。”这个病理分析，体现了中医标本兼治的特点，因为牙疾属表症，实则是由肾亏而引起，所以外擦月白散以缓解症状，内服安肾丸以从根本上治愈。

这两帧处方，从书法角度看，深受二王一路书风的影响，灵动自然，潇洒飘逸，于无意间流露出一种闲雅之致。同时，第一帧除首行“右月白散方”（“右”应为“左”，当系书写者笔误）几个字在边框右上角外，其余都在格内居中书写，大小错落，尤其是末句医嘱刚好在行末书写完毕，足见其惯常书写时的把控能力和娴熟程度。第二帧医嘱，就红色竖线居中写就，这也是当时流行的一种书写格式，可以打破中规中矩的视觉疲劳，生出一种柳暗花明般的别致来。

当然，作为处方，其书法仅仅是表象。我们不能苛求每个医者都是书法家，但作为医者，用一笔尽量美观的字给人开处方，总归会给患者一些稳妥感，也算得上一种心理疗法。前些年，网上曾频频晒出一些龙飞凤舞鬼画符般的处方，就像江湖郎中生怕被人识破自己的“祖传秘方”。这几年，医生的处方都改成了电脑下单，患者见不到处方，只能从药房取来一大堆名字稀奇古怪的药，如同“隔口袋买猫”，心里总有点不踏实。

范仲淹说过：“不为良相，便为良医。”良相可以居庙堂、佐君王，实现其经世利民之志。而对绝大部分不能步入仕途的读书人而言，为良医、除疾患，同样也称得上济世利人的事业。所以，古时往往称医术为“仁术”，就是这个道理。黄锡源先生能如此一丝不苟、不厌其烦地给一个未曾谋面的西北乡下人开处方、讲病理，体现的正是传统医德的核心——“仁”。

人们说，为别人着想的善良，是最好的教养。除了湖北陆军第三中学堂医官这个身份，我们现在已无从知道黄锡源先生的其他信息，但其所有的教养，包括医德医术和职业精神，都已从两帧小小的处方笺上清晰呈现出来。即使那句“祈高明酌之”的礼节性用语，以及写完处方之后把自己的印鉴轻轻一按，都让我们隔着百年时光，恍若看到了这位叫黄锡源的医官那温和的微笑。

最后，愿以一副传统对联作结，向黄锡源这样的传统中医们致敬：

是乃仁术也，
岂曰小补哉。

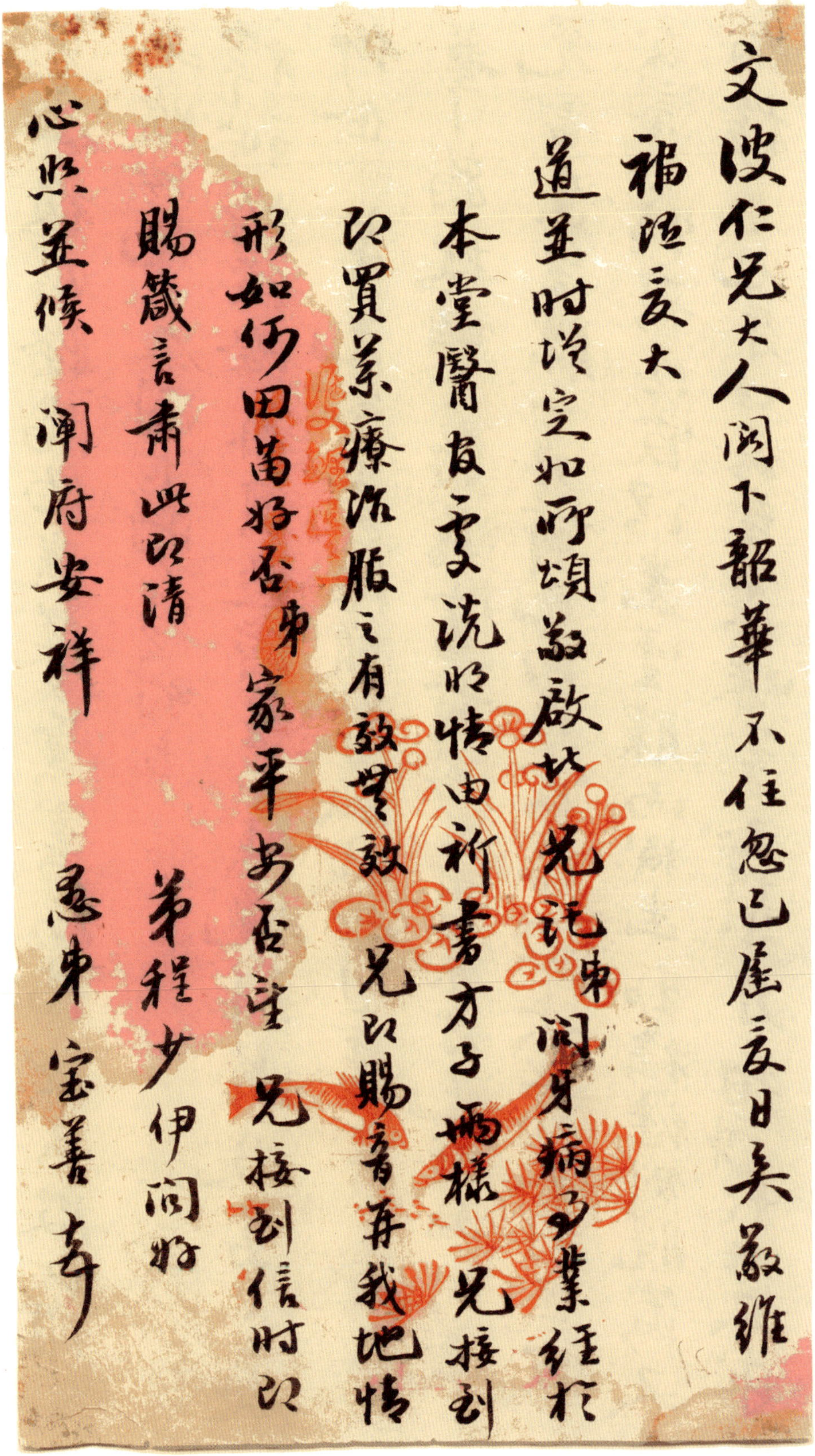

文波仁兄大人阁下韶華不住忽已屢易日矣敬維
福祉亥大
道並时從定如所頌敬啟者 兄託東閣牙痛之疾經於
本堂醫官處流的情由祈 書方子兩樣 兄接到
以買菜療治服之有效焉致 兄以賜音為我地情
形如何田苗好否 東家平安否望 兄接到信时以
賜箴言肅此以請 弟程女伊問好
心照並候 闔府安祥 愚弟宝善 拜

札一（12.2cmx21.6cm）

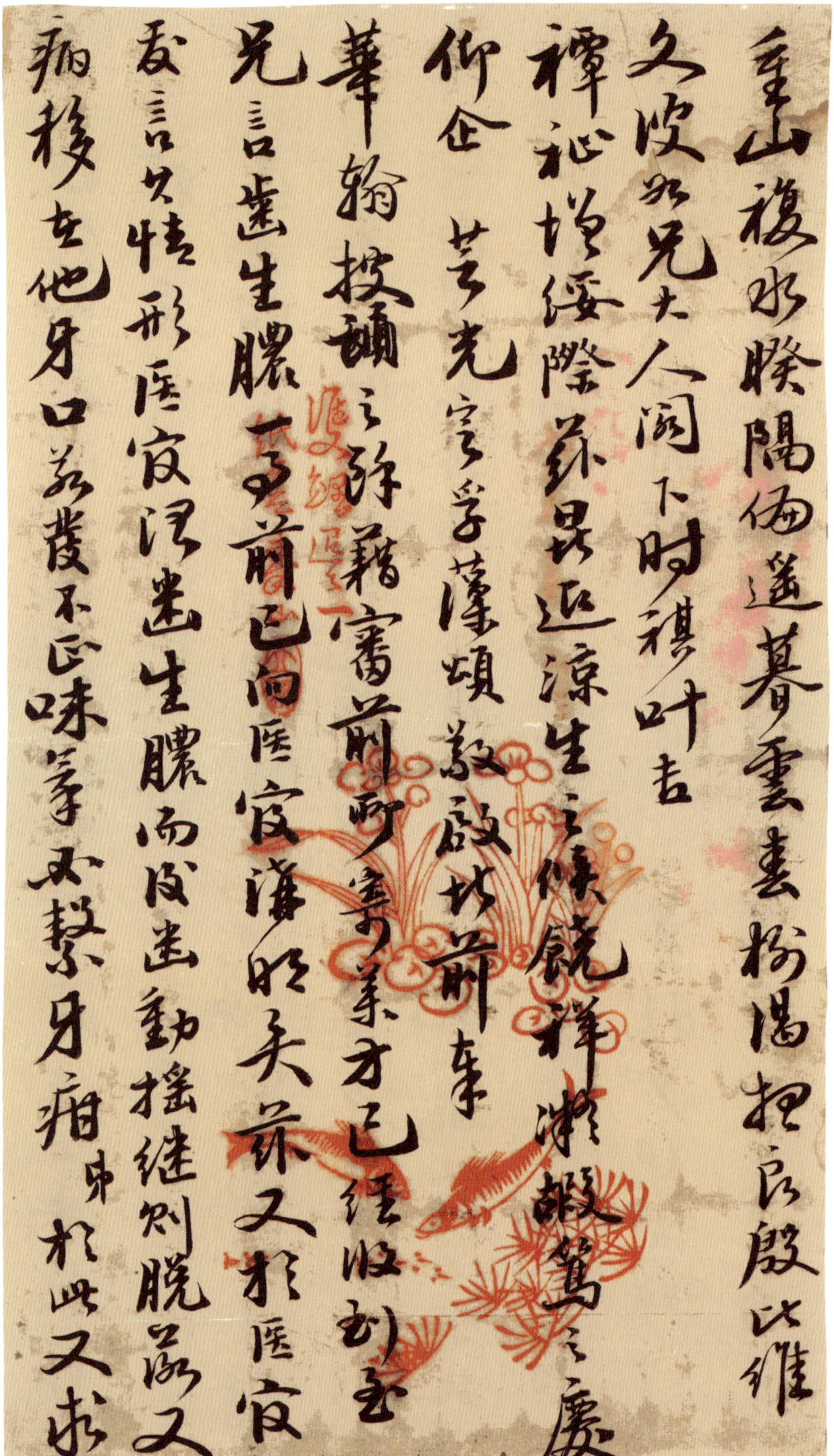

牟山複水，睽隔倘遙，暮雲春樹，渴想良殷。比維
文波弟兄大人閣下時祺叶吉，
禪祉增綏。際茲暑退涼生之候，饒祥瀲縠篤之慶，
仰企 芸光，定孚藻頌。敬啟者：前年
華翰披誦之餘，藉審前所寄筆來已經收到，查
兄言患生朦，一年前已向醫官請照矣，茲又於醫官
處言其情形，醫官謂患生朦而後患動搖，繼則脫落，又
稱後在他牙口茲發不正味等，又整牙痛申於此，又求

札二（1）（12.2cm×21.6cm）

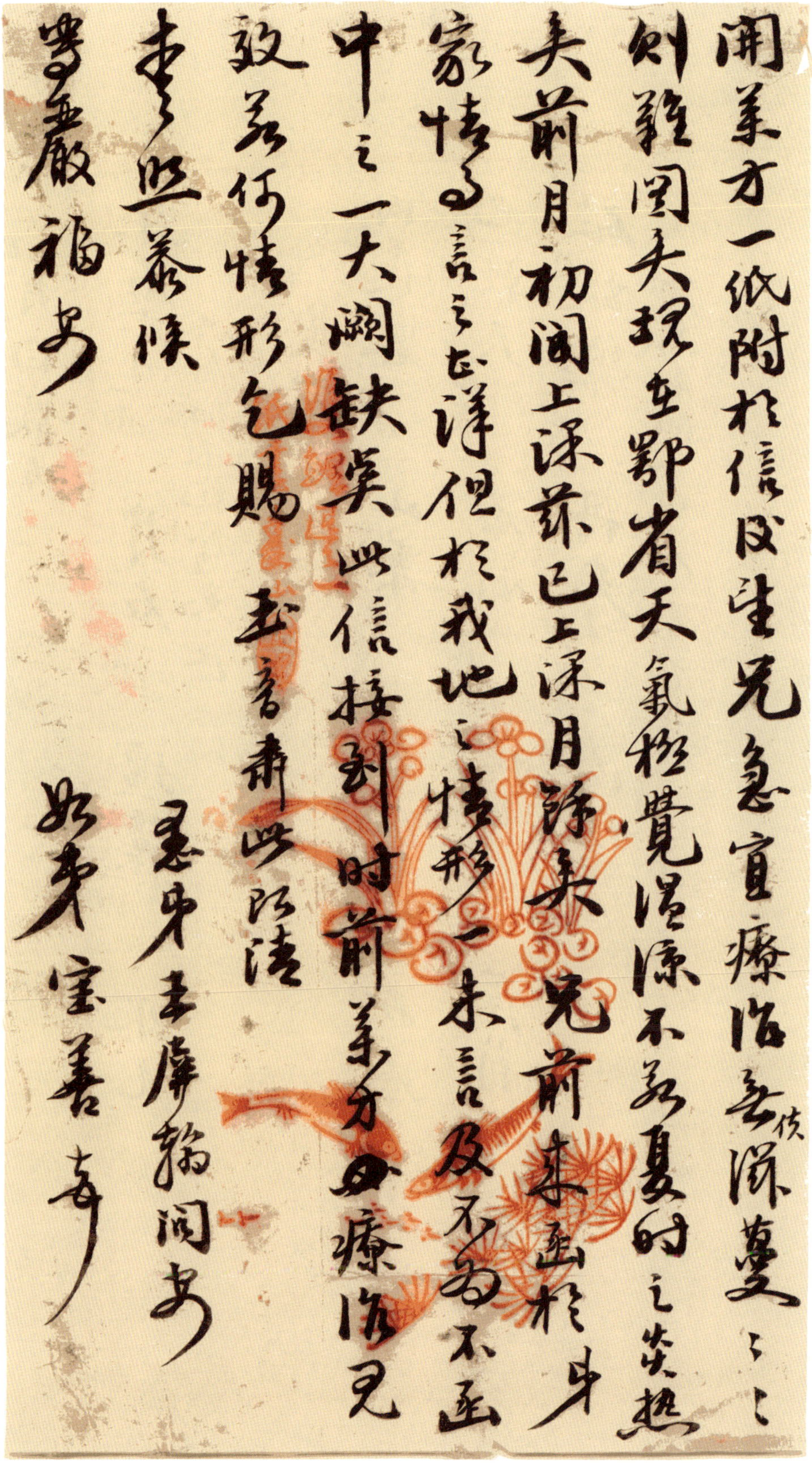
開美方一紙附於信段生兄急宜療治無伏滯蔓、、
則難圖矣現在鄞省天氣極覺濕涼不若夏時之炎熱
矣前月初間上課蘇已上課月餘矣兄前來函於弟
家情多言之太詳但於我地之情形一未言及不為不函
中之一大闕缺矣此信接到時前美方無療治兄
致若何情形乞賜玉音為此並請
來以近恭候
嫂無嚴福安
惠弟王廣豁同安
如弟寶善 寿

札二（2）（12.2cmx21.6cm）

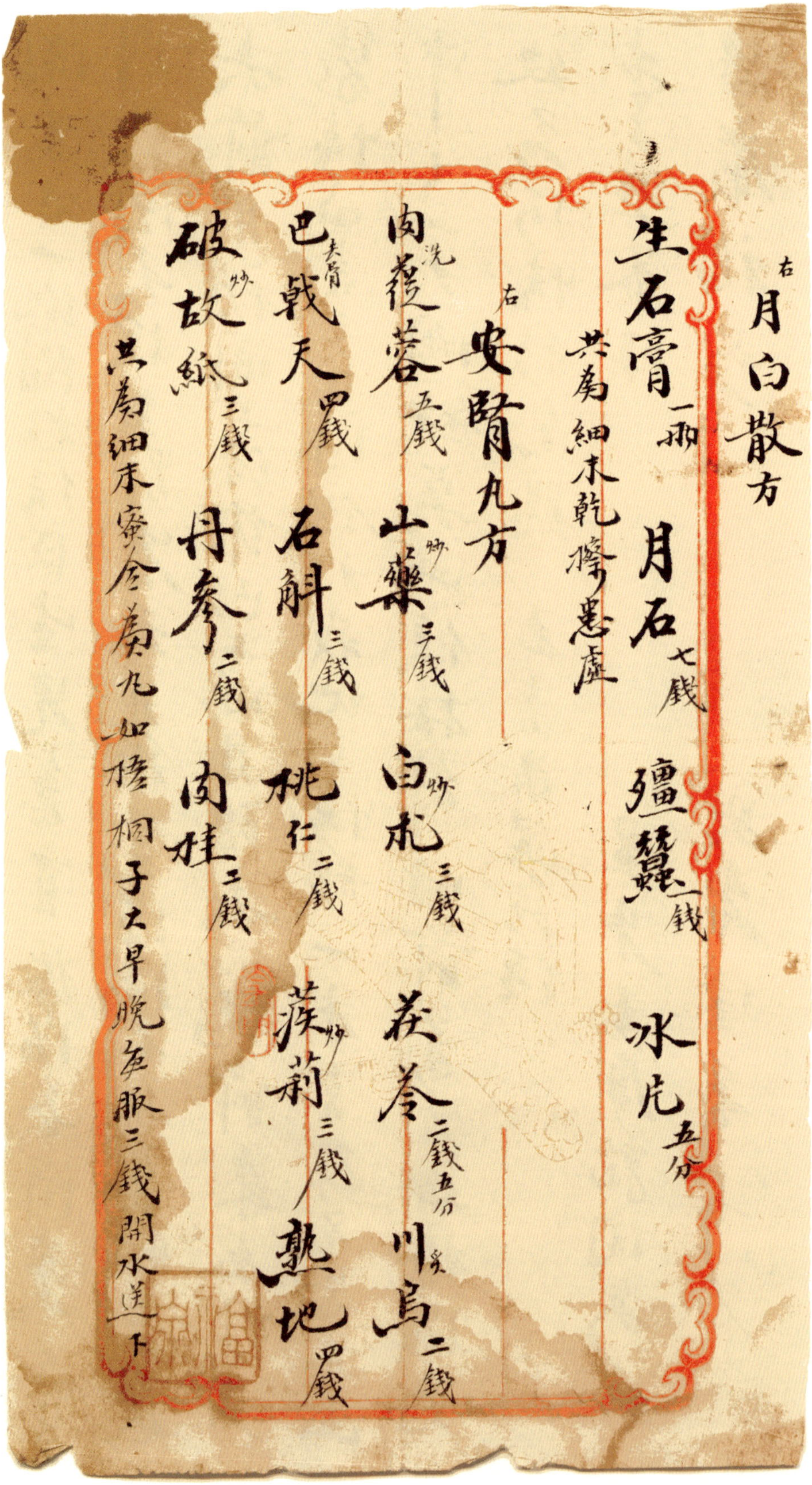

右 月白散方

生石膏一兩 月石七錢 殭蠶一錢 冰片五分

共爲細末乾擦患處

右 安腎丸方

肉蓯蓉洗五錢 山藥炒三錢 白朮炒三錢 茯苓二錢五分 川烏炙二錢

巴戟去骨四錢 石斛三錢 桃仁二錢 蒺藜炒三錢 熟地四錢

破故紙炒三錢 丹參二錢 肉桂二錢

共爲細末煉蜜爲丸如梧桐子大早晚每服三錢開水送下

札三（12.4cmx22.2cm）

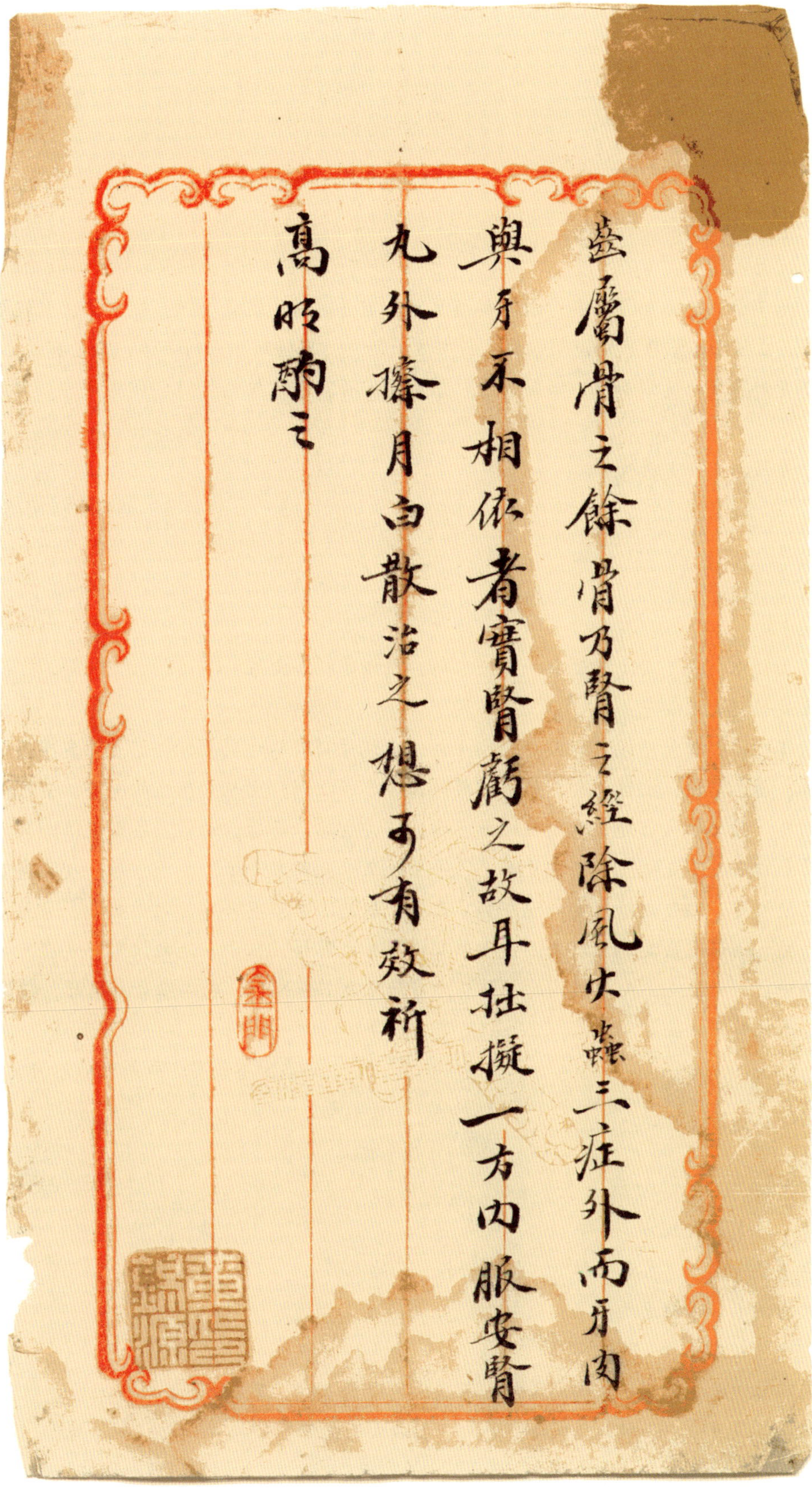
齒屬骨之餘，骨乃腎之經，除風火蟲三症外，而牙肉與牙不相依者，實腎虧之故耳。拙擬一方，內服安腎丸，外搽月白散，治之想可有效。祈
高明酌之

札四（12.4cmx22.2cm）

释文

【札一】

文波仁兄大人阁下：

韶华不住，忽已届夏日矣，敬维福随夏大，道并时增，定如所颂。敬启者，兄托弟问牙病事，业经于本堂医官处说明情由，祈书方子两样，兄接到即买药疗治，服之有效无效，兄即赐音。再我地情形如何，田苗好否？弟家平安否？望兄接到信时，即赐箴言。肃此，即请

心照，并候阖（阐）府安祥。

愚弟宝善顿首　弟程少伊问好

【札二】

重山复水，睽（睽）隔偏遥，暮云春树，渴想良殷。比维

文波如兄大人阁下：

时祺叶吉，禫祉增绥。际兹暑退凉生之候，饶祥凝嘏笃之庆，仰企芝光，定孚藻颂。敬启者，前奉华翰，披诵之余，藉审前所寄药方已经收到。至兄言齿生脓一事，前已向医官讲明矣。兹又于医官处言其情形，医官谓："齿生脓，而后齿动摇，继则脱落，又病移在他牙。口若发不正味气，必系牙痏。"弟于此又求开药方一纸，附于信后。望兄急宜疗治，无使滋蔓，滋蔓则难图矣。现在鄂省天气，极觉温凉，不若夏时之炎热矣。前月初间上课，兹已上课月余矣。兄前来函，于弟家情事言之甚详，但于我地之情形一未言及，不为不函中之一大缺点。此信接到时，前药方疗治见效若何情形，乞赐玉音。肃此，即请

青照，恭候尊严福安。

如弟宝善顿首　愚弟王屏翰问安

【札三】

左（右）月白散方：

生石膏一两　　月石七钱　　僵蚕一钱　　冰片五分

共为细末，干擦患处。

右安肾丸方：

肉苁蓉（洗）五钱　　山药（炒）三钱　　白术（炒）三钱

茯苓二钱五分　　川乌（炙）二钱　　巴戟天（去骨）四钱

石斛三钱　　桃仁二钱　　蒺莉（炒）三钱　　熟地四钱

破故纸（炒） 三钱　　丹参 二钱　　肉桂 二钱

共为细末，蜜合为丸，如梧桐子大，早晚每服三钱，开水送下。

福泉（朱文印）

【札四】

齿属骨之余，骨乃肾之经，除风火虫三症外，而牙肉与牙不相依者，实肾亏之故耳。拙拟一方，内服安肾丸，外擦月白散，治之想可有效，祈高明酌之。

黄锡源印（白文印）

避秦何处是桃源

——静宁籍驻沪日本总领事馆译员受庆龙致乡友吴锦江书札一通（1910）

受庆龙（1882—1952），字云亭，静宁县威戎镇受家峡人。受，是中国十分稀见的一个姓氏。与这个姓氏相映成趣的是，受庆龙跌宕起伏的多彩人生。即使放在他的同代人中，也同样少见，堪称清末民国时期陇上军政文艺界的传奇。

一奇是由秀才而从戎，并深得一方封疆大吏的赏识。光绪三十二年（1906），已在外公干6年的乡下廪生受庆龙，不知是何机缘，随伊犁将军长庚出师新疆迪化（今乌鲁木齐），并得“长帅”（时人对长庚的尊称）青眼相看，被委以陆军督练处测绘科长，代办将弁学堂监督。期间师从新疆布政使王树枏，与高层人士过从甚密。

二奇是因举义而成名，成为甘肃首倡共和的先驱之一。武昌起义后，各省纷纷宣告独立，但已升任陕甘总督的长庚不仅不顺应历史潮流，反而积极扑杀起兵反正的陕西义军。当时，已任上海《申报》编辑的受庆龙，受辛亥革命首领黄兴指派，疾驰返陇，持两湖同乡公函，成功襄助驻守秦州的湖南人黄钺易帜，成立甘肃临时军政府，并担任军政司厅长。此时，他虽然成了“老首长”长庚的敌人，却站在了时代的潮头上。

三奇是能慧眼而识才，解救了一名后来成为抗日名将的青年才俊。1922年，在平凉活动的陕军营长高桂滋，被北洋系的陇东镇守使张兆钾抓获，交平凉县政府管押，拟严加惩办。时任平凉县长的受庆龙，观其相貌堂堂，听其谈吐不凡，遂冒着生命危险，设计释放（乡间至今有“受大人精通相术”的传说）。后来，高桂滋果然成为“令国人同佩”（毛泽东致高桂滋电文语）的一代抗日将领，名垂青史。

四奇是远红尘而为僧，不久又成为投身抗战的少将参议。随陕军参加了北伐战争的受庆龙，看到军阀割据，内战不息，深感世事不可为，遂做出了一个令常人意想不到的决定：到浙江普陀山剃度为僧。笔者曾在水天中先生《记忆的断片》一书中，见到其父水梓先生当年考察东南教育时，在普陀山巧遇老友受庆龙的一张合影，果然着一身僧袍。后来，高桂滋将军得知恩公情况，亲赴普陀，力邀其下山，以助军务。在高部，受庆龙不仅参与并见证了“西安事变”的全过程（蒋介石当时被安排在高公馆，并与周恩来面谈），而且还参加了以后的平型关、中条山等著名战役，因功授少将参议。

五奇是本色终为书生，给后世留下了宝贵的精神文化遗产。早在新疆藩署时，受庆龙曾偕友人避暑博格达山，写成《博达游记》诗词一辑，由新疆官书局出版。其诗瑰伟奇特，豪气干云，龙吟虎啸，英姿勃发，堪与唐代边塞派比肩而立。如《古风三十韵》有句："翘首望汉武，拭目俟元祖。谁挽狂澜倒，谁作中流柱？我欲斩荆棘，狠手无大斧。裂心碎肝胆，怒气如云吐。出我胸中兵，十万精卒伍。卒伍胜熊罴，可以安环堵。西北制强俄，东南脱跋扈。雄我省廿三，统驭大洲五。壮士发立指，长虹贯日午。一声长啸余，天下闻雷鼓。"再如《一萼红》词："过车师，看山川仍旧，我辈来驰骋。汉剑消沉，唐矛摧折，霸业都付嗟咨。试步向博达纵目，指乌孙大宛与龟兹，沙漠无垠，天山间隔，一线横垂。历代兴亡弹指，剩昆仑云起，瀚海波弥。西掖雄都，卑陋宫阙，千秋故垒如斯。唯此日强邻四起，笑英俄南北两争窥。看我横刀葱岭，指定西陲。"难怪与他日夕并马驰驱、论文谈心的日本外务省游历官、商务学士林出贤次郎在其诗集序言中由衷赞叹："受云亭君者，慷慨悲歌之士也。"只可惜"楚人一炬"，其大部分诗文化为灰烬，仅存诗词三十六首。除诗词而外，其书法、绘画亦颇有可观，传世工笔《仕女图》就是其精品之一。1943年解甲归田，犹情系桑梓，发挥余热，与王尔全等有识之士筹建省立静宁中学、编修县志，尽力为家乡培植文化根基。

这封书札，是目前发现的受庆龙唯一存世的一封。当系宣统二年（1910）5月19日（夏历4月11日），写给在老家威戎任蒙学堂教习的同学吴锦江（又字濯之）的。虽然寥寥四百余字，但包含着丰富的信息量，可从一个侧面了解其在朝代更迭之际的心路历程。

此前一年5月，伊犁将军长庚因升任陕甘总督而移驻兰州，林出贤次郎也由新疆赴任日本驻上海领事馆领事。受庆龙因与林出的深厚交谊，应其邀约，到日本领事馆任文电翻译员。

从书札中"弟年来时运不通，动辄得咎"，可隐约看到他在长庚藩署并非一帆风顺，或许与上司多有抵牾，也或许遭到同僚妒忌。这大概正是为什么不随高升的"长帅"履新（长庚手下也潜伏多名革命志士），而是跟一名日本友人远赴上海的原因。紧接着，写自己"此时深悔半生来，仆仆风尘，劳劳宦海，徒以有用之精神，耗于无用之地"，对一个有远大理想的年轻人（时年28岁）来说，感觉宦海沉浮，虚度光阴，这真是"自怜亦堪自笑"的沉痛语，并非自谦。随后，以羡慕的口吻称赞对方静处家园，且耕且读，乐享天伦，这种安适的田园生活与自己"为米折腰"的连年奔走，雅俗如同天壤。

这与其说是对归园田居的向往，不如说是对宦游既倦的无奈。前途茫茫，路在何方？摆在作者面前的有三条路：一是“将从赤松子欤”，但亲老子幼，难以割舍；二是“欲仍入政潮欤”，但官场龌龊，岂能同流合污；三是“将欲归田欤”，宦游十年（由此可知其出仕当在1900年），两袖清风，生活将无以为继。这是在当时黑暗政治环境下，平民出身的读书仕宦者所共同遭遇的苦闷。以上这些内容，虽是早年所写，但已将其一辈子的人生走向暴露无遗，这就是他终其一生，都是在入世与出世之间矛盾着、抉择着。特别是“将从赤松子”的遁世之想，如同谶语，为其以后出家为僧埋下了伏笔。

其时，国内政局动荡，波谲云诡，作者最后称自己暂且寄身日本总领事馆，作为躲避暴秦的桃花源，“藉资联络，以观吾国时局之结果，再定趋向”，这既与他以前“雄我省廿三，统驭大洲五”所抒发的关心国事、建功立业的抱负一脉相承，也为他以后冒死赴陇，策动秦州独立，提供了思想准备。再联系他任《申报》编辑的经历，可知他在上海已接受了共和新思想，并联络和结识了一批包括湘鄂籍的革命党人，所以，“持两湖同乡公函”赴秦州举义自然水到渠成。这封普通的书札，虽然对时局和个人志向的表述因事属敏感，只能模糊处理，但已透露出作者在大厦将倾之际与封建王朝决裂的“异志”。

以受庆龙的不凡才情和笔墨，一封普通的致友人书，不仅言简义丰，而且语多骈俪，信手拈来，读起来明白如话又辞采飞扬，使人不得不佩服其深厚的学养和功力。

需要补充的是，根据其另一同学、笔者伯曾祖父玉山公民国初年自新疆写给吴锦江信中“受云亭闻在两当为幕，不知好否，亦不知伊家藉伊有接济否”（见本书《远游何时赋归田》所附书札），“受云亭现在两当，近在咫尺，与兄常有信来往否”（1917年，限于篇幅，本书未录）。可知在秦州起义后的几年里，他曾在陇南两当县府当幕僚。查阅受庆龙现有传略，从未发现有“领事馆译员”和“两当为幕”的经历。这些书信，无疑为研究其人提供了新的线索。

参考资料：

1. 时下翁《受庆龙：传奇人生　热血诗篇》（《静宁文史大观》，敦煌文艺出版社，2019年4月第1版）

2. 受庆龙《博达游记》（宣统二年新疆官书局出版）

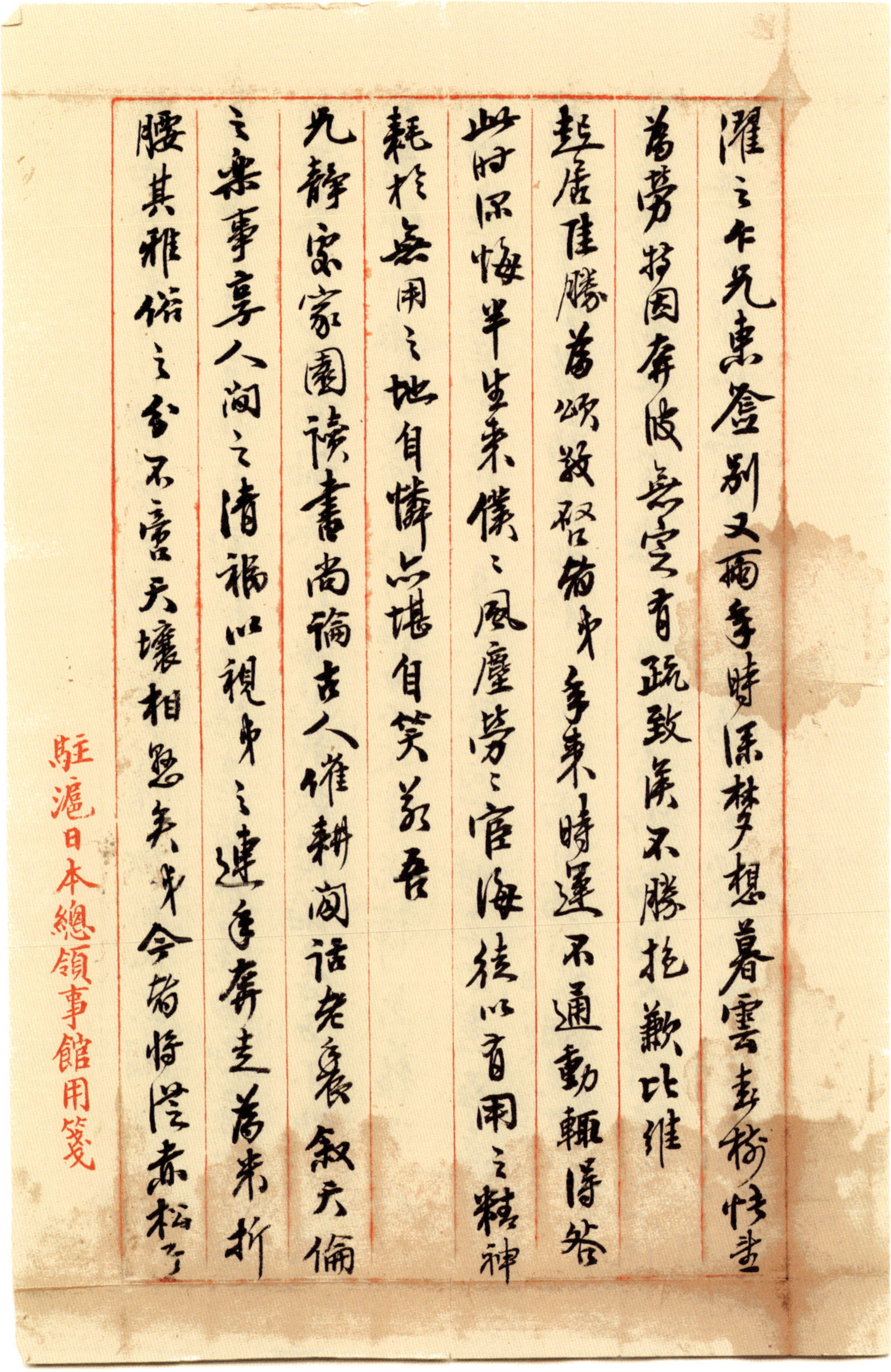
濯之仁兄惠鉴：别又两年，时深梦想，暮云春树，怅望为劳。拙因奔波无定，音疏致候，不胜抱歉。比维起居佳胜为颂。敬启者：弟年来时运不通，动辄得咎，此时深悔半生来仆仆风尘，劳劳宦海，徒以有用之精神耗于无用之地，自怜亦堪自笑。兹吾兄静处家园，读书尚论古人，催耕闲话老农，叙天伦之乐事，享人间之清福，以视弟之连年奔走，为米折腰，其雅俗之分，不啻天壤相悬矣。弟今兹将从赤松子

駐滬日本總領事館用箋

书札（1）（17.7cmx26.4cm）

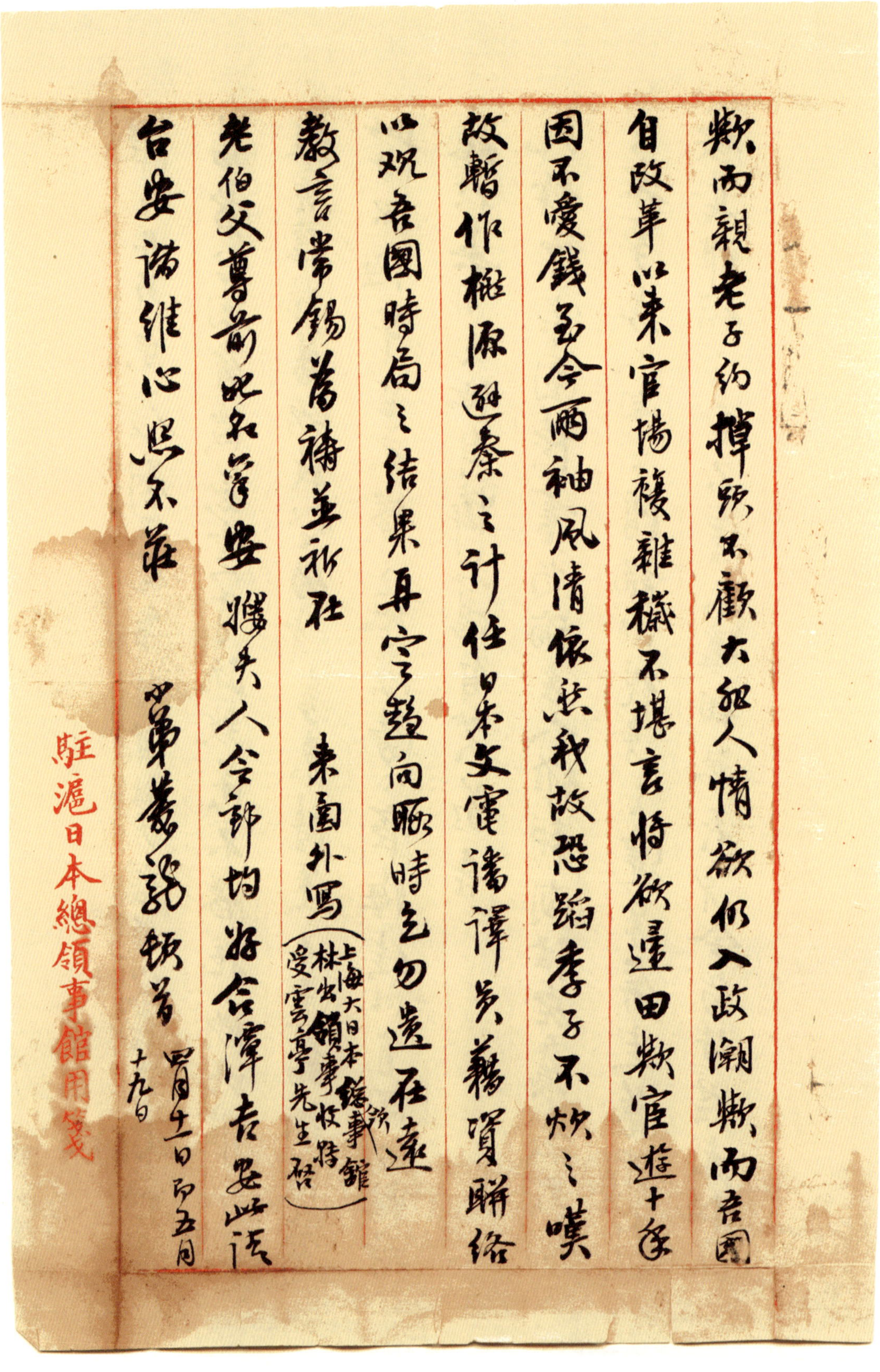
歟，而親老子幼，掉頭不顧，大部人情欲仍入政潮歟？而吾國自改革以來，官場複雜，穢不堪言，恃欲逢田歟？官遊十年，因不愛錢，至今兩袖風清，依然我故，恐蹈季子不炊之嘆，故暫作棲源遯棄之計，任日本文電譯員，藉資聯絡，以觀吾國時局之結果，再定趨向，臨時自切遺在遠，教言常錫，蔫禱並祈。來函外寫（上海大日本總領事館 林出領事收轉 受雲亭先生啓）

老伯父尊前叱名叩安，勝夫人令郎均此合潭吉安，此請

台安，諸維心照不莊。

世小弟蔡龍頓首 四月十一日即五月十九日

駐滬日本總領事館用箋

书札（2）（17.7cmx26.4cm）

释 文

濯之仁兄惠鉴：

别又两年，时深梦想；暮云春树，怅望为劳。特因奔波无定，有疏致候，不胜抱歉，比维起居佳胜为颂。敬启者，弟年来时运不通，动辄得咎，此时深悔半生来，仆仆风尘，劳劳宦海，徒以有用之精神，耗于无用之地，自怜亦堪自笑。若吾兄静处家园，读书尚论古人，偕耕闲话老农，叙天伦之乐事，享人间之清福，以视弟之连年奔走，为米折腰，其雅俗之分，不啻天壤相悬矣。弟今者将从赤松子欤？而亲老子幼，掉头不顾，大非人情；欲仍入政潮欤？而吾国自改革以来，官场复杂，秽不堪言；将欲归田欤？宦游十年，因不爱钱，至今两袖风清，依然我故，恐蹈季子不炊之叹。故暂作桃源避秦之计，任日本文电翻译员，藉资联络，以观吾国时局之结果，再定趋向。暇时乞勿遗在远，教言常锡为祷，并祈在来函外写“上海大日本总领事馆林出领事收转受云亭先生启”。

老伯父尊前叱名禀安，嫂夫人、令郎均好，合潭吉安。此请
台安，诸维心照不庄。

小弟庆龙顿首

四月十一日即五月十九日

都督剪辫　兹事体大

——甘肃都督府军政处教育科额外委员李宝善致乡友吴锦江书札一通（1912）

笔者伯曾祖父玉山公自兰州写给老家好友吴锦江与天章两位先生的这封书札，虽然信末的时间只标明夏历月日而没有年份，但从内容及所署月日推断，当是1912年腊月十一日（即1913年1月17日）无疑。

该年初，玉山公自武昌回到家乡，做短暂停留后，即赴兰州投考北京高等院校，但因考期已过，未能如愿，就只能上书甘肃都督赵惟熙“请予位置，因奉批示，饬军政处量材录用”（见其另外信札，限于篇幅未录），后又拜见与其有师生之谊的忠武军统领周务学（天水人，举人，曾任甘肃陆军学堂监督，后从忠武军转任安肃道尹、泾原道尹等。1918年任新疆阿尔泰道尹，1921年白俄窜犯阿山，城陷，自戕殉国），“遂委公所书记员差”（同上），几月后，“蒙军政处委任为教育科额外委员”（本信札，下同），后又“供军政处委员差”。同时，本札末尾提及在兰州的“小河张老爷、页河子张大老爷”两位同乡前辈，“以无事刻已回家”，可见当时省城求职之难。其中“小河张老爷”疑是静宁大挑一等举人、浙江候补知县张孝友的同村同宗某人，而“页河子张大老爷”则是指进士、前清四川彰明知县张文源，这与其武昌起义后返里的经历高度吻合。

辛亥前后，中国迎来了“三千年未有之大变局”（李鸿章语），地处西北内陆的甘肃自然也不例外。1912年2月12日，清帝宣布退位，但驻守兰州的陕甘总督长庚却秘而不宣，封锁消息，一面不断通电反对共和，一面竭力东进，派兵攻打已经易帜的陕西义军，希望为皇上、皇太后打出一条偏安之路，“迎銮”西北，以示效忠。后迫于全国各地形势的迅猛发展及兰州革命党人和进步人士的压力，长庚自知大势已去，回天无力，遂交出陕甘总督印信，离兰赴京。临行前感慨万端地说：“我不愿做人民的公敌，也不愿做新朝的大官，亦不愿为夷齐的清高，只愿下野做闲散人员足矣。”3月15日，由代理甘肃布政使赵惟熙、咨议局议长张林焱分别代表甘肃官吏和绅民致电北京，承认共和。袁世凯遂任命赵惟熙为甘肃临时都督。

赵惟熙在甘肃任职前曾任翰林院编修，本是一介文人，只是因缘际会，因领衔通电而被推到了时代的前台，成了一方封疆大吏。要让这样一个身处闭塞落后的官场，且从未接受过新思想的传统官吏，一夜之间洗心革面，成为民国新人和一方领袖，并承担起开创新的历史阶段的重任，何其难哉！这与民国初年许多地方“换汤不换药”的革命毫无二致。所以，对地方来说，所谓“共和新政”，除了悬挂民国国旗和更换衙门招牌之外，没有比沿袭旧制更好的办法。

写此信时，距赵惟熙秉政已经整整10个月了。但甘肃“虽云承认共和，而专制依然运动大行”，公务人员不知所之，“稍无夤缘手段”，不攀附逢迎，“即概行赋闲”，“宦海近成一大苦海”。而此时最能表现“共和气象”的重大新闻，竟然是都督赵惟熙带头剪辫一事。在信中，玉山公称“赵都督于新历正月剪过”“各界莫不欢欣乐从，勇于薙发”，然后，他以“是所至祷”的迫切口吻，希望吴锦江先生在偏乡僻壤的老家小镇，借助蒙学堂教员的身份和声望，“随时提倡鼓吹，一同荡除旧习”，以成就“一段佳话、一番盛举”。

“身体发肤，受之父母，不敢毁伤。”对古人而言，捍卫头发，不仅是一种审美的需求，更重要的是具有伦理的意义，丝毫不得马虎。清军入关时，顺治皇帝曾用“削平四夷，定鼎中原”褒赞其祖先的发式（即男子头部周边剃发、中间蓄辫，以后变为前部剃发、后部蓄辫）。为了彻底从精神上征服汉人，清廷把剃发蓄辫作为归顺的标志，并不惜以“留头不留发，留发不留头”相要挟。为此，汉人“宁为束发鬼，不作剃头人”，反抗异常激烈，“扬州十日”“嘉定三屠”，曾让多少人头落地！后来，随着大明朝光复的希望逐渐破灭，人们终于接受了统治者“剃发蓄辫”的要求。久而久之，人们终于麻木了、习惯了，反而一到民国剪辫，清初先祖们曾以生命为代价抵抗过的辫子，竟成了许多人拼命捍卫的“精神象征”。

仔细阅读这封书信，会有一个奇妙的发现，就是从1912年3月15日甘肃通电承认共和，一直到1913年1月赵都督剪辫，这长达10个月的时间，作为甘肃最高行政长官的赵惟熙，都是拖着一根清朝的辫子在行使民国政令。这在今天看来颇为滑稽的事，应该是当时全国各地官员的普遍形象。因为一根辫子，寄托着许多精神和道德的元素，比如说蓄辫就是不做贰臣，剪辫就是追求革命，而对拥有革命身份的原清廷官吏来说，剪与不剪，兹事体大，确实是个十分纠结的问题，不可不考虑周详。

甘肃有句乡谚：“有钱没钱，剃个光头过年。”我们不知道这句话产生于哪个年代，但改朝换代之际的赵惟熙都督“于新历正月”剪掉辫子，剃个光头，确实也是应了过年这个景，有点“为民作则”的范式和“与民同乐”的意义。

当然，如果现在的人们能把自己也置身于当时的环境中，就不会以过于戏谑的眼光看待赵惟熙这位文人官吏的辫子了。且看其简历：赵惟熙，字芝珊，江西南丰县人，30岁中进士，授翰林院编修，后任国史馆总纂、陕西学政、贵州学政等。1900年后，任宁夏知府、甘肃巡警道，代理甘肃布政使，1912年3月，署甘肃都督兼民政长。1914年3月，调任参政院参政、约法会议议员，1917年底去世，享年58岁。与那个时代的所有翰林一样，赵惟熙也擅长诗文书画之道，具有很高的文化修养，但这并不能改变他在意外获取巨大政治利益后，仍然以典型封建官僚和传统权力思维模式履行民国大员职务的事实。他当时带头剪辫时，大概不会想到生命的摆钟只剩下4年的时光了。念及此，倒不由得令人生出几分同情。

另外，玉山公落款没有用惯常的“顿首”“拜”等字样，而是用了一个当时颇为时髦的“脱帽”。“脱帽”是与“鞠躬”连在一起的西洋礼仪，因为他早在武汉时就已剪掉了辫子（家中长辈称，他回乡时因甘肃尚未承认共和，为防不测，一路戴着簪有假辫的帽子），用“脱帽”一词，明显具有宣示剪掉辫子的含义。

参考资料：

张蕊兰主编《辛亥革命在甘肃》（甘肃文化出版社，2011年9月第1版）

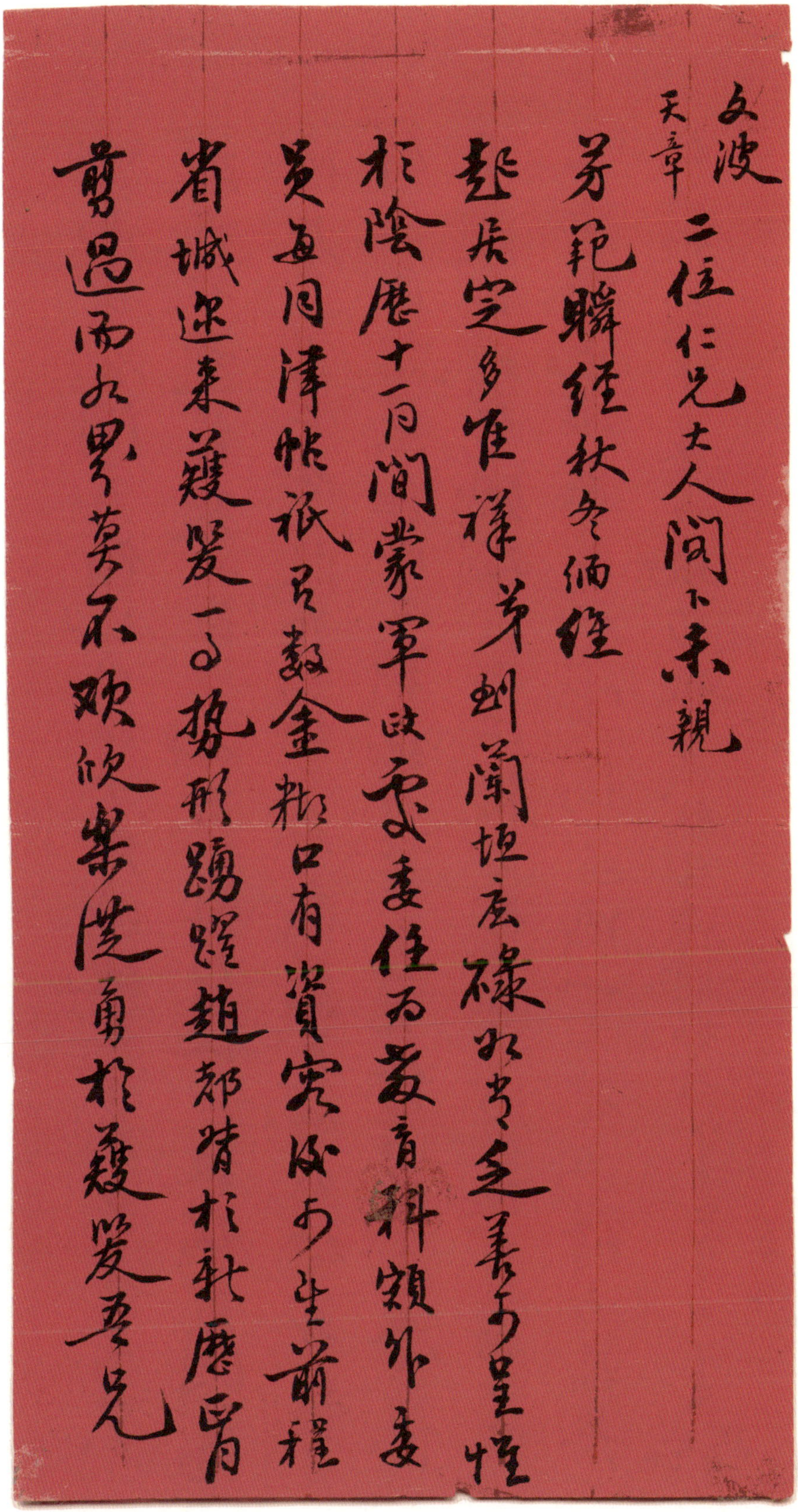

文波
天章　二位仁兄大人閣下：未親
芳範，瞬經秋冬。俪維
起居定多佳祥，并劭蘭垣，康祿如意之善可呈性。
於陰歷十一月間蒙軍政府委任為教育科類編委
員，每月津帖祇有數金，糊口有資，究於吾生前程。
省城迩來薙髮一事，勢形踴躍，趙都督於新歷肩
剪過，而文界莫不歡欣樂從，勇於薙髮。吾兄

书札（1）（11.8cmx22.2cm）

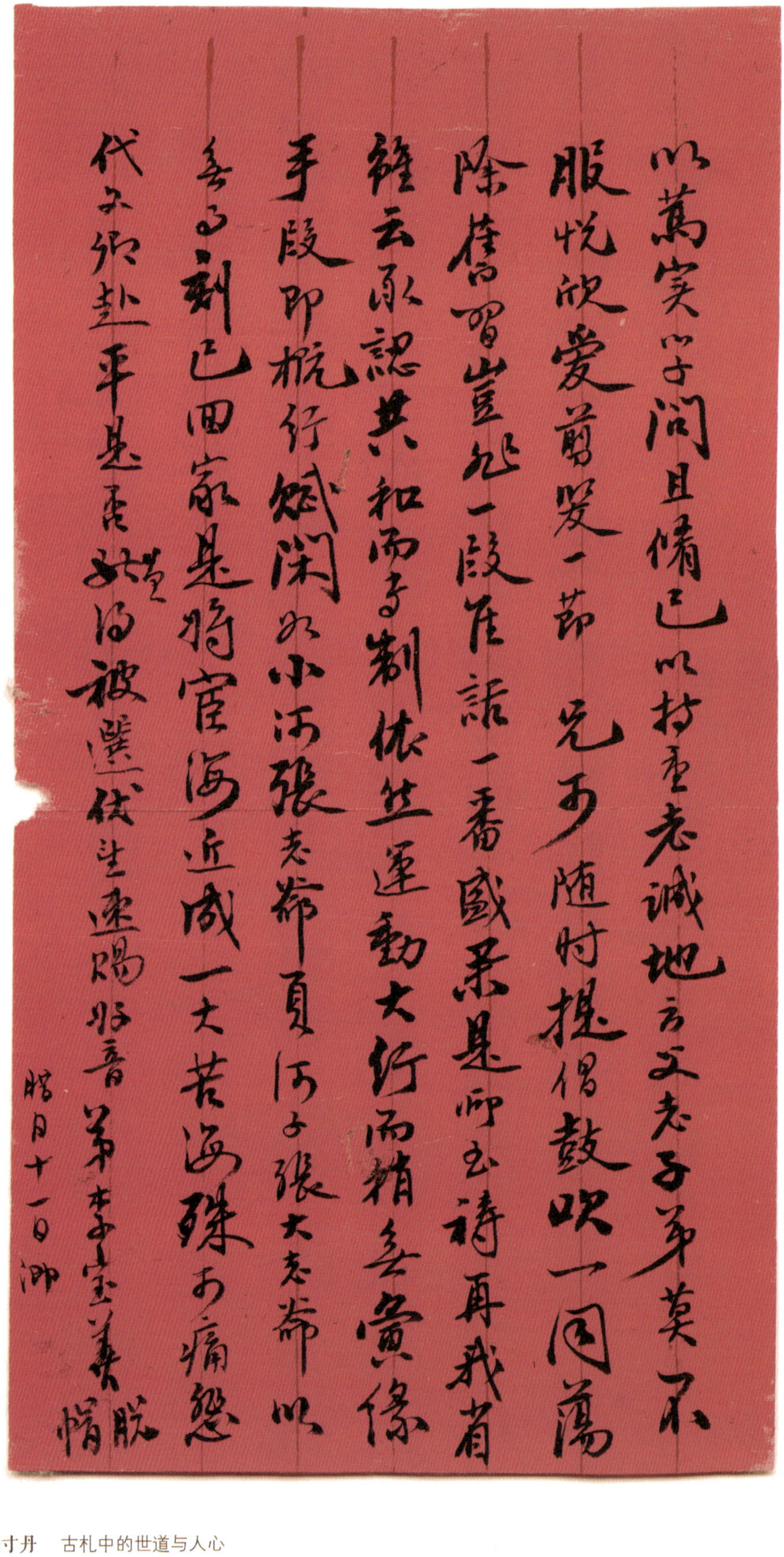

以萬寳以予閲且備已以增老識地云文老子弟莫不
服悦欣愛翦髮一節 兄可隨時提倡鼓吹一回爲
除舊習豈非一段佳話一番國粹是所去詩再我省
雖云厭認共和而予制依然運動大行而猶無覺係
手段即撫行賊閑以小河張老爺頁河子張大老爺以
無子剝已回家是將官海近成一大苦海殊可痛懸
代不須赴平是否姑道被選伏生速賜好音 弟李寳美 悱 悰
臘月十一日卯

书札（2）（11.8cmx22.2cm）

释 文

文波、天章二位仁兄大人阁下：

未亲芳范，瞬经秋冬，缅维起居，定多佳祥。弟到兰垣，庸碌如常，乏善可呈，惟于阴历十一月间蒙军政处委任为教育科额外委员，每月津贴（帖）只有数金，糊口有资，容后可望前程。省城迩来薙（鬀）发一事，势形踊跃，赵都督于新历正月剪过，而各界莫不欢欣乐从，勇于薙（鬀）发。吾兄以笃实学问，且修己以持重老诚，地方父老子弟莫不服悦欣爱，剪发一节，兄可随时提倡鼓吹，一同荡除旧习，岂非一段佳话、一番盛举？是所至祷。再，我省虽云承认共和，而专制依然运动大行，而稍无夤缘手段，即概行赋闲，如小河张老爷、页河子张大老爷，以无事刻已回家。是将宦海近成一大苦海，殊可痛悲！

戴（代）文卿赴平，是否曾得被选？伏望速赐好音。

弟李宝善脱帽　腊月十一日泐

易代之际的静宁州（县）临时议会

——肤施籍静宁知州蒋廷奎、静宁县临时议长张子培致议员吴锦江便函各一通（1913）

以前翻阅《静宁县志》时注意到，清朝的静宁末代知州是宣统三年（1911）就任的蒋廷奎，民国的首任县知事是1913年就任的王烜。当时，脑海里曾有过一丝闪念：既然1912年3月15日甘肃已通电承认共和，那为什么民国的静宁主政者却在一年多以后才迟迟到任？这期间的一段“真空期”究竟是何人主政？

好在有两通尘封已久的书札，为我们解开了这个谜团。

其中札一，就是这位末代知州蒋廷奎写给威戎镇年轻乡绅吴锦江的，主要信息有三点：一是静宁州议会有关人员已经正式选举，且所有票满当选人于本年腊月二十三日已榜示在案。二是榜示后，根据大家共同推举的议长张文源先生提议，拟于次年（癸丑年）正月初十日在州城召开成立大会。三是通知已当选的吴锦江等全体议员届期“齐集州城，切勿观望”。

虽然落款处未明确标注写信时间，但从行文语气和一个关键词“癸丑年”（1913）可知，此信当写于此前的壬子年，即1912年腊月二十三日之后。当时，年关迫近，想必是新的民国甘肃省政府急于推行新政，命各县尽快成立县议会，这位仍然坐镇州衙门大堂的前清旧吏蒋廷奎顾不得回老家陕北过年，“旧官理新事”，给各位新任议员一一写信，为十来天以后即将成立的静宁历史上第一个议会劳心擘画。

当时办公，尚没有复写和油印设备，给几十个议员亲笔写信，也是一件耗神费力的事。这些信，或许是蒋本人亲笔书写，或许是全部或部分由师爷或吏卒代笔，但一定是知州大人亲自起草或改定的。因为自1912年1月1日中华民国正式成立，孙中山在南京宣誓就任临时大总统时，就通令改用民国纪年。再到当年3月10日，袁世凯在北京就任临时大总统时，一仍其例。南北临时政府都以公元1912年为中华民国元年，这为当时各级政府所普遍遵循。而这封信中关于州议会成立的时间，按例应规范写作“民国二年”的，却偏偏采用了“癸丑年”这一干支纪年法，这种变通的写法，无疑出自蒋廷奎本人的“口径”。因为这一“口径”，已在不经意间，隐约流露出这位蒙受皇恩的州官对新政权无可奈何的轻微抵触，也表现出易代之际读书仕宦之人在不做贰臣和顺应时势之间的徘徊态度和复杂心理。这与本书《高蹈不群的遗民遗韵》中王瓒以干支纪年而不署顺治年号如出一辙，虽然相隔了262年，但他们的遗民心理却毫无二致。

关于蒋廷奎，《静宁县志》"历代官职表"中，只介绍了一句："知州，陕西肤施人，宣统三年（1911）任。"肤施，旧县名，今陕西延安市主城区。其人至今未查找出其他任何资料，但按清代官吏任命的成例，想必一定出身于进士、举人或拔贡之类，走的是悬梁刺股、学而优则仕的路子，可惜在地方志中没留下任何供后人谈论的话题。这大概是许多"泯然众人"的官员最后的结局吧！倒是在其继任者王烜《阿阳即事》（汉时静宁称阿阳）一诗的自注中，留下了这么一点雪泥鸿爪："城外有兴隆渠，久废。前经修复，予莅任督成之。"可见，这位前清旧吏对造福民众的水利事业还是想有所作为，进行修复，最后由王烜接力完成。

查《静宁县志》，民国初年成立的临时议会，这个"静宁人民政治生活中的一件大事"没留下片言只字。相关机构，直到1944年12月，才有了"成立以王尔全为议长的县临时参议会"的记载。据《静宁县志·大事记》载："民国二年（1913）2月7日，改静宁州为静宁县。"是年2月7日，是夏历正月初二，刚好应了"一元复始，万象更新"之意。由此，我们可根据这封书札，给静宁地方史志增加一条重要史料：1913年2月15日（正月初十），静宁县临时议会成立（"临时"一词出自札二落款），张文源任议长。

张文源，字会廷，号醴泉，静宁沙塘页河子村（今属宁夏隆德县）人，光绪二十九年（1903）中三甲进士，授四川彰明知县，后因故延至宣统元年（1909）二月得以赴任，莅任三年，广施惠政，其为政心得举措见自著《昌隆政要》一书。宣统三年（1911）冬，补授四川内江知府，住成都候缺。武昌起义后返里，参与地方政治活动。1941年去世，享年72岁。

其实，地方议会的设立，还可以上溯到清宣统元年（1909），当时已处于回光返照的清政府尚图以试行地方自治的变革延续其统治，遂于当年1月，仿照日本《市町村制》，颁布《城镇乡地方自治章程》和《城镇乡地方自治选举章程》，但尚未来得及全部付诸实施，即爆发了辛亥革命，清帝逊位，民国成立。此后，民国初年继续推行地方自治制度，成立各级议事会，或称议会，作为本级决议机关，由选民直接选举产生。可惜到1914年2月，袁世凯下令停办地方自治，此运动则如昙花一现，宣告终结。

这封书札，就是甘肃基层地方议会成立的第一手资料。

那么，这个议会真的就是人们所谓的一个“橡皮图章”吗？也不尽然。因为这个结论，至少可以从札二略见一斑。

札二是当时的临时议长张子培写给议员吴锦江的。大意是因为洛城（即今庄浪县城所在地水洛，当时属静宁南八镇之一）查烟议员马鼎臣多次函告这一带大烟（即罂粟）种植甚多，担心其一人“查有不周之处”，正好听闻吴锦江已完成查烟任务，在家休息，遂添派他和戴友三、仇乾三三人，协助马鼎臣赴雷大湾、仁当（今仁大）、治平三镇等处勘查烟亩。从这封书信里，我们暂时无法判断当时政府禁绝大烟的效果，但可以看到临时议会已担负了查烟的任务，而且这班人对待这项工作的初衷至少还是认真、细致和负责任的。

细心的读者或许会发问：札一明明说公推议长是张文源先生，而札二的落款却成了张子培？这是同一个人？还是两个人？要说清楚这个问题，还得费点周章。因为作为陇上声望素著的张文源，遍查他的生平资料，从未出现过“子培”这个字或号。但笔者还是坚持认为这两封书札中出现的两个议长名张文源与张子培是同一个人，理由有三：一是因为静宁县临时议会从成立到袁世凯下令停办，只有整整一年时间，加之张文源系进士出身，且有丰富从政经验，不大可能中途易人；二是民国以前的文化人，有更换表字或名号的喜好，一个人往往按照自己的境遇、雅好或冀望等，不同时期会取不同的字或号，张文源原来的字“会廷”，可能有“金榜题名、会于朝廷”的雄心壮志；而宦游归来，雄心消减，渐有息影林泉之意，所以再取一字“子培”，寓意“培植源头，启迪后人”，正好与“文源”之名互为表里，符合人们因名取字、义相比附的习惯和风尚；三是这封书札与张文源传世的书法作品相比，用笔的特点和书写风格都十分相似，应该是目前发现的其唯一尺牍。

以上新发现的资料和推断，望能引起地方史志研究者的注意。

参考资料：

1. 静宁县县志编纂委员会《静宁县志》（甘肃人民出版社，1993 年 6 月第 1 版）

2. 王濬源主编《王烜诗文集》（内部资料，1997 年）

3. 时下翁《闲话进士（下）·张文源》（《静宁文史大观》，敦煌文艺出版社，2019 年 4 月第 1 版）

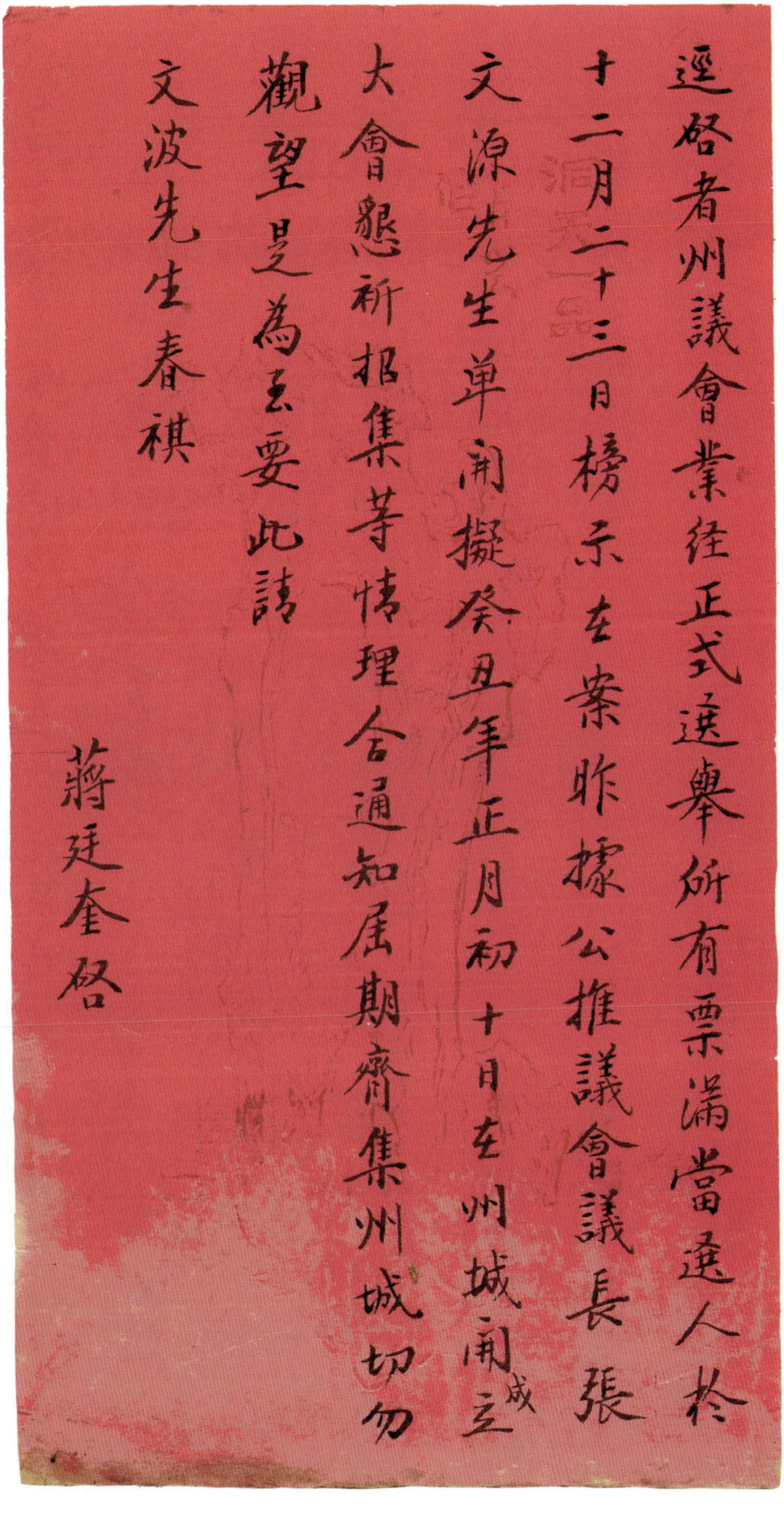

逕啓者州議會業経正式選舉所有票滿當選人於十二月二十三日榜示在案昨據公推議會議長張文源先生單開擬癸丑年正月初十日在州城開成立大會懇祈招集等情理合通知屆期齊集州城切勿觀望是為至要此請

文波先生春祺

蔣廷奎啓

札一（12.3cm×23.2cm）

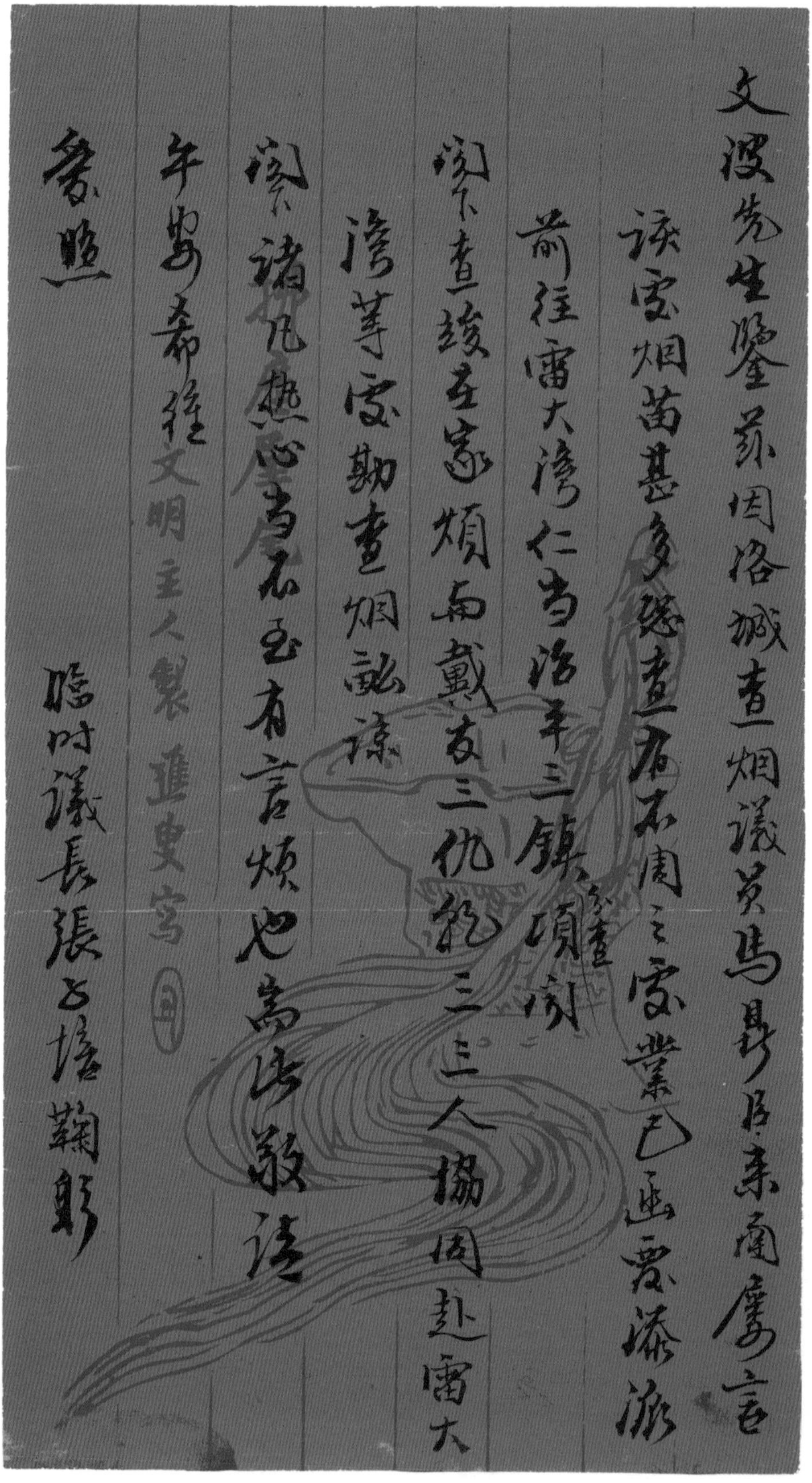
文漢先生鑒茲因洛城查烟議員馬縣長來函言
該處烟苗甚多懇查看不周之處業已函覆添派
前往雷大灣仁壽洛平三鎮順便
閣下查該去處煩為戴友三仇紀三三人協同赴雷大
灣等處勘查烟訟詳
閣下諸凡熱心為公亟有言煩也專此敬請
年安希經
文明主人製 進吏寫
台照
臨時議長張占培鞠躬

札二（12.4cm×22.5cm）

释 文

【札一】

径启者：州议会业经正式选举，所有票满当选人于十二月二十三日榜示在案。昨据公推议会议长张文源先生单开“拟癸丑年正月初十日在州城开成立大会，恳祈招集”等情，理合通知，届期齐集州城，切勿观望，是为至要。此请

文波先生春祺

蒋廷奎启

【札二】

文波先生鉴：

兹因洛城查烟议员马鼎臣来函，屡言该处烟苗甚多，恐查有不周之处，业已函覆添派前往雷大湾、仁当、治平三镇分查。顷闻阁下查竣在家，烦与戴友三、仇乾三三人，协同赴雷大湾等处勘查烟亩。谅阁下诸凡热心，当不至有言烦也。耑此，敬请

午安，希维爱照。

临时议长张子培 鞠躬

多少鲜活的名字都随风飘散

——甘肃都督府军政处委员李宝善致乡友吴锦江书札三通（1913—1914）

通过前文《曙色微露的武昌与陇头》，我们知道在武昌起义爆发时，至少有80名湖北陆军第三中学堂的甘肃籍学生参加了起义，开甘肃走向共和之先声。此后，还有更多的进步青年，投身到这一波澜壮阔的时代大潮中。

笔者伯曾祖父玉山公于兰州写给老家好友吴锦江的这三封书札中，就提到了6名静宁籍青年，他们或鼓吹革命，或投考军校，或远赴新疆，都想一展抱负，有所建树。

从写于1913年二月廿日的札一可知，当时的兰州城里，就聚集了一批静宁籍青年，时任甘肃军政处委员的玉山公就是其中之一。在他“因偶被车伤”后，就有同乡马光祖、王遇等前来探望，“同托通候，感佩万分”，所幸“现已伤痕全愈无恙”。他们是一群关心时事和家乡建设的人，在得知吴锦江被选为静宁县（是年正月初二改州为县）临时议会议员时，就以欣喜的口吻予以鼓励：“以兄实笃学问，且于经验到佳，有此学并有此识，自能充斯职而作用裕如。”同时，对新成立的议会组织提出希望：“因思自治之道，首重在人，既得其人，则我州议会正式成立后，必能收美满之效果云。”接着，他告知在兰州拜访同乡吕中清先生的有关情况。

玉山公对吕中清以先生称之，似乎是同乡前辈。查《静宁县志·人物》表录，有一条简单信息：吕仲清（1873—1936），雷大乡谢吕村人，曾任西安绥靖公署驻甘肃行署参议。由此我们基本可以断定，县志中这位比玉山公大10岁的“吕仲清”先生，就是玉山公书札中的“吕中清”（究竟哪个是笔误？待考）。书札中说“吕中清先生于去岁腊月间由新来兰，伊因在新省鼓吹革命，事未就绪，故逃逸到兰”。这句简单的家常话，明显与新疆辛亥革命的大背景相关。武昌起义成功后，各省纷纷响应。面对清廷即将覆亡的命运，陕甘总督长庚、伊犁将军志锐及新疆巡抚袁大化曾进行密谋，打算迎请宣统皇帝到西北，然后再以甘肃、新疆、内蒙古为基地，偏安以观其变。为此，新疆伊犁革命党人决定起义，以破坏清廷西迁的阴谋。而于1912年1月7日起义的主力部队，正是4年前从湖北借调的新军。这支军队路过兰州时，继续招募新兵，后来大名鼎鼎的邓宝珊将军正是此时应募参军，并亲历了伊犁起义的全过程。伊犁起义成功后，成立了中华民国军政府新伊大都督府，并出征清廷任命的新疆巡抚袁大化。后在清廷正式宣布退位诏书后，才通过谈判息兵。该年5月，北洋政府任命杨增新为新疆都督，他甫一登台，就下定决心削弱和消灭伊犁革命力量，革命党人冯特民、李辅黄等惨遭杀害，而在作战中被提升为参谋的邓宝珊（时年18岁）也上了缉捕名单。静宁人吕中清，很有可能和邓宝珊一样，是从兰州参加湖北新军并随部起义，后因通缉而辗转回到甘肃的。值得一提的是，1932年2月，甘肃籍的陕军将领邓宝珊出任西安绥靖公署驻甘肃行署主任，与他共同有过新疆革命经历、年长他21岁的吕中清，才被他委任为参议。情推梓谊、不忘故交，这也符合邓宝珊将军重情重义的一贯风格。

玉山公在拜访吕中清时，还特意提到了同乡友人刘少卿，“伊言于前清宣统三年腊月间，偶得痨症，已经病故”。人以类聚，物以群分，这位刘少卿，应该是与吕中清一道远赴新疆的，也应该是一个“鼓吹革命”的年轻人，可惜英年早逝，埋骨异乡。但由于时局混乱，音信不通，再加之革命党人的嫌疑和同行朋友手头拮据，未能归葬，而家人还在盼望着他平安归来呢。念及此，玉山公不由浩叹：“悲夫！英俊凋敝，同人所慨。况彼父母妻子，耳闻之下，能不为之大形悲悼乎？”是啊，人皆有父母妻子，闻此噩耗，谁能忍得了悲伤？真是“无可奈何”。为了不让其家人因猛然听闻消息而遭受重大打击，玉山公还特意安顿：“兄可徐徐说知彼家，以早图善后可也。”朋友一场，能为他们家人减轻痛苦的，大概只能存这么一点善念了。

札二虽然没有注明时间，但从“陆军小学不日停办”，可以断定也是写于1913年。据资料记载：甘肃陆军小学堂的前身，是光绪三十年（1904）八月成立的甘肃武备学堂，两年后改为甘肃陆军学堂，1912年正月改为甘肃陆军小学堂，次年停办。玉山公在考入湖北陆军第三中学堂前，正是以廪生身份而在此就读的。所以，这所学校，正是他的母校。这封书札，是玉山公接到吴锦江之弟想报考该校的问讯后，所写的回信。但很可惜该校“不日停办”，不再招生。所以，玉山公不无遗憾地说：“令弟有志向学，可以随时磨砺，若遇有机会之处，即当奉闻来省。”随后，他告诉吴锦江自己供职的军政处“有从新组织消息，在事人员亦为从新委任”。据民初《甘乱杂志》“陆军学生被捕”一节记载：甘肃承认共和后，在湖北、陕西陆军中学堂读书的本省学生们陆续回籍，寓居省城图事，引起驻兵兰州的军阀马安良的忌恨。他常说：“甘肃者，我之甘肃。官绅议员，皆我家之奴隶也。藐然柔懦，我教他如何，他便须如何，皆不足为害。所虑者，陆军学生耳。此辈得志，后患不堪设想。”于是，诬以谋变，派兵四处搜捕，在梨花馆、斗母宫等处，捕获学生樊政等多名，并搜出护身手枪、炸弹等物，指为凶器，欲尽杀之。都督赵惟熙不允，交法庭审理，援照私藏危险物例，分别轻重，判处有期徒刑者六名，余皆释放。甘肃有如此飞扬跋扈的“土皇上”，督署及各司大员们谁还敢重用这些接受了新式教育和共和理念的陆军学生呢？面对军政处这次的人员重新洗牌，玉山公已感到“恐经失败”，只能“俟发表后，究竟若何情形，定为速报我兄”。

我们现在已无法知道玉山公究竟是否获得委任的确凿信息，但可以肯定的是当年底他回老家过年，节后又返回兰州了。请看写于次年二月初七日的札三开头：“弟赴省垣，幸为托福，业已平安抵省矣。”从这么漫长的假期看，他极有可能于上年军政处重组时未获委任，已经赋闲。此时，无论是从家庭生计，还是从个人出路考虑，他都必须尽快找一份工作。而作为原军政处下设的教育科职员，他可能打算到新办的高等学堂任职，但到兰后，“学堂开办尚在两可”。其时，甘肃唯一的高等学堂是法政学堂（今兰州大学前身），因纪律松懈，学风不正，已名存实亡，有司考虑新建高等学堂或对法政学堂进行整顿重建，但生源与师资都很匮乏，校舍设施陈旧，加上官场扯皮，议而不决。此路不通，如何是好？或许，在求职无门时，他想到了自己原来在甘肃陆军学堂上学的总办、现任新疆都督的杨增新，想到了也有湖北军校求学经历的学长、颇受杨增新器重的老乡刘希曾，于是“惟思男儿志在四方，忽有出关之想”，并决定三天后与同乡陈文山一同赴新疆。万里风尘，不知何时归来？此时，刚过而立之年的玉山公或许年轻气盛，对出关还颇为乐观。所“至嘱至嘱”者，是对堂弟贤娃（笔者三叔曾祖作善公，字文山，乳名象贤）学业的牵挂，希望教书的好友吴锦江“好好教导，幸勿以朽木难雕而见弃也”。长兄如父，由此可见一斑。

就在他赴新疆之后的当年9月，新的甘肃公立法政专门学校终于开办招生。而属意于此的玉山公，却已陷入“季子故辙，其蹈无几”的艰难境地。可谓造化弄人！家中长辈称：玉山公赋性严整，不苟言笑，子弟多畏之。不过，从札一末尾所附的一段话：“兄琴瑟甚调，久处州中，其一日不见，遐想如三月何？一笑。”倒能体会到这位老人家活泼、俏皮的一面，让我们更多地感知到了一份长辈的温和与亲切。

读这三封书札，我们从吕中清鼓吹革命、刘少卿殒命他乡，“马光祖、江竟成等已经入校（应是陆军小学堂）”，以及王遇在兰州谋职，吴锦江之弟想投考陆军小学堂，陈文山与玉山公结伴出关等信息，再联系到与玉山公一同参加武昌起义时的七八名同乡学友，可以看到在民初乱世，贫困如静宁县威戎乡下一带，仅他与吴锦江共同熟悉的朋友中，就有好些向往革命的人、热心求学的人，他们是怎样冲破贫寒的困扰、信息的闭塞、思想的禁锢，奔赴外地，汇入时代浪潮的呢？他们走出黄土地的身影后，都隐藏着一个个曲折而又精彩的故事，折射着那个年代的轮廓和细节。可惜的是，这些百年前曾经怀抱理想、志在四方的乡村读书青年，他们鲜活的名字和故事都随着时光的销蚀而随风飘散、渺不可寻了。

参考资料：

1. 静宁县县志编纂委员会《静宁县志》（甘肃人民出版社，1993 年 6 月第 1 版）
2. 张蕊兰主编《辛亥革命在甘肃》（甘肃文化出版社，2011 年 9 月第 1 版）
4. 刘国俊《新疆辛亥革命述论》（《新疆社会科学》2011 年第 4 期）
5. 王劲《邓宝珊传》（兰州大学出版社，1988 年 3 月第 1 版 ）

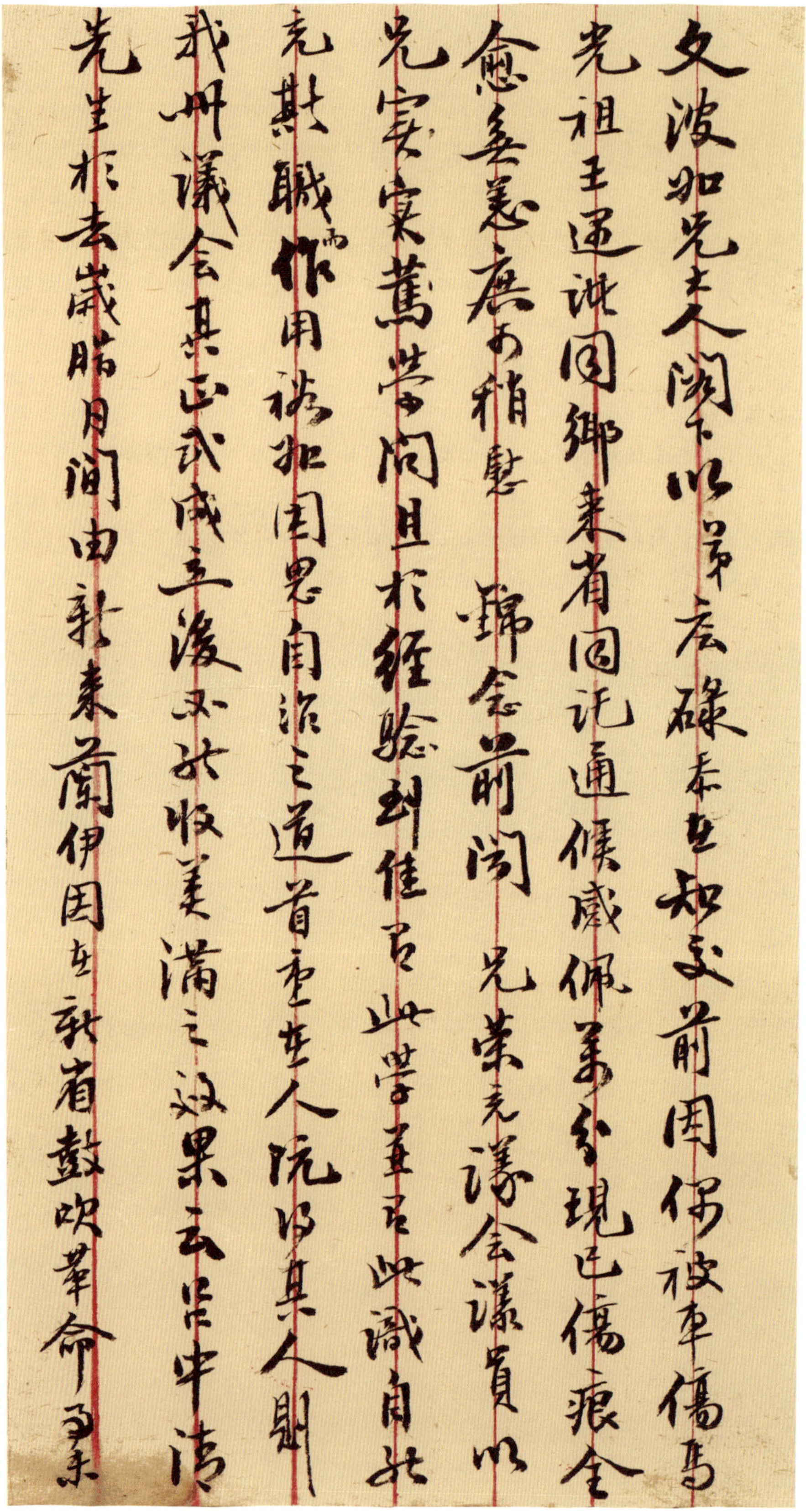

文波如先生大人閣下：以弟庸碌，未出知交。前因偶被車傷焉，
光祖主任過訪同鄉來省，因託通候，感佩莫名。現已傷痕全
愈，無勞廑念，稍慰　錦念。前聞　兄榮充議會議員，以
兄實富舊學，且於經驗殊佳，以此學兼以此識，自非
兄其職而作用，裨益國恩，自然之道，首重在人，況以其人膺
我州議會，其正式成立之後，必於收美滿之效果，至是中清
先生於去歲臘月間由新來蘭，伊因在新省鼓吹革命，勇采

札一（1）（12.6cm×23cm）

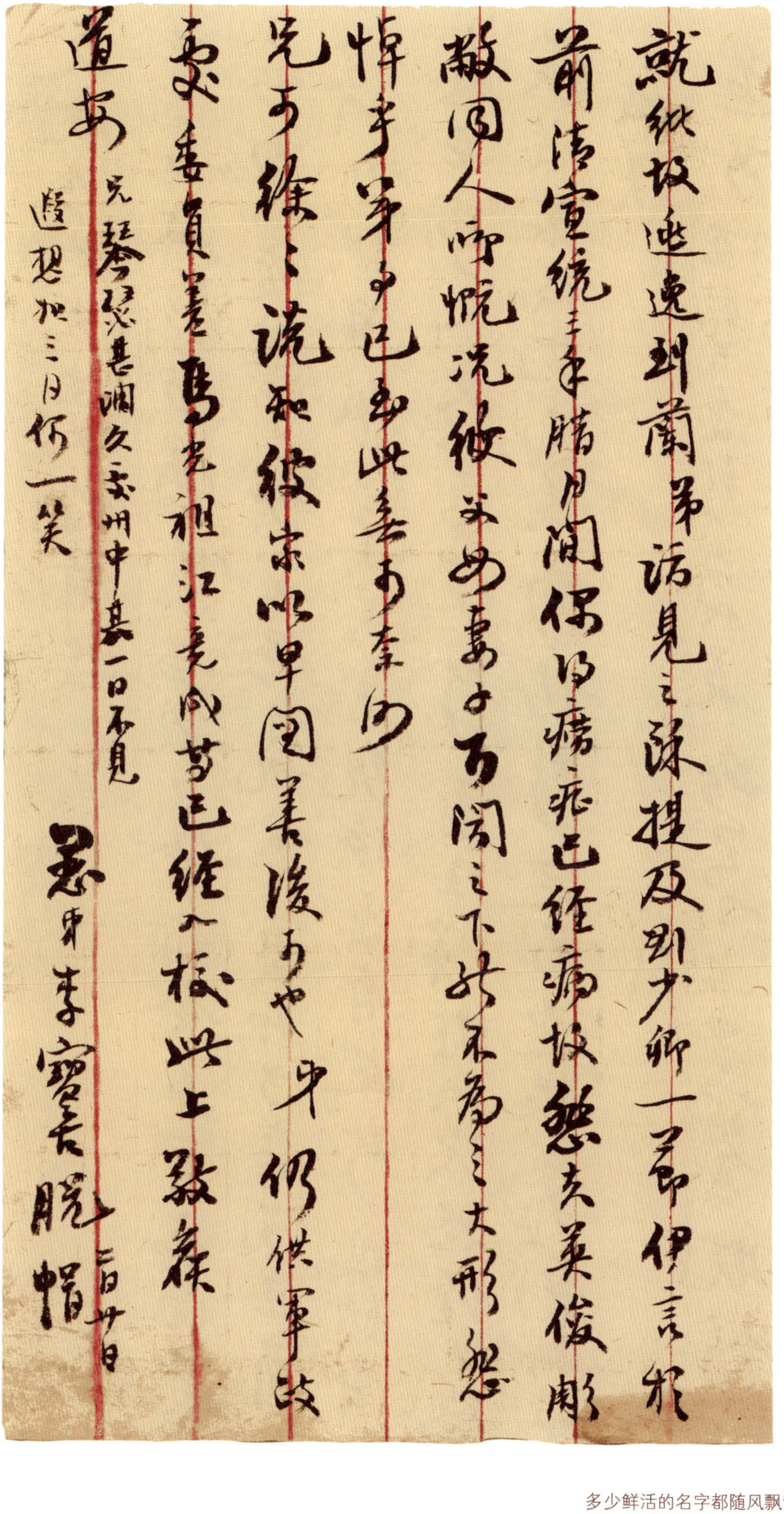
就紙故遂遇到蘭弟話見之談提及趙少卿一節伊之言殊
前清宣統二年臘月間係因痨瘵已經病故態度英俊彬
彬同人所惋惜彼父母妻子于聞之下好不為之大形愁
悼半年中已出此無可奈何
兄可繼之流知彼宗以早圖善後可也弟仍供軍政
要差委質署光祖江亮成昔已經入校此上敬頌
道安 兄琴瑟甚調久在州中甚一日不見
遐想把三月何一笑
愚弟李寶長脫帽 二月廿日

札一（2）（12.6cmx23cm）

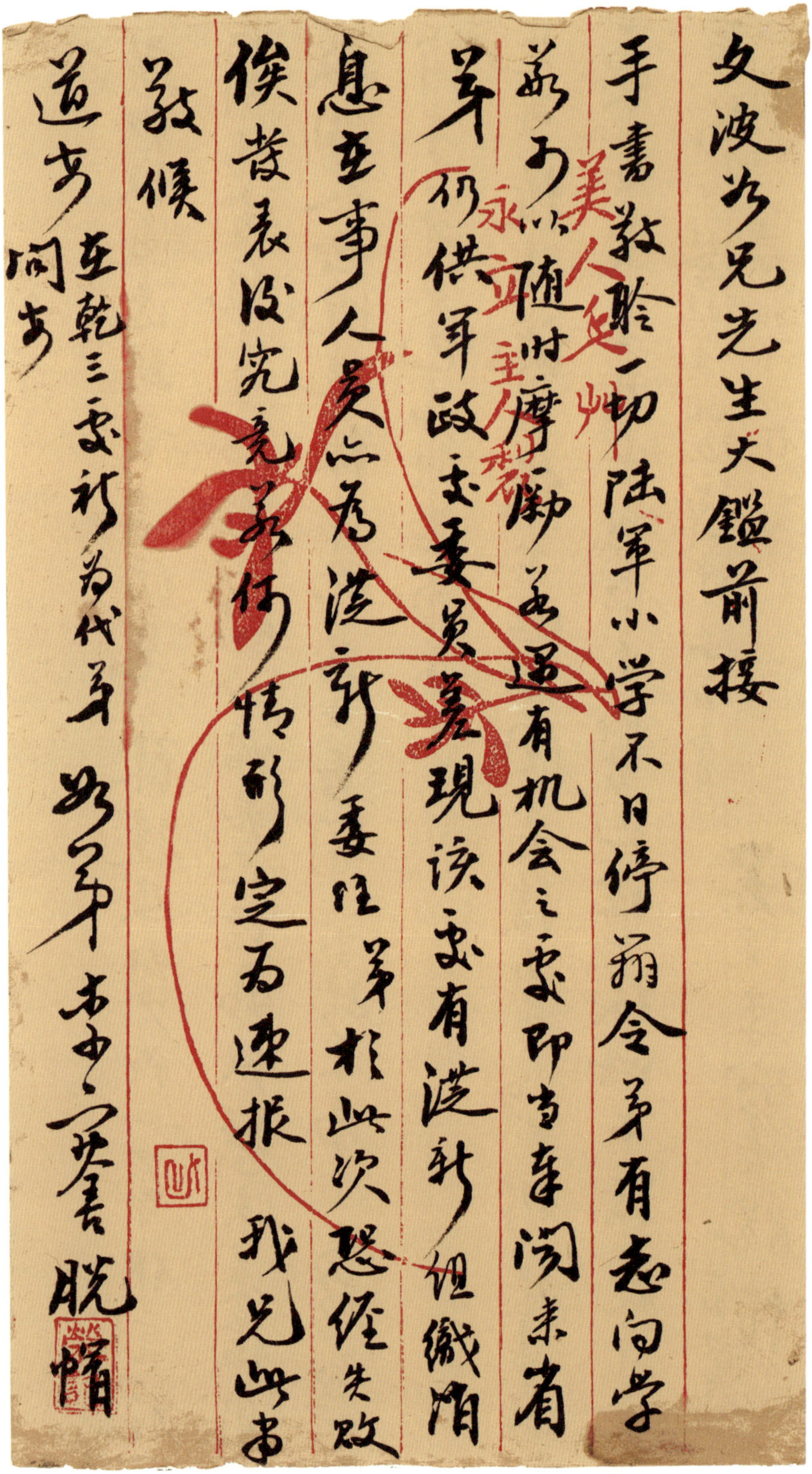
文波吾兄先生大鉴前接
手书敬聆一切陆军小学不日停办令弟有志向学
兹[?]可以随时磨励[illegible]遇有机会之处即当专函来省
弟仍供职军政处委员差现该处有澄[?]新组织将
息至事人员亦为澄[?]新委任弟于此次恳经先改[?]
候发表后究竟如何情形定为速报我兄此事
敬候
道安
阖安
在乾三处祈为代弟
弟[illegible]谨[?]书 [illegible]

札二（13.2cmx23.3cm）

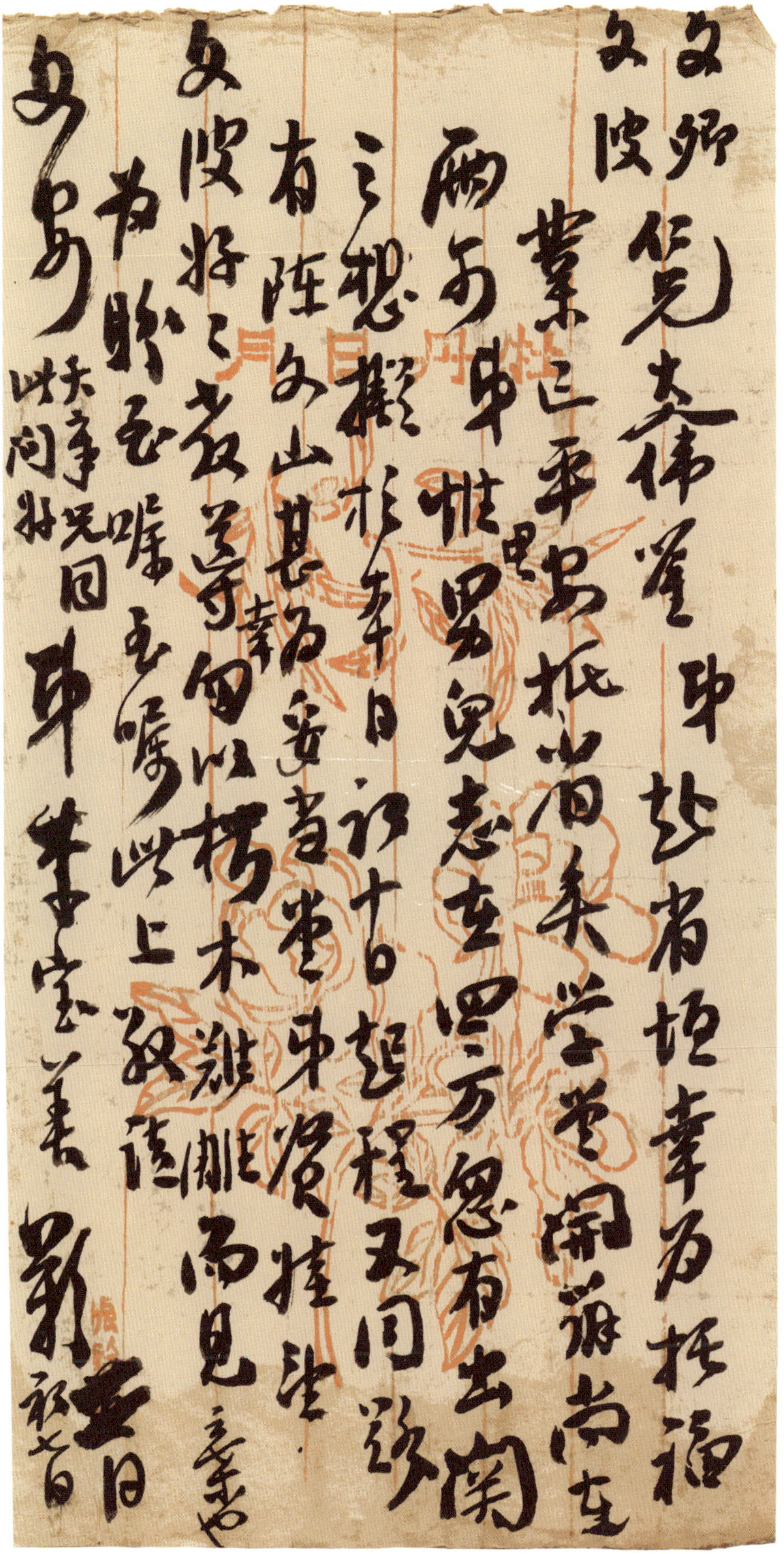

札三（12.2cmx23.8cm）

释 文

【札一】

文波如兄大人阁下：

以弟庸碌，忝在知交，前因偶被车伤，马光祖、王遇诸同乡来省，同托通候，感佩万分。现已伤痕全愈无恙，庶可稍慰锦念。前闻兄荣充议会议员，以兄实笃学问，且于经验到佳，有此学并有此识，自能充斯职而作用裕如。因思自治之道，首重在人，既得其人，则我州议会正式成立后，必能收美满之效果云。

吕中清先生于去岁腊月间由新来兰，伊因在新省鼓吹革命，事未就绪，故逃逸到兰。弟访见之余，提及刘少卿一节，伊言于前清宣统三年腊月间，偶得痨症，已经病故。悲夫！英俊凋敝，同人所慨。况彼父母妻子，耳闻之下，能不为之大形悲悼乎？弟（第）事已到此，无可奈何。兄可徐徐说知彼家，以早图善后可也。

弟仍供军政处委员差，马光祖、江竟成等已经入校。此上。敬候

道安

愚弟李宝善脱帽 二月廿日

兄琴瑟甚调，久处州中，其一日不见，遐想如三月何？一笑。

【札二】

文波如兄先生大鉴：

前接手书，敬聆一切。陆军小学不日停办，令弟有志向学，可以随时磨砺（摩励），若遇有机会之处，即当奉闻来省。弟仍供军政处委员差。现该处有从新组织消息，在事人员亦为从新委任。弟于此次，恐经失败，俟发表后，究竟若何情形，定为速报我兄。此肃，敬候

道安。在乾三处祈为代弟问安。

如弟李宝善脱帽

【札三】

文卿、文波仁兄大人伟鉴：

弟赴省垣，幸为托福，业已平安抵省矣。学堂开办尚在两可，弟惟思男儿志在四方，忽有出关之想。拟于本月初十日起程，又同路有陈文山，甚为妥当。堂弟贤娃，望文波好好教导，幸勿以朽木难雕而见弃也为盼，至嘱至嘱。此上，敬请

文安。天章兄同此问好。

弟李宝善鞠躬 二月初七日

道司官员任命时的一段秘闻

——平凉县议会致静宁县临时议会公函两通（1913）

常言道：“铁打的衙门流水的官。”如果把某一个衙门的历任长官放到历史长河中来看，那些或清晰或模糊的面孔真的像水一样哗哗流过，逝者如斯。促使其流动的，无非是来自官员调配这一只看不见的手。依据常理，官员的调配自有其一套严密的程序，其权威是容不得下级挑战或干预的。但这两通有关中央任命地方官员时的县级议会公函，却是很少见到的例外，它从一个很小的侧面，暴露出袁世凯当政初期地方势力敢于叫板中央政府的实情，也反映了当时整个政权呈离心化的趋势，可为这段纷乱复杂的历史做一个小小的注脚。

札一（系绢本）是1913年8月前后，平凉县议会致静宁县临时议会的公函。通篇看似官话，但背后却隐藏着一段鲜为人知的政坛秘闻，甚至连当事人也不一定知道这其中的名堂。

当年1月，中央政府改革道制（道是介于省与府之间的衙门），原来的平庆泾固化道被改为陇东道（驻平凉），道台改称观察使，道台衙门改称观察使署，山西文水人、进士出身的王学伊正是改制前后担任过这两个职务的人（崆峒山上天梯摩崖石刻“翔龙飞鹤”四个擘窠大字系其所题）。半年多之后，王学伊离任，谁来接掌观察使署的大印？这自然是陇东各界都十分关注的一件大事。作为观察使署所在地的平凉县，近水楼台，较早获悉最新消息：原来中央已任命“宦京多年”、年初上任甘凉观察使的会宁人秦望澜赴任陇东（当时县级以上主政官员皆由中央任命）。这本是一个十分正常的官员任命，却未料在平凉引起了一场轩然大波，以至于“各界慌恐如见蛇蝎”（平凉县议会公函语，想来其程度未必如此）。其原因在书札中写得十分明确，一是认为秦在京城做官多年，“其贪鄙恶劣，久为甘人所不齿”；二是“春间曾任命甘凉观察使，旋因甘人全属反对，今又改任陇东”。接着，又以十分鄙夷的口吻，称这一任命就如同把投给豺虎和北方不毛之地都不肯接受的小人（典出《诗经·小雅·巷伯》：“取彼谮人，投畀豺虎。豺虎不食，投畀有北。有北不受，投畀有昊。”），投到陇东，“岂他人畏此君为刀俎，而我陇东独乐为其鱼肉耶”？一个当官多年的人，如果到头来真正落得个这样的口碑，还有何颜面见江东父老？

做了这样一番铺垫之后，书札话锋一转，点明主旨，即“敝会现拟呈明省议会，转咨国务院收回成命，设法欢迎王南轩先生，庶可福我陇东。”同时，为了增加说服的分量，力促静宁县议会果断加盟此事，还搬出了其他各县如隆德、庄浪、华亭、镇原、泾川、正宁“业经赞成”的砝码，希望包括静宁在内的陇东各县议会携手同心，一致反对，以群体的力量报请省议会，将基层民众的呼声转呈袁世凯中央政府，敦促其“收回成命”（这怎么说都有一股子要挟和犯上的意味）。站在低处看，这是县级议会的衮衮诸公“蚍蜉撼树，不自量力”，但站在高处看，却是袁氏当国后集权无效，猢狲将散，这棵生长在皇权土壤上的民国之树发出的离倒不远了的信号。

关于秦望澜其人，综合目前各类资料，不仅不像这封书札写的这样不堪，反而是一个关注民瘼、亢言直论的乡贤名流。他19岁中举，25岁赴京参加会试时，参加了著名的“公车上书”，并考中二甲进士，可谓科场顺利，早岁成名。初授兵部主事，以实绩升任贵州道、辽沈道监察御史，详审吏政，调查民情，直谏敢言，卓有政绩，尤以弹劾贵州孙效武贪污赈粮案为人称道。后因得罪同僚、触犯权臣，被贬民政部代理员外郎、西分厅总办等职，但江山易改，秉性难移，即使身处逆境，依然上疏，抨击弊政，为民请命。民国初建，年逾不惑的秦望澜以前清旧吏的身份任临时参议院议员，开启了新的仕途。未几，由于甘肃政坛混乱、内部斗争十分激烈，在京任职十多年的他被委派到家乡甘肃，主政一方。这也是对当时地方人士呼吁“甘人治甘”的一个回应。据郭卿友主编《中华民国时期军政职官志》载，1913年1月20日秦望澜任甘凉观察使，同年8月7日任陇东观察使。这与书札“春间曾任命甘凉观察使”完全一致，也是断定该书札年代的重要依据。

另据《平凉地区志》载：1912年至1913年，王学伊任平庆泾固化道台与陇东道观察使；1915年，周务学任泾原道尹（该年5月又改陇东道观察使为泾原道尹）。王、周之间有一年的主政者姓名及其他信息只字未提（应是资料缺乏所致）。现在，就完全可以断定，平凉县议会联络陇东各县议会共同发起的“抵秦运动”，最后无果而终，秦望澜不仅走马上任，而且任期达一年或将近两年，显然比其任甘凉观察使的时间要长得多。现在尚无资料可以证明秦望澜在平凉任上的政绩优劣，但无资料本身也是一个相对客观的评价，那就是既无惠政，也无恶行，和大多数官员一样政绩平平。试想，这封书札不管是何人主谋，即使是秘密公函，其内容也不可能不传到当地道、县官员的耳中，而且这种言论一经扩散，势必对秦望澜施政产生一些消极影响，如掣肘、扯皮、内耗等，要出政绩，谈何容易？

原本是京官外放的秦望澜，离任平凉后，重返北京，被当时的袁世凯及其后的段祺瑞执政府聘为几届总统府顾问、参议院议员和国务院咨议，力所能及地发挥参政议政作用。1920年议会解散后，担任清史馆协修，参与编纂《清史稿》的兵史部分（因其最初在兵部任职），这大概是其人生后期最值得称道的事业了。秦望澜出身进士，饱读经史子集，工诗文，善书法，著述颇勤，有《退想斋词》、《少观疏稿》、《三省九斋文集》四卷、《文苑杂存》二卷及《枝阳诗集》十二卷等传世。同时，他十分关心家乡教育，曾于1920年在会宁县城捐资创建秦氏小学，惠泽后人。1928年，秦望澜病逝于北京，享年58岁，归葬会宁城北。这封诋毁他、抵制他的公函，或许他曾有所耳闻，但应该是至死都没有亲眼见到的吧？

平凉县议会公函之所以对他做如此评价，或许是道听途说，或许是供人驱使，其背后一定有更为复杂的功利目的和官场恩怨，主谋者是省城或北京的官场中人也未可知。但作为县议会的公文起草者，对一个人物评价的措辞之偏激、语气之刻薄，似乎缺乏实事求是的态度和温柔敦厚的文风，可见刀笔吏杀人之不见血也。

札一还有一个重要信息是，抵制会宁人秦望澜任职的目的，就是设法欢迎庄浪人王南轩，“庶可福我陇东”。王南轩，名舍棠，这位此前几年在武汉做官时曾对家乡旅鄂学子多有关照的老乡，即将或已经卸任热河省清理财政局会办、热河金库库长之职（担任此职前，应该是前文书札中所谓“赴奉天调查黑龙江金矿”之职）。所以，平凉县议会的这封公函，应该是已经掌握了秦已被任命为陇东观察使，而王即将或已经从热河离任的准确消息，这才“振臂一呼”的，个中背景，实难臆测。

凑巧的是，当年时隔不久，王南轩又一次出现在平凉县议会的札二中了（看笔迹，此札与札一系同一人所写）。原来，在陇东各县议会“抵秦运动”失败后，地方上又听到甘肃财政司长田骏丰（字枫溆）要调离的消息。因甘肃伏羌（今甘谷县）人田骏丰阅历丰富，此前曾任广西两地知县、上海都督府顾问、北京临时参议会议员等，且就任本省财政司长后与基层各县关系十分融洽，所以，静宁县议会致函平凉县议会，提议再次联合陇东各县设法挽留。这就有了平凉县议会的这封复函（札二）。

札二的内容很简单，首先是对静宁方面提出“挽留田枫溆”，表明了“自应极端赞成”的态度，可见平凉方面对田骏丰其人也是十分认可的。但是，平凉县议会此时又一次较早获悉了高层任命的消息，知道将由庄浪人王舍棠接任甘肃省财政司长一职。

而此人，正是各县都呼吁就任陇东观察使而未获准的最佳人选，且是陇东老乡，他如就任执掌一省财政大权的官员，能不像札一所说的“庶可福我陇东”？作为陇东人岂能不极力表示欢迎？于是，平凉县议会就立场鲜明地说：“倘对于枫溆多一挽留，即不啻对于南轩多一反对也。”在新旧官员交替时，对旧官的挽留也是明清时代遗留的旧例，无非是当地士绅和民众变相地给予离任官员一个良好的官声和口碑，不一定当真。但这种挽留，对与此地毫无关系的新官来说，因是常见的旧例，不会介怀，但对与此地关系密切如在此出生、求学或曾经为官的人而言，势必造成一种似乎“不受欢迎”的尴尬和压力。所以，出于一种官场的人情世故，平凉县议会说“所有挽留一节，似无庸议”，也是很有道理的。当然，作为兄弟县议会，不能越俎代庖，替人家做主，还得表示尊重对方选择的礼貌，所以，就有了“贵会如不谓然，即祈迅速见覆，敝会当即遵照荷函办理”的套话。想来，对于王舍棠就任此职，与其家乡庄浪接壤的静宁方面，一定更是“欢迎之不暇”了！

据现有资料，王舍棠于该年9月奉调甘肃财政司长（王烜《王建侯以憩园诗索和，步原韵三章》自注：“建侯与邓德舆至园，王南轩司长不约而同。”可知其任财政司长无疑。而《庄浪史话》记载为甘肃税厅筹备处处长，应是错讹），可以说与老乡秦望澜是前后脚到家乡任职的。但匆匆8个月后的次年4月，又奉调江苏省内务司司长，两月后改任金陵道尹，期间深受江苏都督冯国璋、巡按使韩国钧器重，建办数项事务，一年多后病逝于任上，享年也是58岁。

从秦、王二人的出身来看，都出自苦寒之地，靠发奋苦读博得功名，不过秦是进士，学富五车，著述颇丰；王是举人，稍逊一筹，不以文名。从任职经历和工作实绩来衡量，秦长期担任京官，未秉实权，多是建言参政；而王起于知县，历充要门，可谓政绩斐然。从这一点而言，平凉县议会所谓王舍棠“庶可福我陇东”，也不是没有道理。

王舍棠在甘肃任职时间很短，但也留下了“单骑退兵”的一段佳话。其时，甘肃地方军阀马安良因对新任都督张广建令其裁减兵员不服，遂以欠饷为由激化事端，两军对垒，战祸将兴，危在旦夕。王舍棠大义凛然，不顾劝阻，匹马入营，正告马安良：“我甘肃民苦，不任兵革，且地处西陲，蒙藏不宁，青新易动，赖兰以稳大局。若兄动武，战火一起，四处蔓延，将不可收拾，蒙藏必为外人所乘，青新合之，我西陲大片疆域，必为外人所踞。兄将为后人所唾骂，成为千古罪人。况兄为甘肃人，应为甘肃父老着想，特别在此兴革多变之秋，宜静不宜动。望老兄慎思！”马安良最终心悦诚服，率军返回老家河州，一场战火瞬间而熄。这一席话，既纵论天下大势，高屋建瓴，又切中桑梓之情，入情入理，颇有战国策士的辞令之美，从中可一窥王舍棠非凡的胆识、眼界和干才。这也怪不得他当年能从众多举人中大挑一等，即授实官。

两封书札，二位乡贤；岁月似水，是非如烟。官员像水一样流着流着就没了踪迹，但水流走了，坚固的石头还在。秦望澜、王舍棠二位乡贤，就是甘肃大地上两块成色已久的石头，铭刻着那个时期一段无法忘怀的家国往事。

参考资料：

1. 张蕊兰主编《辛亥革命在甘肃》（甘肃文化出版社，2011 年 9 月第 1 版）
2. 平凉市地方志编纂委员会《平凉地区志》（中华书局，2011 年 3 月第 1 版）
3. 李志中主编《会宁史话》（甘肃文化出版社， 2008 年 9 月第 1 版）
4. 贾晨光、魏俊舱主编《庄浪史话》（甘肃文化出版社，2008 年 10 月第 1 版）
5. 王濬源主编《王烜诗文集》（内部资料，1997 年）

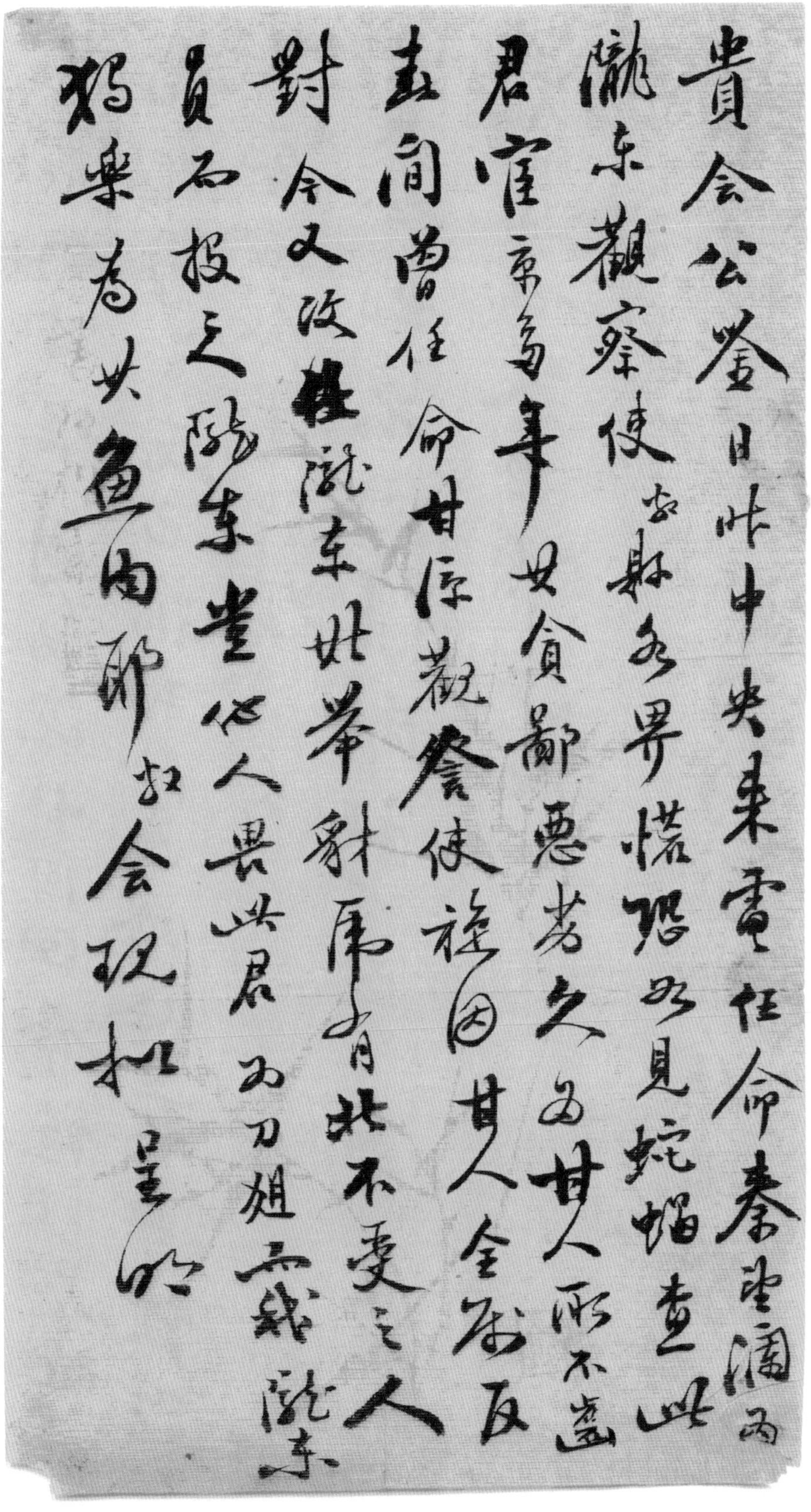

札一 绢本（1）（12.4cmx22.4cm）

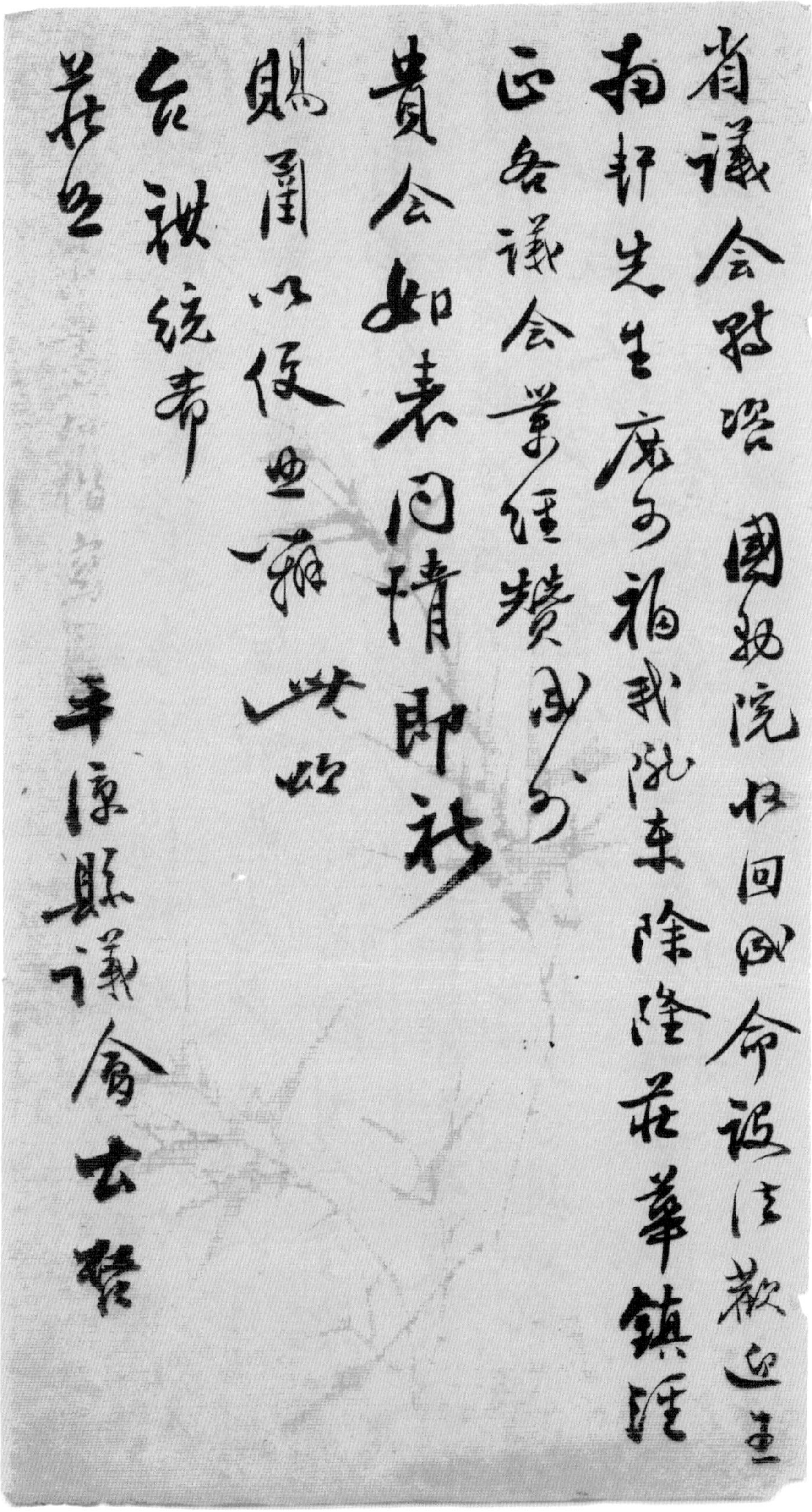

省议会对路 國務院收回成命设法歡迎孟
南轩先生席下 福我浙东除隆莊華鎮涯
正各议会业经赞成外
貴会如表同情即祈
賜覆以便並辦 此致
台祺统希
莊鉴
平原縣議會公啓

札一 绢本（2）（12.4cmx22.4cm）

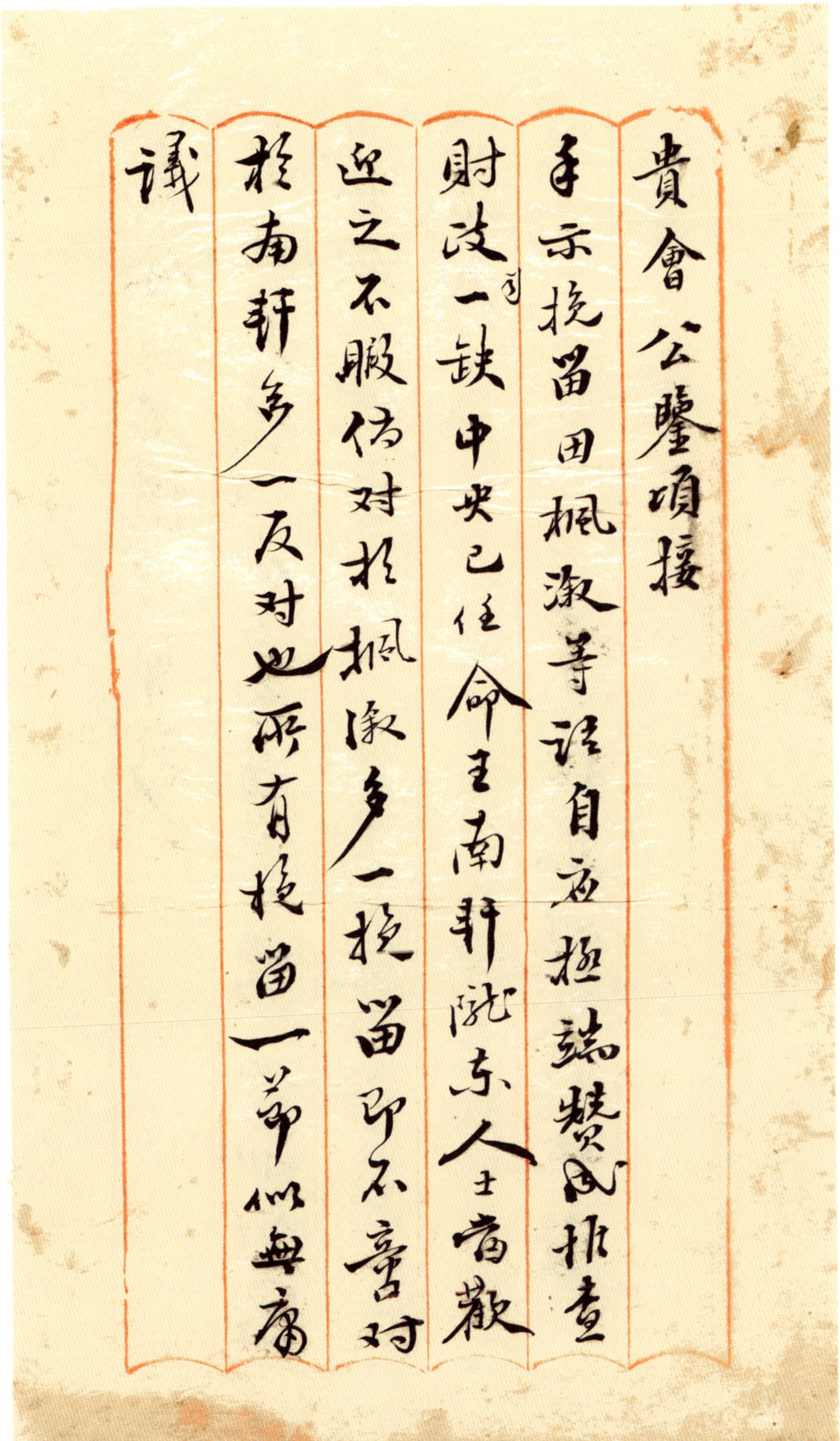

貴會公鑒頃接
手示挽留田楓澂等語自應極端贊成惟查
財政一缺中央已任命王南軒隴東人士當歡
迎之不暇倘對於楓澂多一挽留即不啻對
於南軒多一反對也所有挽留一節似無庸
議

札二（1）（12.5cmx21.4cm）

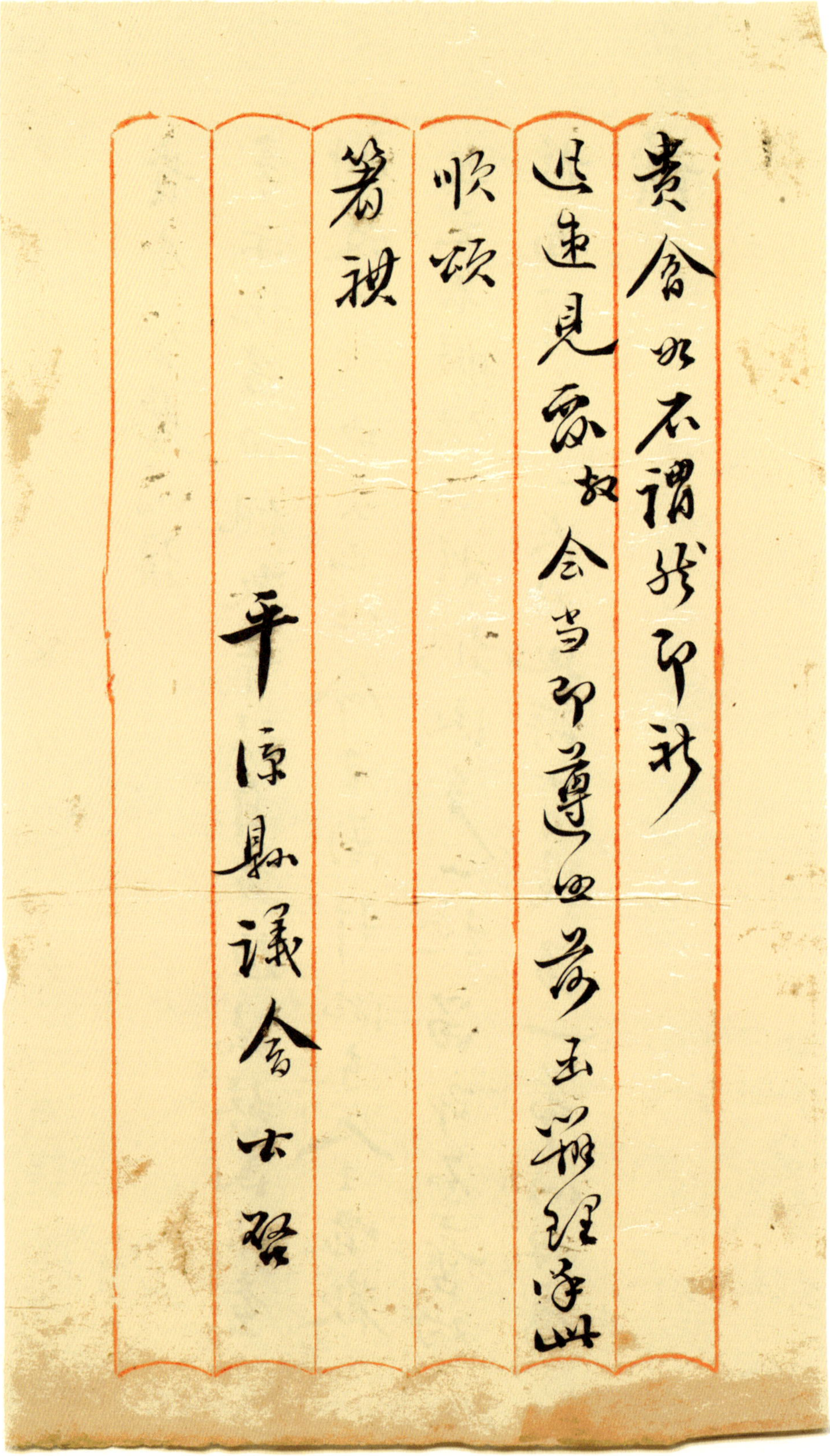

贵会如不谓我印行
迅速见寄，敝会当即遵函荐玉稿经审此
顺颂
著祺
平原县议会启

札二（2）（12.5cmx21.4cm）

释 文

【札一】

贵会公鉴：

日昨中央来电，任命秦望澜为陇东观察使，敝县各界慌恐如见蛇蝎。查此君宦京多年，其贪鄙恶劣，久为甘人所不齿。春间曾任命甘凉观察使，旋因甘人全属反对，今又改任陇东。斯举豺虎“有北不受”之人员而投之陇东，岂他人畏此君为刀俎，而我陇东独乐为其鱼肉耶？敝会现拟呈明省议会，转咨国务院收回成命，设法欢迎王南轩先生，庶可福我陇东。除隆、庄、华、镇、泾、正各议会业经赞成外，贵会如表同情，即祈赐函，以便照办。此颂

台祺，统希庄照。

平凉县议会公启

【札二】

贵会公鉴：

顷接手示，挽留田枫溆等语，自应极端赞成，惟查财政司一缺，中央已任命王南轩，陇东人士当欢迎之不暇。倘对于枫溆多一挽留，即不啻对于南轩多一反对也。所有挽留一节，似无庸议。贵会如不谓然，即祈迅速见覆，敝会当即遵照荷函办理。手此，顺颂

箸祺

平凉县议会公启

丁令重归化鹤猜

——兰州进士、静宁县知事王烜致县临时议会便函四通（1913）

1913年夏，曾任前清户部主事、民国甘肃布政司署预决算委员的兰州人王烜被委任静宁县知事，时年35岁。下车伊始，必读方志，他在翻阅《静宁州志》时，意外发现乾隆九年（1744）上任的静宁知州也叫王烜，湖州归安人，同样出身进士，在任时兴教办学、修筑城垣、养济孤贫，是一位被几代静宁人称颂的名宦，而且这本州志还恰好是其主持编纂。"烜"字并非常用字，同一姓名先后任同一地方主政官员的概率很小。但谁也不会料到，时隔169年后，又一个王烜成了这个衙署的主人。出于对这位同名同姓前辈的敬重和对自己的鞭策，王烜写了一组《阿阳即事》诗，因涉及其任职期间的作为，谨录全诗如下：

其一

无端作宰到阿阳，父老相逢羡故乡。

国计民生丁创钜，戴星出入亦何妨。

其二

前贤政绩百年来，丁令重归化鹤猜。

遐想胜朝全盛日，民安物阜颂康哉。

其三

四围山色拥岩城，绕郭新堤玉带横。

但愿旁流均乐利，晴川千亩课春耕。

其四

却因薪桂问山虞，也似长安不易居。

毕竟小民艰力食，十年树木盍兴诸。

在诗题下，作者自注："静宁古称阿阳，时余权邑篆。""其二"诗就是追颂前辈王烜在康乾盛世实现民安物阜的遗泽，诗后也有自注，很有趣："清乾隆时知州王公，有政绩，与余同名。”这首诗，借用《搜神后记》中辽东人丁令威“化鹤归辽”的典故，猜测自己是不是前辈王烜“化鹤重归”静宁故地了。这种对前贤政绩的推崇，不仅表达了自己见贤思齐的愿景，也抒发了对历史巧合的会心，的确有一种隔代知音之感。

另据王烜长诗《七十二生日自述》中有云:“会计安委吏,衔命宰阿阳。期月而已可,廉吏愧名扬。”这几句关于任职静宁的诗句下，也有自注：“癸丑夏，奉委代静宁县篆。”“在任九阅月，回省后，静绅每以廉吏相称。”由此可知他虽然主政静宁只有九个月时间，但并非匆匆过客，而是静宁士绅们口中的“廉吏”。当然，作者本人的诗作，尚不足以作为采信的凭据，但这四通书札，却完全可以补史料之不足。

因前三札没有注明月份，仅依据笔者的理解和推断予以排序。札一是一封“委托书”，看语气应该是刚刚到任时。其时，清政府任命的前任知州蒋廷奎已经离任，“国计民生丁创巨”，案牍山积，事务繁巨，包括因主政官员易人而停工的东峡兴隆渠也成了半拉子工程。所以，王烜甫一到任，就急着处理积压多日的当务之急，真是分身乏术。这时，刚好遇到了“较斗一事”，即上级统一配发的仓斗，需要地方官员亲自测验是否精确，这也就是当今所谓“计量检测”工作。因为“公务忙碌”“无暇亲临”，再加之“仓斗由上所颁，浅深大小，必有准尺”，想来不会有什么意外。所以他就给县议会写了一封手谕，以商量的口吻，托请“贵会会同敝署科员较量”。同时，要求事后报告检测结果，但他的表述是希望检测后“拟定公文相示”，显得颇为客气。最后，还提出万一检测出仓斗真的不准，确实需要报请上级重新配发，“即请酌办可也”，看来真是用人不疑，放手放权，且寥寥数语，用心缜密。特别是信末还十分谦恭地落款“王烜上言”，即向上呈言，丝毫没有县太爷“一声令下”的做派。

札二是写给静宁县名门之后、进士王曜南长子王尔兴（字言卿）的，可称一封“催办件”。因为王曜南系光绪二十一年（1895）进士，王烜是光绪三十年（1904）进士，所以对前辈之子，他尊称为“仁兄先生”，体现出一种同辈朋友间的亲近。此前一年，国民政府农林部颁布了《农会暂行章程》，要求各县成立农会，“以图农事之改良发达”。王烜作为前清京官，且具现代意识和眼光，所以一上任就委托当地有声望的王尔兴牵头组织，并给“志愿书卅张”，让他物色合适人选“介绍入会”，但“迄今多日”，未见回音。要催办，又不好直接责怪，所以他就用“想已组有成数”的委婉措辞，予以催促，希望他尽快将入会名册“即送过署，以便即时设立，开会呈报”。需要说明的是，因二人同城居住，相去不远，写信后可即刻派人送达，所以他一定是利用晚饭前后或晚上写就，这一点可以从信末的祝语“晚安”二字看得出来。连夜办公，这从一个细节体现出他夙兴夜寐、不惮劳苦的敬业精神。正是因这样一到任就马上投入紧张的工作，这才有了“期月而已可”的效率和结果。

札三的写作时间，参照下文《干才惜未尽其才》，当是甘肃省财政司长田骏丰尚未离任的该年9月之前，也是一封“委托书”。该札说的是奉财政司的命令，静宁所分摊的绿营（即下文的“平凉驻军壮凯军”）兵饷，应以仓粮折合成银价拨付。王烜在奉令之后，“当即函商商务会估价出粜”，现已经过各方共同斟酌评估，以每石（10市斗）三两三钱作价，发给粮商，换银拨饷。这本来是已经商定好了的事情，但王烜并未擅自做主，而是“将出粜仓粮酌定价值开单”，委托县议会再做进一步的市场调查，最终认定其作价究竟是否合理。这看似一件寻常小事，但完全可以体现出王烜作为一县之长主动接受县议会监督的胸襟，也可以看出他慎独慎微、不为瓜田李下的“清流”形象。

札四是一封关于禁烟的“工作安排”，写于上任后的三四个月后。鸦片（烟土）流毒，为中国三千年未有之祸。第一次鸦片战争后，清朝被迫打开国门，鸦片在中国的销售更加肆无忌惮，为了抵制外来鸦片倾销造成的大量白银外流，清政府在默许鸦片走私合法化的同时，也采取了容忍甚至鼓励农民种植罂粟的政策。《光绪朝东华续录》记载：“咸、同以后，烟禁已宽，各省种植罂粟者，连阡接畛，农家习为故常，官吏亦以倍利也，而听之。”本书多处都提到镇原、三水、西安等地的罂粟种植和烟土交易情况，都是属于公开化、合法化的营生。尤其在光绪三十年（1904），镇原烟苗因阴雨受灾，但张玉玺家的烟土收入还可望换得四五十两银子，其利不可谓不高。直到光绪三十二年（1906），朝廷才明降谕令，宣布严厉禁烟，但收效甚微。1912年，先后任临时大总统的孙中山、袁世凯都曾提出禁烟令，并于次年成立了全国禁烟联合会。札三就是在这个背景下，根据全国《禁烟章程》之规定，在全县启动“禁烟运动”的一个历史物证。要读懂这封书札，只要弄清“甘结”（包括“结”“甘”“总结”）的意思即可。这里的“甘结”之类，都是指给官府保证某事就此了结，如有重犯则甘愿受罚的画押字据。从书札中可以看出，禁烟之初，对种烟户施行的是先礼后兵的策略，如能做到自写保证书之日起“限期禁绝、永不再种”，则既往不咎；否则，有约在先，严惩不贷。为了引起县议会的高度重视，王烜一起笔就详细引用《禁烟章程》条文，也算是共同温习政策规定，其程序是：烟户写保证书（具结）——族绅、乡绅分别担保（正副总结）——三者合并后送县自治会（议会）查核——再由全县最高的担保者自治会（议会）统一写保证书一式两份（正副甘），与有族绅、乡绅担保的各烟户保证书汇总后——送县知事将各副本留署——各正本盖印后存巡警道备案。这个备案的保证书，既明确了各担保者的连带责任，也是烟户重开烟戒后巡警道查验和治罪的证据，可以避免“不教而诛”的弊端。从这个程序可以看到，禁烟主体县政府将部分责任分摊于县议会，以便形成工作合力。禁烟“事关重要，务祈速办”，从王烜不厌其烦的指示中，我们可以体会到他事无巨细、亲力亲为的工作作风。

从书法角度看，这四通书札有三种风格：札一的行草书，写得特别随意，甚至可以用“潦草凌乱”来评价，这正好是当时“公务忙碌”，心绪不宁，无法静中求工所致。札二和札三的行楷，完全可以代表王烜的真实书法水准，从中可以看到魏晋楷书的结体朴茂，更多的则是二王行书的风流蕴藉。其发笔出锋，如抽刀断水，干净利落；点画呼应，如大匠挥斤，左右逢源。这种率意与精能、秀润与挺劲的结合，一任天然，毫无做作，达到了很高的艺术境界，是其综合文化素养的自然流露。札四也属于行楷，但比前者更多了一些工稳的楷意，少了一些空灵秀逸之致。

王烜（1878—1959），字著名，一作竹民，其在静宁的作为除上述外，还有其《阿阳即事》其三、其四中提到的续修兴隆渠，引东峡水灌溉农田，以及营造薪炭林，解决农民燃料短缺问题等。次年三月，因回避本省服官，赴京另请分发，此后宦迹遍四川、广东、北京等地，后任甘肃省政府秘书长、政务厅长等职。51岁以后，脱离政界，一直从事民间慈善和社会救济事业，赈济灾民，活人无数，被誉为“民国赈灾杰出人物”。他自称“市隐”，读书、赋诗、著述、礼佛、静坐，著有《击柝集》《存庐文存》《存庐诗话》《读经偶记》等30多种。徐文泉在《存庐诗话》序言中称其生平：“少年稳步青云，中年宦游，足迹几遍天下，晚年专营救济灾难事业，印心贤哲，证性禅宗。”可谓知人之论。

1920年12月海原大地震后，王烜紧急由京返甘，投入救灾，路过故地静宁时，他写下了一首歌行体长诗《祁山崩行》，哀民生之多艰，现摘录如下：

> 我时羁旅栖上京，传闻陇坂山都倾。
> 火岩喷烈水泉涌，黄沙漠漠天失晴。
> 兹来遥望西岩雪，雪消冰释岩皴裂。
> …………
> 我曾作宰来阿阳，睹此不觉心为伤。
> 呜呼！不仁兮彼天苍，万物刍狗还玄黄。
> …………

驱车下山山愈纡，中怀惆怅增长吁。

民国王烜虽然任期很短，但他和乾隆王烜一样，也是一位值得纪念的名宦兼名士。

参考资料：

1. 王濬源主编《王烜诗文集》（内部资料，1997年）

2. 时下翁《民国首任州知事的静宁情节》（《静宁文史大观》，敦煌文艺出版社，2019年4月第1版）

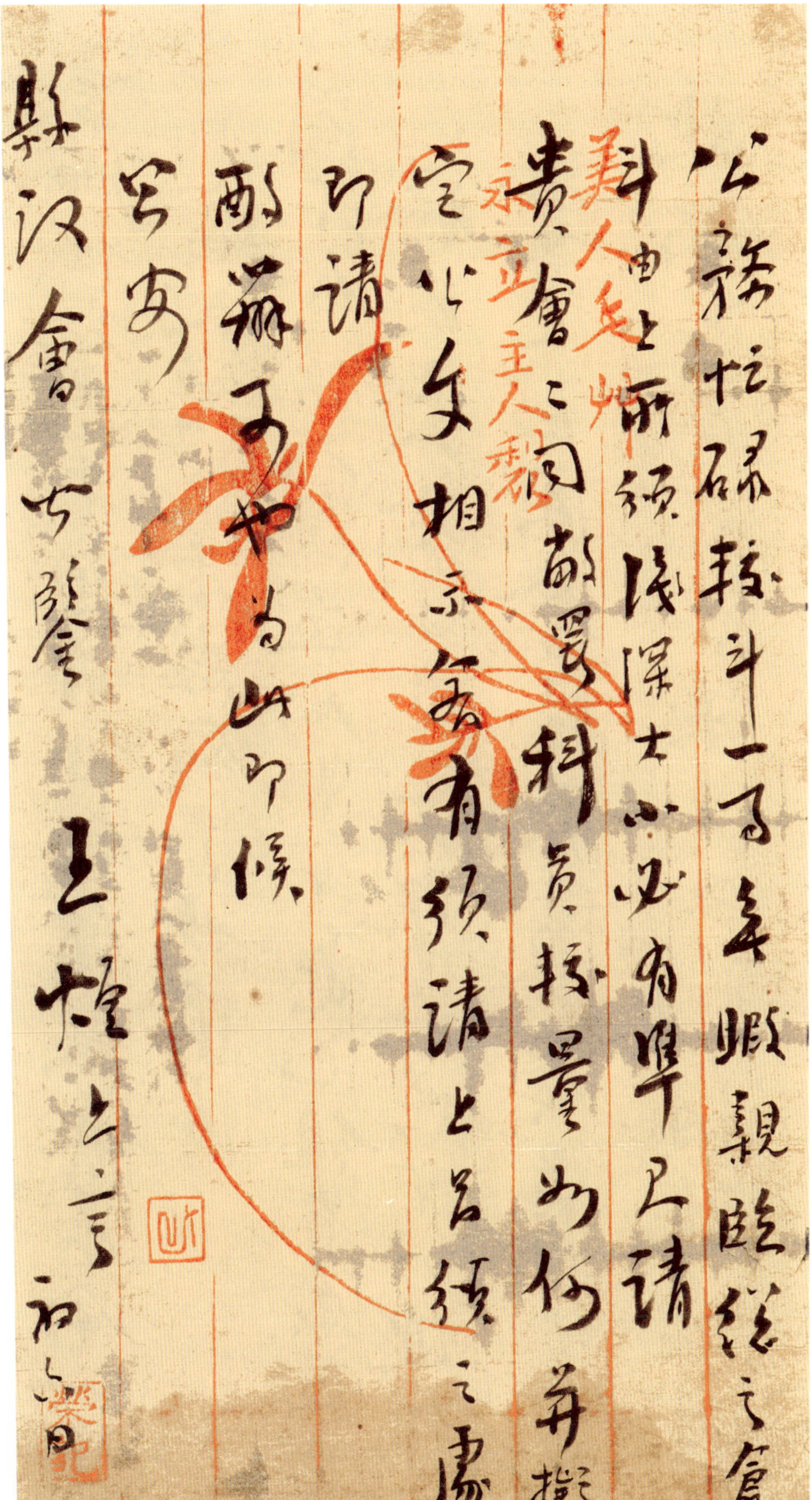

札一（12.4cmx22.8cm）

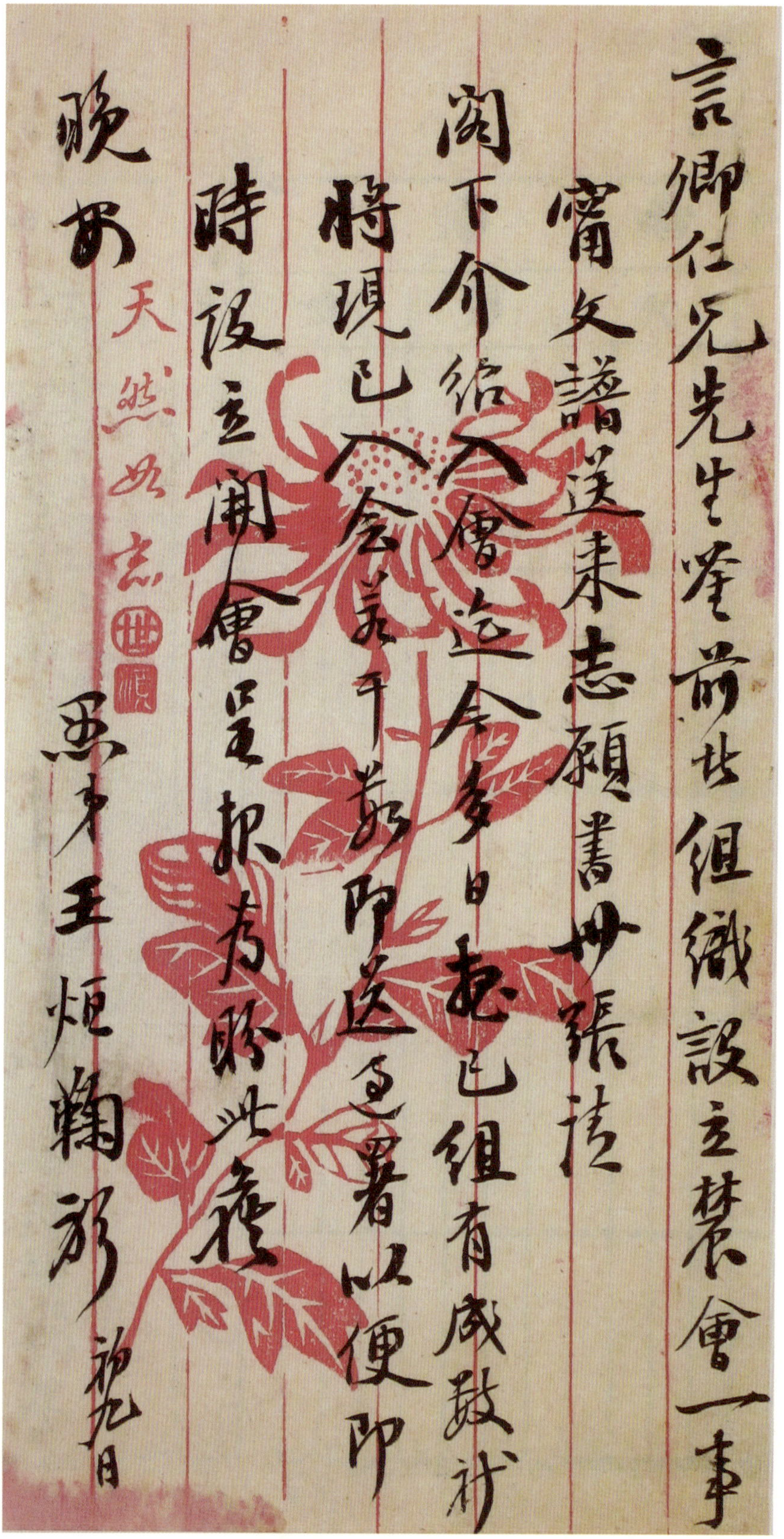
言卿仁兄先生鉴前廿组织设立农会一事
甯文諸送来志願書冊張請
閣下介紹入會迄今多日想已組有成鼓矣
將現已入會若干數即送息署以便即
時設立閩會呈報為盼此請
晚安
天然如志
愚弟王炬鞠躬 初九日

札二一（11.9cmx22.6cm）

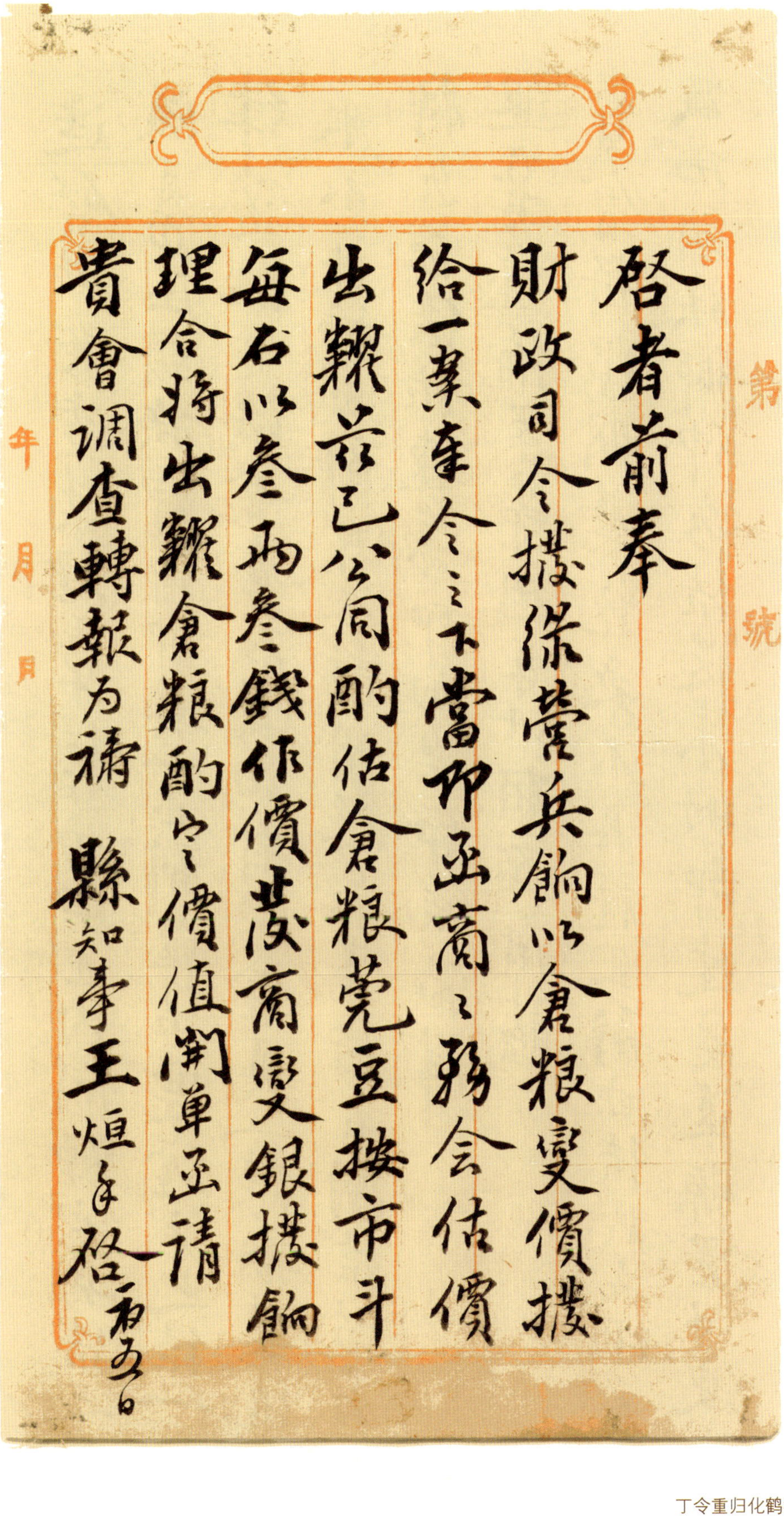

啓者前奉
財政司令撥保營兵餉以倉糧變價撥
給一案奉令之下當即函商商務會估價
出糶茲已公同酌估倉糧莞豆按市斗
每石以叁兩叁錢作價裝商變銀撥餉
理合將出糶倉粮酌定價值開單函請
貴會調查轉報爲禱　縣知事王烜手啓　一月五日

札三（12cm×21.4cm）

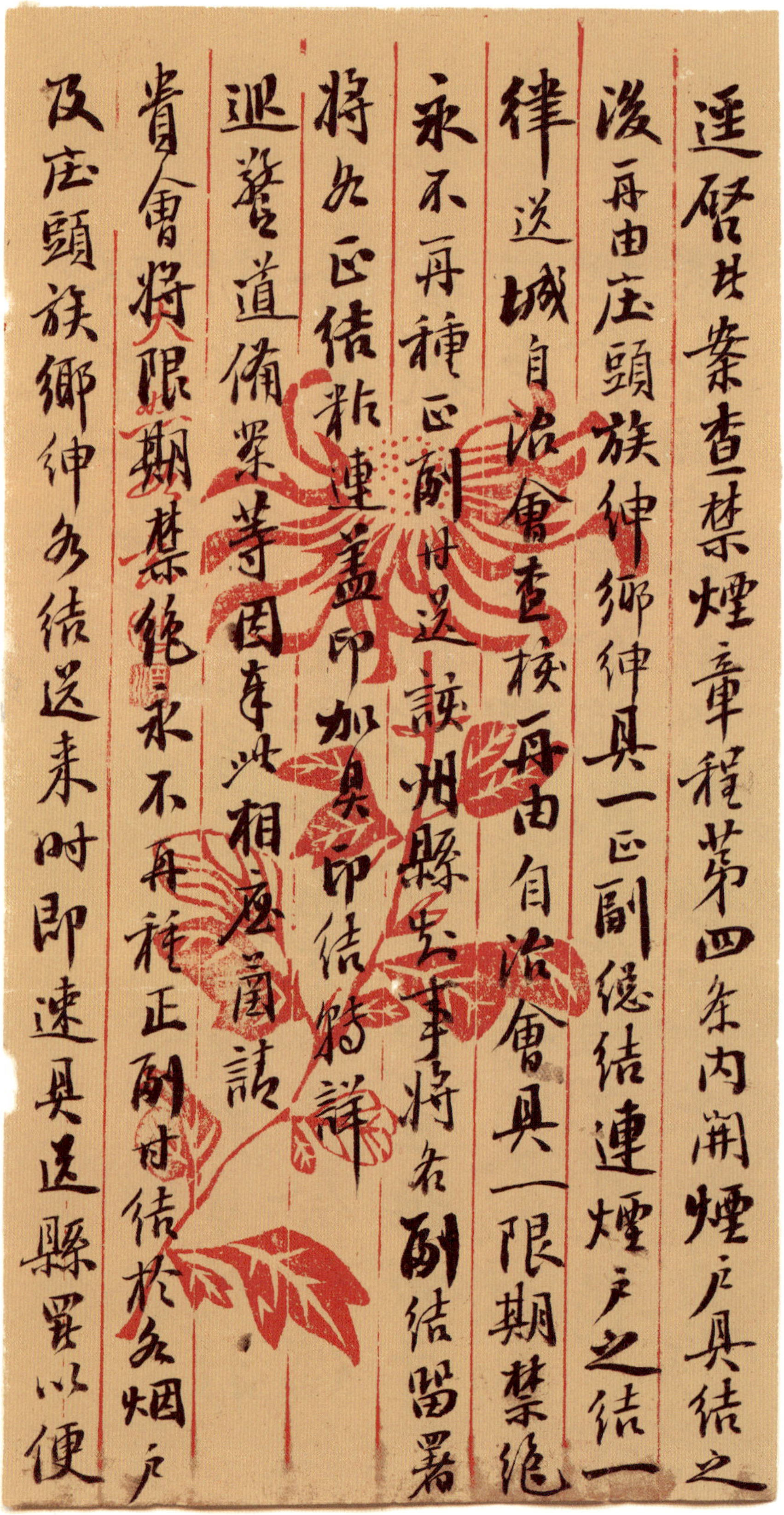

逕啓者案查禁煙章程第四條內開煙戶具結之
後再由庄頭族紳鄉紳具一正副總結連煙戶之結一
律送城自治會查核再由自治會具一限期禁絕
永不再種正副甘結送該州縣出事將各副結留署
將各正結粘連蓋印加具印結轉詳
巡警道備案等因奉此相應函請
貴會將限期禁絕永不再種正副甘結於各烟戶
及庄頭族鄉紳各結送來時即速具送縣署以便

札四（1）（11.9cmx22.6cm）

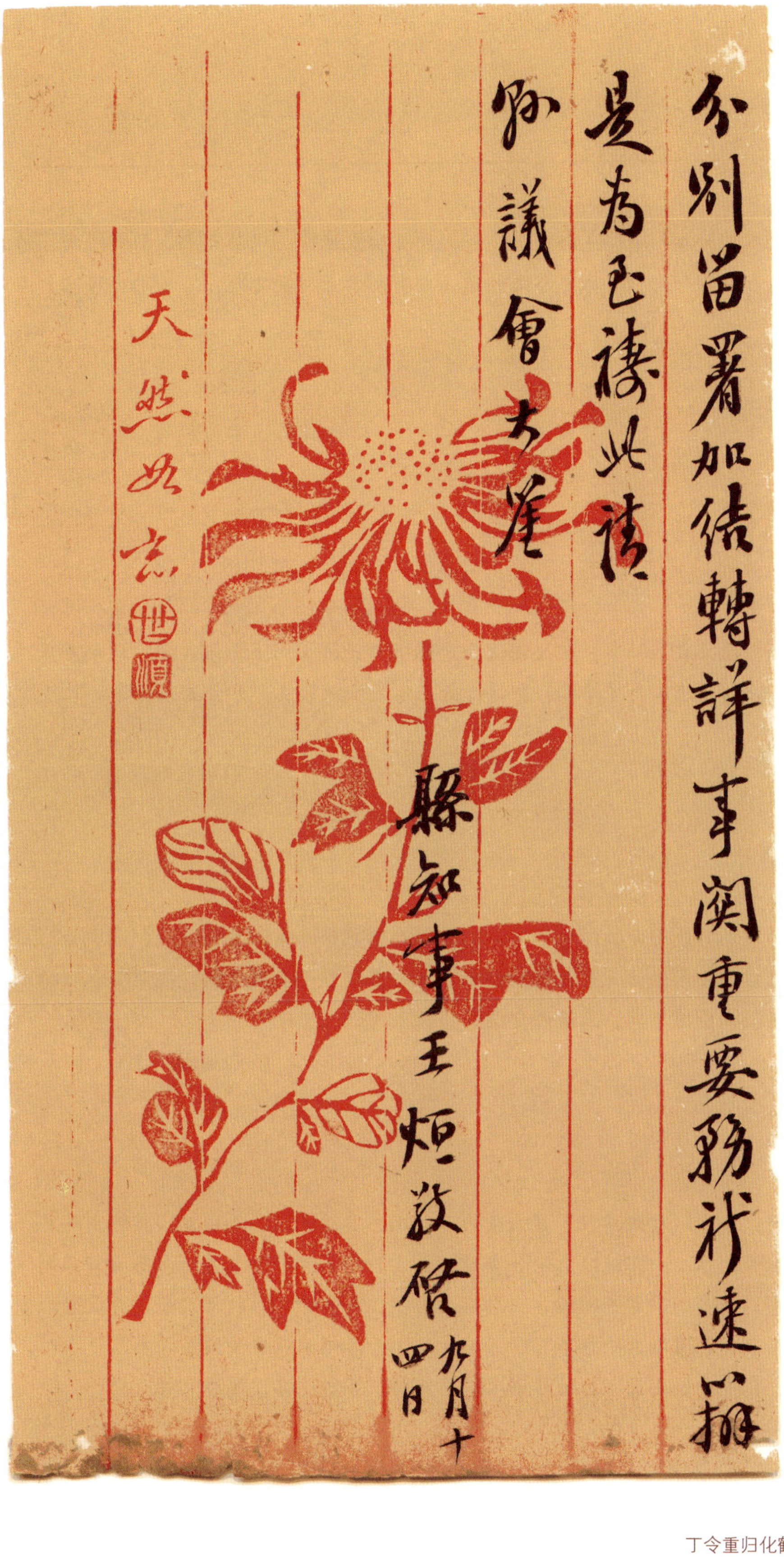

分別留署加結轉詳事關重要務祈速以擲
是為至禱此請
縣議會大鑒
縣知事王烜敬啓
九月十四日

札四（2）（11.9cmx22.6cm）

释 文

【札一】

公务忙碌，较斗一事，无暇亲临，总之仓斗由上所颁，浅深大小，必有准尺，请贵会会同敝署科员较量如何？并拟定公文相示。若有须请上另颁之处，即请酌办可也。为此即候

公安

县议会公鉴

王烜上　言　初六日

【札二】

言卿仁兄先生鉴：

前者组织设立农会一事，宁文谱送来志愿书卅张，请阁下介绍入会。迄今多日，想已组有成数。祈将现已入会若干数，即送过署，以便即时设立，开会呈报为盼。此候

晚安

愚弟王烜鞠躬　初九日

【札三】

启者，前奉财政司令拨绿营兵饷，以仓粮变价拨给一案，奉令之下，当即函商商务会估价出粜。兹已公同酌估，仓粮莞豆按市斗，每石以叁两叁钱作价，发商变银拨饷。理合将出粜仓粮酌定价值开单，函请贵会调查转报为祷。

县知事王烜手启　初五日

【札四】

径启者，案查《禁烟章程》第四条内开：烟户具结之后，再由庄头族绅乡绅具一正副总结，连烟户之结，一律送城自治会查核；再由自治会具一限期禁绝永不再种正副甘，送该州县知事，将各副结留署，将各正结粘连盖印，加具印结，转详巡警道备案等。因奉此相应函，请贵会将限期禁绝永不再种正副甘结，于各烟户及庄头族乡绅各结送来时，即速具送县署，以便分别留署，加结转详。事关重要，务祈速办，是为至祷。此请

县议会大鉴

县知事王烜敬启　九月十四日

干才惜未尽其才

——甘肃财政司长田骏丰、天水县议会致静宁县临时议会便函各一通（1913）

辛亥前后，是中国政局震荡、天翻地覆的一个特殊时期。1912年初冬，前清户部主事王烜返回兰州故里，就任甘肃布政司署预决算委员、甘肃财政司科员，同时还被选为民国临时参议院候补议员，而甘肃籍在京的四名正式议员中就有伏羌人田骏丰。这两个此前从未有过交集的同龄人，因民国参议员的身份而同声相应。1913年初，田骏丰在“甘人治甘”的呼声中回到甘肃，先任都督府顾问，继任财政司长，与预决算委员王烜共事三四个月。该年夏，王烜就被委任静宁县知事。

田骏丰写给静宁县议会的这通书札（札一），就很能体现他与王烜之间的友情。

这通书札，是王烜上任不久，静宁县议会给省财政司长田骏丰写信汇报本县开办征信（调查或提供商户信用情况的机构）的情况，田骏丰阅信后，以司长之尊亲笔予以回复，措辞也相当尊敬。他首先对县议会“诸先生热心公益，组织议会”，以“欣慰无似”的语气给予表扬。同时，还引用来信中“征信开办月余，近始畅旺，收钱至五百余串。现又由乡间富绅分头提倡，大宗进款不难立致”的原话，声称“阅之尤为钦佩”。特别是认为有这样良好的开端，“将来贵处征信，定有后过于前之誉”。按说田骏丰是执掌一省财政大权的官员，与县级议会并无多少关联，但还能屈尊拨冗，对基层的成绩进行肯定，并提出今后的希望，可见其不拘泥于职位所限的率性和待人处事的热情。这种性情，还体现在下面几句对王烜的推介和关照上，他告诉县议会“新委知事王竹民先生，办事认真，人极朴厚”，这一评语，既反映了他对王烜的良好印象，也与王烜离任静宁后，士绅犹以“廉吏”相称的事实相符，并非过誉之词。正因对王烜人品和工作的充分认可，所以他乐见这位原来的同事和朋友能在静宁得到各方面的支持和关照，于是他特意加了一笔，希望县议会在和王烜共事时，“遇事一切相商，庶于征信前途，尤有进步”。最后，还不忘对静宁拨付绿营军饷一事表示感谢，“壮凯军饷虽由征信局报解，而诸公维持之力为不少耳”，这句话揄扬人善，不露痕迹，十分体己，足见其早年在曾春煊幕中的文牍功力。

本想报效桑梓、一展抱负的田骏丰，写给静宁县议会的这封信，虽属一般性的应酬文字，但也不掩其踌躇满志的神态。此时，他可能绝对没有料到，一支瞄准他的冷箭正在阴暗处拉满了弓弦。原来，他初到甘肃，政局纷乱，因宦游经历和参政热情被视为“新进少年，方主张排外”的本土势力的代表人物，遭到新任都督张炳华的忌恨，遂捏造其大开烟禁的罪名，电告袁世凯同意，被褫职查办，押解进京。后来幸亏甘肃军政界多人联名申辩，始得免罪获释，回归故里，就此离开了政坛。这期间，他写有一首《归家》诗：

春时远出腊时归，万里征尘游子哀。
赢得沿途诗兴好，柳依依与雪霏霏。

该诗化用《诗经·采薇》的诗意，既反映了自己久历艰苦、痛定思痛的迁客心境，也流露出一种去留无意、宠辱不惊的雅人深致。

从这首小诗，我们可以看到田骏丰不俗的才情。是的，他正是凭借少年早慧才步入宦海的。田骏丰（1887—1917），字枫溆，甘肃伏羌县城人，16岁成为“陇南文宗”任其昌年龄最小的得意门生。22岁时，以一卷《甘肃舆地人物志》深得甘肃布政使曾春煊的赏识，即以优贡身份被招入幕中。后随升任总督的曾春煊宦游四川、两广，期间被派往日本留学，未几又因需才甚急而召回（可见曾对他的倚重），后任广西百色厅同知、宣化知县、容县知县。1912年，与秦望澜等四名甘肃籍代表任临时参议院议员，可谓见过大世面的人。次年1月，回甘肃任职，有干才之名，却乏老成之术，终究因陷入派性斗争而几罹不测之祸。

田骏丰无疑是民国初年甘肃政界煊赫一时的人物。关于他的记载，有褒有贬，其中最让人遗憾的是他在财政司长任上时，因办公场所系原甘肃布政使署，十数屋内藏有明清两代档案，堆积如山，他以“非惟地小不足以回旋，又恐办公各员稍一不慎，致酿回录之灾（火灾）”为由，意欲焚毁，时任甘肃民政长署秘书长的慕寿祺曾在事前力劝：“甘肃居西北上游，为总督驻节之地，兼管陕西、新疆，其卷宗颇有关系。况兰州自明肃藩建国以至前清，三百余年中，虽屡经大乱，而省城始终未失。各衙署卷宗，皆为四五百年之古物。督署所存，尚有肃府旧档，为历史极有价值之成绩，为吾甘最难得之文献。一旦作为废纸，岂不大可惜耶？”但年轻气盛的田骏丰并未采纳，最终一把火烧了个精光。真是可惜可叹！田骏丰可能不会想到，在他把十数屋内所藏四五百年的珍贵旧档全部焚毁时，他的这封便函却历经百年沧桑而奇迹般地保存了下来。

就在田骏丰遭遇撤职查办之际，其家乡天水县议会与当地各团体致函静宁县议会（札二），欲联合甘肃各县议会，为他以及与他同期被解职的甘肃税务厅厅长张世英主持公道、辩冤调停。

在天水一带，论资历声望，张世英远在田骏丰之上，因为张不仅是田的前辈（相差43岁），而且早在田出生的7年前，张就中二甲进士，授翰林院庶吉士，后历任山东、陕西多地知县、知州，光绪三十三年（1907），升任渭南府知府。尤其在响应共和的“秦州独立”事件中，办理善后，化解矛盾，避免战祸，在家乡居功至伟。人们总结张世英的一生：为官三十年，历职一府二州十二县，办学一千余所，民称清官，被誉为“政绩为三秦之最，循良称全陕第一”，五次受朝廷传旨嘉奖。1912年，受甘肃都督赵惟熙邀请，以69岁高龄赴兰筹建省税务厅，筚路蓝缕，历尽艰辛，未料仅一年就“亦无端而奉开缺之电”（后人所编其年谱记载为“辞归”，或许是为尊者讳的缘故）。这样“于清理财政、扩张自治，煞费苦心，真不可一日无者”的两位同乡遭到如此对待，天水县议会自然为其打抱不平。所以，在札二中，起笔直奔主题，简述二公遭遇，紧接着表明“敝会业经函祈省议会挽留、电请中央收回成命外”，恳切希望包括静宁在内的各县议会，“如表同情，尚希协力调停，俾勿坏吾甘长城”，并以感同身受的家乡情怀予以说服，“想列位先生洞悉时局，热心桑梓，必不至作路人观也”，这样不仅提出建议，而且以情感人，力争联手出击、挽回局势，以达到“务望迅速函请省议会速行争持”的目的。

张世英因年已七旬，正好告老还乡，三年后去世。其身后也备极哀荣，1941年，天水士绅为纪念这位乡贤，提议将其故居所在巷以其字“育生”命名，沿用至今。近年，天水龙园古代名人纪念馆为其立铜像一尊，供人瞻仰。而田骏丰，能在北京获释，除了甘肃军政要人的联名申辩，可能与天水联合各县议会的基层呼声也不无关系，虽然中央政府未能收回成命，但也未加害其身。田骏丰在家乡蛰居四年后，于1917年秋，复选为临时参议院议员，遂再度出山，慷慨北上。当时因南北议和渐成气候，而南方护法政府中的实力派人物陆荣廷等推举曾春煊对抗孙中山，得势一时。时北方汤化龙为众议院议长，他深知田骏丰与曾春煊交谊颇深，所以有意拉拢，且私议推举田骏丰为北方和谈代表的呼声甚高。田骏丰也正想一展才干，立不世之功。可惜在汤化龙的一次宴会上，他因饮酒过量暴亡，时年39岁。其家乡恩师、前清翰林王海涵有挽联，据事直书，语特沉痛，联云：

为公哭才，为私哭友；
悲君醉死，悲我醉生。

这里，再录一首被后人誉为“民族教育家”的张世英的诗作《横渠怀古》，对作者而言当然是抒发对北宋关中学派创始人张载（世以其地称横渠先生）的敬仰之情，但在后人看来又何尝不是作者的夫子自道？诗云：

寥落功迹业沉伤，秋风长烟尊祠荒；
唯有横渠桥下水，写得先生天地长。

参考资料：

1. 张蕊兰主编《辛亥革命在甘肃》（甘肃文化出版社，2011 年 9 月第 1 版）
2. 宋思弘《田骏丰先生事略》（《甘谷文史资料》第三辑，内部资料，1989 年）
3. 张绍萱《贤迹觅踪——纪我的祖父张世英、外祖父周务学》（西安出版社，2009 年 5 月）

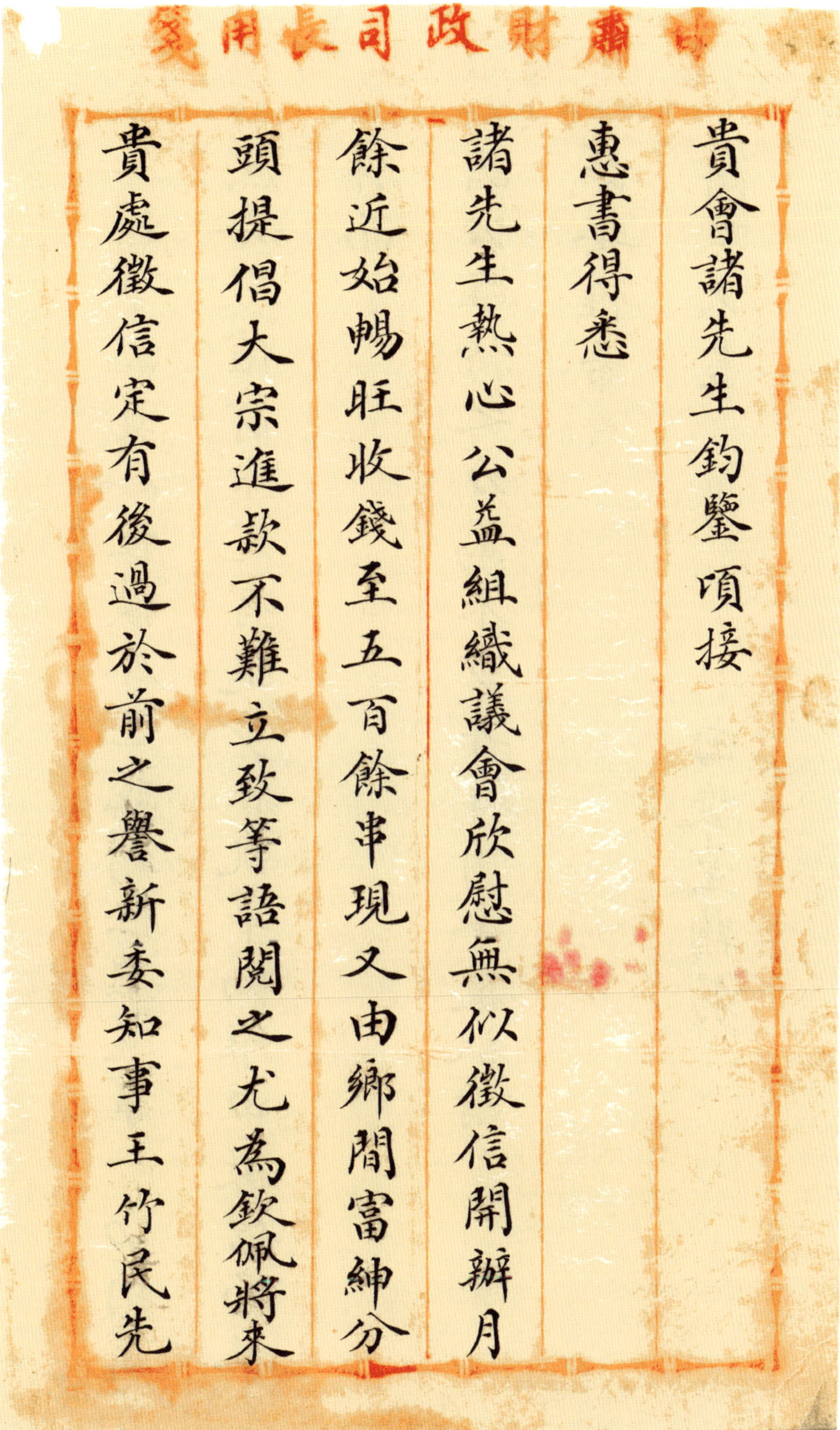
甘肅財政司長用箋

貴會諸先生鈞鑒頃接
惠書得悉
諸先生熱心公益組織議會欣慰無似徵信開辦月
餘近始暢旺收錢至五百餘串現又由鄉間富紳分
頭提倡大宗進款不難立致等語閱之尤為欽佩將來
貴處徵信定有後過於前之譽新委知事王竹民先

札一（1）（13.5cmx22.2cm）

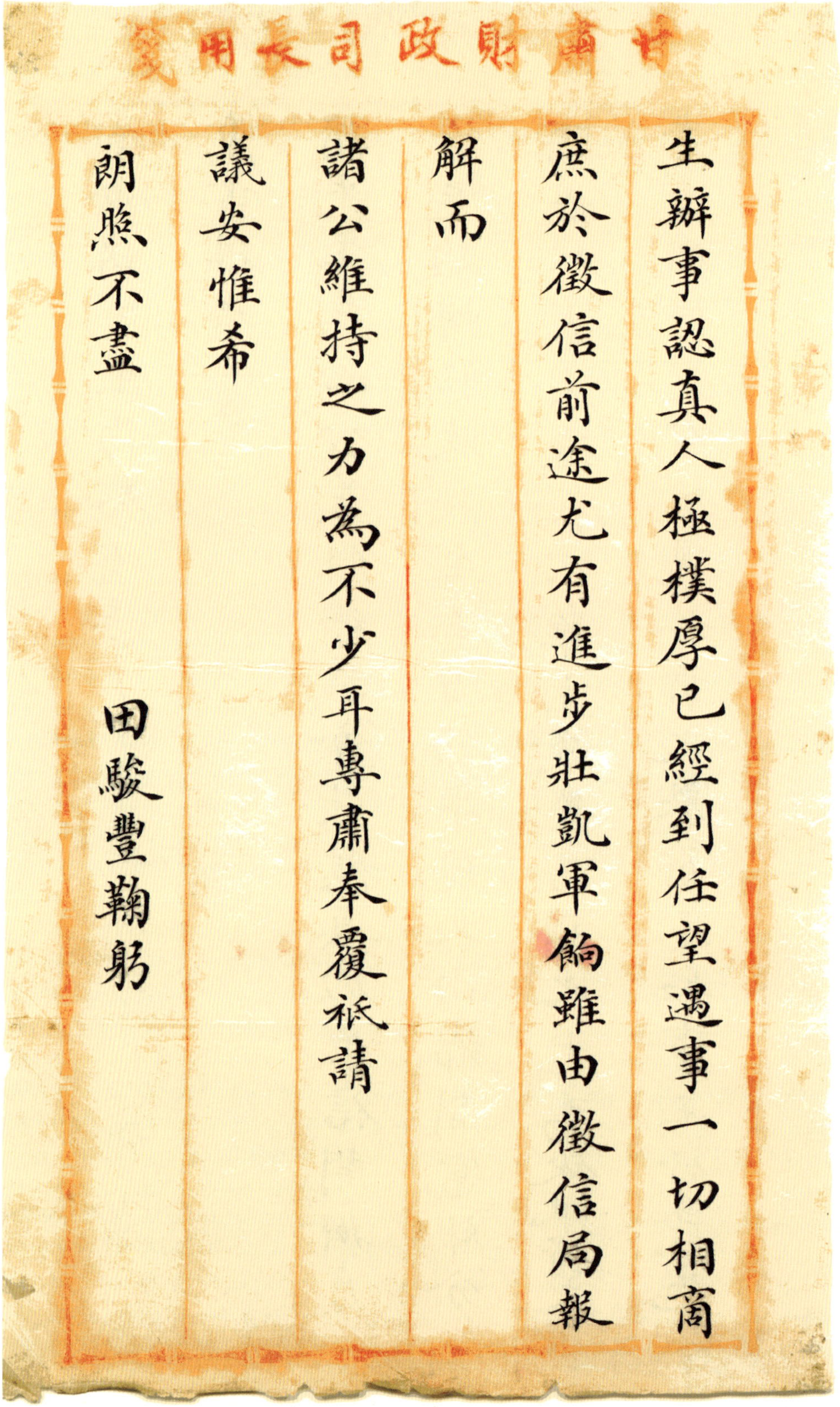
甘肅財政司長用箋

生辦事認真人極樸厚已經到任望遇事一切相商庶於徵信前途尤有進步壯凱軍餉雖由徵信局報解而
諸公維持之力爲不少耳專肅奉覆祇請
議安惟希
朗照不盡
田駿豐鞠躬

札一（2）（13.5cmx22.2cm）

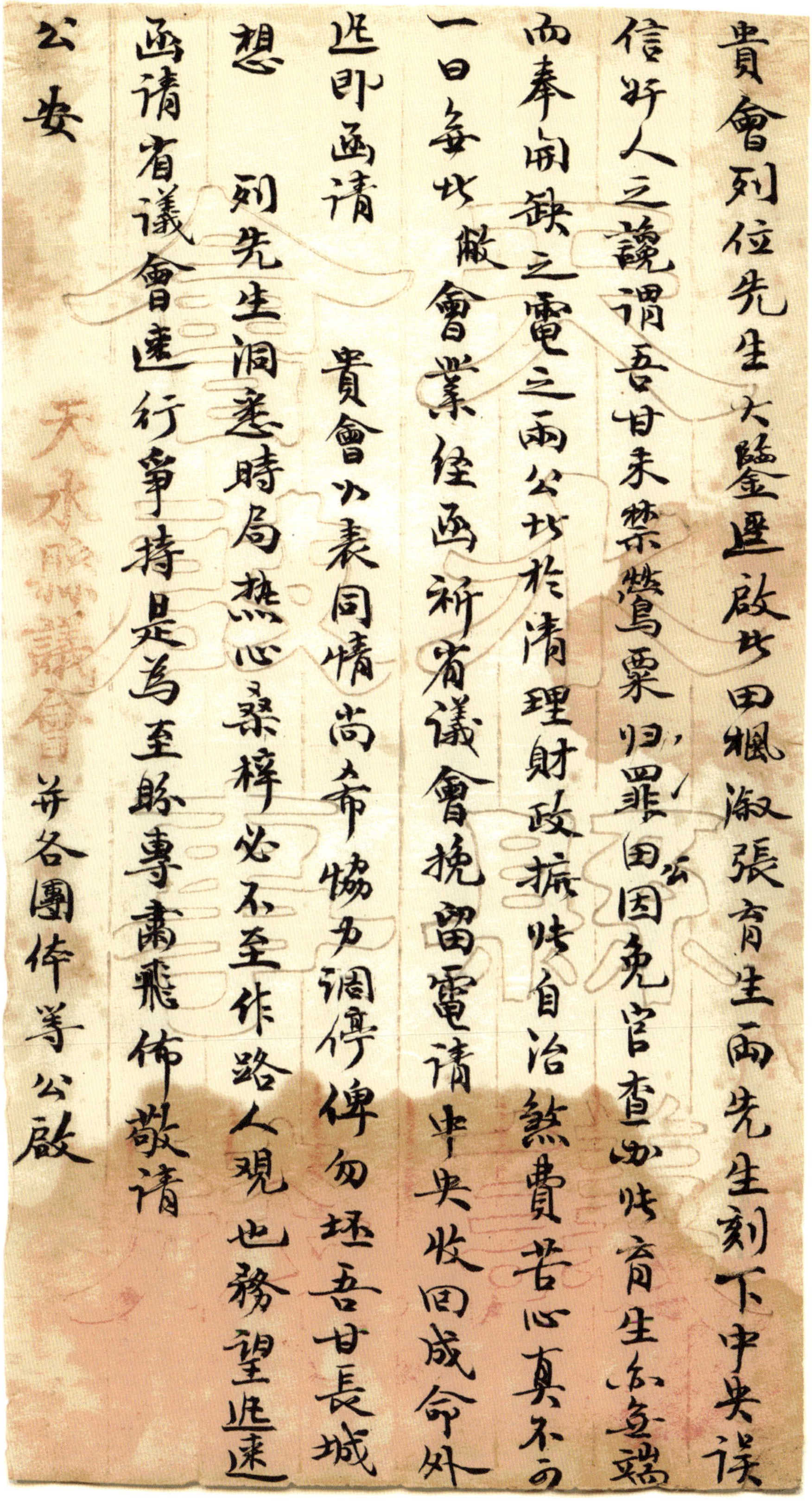

貴會列位先生大鑒逕啟者田楓淑張育生兩先生刻下中央誤信奸人之讒謂吾甘来禁罌粟归罪田公因免官查此時育生亦無端而奉開缺之電之兩公者於清理財政振時自治煞費苦心真不可一日無者敝會業經函祈省議會挽留電請中央收回成命外逕即函請 貴會以表同情尚希協力調停俾勿墜吾甘長城想 列先生洞悉時局熱心桑梓必不至作路人觀也務望迅速函請省議會速行爭持是為至盼專肅飛佈敬請

公安

天水縣議會并各團体等公啟

札二（12.8cm×23.1cm）

释 文

【札一】

贵会诸先生钧鉴：

顷接惠书，得悉诸先生热心公益，组织议会，欣慰无似。“征信开办月余，近始畅旺，收钱至五百余串。现又由乡间富绅分头提倡，大宗进款不难立致”等语，阅之尤为钦佩。将来贵处征信，定有后过于前之誉。新委知事王竹民先生，办事认真，人极朴厚，已经到任，望遇事一切相商，庶于征信前途，尤有进步。壮凯军饷虽由征信局报解，而诸公维持之力为不少耳。专肃奉覆，祇请

议安，惟希朗照不尽。

田骏丰鞠躬

【札二】

贵会列位先生大鉴：

径启者，田枫湫、张育生两先生刻下中央误信奸人之谗，谓吾甘未禁罂（莺）粟，归罪田公，因免官查办；张育生亦无端而奉开缺之电。之两公者，于清理财政、扩张自治，煞费苦心，真不可一日无者。敝会业经函祈省议会挽留、电请中央收回成命外，迅即函请贵会，如表同情，尚希协力调停，俾勿坏（坯）吾甘长城。想列【位】先生洞悉时局，热心桑梓，必不至作路人观也。务望迅速函请省议会速行争持，是为至盼。专肃飞佈，敬请

公安。

天水县议会并各团体等公启

基层政治的一缕新风
——静宁县临时议会致县知事王烜便函三通（1913）

民国肇造，共和政体取代了君主专制政体，议会政治应运而生。虽然这一“承百代之流，而会乎当今之变”的政治创新，在民初中央政府频繁更迭、武夫干政的乱局中如昙花一现，最终被解散，但它的出现无疑为基层政治带来了一缕新风。

就静宁县而言，因为县议会的成立，从一定程度上制约了县知事（后称县长）的权力，从而也消解了州县老爷在百姓心目中的神秘感。不要说州县主官以往一言九鼎、不受监督的用权行为，就是出行的阵仗几乎就是小了几号的皇帝。据《静宁县志·政治》记载：清沿明制，知州属员中有“门子2名，皂隶16名，马快8名，民壮50名，禁卒8名，轿、伞、扇夫7名”等。但进入民国，县知事出行已经不再拥有轿夫、伞夫、扇夫的伺候，以及鸣锣开道、肃静回避的排场，而改为骡马坐骑了。王烜曾有一首《赴庄浪查案夜行》，可以看到他下乡时的辛苦：

庄浪万壑里，傍晚更难行。
犬吠知城近，灯开得路清。
多艰如世道，善幻是人情。
次日真公仆，劳劳已半生。

作者以“公仆”自况，与以前许多州县官员自命“父母官”的称谓已大异其趣，这明显与民国之初革命党人提倡民主政治的风气有关。从本书前文《丁令重归化鹤猜》王烜致县议会的书札，以及本文县议会致王烜的书札中，都可以约略看到王烜低调亲和的个性特征，也能看到一县之长与议会同仁平等交流、融洽相处的情形，这大概是清代以前的官场中很少见到的。

札一与其说是一封书信，倒不如说是一张便条。看内容，应该是县政府遵照省财政司命令，以仓粮变现的方式为绿营筹集兵饷，王烜为慎重起见，委托县议会对所议价格进行调查，看是否合理。该书札正是调查后，县议会给王烜的书面答复，文字很简单，除写信应有的格式套语外，只有一句话：“手示敬悉，当即在商务会将易银时估调查清楚，开单呈览。”从这句话可知，与便条一起呈送的，应该还有一个详细的价格清单和说明。让人哑然失笑的是，这张便条无论用笺和书写，都很不讲究，显得十分随便，更有好几处修改涂抹，也未计工拙，懒得誊录。

札二基本上等同于县议会给县知事安排了一项具体工作。从这几句话可以看出，当时县议会的办公经费，并非县财政承担，而是按照各商户的经营规模分摊到户，像征收税费一样由县议会直接收取。该年度的费用，大多数商户都已缴纳，但“内有狡猾者数家，屡催不给”，而县议会又没有执法权，不能强制执行。所以，就给王烜写一公函，列出名单和数目，希望他能“费神青照，传讯追缴，以重公款而儆将来”。在这封短札中，除了“实沾德便”这个通用的礼仪用语外，县议会既没有诉苦告穷，更没有卑躬屈膝，而是例行公事，该办就办，大有一种与县知事平起平坐的“议会范儿”。

札三是一封“替人说情”的书札。内容也很简单：“高乃昕管押多日，议会同人怜其寒微，公同恳请宽恩，暂准店保。”被县政府临时拘押的高乃昕不知何人，但县议会能“怜其寒微”而出面说情，一定与县议会有关。这里，我们不妨大胆推测他就是札二所称的“狡猾者”之一，看来他之所以“屡催不给”，确实是生意惨淡，财力不济，商界同仁对其遭到拘押也深表同情，可能到县议会求情，并愿意担保释放，按约定的期限缴纳款项。所以，解铃还须系铃人，县议会也见好就收，才上演了这出“捉放曹”。当然，从这件事还可以透露出两个方面的信息，一是王烜对县议会的工作十分支持，只一张便条他就能派人拘押有关当事人，对所有商户造成震慑。二是当时的官僚体制以及由此引发的“乱收费”，给底层民众造成了沉重的负担，稍有不慎，就会招来牢狱之灾。

这里需要特别注意的，还有札二、札三最后的祝语“早安”“午安”，由此可以推断这两封书札，分别是当天上午刚一上班和上午临下班前写就，并派人送给王烜的。县政府与县议会都在县城办公，相去不远，书札所谈之事，县议长完全可以当面去向县知事告知或汇报，但为什么就非得写个便条、列个清单一送了事呢？这种官员之间不当面“请示汇报”，而是借助书札往来办理公务，虽然很有效率，但是不是会造成一种不尊重主政官员的误解呢？

从王烜和县议会的书札往来看，答案是否定的。他们的关系，可能也是基层议会与政府合作共事一个典范。这一结论，在与甘肃省临时议会的遭遇比较之后，就显得愈加明晰。此前一年，在促成甘肃承认共和、平息地方战乱中居功至伟的省临时议会议长李镜清，因敢言而遭到甘肃督军和地方军阀的忌恨，省议会遭到查封，李镜清被迫辞职，最后还被马安良派遣的刺客杀害于狄道老家。上级议会的环境如此恶劣、结局如此悲惨，但静宁县议会却占尽了天时、地利、人和。个中原因，据笔者推测，这固然与王烜温文尔雅的君子人格和开明作风密不可分，但也与当时的议长张文源的资历声望不无关系。其年龄及仕宦经历都称得上王烜的前辈，所以县议会不仅在民众心目中具有较高的威望，而且在县知事王烜看来也是必须倚重的左膀右臂。正因为这样，在王烜和张文源、县政府与县议会之间，公务往来，就形成了这种不尚虚礼、便宜行事的默契。

因资料所限，我们不能对当时的各级议会有一个全面了解和评价，但通过这三通简单的书札，我们从微观上看到了县级议会的一个侧面。值得肯定的是，当时议会的建立，对地方民主制度的发展和社会进步，以及避免单一制官僚政治的一言堂弊端等，还是大有裨益的。

参考资料：

1. 静宁县县志编纂委员会《静宁县志》（甘肃人民出版社，1993 年 6 月第 1 版）
2. 王濬源主编《王烜诗文集》（内部资料，1997 年）
3. 张蕊兰主编《辛亥革命在甘肃》（甘肃文化出版社，2011 年 9 月第 1 版）

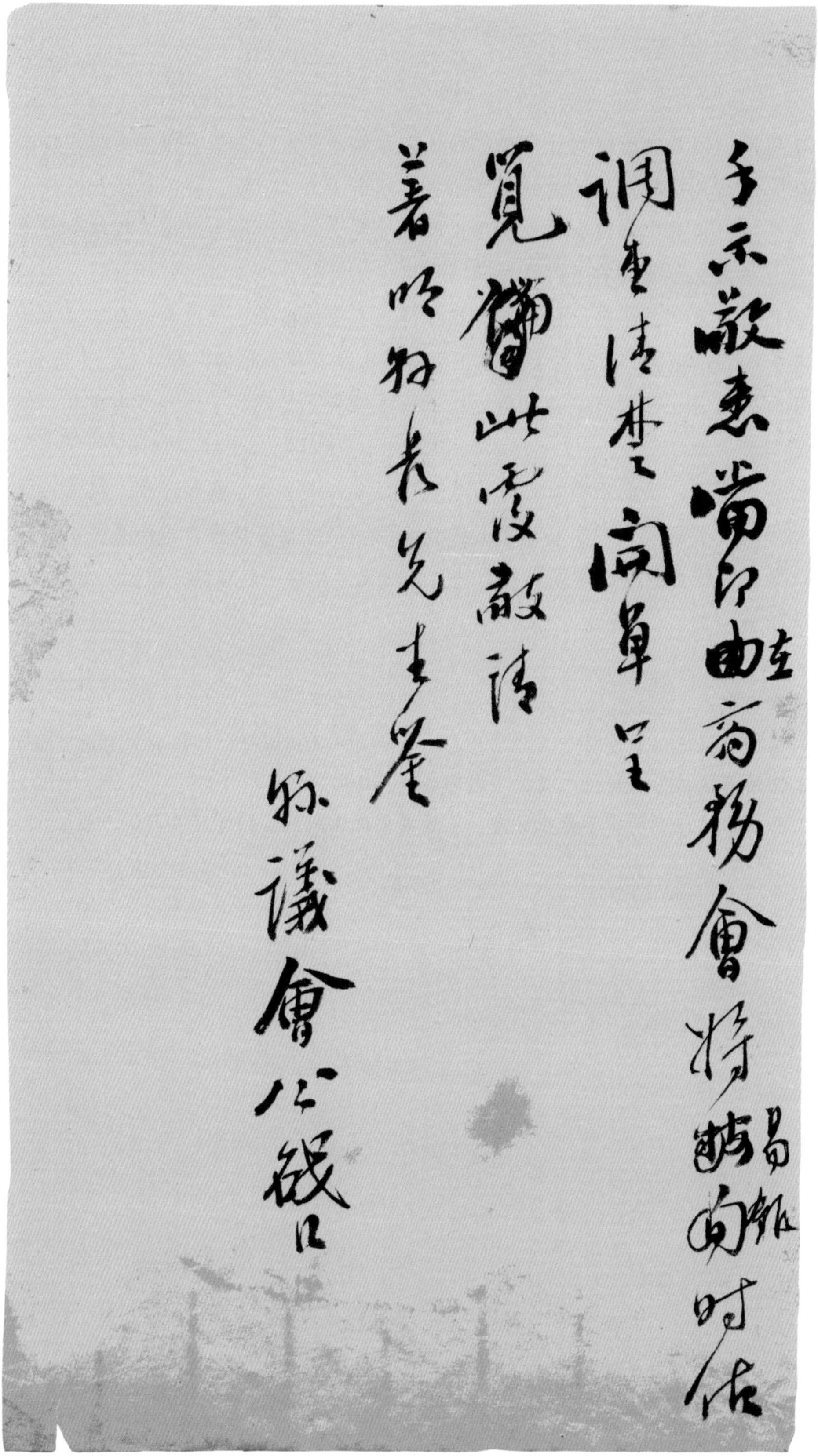

札一（12.4cmx22cm）

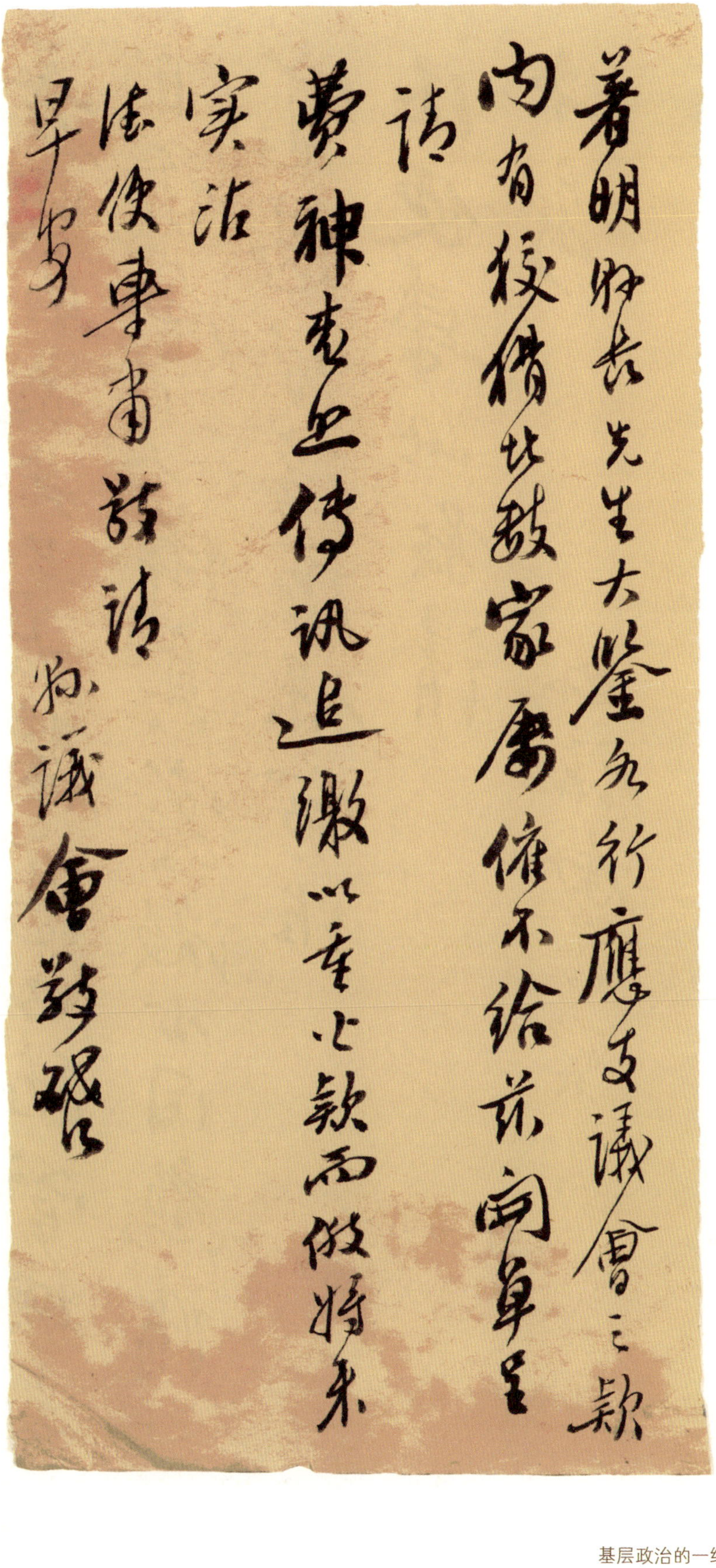
著明翁长先生大鉴允行应支议会之款
内有校借北鼓家庙催不给花開单呈
请
费神查照传讯追缴以重公款而儆将来
实沾
法便事由敬请
早安
弟议會敬啓

札二（10.5cmx22cm）

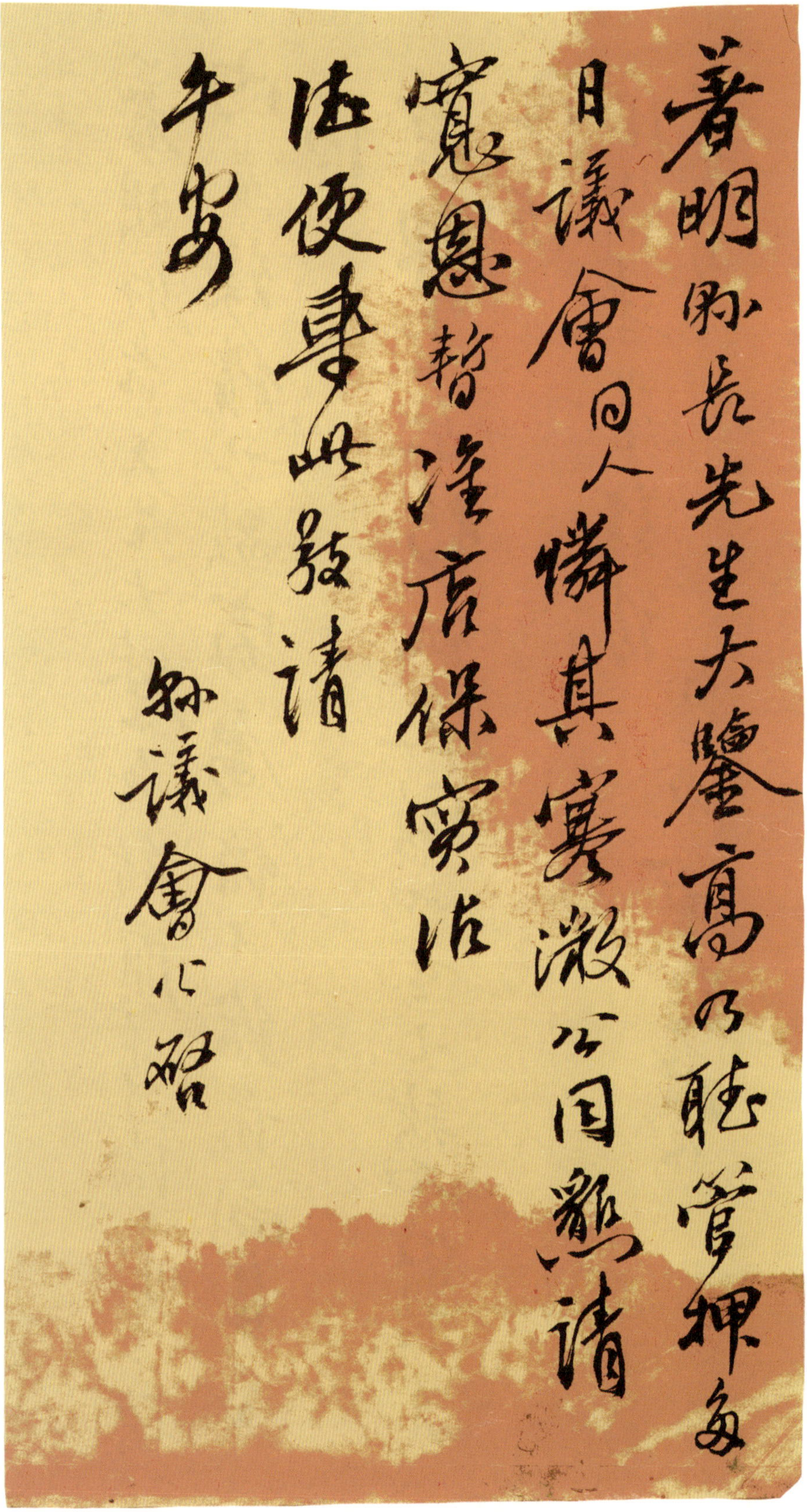

札三（12cmx22cm）

释 文

【札一】

手示敬悉，当即在商务会将易银时估调查清楚，开单呈览。此覆，敬请
著名县长先生鉴。

县议会公启

【札二】

著明县长先生大鉴：

各行应支议会之款，内有狡猾者数家，屡催不给。兹开单，呈请费神青照，传讯追缴，以重公款而儆将来，实沾德便。专肃敬请
早安。

县议会敬启

【札三】

著明县长先生大鉴：

高乃听管押多日，议会同人怜其寒微，公同恳请宽恩，暂准店保，实沾德便。专此敬请
午安。

县议会公启

民国初年县级议会工作管窥

——有关静宁县临时议会便函五通（1913）

光绪三十三年（1907），清政府设立了相当于国会性质的资政院，并谕令各省督抚在省会速设咨议局作为地方议会之实验，但这种试图参照西方议会制度、通过预备立宪来延绵国祚的梦想，随着武昌起义的成功而破灭。1912年8月，随着《中华民国国会组织法》等条文的出台，各省于次年初先后依法成立地方议会，但活动仅一年多时间，就被袁世凯下令全部解散，致使这一众望所归的民主政治制度中道崩殂。

这里，我们通过有关静宁县议会的几通书札，从细微之处了解一下它成立后的日常工作，看它究竟有没有存在的必要？曾发挥过怎样的作用？

当时，致仕回乡的议长张文源刚过不惑之年，其他议员如吴锦江等大都三十岁出头，县议会称得上一个以年轻士绅为主体的政治团体。他们初尝参政滋味，自然热情高涨，想一展才干、有所作为。

札一虽然写信人落款的一页已佚，但内容尚称完整。读后可知，这是县议会成立两三个月后，依据县政府出台的与种烟户签订“限期禁绝、永不再种”甘结的政策，派出议员分头到所属各乡镇调查罂粟种植情况时，这位负责调查东五镇的议员按要求所写的“旬报告”。其初步进展情况是：从本月（夏历三月或四月）十六日，到达计都镇（今庄浪县岳堡乡），即在该镇乡约和差人的陪同下，到各村“逐亩细查”，因为该镇位于六盘山西麓，“节气迟冷，兼之近来天又亢旱，烟苗均才出土”，特别是一些地里，可能是人们听到查禁的风声，出于销毁证据的目的把即将出土的烟苗翻犁了，也可能是把预留的春田进行了耕种，总之都已看不出种烟的痕迹。该镇仅能看到的统计下来，“共叁拾余亩”。在该镇调查5天后，于当月廿一日，又到达通遍镇（今庄浪县原通边乡，已并入通化乡），“情形亦与前镇同，调查肆拾余亩”。廿四日午后，再到野赵镇（今庄浪县通化乡），开始初查。这是该议员调查的前三个镇，看来他所承担的片区都是沿六盘山西麓的静宁东五镇。在下乡之前，县议会要求检查时要“按旬呈报”，可见当时县议会对该项工作的高度重视和急于见到结果的急迫心情。

禁绝烟患，除了切断种植的源头，贩卖也是一个不容忽视的渠道，因为他们可以从外地贩运，祸害当地。所以，这封明显作为县议会民国二年五月公函的札二（信末有“民国□年□月第□号”印戳），应该是以议会及议长的名义，一式多份分送给各乡镇的议员或值得信任的乡绅的。正文称因各乡镇所设烟膏铺大多查报不实，所以特委托收信人“公余之暇，秘密访查该处城乡共有烟铺若干”，并分上、中、下三等予以上报。另外，附言所嘱，是对札一涉及的初春调查种烟真实性的高度怀疑。因为札一所述一个镇只有三四十亩，这与当时刚刚禁烟的实际可能不符。所以，议长从友人函获知的“今年偷种罂粟十倍不止”应该可以采信。于是，出于对上次调查的不信任，就请分处各乡镇的议员和乡绅再次秘密调查，予以上报。特别是末尾把此事提升到“裕国之计”的高度，体现出基层议会及议长为国尽忠的情怀。

札三是一张仅有三指宽的便条，这在公牍中比较罕见，倒有王羲之父子那个时代文人们不拘尺幅、信手而写的随意。该书札，是一个叫海珊（落款朱文印）的县知事的助手，写给县议长的。内容是请议长“转悉查烟各员”，“每逢一镇，请将各庄名目以及花户姓名，并各名下种烟若干亩，逐一录清”，以便县政府再次组织人员进行复查。由此可见，静宁县当时对待查烟一事，并非虚于应付，而是至少经历了初查、密查、复查的三次检查和验证。据相关研究文献显示，甘肃的罂粟种植，经1913年开始的严查严禁，到1915年已基本禁绝（后因军阀混战，甘肃省政府为筹款于1921年开放烟禁，烟毒再次泛滥成灾）。而当时之所以能取得这样的成绩，我们从静宁县政府和县议会对待此事的认真态度上，就可管中窥豹。

札四也是一张略宽于札三的便条，既无上款，也无下款，写得更加随意。不过，从内容看，应该是县议会写给县政府的工作建议。那几年，应该是粮食歉收，所以，县政府动议禁止烧锅（白酒作坊），而当时全县有烧锅四处，每年可征收税库平银（金衡单位）二十两和季规钱一百一十二千八百文，都是“实征实解”，所以，“若将烧锅禁止，该款即应先行呈请取消”。这是县议会站在公正的立场，既维护商家的切身利益，也提醒县政府未雨绸缪，以免发生不必要的争执。虽然这是一件小事，但也体现出县议会对民生政策的关注和参与。

而最后的札五尤其有趣，是一宗有关夫妻纠纷的议案。从内容看，当时的巡警区实行划片负责制，县城东街第三岗巡兵杨占奎的片区内，有回民马学智夫妇斗殴时，妻子用刀戳伤了丈夫的腿部。巡警区接案后，命杨占奎提审马妻，“不料前朱守备竟将巡兵骂回，声称不应巡警所管”。看来，这位朱守备是一位致仕回乡的前清绿营统兵官（也称营守备，为五品武官），余威犹在，他可能认为这是一件家务事，邻里调解处理就行了，没有必要大动干戈，由官方提审。所以，他大骂一通，“声称不应巡警所管”，把个小巡兵给赶了出来。县巡警区闻知后，也奈何不得，只得求助于县议会，“请各位先生开议”。可以看到，当时的县议会不仅是一个监督和协助政府工作的政治机关，也是一个事关家长里短的信访机构。

从这几通书札看，当时的县议会工作面广量大，并不是人们戏称的“花瓶”，这与当时民国初建相对宽松的政治气候有关，也与议会组成人员有活力、有文化、有担当密不可分。只可惜，这种局面仅仅在一年多后，就葬送在袁世凯的独裁专制之中。

这五通书札，不知出自何人手笔，但都具备那个时代读书人普遍较高的书法水准。尤其是后面三张便条，看似率性而为，实则点画从容，笔力雄健，结体应字而变，随势赋形，区区寸墨，竟能取法历代诸多名家书法的精髓，达到了“无意于佳乃佳”的艺术境界。

参考资料：

张蕊兰主编《辛亥革命在甘肃》（甘肃文化出版社，2011年9月第1版）

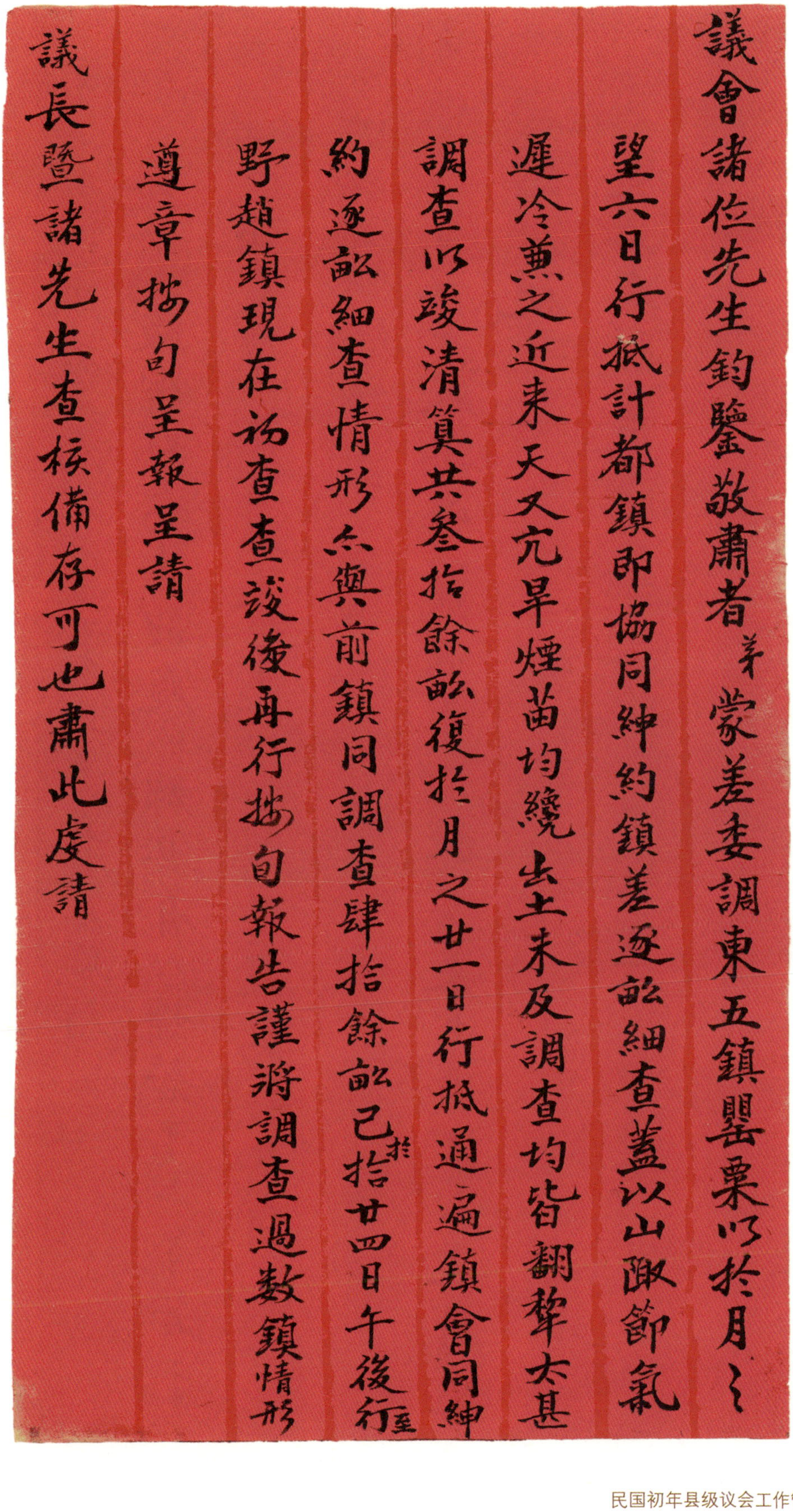
議會諸位先生鈞鑒敬肅者弟蒙差委調東五鎮罌粟以於月之
望六日行抵計都鎮即協同紳約鎮差逐畝細查蓋以山陬節氣
遲冷薫之近來天又亢旱煙苗均纔出土未及調查均皆翻犂太甚
調查以竣清算共叁拾餘畝復於月之廿一日行抵通遍鎮會同紳
約逐畝細查情形亦與前鎮同調查肆拾餘畝已拾於廿四日午後行至
野趙鎮現在初查查竣後再行據由報告謹將調查過數鎮情形
遵章據由呈報呈請
議長暨諸先生查核備存可也肅此虔請

札一（12.4cmx22.6cm）

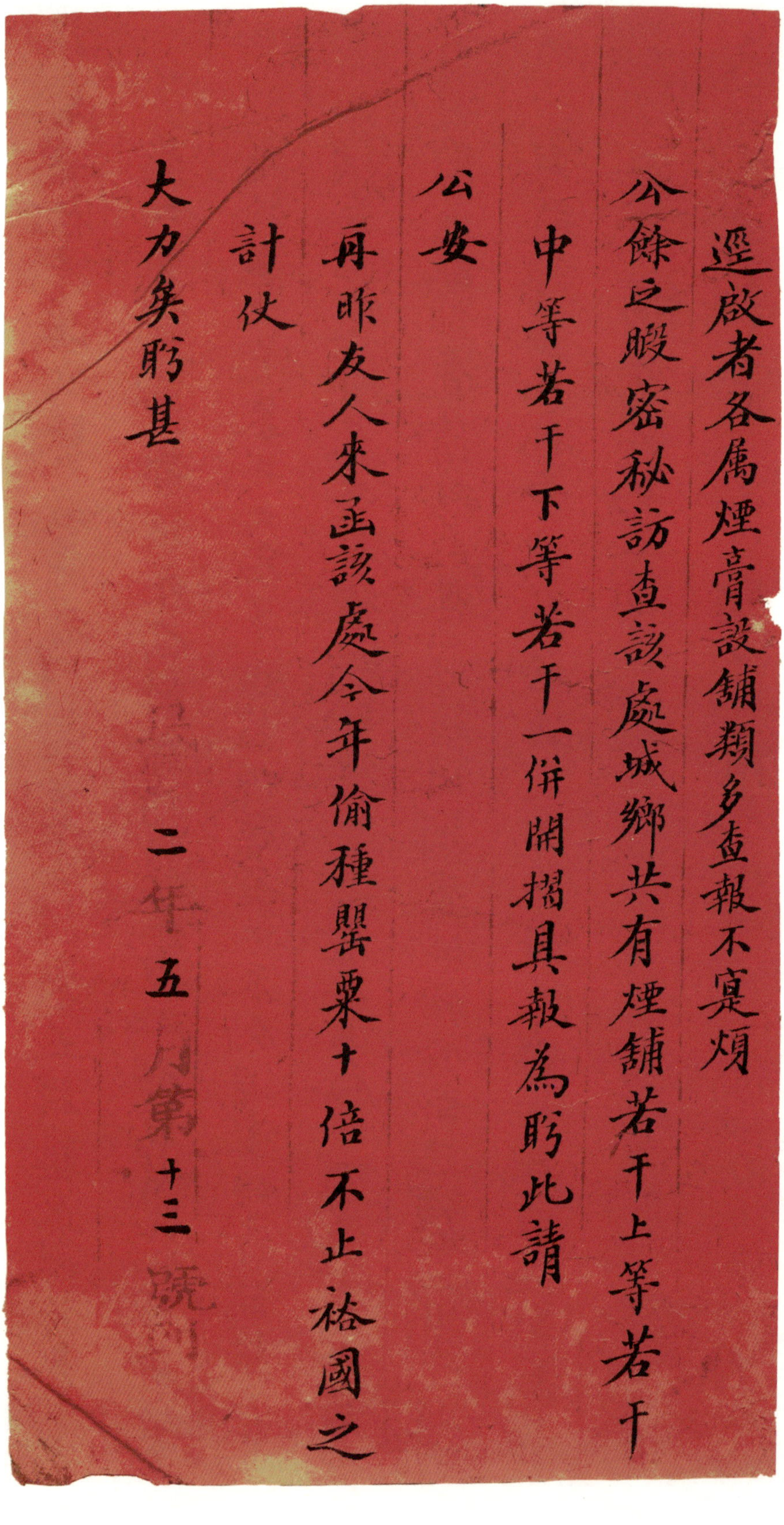

逕啟者各屬煙膏設舖類多查報不寔煩
公餘之暇密秘訪查該處城鄉共有煙舖若干上等若干
中等若干下等若干一併開摺具報為盼此請
公安
再昨友人來函該處今年偷種罌粟十倍不止裕國之
計仗
大力矣盼甚
二年五月第十三號

札二（12cmx22.5cm）

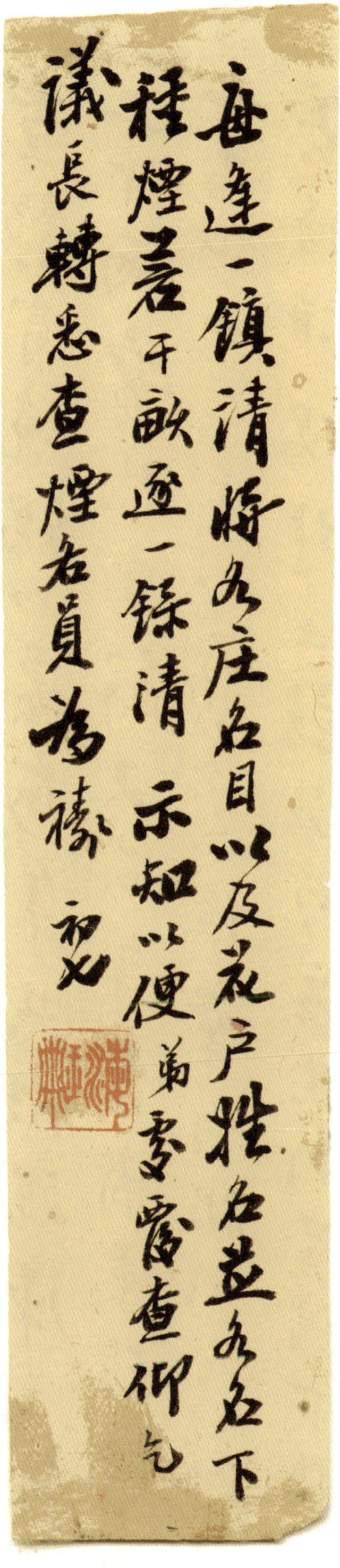
每逢一鎮清將各庄名目以及花戶姓名並各名下
種煙若干畝逐一錄清示知以便弟等覆查仰乞
議長轉悉查煙各員為禱 初九

札三（5.1cmx23.5cm）

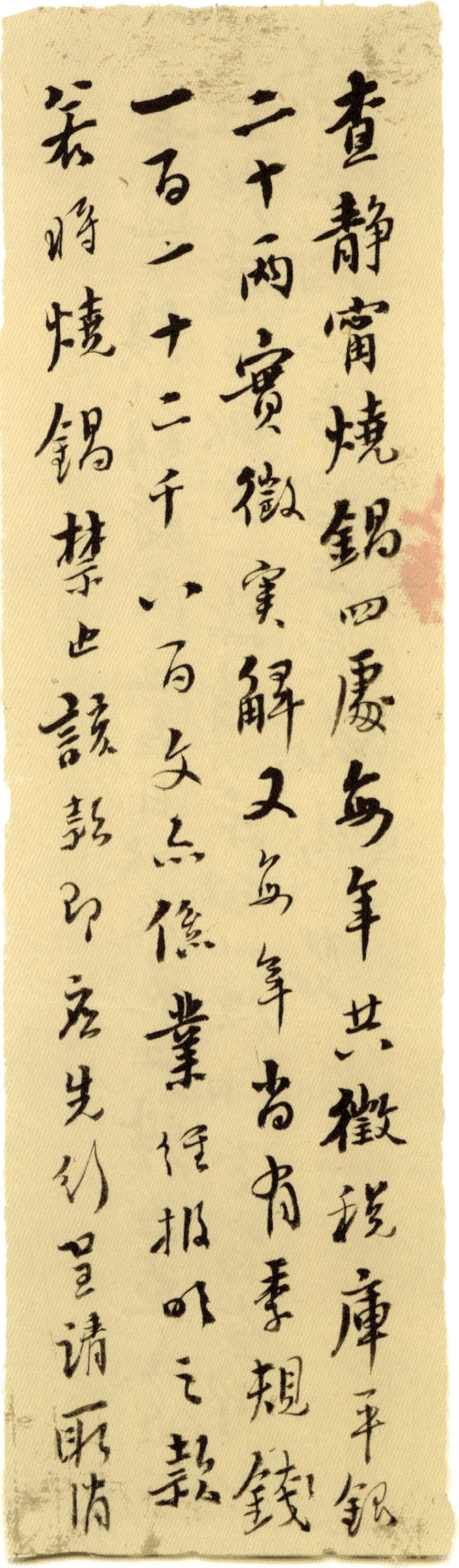

查静甯燒鍋四處每年共繳税庫平銀二十兩實徵實解又每年書有季規錢一百二十二千八百文亦係業經報明之款若將燒鍋禁止該款即應先行呈請删消

札四（6cm×20.7cm）

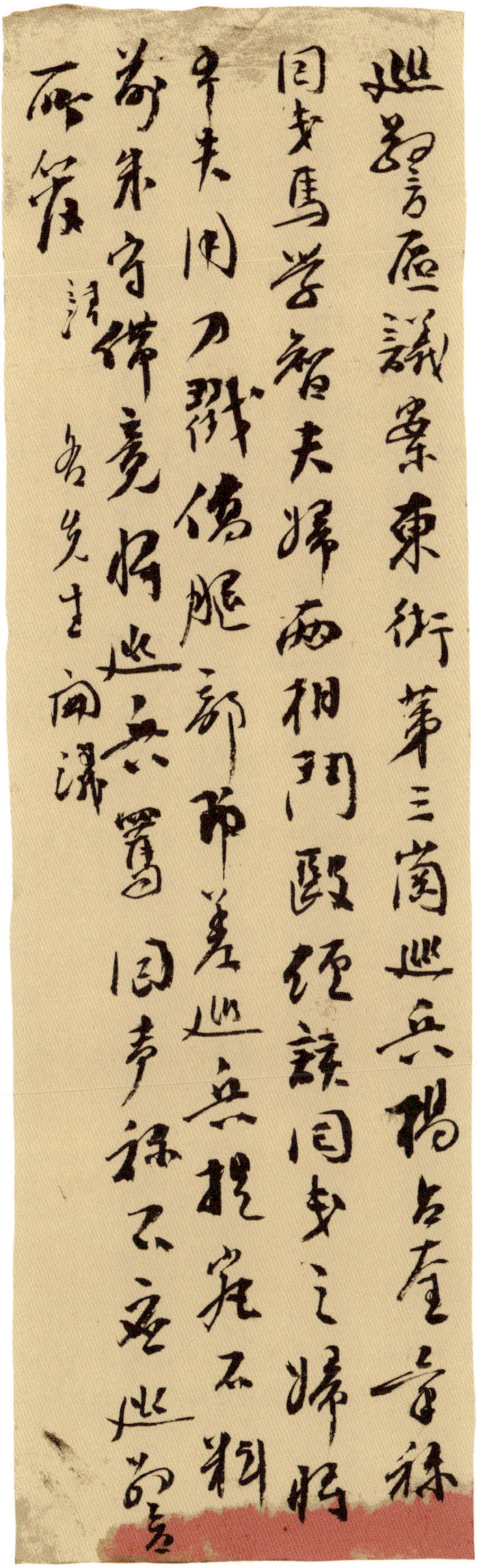
巡警厅議案東街第三崗巡兵楊占奎章祿
同事馬學智夫婦兩相鬥毆經該同事之婦將
其夫用刀戳傷腿部而差巡兵楊寵不料
蔣朱守備竟將巡兵責罵同事祿不在巡警
請 名先生閲議
厅簽

札五（7cmx23.3cm）

释 文

【札一】

议会诸位先生钧鉴：

敬肃者，弟蒙差委调【查】东五镇罂粟，以于月之望六日，行抵计都镇，即协同绅约、镇差逐亩细查。盖以山陬，节气迟冷，兼之近来天又亢旱，烟苗均才出土，未及调查，均皆翻犁太甚。调查以竣，清算共叁拾余亩。复于月之廿一日，行抵通遍镇，会同绅约逐亩细查，情形亦与前镇同，调查肆拾余亩。已于廿四日午后，行至野赵镇，现在初查。查竣后，再行按旬报告。谨将调查过数镇情形，遵章按旬呈报。呈请

议长暨诸先生查核备存可也。肃此虔请……

【札二】

径启者，各属烟膏设铺，类多查报不寔。烦公余之暇，秘密访查该处城乡共有烟铺若干，上等若干，中等若干，下等若干，一并开摺具报为盼。此请

公安

再，昨友人来函，该处今年偷种罂粟十倍不止。裕国之计，仗大力矣。盼甚。

民国二年五月十三日

【札三】

每逢一镇，请将各庄名目以及花户姓名，并各名下种烟若干亩，逐一录清示知，以便弟处覆查。仰乞

议长转悉查烟各员为祷。

初七（钤朱文印：海珊）

【札四】

查静宁烧锅四处，每年共征税库平银二十两，实征实解。又每年尚有季规钱一百一十二千八百文，亦系业经报明之款。若将烧锅禁止，该款即应先行呈请取消。

【札五】

巡警区议案：东街第三岗巡兵杨占奎禀称，回民马学智夫妇两相斗殴，□该回民之妇将□夫用刀戳伤腿部。即差巡兵提审，不料前朱守备竟将巡兵骂回，声称不应巡警所管。

请各先生开议。

犯颜抗命的一道檄文

——伏羌县临时议会致静宁县临时议会公函一通（1913）

从前面的几篇文章可以看到，成立于1913年2月15日（正月初十）的静宁县临时议会，作为一县的立法、监督和民意机构，与具有行政权和执法权的县署携手同行，不仅没有发现什么抵牾龃龉之事，倒是更多地体现出一种平等、尊重和团结的风范。这一良好的基层民主政治氛围，与时任议长张文源、县知事王烜的开明作风和从政经验密不可分，也与当时很少有地方势力特别是武力干政不无关系。难怪王烜在三年后有诗云："贫仕几年甘委吏，故乡今日号芳邻。"他还特意在此句后自注："各省多难，惟吾陇称乐土。"

但是，今天的读者谁能想到在基层议会与政府营造的"桃花源"外，省城兰州却因官僚擅权、武夫用事，硬是把致力于改革弊政的省临时议会扼杀在摇篮之中，并于1912年7月制造了议长李镜清在狄道家中被刺身亡的惊天大案。虽然次年成立的第一届省议会也想运用议会政治的"游戏规则"来加强自身地位，发挥作用，有所作为，但在民初复杂的政治环境中，只能艰难斡旋于省行政当局和地方军阀等盘根错节的强势集团之间，在危机四伏中进行合作、妥协和监督、斗争。

这通由伏羌县临时议会写给静宁县临时议会的公函，正反映了惊涛骇浪的高层斗争对相对平静的基层议会带来的巨大影响。

从前面数文中静宁县议会与县知事王烜的往来书札可知，当时全县的禁烟工作，政府主要倚重于议会派员进行调查、勘验和督促，其工作还是十分扎实细致的。这大概也能体现全省各县禁烟的普遍情况。当然，民初甘肃禁烟的成功，也得益于1913年初在全国开始严格执行的禁烟令。当时的袁世凯政府，要求各省按月呈报禁烟情况，各地都派遣大批人员下乡检查罂粟种植情况，并采用强迫手段，不惜调动大批警员前往各地查拔烟苗。这通书札开头的"敝会查禁罂粟，心瘁力竭，几竟全功"，应该反映了伏羌县议会的工作实绩，而承担同样使命的静宁县议会"列位先生"自当感同身受。但令人愤愤不平的是，"今日奉内务、财政两司暨国税厅公函开：议会只可监督，不可执行，即将查禁罂粟一事速交自治会办理云云”。可见当伏羌县议会在收到省内务司、财政司和国税厅联名所发公函后，一看到“即将查禁罂粟一事速交自治会办理”等语，自然会感到付出不仅没有回报，反而成了“卸磨杀驴”的受害者。正是基于这种委屈和义愤，该议会难以接受这一命令，于是当日开会决定，即刻致函甘肃各县议会，以期团结起来，共同抵制。

这个“下山摘桃子”的县自治会究竟是一个什么机构呢？这通公函并未说明。我们从《丁令重归化鹤猜》的札四中可以看出，当时静宁县知事王烜致函县议会时，所引用的《禁烟章程》第四条内“一律送城自治会查核，再由自治会具一限期禁绝、永不再种正副甘，送该州县知事”等文字，与他所指示的“请贵会将限期禁绝、永不再种正副甘结，于各烟户及庄头族乡绅各结送来时，即速具送县署”等语，两相对照，可以看出，《禁烟章程》中的“城自治会”与他所称“贵会”（县议会）应该是同一个机构。而查阅民国初年的城镇乡自治运动有关资料，民初的自治会与清光绪三十四年（1908）十二月颁布的《城镇乡地方自治章程》一脉相承，都是在县以下的城镇乡成立的议事会，决议和办理地方公共事务。而议事会，在县一级其实就是议会。所以，王烜把县议会当作法律条文中的“城自治会”来对待，并无不妥。

且看伏羌县议会如何驳斥省两司一厅公文的：“夫无论县议会即为自治团体，即使不应执行，则初时何以委办？即云代办，则初时何不提明？直俟功亏一篑，始暗任他人，以达反对之目的。”连发两问，句句在理，步步为营，最后导出“暗任他人，以达反对之目的”的结论，可谓文笔老辣，无懈可击。接着，又将目标对准自治会。从后面的字面意思推断，当时的伏羌县，在最大的自治团体县议会之外，还有另一个叫自治会的机构（可能是县城所在地的城自治会），很可能是在未经省议会同意的情况下被省上行政部门取缔，但其人员却被委以“查禁罂粟”的职责，从而令县议会交出此项业务。针对省上行政部门的这一要求，伏羌县议会又连作两论：“且既为自治会，则断无行政官取缔、省议会不闻之理；既为自治会员，则或由议会委派，或由人民票举，亦断无行政官擅行任命之理。”因为作为自治团体，不论是县议会，还是城自治会，理论上都应该是由选民通过选举产生，具有法律效力，行政官员在无省议会授权的情况下，本无权干涉并插手其人事。所以，省上行政官员不管是取缔自治会这一团体，还是为其人员另行委任职责，不仅于法无据，属于违法行为，而且于理不通，属于越权办事。两个“断无……之理”，咄咄逼人，招招致命，可见伏羌县议会这位执笔师爷寸土不让的刚性。

从前面的“两问”和“两论”，自然直追幕后黑手，这就是：“推其用意，不过另立机关，位置私人，以之摧残议会。”作为县议会中人，当然对此后果会有一个基本判断，即“（县）议会既以摧残，则省议会亦处于孤立，而彼辈遂为所欲为，无人过问矣”。看来，作为县级议会的人，对发生在省城的议会与督府、军阀之间的争斗，已经洞若观火，且失望至极，并喊出“念自彼等擅权，一切政治反逊前清”的激愤之语。这种“不合时宜”的议论，私下都得“逢人且说三分话”，但伏羌县议会白纸黑字地赫然写到公函中，真让人感到出离愤怒、振聋发聩。

为什么“一切政治反逊前清”呢？伏羌县议会将祸根直指身居高位的省司衮衮诸公。认为他们“百计掘罗，惟恐民财之不尽”“器小心隘、党见横中”，不仅不给县级议会的艰苦努力鼓劲加油，反而“为之聚敛”，剥夺权力，“以个人关系摧残各县议会”，是可忍，孰不可忍？所以，最后直斥这群官老爷为“小人得志，甚于豺狼”。如此犯颜声讨，如诸葛之骂王朗，沉着痛快，淋漓尽致！

对于这种强加于县级议会的无妄之灾，伏羌县议会提出了这样的解决办法：一是由该县议会“具文质问财政各司”（按本札文风，想来也绝非顺耳之言），并呈请省议会速示应对之策；二是同时函请各兄弟县议会联合起来，“据理对待，一致进行，务杀其淫威而后止”（看来是兄弟同心，志在必得）。当然，虽然伏羌县议会收到了这封公函，但不一定静宁县议会也同期收到，所以，最后还对这一情况做了预判，“如未奉此项公函，亦祈火速赐知”。

伏羌县议会的这封公函，虽然只是兄弟县议会之间互通声息的文字，但因为既有义正词严的声讨，也有联结同盟的计划，所以它在很大程度上都类同于古代的檄文。因资料所限，我们尚无法得知当时的背景，但无论省两司一厅的理由有多么充分，依据是多么正当，可以肯定的是他们因权力的傲慢而犯了行文的大忌。按道理，要让民选的自治团体县议会交出部分权力（不论是不是应该拥有），即使当时的都府都不能直接命令，而是要与省议会协商，提出可行方案后，再与基层议会协商解决。伏羌县议会之所以接此公函后，怒发冲冠，连横抗上，究其实不光是舍不得这份权力，更是要讨一个说法。匹夫犹不可夺其志，何况一县议会要夺其权？省司活该自取其辱。但话说回来，省司能向下发此公函，并非不通此理，或许正是时任都督的授意，或许是因为利益而得到上司的默许，才出此下策。所以，从表面看这是省司与县议会的矛盾，但根子还是省都府与省议会的矛盾。他们之间连这样一件小事都无法正常沟通，可见矛盾冲突已到难以调和的地步。民初堪称“乐土”的甘肃政坛都是这般模样，北洋政权和其他各省的乱象，由此可以想象矣。

这通不惜以下犯上、玉石俱焚的罕见檄文，不知结局如何？但无论是何结局，我们能够确定的是1914年2月28日，袁世凯下令解散各省议会。皮之不存，毛将焉附？县级议会自然也失去了存在的理由和环境，它曾经所有的故事，俯仰之间，已为陈迹。但这通保存至今的书札，其明人风致的翰墨香，掩不住“士可杀而不可辱”的火药味，历久弥新，扑面而来，会让我们对那些刚刚走出清末衰世的县乡士绅们，刮目相看，并道一声久违和敬佩。

参考资料：

1. 王濬源主编《王烜诗文集》（内部资料，1997年）

2. 姚联合《民国初年的甘肃省议会（1912—1927）》（西北民族大学硕士学位论文，2009年）

3. 尹航《浅析清末城镇乡地方自治制度》（《社会科学战线》2005年第2期）

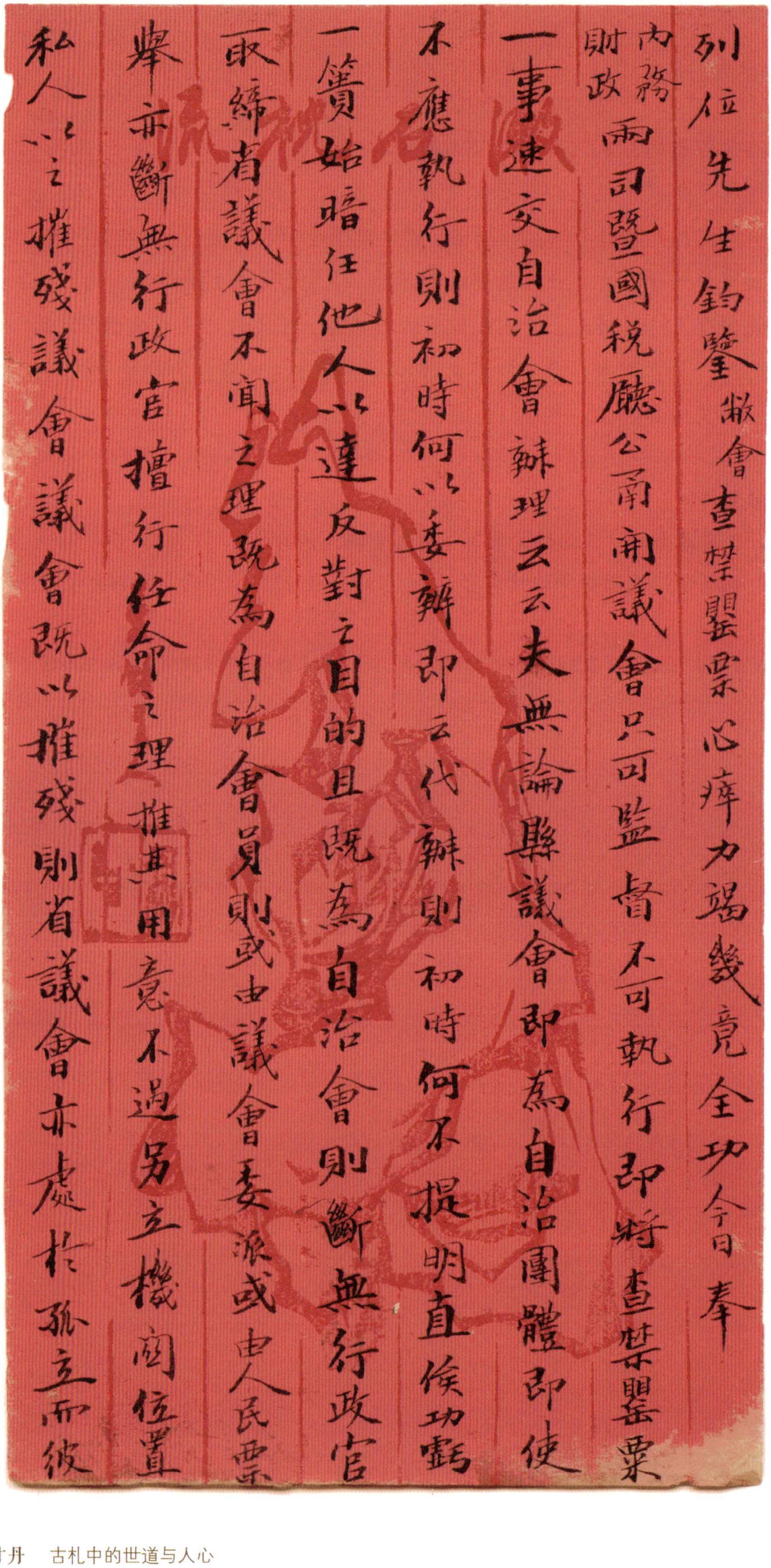

列位先生鈞鑒敝會查禁罌粟心瘁力竭幾竟全功今日奉
內務財政兩司暨國稅廳公函開議會只可監督不可執行即將查禁罌粟
一事速交自治會辦理云云夫無論縣議會即為自治團體即使
不應執行則初時何以委辦即云代辦則初時何不提明直俟功虧
一簣始暗任他人以達反對之目的且既為自治會則斷無行政官
取締省議會不聞之理既為自治會員則或由議會委派或由人民票
舉亦斷無行政官擅行任命之理推其用意不過另立機關位置
私人以之摧殘議會議會既以摧殘則省議會亦處於孤立而彼

书札（1）（12.3cm×23.1cm）

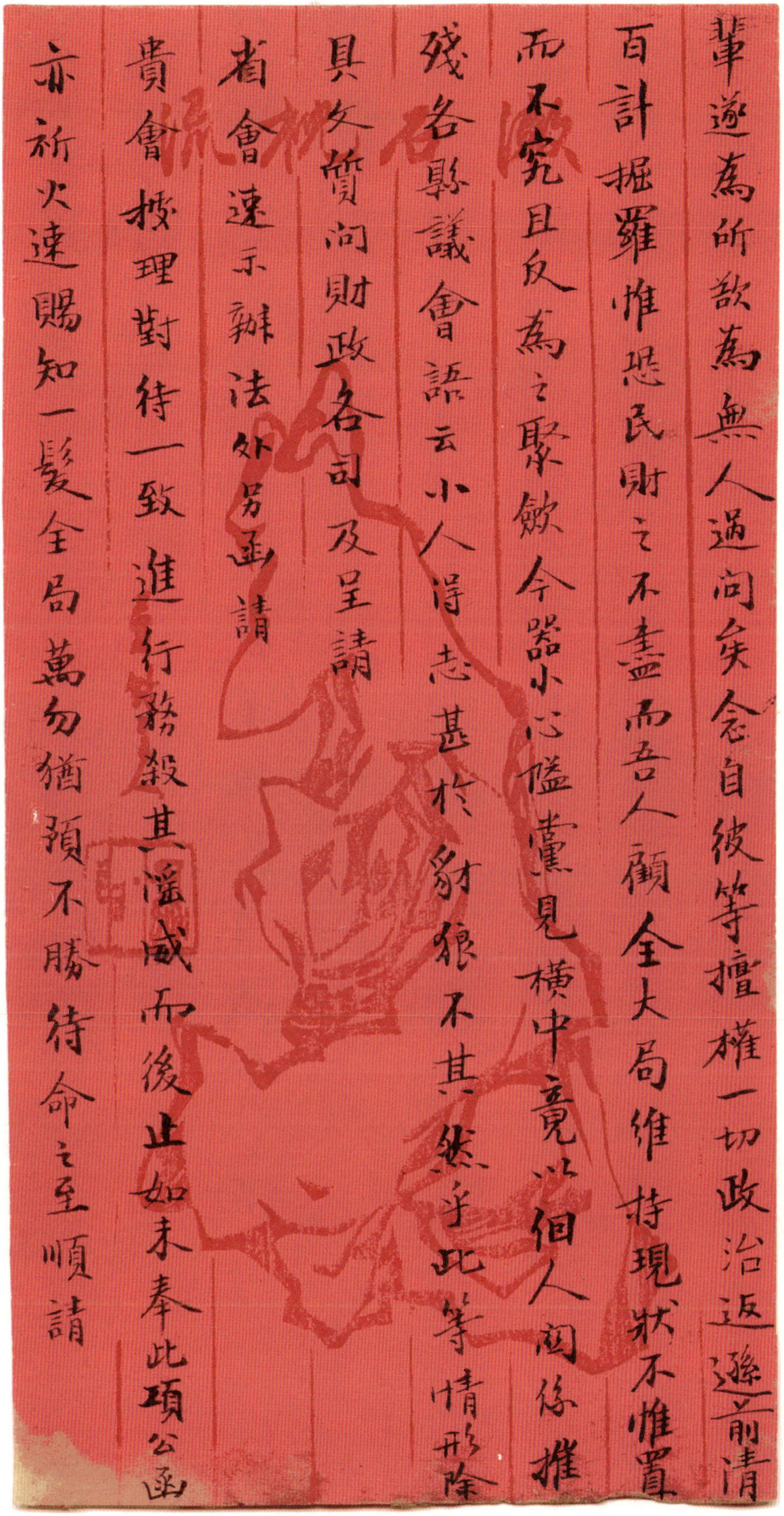

華遂為所欲為無人過問矣念自彼等擅權一切政治遠遜前清
百計搜羅惟恐民財之不盡而吾人顧全大局維持現狀不惟置
而不究且反為之聚斂今器小心隘黨見橫中竟以個人關係推
殘各縣議會語云小人得志甚於豺狼不其然乎此等情形除
具文質問財政各司及呈請
省會速示辦法外另函請
貴會援理對待一致進行務殺其淫威而後止如未奉此項公函
亦祈火速賜知一髮全局萬勿猶豫不勝待命之至順請

书札（2）（12.3cmx23.1cm）

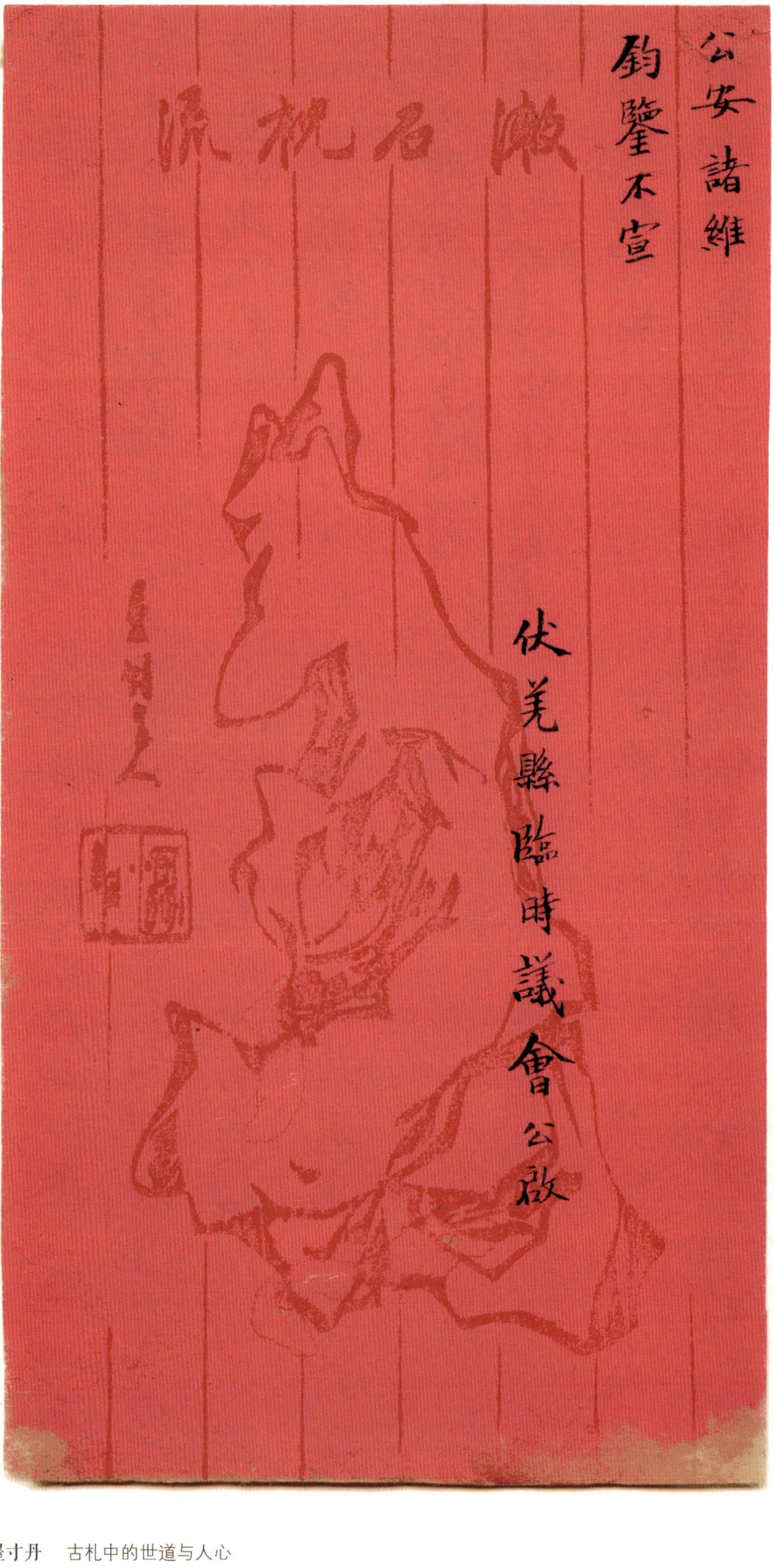

公安 諸維
鈞鑒不宣
伏羌縣臨時議會公啟

书札（3）（12.3cmx23.1cm）

释 文

列位先生钧鉴：

敝会查禁罂粟，心瘁力竭，几竟全功。今日奉内务、财政两司暨国税厅公函开：议会只可监督，不可执行，即将查禁罂粟一事速交自治会办理云云。

夫无论县议会即为自治团体，即使不应执行，则初时何以委办？即云代办，则初时何不提明？直俟功亏一篑，始暗任他人，以达反对之目的。且既为自治会，则断无行政官取缔、省议会不闻之理；既为自治会员，则或由议会委派，或由人民票举，亦断无行政官擅行任命之理。推其用意，不过另立机关，位置私人，以之摧残议会。议会既以摧残，则省议会亦处于孤立，而彼辈遂为所欲为，无人过问矣。念自彼等擅权，一切政治反（返）逊前清。百计搦罗，惟恐民财之不尽，而吾人顾全大局，维持现状，不惟置而不究，且反为之聚敛。今器小心隘、党见横中，竟以个人关系摧残各县议会。语云：“小人得志，甚于豺狼。”不其然乎？

此等情形，除具文质问财政各司及呈请省会速示办法外，另函请贵会据理对待，一致进行，务杀其淫威而后止。如未奉此项公函，亦祈火速赐知。一发全局，万勿犹豫（预），不胜待命之至。顺请
公安，诸维钧鉴不宣。

伏羌县临时议会公启

化宿怨而变为和平

——伊斯兰教名人马元章致静宁县临时议会便函一通（1913）

在近代西北，伊斯兰教名人马元章堪称一位朝野共重的传奇人物。他花甲之年所写的这通书札，虽然只是言说“些微细故”的普通函件，但在经过一百余年的沉淀后，正好为我们从小切口、近距离地了解其宗教思想和处世之道，提供了一个鲜活的例证。

马元章（1853—1920），祖籍甘肃阶州（今武都），生于云南，系哲赫忍耶教派创始人马明心的曾孙，成年之后经历了一系列跌宕起伏、惊心动魄的重大事件，最终赢得了清政府、民国政府的认可和广大回汉民众的信任。

其一生之所以能“以匹夫而抗衡诸侯”，可从以下四个方面反映出来：

一是从朝廷通缉犯而成为封疆大吏的座上宾。同治年间，云南杜文秀发动了声势浩大的反清起义，马元章之父马成林曾给予其大力资助。起义失败后，清政府秋后算账，马成林遭到株连，清军包围其家乡东沟村，双方展开激战，情势十分危险。这时，18岁的马元章遵从父命，率领弟侄等18人通过地道逃了出来，而家人和全村一千多人在这场东沟惨案中全部牺牲。出逃后，清廷在全国悬赏捉拿，他们一行化装成经商的汉民，有分有合，一路险象环生，从云南逃往四川，最后于同治十二年（1873）潜入甘肃张家川，得到降清后被授予红顶花翎四品衔的“南八营”首领李得仓的庇护。直到庚子事变后，在清廷赦免宁夏金积堡马化龙（同治年间起义失败被杀）的后代时，积极参与求赦活动的马元章也才取得了朝廷的认可。其后，他因改革诸如盲目提倡“舍希德”（殉教者）等主张，注意融洽政教关系，受到甘肃督军陆洪涛、省长张广建的赏识，并乘坐省长赠送的绿呢大轿，周游兰州，一时殊遇，轰动金城。

二是偏居于西北山沟而指顾于千里之外。初到张家川后，尚是“戴罪”之身的马元章，就开始一边从事宗教活动，一边策划营救马化龙后代的活动。期间秘密搬迁被折磨而死于开封的马化龙长孙马进成遗骨到张家川，派人在山西杀解差、劫囚车，救出了马化龙之孙马进西。在朝廷追查此事时，他亲自执笔，写下了“赦一人可安万民，杀一人万民不安”的请赦书，由李得仓冒死上书已逃至西安的慈禧太后，并经护驾有功的甘军将官马安良从中美言，终于圆满了结此案。此前，他还冒着生命危险，将辗转送到张家川的马化龙等四人的头骨，秘密安葬于北山，后建拱北，1915年正式命名为宣化冈。

三是以在野之身而影响一方政局之安危。光绪二十一年（1895），河湟地区爆发了回族反清抗暴斗争，也波及西海固地区，清政府责令固原提督邓增严加惩办，时在西吉沙沟的马元章以民族团结为重，力倡安抚，当局接受其意见，停止武力剿杀，从而挽救了数万回族群众的生命，并受到清帝的嘉奖。宣统二年（1910），孙中山委派于右任秘密拜见在宁夏西吉沙沟传教的马元章，转达希望他支持革命的意图，相谈甚欢。以至12年后，途经安葬马元章的宣化冈时，于右任还赋诗追念："振臂一呼此磐疆，河山耕牧势犹强。"武昌起义爆发后，革命党人黄钺在策划秦州起义前夕，特向马元章先后两次致信，并以其即将宣布独立并成立甘肃临时军政府的核心机密如实相告，希望"居父母之邦，负善人之望"的"回绅"马元章，能"登高一呼，万山响应""结成城之志"，可见他在甘肃一带举足轻重的影响力。第一次世界大战中，土耳其参加了"同盟国"，马元章洞察时局，并以教主身份致电北洋政府，申明所属教民虽与土耳其同信伊斯兰教，但竭诚拥护中国政府参加以英美为首的"协约国"的立场，北洋政府特为其颁赠"嘉禾"勋章。

四是精研伊斯兰教义经典而能通晓儒家传统文化。乾隆四十六年（1781），马元章曾祖父马明心因门徒苏四十三起事而被杀害于兰州后，其祖父马顺清被充军云南。几十年后，随着环境的宽松，马氏家族再度崛起，在当地宗教和经济方面都获得了较高的地位，其父马成林成为云贵地区"热依斯"（教区之长），并与兄弟数人在昆明经营进出口生意，富甲一方。马元章出生于这样一个条件优越的家庭，自幼聪慧好学，经儒双修，在伊斯兰宗教和中国传统文化方面都达到了很高的造诣，被当地人称为"奇才"。此后，在历经生死世变中，他反思哲赫忍耶派历次反清失败惨遭屠杀的深刻教训，继承并发扬了明清以来中国伊斯兰学者"以儒释伊"的人文精神，并将之付诸宗教和社会生活实践，从而成为促进中国伊斯兰教本土化和兼通汉阿两文并有论著的杰出代表。

面对这样一位百年前的宗教名人，我们都会产生一种遥远而神秘的感觉。好在这通尚沾润着前贤手泽的书札，能拉近时空的距离，让我们从一件小事上一睹这位大人物的胸怀和才情。

因静宁县临时议会成立于1913年2月15日（正月初十），次年2月停办，由当地进士、前四川彰明知县张文源任议长，因此，我们可以确定这封书札是马元章于这个时段写给张文源及各位议员的公函。

据马英杰《从黄钺书牍解析辛亥前后马元章的安民护教》一文称：武昌首义成功后，不到两个月时间，西安、宁夏积极响应，陇东、陇南乃至河西走廊各地民众纷纷起义，黄钺领导的秦州起义也已箭在弦上。值此乱世，西北社会混战频起，出于保护教坊民众和哲赫忍耶宗教圣地的目的，马元章结农为兵，扩充了民团。这一背景，刚好和本书札所透露出的马元章拥有“差派军队”之权相吻合。

书札开头的“前日壮凯军左翼差派马队，由平凉赴秦安搬接眷口”一事，当是原甘军董福祥手下将官张行志所率平凉驻军壮凯军（宣统末置，由陇东镇守使节制，1916年并入陇东巡防军）中，有秦安籍某军官派兵往平凉搬家，往返必经与张家川相邻的水洛城(今庄浪县城，民国时属静宁“南八镇”之一)。这本来是一桩寻常小事，“弟处并未与闻”（可见他当时在张家川而非西吉沙沟），但未料到他手下的沙宝臣从静宁县议会抄录了一封水洛城民团的上告信，“有谓弟差派军队扰害地方等情”。因为马元章特别注重修好与官方的关系和民族团结，是一位被回汉民众称为“马善人”的社会活动家，遭到这样一个小小民团的诬告，这对一个珍惜清名的人来说，自然有些义愤，所以下面比较严厉的措辞，就很能体现他当时颇不平静的心情：“凭空结篆，白地诬人，出自乡愚，虽不足与较，然事关名誉，不能不略为辩白。”虽然以马元章当时的社会地位，完全可以置之不理，但他还是出于对地方的尊重和对个人名节的考虑,再一次派沙宝臣到静宁县城,恳请县议会将水洛城民团首领召集到一起,说明情况,辨明是非,开了一个圆满的调解会。接着,马元章以感激的心情,写出了调解结果:“蒙诸君据理开导，该团自知谬妄，复遣人到舍服礼，自认错误。”看来，他对这个处理结果相当满意。在沙宝臣向他当面汇报协调过程的同时，还捎来了县议会给他说明处理意见并表示安慰的信件,所以,无论是出于礼节还是表明态度,都有必要写这封回信。在信末他客气地表达了两层意思，一是“些微细故，既劳清神如此”，这是对县议会出面调解一桩小事而表达的谢意;二是“蒙经该团众面剖晰明白,弟决不以此介怀也”,这是最后的要求和表态，即只要该民团当着大家的面将此事的前因后果公开说明，消除社会影响，他也绝不在意，所有误会也就此了结。

从这通寥寥二百多字的书札中，我们能体会到马元章为人处事的一些特点。首先是坚持原则。虽然这个诬告纯属无中生有，不论是官方调查时说明情况，或任由谣言自消自散，都不会产生什么严重后果，但这关乎个人名节和宗教声誉，所以他变被动为主动，不等县议会调查，反而特遣专人再次赴县城专门交涉，必须查个水落石出，分个是非曲直，提出可行方案，方能罢休。其次是通情达理。既然经县议会召集三方会议“据理开导”，水洛民团也认识到了自己的错误，并派人登门认错、赔情道歉，就必须宽容大度，予以谅解，这体现了马元章处事谨慎、维护团结的一贯作风。三是人情练达。马元章一生写过很多书信，包括上书清廷、北洋政府和省政府，以及与社会各界名流的文字往来，都可以体现出他的见识之高和交游之广。相对于这些和高层的交往，县议会就显得很微不足道了。但是，他在受到委屈，向刚刚成立的县议会写信辩冤时，花甲翁犹以“弟”自称（当然这也是当时同辈相称的风尚），也能对县议会的重视表示由衷的感谢，特别是还能主动表明“决不以此介怀”的积极态度，这都体现出他对基层官方的尊重和以柔克刚的准则。

这通书札，也从一个侧面反映出马元章很高的文化修养。他一生手不释卷，勤于著述，被视为经、汉两通的一代宗师，留下了如《鉴古训》《道统论》《省己格言》等融合伊斯兰教义与儒道文化于一体的著作。同时，他也以书法名世，其阿文、汉文书法作品，深受广大民众的珍爱。仅欣赏这通书札，在看似毫不经意、信笔而至间，已将其醇熟洒脱的晚年书风展露无遗。其书法，继承了晋、唐书法的法度，以中锋运笔，点画温润娴雅，线条富有弹性，外似柔美而内实坚刚。尤其是写本书札时，是用一支兼毫新笔，笔锋峻厉，重处笔墨浓厚，轻时游丝皆现，笔画的收放、穿插，结字的疏密、布白，字形的大小、宽窄，都纯出自然，有一种强烈的动态美和韵律感，显示了其卓越的艺术天赋和高超的书艺水准。这种飘逸俊秀的书法风格，与作者严谨整饬的宗教身份形成了很大的反差。

1920 年 12 月 16 日，在震惊中外的海原大地震中，居于宁夏西吉沙沟的马元章不幸遇难归真，遗骨搬迁于宣化冈拱北。

在流传于世的马元章所撰楹联中，有这样一副：

八游阿阳，纯用柔术，方得化宿怨而变为和平；
两谒兰山，全凭主佑，故能以匹夫而抗衡诸侯。

这副自题联，当是作者对平生所办称意之事的一个小结。其中上联“阿阳”，系静宁县古称，是说八次游历静宁，以怀柔之术，巧妙化解回汉宿怨，换来了一方安定。但这一重要史料，却在地方文献及目前所见的马元章传记中没有任何记载。不过，这封书札，刚好可以作为他在静宁“纯用柔术，方得化宿怨而变为和平”的一个小小的补充。

希望有志于地方文史研究的朋友，能继续发掘这方面的史料。

参考资料：

1. 张家川回族自治县地方志编纂委员会编《张家川回族自治县志·人物》（甘肃人民出版社，1999年12月第1版）

2. 张军利《伊斯兰教与平凉社会》（甘肃人民美术出版社，2013年8月第1版）

3. 马英杰《从黄钺书牍解析辛亥前后马元章的安民护教》（《世界宗教研究》2013年第4期）

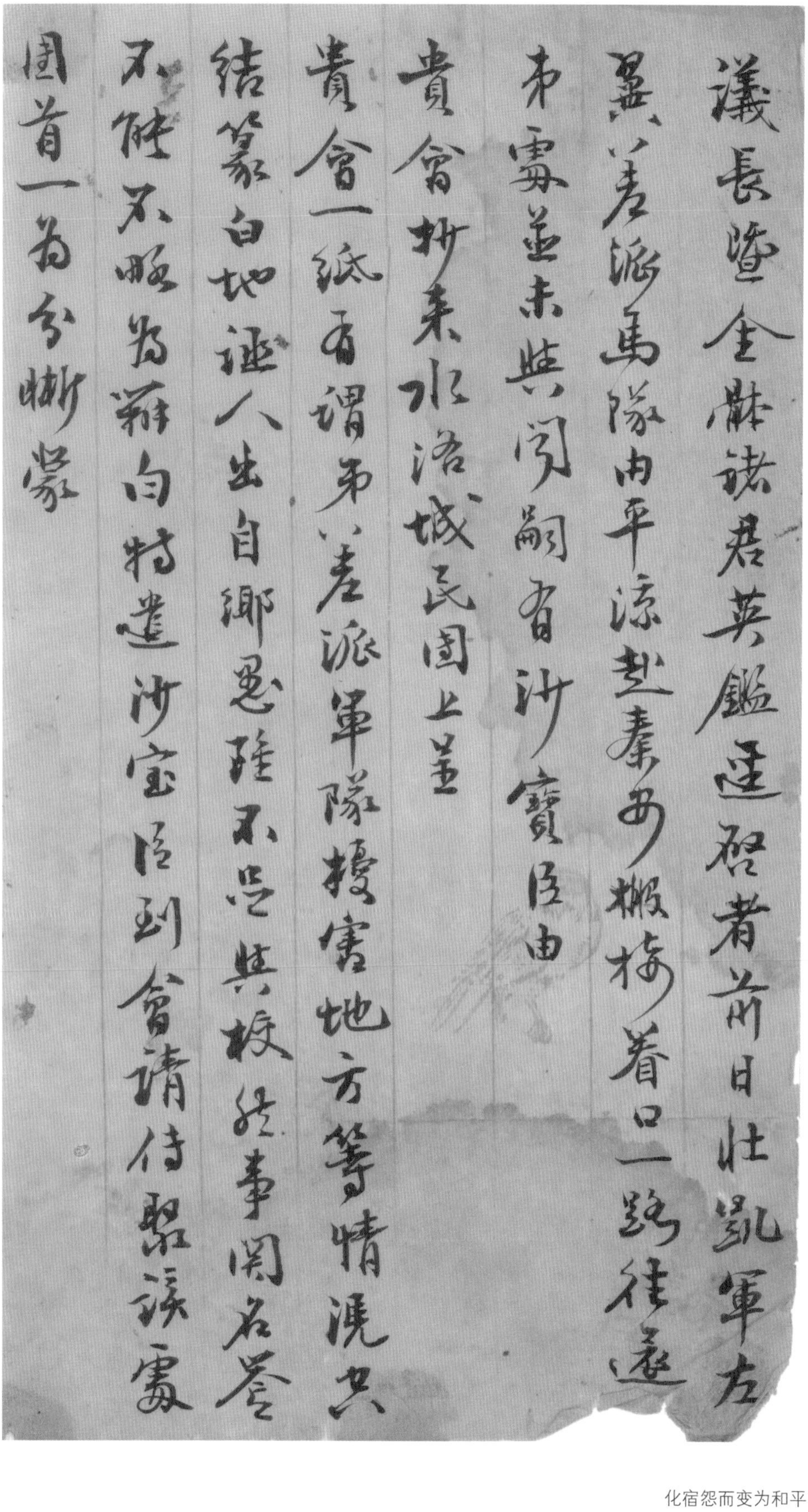
議長鑒：金猷諾君英鑑：迭召者，前日壯凱軍左
翼、差派馬隊由平涼赴秦安搬接眷口一路往遂
來，要並未與聞。嗣有沙寶臣由
貴會抄來水洛城民團上呈
貴會一紙，有謂弟、者派軍隊擾害地方等情。洩其
結篆白地選八出自鄉愚，雖不足與較，然事關名譽
不能不略爲辯白。特遣沙寶臣到會請侍聆誨處
團首一爲分晰，蒙

书札（1）（12.5cmx22.5cm）

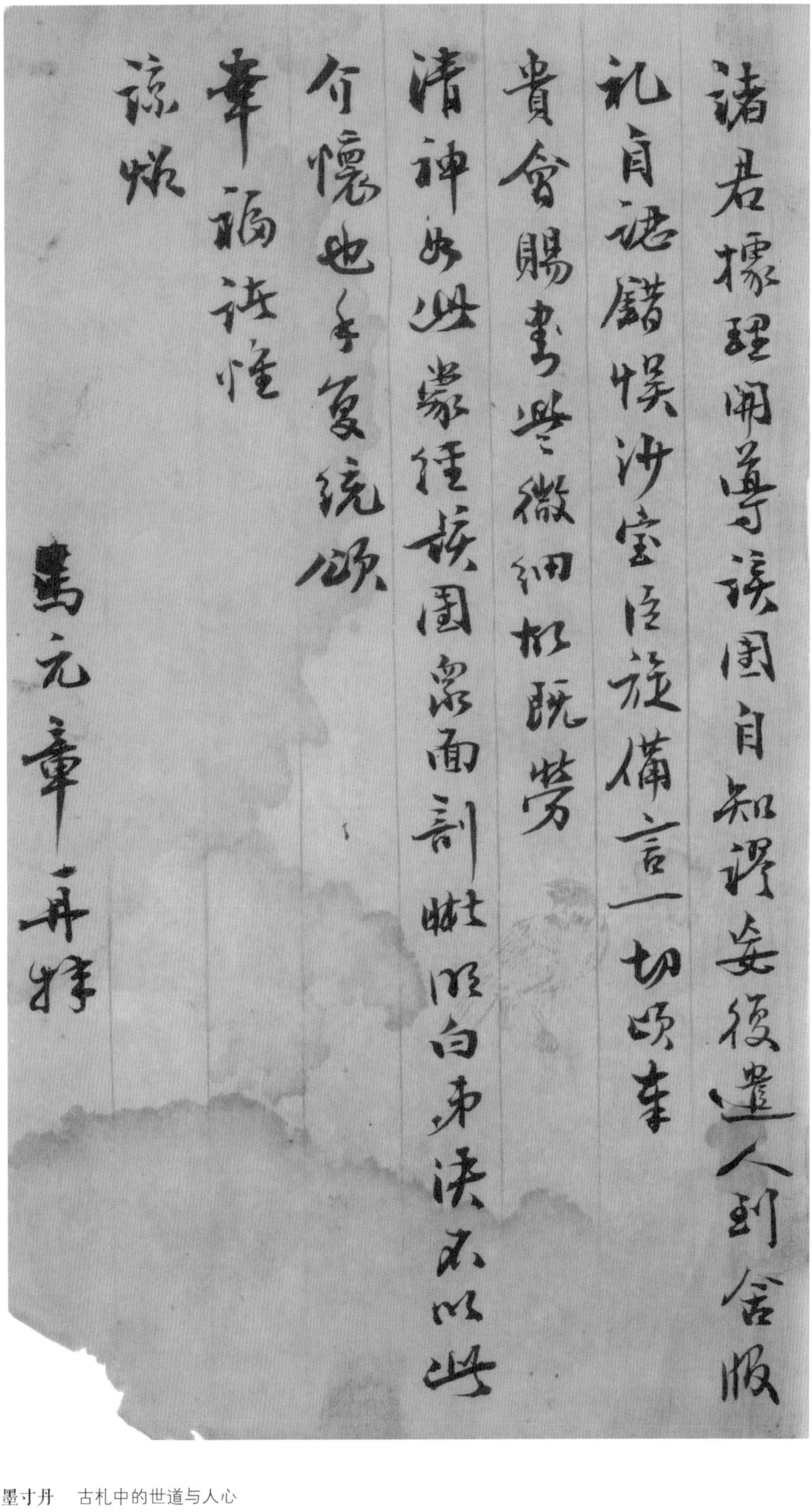
諸君據理開導，該國自知謬妄，復遣人到舍服禮，自認錯悞，涉案從旋，備言一切。頃奉貴會賜書，并承細叔，既勞清神，如此蒙注該國，深而副贍，服白弗洪，不以此介懷也。手復，統頌年禧，諸惟諒照。
馬元章再拜

书札（2）（12.5cmx22.5cm）

释 文

议长暨全体诸君英鉴：

径启者，前日壮凯军左翼差派马队，由平凉赴秦安搬接眷口，一路往还，弟处并未与闻。嗣有沙宝臣由贵会抄来水洛城民团上呈贵会一纸，有谓弟差派军队扰害地方等情。凭空结篆，白地诬人，出自乡愚，虽不足与较（校），然事关名誉，不能不略为辩白。特遣沙宝臣到会，请传聚该处团首，一为分晰。蒙诸君据理开导，该团自知谬妄，复遣人到舍服礼，自认错误。沙宝臣旋备言一切。顷奉贵会赐书，些微细故，既劳清神如此。蒙经该团众面剖晰明白，弟决不以此介怀也。手复，统颂

幸福，诸惟谅炤。

马元章再拜

远游何时赋归田

——绥来县署账务总办、叶城县国民学校教员李宝善致乡友吴锦江书札两通（1914/1916）

归园田居，应该是中国传统农业社会里倦游者唯一的也是最后的归宿。无论是陶靖节的“种豆南山下，草盛豆苗稀”，还是鲍参军的“弃置罢官去，还家自休息”，都是在世俗的功名利禄之外，还珍藏着一方值得终身相许的人生净土，那就是家园。而这家园，既是物质的，也是精神的。

在民国前夕受庆龙从日本驻上海总领事馆致吴锦江的书札中，他以不无羡慕的口吻说：

“若吾兄静处家园，读书尚论古人，催耕闲话老农，叙天伦之乐事，享人间之清福，以视弟之连年奔走，为米折腰，其雅俗之分，不啻天壤相悬矣。”

时隔四年（1914），他二人共同的学友、笔者伯曾祖父玉山公从新疆绥来（今玛纳斯县）致信吴锦江（札一），又道出了如出一辙的心迹：

“回思受云亭出关之时，较强于目前。彼一时，此一时也。弟现在主意，极欲凑些路资，归来故里，务几亩薄田，教二三子弟，农事一毕，还读我书。叙天伦之乐事，学农人之讴歌。胡不乐？乐且无央。古人云：‘田家自有乐。’岂不信然！”

这段话，寥寥几句，就勾画出了一幅乡下寒士的“田家乐”画卷。从劳作层面看，既耕且读，还需教二三子弟；从精神层面看，家人团聚，其乐融融，兴之所至，还可以像农人一样野调无腔、信口而唱。特别是最后几句，都用短语，有设问，有自答，也有引用，语气急促，心向往之，恨不得立马插翅而飞！当然，这里也无意间化用了《论语·侍坐章》“春服既成，冠者五六人，童子六七人，浴乎沂，风乎舞雩，咏而归”的典故，以及陶渊明《归去来辞》和李白《春夜宴桃李园序》的意境，使这篇普通的实用文本多了一抹抒情的亮色。

我们以前对清末秀才的认识，以为只是死记硬背“四书五经”之类的枯燥经文，学作陈腐的八股文章而已，不料从这通书札毫不经意的一二笔墨，却可以一窥他们在古典文学方面的修养，以及对自由生活的向往和对诗意人生的追求，渗透出一种天机活泼的趣味来。再联系受庆龙 26 岁在新疆所写《博达游记》的瑰丽诗篇，让我们对以科举为中心的私塾教育有了一个比较客观的认识，至少是抛弃了以往多年形成的一种偏见——原来私塾教育并不完全扼杀学生的性灵。因为，就玉山公和受庆龙而言，在成为廪生前，他们无非就是威戎乡下一个叫马登瀛的普通塾师帐下的普通童生，艰苦困顿的农家生活不会给他们提供任何外出交游、经见世面的机会。

后来，搭乘着科举制的末班车，他们都取得了廪生的功名，这在闭塞落后的西北乡下，无异于当今高考从偏乡僻壤破天荒地扎堆儿冒出了许多名校生。然后，科举叫停，举业无望，同窗好友，各寻出路。其中受庆龙和玉山公在不同的地方，以不同的方式，不期然都投身到了那场惊天动地的辛亥革命，成为那个时代的“新青年”。但因为机缘不巧，都事功未竟。受庆龙自秦州起义后，就近到陇南两当县为幕（见札二），而玉山公则先趋省垣，继赴新疆，也是在县署办理钱谷账务事宜。“烽火连三月，家书抵万金”，都是天涯失意之人，都做案牍劳形之事，在老家读书识字之人稀缺如凤毛麟角的民国初年，“静处家园”的蒙学教员吴锦江，就成了外地同学与家庭联系的中转站和互通音问的信息中心。

“为嫌客闷转还乡，到得还乡梦转长。”回还是不回，这真是一个问题。个中无奈，或许未亲历者难以感同身受。对出身寒微的游子而言，他们回乡最大的难题不仅在于“出门门槛低，进门门槛高”的颜面所在，更在于生计的无以为继。且看受庆龙为何踟蹰：

“将欲归田欤？宦游十年，因不爱钱，至今两袖风清，依然我故，恐蹈季子不炊之叹。”

再看玉山公为何犹豫：

“昨年春，以家累逼迫，仓卒出关。季子故辙，其蹈无几”“干事之人，欲求少有积蓄，以学靖节归田之举而不得。”（札一）

“现在新疆财政困难达于极点，图事者尽一年之苦作，尚不足以供一人之消耗，遑言给家欤？言及此，徒叹奈何。”（札二）

看来想回而不得回的原因，都是要为一家老幼的吃饭问题担当责任（乡下贫寒人家供给一个读书人谈何容易）。再联系前文玉山公武昌札二末所言：

“弟家来信时，望兄使家弟将信交于顺天成。彼处常有去城者，可带寄邮，亦使无庸挂号。”

寄一封家书，还不忘专门嘱咐“无庸挂号”，足可见家计的艰难和其节俭的习惯。所以，他们就只能在矛盾中推延着、挣扎着，也悔恨着。受庆龙称：

“此时深悔半生来，仆仆风尘，劳劳宦海，徒以有用之精神，耗于无用之地。”

玉山公说：

“宦海变为苦海，官场忽作愁场。弟之出关，亦以弟之大失机会者也。”（札一）

“良骥伏枥，非贤才久困于坎坷也，人浮于事，有以使之然也。”（札二）

看他们二人在不同时期、不同地方写给同一个朋友的书札，无论是内容、用典，还是语气，都是那么的相似，不愧是同一个塾师教出来的。但可以肯定的是，这不是因为师出同门而异口同声，而是因同样的故乡、同样的家境、同样的遭遇，才会如此惊人的相似。这大概是富家子弟所无法体会的吧。

读玉山公这两封书札，我于其最初的新疆求职经历中，感受到了乡情的可贵和温暖。札一开头，详述自己1914年春出关后的际遇，万里迢迢，举目无亲，“幸得绳三刘大人”（时任支援科布多全军营务处兼后路粮台总办）推荐，先在古城（今奇台县）任书记员；后因粮台奉文撤裁，又随刘绳三到迪化；两月后，刘绳三就任绥来县知事，遂委其办理县署账务。为了不负所托，从未接触过账务的玉山公“虚心好问，详细考查，近数月来，始得略知头绪”。这位绳三刘大人，即刘希曾（1881—1938），字绳三，静宁县城人，为新疆督军兼省长杨增新所器重，1921年因与俄谈判保全阿尔泰山有功，保授陆军少将。1933年保授陆军中将。说起这位老乡，长玉山公两岁，由寡母抚养成人，也是廪生出身，但1907年玉山公到甘肃武备学堂读书时，他已从该学堂毕业4年；1909年玉山公到湖北陆军第三中学堂上学时，他又于前一年从湖北陆军测绘学堂毕业；待1912年玉山公到兰州面见忠武军统领周务学求职时，他又从忠武军帮统调任新疆督军公署参谋长；直到玉山公赴新疆后，这位屡次和他擦肩而过的老乡，这才“情推梓谊，义重家乡”，并多有关照。另外，玉山公在湖北陆军第三中学堂的静宁同学刘耀曾，可能系刘希曾同宗兄弟，后授少将。

茫茫人海中，乡音就是最好的名片，而相同的出身、经历和共同的师友圈子，更会拉近彼此的距离，从而成为相互倚重的知交。玉山公在随刘绳三的两年间，辗转于新疆古城、迪化、绥来，奔波弗易，“因彼缺份极苦，不好久留，即行辞退。适皋兰人颜大老爷升任叶城县知事缺，弟便道随往，就颜东事”（见其1916年7月书札，限于篇幅未录）。这位颜大老爷即颜永基，兰州人，因玉山公早年曾在甘肃陆军学堂就读，也算异地逢老乡，“宾东尚觉相宜”（同上）。正因为颜永基的关照，玉山公随其赴叶城，在办理了一个月“钱谷账务”后，“蒙详请军帅杨，饬委叶城县国民学校教员”（札二，“军帅杨”即新疆督军兼省长杨增新），这才圆了他投身教育事业的梦想。

四年后，玉山公从叶城国民学校校长任上辞职回家时，与入关的某部队一路同行抵达兰州，想必也与刘绳三或颜永基的继任者叶城县知事邓缵先（广东紫金县人，新疆名吏）的关照不无关系吧。

读这两通书札，我于玉山公对堂弟的关怀中，感受到了亲情的真诚和无私。在玉山公的七八通新疆书简中，曾四五次问及堂弟贤娃的学业，而只有一次问及自己尚年幼的子女。当时的传统家庭，一般都是一个祖父甚至一个曾祖的后代共同生活，既耕且读，各有分工，分家好像是家庭不睦的代名词。其时，我家高祖兄弟二人，各有两子，都是一个读书，一个种田。二高祖的长子作善公是年15岁，师从吴锦江就学。在札一中，他拜托老同学："弟家贤娃性质浊鲁，尚望我兄善诱，时加朴责。异日稍有造就，无非托我兄教成所普及也。"这与家乡前辈们津津乐道的"教鞭之下出高徒"毫无二致。那时的家长，听到先生打了自己的孩子，内心是喜悦的，有的甚至还要带着礼物去致谢。呵呵，现在的家长就不好说了。在札二中，他又说："堂弟贤娃，迩来读书诚否若何？字法若何？再有回玉来时，请将所写之字夹一二篇一看是荷。但彼性质庸愚，务望我哥不以菲材见弃，好为训导，将来稍有成就，无非出自熏陶教诲之力也。"这样的话，在其他几封书札中，也屡屡可见："堂弟象贤负性愚拙，多蒙我兄善诱指教，经年苦心之处，钦感在怀。冀他年若能稍通文字，解释义理，无非出自我兄裁成之力也。""堂弟象贤多承我兄指教三载，于兹本拟使久侍门前，藉资裁成，承示兄以家务羁身，未遑设教，弟已另函禀知家叔，如台兄所言，使入县中小学矣。"对堂弟的学业和前程如此不厌其烦地嘱托，足见"长兄如父"，非虚语也。当然，我们还可以从对兄弟的关心上，体会到他对叔父的孝道。"父子恩，夫妇从；兄则友，弟则恭"，这是那个时期最基本的家庭文化和读书人的普遍情怀。

就书法而言，玉山公的札一，与札二以及本书前面几篇文章所附的书札大不相同，字迹明显潦草，这或许与当时颠沛流离的生活和烦乱不定的心绪有关。这一点，他本人也显然意识到了，所以在札一落款时就比较少见地注明"灯下草草"四字。我们不能苛求一个在孤旅寒灯下的人，把每封书札都写成赏心悦目的书法作品。但就其书法的常态而言，如札二及其他书札，我以为具有十分扎实的帖学功底和很高的文化修养，其书以二王为宗，尤得赵子昂方正谨严、圆润华滋的神韵，外似柔润而内实坚强，形体端秀而骨架劲挺，即使放在同时代的读书人中也属上乘。

再回到回乡的话题吧。玉山公写于1916年8月的札二明确说："弟之归期，大约在明年底。""久于新，非我志也。但关山万里，非一二百金不足以作路资。弟之迟迟，因此故耳。”他的计划，并没有实现。在担任教员不久，他又被委以校长之职。为了不负上司所托，不负学东父老，他一再推延归期，筚路蓝缕，以启山林，以工作实绩荣获“新疆省长特奖”银质奖章。直到1920年，玉山公才最终结束了长达10年的宦游生活，回到故乡，过了10余年“务几亩薄田，教二三子弟，农事一毕，还读我书”的理想生活。后随长子庆芬公到青海西宁，任教于西宁中学、昆仑中学。1943年去世后，暂厝西宁城隍庙；1948年借部队行军之便，由子侄扶柩回乡（与从新疆随军归来一样，这是一位上过陆军学堂的人与军旅最后的缘分），远近亲友沿途设祭，络绎数里。遵其遗嘱，葬于祖茔父母脚下，最终实现了他长久的归田梦。

2021年岁首，正当本书交付设计校对之际，尚不知有此书的堂叔李镇自东瀛发来他的一首五言古风《西北有男儿——致敬祖父》，表达了对玉山公传奇人生的追念和敬仰。兹补录于后，诗云：

西北有男儿，器宇自轩昂。耕读垄亩间，桑弧射四方。
身处清末际，神州风云狂。秀才虚名掷，投笔从戎行。
兰垣入军校，深造赴武昌。步炮骑兵术，寒暑操练忙。
彼时倡革命，激荡新思想。呐喊海陆兴，救亡图自强。
辛亥义旗举，执戈上战场。甘肃学生兵，青史威名扬。
嗣后返故里，革新多宣讲。剪辫猛鼓吹，议会力主张。
怎奈革命后，旧酒新瓶装。宦海成苦海，志士冷热肠。
忽有出关想，毅然闯新疆。大漠沙暴虐，戈壁月荒凉。
迪化奇台城，绥化焉耆乡。辗转如飞蓬，相守唯胡杨。
胥易技系劳，屈节谋稻粱。幸得至叶城，杏坛展所长。
边陲办学校，功绩铭奖章。代马依北风，游子恋故乡。
重返桑梓里，乐做孩子王。五十再远行，西宁施绛帐。
呕心育桃李，沥血培栋梁。蜡炬燃灰尽，春蚕吐丝亡。
中道赍志殁，令人颇感伤。老子犹龙潜，支公乃鹤翔。
书剑一生奇，翰墨百年香。我今怀先祖，热血沸胸膛。
景行我所行，高山我所仰。薪火子孙传，大哉务本堂。

参考资料：

静宁县县志编纂委员会《静宁县志》（甘肃人民出版社，1993年6月第1版）

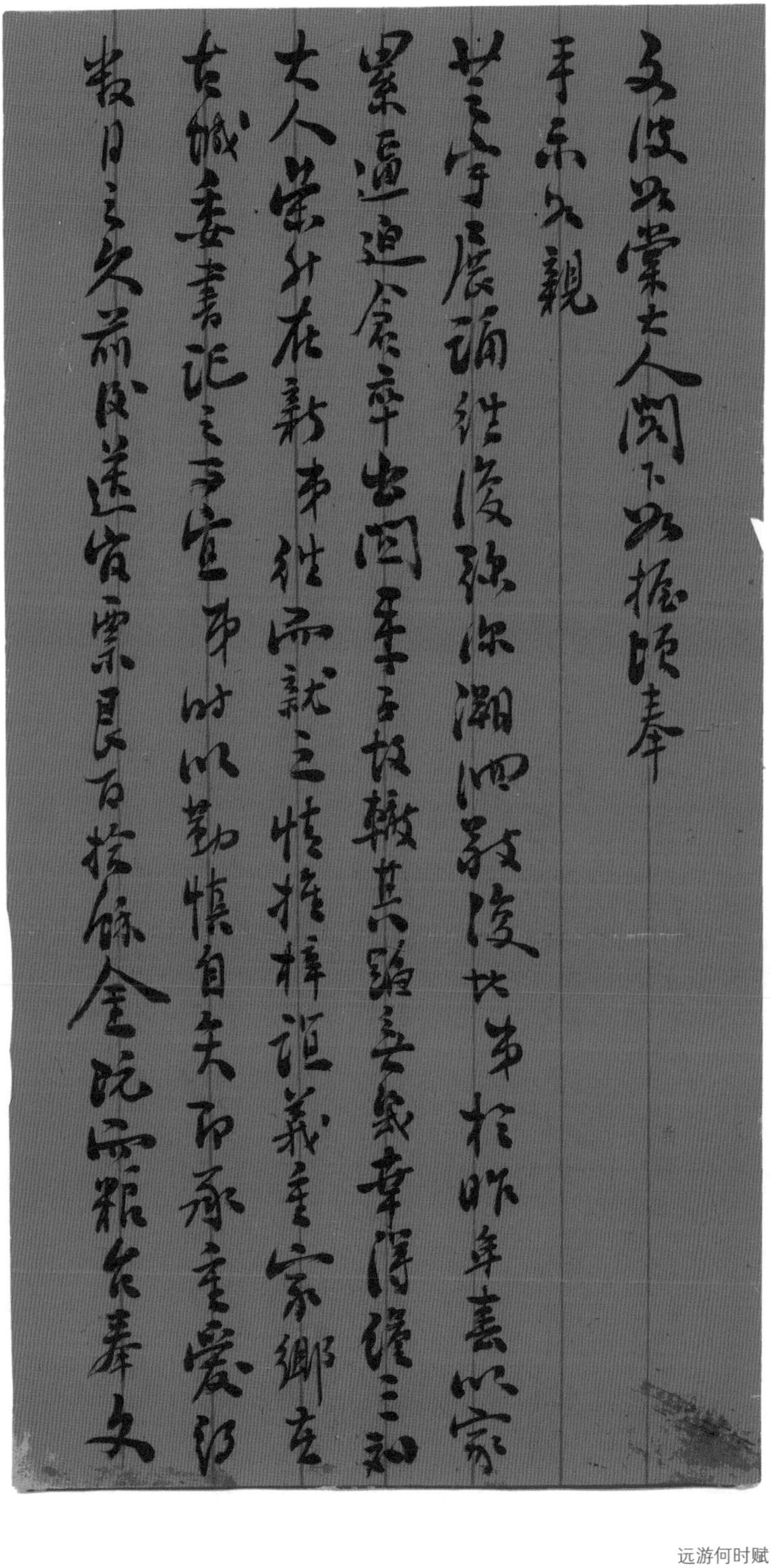

札一（1）（11.8cmx22.6cm）

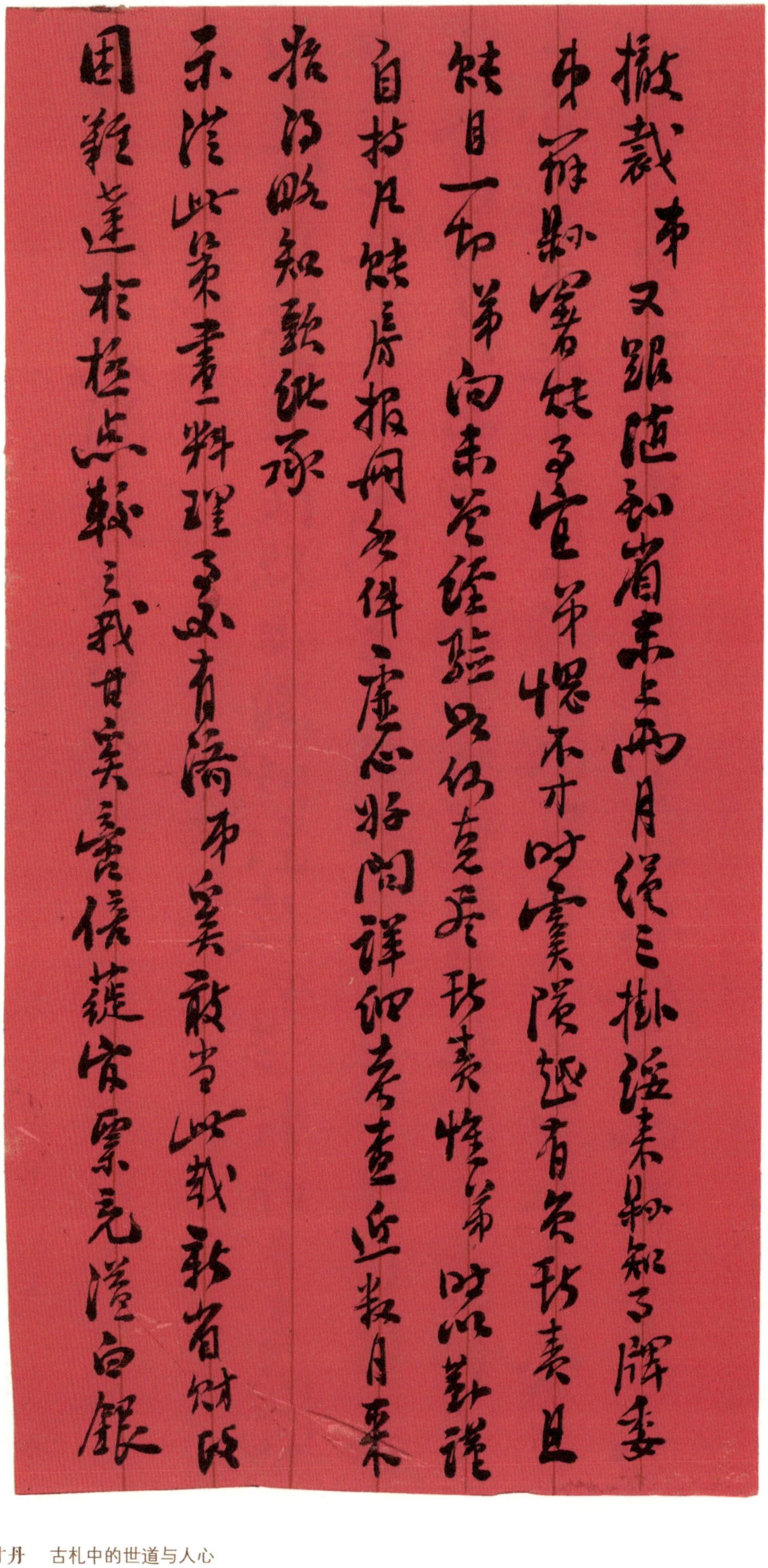

札一（2）（11.8cmx22.6cm）

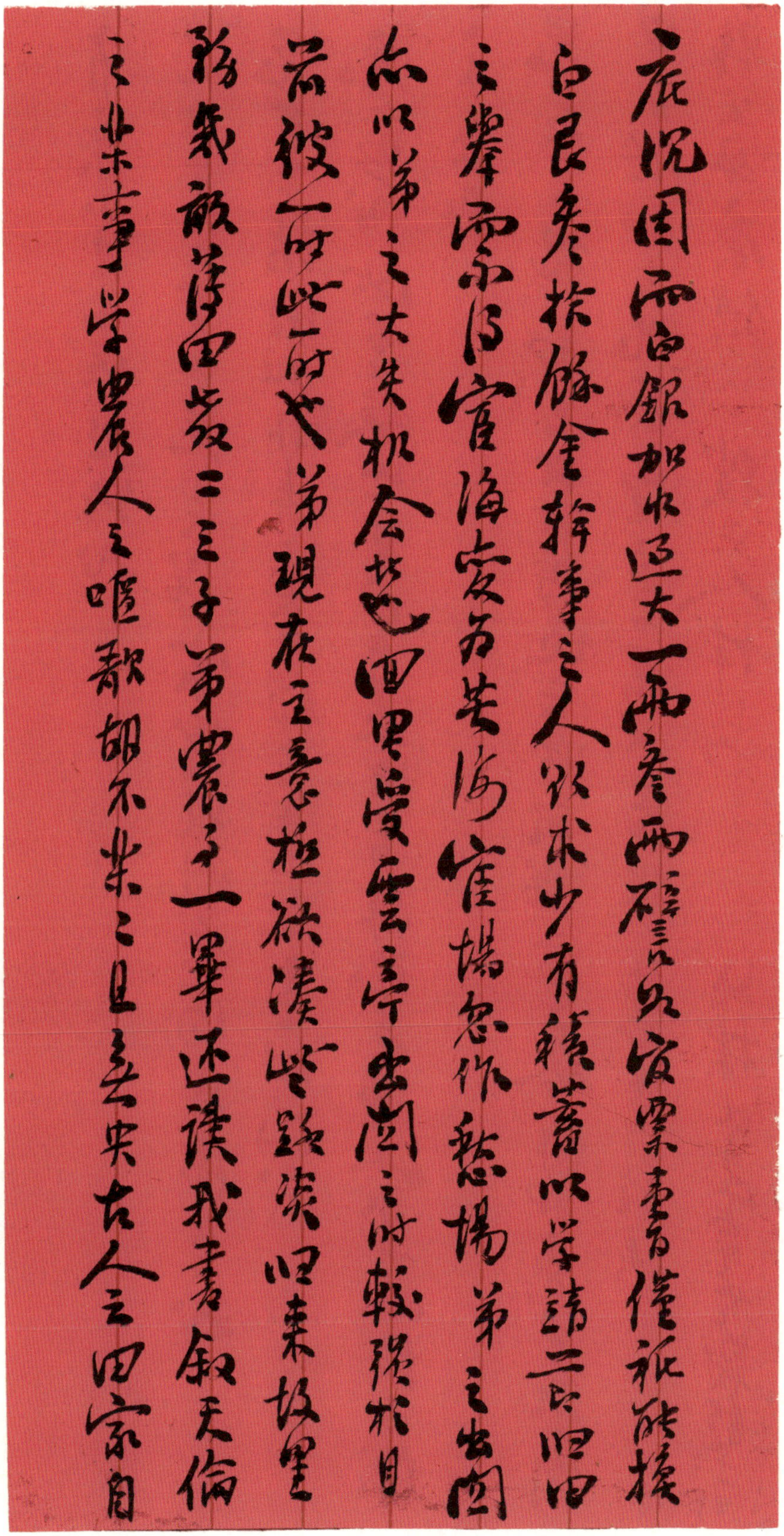
底况困而白銀加水逗大一兩叁兩硃只資票書僅祇能換
白艮參於條金幹事之人以求少有積蓄以學請二十歸田
之舉需求官海安爲要海宦場忽作懸場弟之出閣
亦以弟之大失機會甚回里受雲亭出閣之時較強於目
前彼一時此一時也弟現在之意極欲湊些路資回來故里
務稼穡落田歲二三子弟農子一畢還讀我書叙天倫
之樂事學農人之嗜歡胡不樂之且吾尖古人之田宗自

札一（3）（11.8cmx22.6cm）

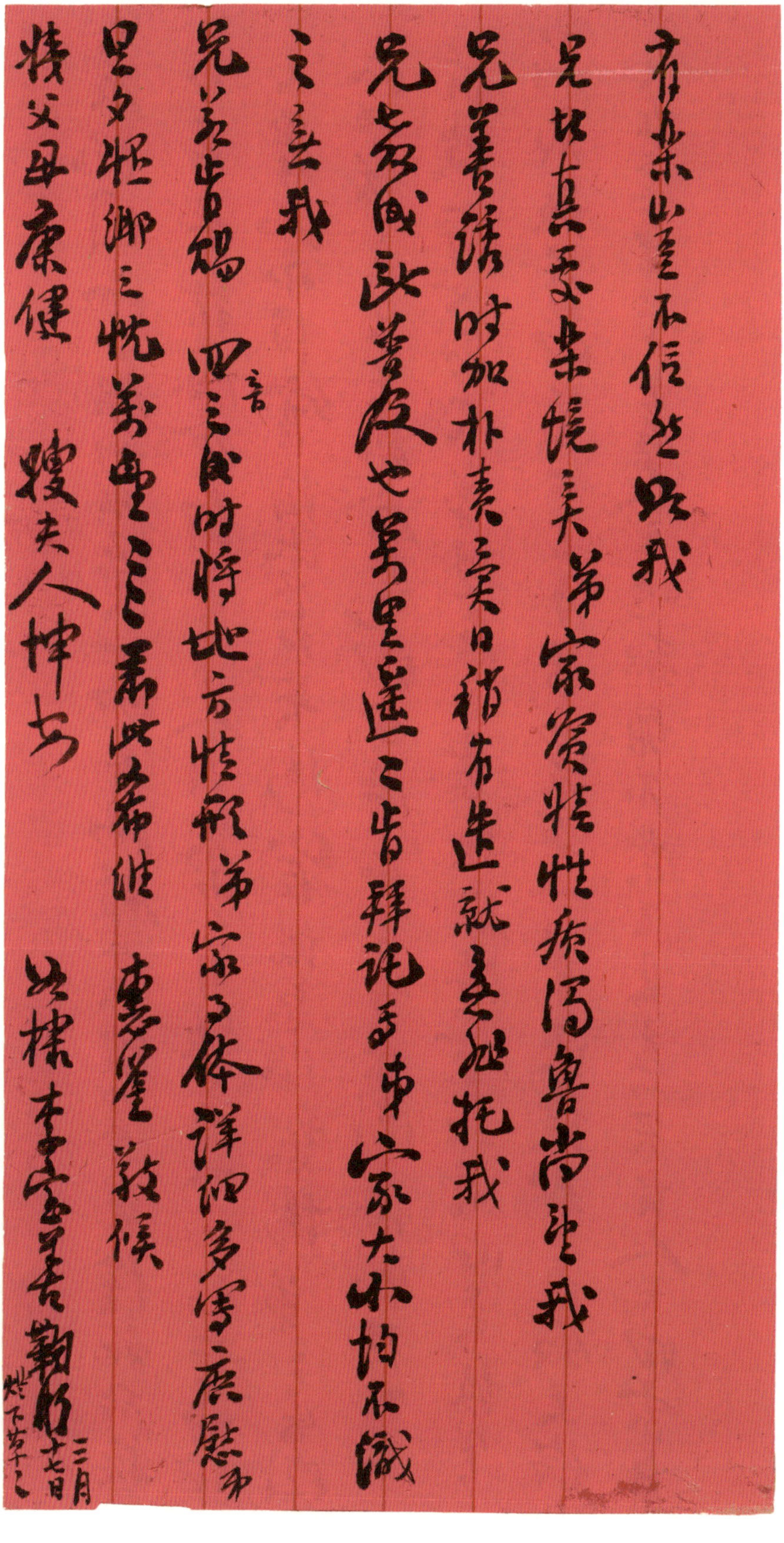

前乘此意不信然以我
兄性直爽樂饒矣弟 宗資性疏闊魯鈍望我
兄善誘時加朴責矣日稍有進就未始非托我
兄先啟成就養成也異日遠之皆拜託弟 宗大小均不識
之之感我
兄照常皆福 四之(言)叔時將此方情形弟 宗之修詳細多寫庶慰弟
日夕懸鄉之憂美兒之意此希維 惠鑒 敬候
猶父母康健 嫂夫人坤安
弟棣本容 鞠躬 三月十七日 燈下書之

札一（4）（11.8cmx22.6cm）

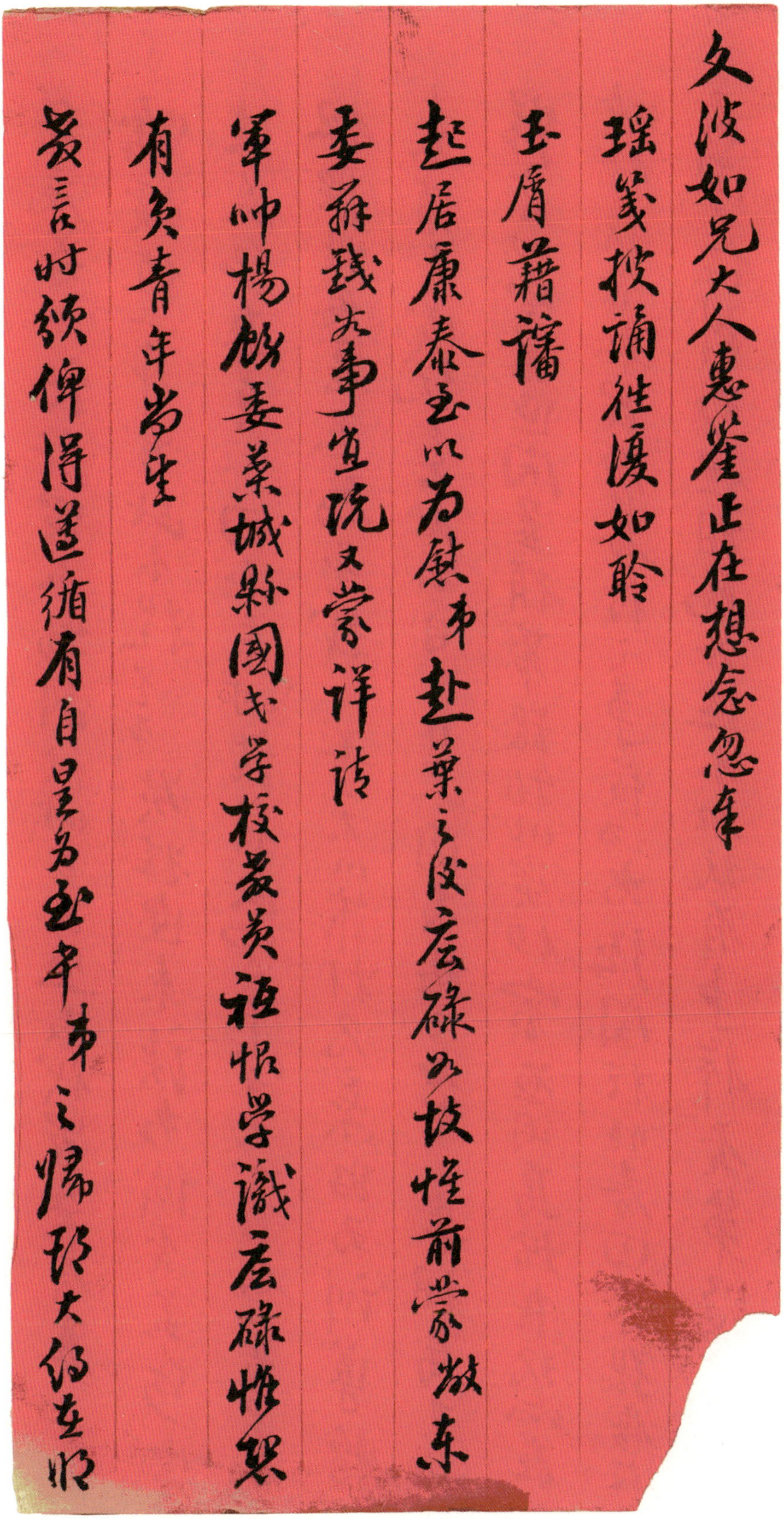

文波如兄大人惠鉴：正在想念，忽奉
瑶笺，披诵往复，如聆
玉屑。藉谙
起居康泰，至以为慰。弟赴叶之后，庸碌如故。惟前蒙敬东
委办钱文事宜，况又蒙详询
军帅杨般委叶城县国文学校教员，祇恨学识庸碌，惟恐
有负青年学生
教言，时颁俾得遵循，有自是为至幸。弟之归程大约在明

札二（1）（12.2cmx23.5cm）

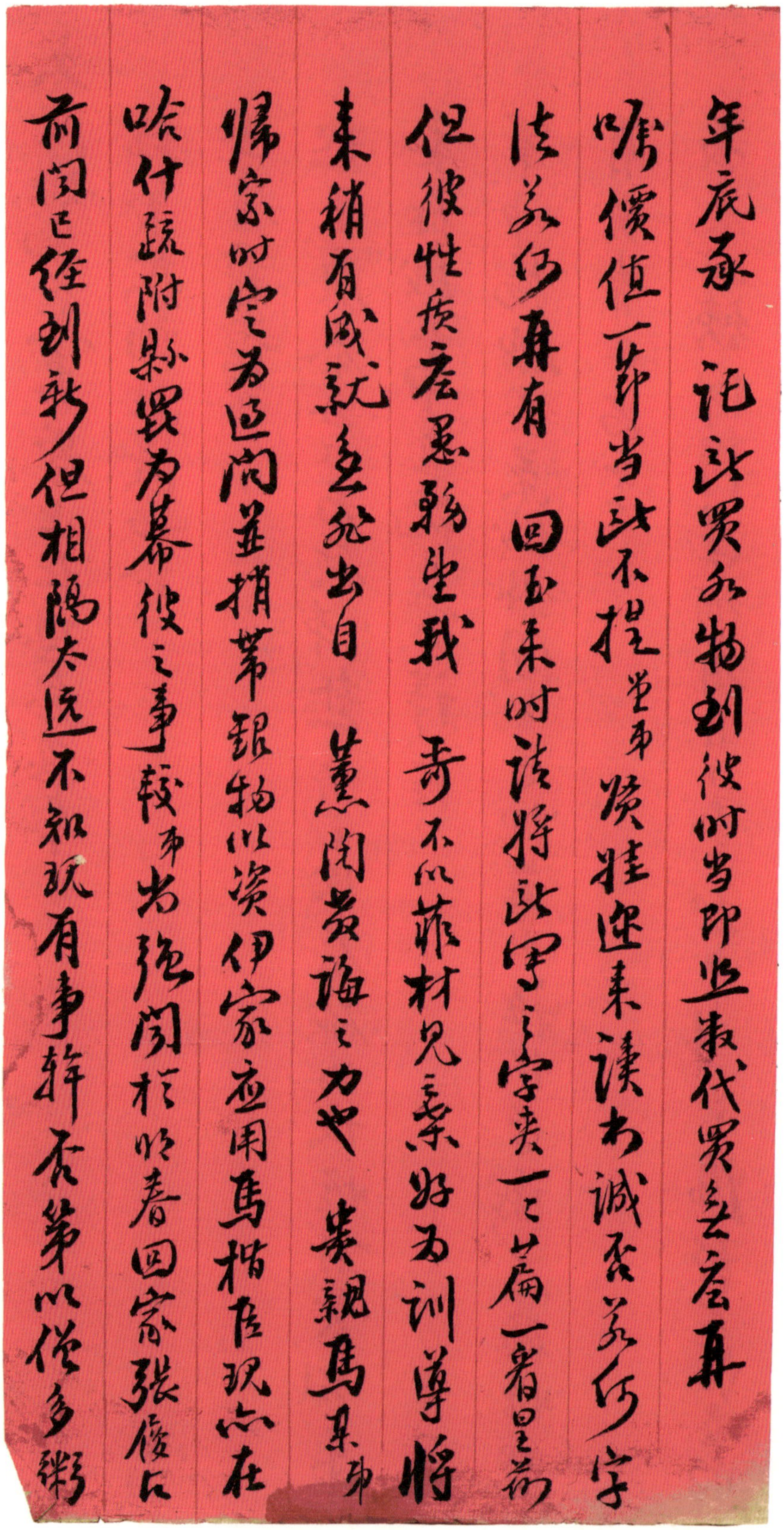
年底承 託武買各物到彼時當即照表代買無甚再
啓價值一節當此不提望弟 贊璜迎來談於誠篤可字
法尚可再有 回至來時請將武字之字夾一之篇一看是前
但彼性質甚愚弱望我 哥不以菲材見棄好為訓導將
來稍有成就無非出自 薰陶教誨之力也 貴親馬某弟
歸家時定為追問並捐帶銀物以資伊家應用馬楷臣現亦在
喀什疏附縣選為幕彼之事較弟尚強聞於明春回家張俊臣
前聞已經到新但相隔太遠不知現有事幹否弟以後多繫

札二（2）（12.2cmx23.5cm）

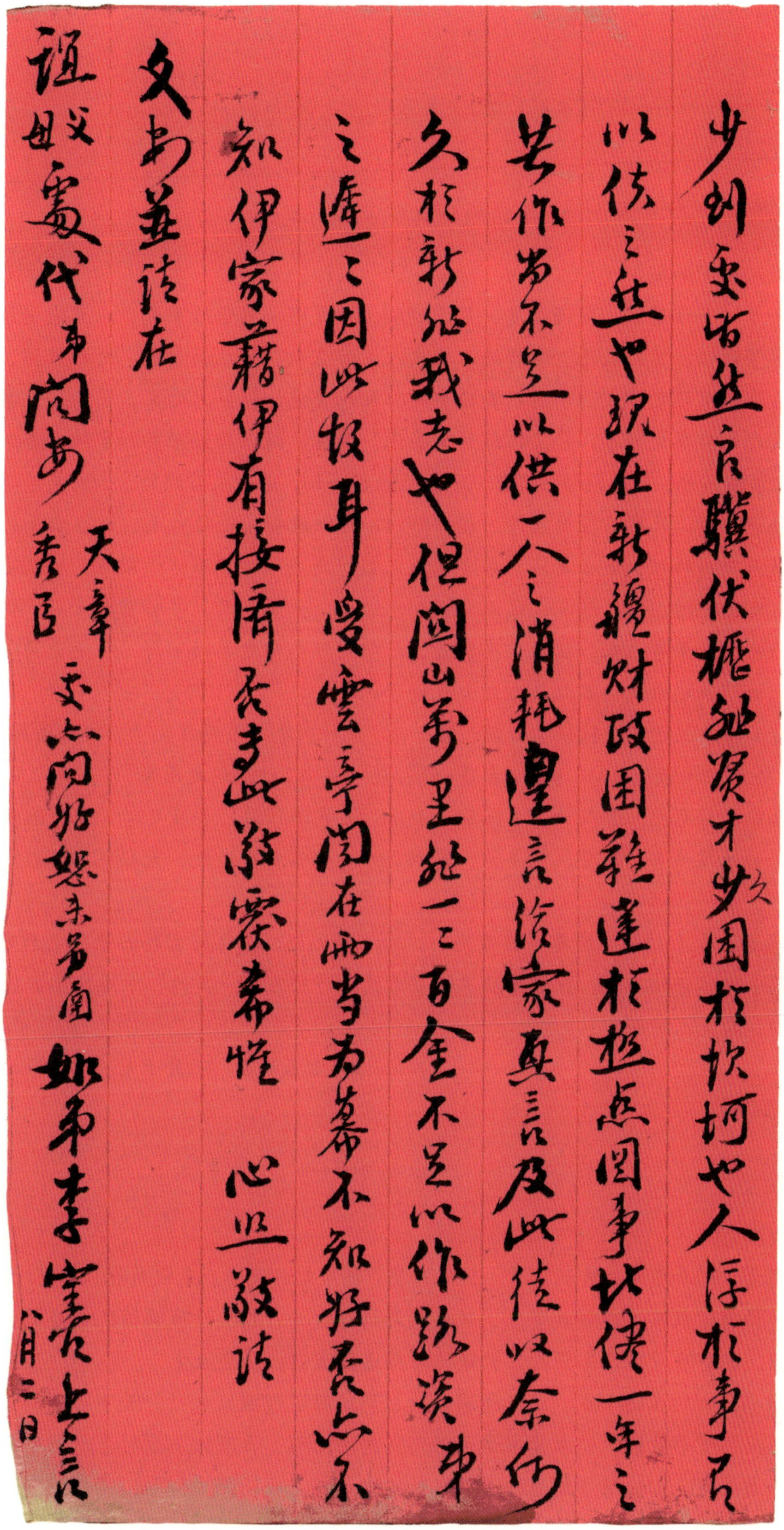
步到委皆無良驥伏櫪難展才步困於坎坷也人得於事者
以依之無也現在新疆財政困難達於極點因事設使一年之
共作尚不足以供一人之消耗遑言瞻家真言及此徒以奈何
久於新疆我志也但關山萬里非一二百金不足以作路資來
之盤纏因此扳耳受雲亭閣在兩當為幕不知好否亦不
知伊家藉伊有接濟否未此敬覆希諒　心照敬請
文安並請在
祖父母處代弟問安　天章　香臣　兩兄均此問好　懇求弟兩圈
姻弟李寅上言
八月二日

札二（3）（12.2cmx23.5cm）

释 文

【札一】

文波如棠大人阁下如握：

顷奉手示，如亲芝宇，展诵往复，弥深溯洄。敬复者，弟于昨年春，以家累逼迫，仓卒出关，季子故辙，其蹈无几。幸得绳三刘大人荣升在新，弟往而就之，情推梓谊，义重家乡，在古城委书记之事宜。弟时以勤慎自矢，即承重爱，得数月之久，前后送官票银百拾余金。既而粮台奉文撤裁，弟又跟随到省东上。两月，绳三挂绥来县知事牌，委弟办县署账事宜。弟愧不才，时虞陨越，有负斯责。且账目一切，弟向未曾经验，如何克尽斯责？惟弟时以勤谨自持，凡账房报册各件，虚心好问，详细考查，近数月来，始得略知头绪。

承示从此策画料理，事必有济，弟奚敢当此哉？新省财政困难达于极点，较之我甘，实啻倍蓰。官票充溢，白银底沉，因而白银加水过大，一两叁两，譬如官票壹百，仅只能换白银叁拾余金。干事之人，欲求少有积蓄，以学靖节归田之举而不得。宦海变为苦海，官场忽作愁场。弟之出关，亦以弟之大失机会者也。

回思受云亭出关之时，较强于目前。彼一时，此一时也。弟现在主意，极欲凑些路资，归来故里，务几亩薄田，教二三子弟，农事一毕，还读我书。叙天伦之乐事，学农人之讴（呕）歌，胡不乐？乐且无央。古人云："田家自有乐。"岂不信然！如我兄者，真处乐境矣。

弟家贤姪性质浊鲁，尚望我兄善诱，时加朴责。异日稍有造就，无非托我兄教成所普及也。

万里遥遥，恳（肯）拜托焉。弟家大小，均不识之无，我兄若肯赐回音，之后时将地方情形、弟家事体详细多写，庶慰弟旦夕怀乡之忱。万望万望。肃此，希维惠鉴，敬候姨父母康健，嫂夫人坤安。

如棣李宝善鞠躬　三月十七日灯下草草

【札二】

文波如兄大人惠鉴：

正在想念，忽奉瑶笺，披诵往复，如聆玉屑。藉审起居康泰，至以为慰。弟赴叶之后，庸碌如故，惟前蒙敝东委办钱谷事宜，既又蒙详请军帅杨，饬委叶城县国民学校教员，只恨学识庸碌，恐有负青年。尚望教言时颁，俾得遵循有自，是为至幸。

弟之归期，大约在明年底。承托所买各物，到彼时当即照数代买，无庸再嘱。价值一节，当所不提。堂弟贤姪，迩来读书诚否若何？字法若何？再有回玉来时，请将所写之字夹一二篇一看是荷。但彼性质庸愚，务望我哥不以菲材见弃，好为训导，将来稍有成就，无非出自熏陶教诲之力也。

贵亲马某，弟归家时定为过问，并捎带银物，以资伊家应用。马楷臣现亦在哈什疏附县署为幕，彼之事较弟尚强，闻于明春回家。张俊□前闻已经到新，但相隔太远，不知现有事干否？第以僧多粥少，到处皆然。良骥伏枥，非贤才久困于坎坷也，人浮于事，有以使之然也。现在新疆财政困难达于极点，图事者尽一年之苦作，尚不足以供一人之消耗，遑言给家欤？言及此，徒叹奈何。久于新，非我志也。但关山万里，非一二百金不足以作路资。弟之迟迟，因此故耳。

受云亭闻在两当为幕，不知好否？亦不知伊家藉伊有接济否？专此敬覆，希惟心照，敬请

文安。并请在谊父、母处代弟问安。天章、秀臣处亦问好，恕未另函。

如弟李宝善上言

八月二日

一位乡下读书人的居家交游

——静宁乡绅吴锦江与友人往来书札三通（1909/1913/1922）

记得早先少年时
大家诚诚恳恳
说一句是一句

清早上火车站
长街黑暗无行人
卖豆浆的小店冒着热气

从前的日色变得慢
车，马，邮件都慢
一生只够爱一个人

从前的锁也好看
钥匙精美有样子
你锁了，人家就懂了
——木心《从前慢》

这首诗，是从民国过来的木心先生对“早先少年时”的追忆。在诗中，他看似轻松地用几个简单意象，就勾勒出了民国小镇的一种生活风貌。

这种琐碎而又直观的场景，我们大多是从亲历者的回忆、老照片和纪录片等途径获知的。除此之外，那个时期留存下来的古旧书札，倒也不失为一个近距离的观察窗口。这组在甘肃省静宁县威戎镇乡绅吴锦江手中往来的一组书札，即是一例。

札一是旅居外地的同乡党文翰写给正在威戎蒙学堂教书的吴锦江的，联系本书《落在处方笺上的教养和温情》中关于其求治牙疾之事，可断定该书札写于宣统元年

（1909）。其时，党文翰“寄迹青门，劳形株守，徒奔波于千里”。“青门”，本意指西汉长安城东南门，这里泛指古都西安，由此可知他是在西安干一份公差，而家小都在老家生活。对于一个收入菲薄的小吏而言，自己的前程已一眼望到了尽头，就只能把光耀门楣的希望寄托到下一代身上，这就有了“小儿及舍侄辈”就学于吴锦江的一段因缘，以及就学生的学业情况进行交流的笔墨往来。书札开头，用了一大段四六对仗的礼仪用语，如把收到对方来信而迟复称之为“何汪伦之多情，而嵇生之太懒”，将吴锦江这个乡下秀才恭维成“擅中外之才学，教必多术；本古今之文章，诱诚共循”，尤其是“自从别后，无日不思”“径企骏采，弥切驰思”之语，似乎不像两个成年男子间的情感交流，略有矫情之嫌。这种写法，是当时书牍文风的流弊，好像不这样写就不足以表达敬意。接下来，才转入实质性话题，即吴锦江因牙疾困扰，向外地朋友求助药品和处方。党文翰称这种药“名目虽繁，究无实效”，所以迟迟未能捎带回乡。其实，牙疾并非多年的慢性疾病，他说“俟后若有佳者，当即奉上”，就多少有些推脱不办的意思了。或许是真的疗效不佳，或许是手头拮据，也或许是远途不便，但赘一句“刻下平复与否？深以为念”，还真的像一把好看的锁，“你锁了，人家就懂了”。最后几句话，才是作为家长最想给老师说的，首先是表达对吴锦江“垂青格外”其子侄的感激之情，其次是谦称子侄们“愚笨非常”，委婉地希望吴锦江能“多劳精神”，严格要求。从这通简单的书札中，我们可以体会到彼时的家长虽然十分重视子弟教育，但也可以婉拒教师在物质方面的要求（哪怕它是药品），拂教师的面子，因为他们知道这样并不会产生多大的不良后果；而当今的家长，看似把教师的话当作圣旨，但在心底里不一定是“诚诚恳恳”的，因为他们清楚不顺从或许会给孩子挣得一双“小鞋”穿。

札二是同乡晚辈江玉清写给吴锦江的。在地方资料中，江玉清没有任何记载，但从书札中“公事繁极，未获握管”“刻值农忙停征”等语可以推断：他应该是民国初年静宁县征信局的工作人员，属于当时县城小有名气的书法新秀，也极有可能是县城书香名门江氏后人。再从吴锦江能央请其缮写家谱看，吴此时很可能不再是小镇上的蒙学教员，而是县临时议会的议员了。由此可初步断定该书札写于1913年。这封书札的内容其实更简单些，是江玉清誊写成《吴氏家谱》后，随谱附录的一封解释迟写原因的信。当然也同样免不了开头一番“未聆教言，时殷孺慕”之类的礼节性套话，以及后面一番“赋性迟钝，初学涂鸦”之类的自谦性虚语。但透过这封书札，我们可以看到，《吴氏家谱》是由吴氏当家人吴锦江主持并主笔纂修的，修毕，在正式誊录时，吴锦江未敢率尔为之，而是郑重邀请这位年轻才俊代劳。从后面的札三字迹，我们可以看到吴锦江的小楷虽然结体笔法不甚精道，但一丝不苟，极其工稳，不失其整饬之美，用于抄录家谱倒也绰绰有余。可以想到，修谱是宗族之大事，木本水源，对家谱如见先人，需礼敬有加，不敢有半点马虎。所以，吴锦江这才托付这位年轻书家沐手而书，以显示对祖宗的恭敬之意。而江玉清拨冗誊录后，不仅没有半点居功摆好的意思，反而生怕自己的字迹“有玷泰山北斗之文、倚马可待之作”，以至“望乞原谅原谅”，表现出对修谱主人的理解和对谱中前辈的尊敬，有一种“老吾老以及人之老”的心情。这对当今一些所谓书法家，动辄以平尺、字数计价，而丝毫不问自己书艺优劣的流俗，无疑是一面很好的镜鉴。

札三是吴锦江写给同学好友受庆龙的。1922 年，受庆龙任平凉县长，这是其一生唯一担任地方主官的经历，但因任职时间很短，且缺乏第一手资料，一说是时任陇东镇守使张兆钾幕僚。两种说法，殊难判断。而有了该书札中“仁棣大人仁泽汪溢，万家共乐，春台德化，普被百里”之类称颂一方“父母官”的话，就可以完全坐实其任职平凉县长的史实，也算为考证地方文化名人提供了佐证。其时，吴锦江“以家事羁绊”，不能外出求职，只得设馆授徒，以维持家计。他的侄子吴之忠，“前由高等小学毕业，天性尚属诚实，近因家况维艰，奔衣走食”，曾随同其叔绣臣在狄道干了一年公差，“现年节已过，依然照旧闲居”。当时的高小毕业生，在当地也算得上一个“知识青年”了，春节过后，公干的纷纷外出，种田的开始劳作，在家待业，能不让家人急煞？因受庆龙刚刚赴任平凉，可谓天赐良机，于是吴之忠只得求其叔吴锦江修书一封，帮他谋一优差。从吴锦江称对方为“仁棣”而自称为“愚棠”看，二人交情着实不浅，但“愚棠”也并未倚老卖老，而是出语恳切：“特恳不以葑菲见弃，慨赐提挈。倘将来小有成就，则感戴仁德，非第身受者已也。”我们不知道这封托请求职的书札，究竟是何结果？但可以肯定的是，它和本书众多的静宁书札一样，都是由吴锦江精心保管、辗转数人才保存下来的。由此可以推断，札三极有可能是吴锦江致受庆龙书的一个副本，正本寄出，副本由自己保存。这也是当时文化人书写和珍藏书札的一种良好风尚。

这组书札内容，都是些日常的礼数和生活的琐屑，看起来无关宏旨，但它和其他书札一样数历劫火而珍藏至今，正体现了这位乡间普通秀才对文化的敬畏和对友情的重视。可以想象，在与乡民们同样的耕读生涯中，吴锦江因读书而交游士林，又因交游而鱼雁传书，读信和写信让他平静的“慢生活”泛起了一道道涟漪，也让他品味出了生活更多的意义。另一方面，正因为他置身于这个“慢生活”的轨道中，所以才有心思、有兴趣，也有充足的时间，把这些往来书札一页页贴在麻纸账簿上，置之箧中，交给不可预知的时光和命运。

而今，当我们翻阅这些陈年旧札，那种不可虚构的故事、不可臆猜的细节和不可复制的成色，让我们隔着百年的时光，约略看到了那一代人渐行渐远、渐近于无的背影。

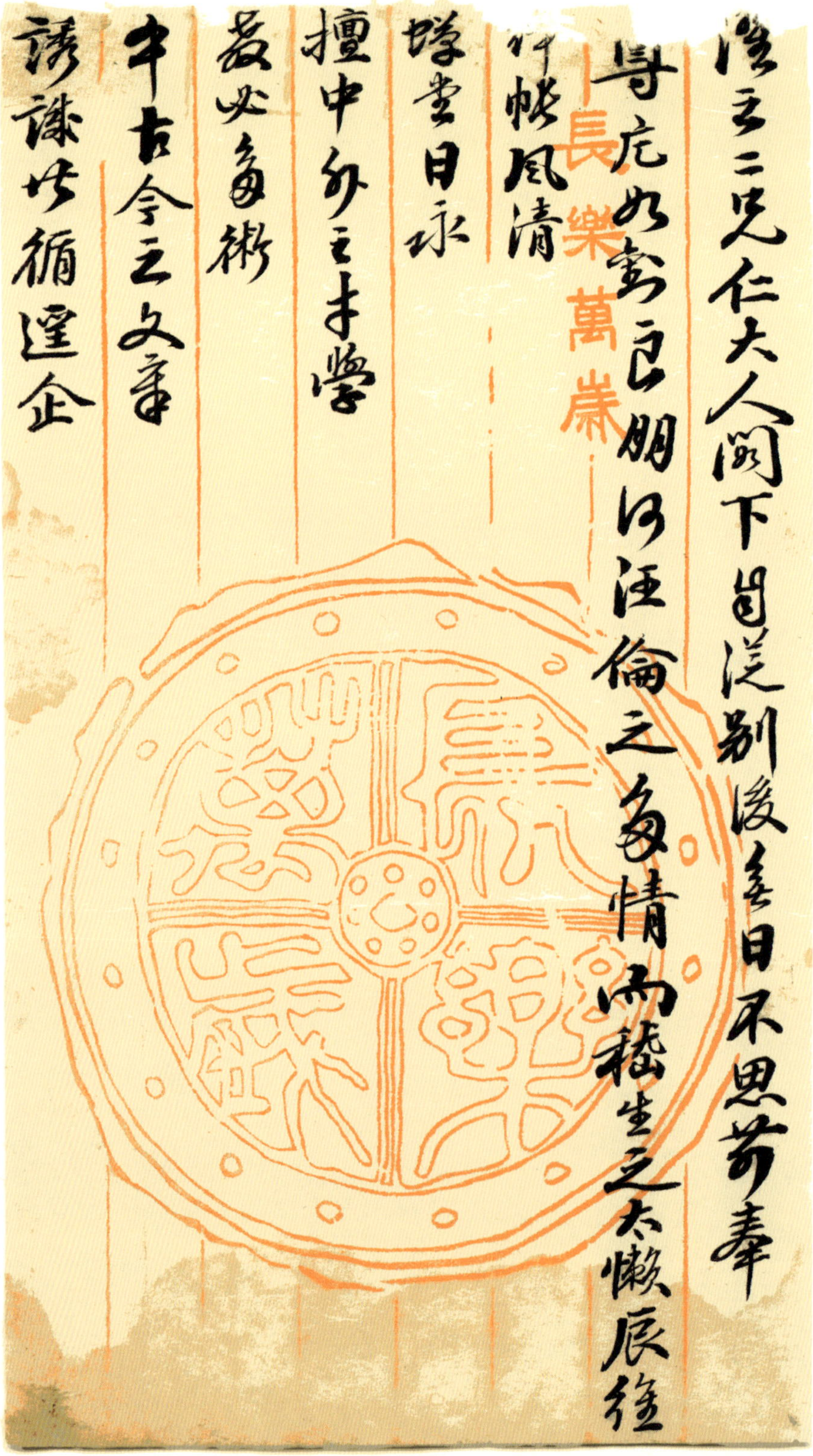

札一（1）（12.5cmx21.7cm）

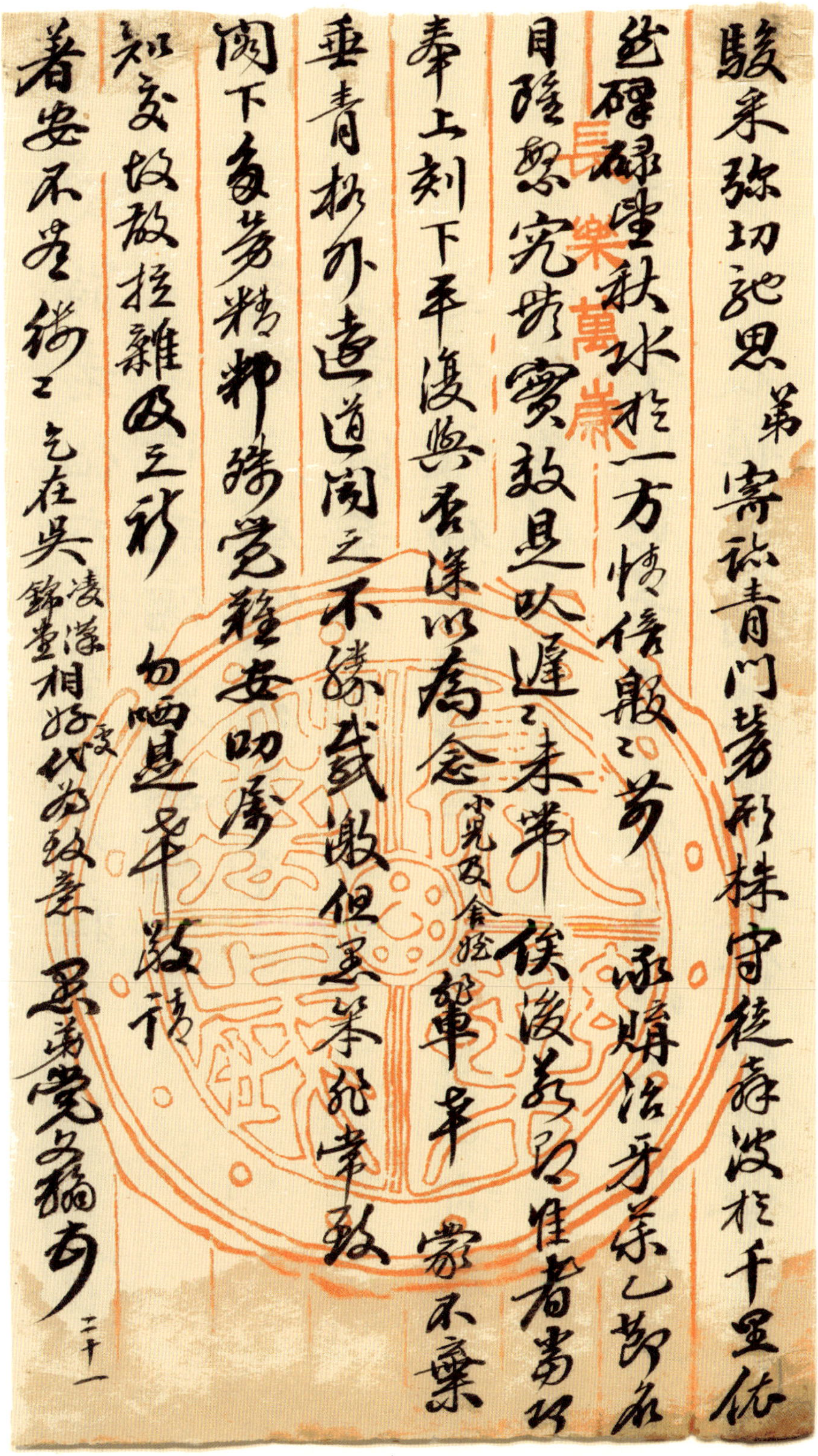
駿來彌切馳思 弟寄訊青门芳形株守徒存波於千里依
迻碑碌碌堂秋冰於一方情倍殷殷前承賜法牙茶乙節在
目睹繁究昔實致是以遲遲未復候後義只惟者當以
長樂萬歲
奉上刻下平復與吾濮以為念 求兄及舍姪 郵章半 蒙不棄
垂青格外遠道閔之不勝感激但恐笨乳常致
閣下多芳精粹勝覺雅安助膺
知交故敬搭雜及之矣 匆晒是年敬請
著安不具 弟 兄在吳凌漢錦堂相好代為致意 愚弟覺又頓首
二十一

札一（2）（12.5cmx21.7cm）

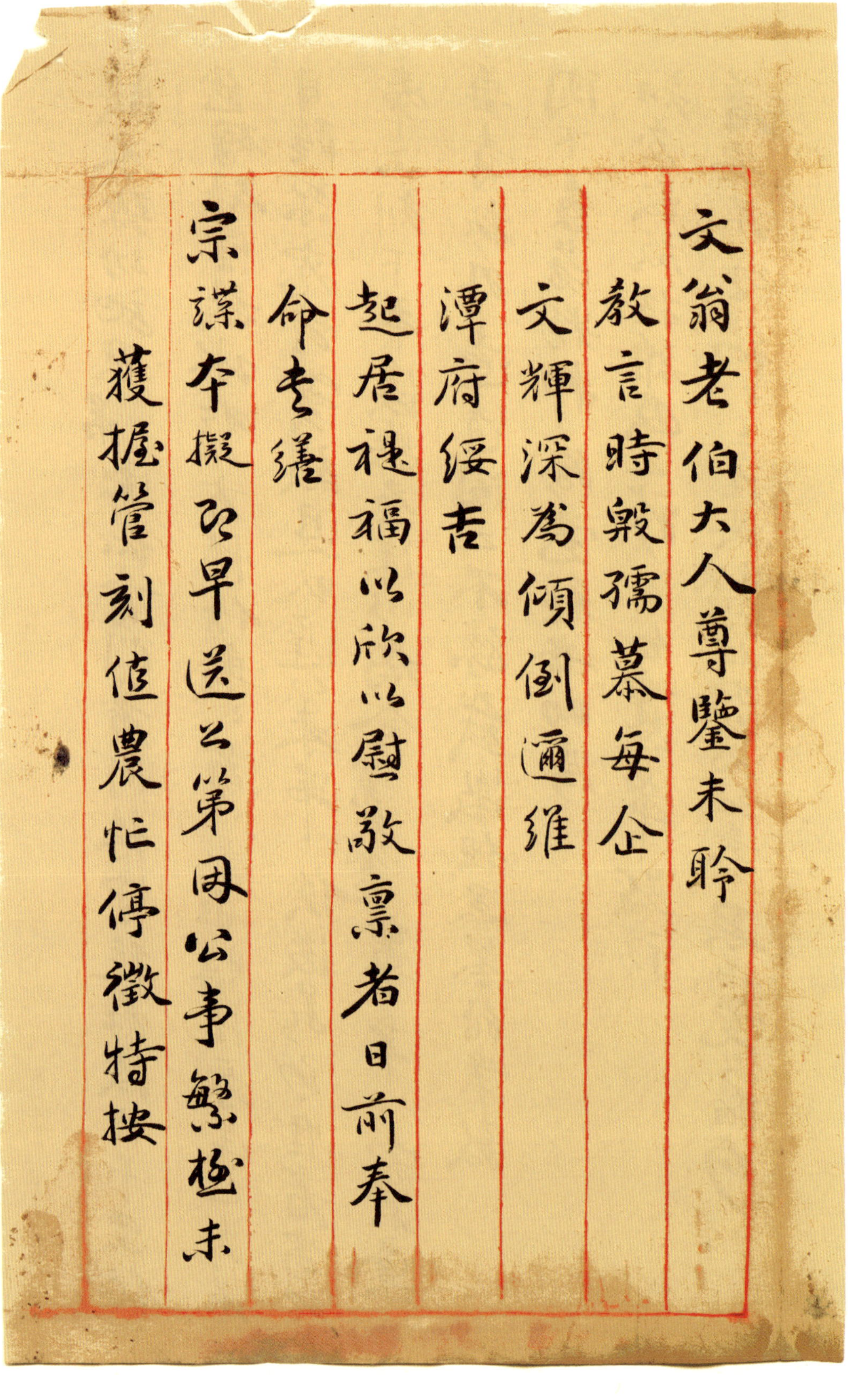

文翁老伯大人尊鑒：未聆
教言，時殷孺慕，每企
文輝，深為傾倒。遹維
潭府綏吉，
起居褆福，以欣以慰。敬稟者，日前奉
命專繕
宗譜，奉擬即早送上，第因公事繁極，未
獲握管，刻值農忙停徵，特接

札二（1）（16.8cmx26.6cm）

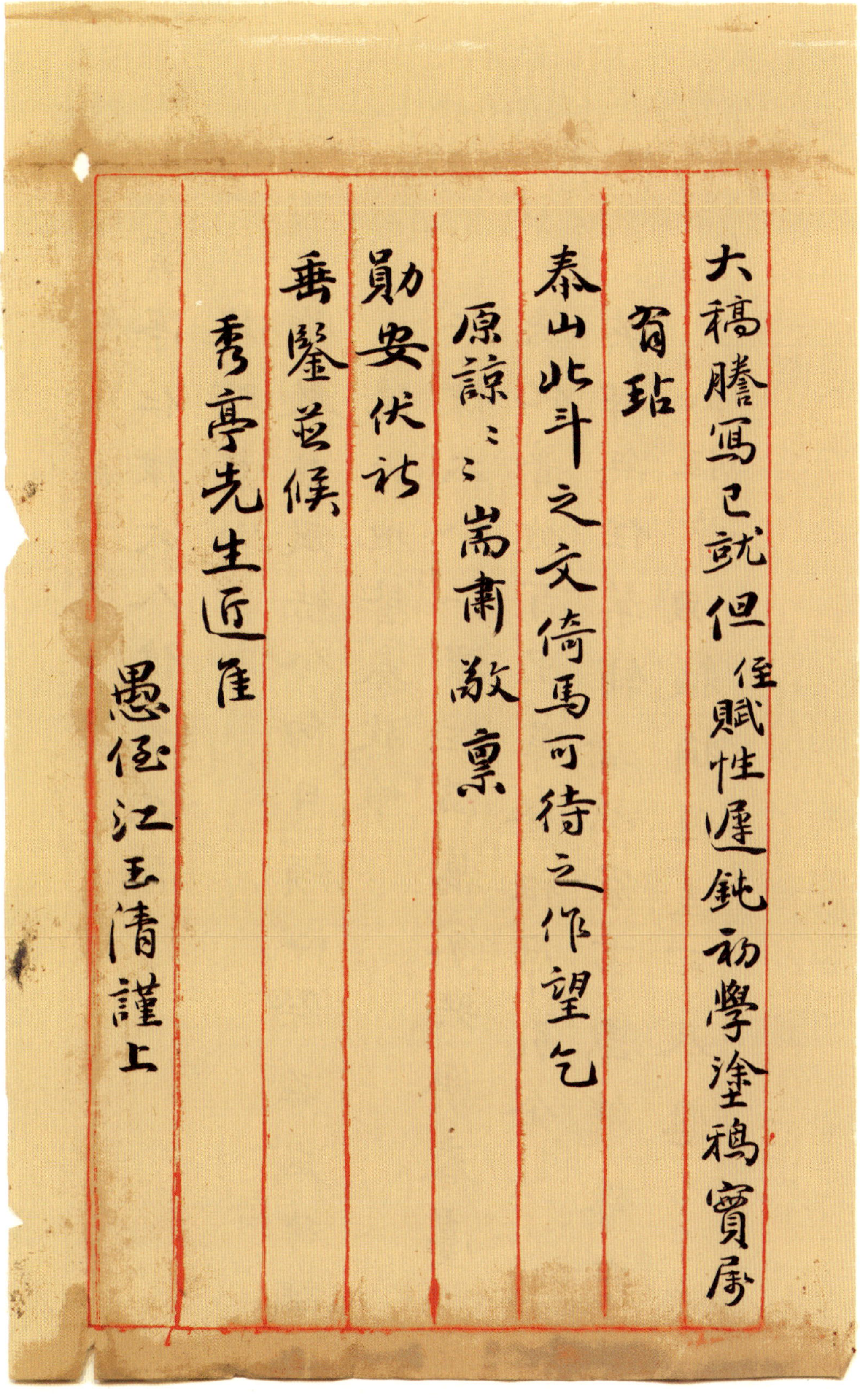
大稿謄寫已就但侄賦性遲鈍初學塗鴉實屬
有玷
泰山北斗之文倚馬可待之作望乞
原諒諒耑肅敬稟
勛安伏祈
垂鑒並候
秀亭先生近座
愚侄江玉清謹上

札二（2）（16.8cmx26.6cm）

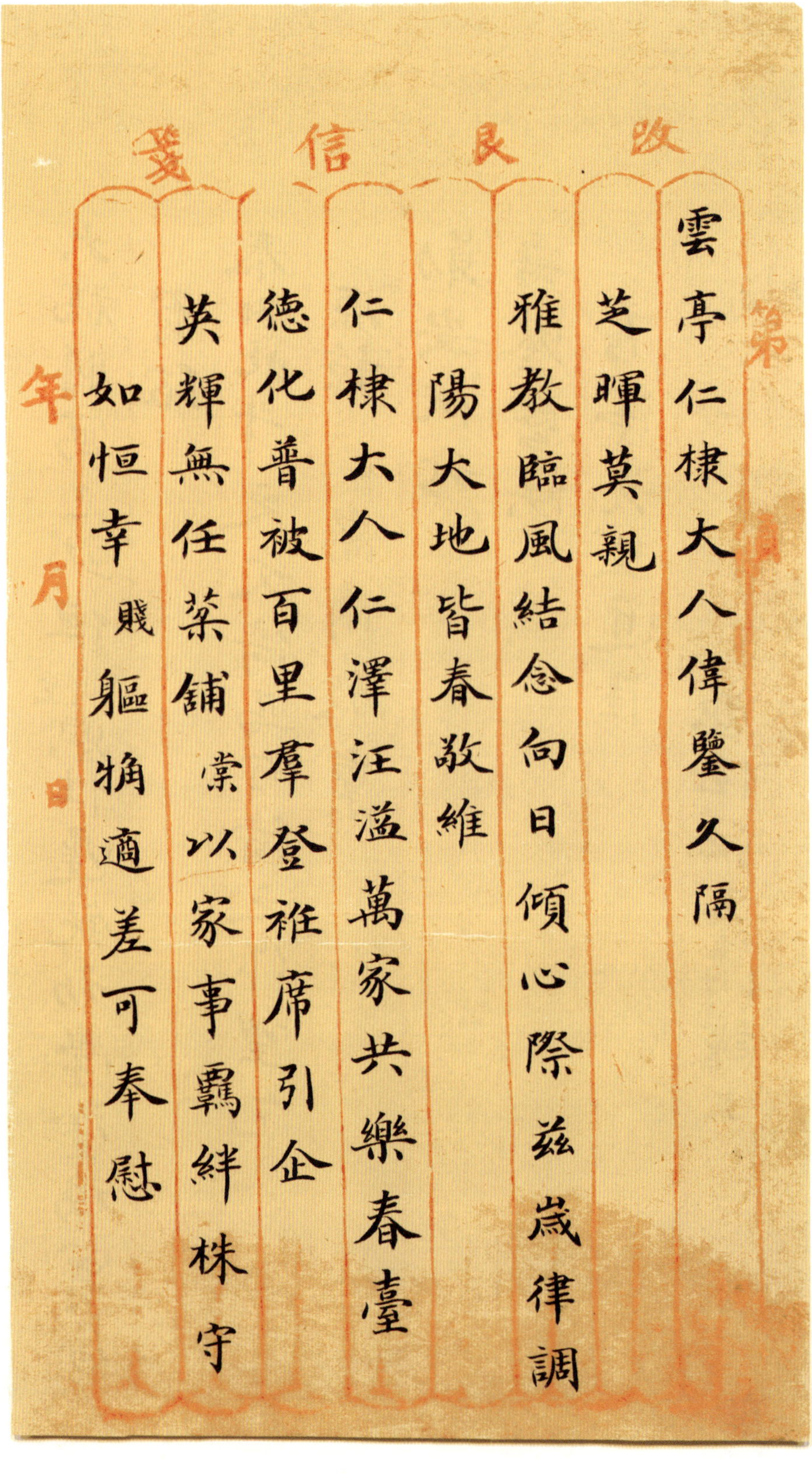

改良信箋

第　頁

雲亭仁棣大人偉鑒久隔
芝暉莫親
雅教臨風結念向日傾心際茲歲律調
陽大地皆春敬維
仁棣大人仁澤汪溢萬家共樂春臺
德化普被百里羣登袵席引企
英輝無任棻鋪　棠以家事羈絆株守
如恒幸賤軀猶適差可奉慰

年　月　日

札三（1）（12cmx21cm）

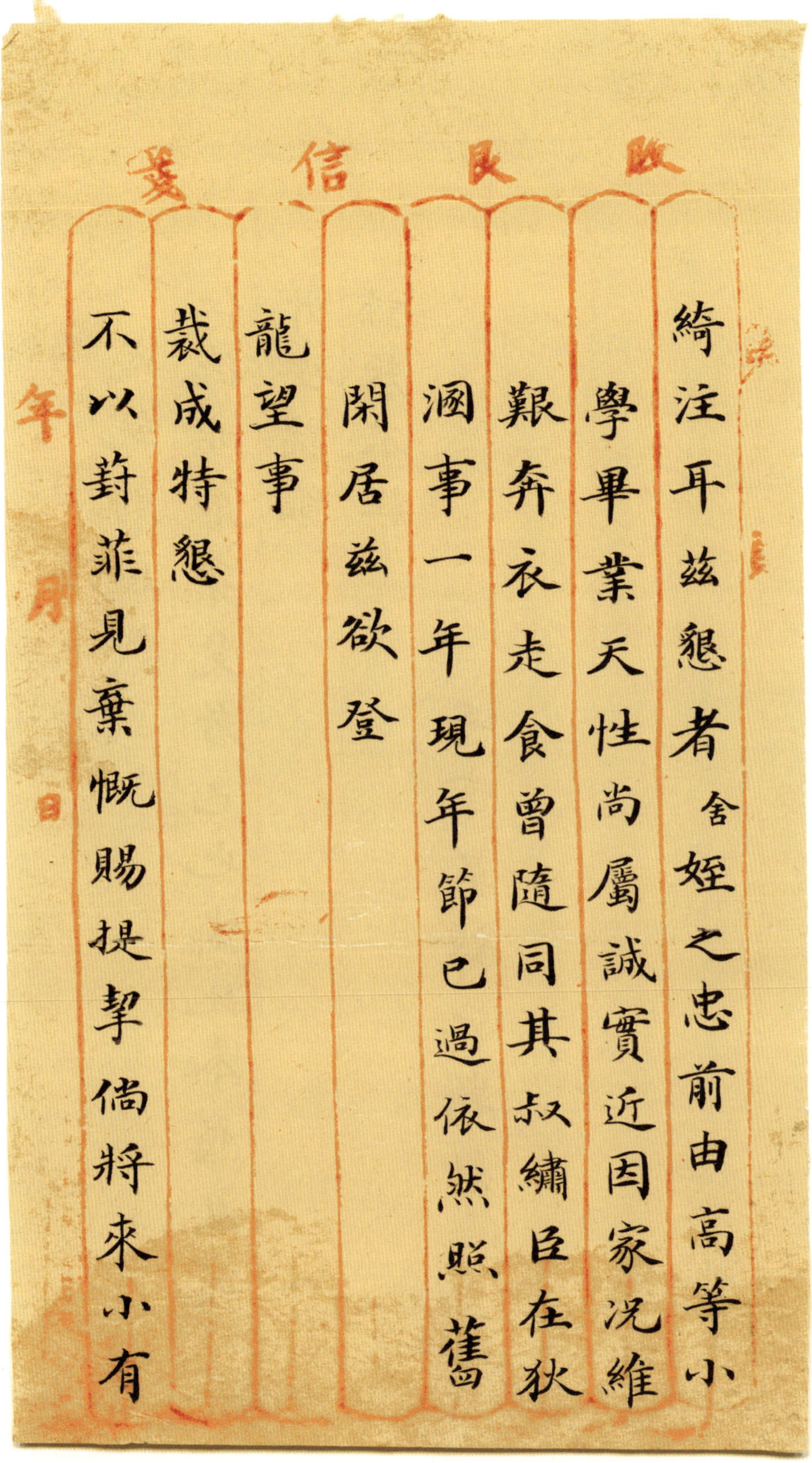

啟良信箋

綺注耳茲懇者舍姪之忠前由高等小
學畢業天性尚屬誠實近因家況維
艱奔衣走食曾隨同其叔繡臣在狄
涵事一年現年節已過依然照舊
閑居茲欲登
龍望事
栽成特懇
不以葑菲見棄慨賜提挈倘將來小有

年　月　日

札三（2）（12cm×21cm）

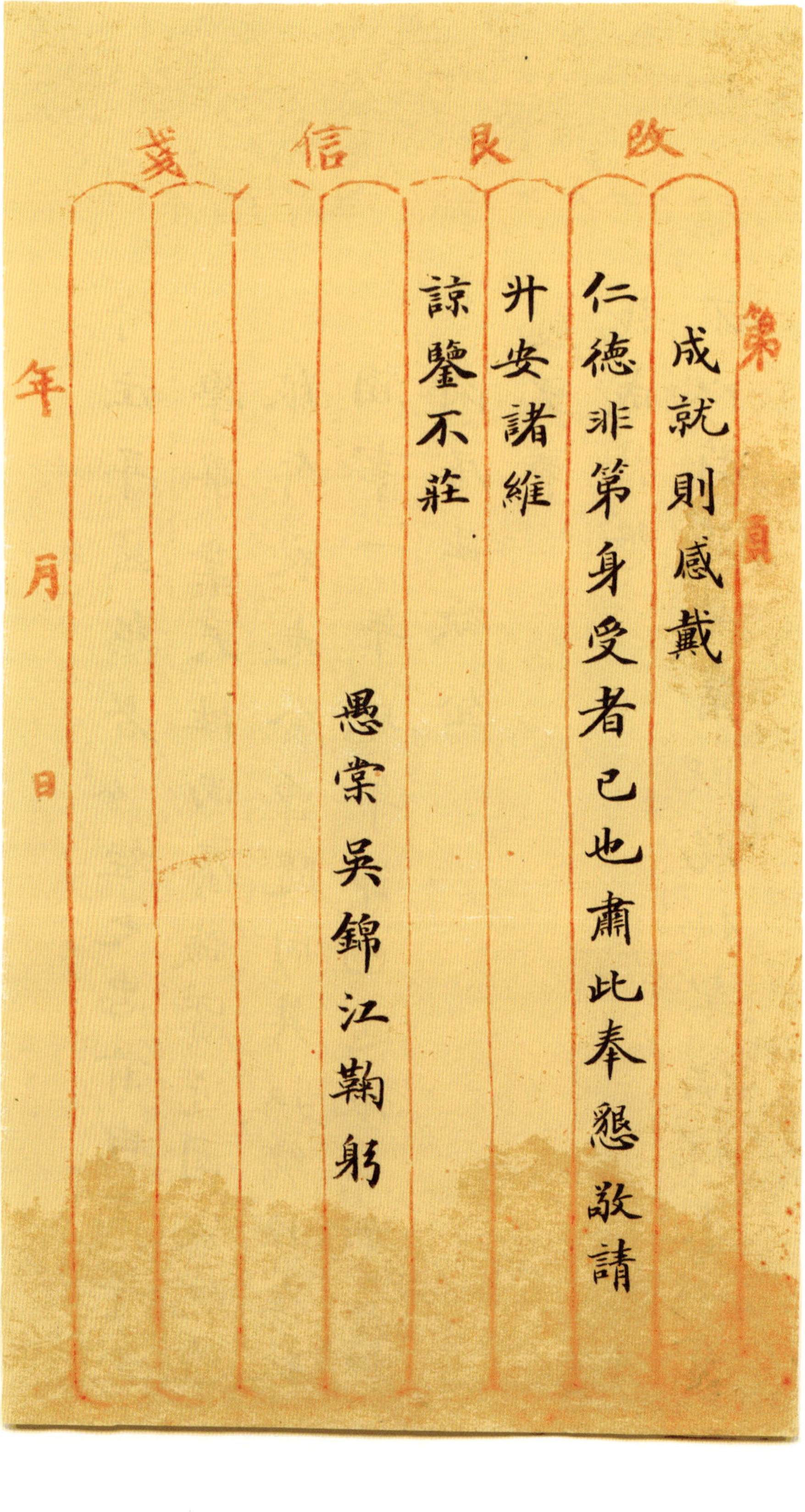
改良信箋
第　頁
成就則感戴
仁德非第身受者已也肅此奉懇敬請
升安諸維
諒鑒不莊
愚棠吳錦江鞠躬
年　月　日

札三（3）（12cm×21cm）

释文

【札一】

濯之二兄仁大人阁下：

自从别后，无日不思，前奉尊庀，如对良朋，何汪伦之多情，而嵇生之太懒。辰维绛帐风清，蝉堂日永，擅中外之才学，教必多术；本古今之文章，诱诚共循。径企骏采，弥切驰思。弟寄迹青门，劳形株守，徒奔波于千里，依然碌碌；望秋水于一方，情倍殷殷。前承购治牙药乙节，名目虽繁，究无实效，是以迟迟未带。俟后若有佳者，当即奉上。刻下平复与否？深以为念。小儿及舍侄辈，幸蒙不弃，垂青格外，远道闻之，不胜感激。但愚笨非常，致阁下多劳精神，殊觉难安。叨属知交，故敢拉杂及之，祈勿哂是幸。敬请

著安，不尽缕缕。乞在吴凌汉、吴锦堂相好处，代为致意。

愚弟党文翰顿首 二十一

【札二】

文翁老伯大人尊鉴：

未聆教言，时殷孺慕，每企文辉，深为倾倒。迩维潭府绥吉，起居禔福，以欣以慰。敬禀者，日前奉命书缮宗谍，本拟即早送上，第因公事繁极，未获握管。刻值农忙停征，特按大稿誊写已就。但侄赋性迟钝，初学涂鸦，实属有玷泰山北斗之文、倚马可待之作，望乞原谅原谅。耑肃敬禀

勋安，伏祈垂鉴，并候秀亭先生近佳。

愚侄江玉清谨上

【札三】

云亭仁棣大人伟鉴：

久隔芝晖，莫亲雅教，临风结念，向日倾心，际兹岁律调阳，大地皆春，敬维仁棣大人仁泽汪溢，万家共乐，春台德化，普被百里，群登袵席，引企英辉，无任葵铺。棠以家事羁绊，株守如恒，幸贱躯犆适，差可奉慰绮注耳。兹恳者，舍侄之忠前由高等小学毕业，天性尚属诚实，近因家况维艰，奔衣走食，曾随同其叔绣臣在狄涸事一年，现年节已过，依然照旧闲居，兹欲登龙，望事栽成，特恳不以葑菲见弃，慨赐提挈。倘将来小有成就，则感戴仁德，非第身受者已也。肃此奉恳，敬请

升安，诸维谅鉴不庄。

愚棠吴锦江鞠躬

国士家常话　也作金玉声

——桂林进士、民初奇才、前广西省长张其锽致庆阳县长张翃书札两通（1925）

在风起云涌、豪杰辈出的清末和北洋政府时代，广西桂林人张其锽（字子武）可称得上一位旷世奇才。论科第，出身光绪三十年（1904）二甲进士；论才学，诗词歌赋无所不能，经史子集无所不通，尤对《易经》《墨子》《庄子》造诣精深，有《墨经通解》《墨子大取篇校注》以“独志堂遗书”名义刊行，一代大儒梁启超序称“二千年来不可读之书，至是盖十通八九 ”。但是，如果仅仅把他当作一位学问大家，那就错了。因为他二十八九岁就任湖南芷江等地知县，政声丕著。期间因缉拿盗匪时遇险受辱，遂立志拜师学武，兼练马术枪法，身手敏捷，数十人不能近身。民国建立前后，助同榜进士、湖南都督谭延闿襄理军务，被授陆军中将。后归隐沪上，以读书著述为务。1918 年“护法战争”期间，应谭之请，亲率 300 名士兵在永州布下疑兵阵，令吴佩孚 6 万大军草木皆兵，不敢轻进。随后，单骑闯吴营，与同样由秀才而领兵的吴大帅一席长谈，竟相见恨晚，敌我双方义结金兰，一场干戈化为玉帛。从此，原本清高自处的张其锽就被这位自命不凡的吴大帅所用，助吴运筹帷幄，屡建奇功，成就了两次直奉战争中吴氏“常胜将军”的美名。后被吴保荐为广西省长之职，授陆军上将衔。梁启超曾这样称许他：“盖以文人而晓畅军事，以儒者而具综理密微之法家精神，在并世人才中未见其比也。”

但是，如果再仅仅把张其锽当作为军阀驱使的一员干才，那也就错了。因为这个人，具有那个时代众多杰出人才所罕有的传奇。其传奇，首先在于出神入化的神机妙算。在当时的湖南战场上，他曾每天占卜一课，预测次日战事，占毕即封存。战事结束，由谭延闿亲自开封，皆无不灵验。后来，这些资料被结集为《谭张遗迹》面世。当然，他对自己的生死也早有预测。1927 年初，据传他曾对辞行的同僚凄然道：“也许没有后会之期了。我今逢流年不利，如果回上海闭门著书，或许能逃过此劫，但我又不能弃玉帅（吴佩孚字子玉）于危难。”其时，吴佩孚在北伐战争中接连失利，武汉失守后，左右皆遁去，唯其不离不弃。但逢吴必骂，吴亦甘心领受。最终，在陪吴入川途中遭盗匪乱枪而亡。“凶耗布达国中，无论其友其敌，皆痛惜时难中失此俊才。”（梁启超语）其传奇，更在于不为高官厚禄所动而公开反对袁世凯复辟。1914 年，袁世凯许其广东巡阅使（张作霖就是东北巡阅使）之位，以便拉拢，但他却在审议大总统封爵权的约法会议上，于千人之诺诺中，作一士之谔谔：“民国总统，还想封爵，那不成皇帝了？”遂拂衣径去，当晚离京回沪。待袁真的当了皇帝，他又亲往广西，劝都督陆荣廷起兵响应蔡锷，终使护国军形势转危为安。反袁之举，成为张其锽人生的亮色，也为其赢得了“国士”的荣誉。可惜天不假年，奇才未竟！对于张其锽的盖棺论定，梁启超可谓知音：“子武在政治上，在军事上，今已为彻骨失败之人物。或曰所事非人，宜尔。所事非人，固也。然其人终不失为伉直磊落者流，视今之虚伪卑劣阴险、博一时之成功者似尚过之。”

传奇人物，往往会在传奇中被过滤了其作为普通人的喜怒哀乐和儿女情长，张其锽自然也不例外。好在我们通过其写给新任甘肃庆阳县长张翘的两封长达两千多言的家书，可以一窥这位传奇人物最本真的面目。

被张其锽所称十三哥的张翘，系其同父异母兄，谱名其鎮，据《桂林张氏族谱·卷四》可知：其鎮，字声如，改名翘，行十三，生于同治壬申年（1872），在甘肃宦游多年，最后埋骨平凉，其一支后人也落籍于此。《庆阳县志·官职》载：“张翘，广西桂林人，民国十四年任县长”。两通书札只署月日，未标年份。根据第一通书札末“前清到任三月，例将地方情形通禀”，可推断该书札是写在张翘刚刚上任时；再联系其中“弟去年在南宁”语，正好与此前一年张其锽卸任广西省长的时间相吻合。由此足可断定此札写于 1925 年六月十九日无疑。而第二通书札中“大局渐有转机”“去冬携汉”“数月以来，终日劳心劳力，为生平未有之苦”等语，刚好与同年 10 月“东南王”孙传芳通电拥吴，张其锽趁机游说直系各督军推吴佩孚出山，吴遂至武汉任十四省讨贼联军总司令（命张其锽为参谋长）的史实相符。由此也足可断定此札写于 1926 年正月廿四日。

两通书札中，都透露了“弟近灰心功名”“弟世情早已看破，但能安定，即闭门读书，不问政治，勋业非所期矣”“以此益厌政治，从事著述乃吾真事业耳”的打算，这与其不论是“为往圣继绝学”的终生志业，还是以读书著述为由而躲避命中劫数的权宜之计，都高度一致。

要充分理解这两通书札的深意，应该先对其家世做一简单了解。张其锽（1877—1927），字子武，出身仕宦世家。其曾祖、祖父、父亲分别当过湖北松滋、广东封川、南海等地知县，三世为官，皆有政声。据张其锽夫人聂其德（曾国藩外孙女，其夫妇姻缘也有一段“聂道台慧眼识快婿”的故事）《子武先生家世》介绍：张父原配黄氏，侧室王氏、冯氏，共生十二子，依同祖大排行（与札中称呼一致）分别是：一其颖、三其钿、四其锐、五其镇、七其鏓、十二其钜，为黄氏所出；十其铉、十三其鎮，为王氏所出；十四其锺、十五其锽、十七其钺、二十其铎，为冯氏所出。在这样一个一妻两妾的大家庭，庶出的孩子势必要遭受许多不该承受的屈辱。张其锽幼时，其舅父来家探望母亲，正室黄夫人竟不准从正门出入，侧室母子们的境遇由此可想而知。其父在南海任上去世时（即札中“扶柩回籍时”），张其锽年已二十，已经成人，但黄夫人仍不许冯氏及其所生子服丧，最后还是侧室王氏的儿媳十嫂（即信中十哥的妻子）以“妻有大小，子无嫡庶”力争，方允。张其锽就是在这样的困境中发奋苦读，最终高中科第，步入仕途，被分发湖南任职。其时，黄夫人的前四个儿子因无人管束，将家财败光，她只能投奔最小的儿子其钜（信中所称“署湘潭，虽为时不久，尚能为地方了事”的十二兄）。据聂其德回忆：“其钜入赘周家，不久把周家也败光。夫妻及黄太夫人连同周家八口又来依子武。子武丝毫不念旧恶，全加收容。一家负担如此之重，由我把金镯首饰等换钱，给子武供养黄太夫人。”由此足见张其锽的家族观念、孝友之风和能容之度，远非常人可比。这也与信中所反映的治家教子理念，一以贯之，令人油然而生敬意。

正因为有这样的家庭和个人成长背景，我们才没有理由不相信：张其锽给十三哥的这两通书札，看似信手拈来的家常里语，实是发自肺腑的金玉良言。细细品味，可理出有关为政、治家、修身、友爱等方面宝贵的人生经验来。

一是做官要以勤政爱民为念。如果把“勤政爱民”当作上级的训诫和官员的誓词，或许有官话、套话之嫌，但作为兄弟间的私信，就不能不承认其语出真诚。在张其锽看来，“大抵州县为亲民之官，以能替民了事为要义”“州县造孽至易，而造福亦易，事事须谨慎治之”。这是一个二十年前的资深州县和卸任不久的一省之长，对年过半百才履新州县的兄长所献的箴言和忠告。因为“些小吾曹州县吏”，直接面对百姓，每做决策，每理案件，都事关百姓冷暖安危，“不可存得了且了之愿，事事须以责任心出之”。同时，他正告兄长：“盖州县有两大害：易造孽，易闹亏空。”为避免造孽，“不独不可贪贿，听断之间，每审一案，必须先将案卷看清，临堂乃有主脑。不可轻听门丁幕友之话，舆论亦宜考察”“案件万不可积压，糊涂官之杀人不用刀也”。为避免闹亏空（看来当一个称职的县太爷也真是一项苦差），“闹亏空，岂独无调剂之望，且将有押追之忧。一着下错，补救乏术，此真不可不战战兢兢以莅之者矣”。“于此二者，先能时时留神，则害免而造福可期”。然后，他替兄长谋划，首推重教兴学，“学务为造就人材之本，宜极力提倡推广”“学务而外，于农业水利亦宜用心，造福尤远也”。张其锽是一个视域宽广的人，他对从未到过的甘肃也有一定的了解：“庆阳为二等缺，除来往川资，尚须还账，恐任满亦不能余钱，不闹亏空，已为可幸。此则非极力俭省不可。”特别是担心兄长好古董、置衣服、购车马，遂干脆利落地画出一道警戒线：“化钱之事多，则不能做好官矣。”对于公牍，张其锽也有自己独到的心得：“弟任州县时，一切批禀未尝假手幕友，颇以公牍争胜。”以这种颇为自负的口吻，勉励兄长于公文亲力亲为，多加留意，“期能自办乃佳耳”。这对当今离开秘书就不会讲话、拟文，甚至主持会议的官员，未尝不是一种教育。除了这些谆谆劝导，他还对兄长表达了“惟望循良之绩，足继松滋、封川、南海三世（即曾祖、祖、父）”的由衷期许。

二是治家要以积德教子为先。当他得知十三哥“委署庆阳”后，不仅替兄长高兴，而且替先人欣慰。信一开头，就说“兄弟十二人中，二人早逝，任州县者竟得三人”“此皆祖德所留贻”“赖先人之福荫”。这种把后代的好运和荣誉归结为先人的积德和修为的说法，是以前人们的普遍心理，不足为怪。所以，他认为要报答祖功宗德，最要紧的就是替祖宗把后代培养成有用之才，即“弟惟欲子孙成人继起。此非自私其子，缘子孙非我所有，实祖宗所遗留。必使子孙成立，乃足以报先人。”这个道理，是把教子与孝亲相统一，只有以孝为先，才能不“自私其子”，也才能把祖宗的所有后代都一视同仁，用心栽培。这与他早年不计前嫌、赡养嫡母的孝道一脉相承，都是奉先思孝之举。同时，他还用反面事例，来印证教子必先积德。首先，他以同乡中“任南海县者”和“计算父亲最毒”的郭某两个仕宦家族为例，前者的儿子在县署替差头比卯（追讨）打板子，得钱以吸洋烟；后者的子孙或沦为苦力娼隶，或绝后，“此皆造孽之报，宁可不加戒惧耶”。接着，又历数家中“稍享父福”的“大哥累于烟”“三哥尤不惜物力”“四哥不善治家，诸弟之习，为其染坏”，以及较年轻的“十二哥饮食暴殄”，他们不仅“寿竟不长”，而且祸及子辈，结果均不佳，“此皆报在眼前，历历可睹，何须更看因果书乎？”不论是同乡两家先人未积阴德的隔世报应，还是自家兄长德薄无行的现世报应，他认为都足够警策，敢不自省？所以，“每念吾家晚辈失学，栗栗忧惧。前者不可挽，后者当补过”。尤其难能可贵的是，他始终强调长辈的示范引领作用，要比供子侄读书更为重要：“不独当求之于教育，尤惴惴于存心立身之间”“此弟对于子孙所以刻刻不能忘怀，而尤望兄之尽心以教子积德，以裕后者也”，唯其如此，才能“以延世泽而对祖宗也”。在此，我们在不忍苛求民国人根深蒂固的因果报应观念的同时，更深为这种替儿孙做长远计的爱心而心生感动。

三是修身要以吃亏勤俭为训。作为传统文化培养出来的读书人，张其锽具有典型的“修齐治平”情结。他也曾纵横捭阖、风光一时，但无论是看破世情、厌倦政治，还是以此为托词来躲避命运的劫数，他最终知命认命，想回归书斋。而无论穷达，修身总是毕生的功课。其修身，体现在秉承父训“吃亏”二字上。“父亲生平，以‘吃亏’为训，惟所吃之亏多，故累积者亦厚”，而他的经历，正是“吃亏”的旁注：“父亲没后，无片瓦立锥，惟卖破烂古董为生，弟不取一物，更无可卖。”即便如此，他也毫无怨言。其修身，还体现在节俭上。从对几个兄长“不惜物力”“饮食暴殄”的评语，可以看出他对铺张奢靡的极度憎恶，所以他在劝导十三哥“要极力俭省”时，不由得现身说法：“弟数年来，冬夏皆一洋布袴……冬日一黑羔袍、一灰鼠袍，已属至足。”特别是提到自己去年在南宁时，“每顿饭菜，小洋二角”，这竟然是一个上将衔省长的日常餐费！而且家眷在上海生活了十年，“未置一器具，椅桌均十年前所置，均破烂矣”，但这并不妨碍他人格的光彩夺目。其修身，还体现在勤奋上。他曾发论谓：“人生斯世，不能有功于今人，则当有功于后人；再不能，则当有功于古人。”张氏的“三个有功于”，直可与古人的“三立”并驾齐驱。此时，他虽然打算急流勇退，但从未想着去当一个安享清福的寓公，而是静下心来，去实现自己“述古人湮没之学术”，以实现“不独不虚此生，亦能有功于古人”的人生理想。其修身，更在于他对天地祖宗的敬畏上。说起自家兄弟良莠不齐的命运和“乃始少振”的家境，他深感“人不可不知足，天待我家已不薄，惟恐无以对天耳”。在说起自己最小的儿子南云（名心沧，生于1923年，英国爱丁堡大学哲学博士、文学博士）时，赞许其“尤聪俊”，但紧接着反躬自省：“所惧者，德不足以荫后人耳。”这种感谢命运而又觉得无以为报，疼爱子女而又深感父德不济的“省乎己”的精神，对当今的人们仍然是很好的警示和鞭策。

四是兄弟要以友爱互助为尚。用当代人的眼光来看，张其锽是在一个缺少爱的畸形环境中长大的。但令人惊异的是，他何以有如此浓厚的家族观念和手足深情？我们不能不说这是传统文化中的“孝悌忠信”发挥了作用。在札二中，他由七哥的去世，而引发“黄太夫人所出，无复存者，哀痛曷极”的悲叹，继而因其子“嗜烟无志”，再次替七哥抱屈：“命真苦也！”同时，还帮助王氏所生的十哥，“可于月内得一百元之事”，其宅心仁厚，友爱兄弟，可以想见。特别是对同样庶出的异母兄十三哥，因年龄相仿，境遇相当，自幼亲近，在其上任时，生怕其一着不慎，不仅不能荫百姓、报祖宗，反而会招来牢狱之灾。所以就修书一封，洋洋洒洒两千言，不厌其烦地絮叨着掏心窝的话，真有一种恨不得手把手给兄长示范的迫切。尤其是写信时，竟忘了当时十分讲究的长幼礼数，动辄就是“此皆弟极有阅历之言，望兄之留意也”“兄年虽长，而弟之阅历则较兄为早且多闻”“故不惮历叙所知，以备矇诵”这类的语句，但越是率性越礼，越显真情可贵。在信末，仍然没忘了特别的叮嘱，即让十三哥把禀告上司的报告给自己抄送一封，以便“亦得大略”“或能代筹画一二”。从这些字里行间，我们不仅读到了张其锽作为普通人的本真和可爱，也找到了一个传奇人物是怎么创造传奇的秘密，这就是：要想干大事、做大官、得大名，都必须先把“小我”做好。

用时髦话来说，张其锽可谓“书信达人”。据夫人聂其德回忆：“我经常住上海，子武很少在家，甚至逢年过节也很少回来。我胆子小，他在外面几乎每日给我一封信。”由此，我们可以想见，戎马倥偬的张其锽，不知在夜深人静的灯下曾写过多少封书信？这些书信里，必定藏着一个时代的吉光片羽和一个传奇人物的悲喜忧乐。可惜，都随着时光的流逝而渺不可寻了。

对张其锽来说，书法无非是表情达意的手段，而非目的。他六岁入学，九岁时书法已为父执所激赏，可见童子功非同一般。但在殿试时，因字迹不工整未能钦点翰林，这说明他与应试所需的馆阁体书风尚有一定距离。从书法角度欣赏这两通书札，笔者以为其书脱胎于颜鲁公，且参以魏碑笔意，在民国学者书法中属于极有个性的一类。整体上看，其书墨气淋漓、雄强豪放，多有斩钉截铁的方笔，尤其是不拘泥于信笺“明八行”的限制，因势赋形，涉笔成趣，时出遒劲，杂以流丽，有一种妙不可言的气息，正合东坡所谓“无意于佳乃佳”的境界。这或许与他年轻时受同年好友、颜体大家谭延闿的影响不无关系。当然，由于毫不经意的书写，个别字和笔画也有草率之嫌，但这丝毫不掩其深厚的学养和扎实的功力。

参考资料：

1 瞿泽方《民初奇才张其锽》（《档案春秋》2013 年第 1 期）
2. 顾绍柏《墨学家张其锽》（《广西文史》2006 年第 1 期）
3. 张其埻、张心湜纂修《桂林张氏族谱》（1933 年印制）

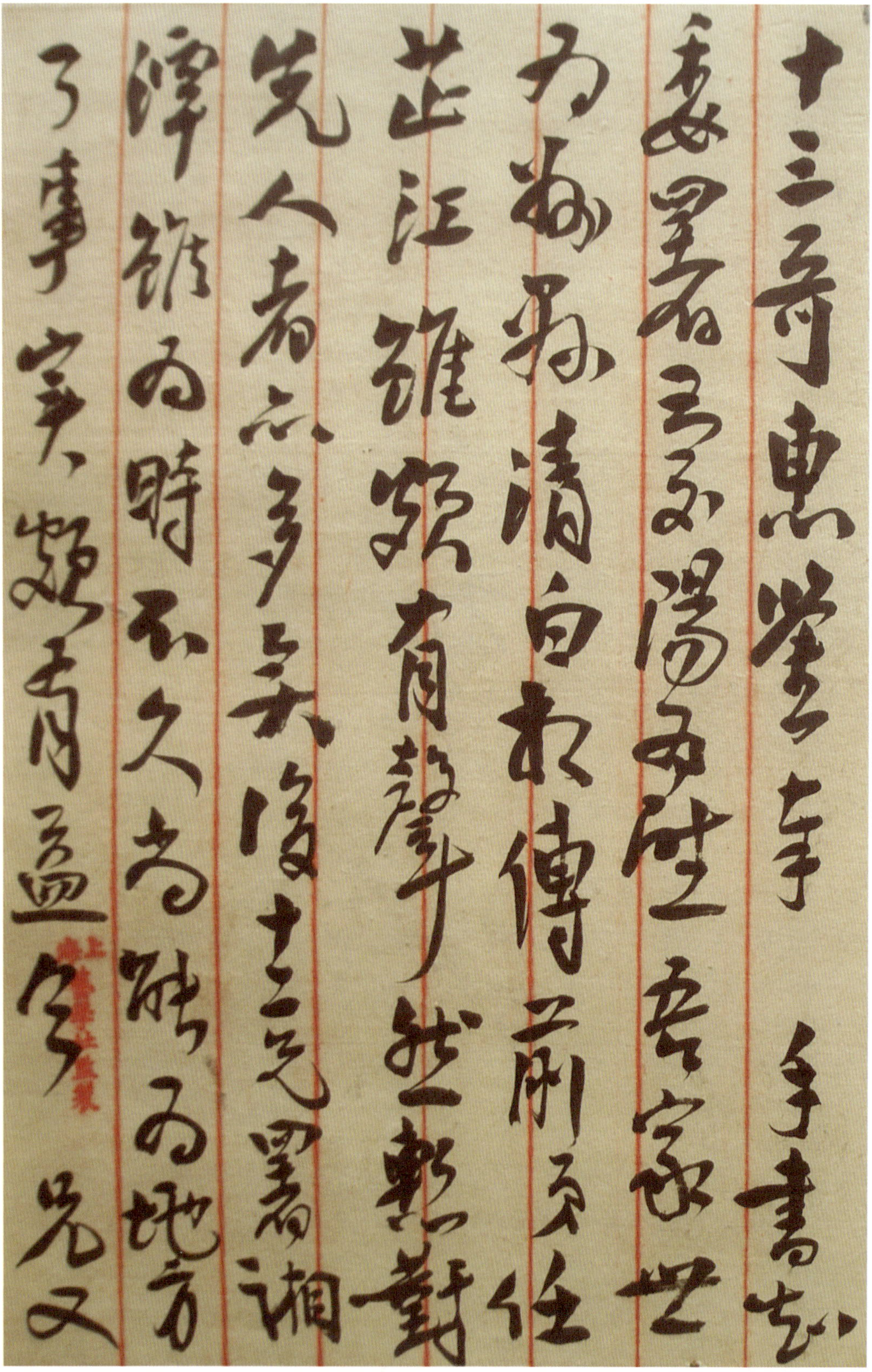

札一（1）（12.5cmx22.5cm）

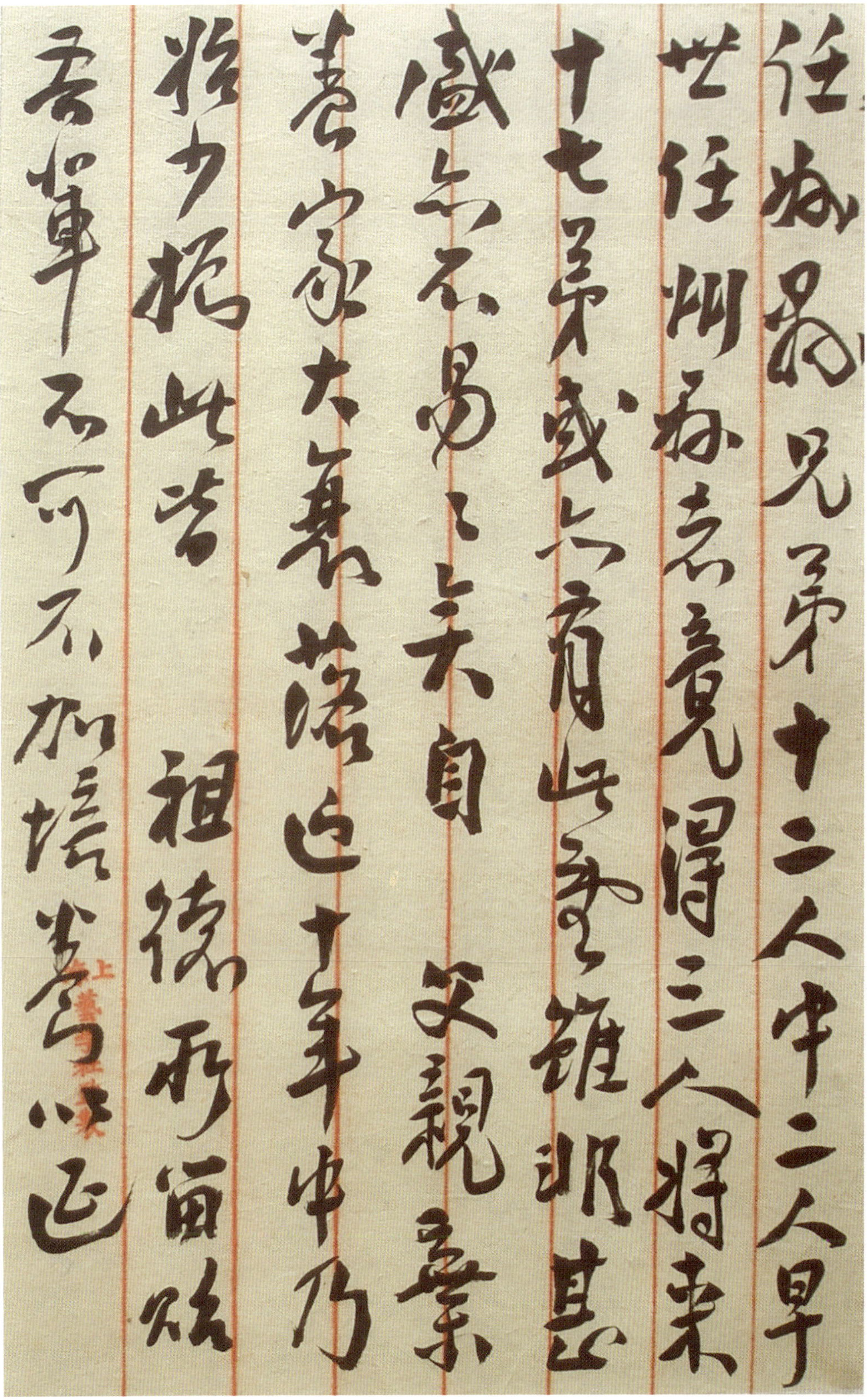
任為吾兄弟十二人中二人早
世任炯務志竟得三人將來
十七弟或亦有此希望雖非甚
盛亦不易之矣自 父親棄
養家大衰落已十年中乃
努力挽此者 祖德所留貽
吾輩不可不加培養以正

札一（2）（12.5cmx22.5cm）

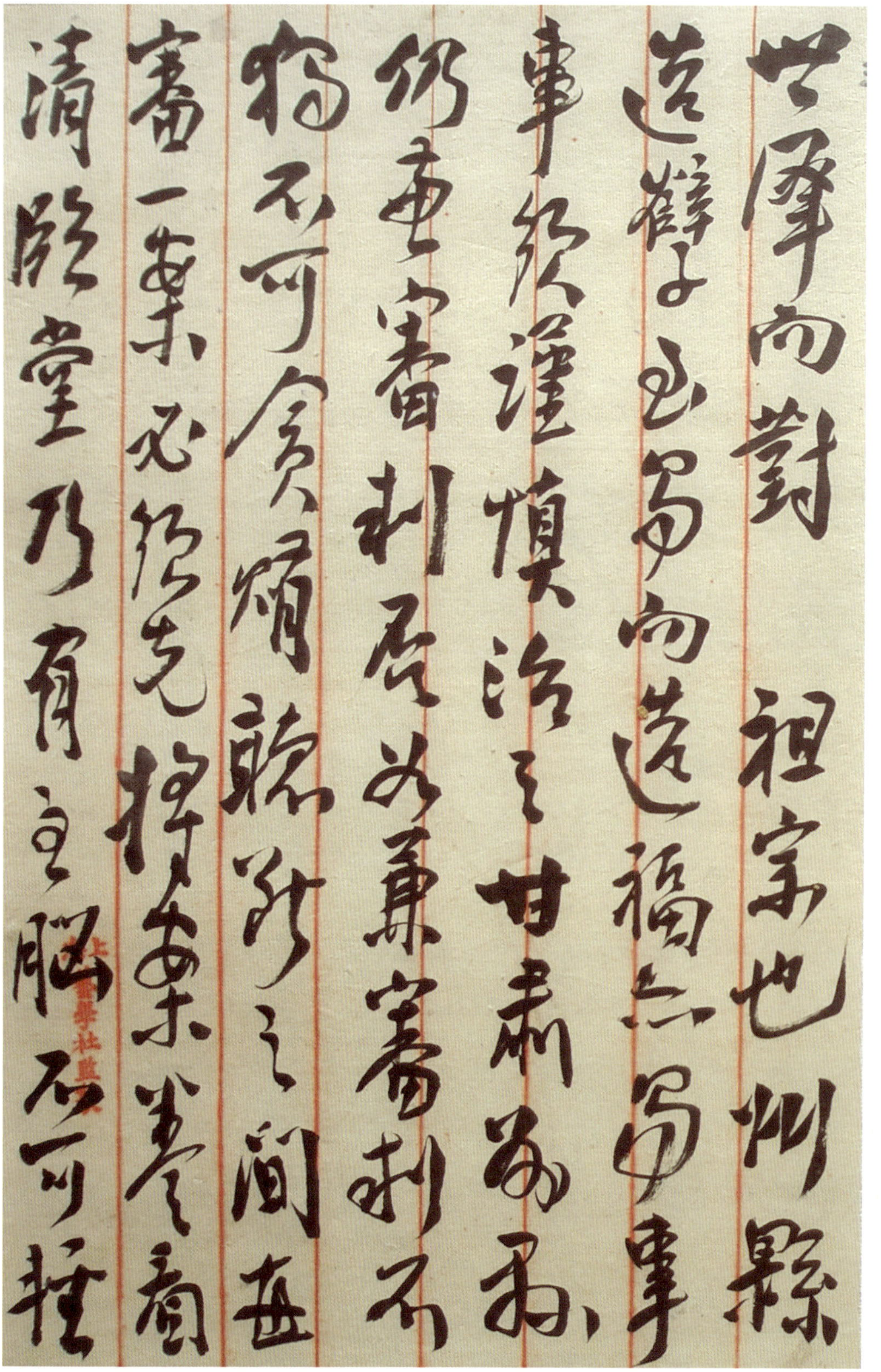

札一（3）（12.5cmx22.5cm）

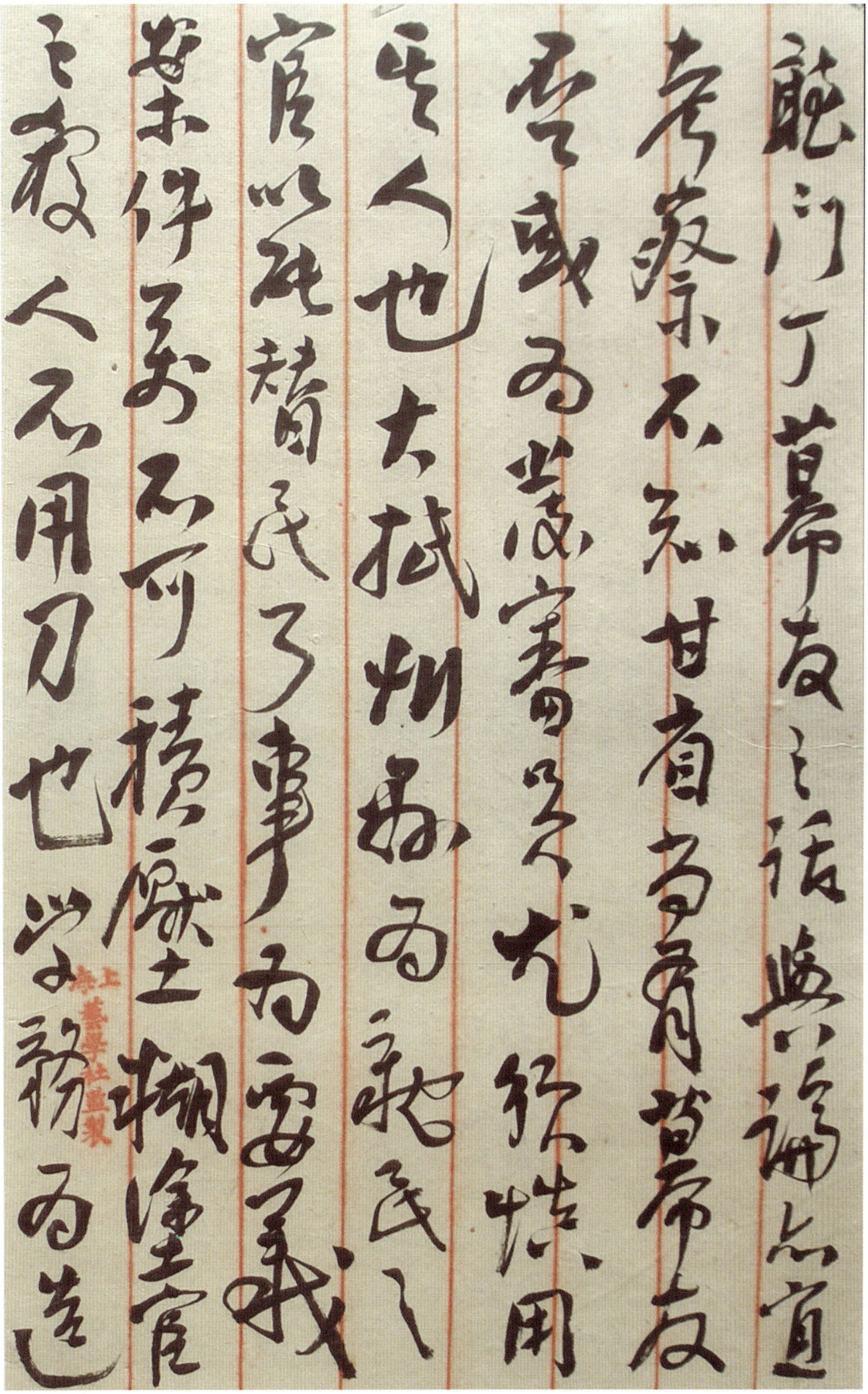

札一（4）（12.5cmx22.5cm）

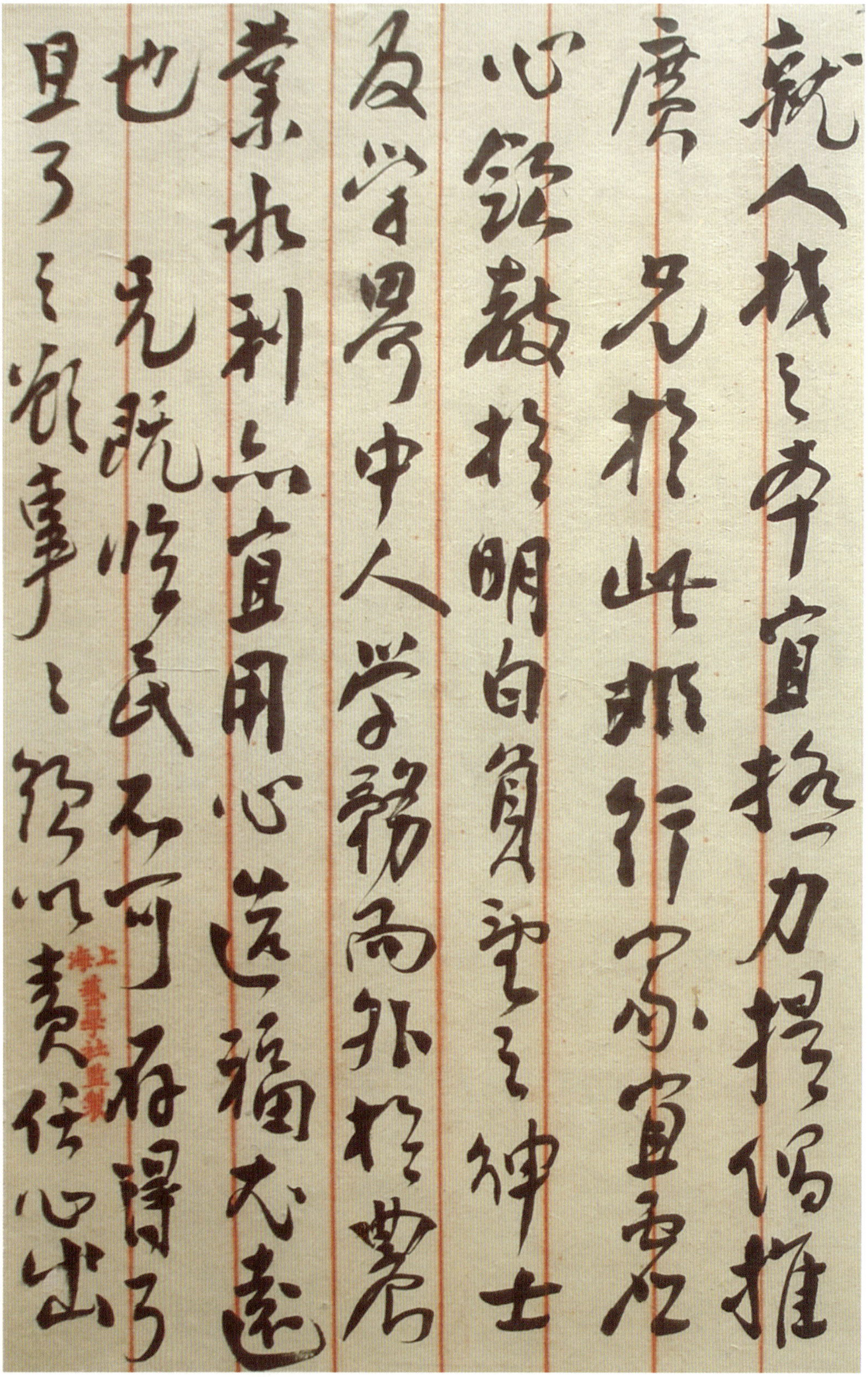

札一（5）（12.5cmx22.5cm）

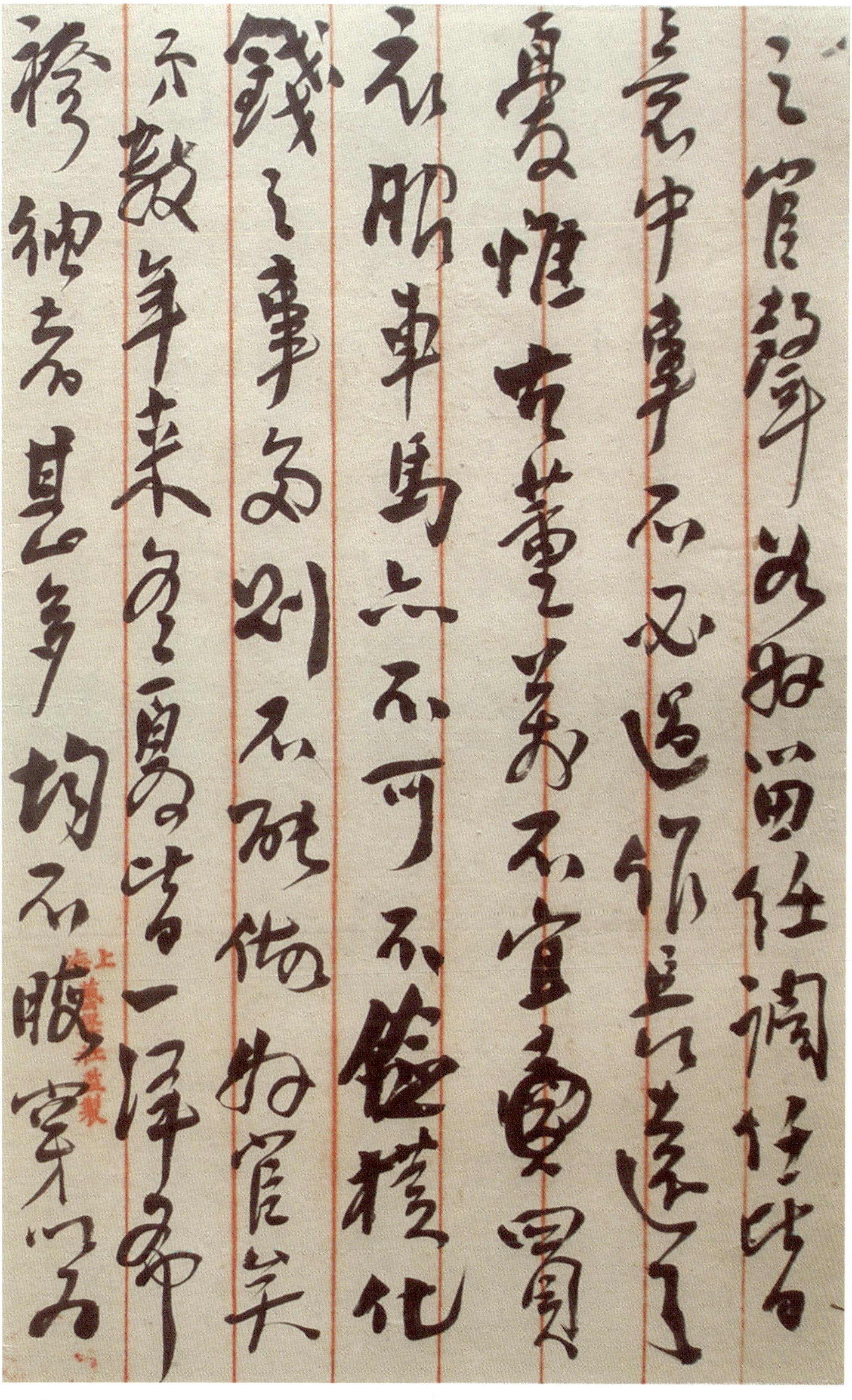

札一（6）（12.5cmx22.5cm）

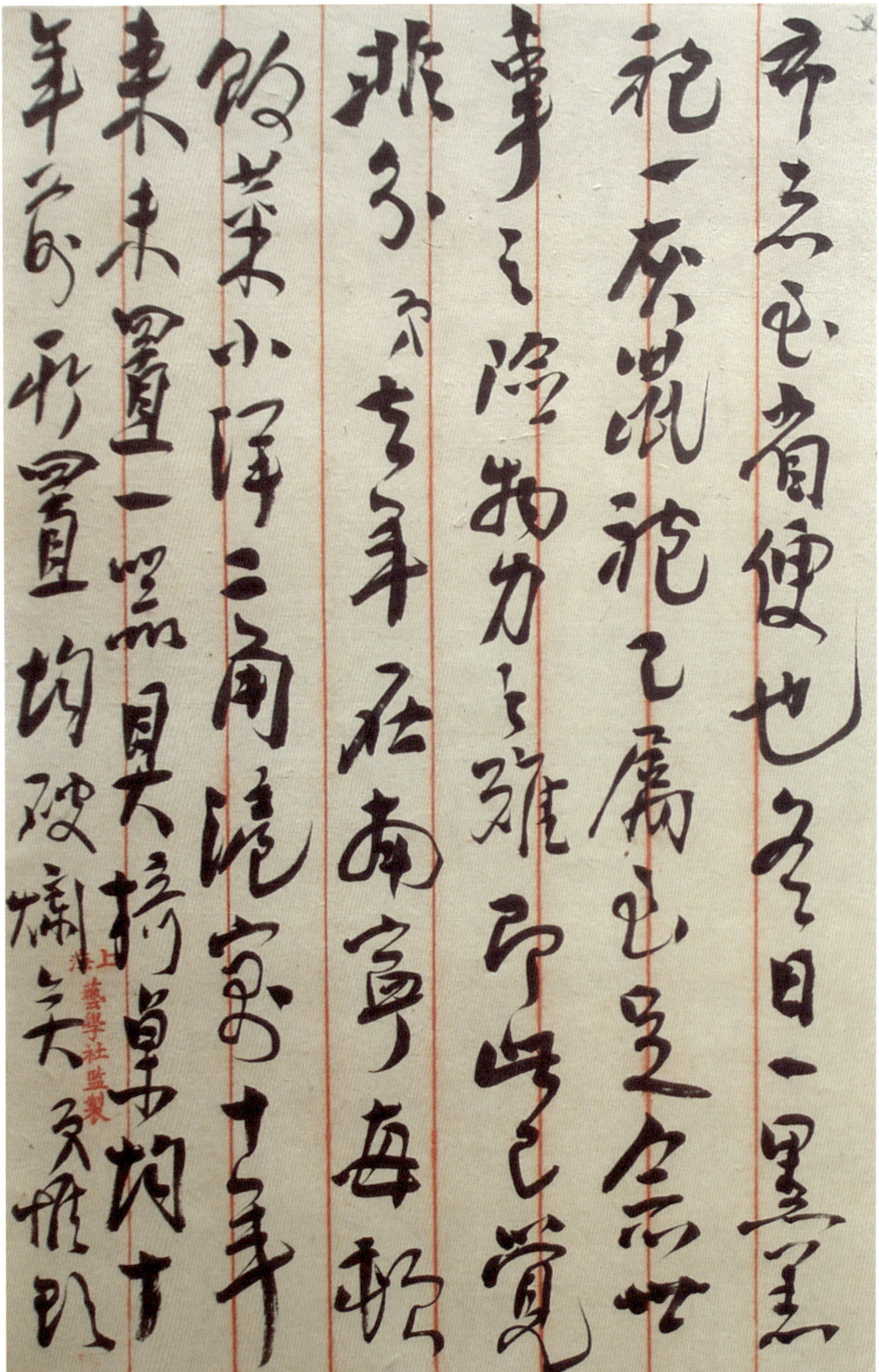

札一（7）（12.5cmx22.5cm）

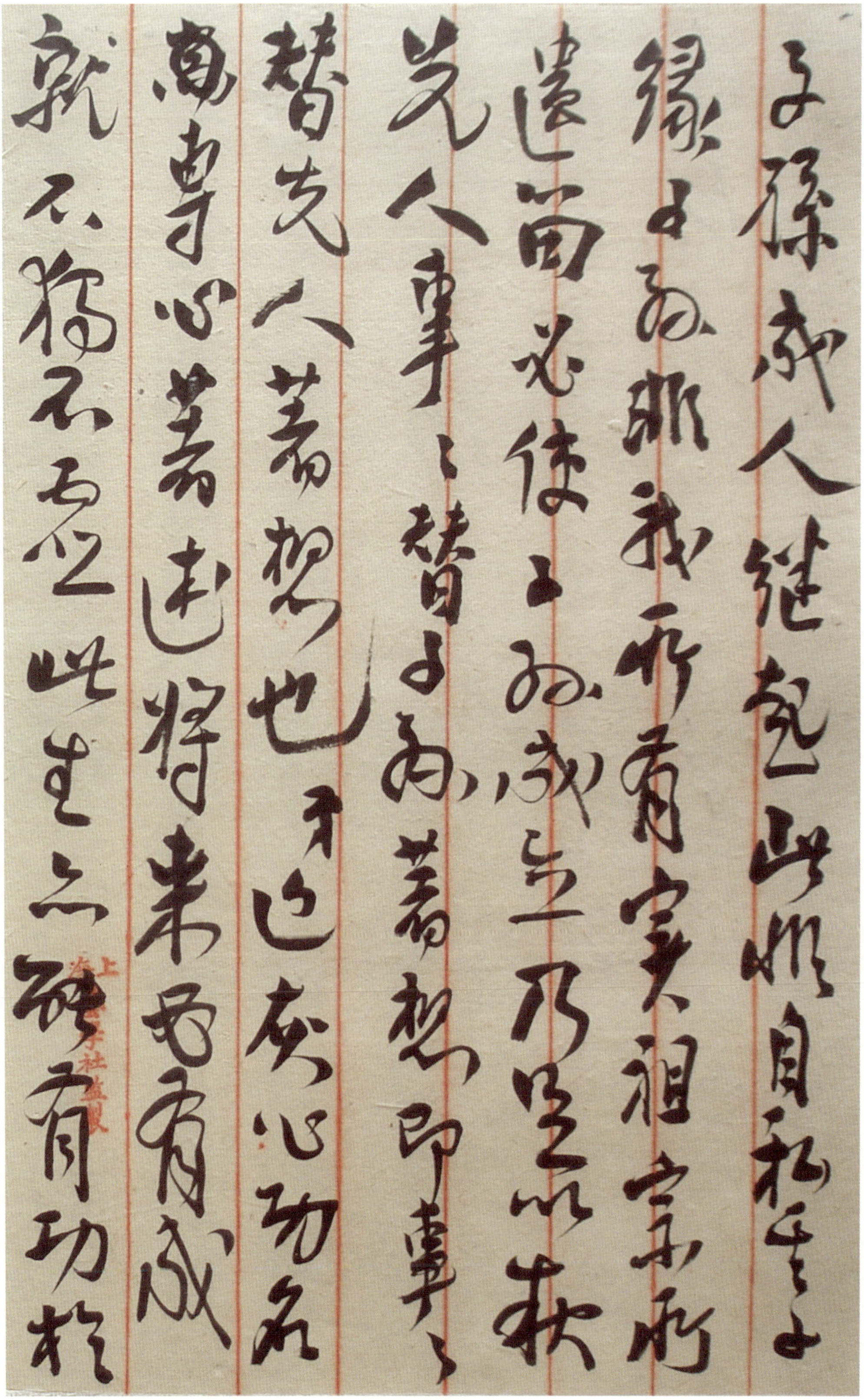

札一（8）（12.5cmx22.5cm）

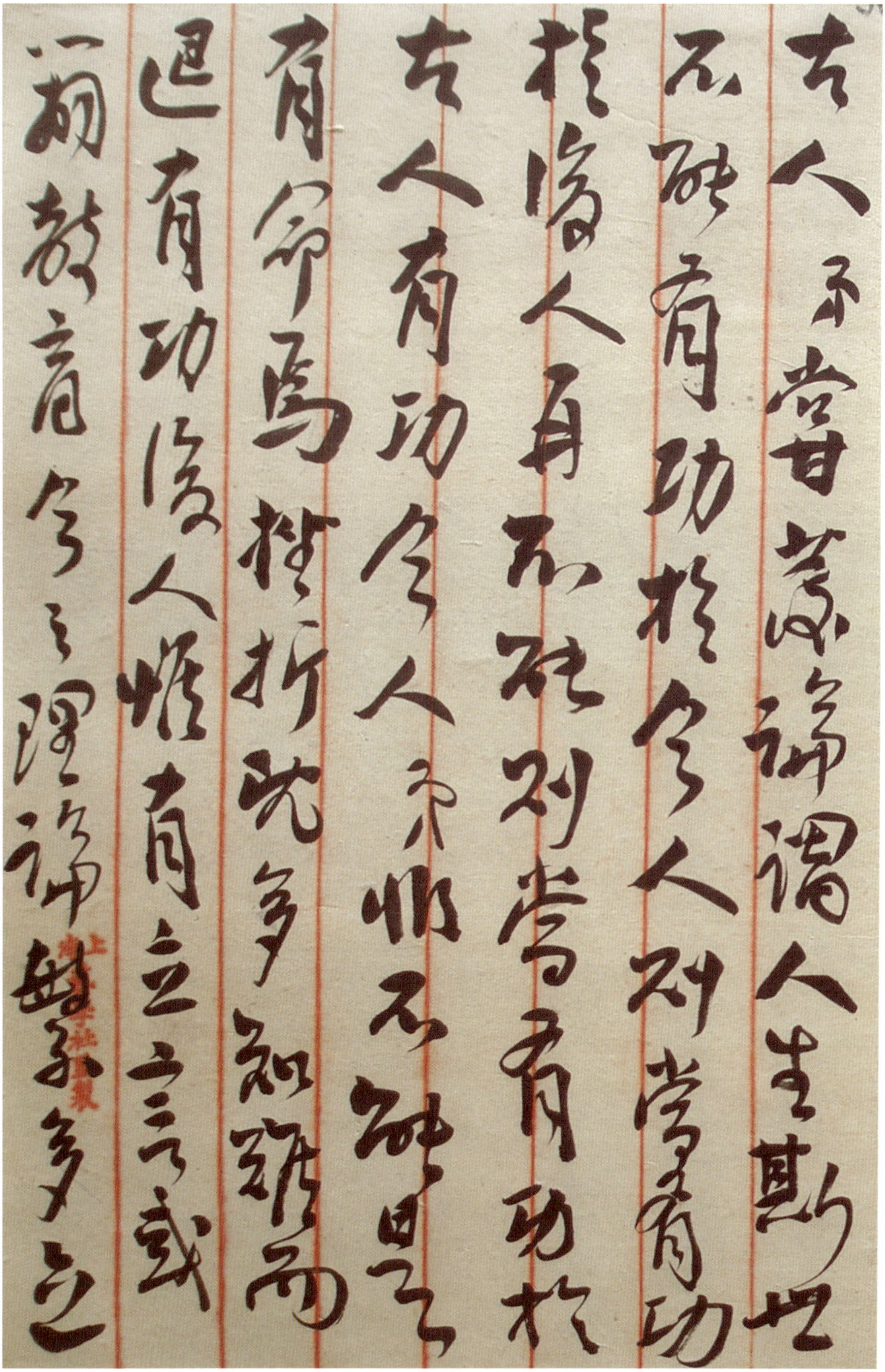

札一（9）（12.5cmx22.5cm）

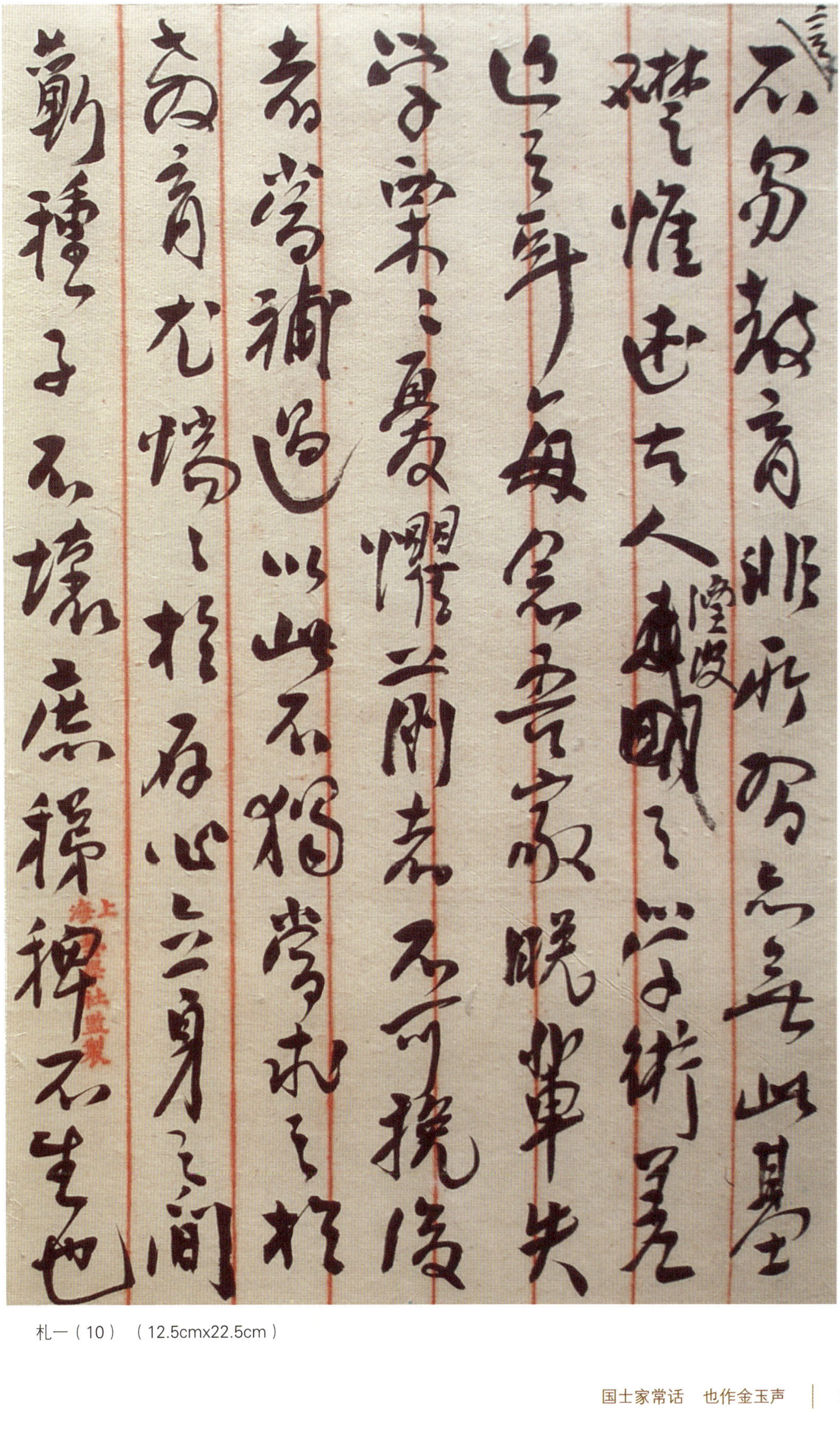

札一（10）（12.5cmx22.5cm）

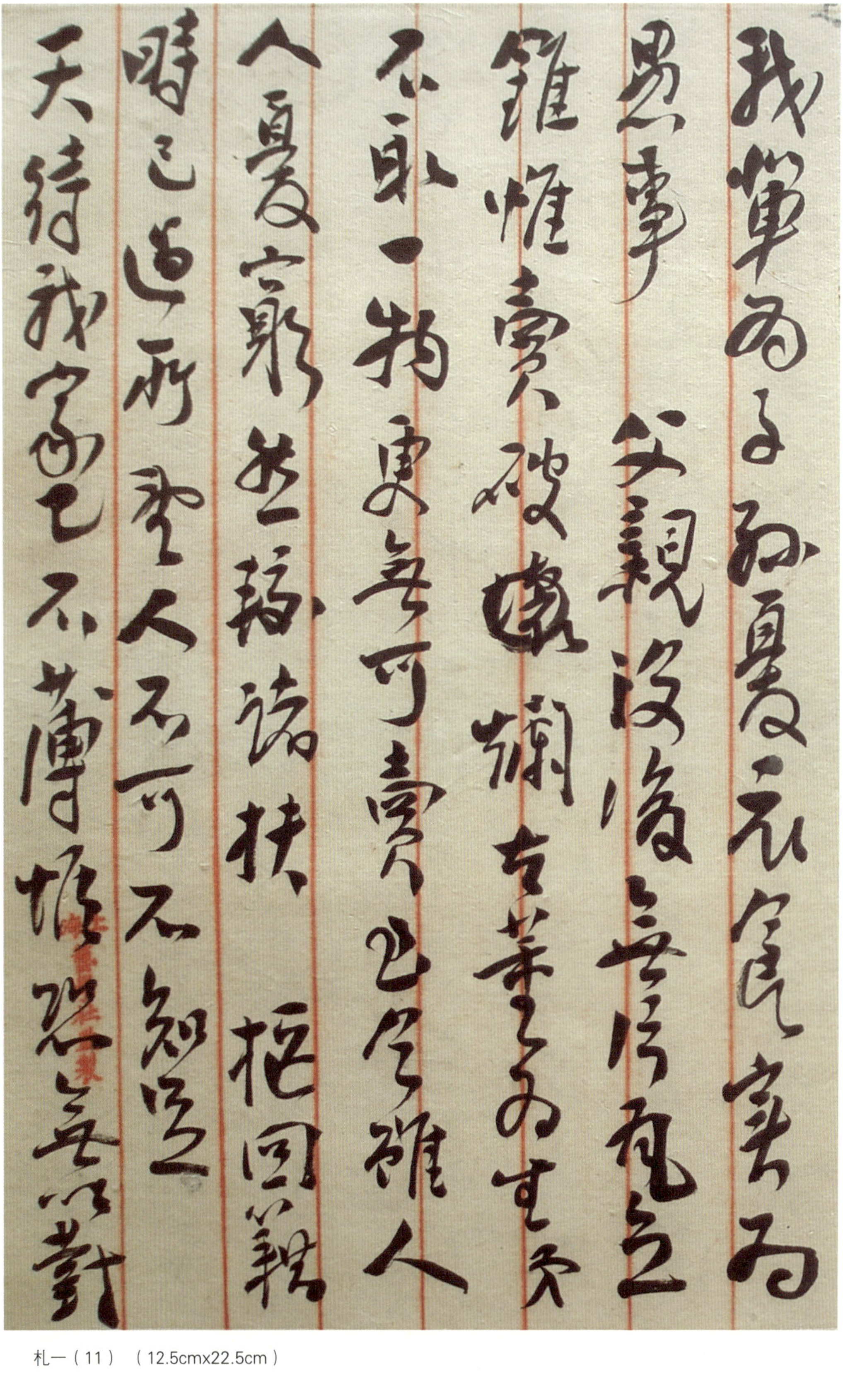

札一（11）（12.5cmx22.5cm）

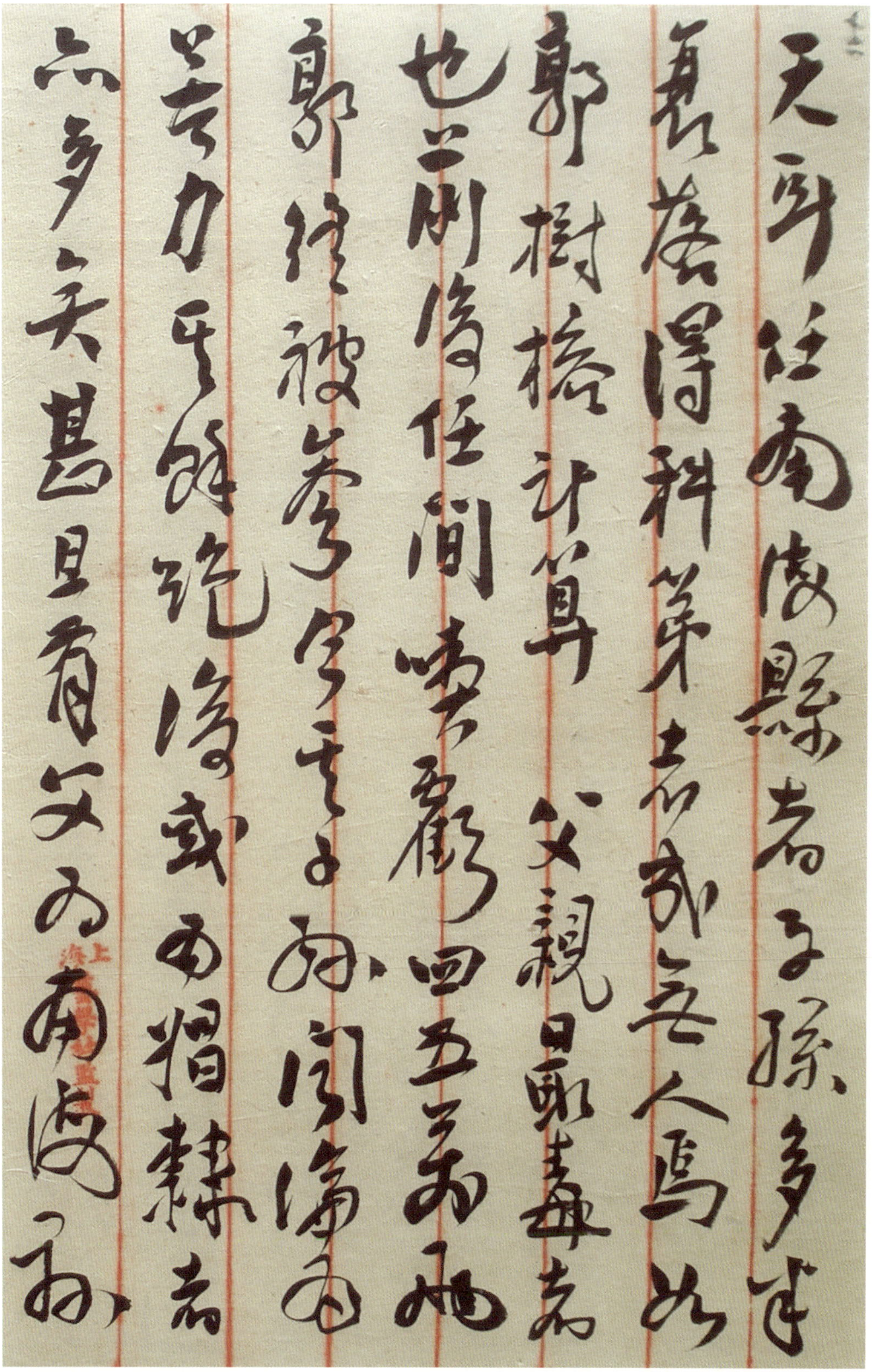

札一（12）（12.5cmx22.5cm）

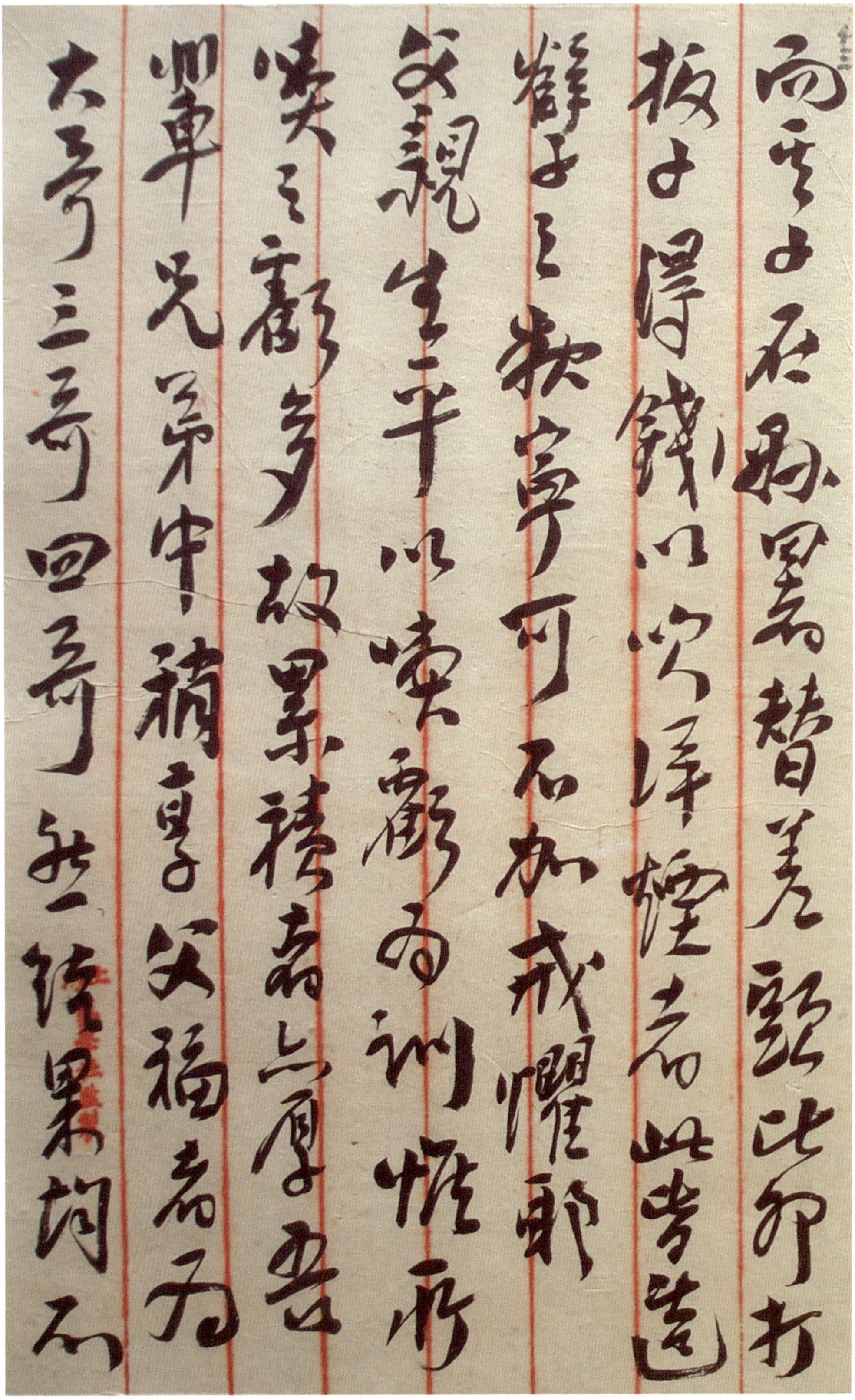

札一（13）（12.5cmx22.5cm）

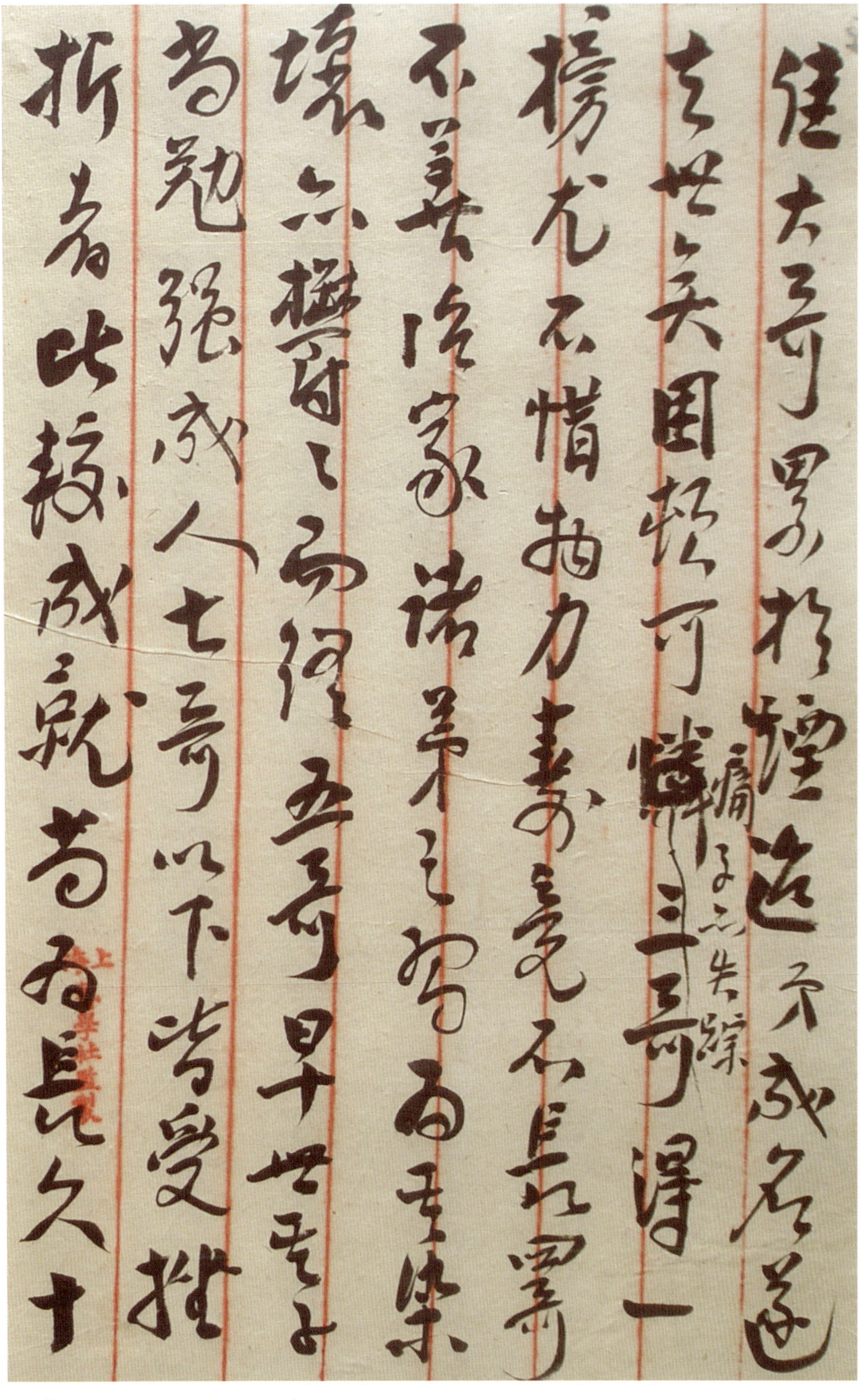

札一（14）（12.5cmx22.5cm）

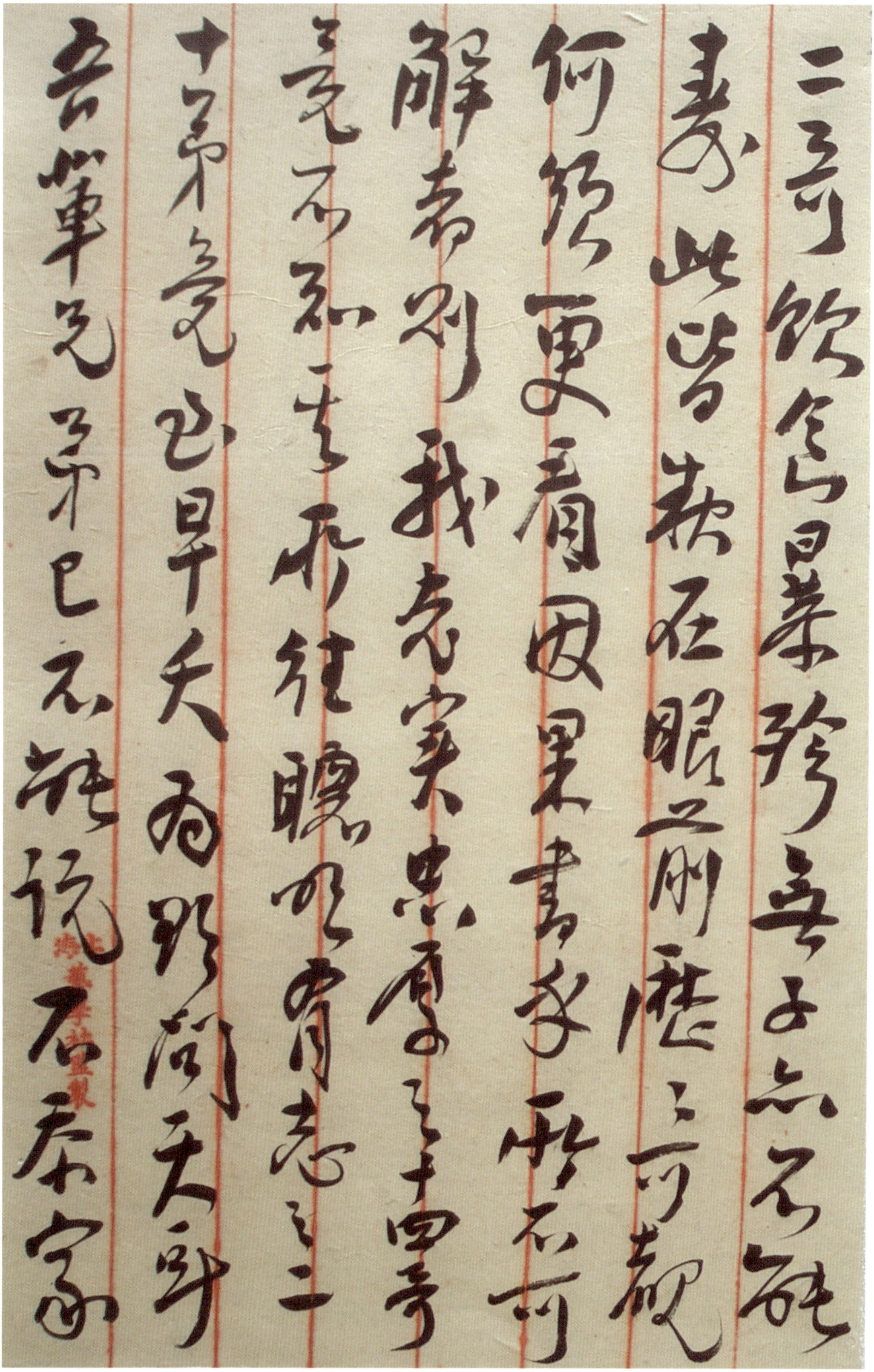

札一（15）（12.5cmx22.5cm）

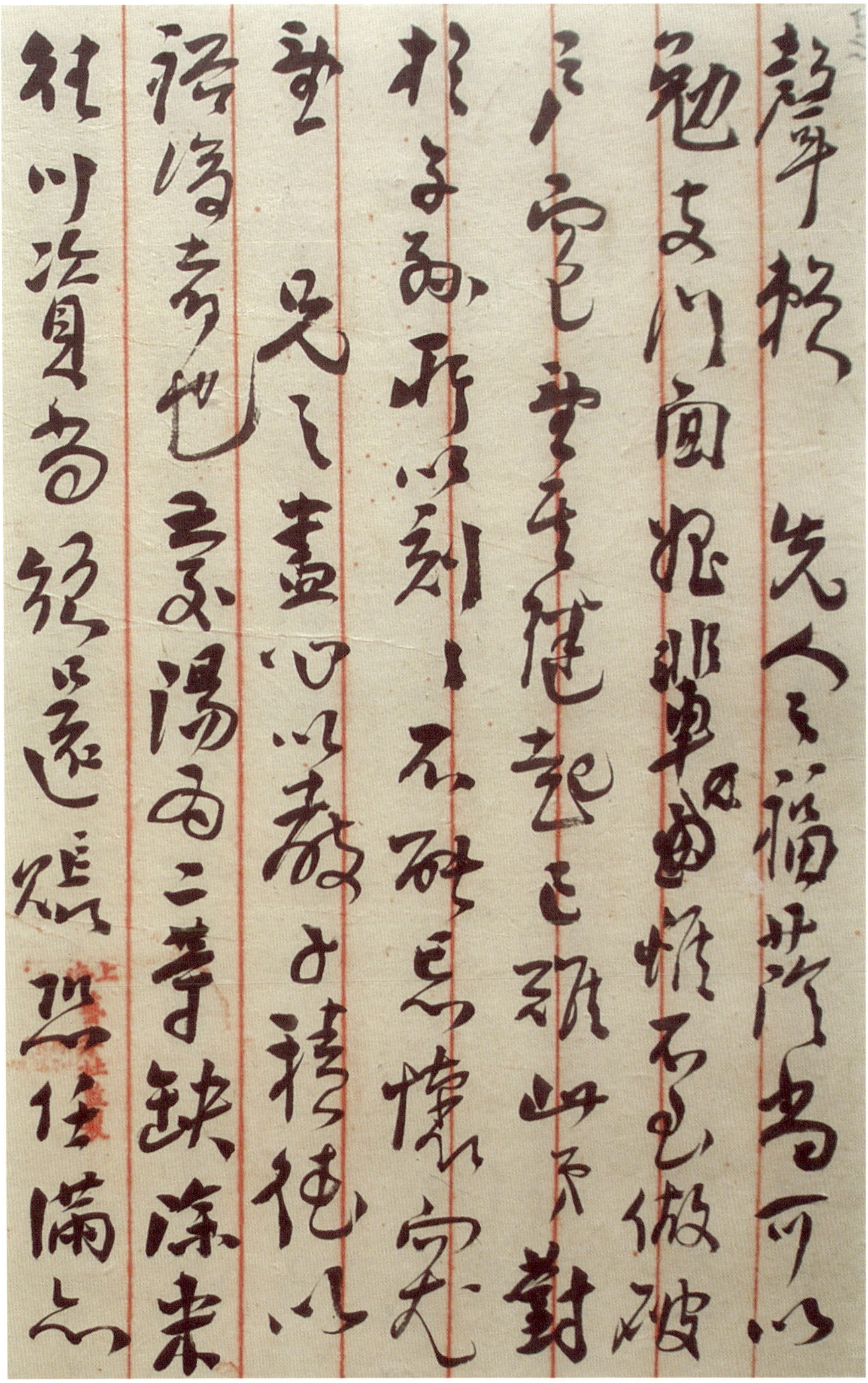

札一（16）（12.5cmx22.5cm）

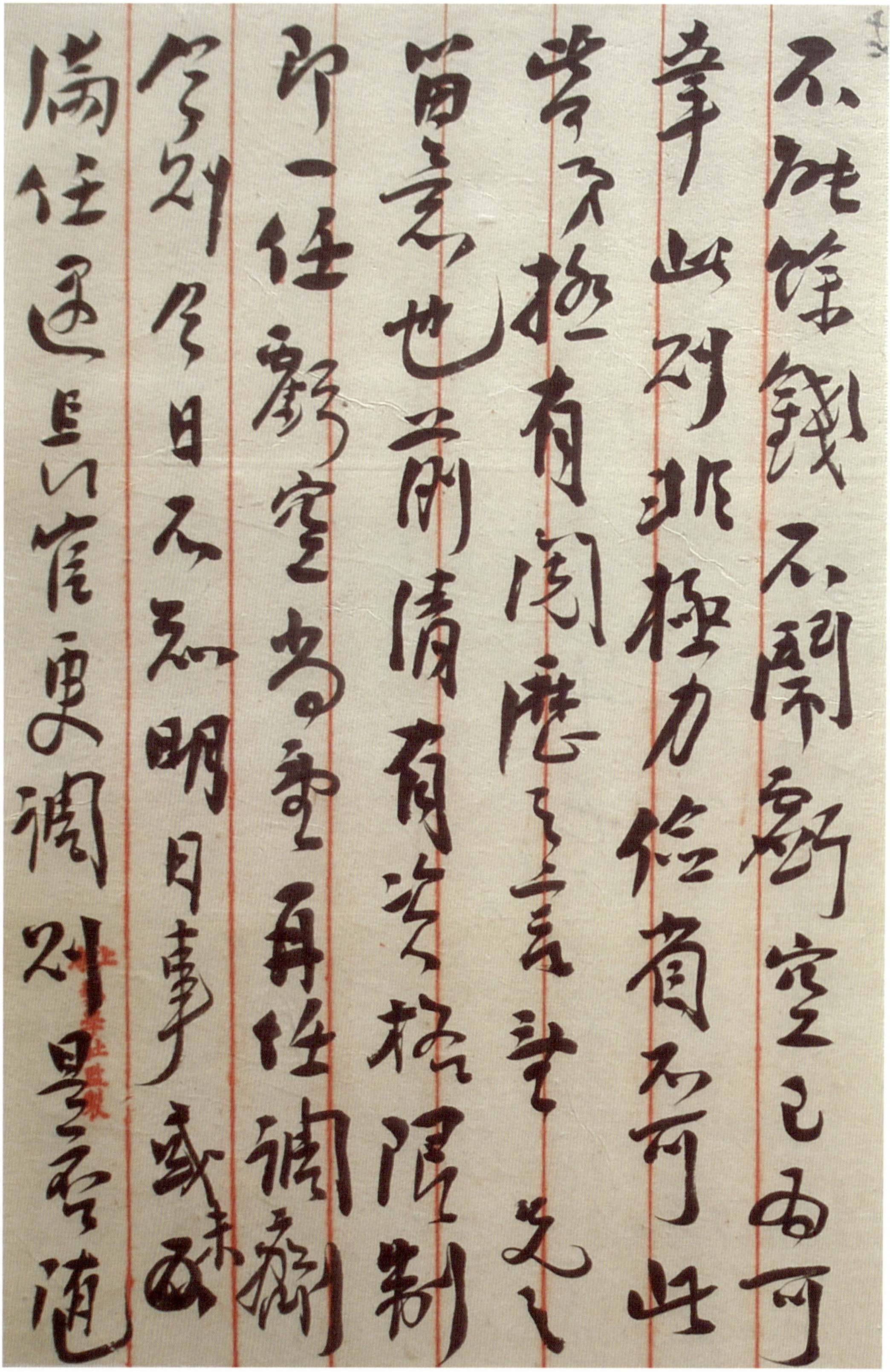

札一（17）（12.5cmx22.5cm）

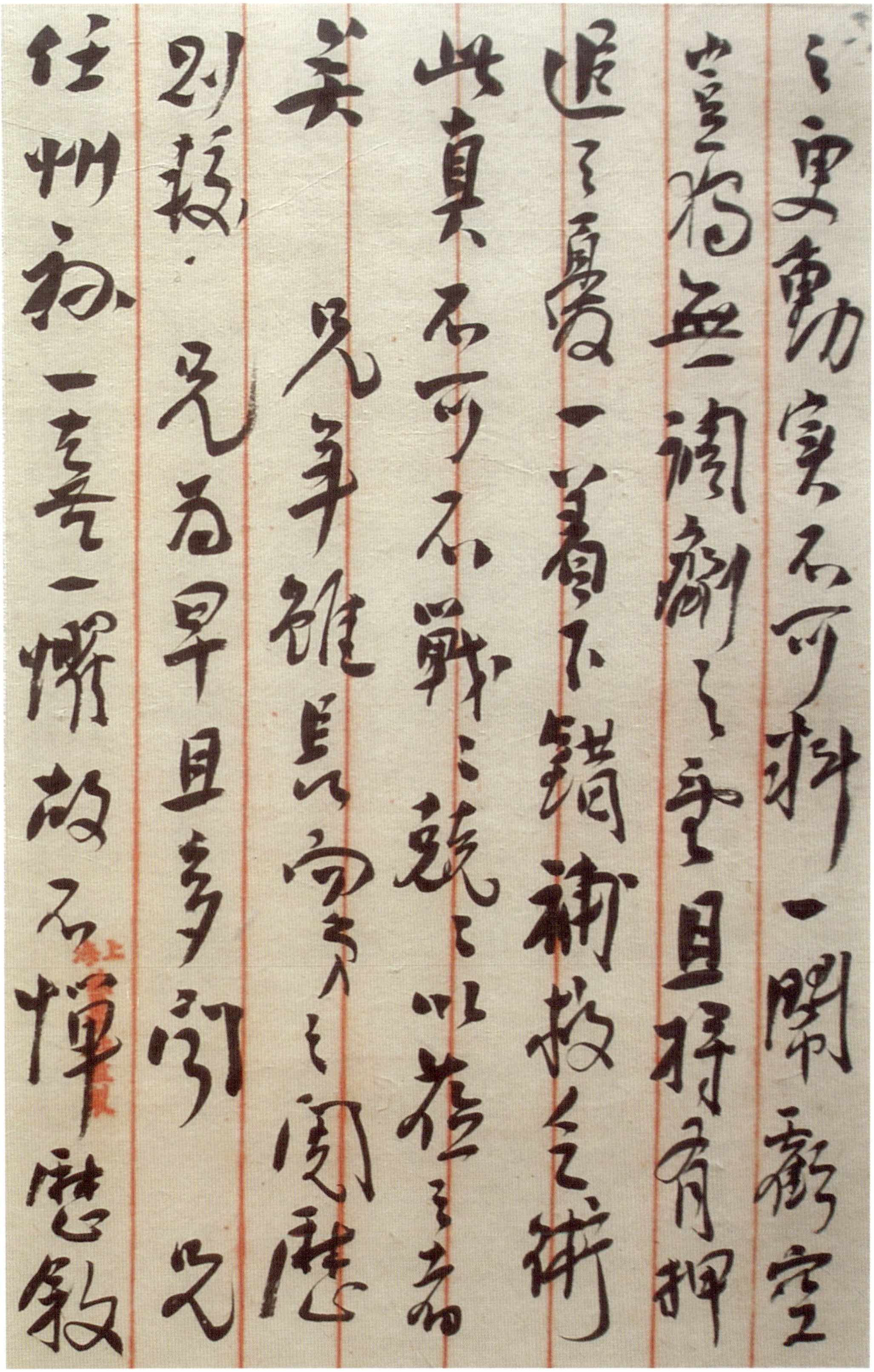

之更動實不可料一鬧戲空
言將無[illegible]劍之手且將有押
退之憂一着下錯補救之術
此真不可不戰戰兢兢以應之者
矣 兄年雖長而實人之閱歷
則較 兄為早且多聞 兄
任[illegible]務一[illegible]一懈故不憚煩敘

札一（18）（12.5cmx22.5cm）

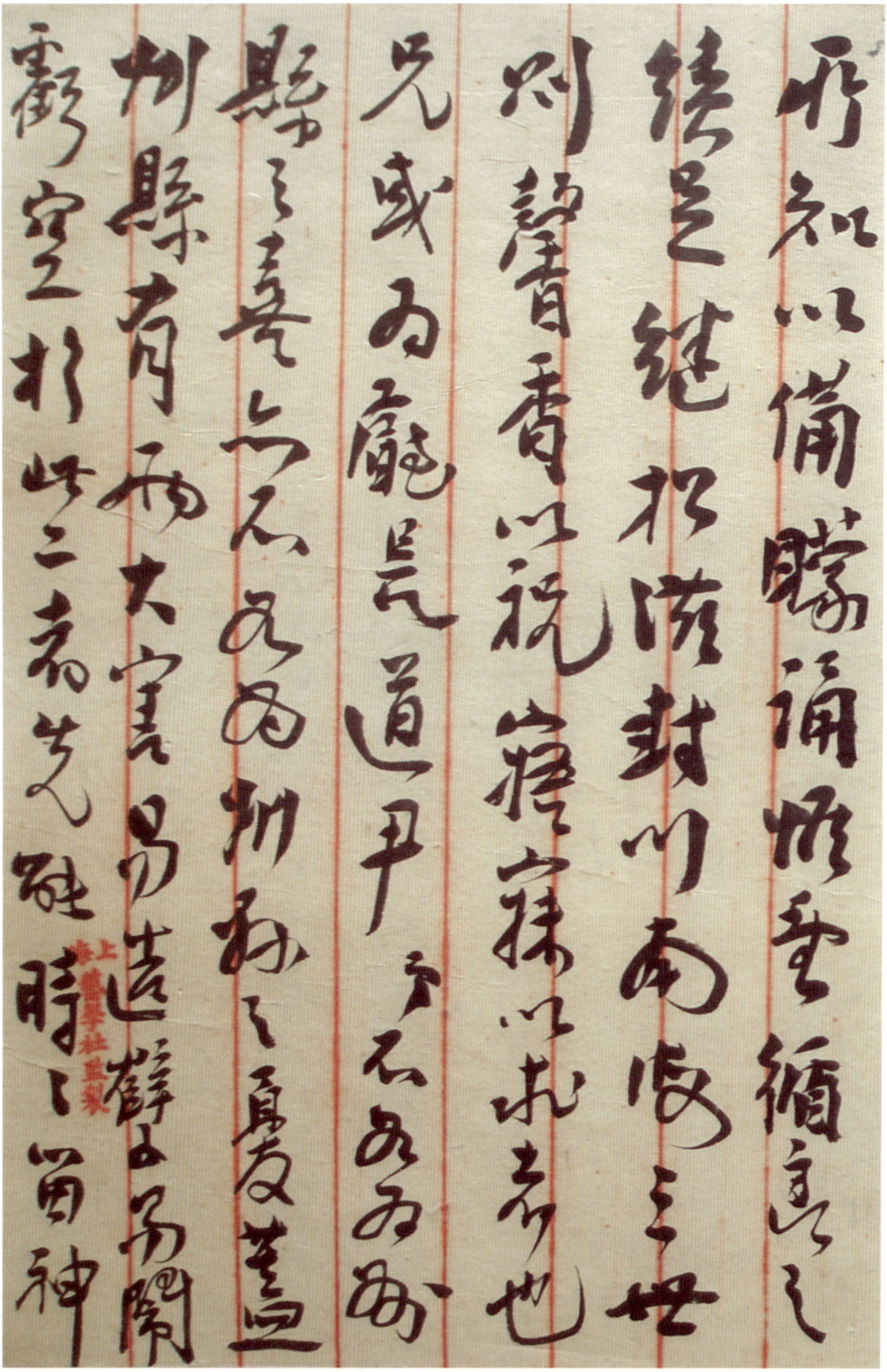

札一（19）（12.5cmx22.5cm）

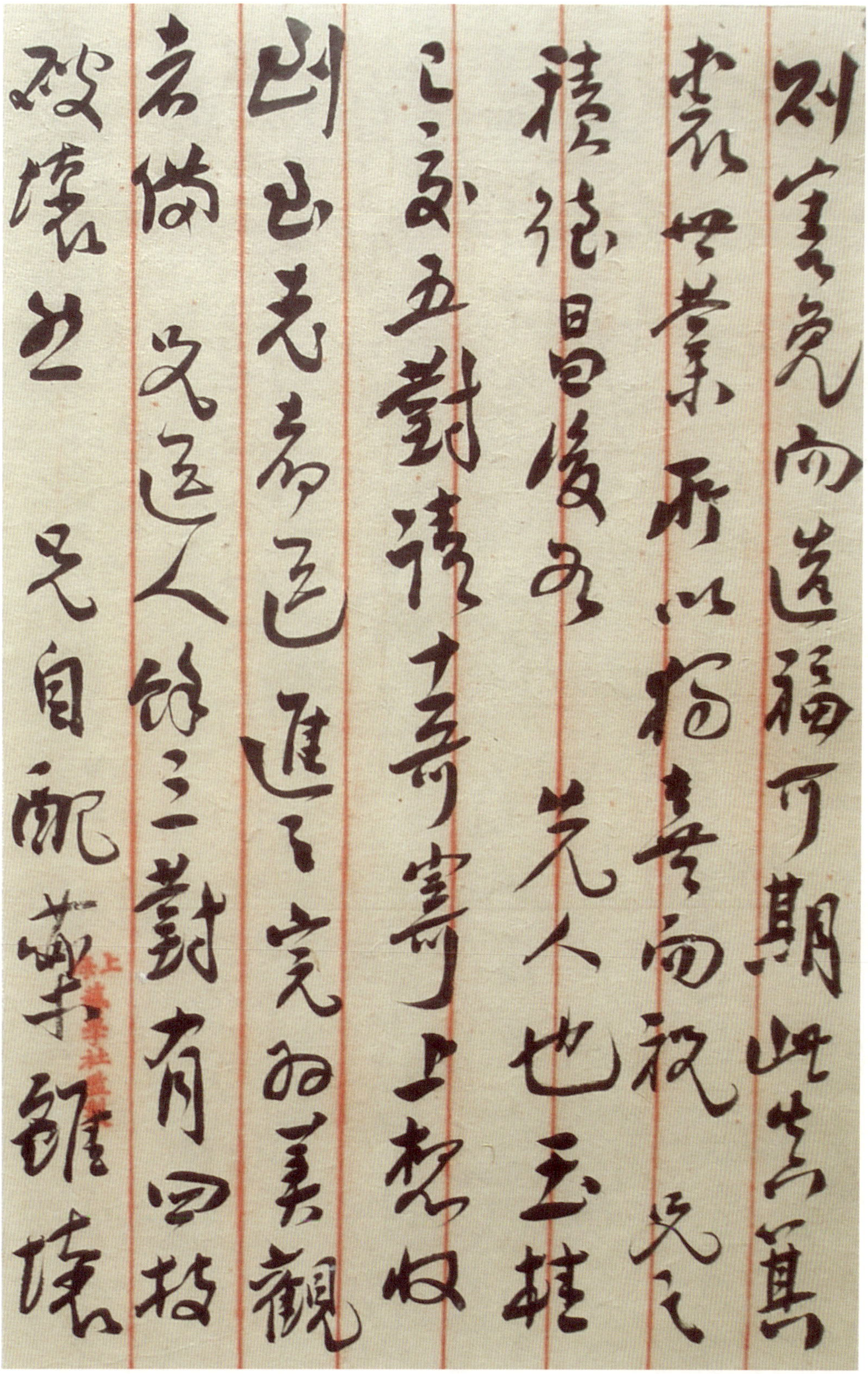

札一（20）（12.5cmx22.5cm）

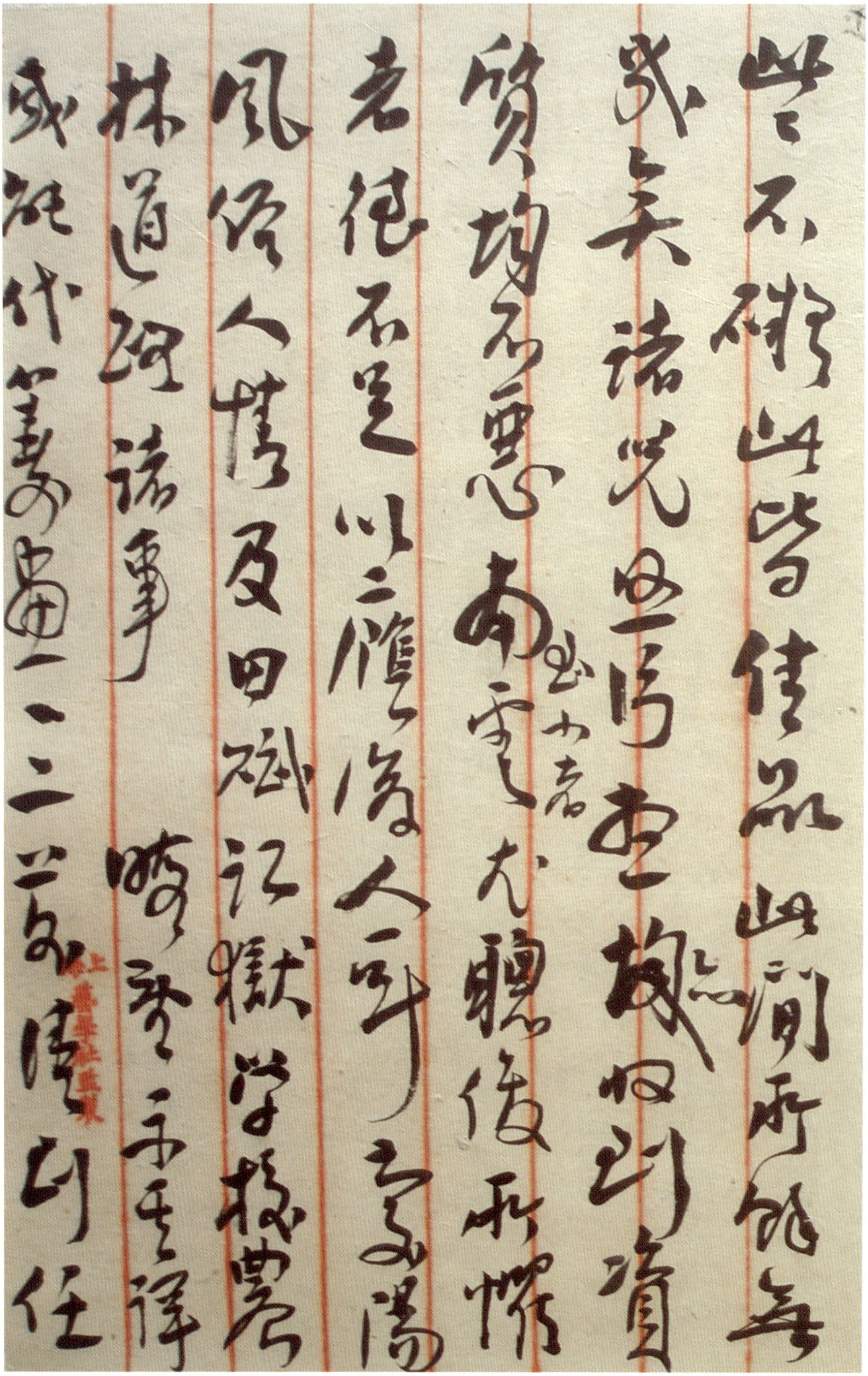

札一（21）（12.5cmx22.5cm）

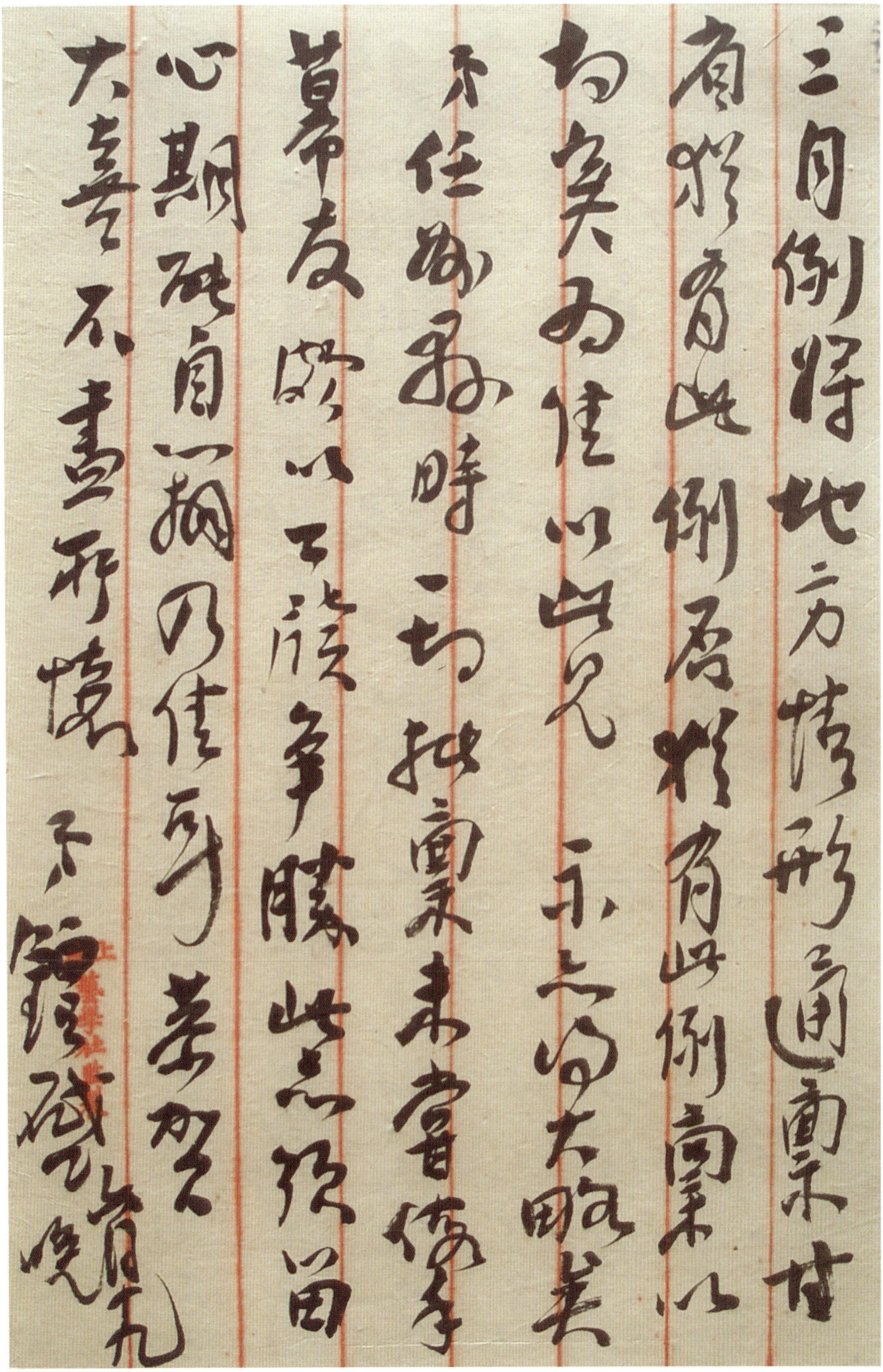

札一（22）（12.5cmx22.5cm）

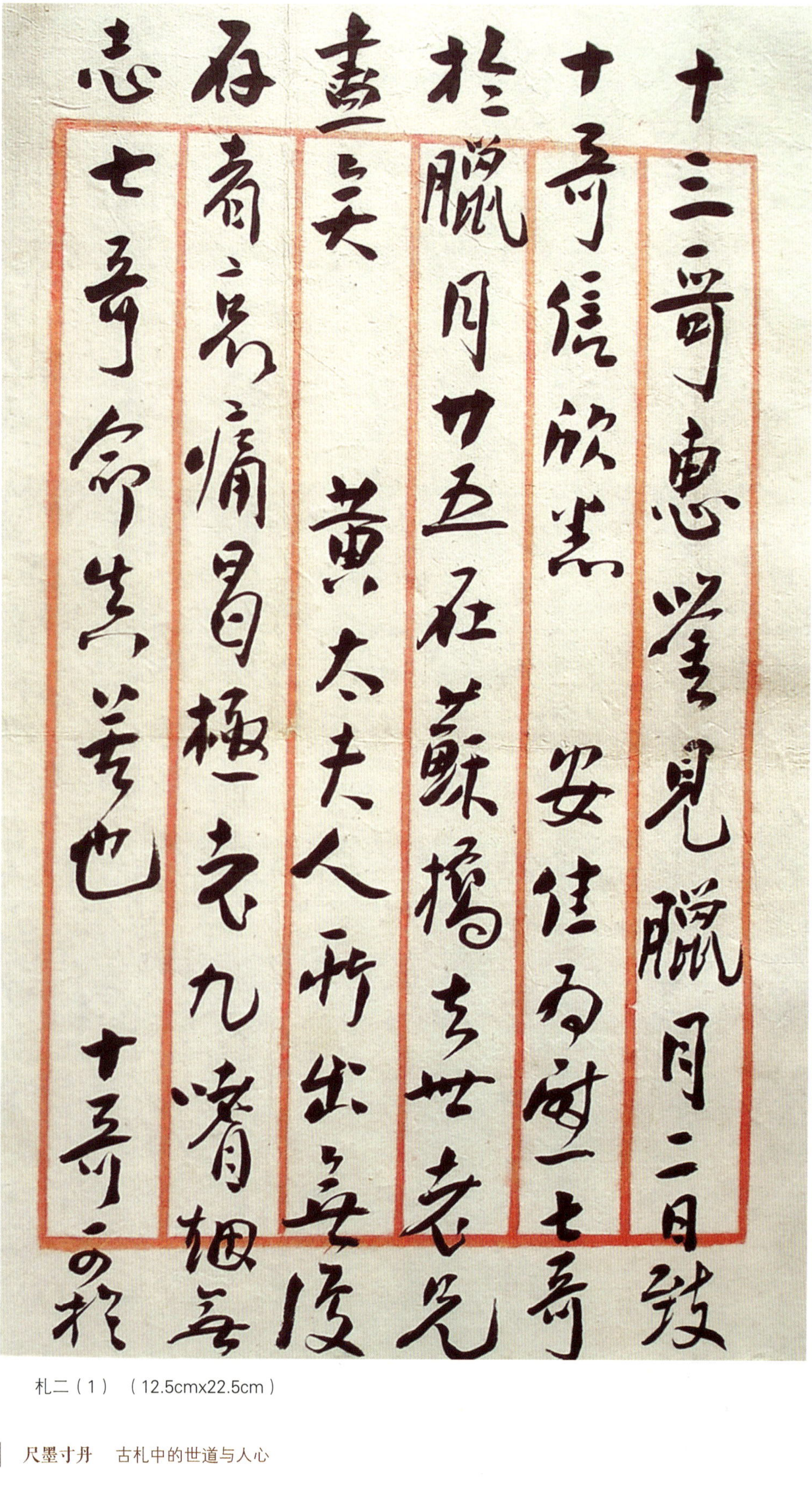
十三哥惠鑒：見臘月二日致
十哥信，欣悉安佳為慰。七哥
於臘月廿五在蘇橋去世，老兄
盡矣。黄太夫人所患無復
存者。[illegible]痛胃極，老九瘠極無
志。七哥命其[illegible]也。十哥二[illegible]

札二（1）（12.5cmx22.5cm）

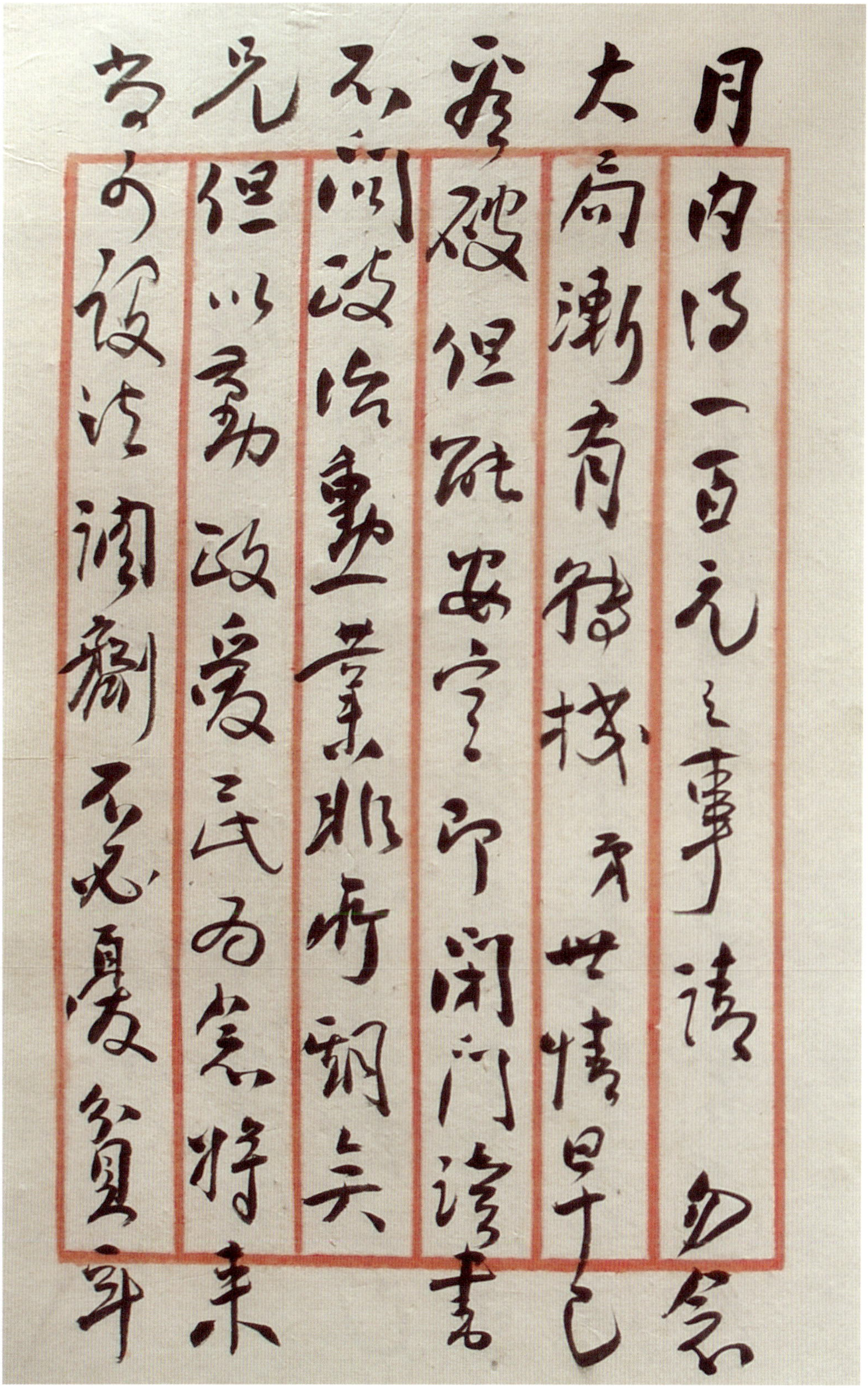
月内得一百元之事请勿念
大局渐有转机，世情早已
识破，但能安定即闭门读书
不问政治，专业非所愿矣
兄但以勤政爱民为念，将来
当可发达，谢刘不免夏侯贺耳

札二（2）（12.5cmx22.5cm）

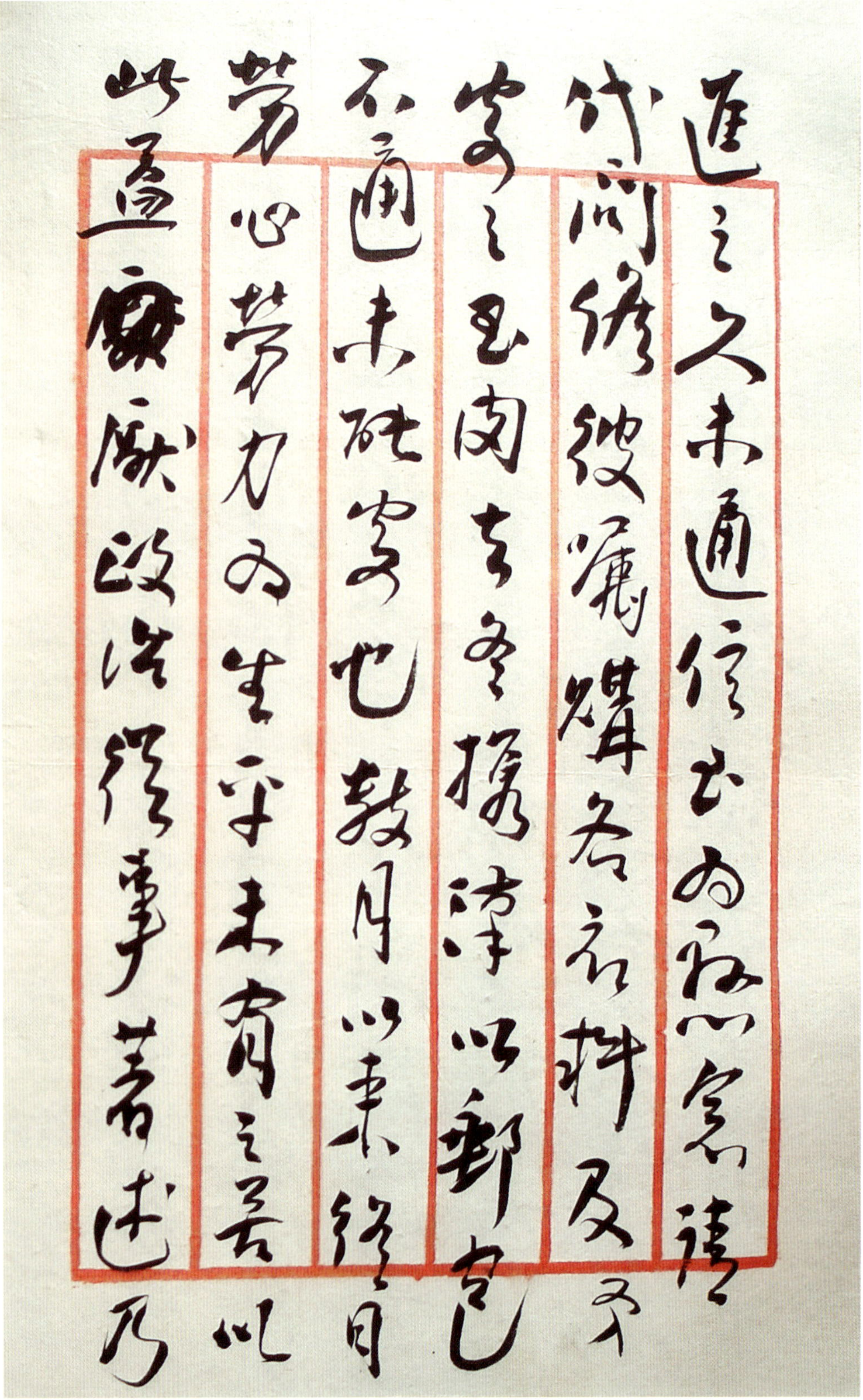

札二（3）（12.5cmx22.5cm）

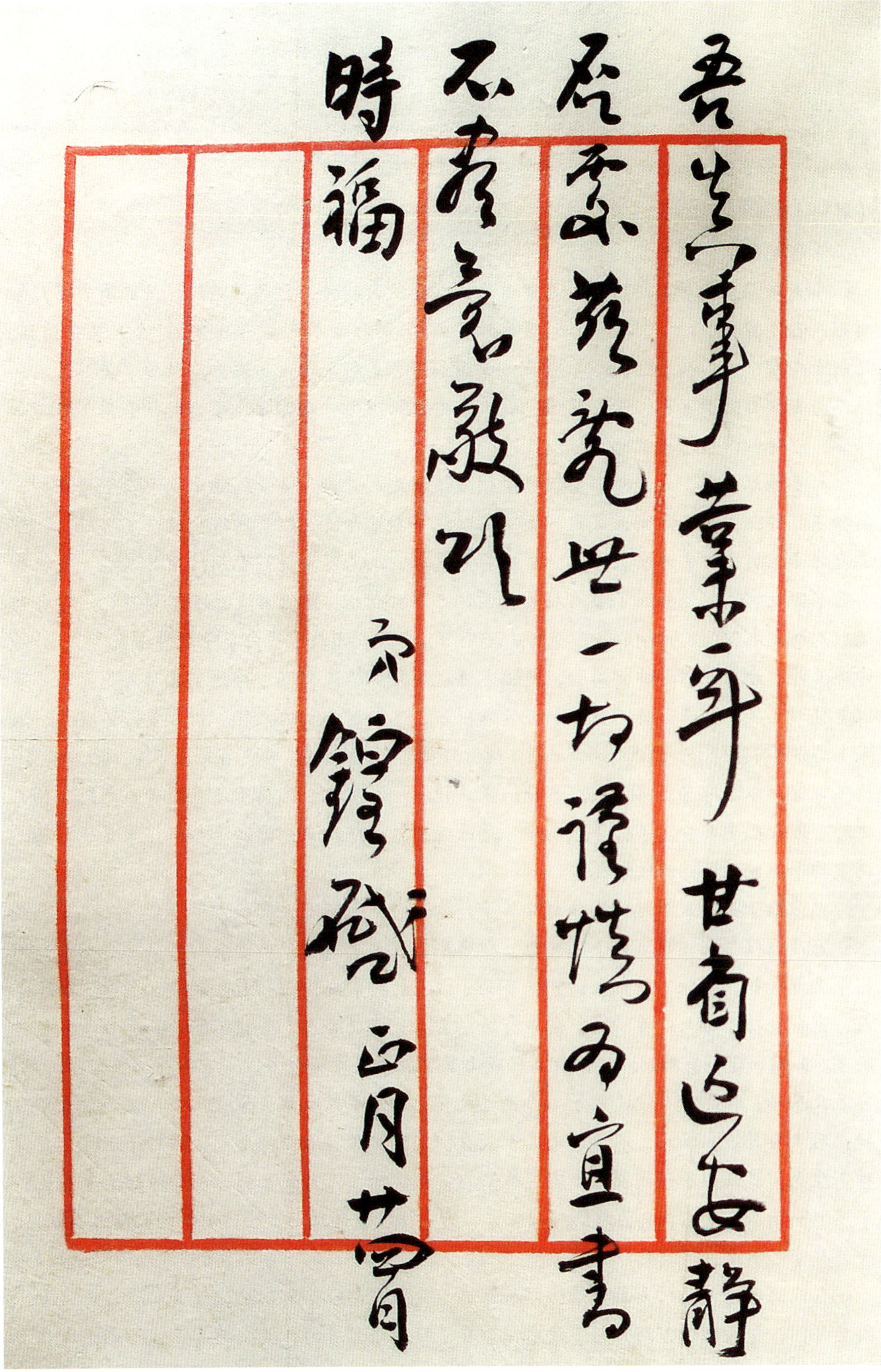

札二（4）（12.5cmx22.5cm）

释 文

【札一】

十三哥惠鉴：

奉手书，知委署庆阳为慰。吾家世为州县，清白相传，前弟任芷江，虽颇有声，然惭对先人者亦多矣。后十二兄署湘潭，虽为时不久，尚能为地方了事，实颇有益。今兄又任州县，兄弟十二人中，二人早逝（世），任州县者竟得三人，将来十七弟或亦有此望。虽非甚盛，亦不易矣。自父亲弃养，家大衰落，近十年中乃始少振。此皆祖德所留贻，吾辈不可不加培养，以延世泽而对祖宗也。

州县造孽至易，而造福亦易，事事须谨慎治之。甘肃州县，仍兼审判否？如兼审判，不独不可贪贿，听断之间，每审一案，必须先将案卷看清，临堂乃有主脑。不可轻听门丁幕友之话，舆论亦宜考察。不知甘省尚有幕友否？或为发审员？尤须慎用其人也。大抵州县为亲民之官，以能替民了事为要义。案件万不可积压，糊涂官之杀人不用刀也。学务为造就人材之本，宜极力提倡推广。兄于此非行家，宜虚心领教于明白负望之绅士及学界中人。学务而外，于农业水利亦宜用心，造福尤远也。兄既临民，不可存得了且了之愿，事事须以责任心出之。官声如好，留任调任皆意中事，不必过作长远之忧。惟古董万不宜买，衣服车马亦不可不俭朴，化钱之事多，则不能做好官矣。弟数年来，冬夏皆一洋布袴，紬者甚多，均不暇穿，以为布者至省便也；冬日一黑羔袍、一灰鼠袍，已属至足。念世事之险、物力之难，即此已觉非分。弟去年在南宁，每顿饭菜，小洋二角；沪寓十年来，未置一器具，椅桌均十年前所置，均破烂矣。

弟惟欲子孙成人继起。此非自私其子，缘子孙非我所有，实祖宗所遗留。必使子孙成立，乃足以报先人。事事替子孙着想，即事事替先人着想也。弟近灰心功名，专心著述，将来必有成就，不独不虚此生，亦能有功于古人。弟尝发论谓：人生斯世，不能有功于今人，则当有功于后人；再不能，则当有功于古人。有功今人，弟非不能是，有命焉，挫折既多，知难而退；有功后人，惟有立言或办教育，今之理论繁多，立言不易，教育非所习，亦无此基础；惟述古人湮没之学术，差近之耳。每念吾家晚辈失学，栗栗忧惧。前者不可挽，后者当补过。以此，不独当求之于教育，尤惴惴于存心立身之间，薪种子不坏，庶稊稗不生也。我辈为子孙忧衣食，实为愚事。父亲没后，无片瓦立锥，惟卖破烂古董为生，弟不取一物，更无可卖。至今虽人人忧穷，然较诸扶柩回籍时，已过所望。人不可不知足，天待我家已不薄，惟恐无以对天耳。

任南海县者，子孙多半衰落，得科第者，几无人焉。如郭树榕，计算父亲最毒者也，前后任间，吃亏四五万两，郭终被参，今其子孙闻沦为苦力，其余绝后，或为娼隶者亦多矣。甚且有父为南海县，而其子在县署替差头比卯打板子，得钱以吹洋烟者。此皆造孽之报，宁可不加戒惧耶？

父亲生平，以“吃亏”为训，惟所吃之亏多，故累积者亦厚。吾辈兄弟中，稍享父福者，为大哥、三哥、四哥，然结果均不佳。大哥累于烟，迨弟成名遂去世矣，困顿可痛，子亦失踪；三哥得一榜，尤不惜物力，寿竟不长；四哥不善治家，诸弟之习，为其染坏，亦郁郁而终；五哥早逝（世），其子尚勉强成人；七哥以下，皆受挫折者，比较成就，尚为长久；十二哥饮食暴殄，无子，亦不能寿；此皆报在眼前，历历可睹，何须更看因果书乎？所不可解者，则我老实忠厚之十四哥，竟不知其所往；聪明有志之二十弟，竟至早夭，为欲问天耳。吾辈兄弟，已不能说不忝家声，赖先人之福荫，尚可以勉支门面，侄辈惟不至做破户而已，望其继起已难。此弟对于子孙所以刻刻不能忘怀，而尤望兄之尽心以教子积德，以裕后者也。

庆阳为二等缺，除来往川资，尚须还账，恐任满亦不能余钱，不闹亏空，已为可幸。此则非极力俭省不可。此皆弟极有阅历之言，望兄之留意也。前清有资格限制，即一任亏空，尚望再任调剂，今则今日不知明日事，或未满任，遇长官更调，则是否随之更动，实不可料；一闹亏空，岂独无调剂之望，且将有押追之忧。一着下错，补救乏术，此真不可不战战兢兢以莅之者矣。兄年虽长，而弟之阅历则较兄为早且多闻，兄任州县，一喜一惧，故不惮历叙所知，以备矇诵。惟望循良之绩，足继松滋、封川、南海三世，则馨香以祝、寤寐以求者也。兄或为厅长、道尹，弟不如为州县之喜，亦不如为州县之忧。盖州县有两大害：易造孽，易闹亏空。于此二者，先能时时留神，则害免而造福可期。此真箕裘世业，所以独喜而祝兄之积德昌后如先人也。

玉桂已交五对，请十哥寄上，想【已】收到。至老者送进之，完好美观者备兄送人，余三对有四枝破坏，然兄自配药，虽坏些不碍。此皆佳品，此间所余无几矣。诸儿照片，想亦收到，资质均不恶，南云（旁注：至小者）尤聪俊，所惧者，德不足以荫后人耳。

庆阳风俗人情，及田赋、讼狱、学校、农林、道路诸事，暇望示其详，或能代筹画一二。前清到任三月，例将地方情形通禀，甘省犹有此例否？犹有此例，禀以切实为佳，以此见示，亦得大略矣。弟任州县时，一切批禀未尝假手幕友，颇以公牍争胜。此亦须留心，期能自办乃佳耳。恭贺
大喜，不尽所怀。

弟锽启　六月十九晚

【札二】

十三哥惠鉴：

见腊月二日致十哥信，欣悉安佳为慰。七哥于腊月廿五在苏桥去世，老兄尽矣。黄太

夫人所出，无复存者，哀痛曷极。老九嗜烟无志，七哥命真苦也。十哥可于月内得一百元之事，请勿念。

大局渐有转机，弟世情早已看破，但能安定，即闭门读书，不问政治，勋业非所期矣。兄但以勤政爱民为念，将来尚可设法调剂，不必忧贫耳。进之久未通信，至为悬念，请代问候。彼嘱购各衣料及弟处之肉桂，去冬携汉，以邮包不通，未能寄也。数月以来，终日劳心劳力，为生平未有之苦，以此益厌政治，从事著述乃吾真事业耳。

甘省近安静否？处兹乱世，一切谨慎为宜。书不尽意，敬颂

时福。

弟镗启　正月廿四日

学养在一笔一画间

——陇上著名教育家、省立静宁中学创始人王尔全生物笔记（或教案）一帧（清末或民国年间）

民国时期，论道德文章，静宁有王尔全先生，就像中国有胡适之先生。“我的朋友王安卿”，应该是当时这个地方官商士绅引以为荣的口头禅。

王尔全（1889—1976），字安卿，静宁县城人。其十世祖王瓒乃崇祯四年（1631）进士，祖源瀚、父曜南皆为光绪年间进士，各有诗集传世。先生幼承庭训，头角峥嵘，在诸兄弟中深得乃祖称许，源瀚公《临终口吟》有句：“后来门户谁撑得，无限殷怀属尔全。”就是对当时只有十岁的四孙尔全的厚望独钟。1914 年，他于甘肃法政专门学校经济系毕业后，因不愿从政，又考入甘肃省优级师范。1921 年，到甘肃省第七师范（即平凉师范，时在柳湖）任教员、教导主任，1930 年任校长。王尔全先生是一个有眼光、有魄力的教育家。上任之初，就赴东南各省进行考察，回校后一边着手改革，一边联合平凉中学和女师校长进省请愿，争得了平凉、固原等县的卷烟查验税为学校专款。嗣后，又到固原、隆德、静宁等地募捐图书仪器费，改善了办学条件。可以想到，当时的省、县执政者，对王尔全先生这样托钵化缘的人，是不会过于敷衍的，因为他们不仅敬重王尔全先生的家世和声望，而且也都很在乎知识界的“清议”。1941 年，应静宁地方人士的邀请，王尔全先生回乡创办省立静宁中学，延名师、建校舍、置学田、立章程，真正是筚路蓝缕，以启山林，为静宁现当代基础教育和后来成为陇上“教育大县”奠定了坚实的基础。值得一提的是，建校当年，恰逢于右任先生到静宁寻访舅氏，下榻之处就是王尔全先生位于文庙之侧的校长室，这也从一个侧面说明了于翁对这位后学的认可和亲近。

王尔全先生还是一个有胸襟、有担当的社会活动家。1920 年的海原大地震、1929 年的大饥荒，他在兰州、平凉政商界奔走呼号，为家乡申请和募集赈济粮款医药，救济灾民。回乡后，作为一校之长，他还被公推为县水利森林委员会常务委员，期间牵头倡议和谋划领导了东峡引水工程，开凿石渠，建成滚水坝，保证了城郊的农田灌溉。同时，还因多年倡导植树造林，受到省政府传令嘉奖。如此看来，他急公好义、热心公益的作为，绝非普通读书人可以相比，也不是一个“著名教育家”的称号所能涵盖。

虽然说“字如其人”不适用于每一个人，但用来品评王尔全先生其人其字却再合适不过。这幅写在普通作业本上的生物笔记（或教案），是其日常功课，并非有意为之的书法作品。但仔细拜读，则能在油菜花、桃花、豌豆花、桐花的生物学常识之外，嗅到来自田野的郁郁芊芊和烂漫芬芳——这就是其高超的书法艺术带给我们的享受。笔者无法判断这究竟是他学生时代的笔记，还是他教书时的教案，但完全可以看出，这幅稳重老成、神韵蕴藉的小楷，出自晋唐诸贤和赵孟頫、文徵明一路，法度谨严而意态生动，用笔之妙，珠圆玉润，清气拂颊，寓刚健于婀娜之中，行遒劲于妩媚之内，笔笔有自，处处见法。这种平和典雅的书法风格，正是其正人君子醇正清雅之风的自然流露，也是其渗入骨子里的严谨和认真的直观呈现。把一页平常的笔记（或教案），都能在无意之中一丝不苟地写成精妙的书法，还有什么事情办不妥帖？

需要特意说明的是，王尔全先生于诗文书法都有很高造诣，但只是一门心思教书育人，从来都不以诗人和书法家自居。苏东坡诗云：“晚觉文章真小技，早知富贵有危机。”对王尔全先生而言，他是立志做大事，而不屑于做大官、得大名的人，所以他对官场富贵、雕虫文章是从读书时就已悟透了的。至今，他的书法作品在民间还零星可见，藏家视为珍宝，而诗词只留下了一首《重到柳湖》，该诗因前些年《静宁古今诗词选》据前辈记忆录入时个别字词有误，现根据新发现的其书法原作订正于后（如将《诗词选》中“读残碑”改为“残碑读”、“情怀”改为“清怀”），与读者共赏：

一别高平已四年，而今又到柳湖边。
韩藩花木随流水，宋代亭台锁野烟。
马足驰飞芳草地，蛙声喧破夕阳天。
酒酣聊抚残碑读，无限清怀寄暖泉。

平凉柳湖，与王尔全先生渊源颇深，因为其祖孙三代都曾在这里执教，且都留下了写柳湖的诗。

（该生物笔记或教案只附图片，未录释文）

参考资料：

1. 静宁县县志编纂委员会《静宁县志》（甘肃人民出版社，1993 年 6 月第 1 版）

2.《建国前静宁水利建设发展考证》（《静宁文史资料选辑》第一辑，1990 年 7 月内部印刷）

3. 王尔全书法立轴《重到柳湖》原作（民间藏品）

油菜花自幾部合成其形態若何

油菜花為萼、萼片、花冠、花瓣、雄蕊、雌蕊、花粉、花絲、花柱、柱頭、葯、子房十二部合成。其花瓣有四。瓣瓣相對。形態若十字。

桃與油菜種類不同其花形及材質有無異同

桃花瓣五、雄蕊條數甚多。皆生於萼。油菜花瓣四。雄蕊祇有六條。二短四長。皆生於子房之下。故有十字花冠、四强雄蕊之稱。且桃花瓣較油菜花瓣大而微圓、其下端皆附着於萼。此二者花形所以異也。其材質桃堅硬。皮色赤而有韌力。所謂本木也。油菜柔輭、皮色紫。亦有綠色者。所謂草本也。

試舉豌豆各花瓣之名稱並申明其取義

豌豆花瓣形狀不一。名稱亦異。曰旗瓣。即外面之一大花瓣。曰翼瓣。即中間之二花瓣。曰龍骨瓣。即翼瓣內之二小瓣。五瓣集合。宛如蝶形。本草綱目李時珍曰。豌豆種出西胡。其苗柔弱宛宛。故得豌名。

植物有草本木本之別桐為何本其葉形及花形並舉以對

桐為木本。其葉若掌狀。其花似唇形。

翁婿间的诗意笔墨

——隆德名士雒文麟书《佩文诗韵》及刘思恭跋语墨迹欣赏（1949）

1949年10月6日（中秋节），64岁的宁夏隆德名士雒文麟（字象屏）历时四个多月，总算将《佩文诗韵》的106韵10235个字用蝇头小楷一一抄录完毕。随后又在韵字后面写了一段跋语，“以识不忘”。

《佩文诗韵》是清初编定的供士子科考作试帖诗必备的官方韵书，也是此后人们作诗用韵的准绳。从手抄本的跋语可以看出，早在十年前即1939年，他因看到静宁名士受庆龙先生“怀携韵字袖珍册页一帧，书法工整，印刷精良”，虽然十分心仪，但“无处觅购”，成了一个小小的心病。可见民国时期，已有袖珍版的口袋书面世，但西北地区仍十分稀见。十年过去了，这本小巧玲珑的《佩文诗韵》还萦绕在他的心头，某日同乡董章甫闲谈中称自己“拟誊缮韵字，以便随时检阅”时，一句话提醒了雒老先生，自己不也能制作誊缮一本吗？

于是，他裁纸装订了一个8cm×11cm大小、200多页的小本子，并在每页画上五纵十横的方格。然后，“于端午节开始缮写，旋值全甘解放，戎马仓皇，日书字虽无定数，且欣从未间断，中秋节缮竣”。从此，喜欢吟咏的雒老先生就有了自己作诗的“掌中宝”。

我们能理解雒老先生韵书初成的喜悦心情。在他眼中，这册掌中之物就像一个精致的文玩，既可供自己查阅或默记，也可示之同好。这同好，也包括晚辈，比如他的东床快婿刘思恭（字子安）。

刘思恭时年32岁，任教于甘肃省立静宁中学，诗文俱佳，书画兼擅，已是誉满当地的名师和才子。如今，我们已不好推测究竟是出于岳丈雅命，还是贤婿自荐，究竟在隆德县城的雒家，还是在静宁县城的刘家，反正其结果是在这本“纯手工制作”的韵书后面，就有了刘思恭小楷所题的两首五言律诗。两诗的起承转合浑然天成，平实中见蕴藉，有温柔敦厚之致。第一首是从书法角度，写岳丈大人虽然花甲已过，还能写蝇头细字，点画、勾戈都十分讲究，品格端庄，圆润风流，并由衷地感叹“素养工如此，今人孰与俦”。第二首是从精神角度，写岳丈大人一字字将“四声百六韵”

全部抄录，首尾气韵畅通，与这么精美的韵书手抄本相比，锦囊就如同敝屣，石砚则等同于荒墟。尤其是作为女婿的刘思恭，体会最深的是前辈这种无言的示范和身教，是对晚辈的鞭策和鼓励。韵字，其实是汉字的集锦，那一个个互不相干的字就像散落的彩石任人取用。但雒老先生抄录的这本《佩文诗韵》，因最后有了女婿刘思恭的这两首跋诗，就如同在彩石滩上建造了一座七彩玲珑塔。

欣赏翁婿二人的墨宝，虽然都是一厘米见方的小字，但功力不浅，渊源有自。雒翁小楷师法颜体，如忠臣烈士、道德君子，骨力雄强而坚韧，筋肉丰满而天然。行书题跋则显得稍微随意了些。刘思恭的小楷出于晋人一路，并参入宋明诸家书风，用笔精到，典雅俊润，清新脱俗，类似南宋姜夔的《跋王献之保母帖》。

翁婿二人，两代名士，是一个小小的《佩文诗韵》手抄本，将他们诗意的笔墨聚在了一起。翁将婿引以为同道，婿将翁尊之为老师，翁婿间忘年的情谊也便跃然纸上，感动后人。

还要告诉读者的是，不论是 10 多年前受庆龙怀携韵字印刷本，还是当时雒文麟抄录韵字手工版，都是当时喜好吟咏者的一种便捷措施甚至时尚，绝不仅仅是初学者用以死记硬背的教条。因为早在宣统二年（1910），时年 28 岁的受庆龙已经由新疆官书局出版了被日本友人称许为“慷慨悲歌”的诗词集《博达游记》；而雒文麟的纪事长诗《时事吟》也早在 1935 年纂修的《新修隆德县志》中被收录。可以说，两位老前辈都是成名较早的诗人，之所以在成名之后乃至暮年还需携带韵字本，难道不正像孔子所自况的“其为人也，发愤忘食，乐以忘忧，不知老之将至云尔”？

参考资料：

《重修隆德县志》（1936 年 11 月平凉兴元书局石印）

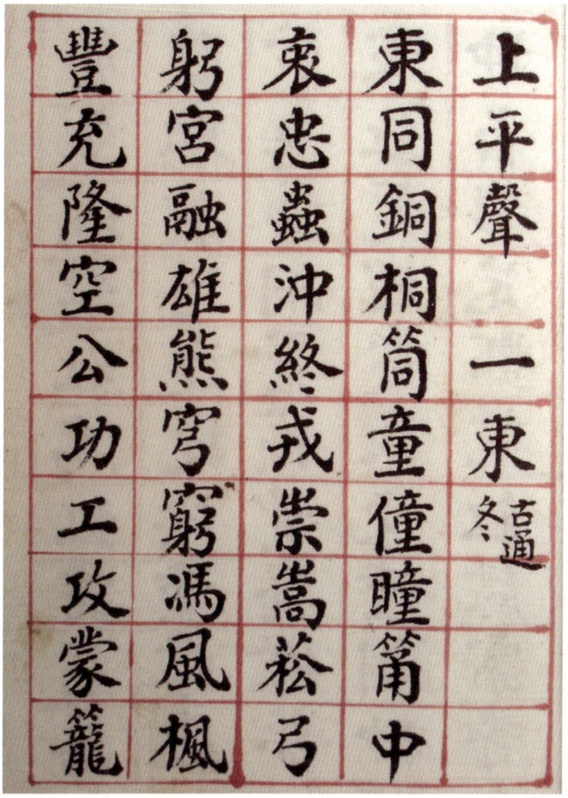

上平聲 一東 古通冬
東同銅桐筒童僮曈筩中
衷忠蟲沖終戎崇嵩菘弓
躬宮融雄熊穹窮馮風楓
豐充隆空公功工攻蒙籠

《佩文诗韵》选（1）　（8cmx11cm）

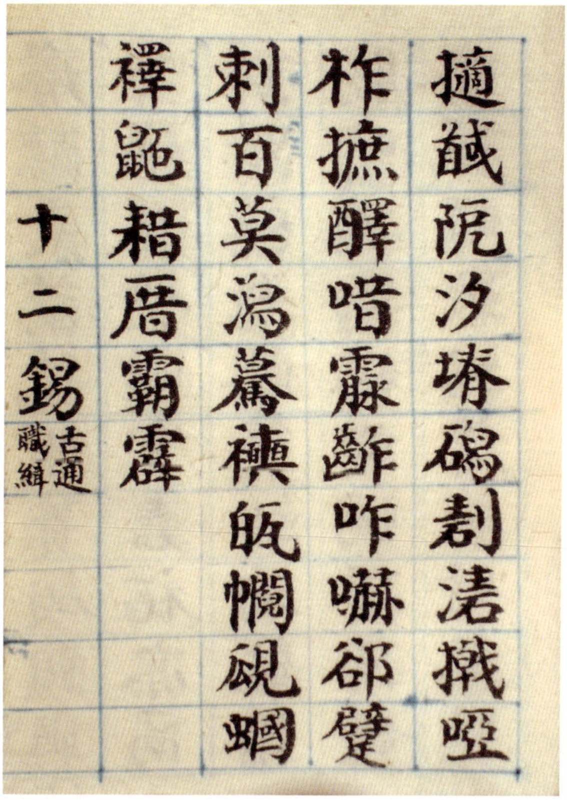

擿馘阸汐埆磶劃湱摵啞
柞摭醳唶霡齚咋嚇郤躄
刺百莫潟驀襪舶幗覛蟈
襗䶛耤厝霸霹
十二錫 古通職緝

《佩文诗韵》选（2）（8cmx11cm）

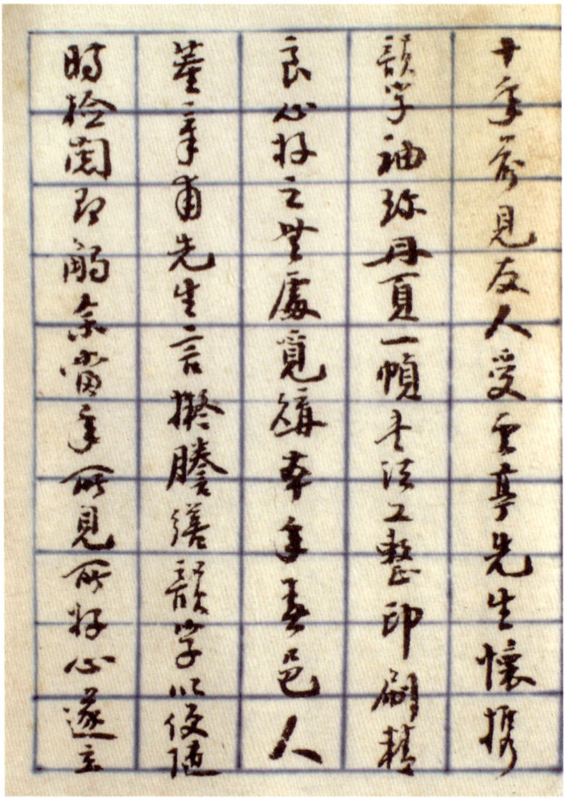

雒文麟跋语（1）（8cmx11cm）

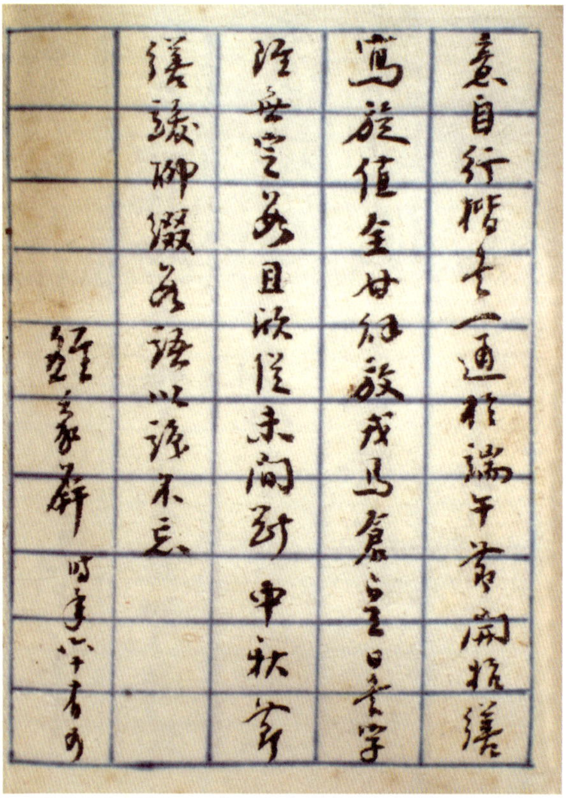

雒文麟跋语（2）（8cmx11cm）

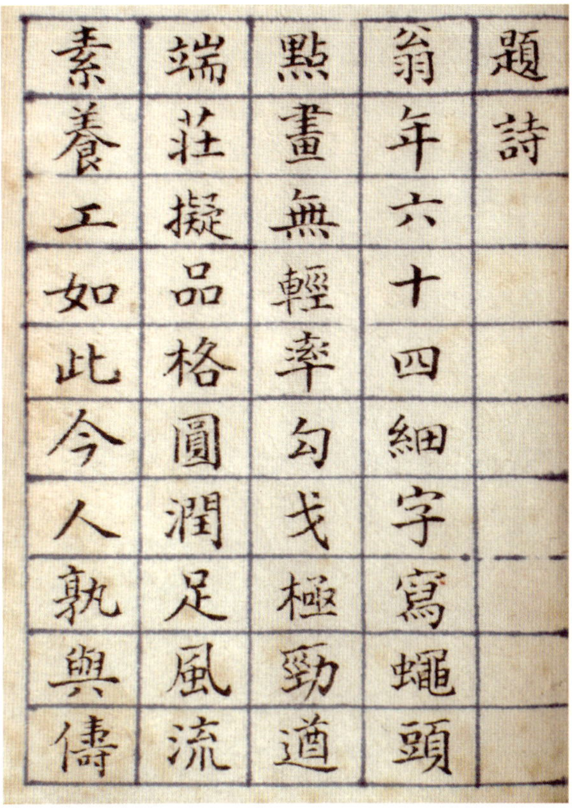
題詩
翁年六十四細字寫蠅頭
點畫無輕率勾戈極勁遒
端莊擬品格圓潤足風流
素養工如此今人孰與儔

刘思恭跋诗（1）（8cmx11cm）

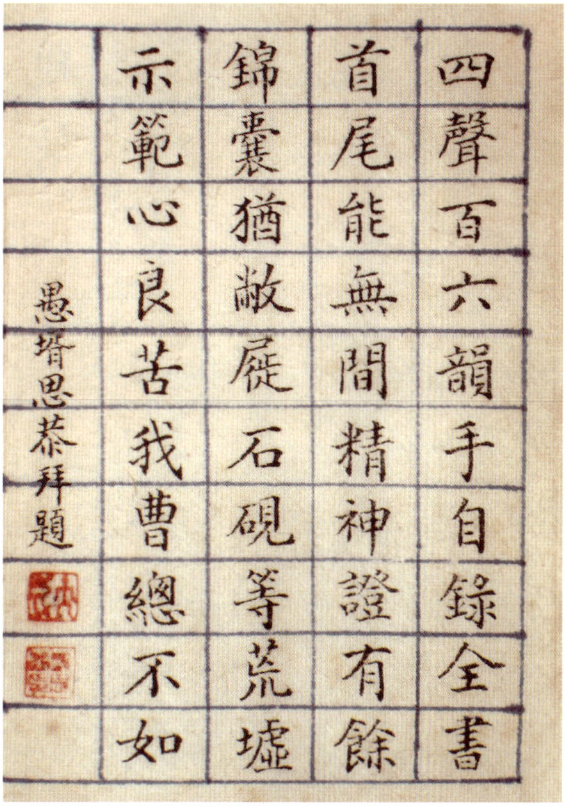
四聲百六韻手自錄全書
首尾能無間精神證有餘
錦囊猶敝屣石硯等荒墟
示範心良苦我曹總不如
愚壻思恭拜題

刘思恭跋诗（2）（8cmx11cm）

释　文

【雒文麟跋语】

十年前，见友人受云亭先生怀携韵字袖珍册页一帧，书法工整，印刷精良，心好之，无处觅购。本年春，邑人董章甫先生言，拟誊缮韵字，以便随时检阅，即触余当年所见所好心，遂立意自行楷书一通。于端午节开始缮写，旋值全甘解放，戎马仓皇，日书字虽无定数，且欣从未间断，中秋节缮竣。聊缀数语，以识不忘。

雒象屏　时年六十有四

【刘思恭跋诗】

题诗

翁年六十四，细字写蝇头。
点画无轻率，勾戈极劲遒。
端庄拟品格，圆润足风流。
素养工如此，今人孰与俦。

四声百六韵，手自录全书。
首尾能无间，精神证有余。
锦囊犹敝屣，石砚等荒墟。
示范心良苦，我曹总不如。

愚婿思恭拜题

子安（朱文印）　刘思恭印（朱文印）

（说明：《佩文诗韵》选文字未录）